当 代 中 国 教 育 学 家 文 库

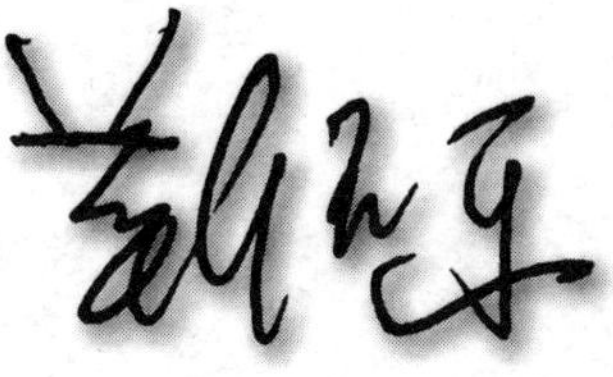

卷

探寻课程世界的意义

课程理论的建构与课程实践的慎思

北京师范大学出版集团
BEIJING NORMAL UNIVERSITY PUBLISHING GROUP
北京师范大学出版社

图书在版编目(CIP)数据

探寻课程世界的意义：课程理论的建构与课程实践的慎思/靳玉乐著. —北京：北京师范大学出版社，2014.2
(当代中国教育学家文库)
ISBN 978-7-303-17148-4

Ⅰ. ①探… Ⅱ. ①靳… Ⅲ. ①课程－教学理论－研究 Ⅳ. ①G423

中国版本图书馆 CIP 数据核字(2013)第 240862 号

营销中心电话　010-58802181 58805532
北师大出版社高等教育分社网　http://gaojiao.bnup.com
电子信箱　gaojiao@bnupg.com

出版发行：北京师范大学出版社 www.bnup.com
北京新街口外大街 19 号
邮政编码：100875
印　　刷：北京京师印务有限公司
经　　销：全国新华书店
开　　本：155 mm × 235 mm
印　　张：35
字　　数：585 千字
版　　次：2014 年 2 月第 1 版
印　　次：2014 年 2 月第 1 次印刷
定　　价：75.00 元

策划编辑：郭兴举　　责任编辑：郭兴举
美术编辑：纪　潇　　装帧设计：纪　潇
责任校对：李　菡　　责任印制：陈　涛

自　序

回想起来，从本科生算起，我学习和研究课程论的时间刚好三十年，人生最美好的年华就这样飞快地掠过。在课程领域的探索，曲曲折折，总算有所收获。现在有机会把过去学习和研究的成果进行整理，自然是一件很快乐的事情。

在我整理出来的250多篇论文中，属于课程研究的论文大体上可以归纳成三个主要的方面，即关于课程研究的探讨、关于课程理论的建构和关于课程实践的慎思。从中选出55篇论文，分上、中、下三篇，构成这本文集的基本框架。

上篇的15篇论文，主要围绕课程研究的变革、课程研究的方法论、课程研究的范式、课程研究的特点以及课程论学科发展方向等问题进行探讨；中篇的20篇论文，侧重于课程理论的思考和探索，诸如课程的定义、课程与教学的关系、课程理论模式、课程论流派、课程知识、课程形态、课程政治和课程实施等课程论最核心的问题；下篇的20篇论文，探讨的重点是课程实践问题，其实主要是课程改革问题，诸如课程发展的新理念、课程改革的方法论、课程改革的哲学，以及课程改革中的教师改变和文化变革等。

在整理、选择论文的过程中，我总在想：课程研究的使命是什么？课程学者应当担负怎样的责任？

课程研究肩负着重要的使命，这是毋庸置疑的。在我看来，课程研究至少有三项重要的任务：从价值层面看，要引领学校课程发展的时代精神；从事实层面看，要提升课程论知识的科学品质；从效用角度看，要服务课程改革与发展的实践。想想自己三十年的学习和研究，在这三个方面的贡献，实在太少，真有些惭愧。

所幸的是，自己坚守了学者的信仰，在求真、向善和崇美的课程研究之旅中，探寻着课程世界的意义。并且在肩负学术和道德的双重责任中，守护着知识分子的社会良知。

希望这本自选集，能给读者以启迪。其中谬误，尚祈方家教正。

目　录

当·代·中·国·教·育·学·家·文·库

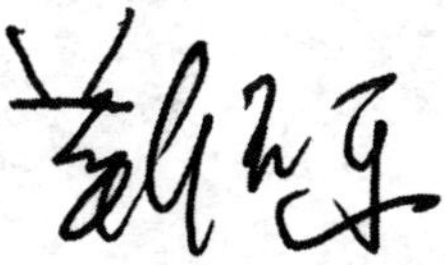

卷

上 篇

课程研究的探讨

20 世纪美国七大课程事件

在 20 世纪的美国现代课程论史上，很多有意义的课程事件相继发生，其中，影响最大且最具有代表性的七大课程事件，对课程论的发展作出了重要贡献。

一、桑代克的学习迁移研究对课程研究的意义

20 世纪初期，课程领域里最引人注目的研究之一，便是桑代克（Thordike，E. Z. 1874—1949）关于学习迁移的研究，它开创了课程实验研究的先河。

在 19 世纪末期，美国学校课程仍然深受西欧古典学术主义传统的影响，把形式训练或者“心智训练”作为课程设置的基本指导思想，强调用严密组织、艰深难懂的不同形式学科分别训练学生的不同的心智官能实体，以促进学生心智能力的整体发展。这种学校课程设置重视学生智力的发展是有一定积极意义的，但是，它偏重“形式”训练，忽视实用的知识和技能，不仅不利于学生的智力发展，而且也远不能适应美国社

会发展的实际要求。因此，以“心智训练”说为理论指导的学校课程设置就必然受到来自理论上的和实践上的批判，要求革新学校课程的呼声日高。正是在这一大背景下，桑代克才开展了著名的“学习迁移”实验研究。

桑代克用了大约8654个中学生作为对象进行研究，试图测量各门中学课程的相对智力训练价值。结果表明，修完几何学课程的学生，在解决各种逻辑问题时，并不一定强于没有学过几何的学生；修完拉丁语和希腊语的学生的英语写作，并不优于那些没有学过希腊语和拉丁语的学生；学过修辞学的人并不比那些没有学过修辞学的人善辩，等等。显然，在学生的心智发展中，没有任何一门学科比另外一门学科更有训练价值。而一种心智能力的改进，也很少引起其他心智能力的改进。学习迁移的发生绝不是因为任何古典学科训练的结果，而是因为新旧活动情境中有共同的要素，包括目的、观点、方法的观念以及一般原则的观念和态度的观念等，桑代克把这种学习迁移理论称作“共同要素”说。

桑代克的研究不仅为当时的课程改革提供了心理学和学习理论的基础，而且也使课程研究发生了深刻的变化。课程研究者已经开始放弃了对各门学科的训练价值及每门学科在学校课程体系中的地位方面的思辨性讨论，逐步把注意力集中在对当代社会生活的经济性研究上，关注实用的知识和技能。例如，课程研究者开始探讨成人在特定社会中可能碰到的数量问题，以便选择同这些问题有关的算术课题来组织课程；研究各种阅读类型和阅读材料，以便确定阅读课程的阅读目标和教材，等等。

二、杜威的著作《民本主义与教育》的出版问世

第二个重大课程事件，就是杜威（Dewey，J. 1859—1952）于1916年出版了世界名著《民本主义与教育》。这一事件使课程研究领域发生了一场广泛、深远的变革，并且奠定了进步主义课程论的理论基石。

在这部著作里，杜威系统阐述了他的课程论思想。他反对赫尔巴特学派的传统教育学说，汲取了自卢梭以来的浪漫自然主义教育思想，突出地强调了直接经验、活动和儿童的兴趣需要。他主张用“儿童中心”

思想为指导来设置学校课程，让学生在实际的兴趣性活动中掌握直接经验和技能，发展能力。他认为，人类的知识、经验和智慧都是在各个发展阶段的社会活动中形成和发展起来的，儿童要获得这些知识、经验和智慧，也必须从事相应的社会活动，这些活动包括个人设计和小组设计，单纯依靠传统的课堂教学活动是远不能达到的。他为学生选择和设计的基本活动有植物栽培、动物养殖、建筑、烹饪、缝纫等。有关植物学、动物学、建筑学和烹饪、缝纫方面的知识要素就融合在这些实际的教育活动之中。这些活动都应该从学生的兴趣出发，不能是强制性的，教师只能是指导者、顾问，一切教育的措施都要围绕学生的兴趣来安排，教育的真正中心不是学校也不是社会，而是成长中的青少年学生。毫无疑问，杜威这种知识、经验、智力和活动融为一体的思想，成为“儿童中心”课程论的奠基石，为进步的学校课程设置与改革提供了根本的指导原理，对美国20世纪二三十年代的课程革新产生了巨大的推动作用，诸如克伯屈的“设计教学”、帕克赫斯特的“道尔顿制”和华虚朋的“文纳特卡制”等，在课程论上都继承了杜威的思想，并在各自的实践中形成了新的特征。

三、博比特与“科学的课程编制”运动

20世纪以后，随着美国工业化进程迈入一个新阶段，社会对学校教育提出了更加广泛多样的要求，同时由于科学文化知识的迅速发展和大量积累，使得课程内容的选择和组织更加困难。在这种情况下，学校课程的编制、设计、更新和改革等问题便日益为教育界和社会各阶层人士所重视，对学校课程作专门研究的时期不可避免地到来了。1918年，课程研究领域里的先驱者博比特（Bobbitt，F. 1876—1956）出版了第一本开拓性的课程著作，即《课程》一书，标志着课程作为一个学术领域的正式诞生，“科学的课程编制”运动也从此开始。

博比特尊重科学，力图用自然科学的方法改造课程编制理论，使之真正跻身于现代科学的学术殿堂。他深受行为主义心理学、达尔文的生物进化论以及当时工业生产中流行的效率观念和科学管理之父泰罗（Taglor，F.）的理论的影响，认为教育是一门科学而不是一门艺术，

教育过程中发生的一切现象都是可以客观测量的。教育如同工业生产一样，需要高效地运营。他说，教育和工业之间的相似性是显而易见的，因而运用了工商业中的管理原则同样可以运用到教育情境之中。教师是工艺师而不是哲学家，他要像工人一样生产标准的教育产品。在1918年著的《课程》和1924年著的《怎样编制课程》两部书中，博比特详细阐述了自己的课程思想和课程研究及编制的方法，他不像杜威那样强调儿童的心理和行为特点，更加关注成人的行为，力图通过分析当时社会上成年人从事的典型活动来确定课程的目标和内容，以便为学生进入成人生活作准备。他说，教育应该是“为50岁的成年人作准备，而不是为20岁的青少年作准备”。课程编制者就是一名“教育工程师”，其任务就在于运用“教育测量仪器”来确定各个学科领域的特殊的行为目标及经验，然后加以有效地组织。显然，博比特把课程编制分为三个步骤：(1) 确定课程目标；(2) 选择课程经验；(3) 组织课程经验。在实施课程之前和一个阶段之后，都要进行精确的测量，以此弄清学生的进步情况，他自称这一套课程编制方法是“科学的课程编制”。美国学者许布特（Schubert，W. H.）则认为，这种方法从分析成人的社会性行为中确定课程目标，而且特别强调行为目标的具体性、可观察性和可测量性，这显然和行为主义心理学的观点不谋而合，所以，称其为“社会行为主义”的课程编制方法更为恰当。

作为课程领域里行为和科学运动的创始人，博比特的方法成为当时课程编制的范式，为后来的泰勒（Tyler，R.）、布鲁姆（Bloom，B. S.）等人进一步阐发，形成了美国现代课程论中独树一帜的“工学主义”课程思想流派。从此，“行为目标”、“科学方法”和“技术论”的课程编制思想便广为传播，时至今日仍有很大的影响。当然，博比特的行为主义观点、消极的社会适应观和机械论思想，也经常受到批评。

四、全美教育学研究会第26期年鉴

1927年，“全美教育学研究会”（The National Society for the Study of Education）编出的两卷本《年鉴》：《课程编制：过去与现在》和《课程编制的基础》，对当时课程研究的各个方面作了最为详细、最为系统的探讨，为课程作为一个专门的研究领域和实践领域提供了进一步的理论基础并作了深入合理的说明。美国著名课程论学者、课程史专家坦纳夫妇（Tanner，D. 和 Tanner，L. N.）甚至把这部《年鉴》看作是课程论成为一门新学科的标志，并得到了 1985 年在英国出版的《国际教育百科全书》的肯定。尽管这一观点未必令人信服，但至少说明了该《年鉴》在美国课程论史上的重要地位。

第 26 期《年鉴》的撰稿人几乎包括了迅猛发展着的课程领域里的所有带头人，他们是拉格（Rugg，H.）、巴格莱（Bagleg，W.）、博比特（Bobbitt，F.）、查特斯（Charter，W.）、康茨（Counts，G.）、贾德（Judd，C.）和克伯屈等人。这些学者们运用科学方法和进步主义思想，对课程编制的基本原则和特殊技术，美国学校课程的过去和现在，各家研究成果，各实验学校试行新课程的经过情形，乃至所有以前关于课程研究的论文目录等，都一一作了详细的分析、批判，的确不愧为空前杰作，有力地推动了美国现代课程论的发展。

该部《年鉴》的第一卷《课程编制：过去与现在》，对传统教育中的分科课程，机械学习，强迫训练，“心智训练说”等，进行了十分尖锐的批判。认为目前美国中小学校通行的课程设置不当，不适合当今世界飞速发展的形势和儿童的心理需要。因此，为了实现美国教育制度的理想，即帮助年轻人发展成为有责任感、富有创造性的幸福公民，就必须组建一支骨干队伍研究每个城市和每个州的课程，以便进行改革。在这一卷中，还总结了公私立学校中进步教育的实践与计划，认为这是 20 世纪以来最有革新意义的教育方案。

第二卷《课程编制的基础》，描述了课程编制技术的进展情况，包括课程编制的本质和方法，强调了课程编制对于课程改革的迫切性和必要性，勾勒了理想课程的特征，即：（1）集中于人类生活的现实事务；（2）处理国家、地方和社区的现实问题；（3）让学生对政治制度进行批判性思考；（4）形成和发展一种开放的态度；（5）考虑学生的兴趣和需要；（6）处理现代生活和社会文化史方面的问题；（7）考虑选择和解决问题的能力；（8）课程组织要强调问题和实践；等等。教师和课程专家应当协同工作，组织各个学科领域的内容和材料，建构理想的中小学课程体系。

这部《年鉴》曾引起了大学教授、督学、校长和主管部门负责人的热烈讨论，促使许多学者和学校开始关注课程研究和课程改革问题，对课程理论和实践都有深远影响。

五、20世纪30年代的课程实验

在美国课程史上，规模最大、意义最为深远的实验研究项目，就是由“进步教育协会”（the Progressive Education Association）发起，从1933年开始到1941年结束历时八年的课程实验，史称“八年研究”。该项研究既使美国的课程理论受到了一次全面的大检查，又进一步推动了课程研究向纵深方向发展，因而取得了累累硕果，成为美国现代课程论史上的一项重大事件。

20世纪30年代，正是美国处于经济大萧条的危机时期。失业率急剧上升，大批找不到工作的青年纷纷在中学注册。他们中间有多数人并不打算进入大学深造，只想为从事某种职业作准备。然而，现行的中小学课程主要是为升学服务的，课程内容是孤立的、片断的，缺乏综合连贯性，与学生真正关心的内容无关，不能满足大萧条时期学生的实际需要。因此，迫切需要重新建构普通中小学课程和教学大纲。

“进步教育协会”率先研究这个问题，提出了“八年研究”计划，制订了课程实验方案，并和300多所大学联合开展实验。这项中学课程实验计划的宗旨在于：(1) 改变传统的中学教育片面强调系统知识传授的单纯升学教育目标，强调学生的认知和情感相互协调的完人发展；(2) 寻找打破学科之间界限的方法，改革传统中学教育以分科课程为主的课程体系，建构以综合课程为主的课程体系，使学生真正了解并掌握有意义的知识领域。实验学校开设的综合课程有融合课程、核心课程、广域课程、文化纪元课程、职业定向课程，等等。其中，根据“文化复演说”（该学说认为人类个体的发展阶段与人类文明史的发展阶段有着对应关系，这种对应关系可以作为课程编制的逻辑线索）设置的文化纪元课程很有特色，它包括了文学、科学、艺术、音乐、经济制度、社会制度或政治制度等领域的知识，内容相当广泛，比一般的综合课程，如数学—科学、英语—社会研究等，要宽广得多；(3) 建立一种师生合作的教学制度，鼓励学生的自我指导，提供个别化教学，创造一种合作开放的教学环境，充分调动学生的积极主动性，发挥其主体作用；（4）寻找协调中学和大学关系的有效途径，建立科学化和公平化的升学考试制度。

为了有效地指导实验学校的课程编制与评价，"八年研究"还建构了一个范式，详细描述了课程编制与评价要考虑的四个问题：（1）确定教育目标；（2）选择达成这些目标的教育经验；（3）组织这些知识经验；（4）评价教育效果。这一课程编制模式主要反映在"八年研究"的总结报告《课程探索》一书中。

"八年研究"作为美国课程史上迄今唯一有计划、有组织、广泛持久、大中学校联合开展的中学课程改革实验，对课程理论与实践的影响是巨大的。虽然由于受第二次世界大战的影响并随着进步主义教育走上穷途末路而被打入冷宫，但它所首创的纵向追踪研究法以及分析和设定教学目标和课程的综合化思想，等等，都已成为美国现代课程论的宝贵遗产。

六、"泰勒原理"与课程的"理论研究"

如果说20世纪中期以前美国的课程研究还主要集中在课程编制的具体方法和操作技术方面的经验性探讨的话，那么20世纪中期以后便开始了理性的、哲学的"理论研究"。课程学者们日益把注意力转向课程的"科学理论"问题上。作为这一转变的重要标志就是著名的"泰勒原理"。

泰勒（Tyler，R. 1902—　）是美国现代课程论史上不可回避的重要人物，曾任"八年研究"的评价委员会主席。他在1949年出版了《课程与教学的基本原理》这部经典著作，提出了著名的"泰勒原理"，对20世纪前半期美国课程研究作了最精炼的理论概括。他建构的课程理论框架是：（1）学校应该追求哪些教育目标？（2）如何选择可能有助于达成这些教育目标的学习经验？（3）如何组织学习经验以使教学更有成效？（4）如何评价学习经验的效果？泰勒认为，要回答第一个问题，就必须根据社会、学校和学生的需要，分析教育目的，并把这些目标具体化和类型化；第二个问题要求根据已确定的目标和学生的心理特点，选择恰当的教育内容；第三个问题要求从纵横两个方面探索最佳的课程组织形式和教学方法；第四个问题要求对教学效果进行定性和定量的全面科学评价，并为下一轮的课程修订提供反馈信息。

泰勒模式是理论性的，它描述了基本的、逻辑的和系统的课程编制方法，似乎是很客观的，没有哲学和政治的偏见。其实，泰勒原理深受贾德和杜威的社会理论、桑代克和皮亚杰的学习理论以及博比特和查特斯等人的"社会行为主义"的影响。因此，它植根于进步主义、行为主义和科学主义，后经有关学者的不断提炼和修订，成为课程领域里一个重要的研究范式。

自从"泰勒原理"问世之后，美国课程研究日益重视课程作为一门学科的"科学理论"问题，提出了不少富有建设性的课程理论模式，例如，麦克唐纳（Macdonald，J. B.）的"学校教育系统模式"，以及威尔逊（Wilson，Z. C.）的"开放机会课程模式"，以及约翰逊（Johnson，M.）的"输入一输出系统课程模式"，等等。看来，课程研究的"理论化"已经成为不可避免的趋势。进入 20 世纪 80 年代以后，课程的"理论研究"逐步走向成熟，已经和哲学、心理学、社会学、政治学、文化学等多门学科建立了广泛的密切联系。课程理论家们正利用计算机科学、系统科学的统计方法和思维方法卓有成效地研究。简言之，课程理论正日益走向国际化、科学化和定量化。

七、杰克逊与潜在课程研究

1968 年，美国教育社会学家杰克逊（Jackson，P.）出版了《教室生活》一书，在这本书中，杰克逊利用"参与式观察"的方法，描述了小学生在教室活动中，如何在"3R"即规则（rule）、规定（regulation）和规律（routine）的学习中，去适应"团体生活"、"报酬体系"和"权威结构"。

（1）适应"团体生活"：教室的活动不外乎学生在座位上做作业、团体讨论、教师讲解、周期性回答，一些学生在做完作业或解决问题之后，老师要求他们"找事做"以等待新活动的开始。"学习找事做和等待”，学习“缄默”，忍受“平静”，持续性的个人需要和请求被延期、否认和中断，使学生必须学会“忍受”以适应团体生活。

(2) 适应“报酬体系”：每一个儿童在入学之前就已经体验了成功的喜悦和失败的痛苦，但这些经验在他进入教室之后才有正式的意义。自此以后，他的进步逐渐得以积累，继续的、普遍的评价支配了他的学校生活，学生必须学着去适应。教室中的教师是首要评价者，其次是同学和伙伴团体，学生为了获得更多的心理的、物质的报酬，学会伪装自己的行为等。

(3) 适应“权威结构”：教师与学生权力不同，显然是和教室生活的评价观念有关。这种权威的差异是教室生活的社会结构最明显的表征，其结果和教室生活中的自由、特权、责任感有着密切的关系，学生必须学会适应它。

上述“团体生活”、“报酬体系”和“权威结构”构成了课堂生活的特别气氛，形成了被杰克逊称之为“潜在课程”的东西。学生为了满足并适应其学校生活，必须非常熟悉此“潜在课程”不可。“潜在课程”的要求可能会和“正式课程”的学术要求相对立，但教育工作者往往只偏重“正式课程”。杰克逊认为，“潜在课程”对儿童社会化的影响远比“正式课程”来得有力，学校要想充分发挥“潜在课程”的积极功能，就必须避免传统的“工学模式”课程编制，把教学看作是“机遇性的过程”加以控制，以使学生获益。

自从杰克逊开创了潜在课程研究的先河之后，不少著名的课程学者也开始致力于这一课题的研究。虽然这一派的学者所占比例并不多，而且还未能发展出一个普遍的研究范式和理论框架，但近十几年来由于这些学者之间日益加强了联系，彼此沟通信息，尤其是自 1972 年以后，每年举办固定年会，出版刊物《课程理论建设杂志》，从而使得欧美等国的学者紧密联合在一起，形成了课程研究的“第三努力”——“潜在课程”研究学派。这样，就大大拓宽了课程研究的范围，强化了课程发展史上“人文主义”的研究典范，对学校课程建设也有积极的意义。

当代西方课程研究范式

所谓范式，是指从事同一个特殊领域研究的学者所持有的共同的信念、传统、理论和方法。范式不是理论，但它对理论的形成和发展起着很大的作用。在科学史专家库恩（Kuhn，T.）看来，范式有两个显著特点：一是能够把一些坚定的拥护者吸引过来；二是它能够指导这些拥护者进行解难题活动。所以，范式对科学研究者既有心理上的定向作用，又有实际上的指导作用。

把“范式”引入课程研究领域是十分必要的，也是可行的。因为在课程研究领域中的确存在着各种“不可完全通约”的范式，它们各自按自身的方向发展着，并且对同一课程问题作出不同的回答。当今西方课程论发展的一个显著特征是方法的不同范式并存、对立和交叉，换句话说，课程论学科的发展从实质上正是各种研究范式相互“对话”的结果。20 世纪 70 年代以来，西方课程论的多元化发展趋势，就是由研究范式的多样化所决定的。

本文正是要通过对课程研究范式的探析，从方法论的高度来梳理评价当今西方课程论研究的历史与现状，以期深刻洞悉课程论学科的发展规律，作为建设有中国特色课程论体系的借鉴。

一、课程研究范式的分类

在课程研究领域里，有哪些吸引课程学者并指导他们进行解难题活动的课程研究范式呢？由于人们对“范式”术语的理解不同，因而对这一问题的回答就不同，可谓五花八门。

美国课程学者奥恩斯坦（Ornstein，A. C.）和胡金斯（Hunkins，F. P.）曾鉴别了课程研究的五种取向，被看作是课程研究的五个范式。它们是：行为理性范式、系统管理范式、理智学术范式、人文美学范式和新概念主义范式[①]。

行为理性范式是由博比特（Bobbitt，F.）、查特斯（Charters，W.）、泰勒（Tyler，R.）和塔巴（Taba，H.）等人倡行的，至今仍是西方课程研究的一个主要范式。它以行为主义心理学和工业科学管理原理为理论基础，主张采用逻辑的与描述的方法来研究课程问题，特别强调严格的课程编制程序，把行为化的教育目标置于课程编制的中心地位。坚持这种研究范式的学者认为，课程不过是序列化和结构化的活动计划，因而探讨分析成人社会行为的技术原理和方法，应当被置于课程研究的突出地位。一般来说，逻辑实证论者、经验论者、技术论者和概念实证论者都主张采用这种课程研究范式。

系统管理范式和行为理性范式不同，它把学校作为一个社会系统来处理，研究的重点是课程管理问题，尤其是课程的组织实施问题。这种课程研究范式源于20世纪二三十年代兴起的学校组织和管理模式研究运动之中，盛行于五六十年代。一般来说，教育实际工作者、教育行政管理人员更倾向于采用这种课程研究范式。像“教学督导与课程编制协会”和各种各样的学校管理者协会这样一些机构，经常采用这种研究范式来探讨课程革新方案等。

理智学术范式又被称为知识中心范式，它植根于杜威（Dewey，J.）

① Ornstein，A. C. & Hunkins，F. P.，Curriculum：Foundations，Principles，and Issues，1988，pp. 2-6.

的《民本主义与教育》（1916 年）和博德（Bode，B.）的《现代教育理论》（1927 年）等著作之中，盛行于 20 世纪 30～50 年代。该范式把课程研究的重心放在探讨课程知识和学科教材等问题之上。20 世纪 50 年代以后，又把研究的重心转向探讨学科的结构，采用的研究方法主要是定性的。60 年代以后，随着结构学派课程改革运动宣告失败，理智学术研究范式便日益衰落了。

人文美学范式源于 20 世纪二三十年代的进步主义教育哲学和强调儿童兴趣与需要的活动课程运动。坚持这种研究范式的代表人物在当时有波斯纳（Bosner，F.）、卡斯威尔（Caswell，H. L.）和拉格（Rugg，H.）等。该范式研究的中心问题是“儿童中心”的经验课程，把儿童的兴趣、需要和个性看成是课程设计的基础。到了 70 年代以后，人文美学课程研究范式再度流行起来。最引人注目的是，它特别重视潜在课程的探讨，打破了以前单重正规课程的研究格局。它不局限于科学与理性的分析，更多地把目光投注到课程与教学的艺术性与个人性方面，重视课堂与学校中的社会心理动力的探讨。

新概念主义范式源于早期改造主义课程论者如康茨（Counts，G.）、拉格和本杰明（Benjamin，H.）等人的哲学与社会活动理论。坚持这种课程研究范式的学者反对传统的科学理性课程观，要求重建关于课程的观念，强调对学校课程进行意识形态的社会学剖析，相对忽视有关课程编制的模式、技术和方法等的探讨。新概念主义者大都是教育批判家，善于提出独特的哲学和政治观点去剖析现行学校课程。因此，在研究方法上，他们既不依赖于科学的方法，也不依赖于经验的方法，更多地采用政治与意识形态批判的主观方法，或者是哲学分析的方法。

上述课程研究范式的分类具有创新意义，归纳概括的抽象水平比较高，很有启发性。

美国著名课程专家许布特（Schubert，W. H. & Schubert，A. L.）在对西方课程研究的范式作了历史的透视和深入的理论分析之后发现，在课程研究领域里，范式至少在三种意义上被使用着，即作为分类系统的范式、作为研究假设的范式和作为说明课程领域范围的范式①。

把课程研究范式作为分类系统来运用时，其目的在于用它对现存的各种课程理论与实践的观点进行有效的分类整理。例如，艾丝纳（Eisner，E. W.）就根据范式的分类意义，描述了认知发展过程、学术理性主义、个人关联性、技术性和社会适应或社会改造五种课程取向；派纳（Pinar，W. F.）也是根据范式的分类意义，把课程理论家和课程编制者划分为传统论者、概念实证论者和新概念主义者三个主要类别；许布特自己也据此把课程学者归纳为理智的传统论者、社会行为主义论者和经验论者三种类型。

把课程研究范式作为研究假设来运用时，则突出了范式是“解题方式或方法”的意义，换言之，就是把课程研究范式看作是课程研究方法的范式。许布特认为，据此可以把课程研究划分为实证分析范式、诠释学范式和批判范式三种主要的范式类型。

把课程研究范式作为说明课程领域范围来使用时，则课程研究范式就被看作是课程论学科发展到特定时期的典型的概念框架或理论结构。从这个意义上说，首先可以把泰勒的“课程原理”称作典型的课程研究范式。许布特认为，继泰勒的“课程原理”之后，可以被称作课程研究范式的还有古德莱德（Goodlad，J. I.）的课程理论。古德莱德把课程研究领域里所包含的课程现象划分为三类：第一，实质性的，指目标、学科内容、材料等课程的基本范畴；第二，政治——社会方面的，即探究工作应包括所有这些人类生活过程中的利益方面；第三，技术专业性的，即课程研究要考察一组或个别工作的过程、后勤保障过程和评价过程②。泰勒和古德莱德所揭示的课程问题，已经被保留和继承下来，成为“共同的、普遍的”问题。因此，他们所提出的课程理论结构，可以被看作是课程研究的范式。在许布特看来，在整个课程领域里，类似于泰勒和古德莱德的课程研究范式是很少见的。有趣的是，尽管这样的课程研究范式十分少见，但许布特并没有忘记把自己的理论也作为一个典

---

① Schubert，W. H. & Schubert，A. L.，Curriculum：Inquiry：Alternative Paradigms，In Lewy，A（Ed.），The International Encyclopedia of Curriculum，1991，pp. 51-55.

② Goodlad，J. I.，Curriculum Inquiry：The Study of Curriculum Practice，1979，pp. 27-33.

型的课程研究范式。

把范式作为研究假设即“解题方式”的典型代表是美国课程学者肖特（Short，E. C.），他在1991年出版的《课程探究的形式》一书中系统分析了课程探究的16种形式，也就是16种课程研究范式：分析范式、演绎范式、思辨范式、历史范式、科学范式、人种志范式、叙述范式、美学范式、现象学范式、诠释学范式、理论范式、标准范式、批判范式、综合范式、讨论范式和行动范式①。肖特指出，每种特定的课程问题需要与之相适应的课程研究范式来解决。只有使问题与方法范式保持一致，才能有效地解决有关的课程理论与实践问题。否则，将无助于课程问题的解决。当然，这并非是绝对的。如果机械地把特定课程问题与特定方法范式对应起来，就必然要产生新的难题或缺点。在我们看来，上述16种课程研究范式并没有把所有的课程研究方法范式都包容进来，因而这种分类只是相对的，况且各类之间未必就遵循了“子项不能相容”的逻辑学要求。

在西方课程研究领域里，由于“范式”概念的歧义性，导致了对课程研究范式分类的千差万别。课程学者们在讨论课程研究范式时，表面上看来是在探讨同一个问题，但在本质上却可能大不相同。因此，要对课程研究范式作出恰当的分类，就必须在准确把握“范式”概念的本来意义的基础上，遵循科学分类的同一原则、周延原则和相斥原则进行有效的分类。否则，在同一篇关于课程研究范式的研究论文中，就可能在不同意义上使用范式概念。这种情况，无论在西方还是我国，都曾出现过。

二、课程研究的三种范式

根据我们把范式看作是“问题——解题方式”尤其侧重“解题方式”的观点，在详细考察西方课程研究历史发展的基础上，将课程研究方法归纳为三个主要范式，即实证分析范式、人文理解范式和社会批判范式。

① Short，E. C.，Forms of curriculum inquiry，1991，pp. 17-19.

（一）实证分析范式

实证分析范式源于培根的经验哲学和牛顿——伽利略的自然科学方法。在教育研究领域里，最早坚持实证主义方法论原则研究教育学问题的是英国学者斯宾塞（Spencer，H.）。到了19世纪末20世纪初，实证分析范式在教育学领域里得到了相当广泛的应用。科学史家贝尔纳（Bernal，J. D.）曾经评论说："过去的教育学只是哲学的教育学，而不是科学的教育学。教育学具有科学气味并成为一门真正的科学，是由于智力测验引进到教育学中了"①。显然，实证分析研究范式的应用，大大推动了教育学的科学化进程。

真正把实证分析研究范式引入到课程研究领域里并开始进行独立的课程论学科化研究，始于20世纪20年代左右，其标志是博比特所著《课程》（1918年）一书的出版。在1960年以前，课程研究大都是在自然科学实证主义分析范式下建构其理论框架和方法论基础，由此形成了课程研究的"目的—手段"范式。到了1960年以后，西方的课程研究开始在社会科学实证主义分析范式下建构其理论框架和方法论基础，由此形成了课程研究的"概念—实证"范式。

1. 目的—手段范式。

这种课程研究范式的代表人物是博比特、查特斯、卡斯威尔、泰勒和塔巴等人。其特点是：在行为主义心理学支配下，运用工业科学管理的原理、原则，以"凡存在就是合理"、"凡存在的必有数量，有数量的必可测量"为前提性假设，采取"工作分析"的方法来选择客观的成人生活经验，并制定出可测量的行为化目标，最后加以系统地组织课程。这显然是以"工学模式"和"原子论"的实证分析方法来研究课程问题，强调"效率"和"控制"，把价值和事实分割开来，回避了课程的意识形态探讨。总之，"目的—手段"范式把行为化的教育目标作为讨论和编制课程的基础，强调以客观的学习活动来组织课程。

2. 概念—实证范式。

这种研究范式是以批判"目的—手段"范式为起点的。采用这一范式的课程学者大都有良好的社会科学素养，试图摆脱自然科学实证主义

① 张诗亚等著：《教育科学学初探》，四川教育出版社，1990年，第141页。

的影响，求助于开始通行于其他社会科学领域里的一些新方法，进行社会科学实证的课程研究，力图建立一门课程科学。

该研究范式把课程研究的重心转向了学生认知发展、知识本质、学科结构等方面。在具体的研究方法上，仍以经验的实证分析为主，旨在描述、解释和预测学习经验。在这种研究范式规范下的课程学者，仍然把价值中立作为课程研究的不二法则，比较忽视课程的社会本质的探讨。在知识论上，存在着功能主义和实用主义的偏向。

以布鲁纳（Bruner，J. S.）和施瓦布（Schwab，J. J.）等人为代表而提出的概念—实证范式虽然突破了目的—手段范式的行为主义机械性，但把课程问题主要地作为知识问题来探讨，就使得课程研究大有被心理学和哲学等同化和统辖之势。鉴于此，后继的课程学者如沃克（Walker，D. F.）就曾将概念—实证研究范式进行了一些改造，提出了一个“自然主义”的课程研究范式。这一研究范式集中于三个方面的问题：第一，探讨课程的各种背景因素，了解有关课程设计者的价值和信念；第二，实际设计课程材料的各个方面；第三，研讨各种可行的课程方案[①]。尽管沃克的课程研究是“描述性的”，但他关心的仍是对学习行为或结果的预测与控制，把价值和事实分离开来了，因此仍没有摆脱社会科学实证分析研究范式的制约。

（二）人文理解范式

从某种意义上说，人文理解课程研究范式是相对于实证分析课程研究范式而产生和确立的。在科学史上，科学主义每前进一步，几乎都要受到来自相反方向人文（人本）主义的挑战。课程研究范式的变革，似乎也难例外。

在课程研究领域里，较为坚定地运用了人文理解研究范式的课程学者如格林妮（Greene，M.）、派纳和休伯纳（Huebner，D.）等人都强调从个体意识的觉醒和反省出发来建构课程和解释学校生活世界的意义。在他们看来，学校是一个丰富多彩的、富有人性的世界。在这个生活世界里，学生是一个积极能动的主体，他能感、能知、富有想象力和

---

① 参见陈伯璋：《哈伯玛斯批判诠释学及其对课程研究的启示》，载《台湾师大教育研究所集刊》第24辑，1982年6月。

创造力。学生完全可以通过主体意识的能动作用，从学校环境及师生相互作用过程中获得有益的经验，以促使自我意识的觉醒和提升，达到自我实现的境界。因此，他们坚决反对传统课程研究对“效率”、“控制”和“工具理性”的强调，主张采用定性的解释方法，来诠释学校生活世界的教育意义，发展学生的“审美理性”和完满的个性。杰出的人文主义课程学者格林妮认为，教育就是帮助人成长、奋斗、抉择、反省和学习待人的多种学习历程，就是存有经验的不断展开。从这种意义上说，教育的本质就是意义的赋予、分享和创造的历程。在此思想支配下，她既不热衷于课程的概念、原理和原则等的实证研究，也不把课程当作是教学活动的手册或指导。在她看来，课程设计最重要的就是要先了解学生所处的“生活世界”的意义，然后经由学校环境及学习内容来促进自我意识的觉醒。显然，她强调的是经验课程和情意学习，并提倡一种开放的学习方式[①]。

总而言之，人文理解课程研究范式反对实证分析的方法，主张采用定性的整体方法，对课程问题作直觉的和艺术的把握，根据主体的期望和假设进行意义诠释。这种课程研究范式有很多局限性，诚如美国学者吉诺克斯（Girowx，H. A.）批评的那样，人文理解范式是“一种主观的理想主义模式”，“缺乏有关社会变革”的意识，持一种“文化相对论的观点”，忽视了意识形态的建构意义，“不能说明社会政治怎样掩盖现实和提高意识形态的主导作用”，因此，“这种观点不仅不能解释不同类型课堂活动的意义、知识和经验是怎样出现的，也不能解释它们是怎样得以维持的”[②]。这种批评是中肯的、明确的。

（三）社会批判范式

社会批判课程研究范式源于法兰克福学派的批判理论和社会批判理论，其特点是：把批判地分析课程的社会政治、经济和文化传统等背景因素作为课程研究的重心，既不同于实证分析范式把研究重心放在课程编制的技术层面的研究，又不同于人文理解范式把研究重点放在学校生

① Greene, M., Curriculum, and Consiousness, In Giroux, H. & Purpel, D., The Hidden Curriculum and Moral Education, 1983, pp. 168-182.

② Giroux, H. A, Teachers As intellectuals: Toward A Critical Pedegogy of Learning, 1988, pp. 26.

活世界的意义诠释、理解和情意学习上。社会批判研究范式的意识形态色彩相当浓厚，但积极的课程理论建构并不多见，具有评价研究的性质。因此，它采用的具体方法就是分析和评价。

采用社会批判研究范式的课程学者经常使用诸如“文化霸权”（culture hegemony）和“符号暴力”（symbolic violence）之类的概念来探讨学校课程知识的分配和传递等。例如，艾波（Apple，W.）就将课程知识视为“文化资本”和“政治—文化”权力，并由此把课程编制看作是一种政治行为。他认为，课程研究主要是意识形态研究，应当回答以下问题：1. 课程知识是谁的？2. 课程知识由谁来选择？3. 课程为什么以现有方式来组织和教学？4. 课程知识为什么只传递给某些特殊的集团？5. 为什么社会文化的特定部分会在学校中以客观的、事实性的知识出现？6. 官方知识是如何具体地体现在代表社会统治集团利益的意识形态结构中的？7. 学校是如何把这些限定的、只代表部分标准的知识合法化为不容置疑的真理的？① 在社会批判研究者看来，课程知识的客观性是有限的，因而课程研究要探讨知识、社会权力和意识形态之间的辩证关系。唯有如此，才能把握住课程设计与实施的社会学本质。

三、发展的趋势

上述三种课程研究范式代表着不同的课程研究取向，其所研究的课程问题和所采用的具体方法各有侧重，因而都有一定的合理性，都在某种程度上揭示了课程现象某些方面的本质，我们不能把一种研究范式“捧到天上”而把另一种踩在脚下。当然，这三种课程研究范式又都是不完备的，具有一定的片面性，存在着内在的不可解决的矛盾。对此，西方一些清醒的课程学者是有认识的，正如美国课程学者麦克尼尔指出的那样：“无论何人，只要想从事课程领域方面的研究，很大程度上就应当求助于那些主张对课程作综合性探究、纲要活动、概念化和行动研究的课程专家的指导”②。的确，各种课程研究范式只有相互认同和合

① Apple，M. W.，Ideology and Curriculum，RCH.（2nd ed.）1990，pp. 14、17.

② ［美］麦克尼尔：《课程导论》，施良方等译，沈阳：辽宁教育出版社，1990 年，第 398 页。

作，彼此支持、完善，才能使课程领域充满生机。事实上，当今西方课程研究的基本趋势就是方法、范式的多元化，既不是实证分析范式独尊，又不是人文理解范式独领风骚，更不是社会批判范式一统天下，而是三者的综合化发展。把实证分析范式、人文理解范式和社会批判范式结合起来所表现出的主观与客观、微观分析与整体理解、价值与事实、结果与过程、逻辑与直觉以及科学与艺术的统一性，是当今西方也是当今世界课程研究的发展趋势和必由之路。

生态主义课程研究范式*

不同的时代有其特定的时代精神，特定的时代需要，时代在发展变化，其时代精神、时代需要也在不断地发展变化。“一个课程范式的诞生反映了时代的需要以及课程学者对这种需要的把握状态。课程学者的使命就是最好地把握时代精神的精华并通过课程这种‘语言’将之表达出来。唯此而已。”[①] 在价值观念趋向多元化的当今时代，课程学者们开始从不同的角度讨论课程问题，形成了众多的新理论，“这些讨论包括课程与阶级、种族、性别、过程、意识形态、个人主义、生态学、释义学等问题，呈现出一种多元化的趋势。”[②] 其中，从生态学角度思考课程问题开始成为一种最重要的理论取向，其原因有二：第一，当代严重的生态危机、生存危机使生态学和课程理论的结合成为必要；对生态危机的反思，对人类新的发展道路的共同追寻使两者的结合成为可能。当代课程理论研究需要直面严重的生态危机、生存危机，需要积极参与可持续发

* 与王牧华合作。

① 单丁著：《课程流派研究》，济南：山东教育出版社，1998 年，第 21 页。

② 陈建华：《后现代主义教育思想评析》，《外国教育研究》，1998 年第 2 期，第 3 页。

展的新文化的创造，而生态学及其相关哲学、心理学等理论为我们化解危机、寻求新的发展道路提供了生态智慧。第二，课程理论作为一种具有广泛的可解释性的文本，为人们从生态学角度思考课程问题创造了条件；从生态学角度思考课程问题有利于促进课程理论自身的发展完善，从而推动了这一研究的深入发展。生态学与课程的结合点主要是生态哲学、后现代主义哲学，生态哲学与后现代主义哲学的相互作用的结果是生态主义的诞生，即生态世界观、生态价值论、生态认识论、生态方法论。在生态主义的指导下，课程学者们力图构建一种超越现代主义课程思想、推动人类社会新文化发展的课程价值体系。为此，我们称之为生态主义课程思潮。① 生态主义课程思潮是危机时代人们对课程理论的一种解读方式，也是人们在 21 世纪来临之际对现代主义课程思想的一次批判性反思，同时，它为课程理论自身的发展提供了新的发展机会，具有重要的理论意义和实践意义。

一、生态主义课程研究范式

（一）生态主义的内涵

经过几千年的漫长发展，特别是 20 世纪 70 年代以来的深入研究，生态主义的基本理论初步形成，其基本框架包括了生态主义的世界观、生态主义的价值观、生态主义的认识论和生态主义的方法论。

生态主义的世界观是一种整体有机论。从中国古代的“天人合一”思想到生态后现代主义、生态女权主义、生态社会主义等各种思潮，它们都反对近代形成的机械论世界观，认为世界是一个有内在联系的有机整体，人、自然和社会是一个动态发展的和谐的统一体。生态世界观认为，“现实中的一切单位都是内在地联系着的，所有单位和个体都是由关系构成的。”②

生态主义的价值观肯定了自然的内在价值，主张人与自然、社会之间建立一种新的伦理关系。拉兹洛认为：“所有系统都有外在价值和内

① 参见王牧华，靳玉乐：《生态主义课程思潮引论》，《辽宁师范大学学报》，2000 年第 4 期。

② 大卫·格里芬编，马季方译：《后现代科学——科学魅力的再现》，北京：中央编译出版社，1998 年，第 151 页。

在价值。它们都是自然界强烈追求秩序和调节的表现，是自然界目标定向、自我维持和自我创造的表现。”① 生态主义价值观反对技术理性的工具性价值观，工具性价值观认为自然只有在被人当作资源加以利用的时候才显示出其存在价值，这种人类中心主义的价值观是近代社会形成的，在现代社会达到极致，从而加剧了人类社会乃至整个生态系统的危机。为此，建立生态主义的价值观是必要的，这种新价值观迥然不同于人类中心主义的价值观：“后现代的生态学的一系列价值观与以现代科学观点为特征的操纵的普罗米修斯式的价值观截然不同。与之相反，适应于生态意识的价值观是一种适度的、自我节制的和完整的价值观……生态学的价值观并不憎恨人类；但后现代的生态价值观也不是以人类为中心的，这一点与现代科学培育的控制意识所要达到的目标不同。生态意识的基本价值观允许人类和非人类的各种正当的利益在一个动力平衡的系统中相互作用。”②

生态主义的认识论反对西方传统哲学中的主客体二元对立的观点，物质与意识、主观与客观、本质与现象等是二元论哲学的基本范畴，当二元论的视线触及人与自然、人与社会、社会与自然等关系时，他们得出的结论是自然屈从于人、屈从于社会，人与自然是对立的，人的发展以对自然的征服、统治为前提。生态主义的认识论消解了二元论，认识到人是自然、社会系统中不可缺少的、普通的一部分，这一部分只有在与整个生态系统相联系时才有意义，“事实上，人种不过是众多物种之一种，既不比别的更好，也不比别的更坏。它在整个的生态系中有自己的位置，只有当它有助于这个生态系时，才会有自己的价值。但人类并没有什么特殊的价值，人类自命不凡地认为自己有特殊价值已导致了人类利益和所有物种的利益赖以生存的生态秩序的大规模破坏。”③ 因此，新建立的后现代科学应该摒弃二元论；“后现代科学不应将物质与意识割裂开来。因而也不应将事实、意义及价值割裂开来。因此，科学与一

① E. 拉兹洛：《用系统论的观点看世界》，北京：中国社会科学出版社，1985 年，第 109 页。

② 大卫·格里芬编，马季方译：《后现代科学——科学魅力的再现》，北京：中央编译出版社，1998 年，第 133 页。

③ 大卫·格里芬编，马季方译：《后现代科学——科学魅力的再现》，北京：中央编译出版社，1998 年，第 148 页。

种内在的道德观密不可分，而真理和美德由于是科学的一部分，也是不可分割的。”[①] 科学不是一项价值中立的活动，价值与事实、道德是一个过程的不同方面。

生态主义的方法论反对还原论方法，认为还原论是与原子本体论和机械论世界观联系在一起的。生物学哲学家恩斯特·迈尔（Mayr，E.）力图使传统哲学从单纯物理科学的影响中解脱出来，以生物科学的思维重建哲学，对还原论的批判首当其冲。他将还原论者的还原分为三种：组成的还原、解释的还原和理论的还原。组成的还原论将有机体的物质组成与无机世界的物质组成等同起来；解释的还原论认为只有把整体分解为最基本的部分才能理解一个整体，具体地说是把生命现象还原到原子水平才能理解生命；理论的还原论认为生物学的理论可以用物理学的理论推导出来。迈尔认为除组成的还原论可接受外，解释的还原论和理论的还原论都是错误的。生态主义的整体论方法并不排斥分析，“生态学并不排斥分析。它包容和运用了所有现代严格的分析技巧，但它既不停留在分析上，也不推崇客观、冷漠的分析价值观。它以一种整体论的方法包含和超越了分析，而这种整体论的方法对于其概念的任务来说至关重要。”“对于生态学家们来说，这些分析永远是达到一种更广阔目标的手段，这一目标就是在复杂的相互作用中保持生态系统的意识。”[②]

总之，生态主义通过一系列努力，着眼于生态系统中关系的考察，初步确立起了系统整体观念、民主平等原则、尊重差异的思想以及动态发展的观点。这些观念相互补充，相得益彰，具有高度同构性特征，因此我们称之为生态主义的有机整体论。这种有机整体论把整个生物圈乃至宇宙看成一个生态系统，认为生态系统中的一切事物都是相互联系、相互作用的，人类只是这一系统普通的成员。整体论强调每一物种在维持生态系统整体性中所起的作用，强调生态系统中每一存在物所具有的内在价值。具体而言，生态主义的整体观包括以下要点：[③] ①每一样东

① 大卫·格里芬编，马季方译：《后现代科学——科学魅力的再现》，北京：中央编译出版社，1998年，第84页。

② 大卫·格里芬编，马季方译：《后现代科学——科学魅力的再现》，北京：中央编译出版社，1998年，第132页。

③ 苏贤贵：《生态危机与西方文化的价值转变》，《北京大学学报（哲社版）》，1998年第1期，第66页。

西都和另外的东西相联系。如果把一样东西从生态系统中移走，必定会影响整个生态系统。②整体大于部分之和。生态系统具有协调作用，子系统的效应不是简单的线性叠加。③知识依赖于处境。在整体论中，每一部分的意义都依赖于它和整体的关系。④过程优先于部分。生态系统是一个开放的、有物质和能量交换的系统，这个稳态的系统与其说是由部分构成的，不如说是由过程构成的。⑤人与非人自然物的统一。在整体论中人和其他自然物都属于同一个有机的宇宙系统，不存在文化与自然的二元对立。

（二）生态主义课程的基本特点

生态主义课程是运用生态主义理论研究课程的产物，它表现为三种形态：（1）以生态主义理论为指导发展起来的课程及其理论；（2）有关于生态主义理论的课程；（3）为了实践生态主义而发展的课程。以生态主义理论为指导发展起来的课程及其理论是一种广义的理解，它包含了广泛的课程形态及其理论，如弗·卡普拉（Capra）的课程设计思想、格里芬“神圣的联系”的思想、鲍尔斯和弗林德斯“反映式教学”的观点、米勒“整体性课程”的思想、凯森“批判的过程课程”的思想、澳大利亚人高夫的“生态政治课程观”、日本的尾关周二等人以共生哲学为基础的课程思想、联合国教科文组织于第二次世界大战以后为推行国际理解的教育、世界学习、开发教育等所开发的可行的课程方案等课程思想，以及美国课程学者小威廉姆·E. 多尔（W. E. Doll）的后现代主义课程理论、斯拉特瑞（Patrick Slattery）的后现代主义课程理论都是属于这一范畴的生态主义课程理论，因为他们的课程思想中自觉或不自觉地运用了有关的生态主义理论。关于第二和第三形态的生态主义课程则可以看作是第一形态生态主义课程的一种特殊表现方式，但它们实质上是第一形态生态主义课程研究的深化，为研究方便起见，本文所着力讨论的当属第一形态的生态主义课程。

生态主义课程得以产生的时代背景以及它所依据的生态主义理论都赋予它新的特点，正是这些特点使它与其他的课程及其理论相区别。

第一，生态主义课程的整体性。其表现为以下几点：（1）生态主义课程各要素相互联系共同构成一个有机整体；（2）生态主义课程的研究方法是系统整体的方法；（3）生态主义课程目标的整体性，即它的目标是促进学生在一个社会、自然环境、文化有机统一的环境中身心获得全面发展；(4) 生态主义课程的内容是一个有机整体，“在各种研究、建议和方案中，可以看到要把各种教育内容整合起来、集中起来和更好地结合起来的意图”。“跨学科或超学科，注入式方法或整体论方法，范例概念，更好地把学习计划与方法的最终目的、一般目标和内容结合起来的努力等，这一切构成了应付某种危险和整合一套多方面内容的手段。”(UNESCO，1996) 生态主义课程的整体性使它具有更大的包容性和更为丰富的内容。

第二，生态主义课程的开放性。生态主义课程作为一个系统具有两个层次的开放性：(1) 系统与外部的信息交流，即生态主义课程与自然环境、社会、文化、学生个体之间的信息交流。通过这种信息交流，生态主义课程获得发展的资源和动力，并能推动自然环境、社会、文化与学生个体的和谐发展。(2) 系统内部各子系统之间的信息交流，即生态主义课程目标、课程内容、课程实施、课程评价等系统之间的信息交流。通过这种交流，生态主义课程保持了系统整体性，各子系统构成一个完整的有机整体。小威廉姆·E. 多尔 (W. E. Doll) 认为关联性是后现代主义课程的一个重要特点，并将关联分为处理课程内部结构的教育联系和关于课程之外的文化或宇宙观的文化联系两大类。我们认为所谓关联就是指生态主义课程的开放性在两个层次上的表现形态，文化关联是第一个层次的信息交流的表现，它自身充满了生机和活力，能够适应不断发展变化的时代需要、各种各样的学生个体需要以及自然环境发展的内在需要等多种需要，表现出较高的灵活性和创造性。

第三，生态主义课程的丰富性。小威廉姆·E. 多尔 (W. E. Doll) 认为丰富性是指“课程的深度、意义的层次、多种可能性或多重解释”，产生这种状况的原因在于课程所具有的适量的“不确定性、异常性、无效性、模糊性、不平衡性、耗散性与生动的经验”以及课程内在的“疑问性、干扰性、可能性”。(小威廉姆·E. 多尔，2000) 丰富性是与现代主义课程的简单性所对立的，现代主义课程的简单性是由线性进步的观念和还原论的方法所决定的，生态主义课程的丰富性则是生态主义的认识论和方法论的必然结果。生态主义课程具有丰富的课程资源，它涵盖了自然环境、社会、文化和学生个体等各种要素，扩展了课程资源的范围；它将课程界定为教育性经验，使课程不局限于学科、教材以及学习计划，涵盖了显在课程和潜在课程两个方面，包括了学生的行为改变和内在感受两个层面。生态主义课程反对一种宏大的叙事方式，主张知识依赖于处境，倡导灵活的策略和多元的选择，尊重学生个体差异并促进他们个性的多样发展……因此，在生态主义旗帜之下汇集了多种形态的课程思想及其理论，它们相互补充、相互借鉴，在交流与对话中不断走向发展成熟。

第四，生态主义课程的发展性。发展性是相对于知识性而言的，生态主义课程的发展性是指它的目的主要在于促进学生的一般发展。巴班斯基说："如果教学具有专门拟定的发展目标，并且引导学生开展足以发展他们感性知觉的各种活动和足以使他们的运动、智力意志、情感、动作等领域得到发展的各种活动，那么，教学就能更有成效地执行发展职能。因此，60 年代在教学论中出现了专门的术语：'发展性教学'。它意味着在教学过程中，除了形成知识和专业技能之外，还应当采取专门措施促进学生的一般发展。"（巴班斯基，1986）发展性教学思想的一个重要理论假设是：学生的一般发展是他们进一步发展的重要基础，赞可夫说："早在教学与发展问题研究初期，我们就曾提出一个假设：学生的急剧的一般发展是他们从事学习、掌握知识和技巧的过程中取得优良成绩的基础。通过对学生学习的一系列研究，证实了上述假设的正确性，同时也在一定程度上弄清楚了儿童学习活动的各种内容进程。"（赞可夫，1985）生态主义课程吸取发展性教学思想的重要成果，在课程目标中凸显学生一般性发展的重要性，在课程内容的选择、课程实施的方法等环节上也着力于促进学生的多元智力的发展、动作技能的掌握以及情感意志的培养等。正如联合国教科文组织对 21 世纪教育性质将要发生的变化所作的预测所说："到那时候，问题就不再是培养儿童为某一特定的社会作好准备，即不再是不断地向他们每个人提供有助于其理解周围世界并成为有责任感的和公正的参与者的力量和知识方面的标准。教育的基本作用，似乎比任何时候都更在于保证人人享有他们为充分发挥自己的才能和尽可能牢牢掌握自己的命运而需要的思想、判断、感情和想象方面的自由。"（UNESCO，1996）生态主义课程以学生的全面发展为突破，围绕学生的发展这一中心整合自然环境、社会、文化各个课程资源，以推动自然环境、社会、文化、学生个体的和谐发展为最终目的。

二、生态主义课程研究的理论意义

生态主义课程是对新文化的一种积极回应，它的产生与发展既是时代的客观需要，又是课程理论内部矛盾演化发展的必然结果。

第一，它是对以可持续发展为特征的新文化的一种积极回应。生态主义课程对新文化的创造与传承具有不可替代的作用。生态主义课程产生的时代背景是人类社会正在走向可持续发展的道路，在这一时代背景下课程目标、课程内容以及课程研究的方法等都发生了重要转向。因此，生态主义课程的发展与人类社会正在积极创造的新文化密切相关。这一新文化以可持续发展为主要特征，以人类之间以及人类与自然之间的相互协调、和谐发展为最高追求，生态主义课程正是这一新文化的有机组成部分。新文化为生态主义课程的发展奠定了重要的理论基础，对生态主义课程的发展方向具有宝贵的指导意义。但我们也看到，生态主义课程的发展并不是新文化理论在课程领域的简单移植与应用，不是对新文化的简单复制或模仿，它是新文化理论在课程领域中的再创造，是以课程语言对这种再创造的描述与刻画。生态主义课程致力于培养具有生态意识的未来公民，培养学生学会与他人合作共事、学会积极参与社会活动、学会从自然中获得智慧、灵感，获得审美感受，学会与自然和谐共处……这些措施都是对新文化的一种积极创造，同时又是新文化的一种重要的传播渠道。作为对新文化的积极回应，生态主义课程必将显示出其旺盛的生命力。

第二，它是课堂理论研究的新动向。课程有着悠久的过去，却只有短暂的历史。1918 年美国课程学者博比特（Bobbitt，F）出版了《课程》一书，这标志着课程作为一个独立的研究领域的出现；1950 年泰勒（Tyler，R）出版了其《课程与教学的基本原理》这一经典名作，将课程领域的研究推向一个前所未有的高度，一时，泰勒的课程编制原则与方法成为众望所归的典范。随着泰勒的课程思想逐渐成为一种权威话语，课程研究的科学实证主义范式显示出了其王者风范，意欲实现其一统天下的雄心；然而各种人本主义课程研究范式揭竿而起，开始了与科学实证主义范式的连绵战争。可以说，一部课程的百年发展史，主要是两种课程研究范式不断冲突与融合的历史。在课程研究的两大阵营内部，各种理论学说也是异彩纷呈。课程理论的这种多元化特征可以从课程研究方法的丰富性来理解。因为课程研究方法的差异是研究者理论出发点的不同与所面对的问题的差异造成的。课程学者肖特（Short，1991）对课程研究的不同方法进行了全面回顾与认真总结，确认了分析性（analytic，1991）、扩充性（ampliative）、历史性（historical）、科学化（scientific）、族志式（ethnographic）、美学的（aesthetic）、现象学（phenomenological）、批判性（critical）、整合式（integrative）等17种研究方法。在此基础上，他将这些方法分为哲学性探究、历史性探究、科学性探究、艺术性探究、宗教性探究等10种类别。对于如此众多的方法，肖特并不满意，他认为课程探究作为一种实用性探究，应该采用多种探究形式以便提出不同的问题和获得不同的答案；如果已有的课程探究方式不能解决新的课程问题，研究者还应该致力于寻求新的探究形式。①

生态主义课程所面对的是人类社会在当代的新问题，其研究的直接目的在于积极参与创造一种可持续发展的新文化，从这种意义上说，它是课程理论研究的新动向，是新的课程价值取向的反映，恩尼斯和胡珀（Ennis&Hooper，1988）曾将教育的价值取向分为五种，即学科知识取向、社会重建取向、学习过程取向、自我实现取向和生态整合（ecological integration）或生态效度（ecological validity）取向。其中，生态整合取向的四个特征是：（1）强调个人对意义的追寻；（2）假设个人信度（以致个人意义）是由整合自然及社会环境而获得的；（3）未来取向；（4）着重社会需求及个人获得需求之均衡而没有偏颇，并且强调学科内容以满足二者需求的重要性，此外，教育的共同目标为个人的发展、适应环境及社会互动。② 这可以看作是生态意识在教育研究领域的

① 参见李子建，黄显华著：《课程：范式、取向和设计》，香港中文大学出版社，1996年，第423～427页。

② 参见李子建，黄显华著：《课程：范式、取向和设计》，香港中文大学出版社，1996年，第73～75页。

自觉运用，在一定程度上体现了时代需要及社会发展的方向。

首先使生态主义课程研究从自发走向自觉的课程学者当推弗·卡普拉（Capra）。他在《转折点：科学、社会和兴起中的文化》一书中指出：人类所生活的世界是一个生理现象、精神现象、社会现象和环境因素都相互依存的世界，因此我们必须采取生态学的世界观来看待世界和进行课程设计，开发促进人类之间以及人类与自然之间和谐互动关系的课程观。受卡普拉等人的影响，许多课程理论家以不同的形式提出了生态主义课程的设想。其中，尤以格里芬（提出了“神圣的联系”的思想）、鲍尔斯和弗林德斯（提出了“反映式教学”的观点）、米勒（提出了“整体性课程”思想）、凯森（提出了“批判的过程课程”思想）等人为代表。[①] 澳大利亚人高夫则提出了“生态政治课程观”，以此“批判西方工业社会长久地以唯物及微体世界观为主导的基础，以及配合科技新发展的概念和后现代社会的需要。”[②] 日本的尾关周二等人提出了以共生哲学为基础的课程思想，联合国教科文组织则于第二次世界大战以后一直致力于推进国际理解的教育、世界学习、开发教育等，并认真探讨相应的可行的课程方案。凡此种种，都向我们昭示着生态主义课程作为一种新的课程研究动向，必将面临新的发展机遇，有着广阔的发展空间。

三、生态主义课程研究的实践意义

第一，有利于创造一种新文化，培养符合时代需要的新人。如上所述，生态主义课程的发展对新文化的创造与传承具有不可替代的作用，这一作用主要通过课程所培养的人才体现出来。新文化发展的以下特点对人才提出了新的要求，具体表现为：第一，新文化要求正确处理人与自然之间的关系，正确处理发展与环境的关系。当前我国正处于由农业化向工业现代化以及信息化社会迈进的关键时期，经济的快速发展一方

① 参见张文军：《后现代课程观初探》，载《华东师范大学学报（教科版）》1997 年第 4 期，第 14 页。

② 李子建，黄显华著：《课程：范式、取向和设计》，香港中文大学出版社，1996 年，第 75 页。

面提高了人民的物质和精神生活水平；另一方面却带来了严重的环境问题，环境与发展的矛盾日益显露出来。我们是走一条西方发达资本主义走过的“先污染后清理”的黑色发展道路呢，还是走一条“边污染边治理”的可持续发展道路？当前世界各国都在使生产方式“绿化”、生活方式“绿化”，作为后发展国家，在这一方面我国占有一定的优势。因此，我们应该抓住新的历史发展机遇，积极创造可持续发展的新文化，推动我国的现代化进程顺利前进。第二，新文化要求国际间加强交流与合作、民族之间和平共处，以对话代替对抗、以交流代替封闭、以合作代替孤立、以和平代替战争，并以此建立国际政治、经济新秩序。新文化的第三个重要特征是将人看作一个完整的个体，这具有两方面的含义：(1) 他（她）具有不断发展的内在潜力，不仅具有认知能力发展的需要，还具有艺术、空间、肢体、人际、情感、具体思维、道德行动（尽管重视道德推理能力）等其他侧面的能力发展的需要；(2) 他（她）是一个与自然、社会、他人和谐共处的个体。生态主义课程通过课程目标的能动改变、课程内容的积极调整以及研究方法的变更等来实现人才观转变的新要求，从而为新文化的创造与传承创造积极的条件，并培养出符合时代需要的新人。

第二，有利于推动课程改革与发展的顺利进行。课程的改革与发展成为当今世界各国教育发展的重要特点，生态主义课程的提出对于课程改革与发展具有启发意义，生态主义课程开发成为推动新一轮课程改革与发展的契机。“实质上，注重整体性生态课程建设已经成为一个世界性的共同主题，过去（乃至现在）人类在战胜自然、征服自然的同时，也经受了自然对人类的‘战胜’和‘征服’，其教训是非常深刻的，为了人类的存在和发展，学校课程设计不可能不坚持整体性的生态观。”① 传统的课程改革只局限于对课程目标、课程内容等局部的修修补补，对于课程研究的方法也只是在现代主义的框架内非此即彼地争论不休，因此，我们看到的课程改革总是在满头大汗地头疼医头、脚疼医脚，似钟摆在摆来荡去。生态主义课程对现代主义课程进行了深刻的批判性反思，它是对现代主义课程目标、课程内容以及研究方法的批判性继承，

---

① 李臣之：《后现代主义课程理论试探》，《教育科学》，1999 年第 1 期，第 60 页。

是对现代主义新文化的一种积极回应。生态主义课程通过运用整体系统原则，将课程研究的重点转向未来，将课程内容扩展到一个广阔的视野，因此，它提供了当代课程改革与发展的一条新思路。

女性主义课程研究方法论*

女性主义课程研究，源于20世纪60年代末70年代初西方女性主义文化思潮在学术界掀起的一场“性别革命”，其主旨在于揭示西方传统学术中的性别偏见和男性中心的假设，将被忽略和排斥的女性经验有形化、合理化，并以性别化理解的方式重新诠释现有知识框架和社会现象。在把女性主义理论引入课程领域，并将之确立为中心话语的实践中，米特拉诺（B. mitrano）、格鲁梅特（M. Grumet）、米勒（J. Miller）、沃伦斯坦（S. Wallenstein）等学者发挥了重要作用。

一、女性主义课程研究的独特视角

女性主义进入课程领域的初期是以批判正统和填补空白的姿态出现的，即批判课程领域中对女性以及相关议题的忽略和歪曲，通过对社会性别（gender）这一变量的强调和提升，使得被边缘化甚至无形化的众多女性问题或所谓非正统议

* 与黄清合作。

题“浮出水面”，并将它们纳入研究范围，从而改变课程研究中以男性及相关议题为唯一正统和标准的局面。例如一些女性主义评论家通过对各学科的审视得出以下结论：（1）这些学科的研究方法遮盖了某类信息；（2）忽略或轻视与女性相关的整个研究领域；（3）对两性的归纳概括只是以对男性的研究为基础；（4）研究本身虽然宣称客观性，但仍有明显的价值取向；（5）知识被作为外在于人类意识的东西来对待；（6）由现存知识和探究模式所产生的知识与我们已经接受的知识，与方法论本身相一致，这加剧了引介新观念的困难；（7）知识被当做男性的知识而不是人类的知识来揭示；（8）在所有的学科中，女性的价值都被降低；（9）许多研究以二元论为视角，以高度理性和技术化为取向。① 为了对上述发现做出回应，早期研究者试图通过女性研究项目对学术学科进行再定义和再建构。

然而，研究者们很快发现，这种对传统议题的重新解释或对新领域的开发充其量只是在现有的课程论框架里做一点修修补补，并不能从根本上改变课程研究中男性霸权的基本状态，他们认为课程论的整个框架和传统都是依据男性经验建立起来的，它不能反映女性在课程领域的独有经验，这就使得进入这一领域的女性主义课程学者面临着一种“分裂的意识”或自我冲突的困境，即无法将女性的经验感受与现有的课程学规范融合在一起。这一发现使女性主义学者相信现有的课程研究范式存在系统的缺陷，从而将批判的程序进一步推向奠定学科知识基础的方法论本身。女性主义针对主流学术体制的性别盲点，期望通过方法论的变革，建立一种为不同于传统的研究实践提供的可能性标准。这些标准不同于冷漠的、逻辑的、无激情的所谓课程研究客观程序，而是建立于丰富的、感性的、真实的女性经验视点之上的课程分析框架。

尽管在是否存在独特的女性主义研究方法这一问题上目前还存在分歧，但越来越多的女性主义者认为，女性主义研究具有与非女性主义研究相区别的独特的方法论视角，它表现在以下一些方面：（1）女性主义是一种研究视角，不是一种研究方法；（2）女性主义运用多样化的研究方法；（3）女性主义研究包括对非女性主义研究的持续批判；（4）女性

① ［美］派纳：《理解课程》，张华等译，北京：教育科学出版社，2003 年，第 385 页。

主义研究是由女性主义理论所引导的；（5）女性主义研究可能是跨学科的；（6）女性主义研究以创建社会变革为目标；（7）女性主义研究努力代表人类的多样化；（8）女性主义研究常常将作为人的研究者包含在研究范围之内；（9）女性主义研究常常试图与被研究的人之间形成一种特殊的互动关系；（10）女性主义研究常常与读者建立一种特殊的关联。①

二、女性主义课程研究的方法和特点

女性主义有许多种类型，如自由的女性主义、激进的女性主义、黑人女性主义、批判的女性主义等，因此其方法论也不是一些固定的教条，而是一种不断发展中的开放的对话。综观女性主义视角下的各种课程观点，其方法论特点主要有以下几种。

（一）反对课程研究中的实证主义唯科学论，注重研究中的情境理解与价值引入

女性主义对实证主义的挑战主要集中在对以主客体的二元分离为前提，以价值无涉和情境独立为保障的客观性原则的批判上。这种传统的客观性主张将知者与所知人为地分离开来，无视研究者所包含的主见、偏见对于研究过程来说是不可避免的，幻想一种中性的观察、中性的语言存在的可能性，把知识视为独立于社会进程和具体情境的、有关自在（out there）事实或世界的抽象理解。

女性主义课程学者深刻地认识到，实证主义课程研究所追求的客观理性，其实建立于一种阶级、经济、教育、种族与性别特权，预设并强化着男性中心的课程体制。研究者多是有着中产阶级、高等教育及白人背景的男人，他们往往把自身的知识建构为“理性”、“客观”和“公正”的，而把被研究者的知识定义为“非理性”和“主观”的，研究过程本身就在强化主流社会的阶级、种族和性别霸权，这是一种把研究者自己的目的和意愿强加在研究对象身上的“形同强奸的研究”。研究者倘若不知自我反省与批判，对知识的生产与诠释过程毫不自觉，甚至一

① Reinharz, Shulamit（1992）. Feminist Methods in Social Research. New York: Oxford University Press. 240.

厢情愿地视自身论述为客观真理，不仅令“价值中立”的神话得以延续，也令“知识”沦为主流性别、阶级、文化和种族霸权的附庸。因此，女性主义者试图颠覆传统实证主义所谓知识价值中立观。

（二）反对传统课程中的男性主义认识论，倡导解放的女性主义经验论

长期以来，由于社会的分工和权力的分割，女性的社会活动空间往往被置于私人的生活领域，并被赋予生产知识的从属地位。女性的社会经验及知识贡献，也由此被边缘化，甚至被遮蔽，因为知识生产是以在公共领域的男性经验为社会主流话语及价值判断的认识基础的。在这种状况下，男性具有文化符号体系的操作权、话语理论的创作权和语言意义的解释权。而处于边缘地位的女性要获得这种话语权，就必须丧失自己作为女性的主体，丢弃自己作为女性特有的生存方式、体验方式和言说方式，而不得不用男性社会已经制度化、理性化的口吻、词汇、意向和符号去说话，从而失去自己的一些女性特征，以便进入准男性的话语机制。

在课程领域，男性主义认识论常常表现为客观、普遍、理性、权威、统一、规范、制度等认识倾向和特征，强调课程知识的客观性、确定性和原理法则的普适性，强调真理的绝对化。女性主义者则主张“把妇女生养经验的知识纳入认识论系统和课程形式之中”，[①] 认为知识以经验为基础，女性主义课程研究之所以更加优越和可取，不是因为它们在遵循现有方法论规则的过程中更加严格或更少出错，而在于它们本身源自于女性的生活经验，这种经验为产生更加完整和更少歪曲的知识提供了潜力。因为女人处在被统治、被忽略、被边缘化的“他者”位置，这使她们获得了一种不同于男人的批判的眼光和立场，有助于克服偏见并产生更加合理的知识。在女性主义学者眼里，知识最核心的要素是“情境化”，没有不含偏见的知识，也不存在一种压倒一切占绝对优势的知识形式，只有由多样化的主体所感受和讲述的多种多样的经验。在课程研究中，女性主义更加关注的是种族、文化和性别的差异以及文化、

① M. Grumet (1979). Conception, Controdiction, and Curriculum. Paper Presented to the Airlie Conference, Virginia. 3.

历史的特殊性和多元性，更加注重以跨学科的、策略化的眼光寻求更具亲和力和更加精致的方法，也更加注重课程的情感性、参与性和体验性。诚如女性主义学者格鲁梅特（MR. Grumet）所言："女性主义学者努力把被历史和文化拆分的经验和理解统整起来。因为教学和学习的意义与男女的意义以及我们的繁殖和养育经验、家庭生活、性、自然知识和政治都有关系"。[①] 在这里，女性主义创造了一种课程探究的新形式，即把女性主义主题、经验、生态隐喻、人文社会关系和极富解放意味的自传方法联系起来。

（三）抨击课程领域的性别歧视，关注女性平等的话语权力

女性主义课程学者认为，如今女性在学校接受的是一种"性别化教育"，学科理论框架、课程内容、思维与交流方式等，往往都只是让女性认同男性的主体性，用男性的话语来解释世界和自我。例如，学校课程中传授的知识都具有男性化的特点，潜在地传递一种认为男性气质优越于女性气质的观点。学校教育中所谓具有逻辑性、理性、技术性学科组成的体系也不断地强化男女品质的差异以及由此导致的男女优劣之分。在教科书当中，不仅男性人物多于女性人物，且男性经常被做为重要人物提及，被描绘成有控制力的、积极的、有冒险精神的；而女性经常被视为被动的、无助的。在课程选择上，由于学校教育把男女生学科选择的差异赋予了价值意义，故男生多选择数学和自然学科等需要高度抽象思维的学术性课程，而女生多选择家政学、艺术学等技艺性课程。在课程教学中，从小学到大学，男生受关注的机会远远多于女性，理科课堂上师生交流尤其偏重男生。

女性主义者不满于课程领域中这种抹杀女性的单一的男性中心话语场，努力寻求作为多元对话共同体重要成员的女性的话语权，坚持要发出女性的声音，讲出女性的体验。女性主义学者曼罗（P. Munro）在《教学即"女性的工作"：一百年的抵抗声音》中写道："当课程运动被当做是流动的液体，深植在体验中时，这些女性（她所研究的）不仅会

① M. Grumet（1988）. Women and Teaching：Homeless at Home. In W. Pinar（ed.），Contemporary Curriculum Discourses. Scottsdale，Az：Gorsuch Scarisbrick. 538.

打破传统形式，而且不再拘泥于传统上起控制作用的课程标准”。① 米勒（J. L. Miller）主张认真调查那些扭曲和否认妇女教育经验的课程形式，从根本上改变具有性别歧视的教育制度、学术学科及其代表性课程的性质。诺丁斯（Nel Noddings）更是运用女性主义理论和她的关爱观对课程设计进行了新的阐述。这些女性主义课程理论家发自内心的呼声已经在学术界引起了广泛关注。

（四）倡导研究关系的交互性和非等级性，改变女性在研究中的从属地位

传统的课程研究习惯于采用二元对立的思维方式，研究者与被研究者的关系是相互分离的、不对等的。研究者往往具有一定的知识优势和认识特权，是主要的、中心的、本原的；被研究者则处于明显的弱势地位，是次要的、边缘的、派生的。在以“父权制”为基础的研究传统中，女性被置于依附和隶属地位是不可避免的。

为了改善女性在课程研究与知识生产中的不利处境，女性主义学者从社会性别关系入手，极力倡导研究关系的交互主体性，试图在研究者与被研究者之间建立一种非等级研究关系，通过研究主体间的交互作用，发展某种相互平等的认知和互利互惠的关系，使课程研究能够同时倾听来自不同性别的声音。事实上，在课程实践中，这种研究思想的影响力已经远远超出了性别关系的范围，在老师与老师之间、老师与学生之间、老师与家长之间、家长与子女之间，这种非等级关系的建立，对于课程研究领域民主风气的形成和平等对话的实现，意义十分深远。

三、评析

女性主义课程研究方法论针对以实证主义为代表的主流学术体制的性别盲点，坚持让被研究者作为主体，以改善被研究者的学习境遇和生活素质为研究的终极目标，以壮大弱势群体并尊重其主体声音为研究者的使命，以实现两性平等为研究过程的基本原则，这一方法论在理论上

① P. Munro (1992, April). Teaching as “Women's Work”: A Century of Resistant Voices. Paper Presented to the Annual Meeting of the American Educational Research Association, San Francisco, CA. 15.

具有启发意义，在实践中也促成了许多令人耳目一新的女性主义课程研究成果的出现，许多在传统课程研究中被忽略、被遮蔽、被扭曲的东西在女性主义视野下被重新挖掘出来或得到了补充和修正。从研究取向看，女性主义致力于对以实证主义为根基的传统方法论的批判，拒斥“主观—客观”、“公众—私有”、“男—女”等二元对立视角，避免形式化、凝固化、静态化、简单量化的研究路向，力主研究的情境性、整体性、参与性、意义性和批判性。从认知过程看，女性主义基本上持文化建构论，他们强调社会性别在这种建构过程中无处不在的影响，强调个人经验（无论是作为研究者还是被研究者）在知识构成中的价值，强调以建立一个没有权威和权力控制的真正民主的认知方式作为解放的课程教学目标。从研究方式看，女性主义以具体生活经验为本，注重开放与双向互动的深入观察和访谈，强调批判性反思、现象学理解、自传研究，存在体验课程方法等。从研究关系看，女性主义从方法论的角度挑战了所谓私人领域和公共领域的规范划分以及蕴含的权力关系，试图在研究者与被研究者之间建立一种平等合作关系，让被研究者发出自己的声音，让研究者学会倾听和书写。

尽管女性主义学者在方法论的变革上不乏雄心壮志，但社会习惯的强大压力、学派之间的观点纷争、理论体系的散乱不整等，仍给女性主义课程研究带来了诸多困难。首先，当今社会男性主流仍是不争的事实，且习以为常，根深蒂固，其势之劲，实难一下子扭转过来。第二，在目前学派林立，几乎已成为无中心的课程领域，要发起一种具有震撼力的女性主义革命很难。在目前多元并存格局中，女性主义也只是在某些边界地带寻找自己的生存空间。第三，女性主义在方法论问题上的一些偏颇或暧昧态度，也影响了其实际作用的发挥。例如，在解构实证主义、批判男性霸权的同时，似乎又出现了女性认知优势的偏见，这种简单肯定一方而否定另一方的做法，与女性主义反强权的基本理念并不完全吻合。又如，女性主义一方面宣称偏见是不可避免的，不存在任何独立于具体情境的真正普遍的、抽象的知识；另一方面又以追求所谓更少偏见的客观性作为女性主义知识的目标，其理论上的模糊性可见一斑。

质的课程研究方法论*

教育领域素有“质的（qualitative）”和“量的（quantitative）”方法论之争，它们构成了20世纪以来教育研究方法的两条发展主线。诚如瑞典教育家胡森（T. Husen）所指出的：“一是模仿自然科学，强调适合于用数学工具来分析的经验的、可定量化的观察。研究的任务在于确定因果关系，并作出解释。另一范式是从人文学科推演而来的，所注重的是整体和定性的信息，以及说明的方法。”① 近年来，随着质的研究方法在课程领域的广泛运用，质的课程研究独具特色的方法论思想也开始引起课程学界的普遍关注。

质的课程研究方法与传统的量化课程研究方法和定性课程研究方法之间的根本区别不在于研究内容的变化，也不在于研究手段的改进，而在于研究视角的转向和研究目的的改变。质的课程研究关注的是课程活动自身的存在，是活生生的课堂生活世界和意义世界，关注有着各自独特境遇和逻辑的课程事件，以及它的处境、它的发展

* 与黄清合作。

① 瞿葆奎：《教育学文集·教育研究方法》，北京：人民教育出版社，1988年，第179页。

变化和它的最终命运，而不是致力于发现一种先在的、不变的客观规律来解释一切课程现象。因此，就方法论意义而言，质的课程研究处处透露着一种鲜明而强烈的人文精神。这种方法论上的人文精神集中体现在它反对盲目崇尚自然科学客观主义研究范式，反对实证主义原子论和物理主义机械还原论，倡导以人为本的课程研究取向，重视事物的本源性和整体性，尊重人的认识的主观性和多样性等方法论思想上。

一、崇尚自然主义

在人文社会科学方法论当中，“自然主义”（naturalism）指的是一种研究者直接面对真实社会现实的哲学态度和方法论信念，它有别于“理性主义”（rationalism）或“科学主义”（scientism），将自然科学的研究逻辑运用于社会现实研究的信念和趣好。在科学主义范式下的量化课程研究中，研究者总是倾向于对研究对象施加影响，尤其是对于实验性研究，研究者要精心设计一个人造的实验情境，在实验过程中系统地操纵变量的变化，以便精确地发现变量之间的因果关系。这样的研究一般来说内外部信度都会很高，但效度由于受到研究者的人为因素干扰而大大降低，因为它同实际的自然情形相差甚远，是对人的原本特性和事件过程的本真状态的人为扭曲。质的课程研究为了避免上述情况，采取了一种自然主义的研究态度，力图在真实的情境状态下把握研究过程。

质的课程研究认为，课程是学生在学校中接受的教育性经验的有机整体，它不仅包括了学生各类经验的有机融合，也包括了学生获得经验的历程。这一历程是开放性的，没有固定的程序和环节。在课程进行过程中，人类的共同经验、教师个体经验、学生个人经验往往相互交织、相互作用，学生在课程为他们展开的丰富的经验世界中自由想象、创造、学习、理解、交流、游戏、活动，不断建构自己的生活经验、生活价值和生活意义。这是一个动态变化的经验和意义建构过程，它具有非预期性、非控制性、情境性、历时性和不可重复性。因此，要想真正认识课程的实际意义，就必须把它放在丰富、复杂、流动的自然情境中进行考察。质的课程研究者通常是在不引人注目（unobtrusive）的情况下进入研究现场，不控制任何变量，也不从外部强加任何因素于研究情境和被研究者身上，方法论者将这种自然情境中的研究称为“现场研究”(field research，文化人类学称之为“田野研究”)。

崇尚自然主义的方法论思想有以下两个突出要点。

第一，研究者不人为干扰或改变研究现场和研究过程，即不将已有的理论框架、概念范畴、测量手段等强加于研究过程。研究者只是作为一个观察者、访问者或参与者、行动者深入到课程活动的全过程之中，在实地收集第一手资料，并对这些资料做具体详尽的描述，使之真实地再现于读者面前，由读者自行作出体悟和判断。

第二，注重对研究资料的情境性解释。质的课程研究并不热衷于撇开背景因素对资料进行抽象分析，也不关心研究结果的概括性和可推广性，而是着力于准确、详尽而又充分地描述研究的自然情境和情境中的现象，强调把研究资料放到收集资料的当下情境中去解释。这种自然主义的研究态度使得课程所包含的生活世界、经验过程得以自然显现。

二、注重整体探究

质的课程研究认为，在这个世界中，每个人每个事物都是完整的、现实的、具体的。依照现象学的观点，人的存在、生活说明了这个世界的存在，人的整体性、直接性、具体性说明了这个世界的整体性、直接性和具体性。“人的完整性揭示（证明）了这种‘不可分析性’，‘人’是分析方法的界限，而且人看出来的‘世界’，无不具有这种特点……”。[①] 这个世界不是分析的、实证的、数理语言可描述的世界，因为这个世界是本源的、直观的，与人是直接联系的，对这个世界的原子化分析必定会抹杀这个世界及人的生动性、完整性，必然会把人之为人最重要的精神性特征抛弃掉，从而把人及人的一切当做物来剖析，把人“抽象化”和“工具化”，把世界结构化和元素化。在质的课程研究者看来，世界是一个不可感知的相互联系的整体，是整体现实地组织成有意义的单元，而单元是由整体内在条件所决定的，事物的特性总是在各单元构成整体时才凸现出来。因此，教育对人及人的活动的认识，就

① 叶秀山:《思·史·诗——现象学与存在哲学研究》，北京：人民出版社，1988年。

应该建立在这种现实的、具体的、变化的整体性之上。

在整体主义原则的指导下，质的课程研究主张采取整体探究的研究策略。从研究设计来看，质的课程研究的问题陈述是整体性的，它不同于量化研究的因果陈述、相关陈述；质的课程研究的假设也不是先前预设的，而是在整个研究过程中逐步形成的。从资料的收集、分析来看，质的课程研究注重在整体的自然情境下广泛收集资料，并从整体角度组织分析材料，形成整体的分析框架，而不将注意力分散在资料的细枝末节上。质的课程研究者认为，对个别资料细节的理解不能撇开对广泛背景和整体意义的把握，这就是资料的整体分析原则。从研究结果的表达来看，质的课程研究报告重视课程过程的情境化、情节化描述，以及在此基础上作出简要的分析，而不是进行抽象的长篇推理和论证，这体现了整体性描述的原则。

三、关注互动过程

质的课程研究认为，课程研究是一个多方面探究和建构的过程。在这一动态的过程中，存在着研究者与被研究者主体间的双向互动，研究者不可能脱离被研究者进行研究，而必须与被研究者保持良好关系，这样才能对对方进行探究。双向互动所带来的结果必然是研究过程的千变万化，而不可能按照一个事先设计好的、固定的方案行事。研究的结果由研究过程本身决定，而非由预先的假设决定。质的课程研究者在实际研究过程中往往采取的是“即时性策略”，即根据当时当地的实际情况考虑选择何种研究方式，采取何种操作手段。他们并没有受到任何预设的“科学规范”的严格约束，他们在建构新的研究结果的同时也在建构着新的研究方法和思路。

对此，符号互动论者布鲁默（H. Blumer）曾明确表示，社会科学家不能建立不朽的、客观的理论框架，这是由于主体间的经验世界是由不同情境中的行动者（即研究者与被研究者）之间的不断变化的符号互动过程所构成，那些只能在特定情境中剖析特定事物的概念就无法把握全部世界的整体性。他还进一步提出：“通向经验有效性的道路并不在于玩弄探讨方法之中，而存在于对经验世界的考察中。而要做到这一点，不能靠建立和解释耀人的理论，不能靠设计精巧的模式，不能靠追随自然科学的先进程序，不能靠采用最新的数学或统计学方法，或创造新的概念，也不能靠发展精密的定量技术或坚持某种调查统计的规则。”[①] 布鲁默认为，通向符号的、互动的经验世界的探索方式应是参与观察、非结构访谈、个案研究、生活史研究等富有人文精神的研究方法，因为这些方法有利于展示人的生活意义、人的生存状态和人性的本质特征。

质的课程研究强调，课程是历程性的，而这一历程又是开放性的，它没有固定的程序和环节，也不存在一成不变的客观性标准。课程的意义在于导引和唤起，在于提供经验交流和意义建构的情境。因此，它有目标，但不是在课程进行之前决定好的，而是在课程进行当中形成和实现的。课程目标与活动过程密切相关，随着过程的进行，目标也在变化，旧的目标达成了，新的目标随之出现；目标的存在就是过程的导引，就是学习活动不断扩展和深化的动力。所以，相对于目标来说，活动过程本身是重要的。课程进行的整个过程都有着非同寻常的意义，它能够引起不同兴趣的学生积极参与和投入，使他们的每一活动或每一阶段的活动都有价值，使他们确确实实体验到活动的过程，体验到经验的变化，体验到进步的乐趣。这正是质的课程研究者关注过程研究的依据所在。

四、采用归纳分析

质的课程研究的方法论基础是归纳的，即研究者从实际的课程活动中了解情况，发现问题，然后对有关的人和事进行描述与解释，不断扩大自己对研究问题的理解，最终创造性地将课程事件及其意义揭示出来。它同以演绎逻辑为基础的实验、调查、论证假说等方法在研究策略上有着明显的不同。进行质的课程研究并不一定要证明什么，重要的是从实际情境中发现什么，通过对实际过程的考察，了解课程活动的变化以及其中存在的各种关系和联系。

---

① H Blumer. Symbolic Interactionism. Englewood Cliffs. NJ：Prentier-Hall，1969. 64.

采用归纳的方法决定了质的课程研究对象的具体性和特定性。质的课程研究关注的是日常课程活动中一个个的独特事件，这些独特事件的原因都是由各个不同的原始条件决定的，都有各自独特的境遇和逻辑，因此对于这些独特事件的研究本质上都是历史的。研究的重点是深刻理解特定情境和条件下的各个课程事件本身，而不是对与该事件类似的情形进行推论。研究的结果不是通过重复实验或严密的逻辑推理进行证实，而是通过相关检验等方法进行证伪，其效度来自研究过程中各个部分之间的相互关系，与特定的时空环境密切相关。

由于适应归纳方法的课程事件往往是具体的、历时性的，所以最适合于它的表达方式自然是详细描述。质的课程研究者以现场观察记录、访谈实录、文献、图片、实物等为主要资料来源，这些资料来源为其进行描述提供有关研究场所和研究对象的实际情况。研究者在对这些有意义的资料进行生动的、详尽描述的基础上，对所研究的问题作出归纳性解释和判断，使读者能对所发生的事情的来龙去脉有一个清晰的、完整的和形象的认识，并凭借自己对这些事情的理解作出相应的解释和判断。在质的课程研究者看来，描述不仅是一种课程研究的手段，更是课程生活真实生动的再现形式，是研究者与被研究者、研究者与读者之间进行情感交流和文化分享、理解、认同的“桥梁”。

五、主张多元理解

由于注重情境关系和研究过程，质的课程研究拒斥方法论上的一元论，认为方法论上的一元论更适合于表达事物而不是关系，呈现状态而不是过程。课程是丰富的、复杂的和变化的，任何一种单一的视角和方法都不可能完全如实地反映出课程的整体面貌，它总是有所取舍，总是不可避免地受到研究者本人的立场、观点和兴趣等的影响。因此，质的课程研究者把课程视为具有多元价值和意义的文本，认为课程研究的问题呈现出陌生性、深层性、模糊性、意义性、独特性等特性，主张采用多种视角，结合各种理论观点，从各种不同的主体立场出发，运用各种方法来考察和解读，揭示那些隐藏在课程背后的、迄今为止一直被遮蔽的关系。这种多视角包括了各学科视角，如哲学视角、社会学视角、政治学视角、历史学视角、经济学视角、心理学视角、美学视角等；各学科内部的不同理论视角，如哲学中的实证主义视角、存在主义视角、现象学视角、解释学视角等，社会学中的功能主义视角、韦伯视角、后现代理论视角等，以及其他如宏观视角、微观视角、女性视角等。这些不同的视角强调了课程性质的不同层面，有着不同的长处和局限，多视角的课程研究方法就是要从多种多样的有利位置来理解课程活动，解释课程现象。

值得一提的是，质的课程研究所倡导的多视角原则并不等于奉行折中主义多元化或“什么都行”的极端相对主义方法论。多视角分析不是不加区别地把各种视角囫囵吞枣地“综合”到一起，而必须去判断和选择，对于特定的情境和问题，哪些视角和方法更适合，哪些则不适用。多视角分析并不排斥就某些特定的课程现象进行集中而深刻的探究，也不排除形成某种特定的视角。折中主义的多元论或极端相对主义方法论的缺陷在于无法确定在特定情况下哪些视角更为重要，也无法提供独特的、具有创新意义的分析方法。

多种视角，多元理解，意味着质的课程研究不仅需要选择和协调各种研究视角，而且还必须注意到不同文化、种族、性别、阶级群体以及这些群体内部的不同成员在视角上的差异，拒斥那种将自己群体中某个研究问题的观点或特有的偏见强加给其他人的文化霸权行为，尊重那些不能被同化到某种同质化的普遍结论或观点中去的差异性。此外，多元理解还要求研究者在具体研究过程中，必须谨防执迷于某一种方法而排斥其他方法的刻板做法。在研究对象和材料收集的实践条件已经确定的情况下，所使用的各种方法必须与所要处理的问题相匹配，并且必须在实际应用中不断对其进行检验。只要它们与所研究问题相关且可以在实践中加以利用，就兼容并包，为我所用。

六、承认价值关联

在人文社会科学当中，价值是一个不可回避的重要领域。价值问题本质上是一个选择性的问题，主体的价值选择不仅体现着人们需要的某种满足，而且还体现着人的主动追求。如果人文社会科学研究试图寻求一种普遍的人文规范来统摄人的生命欲求，遮盖人的价值世界，就会出现理性与价值关系的严重失衡，导致偏颇的结论。

与实证主义的量化研究不同，质的研究承认，对社会与人的研究从一开始就不能不面对价值问题，质的研究中不可能把事实与价值截然分开。质的研究所关注的不是社会科学研究应不应涉入价值的问题，而是如何涉入价值，确立价值的依据是什么，一个具体的研究会受到哪些方面的价值态度的影响，不同的价值观如何平衡和协调。社会科学研究应如何创造一种新型的人际态度和思维方式等一些贯穿社会科学研究始终的基本问题。质的研究目的不是致力于揭示客观规律，而是描述常识，反映事实背后存在的利益关系、价值选择和价值冲突。

作为一种人文社会现象，课程也是人们价值选择的结果。它不是一个纯客观的自在之物，而是一个充满意义的世界，肩负着人类历史、传统、文化和社会价值，这些都是人类生活经验的结晶，因而蕴含着丰富的潜在意义。课程活动就是通过沟通和解释，把人类的历史经验与学生的现实生活结合起来，使学生获得对人类生活的理解和对自身生存价值的认识，从而形成有意义的生活方式和生活经验。因此，质的课程研究要求正视课程内容与过程中的各种价值因素，鼓励研究者在直面被研究对象的生活世界的同时，也深入到意义世界中去，体会其中所蕴含的真、善、美，探寻人类生存的现实境域和未来欲求。

承认课程研究是一种价值关联活动，不仅意味着对研究者和当事人价值选择的尊重和认可，而且也意味着对多元价值的包容与接纳。面对社会上各种不同的价值取向对学校课程活动的影响，研究者须以一种理性的态度作出积极回应，引领大家澄清观念，做出抉择，从而担负起价值整合和理想重建的使命。

可持续发展视野下的课程研究*

1992 年 6 月，联合国环境与发展大会通过了《21 世纪议程》这一纲领性文件，其中提出了人类可持续发展的新概念与新观念：人类应当与自然和谐一致、可持续发展并为后代提供良好的生存与发展环境……人类为此应当变革自己现有的生活与消费方式，与自然重修旧好，建立"全球伙伴关系"——人与自然和谐统一，人类之间和平共处。今天，寻求人、自然、社会之间的和谐统一成为教育改革的一个重要方向，学校课程也必须应对这一挑战和机遇。课程是一定社会政治、经济、文化的产物，课程的目标、内容、设计等无不受到一定社会生产力发展水平的影响，人的认识水平也受制于一定的生产力发展水平，因此，课程研究的方法也在一定程度上反映了人类的认识水平。然而两者之间并不是简单的决定与被决定的关系，也不是线性的对应关系。课程及其研究的目的并不是一味地适应社会发展的需要，课程理论具有自身内部的特殊规定性，它在一定程度上具有了时代超越性，从而积

* 与王牧华合作。

极地推动时代的发展。课程的目标是培养符合未来社会发展所需要的人才，这就从根本上决定了课程及其研究具有一定的前瞻性，使它能积极地迎接挑战而不是被动地疲于应付不断变化的世界。因此，我们不但要看到可持续发展给当前课程所带来的挑战，更要重视课程如何积极应对这种挑战。

一、可持续发展战略对课程及其研究的挑战

可持续发展战略的提出反映了社会的政治、经济、文化等已经发生了重大的变化，它的提出意味着对旧有的现代主义生产方式、生活方式以及思维方式的扬弃，意味着人类社会对新文明的召唤。现代主义课程作为一个即将过去的时代的遗产，它的各个方面得到全面反思，它所隐含的价值观、它所运用的方法论等都受到前所未有的挑战。

第一，对课程目标的冲击。“教育对于促进可持续发展和公众有效参与决策是至关重要的。《21世纪议程》的建议强调将教育重新定向，以适合持续发展，增强公众意识并推广培训。”[①] 对教育进行重新定向，必然导致课程目标的最终改变。事实上，课程目标的改变在此之前就已经开始在课程理论的探讨中酝酿着。根据现代课程目标的价值取向，人们往往把它分为三类：社会本位的课程取向、学科本位的课程取向及学生本位的课程取向。由于三者之间并不是截然对立的，它们之间有一种内在的联系，所以又有人主张融合社会、学科及学生三者，使课程目标能够兼顾三者的要求，我们姑且称之为调和的课程目标取向。但不管哪种课程目标取向，它们都没有从人与自然的和谐关系角度思考问题，而是将自然看作是人类的征服对象、看作是人类社会的发展必然要克服的障碍。人与自然的这种二元对立的关系甚至影响到社会中人与人的关系，影响到完整的个体自我的统一。而这些思想观念正是可持续发展理论所检讨、扬弃的，因此，课程目标的改变既有外部的动因，又是课程理论自身内部特殊矛盾演化发展的必然产物。新的课程目标的发展必然是正确地考虑了社会、自然、知识以及学生自身发展的需要，并从这四

① 万以诚：《新文明的路标》，长春：吉林人民出版社，2000年，第92页。

个因素的相互协调中汲取发展的新动力。课程目标的新发展必然是人与自然、社会相互协调、和谐发展的新文化的有机组成部分。

第二，对课程内容的影响。课程内容是指为了实现课程目标而按照一定的逻辑顺序或心理顺序组织起来的一系列教育性经验，课程内容的性质在很大程度上与课程目标保持着一致性。新的课程目标要求将自然的需要作为一个重要因素加以考虑，要求将人与自然、社会的和谐作为拟订课程目标的重要指导思想，这些思想反映在课程内容中，就必然导致课程内容的性质、选择与组织等发生一系列变化。

首先，课程内容的性质发生重要改变，它超越了单纯的知识、学科范围，扩大到经验的视野。这里的经验包含两层意义：一是指学生个体在学校环境中所得到的直接和间接经验，即经验的结果；二是指学生以发展为目的与周围环境相互作用的过程，即经验的过程。因此，我们认为以“课程资源”取代“课程内容”是必要的。对此，《基础教育课程改革纲要（试行）》也指出：“积极开发并合理利用校内外各种课程资源。学校应充分发挥图书馆、实验室、专用教室及各类教学设施和实践基地的作用，广泛利用校外的图书馆、博物馆、展览馆、科技馆、工厂、农村、部队和科研院所等各种社会资源以及丰富的自然资源，积极利用并开发信息化课程资源。”

其次，课程内容选择主体的多元化发展。以往，课程内容的选择主体都是课程专家、教育行政工作者等人员，教师、学生和家长没有课程内容的选择权。现在，这种状况正被逐渐打破，教师、学生和家长以不同的方式影响和作用着课程内容的选择。课程内容选择主体的多元化发展将是一个重要的趋势，而学生在其中的影响将会不断增强。

最后，课程内容组织的灵活性更高。高度结构化是课程内容组织的重要追求目标，为实现这一目标，一般遵循两条原则：学科知识发展的内在逻辑顺序和学生身心发展的心理顺序。这两条原则之间的矛盾暂且不说，只说高度结构化的课程内容，它对学生的发展也不是最有利的。高度结构化所带来的必然是僵化，它不适应丰富多彩的教育现实，不能适应学生多样化的需求。因此，随着课程内容性质的改变及课程内容选择主体的多元化，课程内容的组织将向灵活性方向发展。

第三，对课程功能的重新思考。课程的功能是指课程在与社会政治、经济、文化等相互作用中表现出来的能动性，它表现为推动或阻碍社会的进步、文化的繁荣与发展。课程功能的实现主要是通过它所培养的人才来间接实现的。可持续发展对课程的功能提出了新的要求，即课程在维持生态和谐、推动以人与自然、社会的相互协调、和谐发展为主题的新文化发展方面的功能。“教育能够而且应该在发展伦理，培养未来社会必需的性格、品质方面负起责任。这些必需的性格、品质包括：向他人开放，有个人判断能力，能适应变化并能积极、创造性地掌握这些变化。”[①] 教育责任的实现最终还需要通过课程这一中介，对于课程来讲，除了需要培养以上性格、品质外，更重要的是需要培养学生的生态意识。生态意识是未来每个公民的必备素质之一，因此，课程需要具备重要的生态功能。

第四，对课程研究的改变。可持续发展理论的提出对现代主义课程研究提出了质疑：现代主义课程研究的目的、方法、重点是否具有不言自明的合理性？现代主义课程研究是现代性方案在课程领域的具体展现，二元对立的思维方式、统治、制服的逻辑、还原论（还原主义）的方法论是它的主要特点。现代主义课程研究是建立在人与自然的对立、分离基础上的，其目的在于更好地建立人对自然的统治。它所采用的以技术理性为主导的还原论的方法割裂了事物之间有机的整体关系，使人与自然、社会分离开来，使人的认知发展与情意培养割裂开来。美国课程学者诺丁斯（Noddings N）认为，学校课程目标只是重视学生的语言和数理能力的培养，却忽视了对艺术、空间、肢体、人际、情感、具体思维、道德行动（尽管重视道德推理能力）等其他侧面的能力的开发，这造成了学生参与人类生活的动机和道德力量的缺失。[②] 因此，在我们走向可持续发展道路的时候，对现代主义课程研究的主动扬弃已经是当务之急。

---

① UNESCO：《从现在到2000年教育内容发展的全球展望》，北京：教育科学出版社，1996年。

② 王红宇：《未来课程模式》，《外国教育资料》，1996年第2期，第17页。

二、当代课程研究对可持续发展战略的必要回应

第一，课程研究的首要目标在于积极参与创建一种可持续发展的新文化。通常的意义上，文化有广义和狭义之分。而且不同的学者对文化的解释也不一样。笔者认为文化指的是人类在与自然、社会相互作用的过程中形成和发展起来的一系列生产方式、生活方式和思维方式。换句话说，文化是人类在一定时空条件下的生存方式和生存状态。这一理解说明了文化的几个特点：首先，它是人类与自然、社会相互作用的产物。这样一来，我们就可以理解人是不能独立于他脚下的大地而独立存在的，人类的发展是离不开自然、离不开社会发展状况的。而且我们也可以理解多元文化存在和发展的依据，懂得多元文化如何相互尊重、合作共处。其次，文化有产生、发展的过程。其发展变化的原动力就在于人类为了满足自身的生存需要而与自然、社会进行的相互作用。因此，我们可以更好地理解人类历史上各种文化的兴衰更替，也可以理解为什么今天我们的文化必须加以变革。最后，文化以生产方式、生活方式和思维方式的形式呈现出来，一定的生产方式、生活方式和思维方式就成为判断一种文化的主要依据。

一种以可持续发展为主要特征的新文化正在逐步形成。社会发展不再简单地追求效率、规模和利润，生产方式开始转向不危害自然、社会环境的“绿色生产”；生活方式不再追求高消费、不再追求物质崇拜，在满足基本需要的基础上，注重物质生活和精神生活的统一，由一种嗜好外求的“萍式生存”转向注重内敛的“根式生存”，开始诗意地居住在地球上；思维方式不再是非此即彼的二元对立的方式，不再是线性进步的方式。总之，这是一种以可持续发展为主要特征的新文化。其现实目的在于克服目前整个人类社会所面临的生态危机、生存危机，其根本目的在于创造一个可持续发展的新世界，为人类的世代发展创造一个良好的物质、精神环境；其发展策略是在发展的过程中促进人与自然、社会的整体和谐关系。

新文化的创造是一项复杂的系统工程，它是一个逐渐演变、不断变化的过程，这个过程也是社会各部门相互联系、相互作用的结果。“单

靠技术解决不了我们的环境危机。我们必须通过物质的、心理的、政治的以及精神向度的严格探究来建立可持续发展的新文化。”[①] 在这种新文化的形成与发展过程中，课程起着重要的作用。众所周知，对于当代社会的生态危机、生存危机，现代主义课程是难辞其咎的，它在人类征服自然的过程中发挥着重要的作用。现代主义课程背后隐含着这样一种信念：教育的目的在于使人具有参与并征服自然的能力。因此，现代主义课程就自然地具体规定了与此信念相一致的知识、技能和态度。站在新文化的地平线上，现代主义课程及其研究必须转向。现代主义课程目标的改变、课程内容的变更以及研究方法的转换已经初露端倪。在新文化的指引下，课程及其研究方法不仅开始努力参与新文化的创造过程，还在积极充当新文化的使者，积极传播新文化。

第二，课程研究的方法要应用系统整体的原则。这是以可持续发展为主要特征的新文化给当代课程研究的第一个重要启示。它是对现代主义还原论方法的一种扬弃，也是后现代主义思维方式的必然结果。系统科学是包括系统论、控制论、信息论、耗散结构论、协同论、突变论在内的科学理论的总称。这一方法的灵魂在于系统整体性，强调系统各要素的有机联系，运用整体方法“不仅需要找出各要素的联系性质和联系方式，而且要找出其体现整体特性、功能和行为的表达方式”[②]。

课程研究的系统整体原则不是空穴来风，它的出现是后现代主义课程思想发展的必然结果。20 世纪末期以来，在课程研究领域，后现代主义思想得到迅速发展，“后现代主义的理论基础是反对现代哲学的二元论和还原论；否定机械世界观，主张整体有机论；以生物学的最新成果为依据，对机械论的还原论进行质疑”。[③] 有学者认为，受近代形成的机械论世界观的影响，“现有的课程设计以分裂、孤立和原子化为基础，而不是基于经验的流动。学科、课表、年级、上课计划甚至教学策

---

① Debora Du Nann Winter. Ecological psychology: Healing the split between planet and self. New York: Harper Collins College pub, 1996.

② 张尚仁：《新兴学科小词典》，昆明：云南人民出版社，1986 年，第 32 页。

③ 綦春霞：《面向新世纪的课程理论——美国 Patrick Slattery 的后现代课程思想评析》，《比较教育研究》，1997 年第 6 期，第 22 页。

略都以粒子的形式出现”。[①] 同时，弗·卡普拉在《转折点：科学、社会和兴起中的文化》一书中指出：人类所生活的世界是一个生理现象、精神现象、社会现象和环境因素都相互依存的世界，因此我们必须采取生态学的世界观来看待世界和进行课程设计，开发促进人类之间及人类与自然之间和谐互动关系的课程观。实质上，弗·卡普拉所说的生态学的世界观是一种整体有机论的世界观，它认为世界是一个有内在联系的有机整体，人、自然、社会和文化是一个动态发展的和谐整体。

与这种有机整体论的世界观相适应，后现代主义课程主张运用生态学的整体论方法。[②] 在这一背景下，课程研究领域内部积极酝酿着研究方法整体化、有机化的发展动态，课程研究领域的新命题要求研究者“冲破传统研究视角的束缚，变二元对立分析思维为对立统一辩证思维，变一元方法论为多元方法论，变孤立分析为综合贯通。有迹象表明，这种课程研究方法论上的突破已初露端倪，各种系统方法、复合方法、有机方法和整体方法在课程领域中的运用就是一个证明”。[③] 具体而言，课程的质性研究、行动研究成为课程研究的重要趋势。“过去 20 年来，不少学者采用质化方法特别是族志学方法（ethnographic methods）进行课程探究。这种探究最基本的部分是诠释课室观察的性质。”[④] 20 世纪 70 年代以来，课程行动研究重新受到研究者的重视，课程行动研究的方式也走向多元化。因此，课程研究的系统整体性原则已经成为众多课程研究者的主动选择，成为突破现代主义课程研究方法的利器，它标志着当代课程研究者思维方式的积极转变。课程研究的系统整体原则成为课程研究面向未来的重要保证。

第三，课程研究的重点是面向未来。西方许多学者认为工业文明时期结束了，它正被信息时代取代。在信息时代，我们所面对的未来并不是过去的线性延伸，事实上，在可感觉到的许多方面它已截然不同于过

① ［美］小威廉姆·E. 多尔：《后现代课程观》，北京：教育科学出版社，2000 年，第 95 页。

② 王牧华，靳玉乐：《生态主义课程研究范式刍议》，《山东教育科研》，2002 年第 4 期，第 19 页。

③ 靳玉乐，黄清：《课程研究方法论》，重庆：西南师范大学出版社，2000 年，第 112 页。

④ 李子建，黄显华：《课程：范式取向和设计》，香港：香港中文大学出版社，1998 年，第 430 页。

去。就我们对时间概念的感知而言，“在农业文明时期，我们的时间倾向性是过去；在工业文明时期，我们关注的是现在；在信息时代我们的时间倾向性是将来”。[①] 未来成为我们关注的焦点，这对课程研究产生了重要的影响。课程的未来化研究自然地提上了议事日程，“使课程‘未来化’意味着使青年面向未来而不是面向过去。这种关于教育内容的看法并不是异想天开，它来自每一个正向后工业时代（我们宁愿称之为强大的人道化的工业时代）迈进的国度；它看来不很现实，但经过一番调整，却能够成为在一定的时候采纳的方针”。[②]

从课程目的的角度谈，课程就是为未来社会培养人才而组织的。这意味着课程天然地与未来有千丝万缕的联系。在这种意义上，“课程活动，从其本质上讲，应该是未来导向的。与此相关的，所有教育应该考虑关于未来的图像。”[③] 不同的教育家对未来有不同的理解，这也影响了他们对未来课程的设想。约翰·奈斯比特（John Naisbitt）综合地分析了未来社会的发展趋势，认为影响教育者规划课程的因素有如下10种：（1）从工业社会向信息社会的转变；（2）趋向于一个需要高技术以及与之相伴的高水平的人际互动的情境；（3）从国家经济到世界经济的发展；（4）由短期的计划和行动向长期的计划和行动转变；（5）机构和政府由中心地位向非中心地位的转移；（6）强调自助而非组织机构（institutional）救助；（7）代议制民主向参与式民主的转变；（8）等级制组织制度向网络式发展；（9）从北向南的转移；（10）从非此即彼的选择情境向多种多样选择情境的转变。[④] 以上分析注重从经济、政治、技术角度思考课程问题，说明了一些影响课程发展的重要因素，但这一分析存在的一个重大缺陷是忽视了未来社会人与自然之间的关系，忽视了自然的需要对课程发展的重要影响，事实上，这一影响在此刻已经显

---

① Allan C Ornstein & Hunkins F P. Curriculum: foundations, principles, and issues [M]. Prentice Hall. 1988. p. 323.

② UNESCO:《从现在到2000年教育内容发展的全球展望》，北京：教育科学出版社，1996年。

③ Allan C Ornstein & Hunkins F P. Curriculum: foundations, principles, and issues. Prentice Hall. 1988. p. 323.

④ Allan C Ornstein & Hunkins F P. Curriculum: foundations, principles, and issues. Prentice Hall. 1988. p. 323.

示出了其重要性。未来社会的发展充满了不确定性，但我们可以肯定地说，只有谋求一个人与自然、社会和谐共处的未来，我们探讨未来才有意义。在这一重要前提下，我们还应当考虑关于未来的以下重要观念。

（1）重视不确定性。在确定的情境下做出的决定迥然不同于不确定情境下做出的决定。如果情境是确定的，那么教育者就只须确定他们想要达到的目标，然后集中他们所有的策略和时间去实现它。然而伯尔丁（Kenneth Boulding）警告说，在真实的世界中生活并不如此简单，真实的世界中充满了不确定性。因此，教育者在做决定时应该努力使之“流动（liquid）、灵活、有适应性”。（2）忘记过去。忘记过去并不是割断历史的联系，它只是强调我们需要以一种新的目光来审视未来。“忘记过去是面对不可预测的未来的关键性的第一步”，因为未来不是过去的线性进步，过去正确的答案并不一定适合未来。知识的探究的确已经提供了新的信息，这些新的信息对业已得出的结论，甚至事件本身的有效性提出了挑战。未来成功的学生可能是那些能够改变自己的思想，并能认同需要他们做出改变的环境的人。（3）学生个性多样性的发展。在以往的情景下，学校就如同一口大熔炉，倾向于将学生塑造成同一标准的产品。现在学校教育的重点是适应学生不同的发展需要，发展他们各自的潜能。（4）价值取向的多元化发展。多元智能理论的兴起为人们的价值取向多元化发展提供了一定的依据。智力不仅仅是认知能力，还包括音乐、艺术、空间能力、运动能力及人际关系能力等多种能力。（5）学生学习方式、学习风格的改变。

学校是使学生与文化、学生与自身，以及学生和他人相联系的最有效的方式，它会继续存在下去，但它发挥作用的方式已经发生了变化，更多的学习将发生在学生与大众传媒之间。特别是随电视和互联网的发展、家用个人电脑的普及，学生获得信息的方式产生了重大的改变，信息量激增。信息获得过程中的交互性、超文本性、参与性、超时空性对学校教育是一种挑战。因此我们可以想象得到，未来的课程设计将超越学校课程层面，将学校、家庭、社区、自然等各种环境广泛联系起来，扩大课程设计的来源，将学生的经验引导到一个充满复杂性、变化性，具有高度开放性、富有生活化、真实化的场景中去。

第四，课程研究的内容扩展到一个广阔的视野。以往课程研究仅仅关注社会中的人，而忘记了另外一个更为广阔的存在：自然；忘记了自然、社会、人之间复杂的关系。课程研究以一种不言自明的态度漠视着自然、社会、人之间辩证、互动的关系，代之以人与自然、社会与自然单向的、征服与被征服的关系。在可持续发展思想的指导下，课程研究不再是简单的四个问题：确定课程目标、选择课程内容、组织实施课程、进行课程评价。课程研究不再仅仅关注社会中的人，也不再仅仅关注由人所组成的社会，而是把视野放大到一个人、社会、自然相互作用、和谐共存的真实世界。

基于过程哲学的课程论研究*

浸淫于牛顿式机械论宇宙观的传统课程论研究，因其无法根治与祛除的实体性、预成性、还原性、二元性和“单向度”的痼疾与症结，长期以来遭受着来自课程理论和实践领域的种种诟病，陷入了严峻的合法化危机。因此，课程论研究需要寻求新的哲学运思进路、理论基础和方法论支撑。在笔者看来，奠基于近现代自然科学最新研究成果之上，并被视为当代建设性后现代主义哲学重要理论渊源的怀特海过程哲学，无疑为此提供了深刻的洞见和全新的认识。基于此，本文根植于过程哲学视野，尝试就课程论研究中的“过程”图景作一粗浅勾画，以期对扭转课程论研究的思维定势、发掘与开拓新的理论生长点和问题域、进而培育出彰显时代精神的新型课程范式有所裨益。

一、课程论研究需要构筑元叙事

何为元叙事？按照当代法国哲学家让·利奥

* 与王洪席合作。

塔（Jean-Francois Lyotard）的解释，它“确切地是指具有合法化功能的叙事”[①]。在他看来，元叙事就是指既关联着未来社会所需实现的行为目的，又具有总体性、一元性的形而上学论说或普遍观念体系。它们作为一种权力话语和价值规范系统，为现代性的存在提供了合法化的基础与依据。因此，作为对任何公度性的元话语或单一性、无所不包的普遍化理论的颠覆、摧毁和清算，后现代主义的一项基本原则就是“不相信元叙事”[②]。

利奥塔对元叙事进行质疑、攻讦和反叛的余绪明确被部分后现代课程学者承袭与延续。例如，在斯拉特瑞（Patrick Slattery）看来，现代课程论研究所构筑的所谓元叙事不过是一种幻想、虚妄和僭越，而“后现代课程理论的一部分是对原理、全部宇宙法则、元叙事的批判”[③]，他进而将“泰勒原理”看作是在课程领域中占据统治地位的元叙事的典范，应加以拒斥、解构和抛弃。

面对拒斥元叙事的鼓噪，我们不禁反思：在课程论研究中应该如何定性和定位元叙事？或者说，某种“普遍观念体系”对课程论研究而言究竟意味着什么？对此，我们或可能在怀特海对某种宏大、具有元话语性质的普遍观念体系的合法性辩护中获得某种启示。

众所周知，在怀特海创立过程哲学的时期，正是西方主流哲学界崇尚实证分析、注重事实观察、言必称逻辑关系的时代，人们不敢在形而上学的层面上探讨任何超验的东西。“在标榜分析与抽象的思考模式中，人类离宇宙的真实面貌越来越远。在这个时代中，抽象的思考方式蒙蔽了宇宙人生的具象，思想家也畏怯于把握整体的宇宙人生，更遑论建立体系。”[④] 在怀特海看来，我们所欲构筑的普遍观念体系（即元叙事）之所以不可或缺，就在于它提供了关于现实世界构造的一种解释方式、

---

① ［法］利奥塔：《后现代性与公正游戏——利奥塔访谈、书信录》，谈瀛洲译，上海：上海人民出版社，1997年，第169页。

② ［法］利奥塔：《后现代状况——关于知识的报告》，车槿山译，北京：生活·读书·新知三联书店，1997年，引言第2页。

③ Patrick Slattery. Curriculum Development in the Postmodern Era. New York: Garland, 1995. p. 36.

④ 朱建民：《现代形而上学的祭酒——怀特海》，台北：台湾允晨文化实业股份有限公司，1982年，第40、81～83页。

概念图式和理论范式，从而可以对具体、偶性、片断的客观经验事实进行揭示、描述和说明。“思辨哲学致力于构成某种内在一致的、合乎逻辑的和具有必然性的普遍观念体系，以便使我们经验中的每个要素都能得到解释。”① 并且，“通过提供一般概念，哲学应当使人们对潜藏在自然母腹中的那些尚未变为现实的无数具体实例的认知变得更容易”②。也就是说，这种普遍观念体系的构筑绝非是可有可无的，它的重要价值与意义就在于可以为我们更好地了解、体认、诠释客观经验事实提供思辨空间和学理依据。事实上，我们对经验事实的认识、理解与判断也并非是纯粹客观的、不偏不倚的，而总是在已有理论范式或普遍观念体系之内才得以呈现出某种相对清晰的轮廓与图像。“现代科学（物理学、心理学等）和现代哲学的分析都表明，没有纯粹客观给予的经验事实，任何经验事实都必须在事先已有的普遍概念内才能找到自身的地位，才能成形，才能明晰清楚。”③ 因此，从这个角度来看，我们对课程“经验事实”的解释与说明，其实都是植基于某种元叙事的。例如，在对课程本质的理解上，如果将其看作是学科，是因为其从属于要素主义的普遍观念体系；如果将其定性为生成的经验，则是源于杜威的实用主义教育思想。可见，对课程认识的千差万别，根本在于我们所依凭的元叙事不同而已。所以，在课程论研究中，我们总是要与某种元叙事纠缠在一起，它是无法回避、也是回避不了的。

需要指出的是，在课程论研究中所构筑的任何一种元叙事都具有时代性、局限性、修正性和可替代性。任何将其看作是某种权威化、封闭性、“放之四海而皆准”真理话语的尝试与努力，都不过是一个“绝对真理的幻想”，从而使其丧失存在的合理性和合法性。所以，我们应当对任何元叙事都保持一种“苏格拉底式的警觉”，防止其陷入简单化、庸俗化、机械化的泥潭之中。对此，后现代课程学者多尔教授的观点足以借鉴：“这种元叙事是开放的、动态的、互动的、永远变化的及不可

---

① ［英］怀特海：《过程与实在》，杨富斌译，北京：中国城市出版社，2003 年，第 3、7、29、40、392 页。

② ［英］怀特海：《过程与实在》，杨富斌译，北京：中国城市出版社，2003 年，第 3、7、29、40、392 页。

③ 陈奎德：《怀特海哲学演化概论》，上海：上海人民出版社，1988 年，第 223 页。

预测的。它不是封闭我们思维的元描述，而是在开放与封闭之间确定动态关系，并不断向我们发出挑战超越自我的元描述。”① 总之，在课程论研究中，我们加以规避和拒斥的应该是那种绝对化、真理化、教条化的元叙事，而非元叙事本身。

二、课程论研究应预设基于“存有原则”的逻辑起点

课程论研究需要构筑某种“元叙事”或“普遍观念体系”，就必须首先探究其逻辑起点问题。“逻辑起点问题是关于一门学科理论范畴体系的根本问题，在黑格尔看来，逻辑起点问题实质上是关于‘必须用什么做科学的开端’的问题，它直接影响着一门科学的范畴体系及其科学性。”② 而任何逻辑起点的选择都必然是某种预先设定的假设，是任何思想、理论真正“开始”的根本前提和必要条件。

怀特海将思想或思维着的“我”看作是无可置疑的唯一精神实体，进而坚执于一种偏离的主观主义立场，从而造成内在精神世界与外在客观世界的二元对峙格局，认为现代西方哲学的发展是从某种抽象的观念或主体意识出发，完全倒置了其逻辑起点，违背了“存有原则”(Ontological Principle)。在怀特海看来，“这个原则承认有些物有是‘现实的’，或至少有一个物有是‘现实的’。……接着，这个原则承认现实物有一个形成的基础，一切其他类型的存在都由这个基础导出并抽离出。……如此，根据存有原则，现实世界乃是由现实物有所构成的，而任何其他的事物，不论以何种意义存在，均由现实物有抽离而导出”③。也就是说，我们探究世界之真相与本质的开端绝不应是先验性地储存于主观心灵世界中的某种抽象的理型、理念或形式，而应当是那些基于存有原则的个别、具体、特殊以存在的最完全意义而存在的活动

① ［美］多尔：《后现代思想与后现代课程观》，王红宇译，《全球教育展望》，2001年第2期，第42～45页。

② 郭元祥：《教育学逻辑起点研究的若干问题思考》，《教育研究》，1995年第99期，第30～34页。

③ 朱建民：《现代形上学的祭酒——怀特海》，台北：台湾允晨文化实业股份有限公司，1982年，第40、81～83页。

性范畴（也就是怀特海所谓“现实物有”）。这是因为，“我们的知觉、感觉不可能完全由主观的心灵产生出来；因为如果是这样的话，它们的存在即由无中而来的有。而根据存有原则，无中生有是不可能的，现实世界一切的存在都必须关联于某种现实物有”①。可以看出，这是真正的唯物论和客观主义立场。

在传统的课程论研究中，我们往往把某种纯粹、孤立、无经验根据的抽象概念或理念作为逻辑起点，并通过严格的演绎推理来构筑一个庞大的课程理论体系。而对于这些基本概念或理念，我们既无法具体地感知，也无法真正地把握，它们只不过是一种抽象，而以这种符号化、原子化、片面化的抽象来说明客观的、完全的、具体的经验事实，也就犯了怀特海所谓“具体性误置的谬误”（The Fallacy of Misplaced Concreteness）。这样，以某种抽象概念为逻辑起点而构筑起来的课程理论体系，尽管具有较强的逻辑性、层次性、结构性和条理性，但由于倒置了逻辑起点，也就使其解释力和实践指导作用受到了严重的束缚与限制，陷入了困顿与危机之中。因此，课程论研究应预设基于存有原则的逻辑起点，即将某种活动性存在或现实物有（Actual Entity）作为“第一原理”，进而通过演绎、归纳等一系列程序、步骤来达到构筑普遍性理论体系的目的。事实上，20 世纪 90 年代，我国教育研究领域针对教育学逻辑起点的探讨，也可为此提供充足的佐证。在此，笔者认同郭元祥教授的分析，即教育学理论的逻辑起点应从“教育存在”类范畴中去寻求②。此教育存在的类范畴与本文基于存有原则的逻辑起点预设具有深度的契合性。在笔者看来，课程论研究应将“课程事件”这类活动性存在或现实物有作为其逻辑起点。

---

① 朱建民：《现代形而上学的祭酒——怀特海》，台北：台湾允晨文化实业股份有限公司，1982 年，第 40、81～83 页。

② 郭元祥：《教育学逻辑起点研究的若干问题思考》，《教育研究》，1995 年第 99 期，第 30～34 页。

三、课程论研究应借助“想象的理性化”的研究方法

课程“元叙事”的构筑及其逻辑起点的预设，对课程论研究而言都是极其复杂、艰辛的工作，因此，它需要诉诸独特的研究方法。在传统的课程论研究中，由于片面地坚执于某种逻辑演绎、经验归纳或语言分析法，使得课程论研究在视野转换和普遍性原理构造方面丧失了必要的方法论支撑。在笔者看来，怀特海所极力辩护的被称之为“想象的理性化方法”足以弥补上述研究方法之缺陷与局限，对课程论研究具有重大的指导意义。

自20世纪60年代以降，在以孔德为代表的逻辑实证主义和各种分析哲学、语言哲学公开“拒斥形而上学”的鼓噪声中，思辨哲学日趋式微和衰落，哲学化的思辨方法也因其不能被具体的经验来验证或在二者之间无法形成精致严谨的逻辑关系而遭受放逐与抛弃。对此，作为思辨哲学家的怀特海不仅在学理上给予了反驳与澄清，还身体力行，构筑了一个庞大的过程宇宙论体系。在他看来，哲学化的思辨方法作为古希腊哲学的杰出创造，已成为了一种独特的思维范型和认知方式，长期绵延、渗透和熔铸于西方哲学的学术传统与精神气质中。这种方法之所以不可或缺，就在于它有力地扬弃了科学主义的演绎法和经验主义的归纳法所固有的局限性，从而使我们能够展开对经验事实的全方位、立体化、多角度的透视与观察。怀特海用比喻的语言描述了这种方法：“真正的发现方法宛如飞机的飞行：它开始于具体的观察基地，继而飞行于想象的普遍性之稀薄空气中，最后重新降落在由理性解释所严格地提供的那种被更新了的观察基地之上。这种想象的理性化方法取得成功的根据在于，当差异法失效时，那些不断呈现出来的因素还能在想象的思想影响下被人们观察到。这种思想提供了直接观察中所不存在的那些差异。”① 这种被称为“飞机鸟瞰式”（陈奎德语）的想象的理性化方法对

① ［英］怀特海：《过程与实在》，杨富斌译，北京：中国城市出版社，2003年，第3、7、29、40、392页。

课程论研究具有两点启示。

首先，课程论研究需要不断地调整“观察基地”，以增进课程观念的历险与创新。在怀特海看来，观念的历险与演进是人类文明得以传承、延续，进而向更高层次变革、递嬗、提升的根本推动力。而要保持观念的鲜活性、时代性和生命力，就需要不断打破、解构原初思想和认识中的条条框框，从而多视野、多角度、多方面地去探究某一事物或对象。事实上，回顾课程发展史可以看出，课程实践领域中的每一次变革无不源于我们对旧有课程观念的改造、突破与创新。例如，与原初将课程看作是某种离散的、静态的、孤立式的学科相异，杜威的经验课程论在很大程度上开阔、拓展了我们对课程的审思视野和问题意识，从而使课程的生成性、转变性、过程性浮出水面。受到杜威“幽灵”的感召，多尔更进一步认为，应当从过程的角度来界定和理解课程。“我将有意识地试图从过程——发展、对话、探究、转变的过程——的角度而不是从内容或材料的角度出发来界定课程。”[①] 这样，“从转变过程的角度来看待课程，这一过程由复杂的、自发的相互作用所构成。视课程为转化过程，我们需要超越视课程为一系列相邻单元的观点——是要视其为丰富的、开放的、经验的多层次组合；视其为随我们注意力的转移而不断变换中心的复杂的马赛克”[②]。进而，在派纳的“课程理解”视域中，课程成为了一种“文本”，也就是所谓政治文本、种族文本、性别文本、现象学文本、后结构主义文本、美学文本、神学文本、国际化文本等。这种对课程疆界的开拓与意义的挖掘，无论是在课程理论还是在实践意义上，都是值得我们深思和慢慢体认的。

其次，课程论研究需要借助“自由想象”的双翼来寻求对具体课程事实的整体化分析。众所周知，课程论研究所依凭的主要材料即我们逐日栖息的现实生活世界。而我们对现实生活世界的了解、认识、洞察、审视和反思，又必然需要诉诸对我们直接经验的诸多构成要素和成分加以完整、全面、充分的分析、解释与说明。对直接经验的分析和说明绝

---

① ［美］多尔：《后现代课程观》，王红宇译，北京：教育科学出版社，2000年，第19、52页。

② ［美］多尔：《后现代课程观》，王红宇译，北京：教育科学出版社，2000年，第19、52页。

非易事。这一方面是因为我们作为单一性的个体在智力结构和认识水平上的失衡性与未成熟性；另一方面是由于直接经验的零散性、随机性、波动性和复杂性。事实上，当我们煞有介事地将呈现在我们面前的直接经验看作是现实事物的真实面貌和应然样态时，我们也不过是仅仅狭隘地关注直接经验的表面性、偶然性和可变性成分，而对隐匿、潜伏、躲藏于直接经验中的“恒定性”、“不变性”部分则无法加以“观察”和透析。因此，当我们仅仅依靠或停滞于对所谓直接经验的简单化判断和实证性分析时，我们得出的结论可能反映了事实的真相与本质，但也有可能与其截然相反、南辕北辙。所以，在课程论研究中，如果我们仅沉湎于对外显、现象性、表面化的课程事实进行分析和总结，则往往易于忽视或遗漏隐匿在其背后的那些最为关键的“本质”。或许我们所揭示出来的可能要比被掩盖的东西还要多，这样，课程论研究就需要自由想象的加入，“科学的观察法和分析法固然可以为我们提供确定性的细节和材料，但它忽略了自由想象的作用。教育不像物理世界，它有着太多过程的复杂性和结果的不可预知性，因此需要自由想象的加入”①。这种自由想象其实就是不受僵化、机械、死板、固定的方法、程序的束缚和羁绊的理性观察与理性思考，古希腊人称之为“思辨理性”。毋庸置疑，课程论研究必然要凭借于这种哲学化、自由想象式的“隐性的翅膀”，以期达至对整体课程系统的全方位、立体化的审视和洞察，进而将课程领域中的复杂性、情境性和随机性等因素融汇其中，防止或避免得出简单化、片面化、机械化的研究结论。

四、课程论研究应秉承过程性的研究思维方式

在怀特海看来，传统西方哲学可谓是一种实体哲学，是以机械论的实体为逻辑起点来观看、理解与诠释现实世界及其运行过程的。因此，其所秉承的是一种实体性思维方式，恪守的是一种实体性、预成性、还原性、确定性、离散性和二元性的学术观点。一方面，这种观念假定极

① 张香兰：《从实体到过程：现代教育的思维转向》，济南：山东师范大学博士学位论文，2007年第6页。

大地推动了现代自然科学的发展。科学家从这种孤立、静态、平面化的研究视角出发，运用推理、演绎、归纳等方法，总结出了一套套“行之有效”的规律与法则；另一方面，由于坚执于世界的实体性、恒定性和离散性，他们在对世界的审视与考察中也就难免滑入了一种静态、平面、孤立、主客二分的思维窠臼之中。“这种做法也给我们留下了一种习惯：把自然界的事物和过程孤立起来，撇开广泛的总的联系去进行考察，因此就不是把它们看作运动的东西，而是看作静止的东西；不是看作本质上变化着的东西，而是看作永恒不变的东西；不是看作活的东西，而是看作死的东西。”① 因此，囚禁于实体性思维方式的传统课程论研究，在本质上都是以一种孤立的、静态的、平面的视角，而非将其投置于某种动态的、开放的、转变性的历史进程中来看待、理解和从事课程论研究的，从而导致研究结论的凝固化、机械化和无机化。

针对实体性思维逻辑的困顿，怀特海展开了极为严肃的批判。在他看来，现实世界是一个流动、变化、生成的过程世界。“每一种实际存在物本身只能被描述为一种有机过程。它在微观世界中重复着宏观世界中的宇宙。它是从一种状态到另一种状态的过程，每一种状态都是其后继者向有关事物的完成继续前进的实在基础。”② 并且，“实际存在物是如何生成的，构成这个实际存在物的是什么。因而实际存在物的这两种描述方式并不是相互独立的。它的‘存在’是由它的‘生成’所构成的。这就是‘过程原理’”③。因此，实在的本质是在过程中生成的。也就是说，事物“是什么”的样态是由该物“如何生成”来决定的。它的生成方式也就决定了它的存在形式。这种将现实世界理解为一种过程的思维方式也就是我们所谓过程性思维方式。自然，内含于其中的各个组成要素和关系项都是一种过程的存在，都处于一种“生成”的创造性转化过程之中。所以，从过程的视野与逻辑来看，与事物的实体性、静态性、恒定性相比，其过程性、动态性、关系性、转变性、发展性特质具

① 恩格斯：《反杜林论》，中央编译局译．北京：人民出版社，1970年，第18～19页。

② ［英］怀特海：《过程与实在》，杨富斌译，北京：中国城市出版社，2003年，第3、7、29、40、392页。

③ ［英］怀特海：《过程与实在》，杨富斌译，北京：中国城市出版社，2003年，第3、7、29、40、392页。

有更为优先性的品格。具体在课程的定性定位上，它也就不再是一个早已被预设的实体，而成为了一种过程，一个结晶体和临界点，一个有机、开放、生成的活动性事件，一个具有时间性意味的不断走向新颖性的创造性存在。与此相应，课程论研究也就需要打破与消解实体性思维的规约、束缚和禁锢，扬弃与超越孤立、静态、平面式研究理路的遮蔽、阻碍和羁绊，走向联系的、立体的、过程性视野的澄清与敞开。

课程研究的后现代品性*

课程研究发展到今天，已经不再胶着于“课程是什么”之类众说纷纭的话题。而是在从单一的学科主导性研究范式向多元的科际包容性研究范式的发展过程中达成了共识，开创了融科学性、故事性和游戏性于一体的课程研究新时期。

一、作为科学的课程研究

科学性是课程研究的基本规范。课程研究不是扩散的随意性组织，而是有计划的专业性活动。课程研究的科学性希冀于超脱空玄的纯粹哲学理路和浮庸的日常生活脉络，在对其内在基本逻辑体系和组织框架的认识日趋成熟的基础上成为时代的精神。时代的使命感和社会的责任感赋予课程研究在科学性表征中显现出形而上的理性价值追求和形而下的恰切逻辑范畴。形而上的理性价值追求，意指课程研究依托于批判性思维，在否定中肯定，在质疑中推理，从而不断发现新问题，形成新认识。从基于“社会”和“共同经

* 与李志超合作。

验”的要素主义与永恒主义课程到定位“个人”和“兴趣”的进步主义课程，从倡导知识结构的学科结构主义课程到知识“去中心”化的后现代主义课程，无不体现着课程研究的价值取向由“理想”向“现实”中变迁。形而下的恰切逻辑范畴则明确了不同课程研究范式的基本准则和内容体系。即，实质性现象——指目标、学科内容、材料等课程的基本范畴，探究他们的实质和价值；政治—社会现象——关注课程发展的政治和社会过程；技术—专业现象——着重探讨那些使课程得以改良、配置和取代的个人和团体过程。[①] 总而言之，科学性作为课程研究深化的动力机制，不仅夯实了课程研究的规范性基石，而且使课程研究在对自身实然性把握的基础上揭开了应然性面纱。

真理再往前一步往往会成为谬误。课程研究严格恪守“摇镜扫描”技术，努力使图像和屏幕相符应的同时，成为一种形而上学的科学认知范式。早在 16 世纪，巴黎大学的拉莫斯在《知识地图》中就提出课程体系是一个连续而完整的线性统一体，教学应秩序化地逐级进行。20 世纪 40 年代末，泰勒提出了以目标为中心的课程原理。这是经过学校办学宗旨和学习理论加以筛选形成的。在他看来，“行为”和“内容”是型塑课程目标不可缺少的两个方面。但在现代实证主义科学范畴下，他的课程目标难以摆脱技术理性的支配，体验化“内容”成为规约化“行为”的牺牲品。凡此种种，课程理论在研制中以一种“放之四海而皆准”的规则样态依托于社会实践而存在，并没有对其进行批判性反思。这一“反理论”、“反历史”的课程开发“处方”，追求永恒不变的“唯科学主义”真理观，信奉物质资料再生产的技术理性策略，全然无视“价值关涉”的实践活动。课程研究成为一种规约化的模式体制。

“科学的使命是发现‘真正’的本质及其‘真正的’运作方式。”[②] 后现代课程研究所攻击的是拥有特权、唯我独尊的“科学”概念下所产生的科学沙文主义，所摒弃的是超验的、固定化一的、唯我独尊的科学

① 江山野等：《简明国际教育百科全书·课程》，北京：教育科学出版社，1991 年，第 61 页。

② 周作宇：《没有科学，何来主义？——为教育研究中的“科学主义”辩护》，《华东师范大学学报（教育科学版）》，2001 年第 4 期，第 19 页。

方法。[①] 后现代课程研究的合理发展依傍于富含理性逻辑的科学方法，洞识隐藏于现象深处的问题并将其连根拔起。这就要求我们必须透过字面行文，从拥挤的文本中寻找曾经失察过的话语，在“视界的流变”中推动“问题域的转换”。置身于有待关心爱护的课程大花园中，我们要保持科学作为逻辑缜密的研究方法的锐利性，采用整体性和关系性相结合的思维方式，在批判性的价值观引领下，通过对课程研究纵向式的深度演绎和横向式的广度探讨，达成其内在品性适度和完整的平衡。“理论是灰色的，生命之树长青。”课程研究得以青春永驻，同样需要“科学共同体”的建构。“科学共同体是产生知识的单位，它是一个给定专业的从业者们，由他们的教育和训练中的共同要素联系在一起的人们，了解彼此的工作，其特点是他们在专业方面的思想交流时比较充分的，他们在专业方面的判断也是比较一致的。”[②] 课程研究中，无论是科技取向课程范式还是人文取向课程范式，其内部成员都是在充分的思想交流和稳定的研究热情中，逐步形成共同的心理积淀、共同的理论假设和共同的研究方向。来自“科学共同体”的公认信念使课程研究能够以其特定的理论体系和逻辑起点为基础，进而建构的概念、原理、法则都能“持之有故，言之有理”。

二、作为故事的课程研究

故事性使“濒临死亡的边缘”课程研究在丰富的想象力中得以复活。“以往的课程灵魂必须被摆渡到永不回归的彼岸安息，而在此岸的我们，则需要获取新的灵魂。这并不是说我们想要摆脱任何控制，而是说我们想要另一种新的、更有活力的精神来控制我们。”[③] 这需要我们在

① 王治河：《后现代哲学思潮研究（增补本）》，北京：北京大学出版社，2006年，第235页。

② 江天骥：《当代西方科学哲学》，北京：中国社会科学出版社，1984年，第120页。

③ ［美］小威廉姆·E. 多尔，［澳大利亚］诺尔·高夫：《课程愿景》，张文军等译，北京：教育科学出版社，2004年，第31～32页。

生活的“搏动”[①]、情境的际遇中发现课程之真，体验情感和理性共融所带来的课程之美。故事性的课程研究所追求的是情感的自然流露，而不掺杂人为因素。丰富的情感使得课程不再是由冰冷的知识建模所构成，而是热情洋溢的生命个体对知识的领悟与抉择。抽象意义的知识通过栩栩如生的故事性讲述得以表现，在情感的软着陆中实现了内在扩充。这是课程在人文关怀下寻找其所失落的精神世界，是课程从技术理性的高空中回归充满人性的生活世界。正因为生活世界是人在实践活动中获得教育的世界，是人之自我建构的世界；所以课程在实践、交往、理解和感悟的生活世界中充满了情趣，彰显了个性，从而得以升华。

理想和现实之间往往总会有所偏差，把握不好，则会误入歧途，步入极端。故事性的课程研究之所以饶有趣味，在于其内含着丰富的艺术性。可以说，没有艺术性的支撑，这一娓娓道来的故事难免会有些许晦涩。艺术需要技能技巧，但却不等于艺术就是技能技巧。课堂中赶时尚、走时髦，往往导致表演课、示范课走过场，轰轰烈烈过后，教师和学生仍然是其中的局外人。这种过分地对“艺术”的追求，无异于对课堂打了一剂强胰岛素，教师的专业发展和儿童的学识品性表面看起来虽得到了充分补给，其实质却是内在心理品质疏松脆弱的畸形发展。启迪心智、发人深省的雅艺术成为了金玉其外败絮其中的俗艺术。故事性的课程研究中，回归生活世界的呼唤不绝于耳，可是回归什么样的生活世界却并没有交代清楚，给人一种似是而非、模棱两可的感觉。简单地认为回归生活世界就是悬置知识，回归生活世界就是实体现象的自在表征，那只会从“玄思”的哲学滑向“空洞”的生活。一味地将课程知识和生活世界相剥离，其实质是在课程研究中追求“主客二分”的认知方式，不但不利于课程走向实践，反而会使课程僵化。

故事性的课程研究是启迪学生心灵的艺术的活动。它不是一种单维度的技术指向，而是多向度的思维方式在实践中的路径。它首先考虑的是情境因素。情境常常发挥着“此处无声胜有声”的潜在作用。学生正

① “搏动”在此指在经验中心跳动的心脏，是一种鲜活性的表征，它取代的是正处于我们认识论中心的充斥着言辞抽象的冰冷而贫瘠的世界。具体详见：[美]小威廉姆·E. 多尔，[澳大利亚]诺尔·高夫：《课程愿景》，张文军等译，北京：教育科学出版社，2004年，第218页。

是在课堂事件的耳濡目染中受到启发，从而产生对知识的热爱。言而总之，我们所体验到的热情和愉悦无不是在内在心灵与教育情境的相互作用中所生成的。其次，它根据学生的心理发展需求和知识的基本逻辑，通过在二者之间合理架构，引发学生的参与积极性，在激励学生的自信心中调控学生的学习状态。不同的学生其内在的心理发展水平不同，对知识结构的认识和理解也不尽相同。课程的内在故事性不是千篇一律的一致性，它通过对学生因材施教，使不同的学生得以充分理解其内在的真谛。

三、作为游戏的课程研究

游戏性是课程研究的存在方式。游戏并不是"玩耍嬉戏"的流俗化理解，"游戏是一种自愿的活动或消遣，这种活动或消遣是在某一固定的时空范围内进行的；其规则是游戏者自由接受的，但又有绝对的约束力；它以自身为目的并又伴有一种紧张、愉快的情感，以及对不同于日常生活的认识"。[①] 显而易见，游戏是游戏者之间互相尊重事先制定的准则，在经历活动的过程中，所表露出的情感体验。"游戏的真正主体并不是游戏者，而是游戏本身。"[②] 这是"自我"在游戏过程中达到了"忘我"而充分沉溺于其中的自我表现，是生命体的人诗意地生活在世界中所感受到内心精神体验。这种精神指向人的智慧，追求生命的激情；指向生活的想象，赋予人在交往过程中拥有一种家园感的亲情关系；指向自我的自主投入，反对外界的强制压迫。一言以蔽之，游戏性的课程研究充分尊重了人的自然发展规则。学生的发展并不仅仅依赖于知识、技能等正规教育的社会文化力量，更重要的是情感、态度、价值观等非正规教育的社会文化力量熏陶。将课程作为一种游戏来理解，使其突破了传统知识认识论的限制，将"成物"的"知识人"提升为"成人"的"游戏人"。参与者不是孤立地将课堂和教学当作客体对象加以认识和把握，而是能够根据其中的具体情境相应地作出调整，实现其与

① [荷兰] 约翰·胡伊青加人：《游戏者》，成穷译，贵阳：贵州人民出版社，1998 年，第 35 页。

② Gadamer，H-G. Truth and Method. New York：Continuum，1993. pp. 107-112，385.

参与者之间的融合，参与者对知识的获取实现了以自身的生命、生活、生长、生成为契机的意义感悟。将课程作为一种游戏来研究，由情入景、以景激情，不仅使学生的智力在自我更新中获得了发展，而且学生在体验的关怀下培养了自己的道德情操和审美修养，从而解决了学生自身的分裂问题，构建了启智立信，知、情、意和谐共生的完人。

现实的操作往往会扭曲美好的愿景，制度化的教学对学生发展的过度重视，使“寓乐于景”的游戏失去了其鲜活的品性。军队式的训育体制使内在自我在越来越受管制的生命中失去价值感，在追问存在者的呼唤中忘记了存在者本身。从夸美纽斯的班级授课制到赫尔巴特的教育科学化，从斯金纳的程序式教学到布鲁姆的教学目标分类学，无不在追求真理的过程中，抽空了学生具体生活中的意义。追求效率至上的课堂教学因高度技术化、程序化因素的渗透犹如一档“麦当劳”快餐，过分注重于应用性的提高，忽视了原创性和多样性的发挥。游戏不再是如亚里士多德所说的“为了休息之故”而产生的活动，虚无化的精神品性致使课程开拓出的是封闭而抽象的逻辑路径，学校窒息于僵死而无活力的观点以及孤立而无生命的情愫。当然，如果没有一定秩序化教学的约束，游戏在课堂中则等同于纵欲。游戏人怎么想就怎么做，个人之私欲的不断膨胀遮盖了公众情怀的价值。这不仅不利于学生学习自我效能的提升，也不利于教师专业化的发展。

真正的教育是“人之成人”的教育。游戏性的向往焕发了课堂的生命活力，使课程研究从“祛魅”中“返魅”。游戏性的课程迫切需要把教师和学生从知识的权威中解放出来，通过“心理的现实感”和“欣赏感”对课程进行“自我意识概念化”，在课程从“跑道”向“跑道上跑”的转变过程中寻求自我的灵性——智慧、顿悟、直觉、想象。游戏的课程不是教师和部分优秀学生的游戏，而是课堂活动中所有参与者所共同拥有的一个活动。课堂中游戏性意义的升华，得以在师生、生生之间平等、民主的“我—你”会话中实现。每个参与者在都享有话语权力的同时，也在彼此交流中不断倾诉自我，倾听他人。“会话是一个逐渐形成理解的过程。因此，在真诚会话的过程中，每个人都向他人开放，真诚地认为对方的观点是有道理的，并且站在对方的角度去理解对方及他所说的一切。"[①] 也就是说，每个人作为游戏的积极参与者，都是站在自我本位的立场上不断用他者的思维理解他人，进行转化性创造，使自我体验的课程得到恰切发展。它打破了"我—他"的压迫关系所造成的跷跷板现象，使游戏作为一种不间断的活动得以持续下去。

① Gadamer，H-G. Truth and Method. New York：Continuum，1993. pp. 107-112，385.

课程论学科发展的方向*

世纪之交的课程论将走向何方，这是每一位课程工作者都在思考的问题。尽管课程论所面临的问题是多方面的，但对于那些课程论学科发展的重大问题，我们不得不审慎地作出回答。其中包括：课程论的学科性质是什么？它是否已确立了自己独立的学术地位？它专门的研究对象和理论体系是怎样的？它有哪些独特的研究方法？能否正确地回答这些问题，对课程论学科未来的发展是至关重要的。

一、坚持理论科学的性质

1918 年至今，课程论已有 80 年的发展历史，但是课程工作者注意到，集 80 年之功，课程研究还没有形成一种公认的课程理论，就连能为大家所接受的课程定义也众说纷纭。问题究竟出在哪里？简单地说，就是没有能够正确地认识课程论的学科性质。长期以来，课程工作者一方面孜孜以求地建构课程理论；另一方面又不断地

* 与师雪琴合作。

对课程理论的建构提出怀疑和挑战，致使课程论在理论科学与应用科学的定性上摇摆不定。其结果必然是，课程研究致力于课程编制的技术和方法的探讨，把课程理论的种种建构作为课程编制的"附生物"，导致许多基础理论得不到研究，课程实践中许多重大问题也未完全得到理论上的探讨和说明。

历史已经证明，正确认识课程论的学科性质已刻不容缓，它直接关系到课程论今后的发展方向。事实上，对课程论的学科性质已经有了不同的认识。第一种观点认为，课程论应当是应用性的实践学科，反对课程研究的理论化倾向。施瓦布可以说是坚持这种观点的主要代表，他认为理论的追求不适合课程领域。他指出："课程领域已经变得奄奄一息。依靠现行的方法和原理不可能使这项工作得以继续并对教育的进展作出重要贡献……课程领域由于对理论的根深蒂固、不加检验的和想当然的依赖而达到了令人失望的境地。"① 显然，他对借助于抽象的方法来建立模式或理论，基本上持否定态度。他认为，理论研究的对象是一般的、普遍的，而实践的内容总是具体的、特定的，并且受具体环境条件的影响。所以，他建议课程论应当建立一套从理论到实际的实用原理，摆脱空洞的抽象议论，更加注重课程实践和学科知识的建构，不要事先用某种"普遍的原理"硬套在课程实践上。

第二种观点认为，课程论应该坚持理论学科的性质，课程研究应该走上理论化的科学研究，使之真正跻身于科学的学术殿堂。因此，不应该仅仅局限于描述性、经验性的范围。有学者指出，课程实践的失败，往往是因为理论研究跟不上，凭经验办事。持这种观点的课程学者，通常被称为"软课程专家（soft curricularist）"。

第三种观点认为，课程论既是理论学科又是应用学科，课程研究既要关注课程实践，又要重视理论的探讨。因为好的理论在于它能够指导实践，而好的实践在于它有好的理论作为指导。借助于理论，可以概括出课程诸现象之间的关系模式，以便有效地应用于不同的实际情境之中；借助于实践，可以找到应用于课程实践活动中的程序、技术和方法。的确，在现代课程论的研究中，很难找到在理论与实践问题上的极

① Prat t, D., Curriculum: Design and Development, 1980, p. 37.

端主义者。不少课程学者力图走所谓“中间道路”，把理论和实践结合起来，既强调“原理”，又关注“过程”。

显然，第一种观点强调的是课程的应用研究，要求课程研究解决某些特定的实际问题或提供直接有用的知识，它回答的是“是什么”的问题；第二种观点注重课程的基础研究，旨在对复杂的课程问题的性质和相互关系从理论上加以分析和综合、抽象和概括，以发现其内在规律，从而建立课程论的一般原理，它回答的是“为什么”的问题；第三种观点试图把课程的基础研究和应用研究结合起来，使课程研究既能提供解决课程问题的理论，又能提供事实材料去支持和完善理论，解决当前的实际问题。第三种观点似乎是较为全面的。事实上，从现有的课程论专著来看，确有一些想要兼顾理论原理和实际应用两个方面，但客观上都是偏于务实而疏于规律的理论探索，因而理论性不强。

我们认为，课程论只有坚持理论科学的性质，才能真正深入地揭示课程现象的一般规律，也只有坚持理论科学的性质，才能不断地完善和充实课程理论以建立起自己的学科体系。课程论如果停留在解决表面的问题，仅仅探索课程实践技术层面和较浅近的具体规律，那么，它的生命力就是有限的，不可能为当前乃至21世纪的课程改革实践提供强有力的理论指导。尤其是在我国的课程论发展还相当落后的情况下，坚持课程论的理论科学性质是非常重要的。

二、追求独立的学术地位

课程论作为一门独立的教育科学分支学科，在理论上讲是不成问题的，但事实上，无论在国内还是在国外，对课程论的学科地位问题总是有不同争论的。尤其是国内，还有相当多的教育工作者并没有把课程论作为一门独立的学科来看待，这固然与长期受凯洛夫教育学的影响有关，但同时也表明课程论研究并没有取得与其独立学术地位相称的成果。有关课程问题的研究多数是在教学论框架下进行的。因此，课程论要想真正确保独立的学术地位，就必须慎重处理好与教学论的关系。

有关课程论与教学论关系的认识，大致有四种观点：第一种观点可称之为大教学论观，就是将课程作为教学内容来看待，课程理论作为教学理论的一部分。这种认识的突出代表是苏联的教育学著作，我国也受此影响，至今未引起根本性的变化。众所周知，原苏联自凯洛夫时代至80年代，教育学著作中几乎一直是将课程作为教学内容来谈的，而且涉及的范围大体上是教学计划、教学大纲和教科书之类的内容。在我国，也基本上沿袭了这种做法。

第二种观点是大课程论观，就是把教学看作课程的一部分，把教学理论归入课程理论的范围之内。像美国的塔巴（Taba，H.）、布鲁迪（Broudy，H.）和蔡斯（Zais，R. S.）这样一些知名课程学者都认为，课程是一个广泛的概念，是学校教育中的一个大系统，而教学则是一个特殊的现象和子系统，远没有课程那样重要。它常常是作为一个复杂多变的因素在不同的时间或地点介入课程连续体之中。因此，他们认为课程论决不能忽视教学问题，否则，无益于课程实践。①

第三种是一体化的观点，认为课程论与教学论是密不可分的，不能孤立地存在，必须把它们综合起来进行整体性研究。例如，英国的斯坦豪斯（Stenhouse，L.）的过程模式，就特别强调课程与教学过程中的一系列相互作用。瑞典的伦德伦（Lundgren，U.）也是从课程与教学之间的系统化联系的角度来建构课程理论的。② 坦纳夫妇（Tanner，D. & Tanner，L. N.）甚至断言，把课程与教学看成是相互孤立的要素，不仅是不可能的，而且会误入歧途。因为课程与教学之间的分裂状态在学校或课程教学实践中必然被打破，所以，应把课程与教学综合成一个问题而不是把它们分成孤立的问题来进行研究。③

第四种观点可称为并列论，就是把课程论与教学论看作两门相互独立的教育学科，都是教育学的下位理论。它们各有特定的研究对象和不同的特点，需要分别进行深入研究。但是，二者又不是彼此孤立的，存在着相互联系。课程论不可能不涉及教学的某些问题，反之亦然。但是，它们之间的交叉部分决不是简单的重复，而是有着不同的着眼点。

---

① Ornstein, A. C. & Hunkins, F. D., Curriculum: Foundations, Principles, and Issues, 1988, p. 18.

② Lundgren, U., Frame Factors in Teaching, in Giroux, H. A. et al. (eds.), Curriculum and Instruction, 1981.

③ Tanner, D. & Tanner, L. N., Curriculum Development: Theory into Practice, 1980, pp. 30-32.

例如，布鲁纳、塞勒（Saylor，J.）和比彻姆（Beachamp，G. A.）就持这种观点。

在我们看来，随着现代教育科学的综合化趋势的发展，要想把课程论与教学论划分得泾渭分明、一目了然，实在是有难处，但是，某些基本的认识是可以而且是应该明确的。这就是，面向 21 世纪的课程论必须朝着独立化的方向发展，切实确保它独立的学术地位，真正从教学论中分离出来，成为与教学论并行的独立学科。随着课程改革实践的深入发展，课程论追求独立的学术地位，显得更加迫切。毫无疑问，这是课程论学科发展的一个基本方向。

三、确定专门的研究对象和严密的理论体系

作为一门具有独立学术地位的理论科学，课程论的任务就在于描述、解释和预测课程现象中客观存在的、具有必然性、稳定性和普遍性的联系，进而达到对课程活动规律的把握。这就要求我们弄清楚课程论的专门研究对象，并由此建立一个完整的理论体系。

在课程论史上，关于课程论的专门研究对象问题长期存在着混乱和困惑，导致在“研究对象不明”的情况下，各自制订自己的研究方案，建构不同的课程理论。由于人们对课程的基本范畴缺少一致的看法，不同课程著作的内容往往相差很远，“以致使人们怀疑作者是否在说明同一领域的问题，更不用说同一个研究领域的基本范畴。因此，课程这个领域具有非连续的和干扰的特点”。[①] 课程论纵使发展到了今天，也没有很好地解决它的研究对象和学科体系问题。

众所周知，真正试图明确课程论的研究对象并建立其理论体系的，当属泰勒的《课程与教学的基本原理》一书。泰勒的课程原理是围绕以下四个基本问题展开的：第一，学校应该达到哪些教育目标？第二，提供哪些教育经验才能实现这些目标？第三，怎样才能有效地组织这些教育经验？第四，我们怎样确定这些教育目标正在得到实现？这四个问题

---

① Husen，T. et al. （eds.），The international Encyclop edia of Gducation，Vol. 2，1985，p. 1142.

构成了现代课程领域最有影响的理论框架。但总的来说，尽管泰勒围绕上述问题所阐发的关于课程的种种认识几乎包括了当今课程的各个方面，但它毕竟没有涉及课程的整个研究领域，而仅仅局限于课程编制的范畴，其理论的建构只不过是“课程编制”的“附生物”，这就大大缩小了课程论研究对象的范围，因而不可能建立起完整的学科理论体系。

古德莱德是试图全面把握课程论研究对象的又一个重要人物。他在《课程探究：课程实践的研究》一书中指出，课程作为一个研究领域，应当关注三类课程现象：第一，实质性的，涉及目标、学科内容和教材等课程的基本范畴，研究的重心是这些现象的性质和价值。他把这些看作是课程研究的“共同要素”，因为这些因素具有稳定性，不会因不同的国家或教育对象而有所改变；第二，政治——社会的，指的是课程目标和手段呈现的政治和社会过程；第三，技术——专业的，就是要研究那些使课程得以编制、改进或设置的个人或团体过程：工程、后勤和评价。[①] 显然，古德莱德所确定的课程范畴已超越了课程编制范畴的局限，试图把事实性研究和价值研究统一起来，建立一个更全面的课程研究体系。

可以说，从泰勒到古德莱德，基本上实现了课程范式的一次转换，表明学术界对课程论研究对象的认识日益深入。在我们看来，研究客观存在的而不带任何主观随意性的规律，是任何一门科学要想成为真正科学的根本立足点，课程论也是这样。课程论应该探索课程现象较深层次的普遍规律，要建立自己的科学范畴和理论体系，要能够为解决具体的课程问题提供普遍规律性的知识或科学的普遍原理，而不能只是描述课程现象和过程。简言之，课程论应该为解决课程问题而研究普遍课程规律，以研究普遍课程规律来帮助解决课程问题，否则，课程论就没有前途。

一般说来，课程论要揭示的课程规律至少包括三个方面：第一，课程与外部的社会系统和条件之间的联系；第二，课程内部诸要素之间的联系；第三，课程运作过程中各具体因素的内在联系。这三方面的联

① Goodlad，J. I.，Curriculum Inquiry：The Study of Curriculum Practice，1979，pp. 27-33.

系，构成了课程论完整的研究对象，可图示如下：

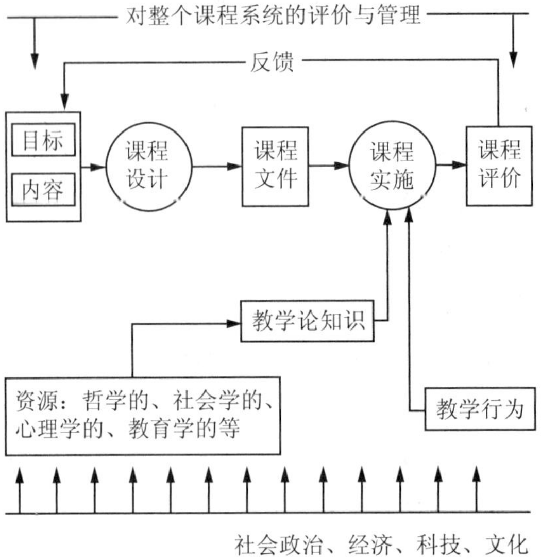

图 1　课程论研究对象的系统模式图

对“课程与外部社会系统和条件之间的联系”的研究，可以产生课程的基础理论；对“课程内部诸要素之间的联系”的研究，可以产生课程的基本原理；对“课程运作过程中各具体因素的内在联系”的研究，可以产生课程的应用理论。由此，便构成了一个完整的课程论学科体系。

四、探索独特而又多样综合的研究方法

课程论学科要想获得突破性发展，就必须采取新的研究战略和策略，或利用新的研究方法。现代学科发展趋势表明，以不同视角、按不同研究规范对研究对象进行综合探索，已成必然之势。因此，探索独特而又多样综合的新的研究方法，就成为课程论学科发展的一个基本态势。

在研究方法多元化的时代，可供选择的研究方法甚多。肖特(Short. E. C.)曾对不同的方法作了全面的回顾，他列出的课程研究方法有 17 种之多：分析性的、扩充性的、推测性的、历史性的、科学性

的、人种志的、叙述性的、美学的、现象学的、解释学的、理论性的、规范性的、批判性的、评价性的、整合性的、慎思式的和行动研究。[①]这些研究方法分别处理不同的课程问题，并强调使用不同的资料搜集技巧、分析方法和不同的逻辑推理过程建立合理的课程论知识体系。在另外一篇论文中，肖特进一步把课程研究方法归纳为10种：哲学性的、历史性的、科学性、艺术性的、道德性的、宗教性的、诠释性的、功能性的、慎思式的和行动研究。这10种研究方法和前面的16种研究方法是相互配合的，可作如下表示：[②]

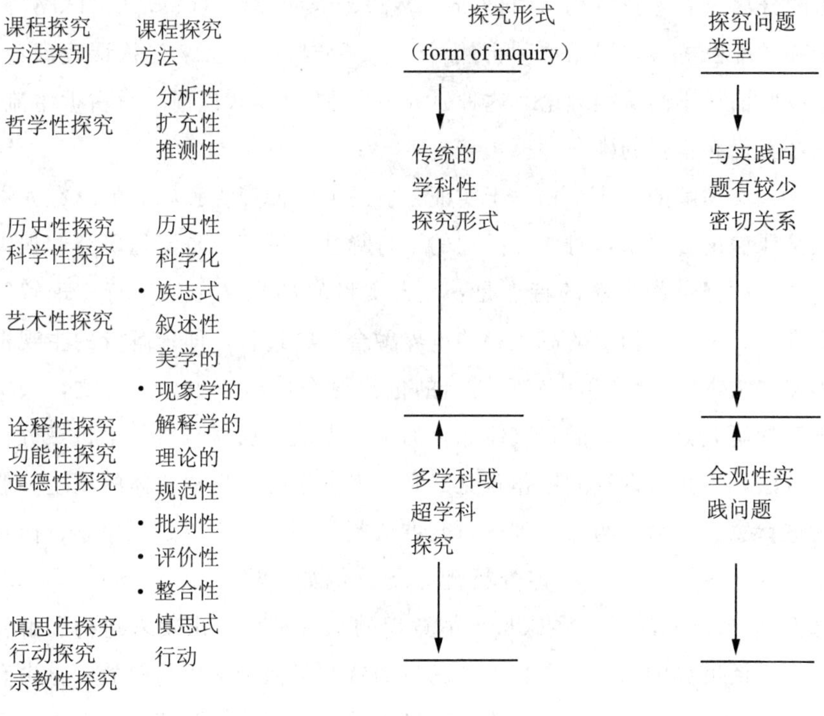

图2 课程研究方法类型

肖特所强调的是，由于人们的研究取向不同，所关注的课程问题各异，因此，就会采用不同的研究方法。只有使课程问题与课程研究方法保持一致，才能有效地解决课程理论与实践问题。当然，这并不是绝对

① Short，E. C.，Forms of Curriculum lnquiry，1991，pp. 17-19.

② 参见李子建、黄显华著：《课程：范式、取向和设计》，香港：香港中文大学出版社，1994年，第426页。

的。但有一点是可以肯定的，即科学主义与人本主义两种课程研究取向经常使用不同的研究方法。从课程论史上看，课程学者常用的方法有：实证分析的方法、人文理解的方法和社会批判的方法。

18 世纪末到 19 世纪初，在自然科学蓬勃兴起、开始按照自然科学的规范建构人文科学的背景下，博比特（Bobbitt，F.）率先运用实证分析的方法建构课程理论。他主张用“经验—分析”的方法来描述客观的生活经验，从而回避了课程的意识形态分析，用纯技术的观点，采用“原子论”的分析方法来研究课程目标，选择学习经验，强调事实与价值的分离。后来查特斯（Charters，W.）、卡斯威尔（Caswell，H. W.）、泰勒、塔巴等人均采用这种自然科学实证分析的方法来建构课程理论，形成所谓科学的课程理论。这种研究取向在 60 年代以前一直占据主流，到今天仍有很强的生命力。

人文理解的方法是相对于实证分析的方法而产生和确立的。在人本主义课程论者看来，对课程活动的“解释性的理解”是课程研究的根本方法。解释学的方法的特点是：对人文世界的意义必须进行“理解”，而理解又是一个历史的流程和“世界融合”的过程，即理解者的主观世界与“文本”（社会历史）所提出的世界融合的过程。总而言之，人文理解的研究方法强调的是整体综合的定性方法，反对自然科学机械分析的方法，主张对课程问题作直觉的和艺术的把握，根据主体的期望和假设进行意义诠释。与人文理解研究方法紧密相联系着的是现象学、诠释学、存在主义哲学和精神分析理论等。例如，格林妮（Greene，M.）和派纳（Pinar，W.）主张从个体意识的觉醒和反省出发来建构和解释学校生活世界的意义。课程设计的目的就在于促进学生的解放、自由和个性的完美。显然，他们注重教育经验的诠释性分析，把课程看作是学习过程，强调师生互动的价值，把课程评价看作是审美的和定性的。艾斯纳（Eisner. E.）则从美学的角度，把课程视为艺术的领域，主张用文艺评价的方式来设计和评价课程。运用人文理解的方法建构的课程理论，通常被看作是解释学的或审美的课程理论。

社会批判的研究方法通常是从社会学的角度来建构课程理论。其特点是把批判地分析课程的社会背景因素（政治的、经济的和文化传统的等）作为课程研究的重心，既不同于实证分析方法把重点放在课程的技术层面的研究，也不同于人文理解研究方法把重点放在学校生活世界的意义诠释或理解。在社会批判论者看来，知识是由社会建构的，而知识的客观性又是有限的，因而课程研究根本不可能排除社会价值和规范的要求。知识与社会权力、意识形态之间存在着密切的辩证关系。因此，要把握课程及其设计、实施的本质，必须透过意识形态进行分析。运用这种方法建构的课程理论，通常被看作是批判的课程理论。

以上课程研究方法都有一定的合理性，但同时又都有某种局限性，存在着内在的矛盾。因此，面向未来的课程研究应当把各种方法综合起来，表现出精确的微观分析与整体的理解相结合、定性描述与定量分析相结合、结果研究与过程研究相结合、逻辑与直觉相结合、科学与艺术相结合等特征。

课程研究在中国大陆*

课程研究也可分为学术探究领域的课程研究和具体学科领域的课程研究①。本文主要就20世纪90年代以来的一些文献，初步清理作为学术探究领域的课程研究在中国大陆的兴衰起落，从研究历程、研究领域、研究反思、研究未来四个方面，勾勒出中国大陆课程研究的基本概貌。

一、中国大陆课程研究的历程

自觉的课程探索的历史是短暂的，而作为独立的研究领域，课程研究则更是晚近之事，这使得课程发展史尚未发生科学意义上的范式转换的“课程革命”。因此，课程学至今实际上仍然处于“前科学”或“常规科学”时期。

（一）中国大陆课程研究的复兴

与世界课程研究相比，中国大陆的课程研究更是晚近之事。百余年的中国大陆课程研究，走过了20世纪初的后起、二三十年代的同步、新

* 与李殿森合作。

① J. I Goodlad. Curriculum as a field of Study. A. Lewy. The International Encyclopedia of Curriculum. Paragons Press plc，1991. pp. 3-6.

中国成立后的分道及新时期的直追的历程。20世纪初，中国课程学家开始放眼国际课程领域，以对话与借鉴的姿态，激起了课程研究的千层浪。但随后一波三折的中国革命与政治事件，导致课程探索没有持续与世界交往的态势，延迟了课程作为独立的学术领域的形成，表现为“后发展型”的特点。

思想史的探索是一个长时段的事业。“新‘新中国’”，(改革开放之后)的课程研究与发展历程甚为短暂，难以上升到学科史的断代研究层面。目前的分期方式有：一是以重大政治事件的发生来划分课程研究历程，如以新中国成立、教育革命、“文化大革命”、改革开放等为分界点，此为政治取向；二是以教育文件、法规、法律的颁布施行为标准划分课程研究阶段，如1981年的《全日制六年制重点中学教学计划试行草案》、1985年的《关于教育体制改革的决定》以及《中华人民共和国义务教育法》等，此为制度取向；三是以课程研究中具有规范意义的研究成果或学术制度的出现为标志，以自我逻辑描写课程发展轨迹，此为学理取向。我们对中国大陆课程研究历程的分期采用学理取向，兼及其他，以显明学科固有的发展脉络。依此，约经历了三个时期：

1. 课程研究的依附时期（1978—1981）

以“新‘新中国’”，的起点——改革开放为标志，显著的课程事件是中小学的全面复课及高校恢复招生考试。由于教育研究的全面启动和对教育理论的迫切需要，课程研究界的学者们开始呼唤课程研究和课程理论的恢复。课程研究在理论上主要关注三个方面，一是回顾和总结了新中国成立以来中国大陆课程研究的经验和教训；二是译介先进的国际课程研究的新成果，开课程理论比较研究之先河；三是重视将理论研究指向课程实践中存在和出现的问题[①]。这一阶段，课程研究是作为教学研究一个亚领域进行的，因此课程研究总体上受教学理论研究的方法与问题的制约，没有自觉提炼出自己的学科范畴及核心理论命题，因此，不论就理论上的依附于国外，还是学科身份上的从属于教学，都表明该阶段是课程研究的依附时期。

---

① 黄甫全：《新中国课程研究的回顾与展望》，《教育研究》，1999年第12期，第1～9页。

2. 课程研究的探索时期（1981—1989）

以1981年全国性课程研究机构“课程教材研究所”的成立和学术专业刊物《课程·教材·教法》的创刊为起点，标志着课程研究已经在依附中萌生了探索和独立的学科意识。整个这一阶段，课程研究是在课程工作者自觉地探索课程理论、积极介入课程实践中进行的。初步确立并提出了有理论支持的学科命题，拓展了研究范围，并就一些基本的课程理论范畴作了初步的界说和阐发。例如，提出并探讨了课程改革理念，编制了新课程；探讨了课程结构的优化问题，提出了活动课思想，协调了文化基础与职业技术教育的关系；课程政策上构想了由中央、地方和学校三级管理的思路。但总体看来，这一阶段仍然是课程研究的摸索时期，而自觉地摸索和追求独立的研究意识及课程改革与实践对课程理论的迫切需求，最终铸就了课程研究的独立品性。

3. 课程研究的独立时期（1989至今）

对于后发展型的课程研究而言，依附与摸索是走向独立的前奏。如果课程研究者有自觉并不断对独立学科理念的追求，那么就会进入真正独立的乐章。正如博比特（F. Bobbitt）的《课程论》标志着课程研究作为一个独立领域的形成一样，在中国大陆，这样的标志性学术专著是钟启泉的《现代课程论》以及陈侠的《课程论》①。钟启泉的《现代课程论》比较全面地介绍了国外课程理论与实践的发展现状，并在此基础上建构了一个比较完整的现代课程理论体系；陈侠的《课程论》是在本土课程实践的基础上，结合国外的课程理论写就的一部课程理论专著。该书从课程理论的学科位置，课程研究的对象、目的、方法，中西课程发展史，课程流派，论述了制约学校课程的因素、学校课程的性质、任务、类型、编订与实施、评价等课程相关范畴和具体领域，较为全面而系统地涉猎了课程研究的基本领域，并勾勒了基本的体系轮廓。此后，一批有影响的《课程论》专著开始出现，如廖哲勋的《课程学》、靳玉乐的《现代课程论》、施良方的《课程理论》、丛立新的《课程论问题》、张华的《课程与教学论》等，表明课程研究已经具有了独立学科的身

① 钟启泉：《现代课程论》，上海：上海教育出版社，1989年。陈侠：《课程论》，北京：人民教育出版社，1989年。

份、独立的研究理论空间与实践指向。同时，课程研究呈现出蓬勃的“学科群”发展态势，体系性专著与分支研究相继出现，如靳玉乐的《潜在课程论》、《课程研究方法论》，吴永军的《课程社会学》，崔允漷的《校本课程开发：理论与实践》等。

与理论探讨相辉映，课程研究的学术组织和常规化的学术交流制度相继确立，如 1997 年全国课程专业委员会的成立及例行年会。这些都标志着课程作为一个独立的研究领域及课程论作为教育学的一个正式分支学科的重建已基本完成[①]，也宣告了课程研究以独立姿态踏上了自己的学科发展征程。

（二）中国大陆课程研究的发展

中国大陆课程研究的发展表现在两个方面，一是课程的传统研究路向的深化；二是课程的新兴研究格局的初成。

1. 课程研究的多元路向

新的理论基础、研究方法、社会环境使课程基本研究向纵深发展，逐渐摆脱了“我注六经”式的政策化研究模式，趋向于学理的和社会历史的分析，体现了路向多元的研究旨趣。

（1）本土研究与借鉴研究。这是贯穿于课程研究历程始终的一对并行研究路向，在共时的历史层面，从比较的视角，扫视域内与域外的课程发展状况，处理课程研究的“中外”问题。可以说，从中国大陆“放眼看世界”的那一刻起，伴随着异域理论、思想、思潮的涌入，本土扬弃就已经开始了。由于不同研究语境内理论倚重的不同，本土与借鉴呈现为不均衡的发展。

中国大陆的本土研究从事于本国的课程理论与实践的探讨，寻求对出现于本国的课程问题的研究、解释和改进，如对于课程理论、基础、目标的研究，对农村教育的关注，等等。借鉴研究，是指对借鉴的、生成于异国的课程思想的本土改造与民族重构，属于本土化研究的层面。所以中国大陆的本土研究与借鉴研究是紧密结合在一起的。

（2）传统研究与现代研究。定位于历时的纵向层面上，以社会历史

① 张廷凯：《我国课程论研究的历史回顾：1922—1997（上）》，《课程·教材·教法》1998 年第 1 期，第 7～12 页。

发展观，对课程实践作发生学的考察，处理课程研究中的“古今”范畴。课程本质上是一系列的文化选择。文化的时代演化与流变，要求课程既要探讨流转不息的传统特质，又要识别文化冲击和文化变异对课程的影响。课程的传统与现代研究就在探寻这一连续而又断裂的课程建构中潜在的规则。

中国大陆的传统研究基本上沿袭着国学的治史方法。阐发古典课程哲学，注释先人课程思想，考辨课程概念，钩沉课程价值，这正符合了中国史学研究的“义理”与“考据”的传统学风。而秉持现代视域的课程研究，则关注于分析和处理实践中的课程问题，旨在提炼和建构现代课程概念、范畴与话语系统。目前，二者研究似有相互隔离之弊。虽然有人试图将其整合起来，也没有达到理论融合的程度，还不能找到中国传统课程思想与现代课程理念有机对接的平台。

（3）元研究与问题研究。元研究是一种学科的“元勘分析”。中国大陆的“元”课程研究以课程学科本身为研究对象，探讨课程论的构建与发展问题，旨在反观自身的学科局限，提高学科独立意识，扫除学科前进的障碍，指明发展方向，因此本质上是一种学科反思研究。课程理论的元研究正在向多个课程领域辐射，这种宏观取向的研究是中国大陆课程研究的优势领域；其以理性思辨和逻辑推演的思维方式论及课程理论的本体问题、核心概念、独立范畴、学科身份、体系建构及学科群建设。问题研究关注课程实践和理论面临的现实问题，是以学科理论为透镜，去投射课程现象，因此问题研究取向具有实践性的“学理分析”的性质。此外，问题研究取向也不断从课程实践和理论中，从国际比较中发现着越来越多的新鲜的、有价值的课程问题，丰富着课程研究的问题域。

（4）学理研究与实践研究。课程的研究可以区分为基础研究、发展研究和应用研究。前者倾向于基本理论，后者指向于课程实践，而中者则是理论研究实践化的转化中介。目前中国大陆依然存在着这样的研究局面。课程的基本理论研究关注课程的基本原理和核心命题，厘清课程理论的主体框架，如对课程概念、本质的辨析，对课程论体系构建的思考等。课程应用研究始于课程实践的困惑，从中“拧出”带有普适价值的课程思想，以“求真、求实、求效”为旨归。这就决定了课程应用研究走的是这样一条路线：从课程存在出发，以相应的课程理论为分析工具，洞察课程问题的本质，提出问题解决方案，将经验认识理性化，从而成为新理论的有机构成。课程发展研究则主要探讨某一课程理论进入课程实践的一系列必须经历的操作化的程序。

我们知道，课程研究先后经历了哲学、心理学、语言学、社会学（主要是普通社会学）等（跨）学科方式。课程是关于人的学问，正如帕森斯（T. Parsons）所指出的："人类行为领域中优秀的一般理论不管它怎样坚定地扎根于一门学科之中，但它必然是跨学科的理论"①。近来，跨学科的课程研究在中国大陆日益繁兴，出现了相对稳定的若干领域，取得了新的研究成果，成为中国大陆课程研究的新兴格局。

2. 课程研究的新兴格局

研究者以跨学科的视角，从人类学、语言学、生态学、社会学、文化学、生命哲学、知识学、认知科学等维度研究课程活动，大大拓展了哲学、心理学的传统课程研究空间，提出了新颖的课程思想，形成了新的课程理论潮流。相对系统的有以下四个领域。

（1）课程的文化学研究。课程本质上是一系列的文化选择；而人类知识型在经历了神学知识、形而上知识和实证知识后，开始转型为文化知识。这要求人们关注课程的文化学考察。中国大陆学者以三种切入方式论及文化传播与课程、社会文化结构与课程改革、课程的文化学内涵、课程设计的文化学参照、文化传统及课程民族传统与课程价值取向、多元文化的课程理念、文化变迁与课程等主题。一是广义文化学的方式，讨论文化的各个范畴与课程研究的关系和价值。例如，在课程设计上，要充分考虑文化影响与制约效能，像文化种类、文化生态、文化模式、主文化与亚文化、文化变迁、文化交流都是在发展课程中必须关注的问题②。二是文化哲学的方式，审视课程现象的本质和变迁，认为课程是"具有独特性、内在性、创生性属性的特殊文化"；"课程改革本

---

① 帕森斯：《社会学中的一般理论》，转引自［美］乔治·A. 比彻姆著，黄明皖译，《课程理论》，北京：人民教育出版社，1989年，第10页。

② 和学新：《课程：教育的文化选择——课程设计的文化学思考》，《教育理论与实践》，1997年第3期，第51～54页。

质上就是课程文化精神的重建和课程文化模式的转型”[①]。三是文化批判的方式，借鉴了国际上“文化研究”这一学术思潮的理念、方法，结合中国的现实课程问题加以思考。它在某种程度上走出了传统“文化学”圈定的狭小天地，积极介入社会、政治、民众问题，是一种穿越了学科边界的“跨学科”的研究方法，政治性和批判性是其基本理论旨趣[②]。中国大陆在此领域尚未形成自己的课程“文化批判”话语，但从后现代主义、社会建构主义出发“对文化的反思与批判以及对文化与课程因循久远的、古旧僵化的逻辑的反思与批判，便构成了走向文化批判与反思的课程文化观”[③] 的起点。

（2）课程的比较研究。比较的研究方法是以共时维度，考察不同国家、民族或地域的社会现象，既寻同，又求异。比较研究不仅仅是用“第三只眼睛”看世界，也不仅仅是对异域研究的我向评说。它已经发展为具有自己的研究范式和操作规则及解释句法的独立的方法论。中国大陆学者特别是华东师范大学钟启泉教授领导下的一批中青年课程学者，耕耘不辍，不仅翻译出版了多套介绍西方课程理论的丛书，而且就课程类型的国际演进、课程开发的国别比较、课程管理的国情分析等进行了深入的比较研究和探讨，使中国大陆课程研究有了较为开阔的国际视野，并为比较课程论的建立奠定了很好的基础。从关注问题上看，大致进行了课程本质、课程变革、课程形态、课程研制、课程实验、教师发展等方面的比较研究，这对获取国际课程界的先进思想和教训，服务于中国大陆的课程研究是大有裨益的。课程比较研究要切记必须依据这种理论在该国或他国较长一段时间内的课程实践去合理地分析、评价和借鉴。

（3）课程的社会学研究。该研究西方始于 20 世纪 70 年代，中国大陆则开始于 90 年代。在学科建设层面，中国大陆学者认为，课程社会学的研究对象是课程文本（教育知识的法定基本形式）、课程编制（课

---

① 靳玉乐、陈妙娥：《新课程改革的文化哲学探讨》，《教育研究》，2003 年第 3 期，第 67～71 页。

② 赵勇：《关于文化研究的历史考察及其反思》，《中国社会科学》，2005 年第 2 期，第 168～176 页。

③ 郝德永：《课程文化——一个后现代的检视》，北京：教育科学出版社，2002 年，第 223 页。

程文本的社会建构过程)、课程实施(课程文本的社会解读过程);即具有社会学意义或特征的课程现象与课程问题[①]。内容上,要研究处于社会系统中的课程和处于学校师生互动系统中的课程。前者着眼于对课程的外部社会控制过程和外部社会控制结果的研究,后者重点考察"进入学校课堂系统中的课程知识对学生文化结构产生的影响"[②]。此外,还要探讨课程变革的社会学模式,为课程变革计划提供社会学方略。在体系构建上,有专著较为系统地勾勒了课程社会学的研究内容、理论基础、研究方法等基本问题,对课程的内容、结构、授受、评价进行了社会学分析[③]。

在具体课程问题层面,中国大陆关注诸如课程决策、课程价值、课程结构、教科书分析、课程知识社会本质、课程知识的生产与习得的社会机制、课堂行为等的社会学研究。应当说,目前的课程社会学研究更多借鉴了国际政策范式[④]、知识社会学(新教育社会学、批判社会理论等)、教育知识社会学等理论,注重课程领域的微观探讨,尤其是关注课程知识的研究,形成了颇具特色的"新课程社会学"研究。

(4)课程的知识学研究。知识是课程的核心成分。在某种意义上,所有的课程理论都是对"什么知识最有价值"这一经典问题的回答。知识观的每一次新发展,都有助于揭示课程的新本质,从而影响着课程理论的建构和实践运行模式。中国大陆的知识学视域内的课程研究主要从知识分类、知识观、知识社会学、知识习得机制等方面考察课程现象,审视、发展、创生新的课程思想。第一,课程知识观。课程知识的本质经历了制度知识、文化资本、法定文化的界说,正在走向建构主义的课程知识观——假设的、情境的、个体的、价值的[⑤];第二,课程形态的知识基础。认为学科课程是"旁观者理论"的知识观,综合课程是"生

① 吴康宁:《课程社会学的研究对象》,《上海教育科研》,2002年第9期,第4~7页。

② 南京师大"课程的社会学研究"课题组:《课程的社会学研究简论》,《教育研究》,1997年第9期,第26~30页。

③ 吴永军:《课程社会学》,南京:南京师范大学出版社,1999年。

④ 蒋建华:《走向政策范式的课程研究》,《北京大学教育评论》,2004年第1期,第89~94页。

⑤ 黄忠敬:《我们应当确立什么样的课程知识观?》,《南京师大学报(社会科学版)》,2002年第6期,第66~72页。

态学理论”的知识观，活动课程是“参与者理论”知识观①。基本说来，目前人们普遍认同知识本质上是基于客观性之上的主观构建，是一个开放的、发展的过程；知识价值是多维的、互补的；知识获得是一个积极的、主动生成的过程；所以当代课程理念的基本精神认为，课程本质上是开放的、生成的②。从知识学的角度去分析课程知识是有启发的，但过于线性的类推可能会忽略课程知识的某些特质。如何将“课程知识”作为一个独立范畴来处理，揭示其本质、内涵、生成逻辑，还有待思考。

新时期中国大陆的课程研究为内地复兴与活跃的文化背景及课程改革的实践动力所推动，深化了旧的研究路向，开辟了新的研究格局，在多样化的争鸣之中呈现出集中的研究领域。

二、中国大陆课程研究的领域

中国大陆课程研究总体上走的是一条基于本土的、缓慢但稳健且具有明确的社会取向的发展之路。随着与国际课程研究的全方位对话，课程研究在三个领域同步推进，构成了中国大陆课程研究在跨世纪时段的基本格局。

（一）课程理论的元研究

学科发展离不开对学科规范的思考——元研究，这是中国大陆学者极为热衷的理论园地，有着绵长的学术传统。课程理论的元研究包括学科身份、理论体系和学科群问题。

1. 课程论的学科身份

课程论的学科地位、研究对象、学科性质等问题是在“课程论与教学论关系之辨”中展开的。有趣的是，二者关系之辨经历了“教学一统论”、“课程与教学交叉论”、“课程与教学二元论”、“大课程论”的波折和学科重组。当前有学者在“课程与教学一体化”、“课程与教学整合论”、“课程与教学论”等术语下，通过分析二者关系，试图统一为一个

---

① 潘洪建：《课程改革的知识观透析》，《教育科学》，2004年第3期，第43～45页。

② 潘洪建：《当代知识观及其对基础教育课程改革的启示》，《课程·教材·教法》，2003年第8期，第9～15页。

学科，但这种学科重构尚未赢得学界普遍认同①。我们认为，尽管课程与教学两个领域密切相关，相互交叉，但这可能是由于来自不同学术传统的理论体系相互碰撞的结果，二者的分离是暂时的，二者的整合会随着这两个学科各自的成熟而发生。关于课程论的学科身份，一般主张课程论的研究对象是课程与外部的社会系统和条件之间的关系、课程内部诸要素之间的关系、课程运作过程中各具体因素的内在联系②，旨在探讨影响课程诸因素的关系及一般规律的学科，它有基础理论研究，也有应用理论研究，是与教学论并存的教育学下位学科。

2. 课程论的理论体系

课程论与教学论走着不同的体系建构之路，前者是从范畴到体系，后者是从体系到范畴。课程论的基本构成和结构关系的探讨，近些年取得了一些进展，主要表现为对应纳入课程论研究范围的基本概念、基本问题、基本范畴的一致认可。我们认为，作为一门独立学科，“它应探讨课程现象较深层次的普遍规律，进入课程理论体系的应是比较公认的基本概念、基本原理、基本事实”③。体系结构上，有人主张从课程本质观、课程价值观、课程系统观、课程构成观、课程过程观及课程与教学的关系等方面考虑大课程论体系的设计④。体系建构上，应以科学理论为方向，揭示课程现象的一般规律，形成由课程的基本理论、课程的基本原理、课程的应用理论构成的完整的课程论学科体系⑤。

3. 课程理论的学科群建设

课程改革的全面推进和课程理论发展的学科逻辑及演进规律要求适时建立起课程理论学科群，学科互动与滋养有利于促进自身的发展，也能为课程实践提供全方位的理论指导。课程理论学科群的层次结构

---

① 王文静：《“九五”期间我国课程与教学论研究的回顾》，《全球教育展望》，2001年第12期，第39～46页。

② 靳玉乐，师雪琴：《课程论学科发展的方向》，《课程·教材·教法》，1998年第1期，第2～6页。

③ 王永红，黄甫全：《课程现代化：跨世纪的思考》，《课程·教材·教法》，1998年第2期。

④ 黄甫全：《新中国课程研究的回顾与展望》，《教育研究》，1999年第12期，第1～9页。

⑤ 靳玉乐，师雪琴：《课程论学科发展的方向》，《课程·教材·教法》，1998年第1期，第2～6页。

是[①]，第一层是课程基础科学的学科群。1）课程心理学、课程社会学和课程哲学；2）课程概论（课程论），包括幼儿园课程概论、中小学课程概论、大学课程概论；3）课程原理、课程发展史和比较课程论。第二层是课程工程科学的学科群，包括课程设计论、课程实施论、课程评价论和课程管理论。第三层是课程应用科学的学科群，包括课程开发、课程督导、课程管理制度等学科。

我们认为，学科群建设是提高课程元研究水平的应有之举。当前，新基础课程改革催生了专门领域的研究，一批源于具体实践问题的开拓性学术成果相继出现，如人民教育出版社推出的“新课程改革研究丛书”：《新课程改革的理念与创新》（靳玉乐）、《新课程设计的变革》（张廷凯）、《综合实践活动课程开发》（李臣之）、《新课程评价的理念与方法》（丁朝蓬）等，这些在基本原理、研发机制及应用策略方面的理性思考，必将为未来学科群的形成打下坚实的、有实践解释力的学理基础。

（二）课程基本原理的研究

课程基本原理是课程活动的深层的、较为稳定的一般规律。因其自身的基础性和理论起点价值，成为课程理论研究及学科建设的基石。

中国大陆课程论的新生是从基本原理实现突破的，如提出了不同于教学论视域内的课程本质，提出了教学论未涵盖的课程范畴等。与课程研究的初创时期相比，课程基本原理的研究在两个方面取得了“范式转换”的进展。

1. 课程概念的重建

课程学属于“时代学”之列，这决定了不存在一个放之于所有时代而皆准的课程概念。中国大陆对课程概念的探讨是与对课程本质的追问联系在一起的。概念重建的目的在于探寻课程的时代内涵，重考课程的存在本质。中国大陆对课程概念的认识不仅受古代典籍中“课程”词义的影响，而且也受新时期以来国外多元课程本质观的一定影响，由此课程本质说法纷纭。

---

① 廖哲勋：《论我国课程理论学科群的建设》，《课程·教材·教法》，2000年第2期，第6～11页。

有人认为中国大陆持有的课程本质观有：教学科目说——课程是教学科目或教学科目的总和；教学活动说——课程是包括科目在内的活动的总和；学习经验说——课程是受教育者体验、经历，并转化为自己的、实现自身发展的经验①。有学者归纳出课程本质的六种类型：课程即教学科目，课程即有计划的教学活动，课程即预期的学习结果，课程即学习经验，课程即社会文化的再生产，课程即社会改造②。也有人提出整合化的课程内涵及结构：本质上课程是静态的客体；是预设的，有意的安排；内容上是系统的知识经验③。从文化分析入手，课程内容是教育化的文化，具有再生性、简洁性的特点，本质上“是一种预期教育结果的重新结构化序列”④。

观点分歧的原因主要在于课程本质是一种社会历史的建构，每一课程本质观都有其所处时代的社会历史适切性。关键在于寻求一种最能解决课程问题，有利于课程理论发展的“实用性”课程定义，揭示其当下的存在本质和时代内涵。所以，我们倾向于认为课程“其本质内涵应是在学校教育环境中，旨在使学生获得的、促进其身心全面发展的教育性经验”⑤，该种界定表明学校课程的特点是：客体性，是外在于学习主体的客观存在，是学习主体认识和经验的对象；目的性，具有预期的目标指向性；经验性，可以通过认识和实践转化为个体经验（知识的、活动的）；教育性，对学生具有教育意义和作用；系统性，有一定的结构系统⑥，体现了情境性、意向性、系统性、生成性的现代课程知识观。

课程概念的重建是一个无止境的历史过程。放眼国际，课程的“再概念化”涉及诸多广泛的问题，不同国家、不同民族、不同的课程本质。因此，“再概念化者们”也不可能持有同一个核心的课程“主义”，这是近期派纳将“reconceptualist”修正为“reconceptualization”的一

① 徐继存：《课程本质研究及其方法论思考》，载《当代教育科学》2003年第14期，第3～7页。

② 施良方：《课程理论》，北京：教育科学出版社，1996年，第3页。

③ 郝德永：《关于课程本质内涵探讨》，载《课程·教材·教法》1997年第8期，第5～10页。

④ 黄甫全：《课程本质新探》，《教育理论与实践》，1996年第1期，第21～25页。

⑤ 靳玉乐：《现代课程论》，重庆：西南师范大学出版社，1995年。

⑥ 靳玉乐，李森，沈小碚，刘清华：《中国新时期教学论的进展》，重庆：重庆出版社，2001年，第220～221页。

个原因①。

2. 课程理论范畴的拓展

课程理论范畴是课程理论中相对稳定的、具有一定解释力和初步理论功能的框架式分类，主要有“问题范畴”［泰勒（Ralph W. Tyler)］和“领域范畴”［古德莱德（J. I Goodlad)］两种划分样式。高度结构化的领域才能构成一个学科，因此，依据施瓦布（Schwab）的学科结构思想，结合古德莱德的看法，我们将中国大陆课程理论的研究范畴划分为三类“结构范畴”：一是政治-社会范畴（相当于“组织结构”，表征课程的学科属性、规范），包括课程计划、课程方案、课程政策、课程管理、课程领导；二是概念-实质范畴（相当于“概念结构”，表征课程的内容、构成），包括课程理念、课程目标、课程结构、课程类型、课程标准；三是技术-专业范畴（相当于“句法结构”，表征课程的生成、运行规则），包括课程发展、课程设计、课程传播、课程采用、课程实施、课程评价。显然，三类范畴相互联系，共同构成了课程理论的“体系结构”。中国大陆课程研究集中关注并拓展了新的课程范畴。

（1）政治-社会范畴。中国大陆有政治哲学取向的课程研究传统，从“学术零度介入的政策化的课程注解”到“走向政策范式的课程研究”②，无一不是倾注于这类范畴上，是学术干预较为薄弱的领域，主要是课程政治学的产儿。不过，随着中国大陆政治民主化、以人为本的治国理念和科学发展观的确立与落实，课程研究的政治取向与学理分析之间的张力正在得到合理的平衡，这才有当前此类范畴研究的新进展。例如，倡导课程计划上的多元灵活，课程政策上的专家参与，课程管理上的三级分权，课程领导上的校本责任等。尤其课程政策与课程领导范畴的改造性引入，成为目前研究的新视点。

（2）概念-实质范畴。这是微观层面的范畴体系，是社会-政治范畴的具体化。随着基础教育课程改革的全面推进，研究界对基础教育课程的理念、目标、结构、类型、标准等范畴进行了深入研讨，如全人发展

① H. K Wright. Does Hlebowitsh Irnprove on Currieulum History? Reading a Rereading for Its Politieal Purpose and Implieations. Currieulum Inquiry，2005，35（1)：103-117.

② 蒋建华：《走向政策范式的课程研究》，《北京大学教育评论》，2004 年第 1 期，第 89～94 页。

的课程理念，学生发展为本的课程目标，均衡的课程结构，多样的课程类型，普及性、基础性、发展性相结合的课程标准。尤其对课程目标、课程结构、课程类型的研究极为活跃。关于课程目标，有学者认为要对现实课程目标做恰切分析，避免脱离实际；坚持目标决策的理性把握与具体的情境考察相结合；给课程实施者以角色赋值，赢得教师的广泛认同，并充分利用本土课程理论与实验研究成果[①]，这些都有利于产生合理的课程目标。关于课程结构，有人提出课程结构的优化应以比较完善的学科课程为主，辅以新型活动课程。整体优化的课程结构有三个层次：宏观课程结构指课程计划中的课程设置；中观课程结构是由各类课程内容之间的横向组合与纵向组合而形成的有机整体；微观课程存在于各科教材内部，是教材内部各成分各要素按一定比例关系组成的有机整体[②]。课程类型的研究包括综合课程、活动课程、潜在课程、研究性课程、校本课程等。

（3）专业-技术范畴。讨论作为课程开发、采用和推广的课程工程方面的问题，涉及课程文本的生成、转化、运行机制与规律。中国大陆在这方面的研究进展得很快，一些新思想和运作机制被引入课程研发与推广之中，如提出了综合取向的课程设计观，缔造取向的课程实施观[③]等。除了针对基础教育课程改革而开发的实践性课程设计、发展、实施与评价研究外，也对相应范畴的理性梳理和理论探讨付出了努力。一批来自课程实践的、实证性的成果相继成文发表。例如，对课程发展过程、课程设计共同体、影响课程实施的因素和取向、发展性课程评价等都有专文或专著出版。

总体看来，中国大陆在课程理论范畴研究上已经取得了长足进步，使课程研究领域的理论框架更为丰满，实践指向更为明确。但在理论范畴研究的本土化和系统性方面，还要付出更多的思考和行动。深入探讨自己的课程问题，提出高层次的课程概念（范畴），是今后的研究方向。

（三）课程基本问题的研究

课程问题涉及“课程的产生和发展问题、课程的构成问题、课程系

---

① 郑国民：《制约课程目标取向选择的因素》，载《课程·教材·教法》，2002 年第 12 期，第 1～5 页。

② 廖哲勋：《论中小学课程结构的改革》，载《教育研究》，1999 年第 7 期，第 59～65 页。

③ 靳玉乐：《新课程改革的理念与创新》，北京：人民教育出版社，2003 年，第 52 页。

统的运行问题、课程的历史问题和现状以及课程的校别问题、地区问题、国别问题等”[①]。中国大陆课程研究关注的，或是课程理论的基本命题，或是课程实践的永恒话题，或者是课程发展面临的时代主题。

1. 关于课程现代化问题

中国大陆教育现代化问题是随着社会现代化进程而提出来的，而课程现代化居于教育现代化的核心地位。关于课程现代化曾有“同步说”——与现代学校教育制度的确立同步；“整体效应说”——诸领域的全面现代化；“改造说”——对近代课程的改造；“内容说”——课程内容的现代化改革。随着中国大陆20世纪70年代末启动的大规模教育改革运动，对课程现代化实质、内涵的解读、实现过程的分析就成了引导课程改革方向的指南。

一般认为，课程现代化的实质是以现代化的思想、观念、价值观统摄课程编制，更好地协调社会、知识、个体发展之间的关系，发挥课程诸范畴在课程系统中的整体效能[②]，以实现课程研究从“主客二分”向“整合范式”的转换。它发生于四个层面：工具层面（教材等）、制度层面（文件等）、理论层面、价值与文化层面。课程现代化的精神性表现为在不同历史时期对不同的时代精神、人文品质的追求和向往，是在“文化反思和文化重构中实现现代课程文化的民族化”过程[③]。课程现代化内涵则是实现：1）课程观念现代化，包括现代化的课程价值观和课程结构观等；2）课程内容现代化，要不断更新，及时吸收科技、文化发展的最新成果；3）课程技术现代化，包括课程编订技术和课程评价技术现代化等[④]。课程现代化的实现是一个社会历史过程，具有渐变性；同时，课程范式又具有周期性突变的规律，因此课程现代化要经历一个长时间的量的渐进积累从而实现质的飞跃，是渐进与突变的

① 廖哲勋：《论我国课程理论学科群的建设》，《课程·教材·教法》，2000年第2期，第6～11页。

② 吴永军：《我国基础教育课程现代化的若干理论思考》，《南京师大学报（社会科学版）》，1997年第3期，第57～61页。

③ 谢登斌：《跨世纪课程现代化与课程文化新思维》，《广西师范大学学报（哲学社会科学版）》，1999年第1期，第36～39页。

④ 张敷荣，张武升：《建国以来课程理论与实践的回顾与展望》，《华东师范大学学报（教育科学版）》，1990年第4期，第57～64页。

统一[①]。

我们认为，课程现代化既是一个价值概念，又是一个技术概念；价值上表现为现代性的诸多精神特性通过课程而在人们身上的内化，诸如“理性、启蒙、科学、诚信、契约、主体性、个性、自由、自我意识、创造性、社会参与意识、批判精神等”[②]；技术内涵表现为现代化科技人文成果的课程物化形态。课程现代化是一个不断扬弃和超越自身的过程，渐进还是突变模式取决于社会政治制度的演进与发展。突变模式一般只有伴随国家政体的革命才能成功。即便美国的课程现代化有范式转换现象，但本质上仍具有内在连续性[③]。因此，不管后现代的全面颠覆性挑战，现代性的内在要素依旧是人类社会运行的支撑力和前行的动力。我们依然无法设想，拒斥了诸如理性、启蒙、科学等现代性理念，现代人类该如何生存？课程的现代化将永远是一个“尚未完成的设计”。

2. 关于课程改革问题

课程改革是“变异现状”的课程行动，中国大陆课程改革实践与研究始于20世纪70年代的“教育的春天”。对既往改革实践的梳理[④]可以看出，中国大陆的课程改革研究探讨了改革的动因，指出社会主义现代化建设的需要、新技术革命的挑战及关于人的研究成果的新启示是课程改革的三大动因[⑤]。此外，我们认为，“新的文化观念、人文精神和课程理论也是课程改革的重要动因”[⑥]。关于课程改革的条件，全社会的广泛参与以及观念的转变与更新是先决条件，而设计得当的课程文本，认同改革方案并有专业能力的教师队伍及社会需求是改革得以顺利推行和成功的基础。关于课程改革程序，在研究分析了国外改革实践后，有

---

① 王永红，黄甫全：《课程现代化：跨世纪的思考》，《课程·教材·教法》，1998年第2期。

② 衣俊卿：《现代性的维度及其当代命运》，《中国社会科学》，2004年第4期，第13～24页。

③ P. S. Hebowitsh. Generational Ideas in Curriculum：A Historical Triangulation [J]. Curriculum Inquiry，2005，35 (1)：73-87.

④ 赵昌木：《我国课程改革研究20年：回顾与前瞻》，《课程·教材·教法》，2002年第1期，第3～10页。

⑤ 赵昌木：《我国课程改革研究20年：回顾与前瞻》，《课程·教材·教法》，2002年第1期，第3～10页。

⑥ 靳玉乐．现代课程论 [M]，重庆：西南师范大学出版社，1995.

人认为，中国大陆课程改革应从缺乏理论指导的经验型转为科学型，遵循“决策——设计——实施——改进——评价”程序[①]。关于课程改革的实质成分，涉及课程目标、课程结构、课程内容、课程编制、课程体制等方面的研究。

今后中国大陆课程改革的趋势是：学生本位的发展观；从“双基”到“四基”（基础知识、基本技能、基本方法和基本态度）；加强道德与人文课程建设；课程的综合化；课程的社会化和生活化；课程管理的三级分权；课程风格的个性化与多样化；课程的“IT”化[②]。

中国大陆课程改革的研究还处于初级阶段，还没有形成自己的课程改革理论，对课程改革实践的深入系统的总结还有待做进一步的工作，特别是对一些重大的课程改革运动缺乏理论深度的分析和批判。

3. 关于课程形态问题

课程形态包括综合课程与分科课程，学科课程与活动课程，正式课程与潜在课程，校本课程、地方课程与国家课程，接受性课程与研究性课程等，目前关注较多是综合课程、活动课程、潜在课程。

综合课程的理念是，价值整合是核心，主要内涵是五个层面的整合：相邻知识系列的整合，性质相近学科的整合，人文、自然和社会学科的整合，课程内容与文化变迁的整合，儿童与文化的整合。整合的最高境界是实现儿童与文化的整合，这也是综合课程的最终价值。

关于活动课程。其本质“是以充分而有特色地发展学生的基本素质为目标，以最新信息和学生现实需要的种种直接经验为主要内容，按照特定活动项目及特定活动方式组成的一种辅助性的课程形态”[③]。也有人认为活动课程是“为指导学生主要获得直接经验和即时信息而设计的一系列以教育性交往为中介的学生主体性活动项目及方式”[④]，自主性、实践性、综合性是它的三大特点。活动课程的设计要依据活动课程的本

---

① 赵昌木：《我国课程改革研究20年：回顾与前瞻》，《课程·教材·教法》，2002年第1期，第3～10页。

② 吕达：《试论我国基础教育课程改革的趋势》，《课程·教材·教法》，2000年第2期，第1～5页。

③ 廖哲勋：《论新型活动课程的建构》，《华东师范大学学报（教育科学版）》，1995年第2期，第65～72页。

④ 李臣之：《试论活动课程的本质》，《课程·教材·教法》，1995年第12期，第9～16页。

质属性、活动课程的目标与课程体系、基本教育目标、学科课程的课程目标等。

关于潜在课程。中国大陆对潜在课程的系统探讨涉及它的研究对象、理论基础、概念与特点、价值与功能、教育设计、实施和评价等[①]。人们对潜在课程的认识或是指课程计划以外的学习活动或教育活动，或是一种通过学校的无意识发生作用的教育影响因素。我们认为，潜在课程是“学校通过教育环境（包括物质的、文化的和社会关系结构的）有意或无意传递给学生的非公开性教育经验（包括学术的和非学术的）”，具有整体性、非公开性、依附性、潜隐性、差异性、愉悦性、开发性、易接受性的特点[②]。

关于校本课程。普遍认为是在具体实施国家课程和地方课程的前提下，通过对本校学生的需求进行科学评估，充分利用当地社区和学校的课程资源开发多样性的、可供学生选择的课程，是对国家课程的重要补充。我们认为，校本课程并不是严格意义上的课程类型，而更属于课程管理和课程重整的方略范畴。校本课程开发是一个将国家课程、地方课程依据本校实际而进行的改造、重构、统整而生成新型的、更具有学校特质的课程形态的过程，是实现课程统一与多样化的可行之策。

关于研究性课程。中国大陆研究者认为，研究性课程是研究性学习的课程文本，是一种以探究经验的习得为本位的生成性课程，它以某一特定的具体问题或主题作为探究对象，以自主探究作为学生的主要学习活动方式，是以培养学生的探究意识、探究技能、探究气质为主要目标的一种课程[③]，是一种在教师指导下的，学生自己选择相应的研究课题，以获取正确的研究态度、坚强的研究意志、高层次的研究意识而整合成的学习内容[④]。

4. 关于课程研究方法论问题

从方法论的性质看，中国大陆课程研究基本上是思辨的，强调概念

---

① 靳玉乐：《潜在课程论》，南昌：江西教育出版社，1996 年。

② 靳玉乐：《潜在课程论》，南昌：江西教育出版社，1996 年。

③ 夏正江，梅珍兰：《对研究性课程内涵的一种解读》，《教育研究》，2001 年第 6 期，第 66～70 页。

④ 张伟平：《关于研究性课程问题的思考》，《教育探索》，2004 年第 2 期，第 33～36 页。

层面的分析和理论体系的运演，注重课程价值与规范的澄清，而弱于课程事实和技术方面的实证分析，不太深究规范命题的合理的存在依据。又由于政策范式的导向，使得部分思辨研究带有非理性主义的政治解释学的色彩。

从研究的学科方式上，中国大陆课程研究可分三类：一是哲学方式，关注课程的价值事实。一般以教育哲学和认识论为基础，以思辨和人文理解的方法，探讨课程的价值取向、理念、目标等政治-社会维度的问题；二是心理学方式，关注课程的客观事实。一般以行为主义、人本主义、认知心理学为基础，以理论分析、观察、实验等方法，探讨知识组织与学生身心发展的科学规律；三是社会学方式，关注规范研究，也进行事实探讨。一般以社会学基本理论、知识社会学、符号互动论、人种方法学为基础，分析渗透于课程中的“法定文化”、“影响课程的社会因素”、“课程改进的社会条件”等①。

鉴于中国大陆课程研究方法存在的偏颇——以哲学思辨为主，实证研究又缺乏必要的理性思考和理论概括，学者们普遍建议要加强实证研究和跨学科研究，构建课程研究方法论体系，确立科学的课程研究方法论：①运用因素分析法，把握整体；②运用辩证逻辑的思维方法，关注发展；③运用结构—功能分析法，强调系统；④历史、现状、理论研究相结合，力求历史与逻辑的统一；⑤定性与定量研究相结合，力求观点与材料的统一；⑥从抽象到具体，坚持具体→抽象→具体②的科学研究环。

中国大陆课程研究方法的系统探讨也取得了进展。《课程研究方法论》③ 和《课程研制方法论》④ 代表了对课程的跨学科研究与元学科研究的自觉的体系化探索，共同构成了（对跨学科与元学科）课程研究方法域的“完形分析”。后者提出了“人化——整合课程研制方法论范式”，前者则基于跨学科的视角，对课程的哲学研究、社会学研究、心

① 南京师大“课程的社会学研究”课题组：《简论课程研究的学科方式》，《课程·教材·教法》，1997 年第 7 期，第 8～13 页。

② 廖哲勋：《论我国课程理论学科群的建设》，《课程·教材·教法》，2000 年第 2 期，第 6～11 页。

③ 靳玉乐，黄清：《课程研究方法论》，重庆：西南师范大学出版社，2000 年。

④ 郝德永：《课程研制方法论》，北京：科学出版社，2000 年。

理学研究、未来学研究做了深入分析，揭示了课程研究的跨学科方法论和课程理论发展之间的关系，为研究课程问题提供了广阔的视野。

中国大陆课程研究方法论面临的问题是，在本土课程研究方法语焉不详的情况下，研究范式（比如“开发范式”或“理解范式”）究竟要不要转型？如何转型？需要慎重考虑。

5. 关于课程实验问题

大凡卓越的课程思想都是科学课程实验的产物。中国大陆课程实验曾在20世纪二三十年代掀起了第一个高潮，如陶行知的“活课程”实验，影响深远。新时期近20余年来，课程实验走过了一条“理论借鉴和小规模试点，科学规划与多领域并进，专家参与和实验理论的自觉运用”的历程。

从课程实验设计上看，有研究者提出应遵循确定课题→理论设想→设计控制条件→选择实验方式与模式→组织管理设计→形成实验方案的脚本。

从课程实验内容上看，主要有[①]（1）单科课程实验——非常活跃。例如语文、数学、外语、自然四科实验相当活跃，实验特点表现为重视双基训练，关注能力与素质培养，尝试走向综合整体实验，教与学并重，并尝试现代教学手段的运用；（2）活动课程实验——蔚为大观。新课程激发了活动课程实验的兴起，有分科型与综合型。前者旨在探讨与学科课程互补的活动课程原理，后者旨在于探讨与分科课程相补充的综合课程原理；（3）综合课程实验——方兴未艾。目的是研究课程统整的方式与途径，其理论基础主要是借鉴了问题课程、广域课程、融合课程的相关理念。这些实验深化了对课程整合及综合课的认识，也发现了在我国具体教育状况下学科整合的特有规律。（4）课程整体实验——初显成效。在整体性原则指导下进行的以优化课程结构、健全课程体系为目标的宏观课程实验，它涉及整个课程系统，乃至学校教育系统的变革。通过“城市中小学课程整体实验”、“农村中小学课程整体实验”，探讨了各自的课程改革方向；而“普通高中课程方案实验”则在课程结构、

① 潘洪建：《我国课程实验20年：回顾与展望》，《课程·教材·教法》，2002年第2期，第1～7页。

课程管理、学生个性发展方面取得了成效；此外，校本课程实验和地方课程实验也在各地各校相应展开。

本时期课程实验的特点为：以素质教育为灵魂，实验类型多样；实验选题突出愉快、和谐、创新的教育关怀；以构建新的课程模式为目标，追求课程个性化。当然也存在不足，主要是课程实验开展的不平衡：城市多于农村，重点学校多于普通学校，低年级多于高年级，主干学科多于其他学科；课程实验理论的建设和实验成果的理论化程度均不高。今后，中国大陆课程实验的走向除了继续吸收国际先进实验理论外，重要的一点是深入研究中国大陆20世纪早期的课程实验，因为它们几乎涉及了我们今天所面临的所有课程问题，诸如实验研究的本土化，知识与经验的关系，活动课程和潜在课程，课堂、社会与生活的关系，教师本位与儿童中心问题，传统与现代课程体系的构想等。

三、中国大陆课程研究的反思

中国大陆课程研究历史尚短，但发展很快，取得了本土尝试、改造的经验，表现出鲜明的特点：课程研究尽量做到“来源于实践，服务于实践”；注意到了实证研究的重要性，且有所尝试；跟踪国外先进课程思想，加以民族化改造；研究取向从“政治—社会本位”走向“人—发展本位”。但也随之出现了一些有待于正视、克服并要下决心解决的问题，以尽快实现与世界课程学界的平等对话。中国大陆的课程研究“无论是研究成果的数量、质量，还是研究人员的结构和素质等，还只是课程论的初创阶段”[①]，为此提出值得进一步思考的若干问题。

（一）课程研究理路尚有偏失

表现为基础理论研究缺乏应然的系统性；研究方法的思辨胜于实证，严谨的、科学的、系统的实证研究与实验还不多，更缺少具有重大理论价值和实践价值的实验；研究取向上尚未完全摆脱宏大思辨取向，对课程实践的具体问题关注还不够；部分课程研究者的问题意识薄弱，

① 靳玉乐，张丽：《我国基础教育新课程改革的回顾与反思》，《课程·教材·教法》，2004年第10期，第9～14页。

导致思辨出来的课程思想的理论生成力和实践效度都很弱。

（二）反思性课程研究有待加强

理论探讨是一个尝试错误的过程，总是在批判与反驳中向前发展。中国大陆课程研究要不断地、及时地反思研究现状。以理性的高度，本着客观的、实事求是的、发展的态度开展课程批评与学术争论。

（三）政策取向的课程研究模式仍然束缚着课程研究的学术自由

尽管近十几年来，中国大陆课程研究已经跳出了“我注六经”的解说式研究模式，但在某种程度上，课程研究的轴心选择和定位仍然受政策条文的影响，有时甚至以牺牲学术标准为代价。如何在课程研究的政治规范和科学追求之间保持必要的自由学术空间，是课程真正步入“研究领域”的一个基本条件。

四、中国大陆课程研究的未来

结合近年取得的经验和存在的不足，我们认为，中国大陆未来的课程研究要关注这几个方面：

（一）走向从实践出发的“解难题”的课程研究范式

课程专家应该系统研究日常课程实践，应该从实证研究结果中归纳出普遍的理论性的结论来。敏锐地捕捉课程实践中出现的有理论价值和实践价值的问题加以系统研究，有意识地将研究结果高度理性化，抽出本质的东西，形成本土生成的课程思想，同时提供解决问题的方法。

（二）建立起稳定的课程研究团体

“解难题”的研究范式是理论与实践并重的研究取向，客观上要有“学”与“术”的结合，“科”与“技”的结合，因此必须有一支由多领域人士参与的课程研究共同体，诸如课程专家、学科专家、政策决策者、专业教师及民间团体代表共同构成的广泛的研究阵营，将知识、社会与人统一起来，将“象牙塔”与广阔的社会实践统一起来。

（三）加强课程理论的比较研究

这是中国大陆课程研究存在问题较多的领域，“译介型”研究还存在。缺少方法论层面的、按照比较研究范式进行课程理论的比较和分析。中国大陆课程的比较研究在文本解读、理论原初背景的分析、社会历史条件的判定，及对理论的本土修正与发展方面都需努力。文化建设要“借脑袋”，更要“造脑袋”（费孝通）。

（四）深入探讨中国大陆语境下课程理论与实践的特有关系，寻出中国大陆课程理论与实践演进的特有逻辑

我们知道，自然科学理论与实践的转化路径相对较为线性，而社会人文理论与实践之间的转化关系就较为复杂；加之不同国度的政体与国体更平添了二者关系的不确定性。在中国大陆的课程决策机制下，课程工程的运行是一个“行政——理论——实践”的复杂互动程序，因此有效课程理论不必然有效作用于课程实践。因此，如何理出中国大陆特有的课程理论和实践之间政体上形成的转化规则，充分发挥理论对实践的最大限度的指导作用，就成为中国大陆学者需要面对的迫切问题。

（五）开展学理层面的课程批评

包括对课程思想的论争、不同观点的平等对话，及课程理论者与课程批评者的交流渠道的畅通等。我们希望发展出一门专心于评价课程理论与实践，并在学理层面提出改善建议的“课程批评学”。

课程理论的文化自觉*

随着课程理论的进一步发展完善，课程概念、体系和范畴得到逐步完善和充分诠释，课程研制方法的多元化也促进了课程理论的繁荣，可谓异彩纷呈。但课程理论本真的扭曲使课程正逐步失去自身的主体地位，在虚幻繁荣的理论成果的背后引发了课程理论本身的危机，这就需要我们不得不重新审视课程理论，从文化自觉的高度来认识、改善和完善课程理论。

一、课程理论文化自觉的意义

文化自觉是指生活在一定文化中的人对其文化有“自知之明”，明白其来历与形成过程、意义和所受其他文化的影响及其发展的方向。“各美其美，美人之美，美美与共，天下大同”是费孝通先生对文化自觉论的重要概括，也反映了实现“文化自觉”由低到高的发展程度与层次的步步提高。从“各美其美”肯定自己的民族文化开始，进而发展到肯定和容忍其他民族文化的“美

* 与罗生全合作。

人之美”，再上升到不同文化之间取得文化价值标准的共识，做到“美美与共”，从而走向“天下大同”，实现世界人类的美好愿望。“天下大同”既是对人类美好愿望的反映，也是“文化自觉”所追求的最终目标。要做到“天下大同”，必须正确理解不同文化的差异的本质，这是文化自觉的基础，并需要不再唯我独美，摆脱本位中心主义，不强求别人“从我之美”，而要承认多元并存，能够求同存异，相互理解，“和而不同”，尽可能做到“美人之美”。再在“美人之美”的基础上，进一步通过接触、交流、融合，在实践中寻求出一些能使不同文化都可以接受的价值标准，实现“美美与共”。[①] 从课程理论的本质而言，课程理论是文化创造的结果。无论是将其视为文化的组成部分，还是作为文化研究的一个领域，课程理论的文化自觉都具有重要的现实意义。

（一）文化自觉思想为课程理论提供了新的认识论视角

哲学，无论从其本质，还是从其价值、意义来看，都与文化有着内在联系。[②] 在传统哲学的视野中，哲学只是文化的一个组成部分，因而人们只从哲学的层面来研究文化。从当代哲学的走向和趋势看，人们却将文化当做哲学的基本构成形态，从文化的本质去研究哲学。这种哲学研究的转向表明了“文化”和“哲学”之间新型关系的确立，认为哲学本身应该成为一种文化形态，即“文化哲学”的确立。这也表明了人们在不同时代背景下把握世界方式上的变革，为认识世界提供了新的认识论视角。从文化自觉思想出发，课程理论不再是文化的附属物，而成为一种具有主体地位的文化，课程理论可以根据自己的品位、理想、追求对文化进行选择、内化，更重要的则是建构自身特有的文化体系。长期以来，课程理论研究以传统哲学作为认识论基础，对课程的概念、范畴、理论体系进行了全方位的探讨，然而，作为认识论基础的哲学的文化转向，加之自身的文化特性，必然要求以新的认识论作为课程理论研究的基础，重新对课程的概念、范畴等进行理解，重新认识课程的本质，进而形成新的课程理论体系与重建课程论学科体系，实现课程理论的文化自觉。

---

① 《费孝通文集》（第14卷）. 北京：群言出版社，1999年，第7～8页。

② 洪晓楠：《科学文化哲学研究》，上海：上海文化出版社，2005年，第3页。

（二）文化自觉思想为课程理论提供了价值论支撑

课程理论是人们由课程实践概括出来的关于课程的有系统的结论，是对课程规律的认识与把握。理论是历史性的，有价值的。从价值论的维度来看，课程理论的价值取向存在理论至上论、理论灰色论两种主要的价值取向。理论至上论者强调理论对实践的指导作用，认为任何实践行为只有在理论的指导下才能正确开展，“不仅不考虑行动者的实践知识，而且不考虑研究者的理论实践”。[①] 理论灰色论则认为，课程理论是有限度的，课程实践的历史性与情景性不足以让理论来主宰具体的实践行为，人们的实践行为更多不是依赖理论的指导，而是依赖个体的经验。这是课程理论价值论二元对立的典型表现。与此同时，不同学科理论对课程问题的涉入，丰富了课程研究的内涵，拓宽了课程的研究领域，催生多元的课程理论价值取向，呈现出多元、对峙状态，造成价值取向的混乱，并使课程实践无所适从。文化自觉的思想体现了哲学的价值论转向，这不仅仅是把价值问题凸显成为课程研究领域中的核心问题，而且价值论为这一领域的其他问题研究提供了一种新的研究视角，更为深刻的则是在课程理论价值取向、立场和方法方面的转换。[②] 它有助于我们从价值层面找到各种不同理论的衔接点，自觉进行价值选择，促成理论与理论、理论与实践的对话，繁荣课程理论研究，有效促进实践的创新性进展。

（三）文化自觉思想为课程理论研究提供了方法论指导

从当今课程理论的研究现状看，众多学科话语与学者话语正浸染课程理论话语，后现代主义、社会学、政治学、经济学的新兴词汇与思想正在急速嫁接为相应的课程术语，像福柯、德理达、海德格尔、迪尔凯姆、韦伯、哈贝马斯等大量学者的理论也成为课程理论的主要生长源，形成了多样的课程话语。但这些课程思想主要从局部和不同逻辑起点出发建构课程，而不注重整体意义上的课程方法论的建构，造成了不同话语之间永远处于不平衡与失衡的状态之中。总之，从整体上讲，课程理论研究没有一个科学的方法论。文化自觉从思想上可以创设一种全新

① 戴维·斯沃茨：《文化与权力》，上海：上海译文出版社，2006年，第69、37页。
② 冯平：《哲学的价值论转向》，载《哲学动态》，2002年第10期。

的、统合化的课程研究方法论，它不仅可以从哲学认识论和价值论方面为课程理论研究提供思想上的指导，还能为课程理论研究提供方法论的指导和研究方法的支持，这一方法论原则的转向在于保持方法论上的必要的张力。① 从研究主题上看，由于课程本身的文化性，使得对课程的理论研究把文化作为课程研究的主题，更多立足认识论层面，关注课程的价值，探讨了课程领域的重大理论问题，积累了大量的理论成果。随着这些成果的积累，理论研究者的自觉意识也不断加强，表现出了对我国课程研究历史的反思、研究范式的探索以及对未来我国课程研究体系建构等新的关注，拓展了课程理论研究的主题，这也更说明了文化自觉思想可以为我国进一步的课程研究提供方法论的指导。

二、课程理论文化自觉的表征

课程理论研究的认识论转向、课程理论的多元对峙以及课程理论研究方法论的失衡，需要用文化自觉的思想建构和评价课程理论，以此彰显课程理论的文化自觉。

（一）本土化：课程理论的研究逻辑

课程理论的产生与发展总是一定文化的产物，按照布迪厄的观点，其他文化生产场生产的理论要想进入该文化场，不可能原封不动地照搬这些课程理论，必须经过该文化场的选择、过滤、改造而变形，否则便会陷入“食洋不化”和“无所适从”的尴尬状态。这实际上也是文化自觉的根本，即一切从当地的文化根上去思考、去创造属于本地文化的课程理论才是其生成之道。

多种文化、多元文化的并存决定了文化是国际的。但文化更是本土的，任何脱离基于本土文化特质而采取的文化行动都是徒劳的，其结果只会造成自身的文化性缺失，成为其他文化的“臣民”。课程理论是对课程理性思考的结果，不是凭空产生的，不能脱离本土文化之根，是本土人就本土的问题，以本土的方式基于本土传统文化而自主创造生产和建构的知识体系，这是一种由内到外的课程理论的本土化。如果说以本

① 王德如：《论课程文化自觉》，重庆：西南大学博士论文，2007年，第49页。

土文化为根基，由本土人对本土课程问题而作出的理性思考是课程理论本土化的内发性路径的话，那么，以优秀的文化传统为依托，以本国的课程实践为基础，移植国外的先进理论，借鉴国外的研究方法，使之与本土课程理论沟通、融合，并在此基础上创造出具有中国特色的和原生性的课程理论的过程，便是一种由外向内的课程理论本土化过程。但无论哪一种形式，其最终目标和根本价值诉求，乃是在扎实深广的知识学基础上，建立起自己的话语系统和解释系统，并最终形成独特的学术理论体系，以更加切合本土经验实际的态势形成其自身学术的自主性和神圣性。只有这样，才能彰显课程理论的文化个性，不会造成文化迷失，使其有自己的根基，在自觉中生存。

（二）课程理论的对话

课程理论的文化自觉需要立足本土，充分认识自身的来历、形成过程和价值，但不能坚守其本位主义，不能强求别人“从我之美”，还需要认识国外理论和相关理论的历程与价值，与不同理论展开对话。从“一切问题都是文化问题”这个角度上讲，课程理论之间的对话首先是中国理论与外国理论的对话，其次是多维课程理论之间的对话，最后是持不同理论的理论主体之间的对话。对话的前提是差异，“如果没有差异，即使你在发声、在说话，也只不过是复述、背诵。把别人的东西还给别人，不叫对话”。[①] 差异意味着争鸣，意味着必须有从内部经自主探索和思考而生成的假设、概念、框架与方法，有自己要说的话，而且能引起他人的关注与思考，能给别人以启示。不仅仅是“文化拿来”，还需要进行“文化输出”。具体来说，应该立足于本土的真实的课程问题，构建本土的理论框架，同时仔细研究同类理论所蕴含的社会历史背景和价值观，在尊重差异、尊重他者、尊重创造的过程中“各美其美”。

归纳法和演绎法是产生理论的两种不同方法，方法的不同致使人们采取不同的理论选择模式。无论哪一种课程理论模式下形成的多维课程理论都是从一定的视角对课程某一方面做出的研究结论和价值诠释，也即它们都是有价值的。我国课程理论发展起步晚，且缺乏实证主义的传

① 袁凤琴：《教育理论本土化的新视野》，《贵州师范大学学报（社会科学版）》，2006年第4期。

统，大多运用演绎的方法从价值层面来探讨课程问题，在对待国外理论的时候，更多倾向于研究、借鉴或移植国外人文取向的课程理论，缺乏引进课程理论的理性思维，对话也就无从谈起了。文化自觉要求我们重新认识理论的价值，更多从理性思维层面看待国外课程理论，既运用演绎法建构课程理论，也基于本土实际的课程问题，运用归纳法形成自身的课程理论，这样才有对话的基础。课程理论的对话还表现为基于本土理论流派之间的对话。分属不同文化境地的课程主体定会建构不同的课程理论，同一文化境地的不同主体也有可能因文化模式的趋同而对课程的相关问题形成一定的共识，形成不同的课程流派。每一种流派都有其存在的必要性和合理性，但如果各自固守其独立的理论阵地，自我陶醉于自己狭隘的天地，拒斥别人、封闭自己，或者相互指责、相互否定，必然导致研究者之间的隔阂与对立，最终不能协商解决现实的课程问题。这时，对话、交流、沟通是走出这种困扰的根本举措，从彼此联系中，从差异中寻求共识，做到“各美其美，美人之美”。

（三）课程理论的和谐共生

文化自觉是人们对其文化的优势与弱势有正确的认识，既不自大，也不自卑，对自己文化的未来充满自信，并对同一文明中的他文化，对于不同文明的他文化同样抱有平等与尊重的态度，互相学习，在历史进程中共求发展①。从本质上讲，和谐共生蕴含了文化没有优劣之分，无论是不同国家的文化还是处于同一国家之内的不同文化，都有其存在的价值，每一种文化背景下形成的不同课程理论也没有好坏与优劣之分，只有自身存在的价值不同之别。这就需要课程理论主体自我认识到自身理论的文化特性和价值，了解其他课程理论与自身的关系，以达到相互理解、相互宽容和并存及“天下大同”的途径。

“和”的模式是课程理论文化自觉的最高追求。首先，彰显课程理论的自主性与学术自信。它要求通过本土的理论建构确立自己的理论话语权，并且要求课程理论建构者摆脱依附者的地位，不唯上、不唯权、不受世俗的左右，摆脱从属与从众心理，立足本土，自信从容地研究本

① 王长纯：《文化自觉、理论自觉和实践自觉（论纲）——比较教育和而不同发展的途径》，《比较教育研究》，2005年第3期。

土课程问题，自主进行理论建构。其次，课程理论的和谐共生意味着对以往西方在课程理论研究中的中心地位的解构，打破“中心—边缘”的课程研究结构，倡导多元的课程研究范式。

三、课程理论文化自觉的路向

课程理论文化自觉的表征为课程理论的文化自觉设定了路径，需要从方法论、课程理论的学科体系以及课程理论主体的自觉反思出发实现课程理论的文化自觉。

（一）课程理论文化自觉的方法论选择

理论只是观察认识世界的一种方式。由此，理论构建的范式应该是多元化的，只要理论对现实的解释结果符合“事实”，就是科学的。但研究课程理论的方法不应该是混乱的和对立的，我们必须从文化学的角度自觉去寻求课程研究的方法论体系，构建多元性、综合性的方法论体系，因为“任何课程理论研究与课程改革实践，无不以某种文化学理论为逻辑支撑”①。方法论是一个复合概念，总体上看，主要包括指导思想（哲学方法论层次）、实施途径（一般方法论层次）和具体方法三个层面。课程理论文化自觉也主要包括上述三层方面的内容：指导思想主要解决课程理论文化自觉的方向问题；实施途径主要解决课程理论文化自觉的程序和路径问题；具体方法主要解决课程理论文化自觉的手段和方式问题。

首先，课程理论文化自觉应以马克思主义文化观作为其方法论基础。马克思主义历史唯物主义基本原理可以揭示文化的最一般理论，这也构成了我们系统探讨课程理论认识论，达到课程理论文化自觉的方法论基础。“一定的文化（当作观念形态的文化）是一定社会的政治和经济的反映，又给予伟大影响和作用于一定社会的政治和经济；而经济是基础，政治则是经济的集中的表现。这是我们对于文化和政治、经济的关系及政治和经济的关系的基本观点。”② 这实际上是要求我们应该从

---

① 吕达，刘捷：《课程发展、教师专业发展与学校更新——第七届两岸三地课程理论研讨会综述》，《课程·教材·教法》，2005年第6期。

② 毛泽东选集（第2卷），北京：人民出版社，1991年，第663～664页。

文化、政治和经济的辩证关系中研究课程，以此形成课程理论。文化总是一定历史阶段上的文化特征的表现，从历史考察文化是获得文化自觉的前提条件。课程理论的发展只有基于传统文化根基吸收外来文化、创造文化，才能推动理论的推陈出新。不得不指出的是，课程理论文化自觉与教育的终极关怀殊途同归。教育既要关注人的个体性也要关注人的社会性，这也是文化的本质要求，而课程理论最终也指向人的发展，并需要将人的发展与社会的发展结合起来思考。

其次，课程理论文化自觉应以跨学科方法论的特点作为参照坐标。课程理论受到了诸多学科的理论及原则的限制，“课程建议、需要等，应当根据其他学科的发展和变化而进行检验”①。但课程也没必要成为其他学科的“领地”，而是应该结合跨学科的一些特点和方法论的要求为课程理论文化自觉提供参照坐标。具体而言，课程理论文化自觉要求我们在选择跨学科方法论时必须考察双方的历史局限性，找准其社会历史依据，以此确立起社会历史阶段的合理性；必须坚持发展性的观点，明确各学科的当代依据，以赋予其新的、恰切的内涵及转型机制；“当课程研制遵循系统的过程时才更有效”，② 才对课程理论走向自觉发挥有效的指导作用。课程理论文化自觉既要遵循各个学科的理论规范、吸收内化其方法论精华，也要从方法论系统整体要求课程理论建构的标准、途径、依据和机制等纵横关联、前后贯通、上下一致并呈立体化态势。

最后，课程理论文化自觉应以专门学科的研究范式作为具体方法应用。“专门科学研究范式”主要有自然科学研究范式和社会科学研究范式两大类。自然科学研究范式有关方法的分类和规范、功能的研究，为如何发现问题、获取新经验，如何从经验层面的认识上升到理论层面，如何建构理论体系，如何证实、证伪及证实与证伪在科学发展中的意义等研究，提供了任何科学研究都具有相当普遍意义的理论，为课程论的发展提供了借鉴。随着人们对社会科学方法论意识的觉醒，现象学研究

---

① C. H. Cherryholmes. Power and Curriculum: Poststructural Investigation in Education. Columbia: Teachers College Press, 1998. pp. 145-146.

② Peter F. Oliva. Developing the Curriculum [M]. Boston: Little, Brown & Company Limited, 1982. p. 43.

范式、符号学研究范式、解释学研究范式等主要社会科学研究范式广泛深入到课程研究中，呈现出了课程研究的多元范式。这一方面说明了我们对课程的研究不仅要从本学科的地位和性质来思考方法，还需要具有对研究方法性质的反思意识，“从分辨本学科与其他学科研究对象性质的差异开始，而不是从把其他学科成熟的方法论搬过来开始”,[①] 积极探索适合课程理论本身的专门学科研究范式。

（二）课程理论的学科体系

从课程理论发展的内部因素来看，课程理论成果的快速成长，以及教育学科体系的完善和二级学科群的发展，迫切需要课程理论自觉进行学科群建设。

首先，以课程理论学科的终极价值为起点。我国课程理论建设过程中常常出现相互诘难和问责、理论与实践的二元对立和“拿来主义”等问题，从某种程度上讲，这实际是忽视或对课程研究的终极关怀不够所造成的。就课程系统而言，课程的各基本要素之间以及课程运行过程中不同课程主体所存在的矛盾，其焦点在于没有看清课程的基本职能。当代课程的根本职能在于促进学生主动地学习，使之在德、智、体、美等方面得到主动发展，成为具有创新精神的人。[②] 这也决定了课程的根本问题，即需要培养什么样的人的问题，同样也规设了课程理论研究的逻辑起点，一切的课程理论建设必须以此为出发点，致力于从课程领域的基本矛盾出发来研究课程问题。

其次，构建科学的课程理论学科体系。我国学者对建构课程理论学科体系已经形成了初步共识，但忽略了对课程理论的原理问题的探讨，也即没有将课程理论作为研究对象来加以研究和对待，这也是我国课程理论建构出现诸多困惑和迷失状况的重要根源。具体而言，课程理论学科的层次应该有三个层次，第一层次为理论课程学（从我国的现实状况看，课程学与课程理论是一个含义）的范畴，第二层次为课程学的范畴，第三层次为课程专业技术理论。理论课程学主要是对课程学或课程理论的陈述，而不是对课程的陈述，应该属于元课程理论，并建立“原

① 叶澜：《教育研究方法论初探》，上海：上海教育出版社，1999 年，第 302 页。

② 廖哲勋：《论课程论学科建设的规律性》，《课程·教材·教法》，2007 年第 3 期。

理课程理论”或“理论课程学”这门学科。第二层次是以课程原理为核心的学科群。课程原理就是要揭示课程的规律，这些规律可以作为其他特殊规律的基础，它从性质上说属于理论课程学。从我国现有的研究成果看，“课程概论”、“当代课程论”、“课程论”等因其研究对象和研究内容没有很大的差别，应该将这些课程理论统属于课程原理。课程原理的形成必然需要相应的基础理论作为支撑，还应该形成包括课程史论(中外)、课程政策学、课程流派等学科，以及相应的跨学科研究而形成的理论体系如课程社会学、课程文化学等，从这些学科吸取营养，从社会历史发展过程中逐步揭示课程本体的原发性理论或有关课程本身的最一般性理论。第三层次是课程专业技术层面的学科群。理论既有一套基本概念体系，也有相应的解释性框架。课程论既是理论性学科，也是实践性学科，除了对课程理论本身和对课程的基本原理进行探讨外，还需要课程的专业技术层面的理论和规范，建立包括课程管理论、课程设计论、课程编制论、课程实施论和课程评价论等在内的各学科。

(三) 课程理论建构主体的自觉反思意识的觉醒

课程理论有着自己的文化个性，文化哲学对其主体进行了重新诠释。课程理论构建主体是带着历史文化传统，并在一定的历史文化中从事研究活动的人，是“历史文化的实践者”，同时还是特定文化的塑造物。在任何时候，理论主体都要反思自身的地位和身份，如果发生了偏离，也就失去了主体的自觉意识，课程理论便不再有其文化个性，造成其文化变异，或成为他者的话语。

文化需要在历史的基础上创新性发展，必须采取科学的辩证理性，以一种反思的认识论为基础。科学的辩证理性模式认为，新理论的产生不是取代原有的理论，而是“早期的理论阐释和建构被新的更具有包容性的理解所代替”，[①] 并将这些不同的理论定位于一个更大的概念空间，各自归宿于自己的位置，都有其局限，处于互补的关系中。首先，课程理论文化自觉要求其开展各种对话，对话的真正实现便在于这些课程理论的主体能够以辩证理性看待自身，找准自身的位置以及与它者的关系。其次，课程理论主体需要自我否定的意识和精神。课程理论不是一

① 戴维·斯沃茨:《文化与权力》，上海：上海译文出版社，2006年，第69、37页。

成不变的，是动态的和新的综合过程，这个过程是通过纠正过去的错误而不断地得到修正并把看待过去的新视角引入研究方法，理论构建任务便是在这个不断否定的过程中得以完成的。最后，课程理论主体还需要自觉具有“应用的理性主义”意识。通常，理性主义思维与日常实践总是处在矛盾之中，理论与实践的关系也总不那么密切，这主要源于理性思维与实践思维之间的二元对立。摆脱其困境的出路便在于课程理论主体在关注日常实践的基础上，用理性主义的思维来建构理论，而不是通过与日常经验的对立而建构理论，同时，应对理论进行反思性实践，只要在可能的情况下将其理论在实践中修正，不断发展和建构新的理论。

课程论研究三十年：成就、问题与展望*

自1978年以来的三十多年，我国课程论的研究取得了非常丰富的成果，发展更为迅速。经过1978～1989年的课程理论储备期，课程研究虽然没有独立出来成为教育学的一个分支学科，却为课程论学科的建立做了较为充分的理论准备。经过1989～1999年的课程论独立研究期，课程论研究的学术队伍不断壮大，一些有代表性的学术著作相继发表，并随着各种分支学科的不断建立，课程论学科以及学科体系逐步建立，为进一步发展奠定了良好的基础。1999年以后，伴随着新一轮基础教育课程改革的启动，课程论研究进入了一个新的历史时期，呈现出了多元的研究路向，既有基于本土的课程理论和实践建构，也有对异国课程思想的引进与改造，使课程论呈现出多元发展的格局。三十年多来，课程研究既取得了显著的成就，也存在一些问题，为使我国课程论又好又快地发展，反思历史并探寻未来的走向，显得尤为重要。

* 与罗生全合作。

一、课程论研究取得的主要成就

古德莱德（J. I. Goodlad）认为，课程研究应关注三类现象：实质性现象——指的是目标、学科内容、材料等课程的基本范畴，探究他们的实质和价值；政治—社会现象—关注课程发展的政治和社会过程；技术—专业现象—着重探讨那些使课程得以改良、配置和取代的个人和团体过程。[1] 前两个范畴主要关注课程的基本原理问题，最后一个范畴主要关注课程的实践问题。从这个架构来看，经过三十多年的发展，我国课程论研究的成就主要表现在五方面。

（一）课程论研究思维方式的转变：从实体思维到关系思维

21 世纪人类思维方式正面临着重大的变革，“人的思维从实体思维进入关系思维”。[2] 思维方式的转变极大地影响着哲学与相关学科的研究，课程论的研究也正顺应这一发展趋势，并经历着思维方式转变的阵痛。由于我国的课程论研究长期坚持实体思维的研究取向，着重探讨课程本质、课程价值、课程范式等根本性问题，思维方式相对单一。随着关系思维在课程论研究中的运用，课程论研究并没有被关系思维完全主宰，呈现出两种思维方式交替研究课程问题的状况。“实体思维是一种预设世界有其终极性本原或‘始基’，并以探寻这种终极性本原作为其研究旨归，以普遍的理性抽象为其研究方式，以终极性、封闭性、简单性、静止性为其特征的二元对立思维方式。”[3] 实体思维指导下的课程论研究以追求课程永恒的、客观的“课程本质”或“课程规律”为目的，以抽象的逻辑推演为主要方法，强调概念层面的分析和理论体系的运演，注重课程价值与规范的澄清，其理论体系具有封闭性。实体思维使课程论研究者立足于“场外”，通过采取客观的逻辑推演和抽象思辨实现探寻某种客观规律的目的，人为地将研究者和研究对象对立起来，

① 江山野，等：《简明国际教育百科全书·课程》，北京：教育科学出版社，1991 年，第 61 页。

② 李德顺：《人类思维面临着变革》，《江苏大学学报（社会科学版）》，2003 年第 5 期，第 1～7 页。

③ 赵秀文：《从实体思维到关系思维》，天津：天津师范大学硕士学位论文，2007 年，第 17 页。

在我国的课程论研究中表现为理论与实践的两张皮现象，也是我国课程理论成果实效性差、实践指导力弱的重要原因。

实体思维指导下的课程论研究受到了来自实践界的诟病，为了加强理论与实践的联系、反思既有课程理论的适用性及其条件，运用关系思维研究课程受到了关注。关系思维就是从事物与事物的关系中去理解事物。具体地说，就是理解一个事物时，不是从此事物去理解此事物，而是从与此事物相关的他事物去理解此事物，即从一事物的存在去把握相关的他事物或从他事物的存在去把握相关的一事物。概言之，就是从一事物与他事物的关系去把握关系中的事物。[①] 总体来说，关系思维是一种关系本体论的体现，以为认识事物需要从与该事物相关的他事物之间的关系去理解，"其实现方式是二元而不两分，关联而不简单转换，超越而又包容的"。[②] 它同时也是一种实践思维的体现，关心人的存在方式与存在状态，研究人及人的思想的存在及其相互关系。关系思维立足关系，认识事物往往采取多元视角和多元方法，体现了开放性、复杂性、过程性和生成性等特征。关系思维指导下的课程论研究强调研究者之间以及研究者与实践者之间的对话，通过协商对话而建构理论并用以指导实践，研究者往往是优秀的课程践行者和体验者。课程论研究思维方式的转换促使了研究者重新审视课程论研究，从关系的角度去探讨课程与其相关事物的存在，诸如"课程与文化是一种关系性存在，是一种双向建构的关系，主要表现在：文化不断地建构课程；课程不断地建构文化；课程与文化呈整合方向发展。并在此基础上强调课程与文化的关系应从过去的'实体'式隔离走向'关系'式的开放与整合。实现课程与文化的开放，强调课程与文化的创新，走向课程与文化的整合"。[③] 鉴于此，研究者提出了一些新的课程观，如整体课程、统整课程、建构课程等，从研究方法论上看，这体现了"人化——整合课程研制方法论范式"。[④]

---

① 孙美堂：《从实体思维到实践思维——兼谈对存在的诠释》，《哲学动态》，2003年第9期。

② 杨小微，吴黛舒：《关系思维视域中的教育"图景"》，《教育理论与实践》，2004年第7期。

③ 彭虹斌：《从"实体"到"关系"——我国当代课程与文化的定位》，《教育研究》，2006年第1期。

④ 郝德永：《课程研制方法论》，北京：教育科学出版社，2000年。

从历史的角度看，每种思维方式的产生都有其历史背景，都有其产生、发展、鼎盛、衰落和灭亡的过程，思维的转变是一个历史过程。从实体思维对课程论研究的意义来看，实体思维对“课程本质”等的追求和探索，使人们能从抽象的、宏观的、本质层面的角度认识课程，这就为我们全面认识课程提供了一个重要的视角和视阈，对课程论的发展做出了重要的贡献。关系思维在新的历史时期以其自身的特点和优势弥补了实体思维在课程论研究中的很多不足。实体思维忽视了实践的、现实的、生存的、当下的生活，而关系思维以其复杂性、开放性、动态性等特征正好弥补了实体思维的不足。但这并不能说，关系思维就可以彻底替代实体思维，当人的思维方式以及社会不断发展的时候，关系思维也有可能被其他思维方式所替代。

（二）课程论的理论体系：从一元到多元建构

课程论研究取向直接决定了课程理论体系构建的方式。我国的课程论研究经历了从一元到多元的建构过程。受现代主义哲学二元对立为主要特征的思维方式的影响，我国的课程论研究长期存在一元化的研究倾向。凡认为世界具有同一性、世界有一个本源的哲学，就是一元论。一元论的课程研究是一种课程本体研究的体现，将课程孤立于课程既有的范围中探寻课程的理论基础、课程的价值取向，采取单一的课程研究方式，从而得出一元的研究结论。长期以来，我国课程研究以马克思主义的认识论为基础，对课程本质、课程知识观等问题进行了细致的研究，希望从本体意义上揭示课程的本原，并形成了以唯知识论为特征的课程思想。从研究方法看，我国课程研究形成了三种主要的研究方式，一是哲学方式，关注课程的价值事实；二是心理学方式，关注课程的客观事实；三是社会学方式，关注规范研究，也进行事实探讨。[①] 这三种研究方式并没有太多的联系，不过都有一个共同的特点，即更多关注课程价值，试图找寻一种普适性的课程规律，以期“有效”指导实践。从课程价值看，我国的课程研究主要以社会取向为起点，对课程结构、课程内容选择以及课程评价进行了探讨，并注重关照社会价值，强调学科课程

① 南京师大“课程的社会学研究”课题组：《简论课程研究的学科方式》，《课程·教材·教法》，1997年第7期，第8～13页。

的地位和作用。从研究范式看，我国的课程论研究主要有哲学思辨的研究范式、类推—演绎研究范式、科学实证研究范式以及人本主义研究范式，但总的来说，20世纪仍是科学—实证研究范式占主导的一元教育研究范式时期。[①] 总体来看，一元的课程建构盘踞我国课程研究，对课程发展的贡献有限，随着研究思维的转变以及多元主义的影响，课程研究正逐步过渡到多元建构的框架中。

多元性是世界无限多样性中的一种特殊情况。这里“元”的含义，是指最终的根据、基础和标准。[②] 价值多元的存在大大拓展了哲学、心理学的传统课程论研究空间，研究者从跨学科的视角，从人类学、语言学、生态学、社会学、文化学、生命哲学、知识学等维度研究课程基本问题，并利用这些学科独特的研究方法和研究程序进行研究，提出了富有创见的课程思想，形成了新的课程理论潮流。与此同时，研究者通过不断审视和挖掘我国传统的课程思想以及比较国内外课程研究的相关问题，使以往单一化的理论构建体系不断拓展与深化。例如，以文化学为基础对课程进行研究形成课程文化学这门学科。课程文化学主要运用文化学的相关理念探寻了课程领域中的相关问题，一般以三种方式进行：一是从文化哲学的角度审视课程现象的本质，认为课程是“具有独特性、内在性、创生性属性的特殊文化”；[③] 二是从文化的各个范畴讨论与课程研究的关系和价值。例如在课程设计上，要充分考虑文化影响与制约效能，像文化种类、文化生态、文化模式等都是在发展课程中必须注意的问题；[④] 三是通过对文化的历史考察进而对传统课程文化进行批判，尤其是从后现代主义、社会构建主义出发，“对文化的反思与批判以及对文化与课程因循久远的、古旧僵化的逻辑的反思与批判，便构成了走向文化批判与反思的课程文化观”的起点。[⑤] 又比如，以社会学为

---

① 周会娟：《从一元到多元：教育研究范式的反思与展望》，《成人教育》，2004年第4期，第3～5页。

② 李德顺：《生活中的“多元”与“一元”》，《长白学刊》，2006年第5期，第48～50页。

③ 靳玉乐，陈妙娥：《新课程改革的文化哲学探讨》，《教育研究》，2003年第3期，第67～71页。

④ 和学新：《课程：教育的文化选择——课程设计的文化学思考》，《教育理论与实践》，1997年第3期，第51～54页。

⑤ 郝德永：《课程文化——一个后现代的检视》，北京：教育科学出版社，2002年，第223页。

基础对课程进行研究形成了课程社会学这门学科，它主要对课程的社会过程进行研究，诸如对课程决策、课程价值、课程结构、教科书、课程知识的社会学分析，对课堂行为的社会学研究等。随着其他学科的二级学科和相关学科的发展，课程理论构建的学科基础也在不断扩大，如课程的文化社会学研究等。①

课程本身的复杂性以及课程研究者价值取向的多元需要多元构建课程理论，但这也必然带来文化的两难问题，即如何处理多元之间的关系以及多元与一元的关系。针对这个问题，研究者有很多争论，或者坚持对课程本体的一元探讨，或者坚持多元的理论建构，很少就其相互关系做出明确说明。从哲学层面分析，人们在理性认识上的二元对立和非此即彼的态度，是导致两难问题的重要理论根源。笔者认为，克服两难问题的关键在于“在对立的两极保持必要的张力”。“张力保持”就是把对立的两极联系起来，而不应把二者割裂开来；是使对立的两极互补，而不应使二者相互排斥，是在对立的两极之间保持微妙的平衡，掌握恰到好处的分寸。② 当然我们并不是摒弃一元，就指导思想而言，课程论研究必须只能有一种指导思想，那就是要“以马克思主义认识论和全面发展学说作为我们进行课程改革的理论依据”。③ 马克思指出，世界的最高本质、万物存在的共同基础是一元的不是多元的，世界万事万物都有共同的基础和普遍规律，每一事物都有其不依赖于人的意识的客观本性和规律，真理具有唯一性，但人们对真理的认识是有条件的和多样的，这充分说明了课程研究需要对课程的一些基本规律进行探讨，只不过我们需要运用不同的视角和不同的研究方法从不同侧面进行揭示。多元的课程建构最终会走向一元，需要运用具有共识的课程价值观、课程知识观、课程实施观等来指导其课程实践。

（三）课程论的学科建设：从问题解决到体系建构

任何学术研究都是对问题的研究，没有问题也就没有学术研究。课

① 罗生全：《符号权力支配下的课程文化资本运作研究》，重庆：西南大学博士学位论文，2008年。

② 李醒民：《极张力论——不应当抱住昨天的理论不放》，西安：陕西科技出版社，1988年，第63～68页。

③ 靳玉乐：《新课程改革的理论基础是什么》，《校长阅刊》，2006年第9期，第37～38页。

程论的研究始于对课程相关问题的探讨，它来源于理论与实践以及现有状态与理想状态之间的差异，既指向认知意义上的问题研究，也指向价值取向方面的问题研究。问题研究主要是指基于问题解决的研究。从研究范畴上看，我国的课程论研究主要探寻了课程的基本原理、课程与社会政治的关系、课程实践以及课程理论与课程实践之间的关系等问题。从课程基本原理上看，主要对课程理念、课程目标、课程结构、课程类型以及课程标准等进行了详细的论述；从课程与社会政治的关系上看，主要对课程计划、课程方案、课程政策、课程管理以及课程领导进行了探讨；从课程实践上看，主要对基础教育新课程的教学问题、基础教育课程改革中学生学习方式问题、基础教育课程改革中的评价问题、[①]"教师的课程创生"、[②]教师的课程领导、[③]学生的课程参与及校本教研等问题进行了探讨；从课程理论与实践的关系来看，主要对课程设计和课程评价的相关理论和程序进行了探讨。科学问题还可能来源于不同学科或不同科学理论的相互借鉴、启发以及交叉、融合等，课程论的研究不断借用其他学科的理论来解决课程理论和实践问题，如从多学科的视角探讨了课程知识的社会建构[④]等问题。从课程论的研究现状看，问题解决式的课程研究贯穿于整个课程研究史，为课程理论的发展以及成果积累奠定了坚实的基础。

任何一门学科最终能否成立取决于它是否能建立完整的理论体系，课程论研究不可避免地需要对课程论的体系建构进行系统研究。学科的体系建构需要对学科性质、学科地位、研究对象及体系结构等做出说明。从课程论的学科性质上看，我国的课程论研究主要围绕课程论是应用性的实践学科、理论学科还是兼而有之的讨论，比较具有代表性的观点为课程论应坚持理论学科的性质。[⑤]关于课程论的学科地位的研究，

---

① 李如密：《基础教育课程改革的几个问题》，《当代教育科学》，2004年第6期，第38～40页。

② 李小红：《论教师的课程创生》，《高等教育研究》，2005年第11期，第88～92页。

③ 董小平：《教师参与学校课程领导：蕴含、缺失与建构》，《中国教育学刊》，2008年第5期，第40～44页。

④ 李殿森：《论课程知识的社会建构》，西南大学博士学位论文，2006年。

⑤ 靳玉乐，师雪琴：《课程论学科发展的方向》，《课程·教材·教法》，1998年第1期，第2～6页。

研究者大多从课程论与教学论的关系探讨其身份，当前学者基本认同二者同属于教育学的下位学科，而且两者之间既相分离，又相互交叉，关系密切。课程论的研究对象有几种看法：一种认为其对象为学校“课程”；[①] 一种受“教育学旨在研究教育规律、原理和方法”[②] 的影响，认为其对象为课程规律；在批判前两种观点的基础上，有学者指出课程论的研究对象为课程问题。[③] 关于课程论的体系结构，学者从对博比特、泰勒以及古德莱德等人的研究中提出了课程研究既要关注课程的实质性范畴，也要关注课程论的社会政治范畴以及专业技术范畴，并提出了具体的体系结构。此外，学科群的建设也成为课程论学科体系建构的重点，有学者从文化自觉的角度提出课程论的学科群应有如下三个层次：第一层次为理论课程学（从我国的现实状况看，课程学与课程理论是一个含义）的范畴，第二层次为课程学的范畴，第三层次为课程专业技术理论。[④]

（四）课程论的基础研究与应用研究：从偏向到平衡

课程论的基础研究是以发现和研究课程的基本规律、发展课程理论、揭示各种课程现象之间的关系为目的的理论研究，而应用研究则是“旨在解决直接的实际问题，并从中发现出一般的、普遍的道理，进而推动基础研究的发展”。[⑤] 课程论的应用研究始于课程实践的困惑，从中“拧出”带有普适价值的课程思想，以“求真、求实、求效”为旨归，这就决定了课程论的应用研究走的是一条从课程存在出发，以相应的课程理论为分析工具，洞察课程问题的本质，提出问题解决方案，进一步将经验认识理性化，成为新理论的有机构成。[⑥]

我国的课程论研究，已明显存在两种偏向，须加以超越（实现两者的平衡）。一种是只注重基础研究而忽视应用研究，认为课程研究不应

---

① 陈侠：《课程论》，北京：人民教育出版社，1989 年，第 12 页；廖哲勋：《课程学》，武汉：华中师范大学出版社，1991 年，第 1 页。

② 《中国大百科全书·教育》，北京：中国大百科全书出版社，1985 年，第 181 页。

③ 黄甫全：《简析课程论的主要任务、研究对象和基本内容》，《课程·教材·教法》，1997 年第 12 期，第 1～6 页。

④ 靳玉乐，罗生全：《课程理论的文化自觉》，《教育研究》，2008 年第 6 期。

⑤ 弗玛布雷德：《教育研究》，施良方，译，瞿葆主编：《教育学文集——教育研究方法》，北京：人民教育出版社，1988 年，第 21 页。

⑥ 靳玉乐，李殿森：《课程研究在大陆》，《教育学报》，2005 年第 3 期，第 8～18 页。

仅仅局限于描述性、经验性的范围，而应该走理论化的道路，使之跻身于科学的殿堂。另一种是只注重应用研究而忽视基础研究，认为理论的追求不适合课程领域，课程研究应摆脱空洞的抽象议论，关注课程实践和学科知识的建构。[①] 其实，基础研究与应用研究是并行不悖的，它们有各自的研究目的和价值。没有基础研究，应用研究也就成了无源之水、无本之木，而应用研究则可以为基础研究提出需要和问题，它们的关系是相辅相成的，既可以通过基础研究指导和提升应用研究，也可通过加强应用研究发展和升华基础研究。在加强基础研究的同时，提升应用研究的水平，加强这两个层面之间的沟通、交流和合作，使两个层面的研究趋向平衡，以更好地促进课程论的发展。

（五）课程论研究方法：从具体方法到方法论体系构建

具体方法是课程论研究的重要手段，而方法论是针对课程论形成而展开的理论探讨，是课程的元研究。从课程研究方法上看，我国的课程研究采用了大量的方法，如有通过思辨而形成的演绎方法，强调概念层面的分析和理论体系的运演，注重课程价值与规范的澄清；也有通过量化研究运用数据分析解释课程领域的实践问题；还有扎根于学校教育教学实践中运用质性研究方法而不断揭示和解释学校教育中的具体问题。同时，研究者们还介绍、分析了国外的课程研究方法。国外课程论研究方法的主流取向主要有：科学主义与人文主义的冲突与融合以及量的研究方法与质的研究方法的对立和互补等，但是，不存在人文主义取代科学主义，也不存在质的研究取代量的研究的现象，而是朝着科学主义人文化、质的研究与量的研究互为补充的方向发展。[②] 此外，西方女性主义课程研究以其独特的研究视角和方法论特点在课程领域独树一帜，它从社会性别入手所开创的课程研究新视野以及所宣扬的反实证主义、反男性霸权、关注女性经验、倡导平等对话等方法论思想，对课程研究具有启发意义。[③]

---

① 黄清：《课程研究的方法论原则》，《教育评论》，1999 年第 3 期，第 33～35 页。

② 范兆雄：《论美国课程研究方法的主流取向》，《比较教育研究》，2004 年第 7 期，第 27～32 页。

③ 黄清，靳玉乐：《女性主义课程研究方法论评析》，《比较教育研究》，2004 年第 7 期，第 33～36 页。

运用不同方法展开课程研究形成了丰富的理论成果，也为指导课程实践做出了贡献，然而，课程研究方法论是“课程理论完善、成熟、体系化的重要标志，是独立形态课程学得以产生的重要前提”，[①] 这促使了课程研究者逐步形成了课程研究的方法论意识，围绕课程研究的方法论而展开研究，并有了不小的突破。首先，辩证地指出课程研究方法论的逻辑起点及其原则。因课程研究方法论思想的切入点及立足点不同，课程研究方法论的逻辑起点是多元的，主要有技术起点论、认知过程起点论、内容起点论和价值起点论四种；同时，从课程论研究方法论思想的本质属性、特征及运作机理上又可以辨别出三种线性更迭的课程论研究范式，科学—实证主义范式、人文—解释主义范式和文化修正与重建主义范式。[②] 还有学者在批判主义化的逻辑和还原论的方法基础上提出整合方法论范式，认为应坚持历史研究与逻辑方法相结合、系统研究与要素分析相结合、基础研究与应用研究相结合、事实研究与价值研究相结合、定性研究与定量研究相结合，并坚持方法的多元化，[③] 选择内涵式发展道路。其次，初步构建了课程论研究的方法论体系。鉴于我国课程研究存在着以思辨为主、缺乏实证研究或者说实证研究缺乏理性思考和理论概括的弊端，有学者们认为，应植根于课程改革的“沃土”，[④] 构建课程研究的方法论体系，以加强实证研究与跨学科研究，确立科学的课程研究方法论：（1）运用因素分析法，把握整体；（2）运用辩证逻辑的思维方法，关注发展；（3）运用结构—功能分析法，强调系统；（4）历史、现状、理论研究相结合，力求历史与逻辑的统一；（5）定性研究与定量研究相结合，力求观点与材料的统一；（6）从抽象到具体，坚持具体—抽象—具体的科学研究环。[⑤] 此外，关于课程研究方法论构建的尝试，也体现在一些论著之中，如《课程研究方法论》，[⑥] 就是基

① 郝德永：《课程研制方法论引论》，《教育科学》，1997年第4期，第15～18页。

② 郝德永，李泽宇：《论课程研制方法论探究中的范式多元化现象》，《外国教育研究》，2000年第5期，第1～7页。

③ 黄清：《课程研究的方法论原则》，《教育评论》，1999年第3期，第33～35页。

④ 杨晓微：《近二十年我国基础教育课程研究的方法论探析》，《教育研究》，2000年第3期，第37～43页。

⑤ 廖哲勋：《论我国课程理论学科群的建设》，《课程·教材·教法》，2000年第2期，第6～11页。

⑥ 靳玉乐，黄清：《课程研究方法论》，重庆：西南师范大学出版社，2000年。

于跨学科的视角，揭示了课程研究的跨学科方法论和课程理论发展之间的关系，丰富了课程研究的方法论。郝德永教授在《课程研制方法论》一书中，将科学的人学理论确立为新的课程研制的指导思想，引入系统科学研究方法，提出了“人化—整合课程研制方法论范式”，为课程论研究的方法论体系构建做出了有益的探索。①

从具体方法到方法论体系的建构，对于丰富和完善我国的课程论研究是大有裨益的，可以使课程论研究建立在科学的根基之上。构建学科研究的方法论体系，已成为学科研究和发展的基础与趋势。

二、课程论研究需要认真思考与解决的问题

（一）理论研究与实践研究的问题

多数研究都主张“理论应该关照实践”、“理论应该指导实践”，但主观上的“应然”并不等于过程的“必然”和结果的“实然”，课程论研究仍然遭受理论与实践相背离的现实。从价值论的角度讲，课程理论的价值取向存在理论至上论、理论灰色论两种主要的价值取向。理论至上论者强调理论对实践的指导作用，认为任何实践行为只有在科学理论的指导下才能正确开展，极力反对消极的理论灰色论，认为“如果说理论是灰色的，那么没有理论指导的实践必将是黑色的”。② 理论灰色论则认为，课程理论是有限度的，课程实践的历史性与情景性不足以让理论来主宰具体的实践行为，人们的实践行为更多不是依赖理论的指导，而是依赖个体的经验。由此造成了课程理论与实践的二元对立。与此同时，不同学科理论对课程问题的涉入，使课程这一本来具有简单起源和明确内涵的教育术语变成了一个极为复杂的、广泛的研究领域，催生多元的课程理论价值取向，呈现出多元、对峙状态，造成价值取向的混乱，并带给课程实践“多难选择”的困境。③ 经过长期的价值论争，理论与实践的关系仍然没有得到很好解决，其情形仍然是课程理论成果与

① 郝德永：《课程研制方法论》，北京：教育科学出版社，2000年。

② 刘启迪：《课程理论发展与实践进展——全国第五次课程学术研讨会综述》，《课程·教材·教法》，2006年第10期，第3～10页。

③ 郝德永：《课程研制方法论》，北京：教育科学出版社，2000年，第6页。

日俱增，而课程相关实践缺乏理论指导，尤其是我国的几次课程改革都显得理论指导不足，缺乏“理性的秩序”，对课程改革过程中出现的一些新情况、新问题也难以进行正确的预见和把握，更无法解释和应答。理论与理论、理论与实践的二元对立需要转变课程研究的思维方式，超越本质主义的思维范式，进而用关系思维将理论研究、实践研究以及理论与实践的关系研究纳入理性的轨道，摆脱理论与实践两张皮现象，正确认识这个问题，是课程论研究的首要任务。

（二）借鉴与批判的问题

我国的课程研究经历了从移植到借鉴的过程，从最初的对国外课程理论的照搬，到对国外课程理论的借鉴和超越，为课程理论体系的构建提供了内容支持和方法论思考。借鉴国外的先进经验主要有三种方式，一是借鉴成熟的理论，用以建构我国的课程理论体系。二是思想借鉴，主要借鉴了国外的“科学主义研究范式”和“人文主义研究范式”等“具体方法”以及“本质主义”等思维方式，用以研究我国课程的理论问题与实践问题。三是借鉴国外的课程改革经验，主要有这三种方式：一种是通过分析国外课程改革所取得成就和吸取的教训审视我国课程改革的本质，从研究方法上讲，这是一种本质思维方式的体现；另一种是运用国外课程改革所形成的一些新理论来阐释我国课程改革的一些基本问题，从而形成课程改革相关理论；最后一种是根据国外经验并结合我国实际提出改革程序，遵循“决策—设计—实施—改进—评价”的程序。[①] 毫无疑问，对于我国这样一个起步较晚、基础理论研究比较薄弱的国家来说，借鉴可以加速我国课程论研究的步伐，构建科学的课程理论体系。但借鉴并不等于完全照搬，需要在批判的基础上借鉴。在过去的课程理论借鉴过程中，研究者往往重理论中得出的结论而轻理论中的研究方法、推理过程和理论背景，这种借鉴显然是一种理论的不良“嫁接”。批判继承需要考虑以下三个问题，一是方法与内容的整合性，即特定的理论体系或理论主张往往是研究者使用特定研究方法的必然结果，这要求在借鉴过程中注重借鉴的方法与研究内容的切合性。二是在

① 赵昌木：《我国课程改革研究20年：回顾与前瞻》，《课程·教材·教法》，2002年第1期，第3～10页。

推理过程中演绎的条件性和归纳的不完全性，即无论是通过演绎的方式还是归纳的方式建构的课程理论，其理论本身的真理性仅仅是相对的、有条件的。这需要在借鉴的过程中合理考虑研究者的推理前提（或理论体系的研究假设）的正确性和合理性，并充分考虑该理论所依据的材料的充分性以及材料的性质，避免材料的充分性和性质受到质疑。二是理论生成的现实根基性，即任何课程理论的产生都会受到文化传统、时代背景和研究者志趣等因素的影响。只有在批判借鉴国外理论的基础上，避免片面、抽象、简单的借鉴，采用理智的态度和谦虚的精神去学习和掌握国外先进的理念和方法，才能提高国外理论在中国的适应性，提高课程理论指导我国课程实践的适切性。

（三）继承与创新的问题

课程理论总是在连续不断的继承与创新中发展。没有继承，课程理论就会断裂；没有创新，课程理论就会枯竭。鉴于我国现代课程理论成果以及理论体系是通过借鉴西方课程理论而发展的，对传统课程理论采取了有意或无意的忽略，致使我国古代的许多课程思想没能在现代教学中发挥指导作用，其原因在于：我国传统的课程思想多为星散的观点、主张或心得，缺乏系统的论证，致使不能直接用于现代课程论的理论构建；传统课程思想因在课程理念、课程目的、课程内容以及课程媒介等方面与现代课程“格格不入”，而使得研究者采取了“抛弃”的态度；我国课程论研究的现代定位也致使传统课程思想被“束之高阁”。继承的断裂带来了创新的偏失，课程理论也无法在良性的轨道上发展。课程理论需要在继承的基础上，取其精华，去其糟粕，保留传统中的优良因素，并加以转化，使其为课程的现代发展服务。具体而言，需要认识这几个问题。首先，传统与现代是对立统一的。二者在形式上是对立的，但实质都统一于促进课程理论和人的全面发展的根本目标上，它们之间互为依存，互为补充，协调发展。其次，继承主要是对我国传统课程思想中具有长久价值成分的接受与发扬，同时要注意对国外先进的课程思想的吸收与借鉴。其三，正确认识继承和创新的关系。所谓继承，是指对传统课程思想认同、保护、挖掘、整理和利用；创新，是指在继承前人成果的基础上，对课程理论加以扬弃，分清良莠、批判继承、推陈出新、与时俱进，并赋予时代的内容。两者的关系是：继承是课程理论发展的基础，创新是课程理论发展的灵魂，而发展则是继承、创新的最终目的。同时，我们还要遵循正确的继承方法。1．“自我继承与创新”，这是指以某一传统课程思想为主体，吸纳其他理论成果，“推陈而致其新”，为现代课程理论的发展提供坚实的基础。2．“抽象继承”而不是“具体继承”。这需要对传统课程理论进行系统梳理，挖掘出其中的重要价值，进而用以指导和发展现代课程理论，而不是对某些具体操作方式的照搬。3．“批判继承”而不是“套用”。这需要对传统课程理论进行理性筛选，选择那些对课程发展有重要价值的思想进行现代诠释，并用以丰富和构建现代课程理论。

（四）单一取向与综合取向的问题

“研究取向和视角不仅直接影响研究成果的品质，还往往形成集体的思维惯性”，① 对课程论研究的深入推进有直接影响。总体上讲，我国的课程论研究主要存在这些取向：从方法论取向上看，主要有本质主义取向和反本质主义取向；从文化哲学层面上看，主要有科学主义与人文主义研究取向；从研究技术层面上看，主要有质的研究方法和量的研究方法取向；从研究主体的价值取向看，主要有个人取向、社会取向和政治取向。不同的课程研究取向对课程的某些问题的深入研究为课程论的发展奠定了很好的基础，但存在一些不容忽视的问题。第一，研究取向上的单一性。研究取向始终以某一方式作为唯一的研究基础和研究策略，注重其自身价值，缺乏与其他研究方式的联系，缺乏必然的系统性，从而造成所产生的课程思想的理论生成力和实践效度都很弱，窄化了课程论的研究方式。第二，研究范式上的二元对立。很多研究者非常注重研究方法的合理运用，注重因采取不同研究方法而导致产生的不同理论之间以及理论与实践之间的对话，但不可忽视的是，有些研究仅仅关注理论问题或仅仅关注实践问题，造成理论与实践之间的对立，从而人为将这两种研究范式并行，没有关注他们之间的节点。第三，过分看重个人利益导致研究目的功利化。这主要是指某些人从事研究的动机、目的、愿望是纯粹从个体的利益出发，以提高影响力或者堆砌论文为出

① 刘世民：《教育功能研究的取向和视角分析》，《高等教育研究》，2003年第3期，第29～33页。

发点，表层或浅层探寻课程问题；或者研究跟风走，研究的轴心选择和定位仍然受条条框框的影响，有时甚至以牺牲学术标准为代价。从教育研究的发展趋势看，课程论研究无疑需要研究者确立自身的立场和价值观，但这并不是说偏执于自己的研究领地而对课程进行封闭研究，课程论研究需要关注不同理论与方法之间的联系，采取反思—批判取向为基础的综合取向。每种取向虽有各自的特色和研究程序，但它们之间也有共同点，即都需要对促进课程发展以及人的发展做出努力，这也决定了多种方法和理论之间可以相互吸收其合理内核，在多元基础上融合与交汇，这也是我国课程论研究需要审视的重要问题。

（五）本土与世界的问题

经济全球化所带来的不同文化与思想之间的碰撞，产生了本土与世界的问题。课程论研究应该具有本土意识并坚持本土化，这一点已经得到许多研究者的认可，但如何正确认识本土与世界的关系以及采取何种本土化方式，仍然是困扰当今课程研究的重要课题。我国课程论研究关于本土与世界的关系问题主要体现在以下三点。其一，究竟应该采取本土化的研究取向还是本土化的研究，本土化取向一般指课程的应用研究，而本土化研究则既指向应用研究也指向理论研究。其二，是以“本土”为主还是以“世界”为主，学者们一般认同需要辩证统一这两个问题，但对于如何进行辩证统一，保持两者之间的张力，没有达成共识，甚至出现放弃研究的现象。其三，就本土化的方式而言，对本土化的维度、本土化的层次及本土化的路径等仍然没有系统的认识。课程理论需要本土化，这一点是毋庸置疑的。不过要正确对待本土与世界的问题，我们需要注意以下五个方面。第一，国外理论在解决本土问题的时候具有局限性，但本土理论也有自身的局限性。这主要在于，任何课程理论都与社会意识的其他方面紧密相连，并必须以一定的社会政治思想、文化思想、科学思想、艺术思想、经济思想、哲学思想等各种各样的意识为基础和条件，同时也必须以一定的教育传统、教育理论、教育文化、教育制度等方面的要素为条件。第二，本土理论局限性的克服主要是建立在全球经济一体化基础上的各种理论相互交流、相互融合的结果。第三，本土化并不意味着“闭关锁国”，不能否定“国际学术潮流”和“国际学术前沿问题”，否则便是“夜郎自大”的表现，不利于本土理论走向世界。第四，本土化需要正确对待传统和世界理论，采取正确的本土路径。“本土化对我们的要求无非是两条：批判的吸收、创造性的思考。”[①] 第五，本土理论最终要走向世界，这需要在与国外理论进行对话交流过程中寻求共识。总之，如何认识本土与世界的关系以及如何对待国外理论和如何实现我国课程理论的本土化，必将成为我国课程理论研究需要关注的核心问题。

（六）工具理性与价值理性的问题

课程论研究中工具理性与价值理性的二元对立主要表现为以下几种。首先，多元理论的“杂乱无章”。研究者因所持认识论基础、价值取向及研究方法上的差异而形成了多元的课程理论，然而，研究者往往关注课程理论的异化的工具价值，把课程理论的多元性作为私人研究话语体系得以合法化的基础，致使研究趋于琐碎化、随机化、极端主观化和非逻辑化，这直接造成了课程理论研究的系统性和整体性的缺乏。其次，理论研究的畸形深化。课程论研究既有对宏观问题的研究也有对微观问题的研究，随着研究的不断深入，显得研究问题比较“稀少”，但研究者为了保障其自身的话语权，很多时候人为地不加思考地拆分一些研究现象和研究问题，使得课程研究呈现封闭的专业化，很难形成逻辑一致性，本真的价值理性得以丧失。最后，理论发展方向的“迷失”。从理性的本质看，课程理论的发展是批判的、否定之否定的发展过程，而我国当前的课程理论的增长要么尽可能引进其他学科视角或方法论不断促进新理论的诞生，要么对某一问题“过分专业化”进行审视，要么甚至通过展开“激烈”的相互批判而形成新的“学派”，缺乏对话的基础和现实，没有建立在对既有课程理论反思的基础上提出新理论，直接导致理论发展方向的“迷失”。课程理论既有工具理性也有价值理性，工具理性在于课程理论必须有效指导实践，能够以课程理论的逻辑起点为起点，为促进学生的全面发展和个性发展服务；价值理性在于课程理论必须遵循一定的科学程序采取科学方法来构建科学的体系框架。然而，工具理性与价值理性的二元对立使得我们必须从课程理论的理性本

① 庄西真：《“接轨”还是“拿来”：教育学本土化的思考》，《当代教育科学》，2004年第11期，第3～8页。

质上去认识课程理论生成中的一些问题，正确认识课程理论的工具理性与价值理性，展开反思与批判，只有这样才能符合理性的要求，不断促进理论的发展。

三、课程论研究的展望

在课程论研究已经取得比较大的成就的基础上，我们可以根据课程论发展的内在特性结合时代发展的要求展望课程论研究的走向。

（一）形成整体论的方法论理论体系

从哲学的历史发展看，人类哲学已由分析发展转向综合发展，由个别局部的整体论转向全面的整体论，整体论的方法论已成为人类哲学理论和基本原理的一场根本大革命，开辟人类思维方式的新时代，引导人类思想观念的新潮流。我国课程研究方法的多样化和综合化已经成为课程研究的一种趋势，但这些方法大多仅从某一个方面对某一个问题进行具体探讨，缺乏整体关怀，也致使课程理论的科学性遭到质疑，由此，跟随哲学研究的时代步伐以解决课程论研究的科学性问题，形成整体论的方法论理论体系尤为关键。

1. 课程研究主体与研究对象的整体化。整体论的方法论首先是一种视角，它把自然界和人类社会当作一个整体的认识对象，把全人类一切民族和一切阶层当作一个统一的认识主体，去认识事物发展规律的理论体系。这就要求我们的课程认识主体（课程研究主体）需要建立联系，将自身归属于一个统一的认识阵营，去探求课程论的全部本质，而不是各自为政，偏执于自身的研究天地自说自话。从研究对象看，认识主体需要对其进行整体关怀，而不是仅就其中的某一个问题进行所谓不断分析和深入研究，这也使课程论的研究在探寻各种具体问题的基础上，整合这些问题以探寻课程论的发展规律。

2. 从哲学的角度讲，整体论的方法论就是综合哲学的理论，就是关于哲学总规律和哲学的一切分规律所组成的方法论体系，归根结底就是关于哲学总规律的理论。哲学总规律就是关于事物整体的发展规律，哲学分规律就是关于事物整体的不同侧面所表现出来的规律。它对人类认识一切事物尤其是认识一切大的系统事物具有根本性的普遍指导意义。课程论的研究不是为人们提供关于课程的支离破碎的图像，给人造成“虚幻”繁荣的研究景象，而是需要在分析课程的历史和现实的基础上勾画出一幅统一的历史画卷。对课程历史的研究一般采取综合的方法，在一定程度上就是人们所说的辩证的方法，就是一种联系、动态、全面地认识事物的科学的方法。对课程研究的一些现实问题以及所反映的不同侧面的规律的研究一般采取分析方法，就是一种具体地集中地认识事物的方法。而整体论的方法论需要我们把分析认识方法与综合认识方法科学地统一起来。

3. 整合课程理论。我们对课程的认识既有感性的，也有理性的，运用整体论的方法论便在于增强课程的理性认识，将分散的不系统的理论变为全面系统科学的理论。往往，研究者很少注意到课程理论的科学性，喜欢为课程论注入某些神秘色彩，脱离现实发展的需要。其实，全面系统科学的理论体系不仅可以促进理论的发展，还可以拉近研究者与实践者及其他研究者的距离，有某种“共同语言”，也就是说，我们要立足于课程论的科学性，使其符合客观实际，反映客观规律，指导课程发展的全部实践。总之，形成整体论的方法论体系就是要从事物整体的角度去认识事物及其发展规律，归根结底就是把分析认识方法与综合认识方法科学地内在本质地统一起来的理论体系——综合的理论体系，是一种科学的方法论体系。

（二）构建科学的课程理论学科体系

课程理论受到社会政治、经济的制约，我国由“应试教育”向素质教育的转变，客观上要求调整和改革课程体系、结构和内容，发展其自身结构及其演化规律。从课程理论发展的内部因素来看，课程理论成果的快速成长，以及教育学科体系的完善和二级学科群的发展，迫切需要课程理论自觉进行学科群建设。不过，课程论的学科化及其对课程实践的指导力最终取决于自己的科学化程度，因此，提升课程论研究的科学性是课程论科学化发展的永恒动力，构建科学的课程理论也成为课程论学科体系科学化的前提。

1. 构建科学的课程理论。科学性无论对于自然科学还是人文科学都有重大的价值，课程理论科学性的价值就在于，能够为研究者和实践者提供良好的心智训练，能够为课程实践问题提供有效指导，能够使课程实践活动更加丰富和舒适，能够满足人们对科学追求的那种持久的愉悦。课程理论科学性的价值需求，迫使我们需要将构建科学的课程理论作为首要任务。首先，在尽量客观真实地感知和再现课程实践的基础上，研究者通过其提供的有效研究材料合理地进行主观建构；其次，因理论的形成就是对概念之间的关系的确定，研究者应将建立有效的研究概念作为研究的重要任务；再次，确立恰当的研究方法并进行有效的科学推理，这是保证理论形成科学性的重要支柱；最后，形成具有可通约性的严密语言逻辑的话语体系，这是与他人分享理论和促进理论发展的重要平台。

2. 构建科学的课程理论学科体系。构建科学系统的课程理论既是课程论的深入发展的体现，也能有效指导实践，所以建立科学的课程论学科体系具有重要意义。就课程系统而言，课程的各基本要素之间存在着既相互适应而又相互矛盾的错综复杂的关系，而这些矛盾的基本点便在于以什么样的终极价值来处理各种课程问题。此外，课程运行过程中不同课程主体因所持的课程基本立场不一样也会存在不同层次的课程主体之间的矛盾，其焦点也在于没有形成一定的课程共识，没有看清课程的基本职能。这就决定了我们进行理论建构以及学科体系建设的时候需要以课程的终极关怀为起点，致力于从课程领域的基本矛盾出发来研究课程问题。同时，进行课程理论的元研究。我国学者对构建课程理论学科体系已经形成了初步共识，但忽略了对课程理论的原理问题的探讨，也即没有将课程理论作为研究对象来加以研究和对待，这也是我国课程理论构建出现诸多困惑和迷失状况的重要根源。此外还要将深化研究与整合研究有机结合起来。从整体论的方法论看，课程论学科体系既要探寻课程总的规律，也要探寻课程这个整体不同侧面所表现出来的规律，这两者是相辅相成的。在对一些二级学科进行深化研究的同时，研究者关注课程所表现出来的一些基本规律就成为研究的重要方向。

（三）凸显课程论研究的本土化

课程理论的产生与发展总是一定文化的产物，课程论的研究应一切从当地的文化根上去思考、去创造属于本地文化的课程理论才是其生成发展之道，也即要注重课程理论的本土化。课程理论本土化的重心在于本土化的路径，就本土化内涵以及课程论的发展要求而言，课程理论的本土化需要从以下几个方面进行建构。首先，我国的传统文化与现实文化应该成为我国创生本土化课程理论的文化基础。这是以本土的方式基于本土传统文化而自主创造生产和建构的知识体系，一种由内到外的课程理论的“本土化”。通过深刻地理解我国的文化传统和文化现实，并借用这些认识来考察和认识我国的课程问题，这是我国的课程论研究和课程理论创建走向本土化的关键。其次，以优秀的文化传统为依托，以本国的课程实践为基础，吸收国外先进理论的有益成分、借鉴国外的研究方法，使符合建构本土课程理论的实际需要，并在此基础上创造出具有中国特色的和原生性的课程理论，这是一种由外向内的课程理论本土化过程。再次，系统研究我国传统课程思想，是建构本土课程理论的重要资源。研究者梳理我国传统课程思想并找出其“抽象意义”，是本土化理论的重要生长点，并以此作为解决课程实践的重要指导思想和理论基础。同时要关注我国现实的课程实践问题，并使我国生动的课程改革实践成为创生本土化课程论的实践基础。最后，我国人文社会科学的相关研究成果，应成为课程论本土化的重要理论基础。我国的课程论研究与其他人文社会科学同属于一个文化根基，其中的合理的思维方式和价值取向可以作为本土化的重要根基，这样可以减少基于本土的自主探索的时间。

（四）促进课程理论之间的对话

课程理论需要建构自身严密的逻辑体系，但课程理论的发展需要不同理论之间相互认可与相互借鉴，以达到相互理解、相互宽容和并存及“和而不同”的途径。首先，彰显课程理论的自主性与学术自信。从历时性来看，我国的理论研究正处于低谷也即弱势地位，说明我们的文化特质还没有充分开发出来，应以乐观平等心态来看待现在的学术格局，摆脱从属与从众心理，立足本土，自信从容构建课程理论，最终走向繁荣。其次，尊重差异性，关注共同性，促进对话。差异是自主发展的基础和对话的条件。但是，我们也不能被差异过分束缚，课程的一些基本原理、主题及一些具体问题在不同文化背景下都具有共同性，或许论证方式和侧重点不同致使我们忽略了对其共同性的认识。“大多数的课程理论之间有区别，可是我们也不难发现它们之间的一些共同点。大多数理论定义涉及的是一系列的事件或现象，以及这些事件之间的相互联系。”① 即，我们对课程理论展开的研究既要探寻不同课程理论背后的文化状况和教育的实际状况，分析这些特色理论的成因，并按照它们各自社会历史和文化发展的逻辑来讨论课程问题，以期寻求可以借鉴的成分。再次，倡导多元的课程研究范式。多元与融合是推动世界发展的重要主题，只有通过多元范式的课程研究，把源于各种各样文化传统的学术研究范式引入课程研究，才能促进更多的对话和交流，这是课程论向前发展的重要基础。最后，拆解课程研究的霸权地位和去殖民化。文化的平等性决定了，无论是西方课程理论还是东方课程理论，无论是现代课程理论还是后现代课程理论都不应图谋以我为中心同化其他理论的文化霸主地位。不同理论都应在尊重他种理论的基础上“和谐共处”，唯有如此，才能摆脱我国课程理论长期对西方课程理论的依附和依赖，摆脱西方课程理论主宰或国内强势理论宰制的文化霸权，从而结合本土化路向逐步实现去殖民化。

（五）唤醒课程研究者的反思意识

从课程理论的理性看，课程理论的发展本身就是一个反思的过程，我们以前比较关注对课程理论本身的反思，而现今不但要关注课程理论的反思，还要关注研究者本身的反思。首先，反思自身的立场增强课程的学术性。文化具有一定的政治性。课程理论也不可能与政治一点关系也没有，任何课程理论主体对课程的认识都是其价值观的反映，而任何价值观都具有一定的政治倾向性，因为任何一种价值观都要体现一定人的利益和情感，没有这个就不成为价值观。课程理论主体必须妥善处理好学术与政治的关系。其次，不断增强“流派”意识，以奠定科学课程理论体系的形成基础。最后，课程研究者应增强自我否定意识以及“应用的理性主义”意识。科学的进步以及理论的发展是通过否定而进行的，是通过一种持续的否定过程与新的综合过程而获得的。课程理论不是一成不变的，是动态的和新的综合过程，这个过程是通过纠正过去的错误而不断地得到修正并把看待过去的新视角引入研究方法，理论构建

① 艾伦·C. 奥恩斯坦，等：《课程：基础、原理和问题》，柯森，译，南京：江苏教育出版社，2002 年，第 186 页。

任务因而也就永远不可能一劳永逸地得以完成。同时，课程理论的发展还需要课程理论研究者自觉具有“应用的理性主义”意识。通常，理性主义思维与日常实践总是处在矛盾之中，理论与实践的关系也总不那么密切，这主要源于理性思维与实践思维之间的二元对立。摆脱其困境的出路便在于课程理论主体在关注日常实践的基础上，用理性主义的思维来建构理论，而不是通过与日常经验的对立而建构理论，同时，应对理论进行反思性实践，只要在可能的情况下将其理论在实践中修正，就能不断发展和建构新的理论。

（六）注重对课程论未来的研究

随着未来学的研究和发展，探寻本学科发展的一般趋势和基本特征，已成为各学科的一种研究趋势。课程论存在和学科建设的根基不仅在于对现有课程的基本理论问题进行深入探讨，还需要勾画课程的未来发展图景。我国课程论研究已经比较注重对课程的未来发展进行研究，探讨了课程发展的理论基础、课程的价值走向、课程发展的机制等重要问题。有研究指出，课程论的发展应该构建一定的愿景：课程人文愿景，要让学生感受到自身的真实的人的存在，从而让其成为人，不断提升做人的层次和境界；课程的文化愿景，关注本民族优秀文化的传承和发扬光大，并促使各种文化形态之间的对话和交流；课程的社会愿景，发展学生的社会责任感和社会批判的勇气；课程的国家愿景，立足乡土的基础上赋予爱国主义以新的时代意义，并促进国家观念和全球意识的有机整合；课程的生态愿景，多种课程资源在多元共存的基础上展开平等对话。① 还有学者对课程发展的理论基础的拓展做出了分析，认为随着课程的基础学科的发展，其理论基础要体现在哲学领域中的实用主义、存在主义和后现代主义，社会学领域中的结构功能主义、冲突论和互动理论，心理学领域中的形式训练说、行为主义、认知学派、人本主义和建构主义。② 我们认为，在对课程未来进行研究的过程中，还要朝着以下几个方面努力：首先，探寻课程发展未来的范围。随着课程论及相关学科成果的发展，对课程未来的探寻应根据人的认知发展特点，预

① 余小茅：《论我国的课程愿景》，《教育发展研究》，2006 年第 12 期，第 17～20 页。
② 杨明均：《论课程发展的理论基础》，《教育与职业》，2006 年第 8 期，第 14～15 页。

测和设计未来课程的体系、课程管理、学校教学体系、课程设置、教材内容和教学方法等，对未来的课程进行总体的研究和把握。其次，未来学的研究应该研究课程的历史以及现实的本质。研究未来是以研究过去和现在为基础，课程论研究需要在梳理和发展传统课程理论以及研究课程现存问题的基础上，科学预测课程论的未来发展。再次，建立课程未来研究的方法论。演绎、归纳、类比、想象、直觉等属于未来研究的具体方法，但贯穿于这些具体方法之中的根本方法即方法论则是马克思主义辩证法。其中实践辩证法是人们未来行动的辩证法，它是未来研究的基础作用的方法论。[①] 课程论未来学研究成果的取得，在很大程度上取决于对实践辩证法体系的科学运用。最后，形成课程未来学这门学科。课程未来学学科的形成是构建课程论学科体系的基本结构，需要以未来学及其他许多相关成果为依托，借助其分析手段和方法，研究和探索课程论的未来发展。

① 张绍宏：《三个世界与三种辩证法——兼论未来学的方法论》，《湘潭大学学报（哲学社会科学版）》，2004年第1期，第44～51页。

我国课程研究：由“依附”走向“自觉”*

“课程论”并非中国的本土概念。虽然在数千年的历史中，我国的教育也积累了丰富的课程智慧和思想，但这种课程智慧和思想并没有孕育出系统的课程论。当西方学者开始系统地对课程领域进行研究并在20世纪初期将部分研究成果传入我国时，就像处于社会转型时期的其他很多学科一样，中国学者也很快展开了对课程的研究。余家菊1925年正式发表的《课程论》一文标志着现代中国课程论研究的自觉和课程论研究的开始。① 近一个世纪以来，尽管我国的课程论学科建设和研究已经取得了巨大成就，但当前我国课程理论界却明显缺乏本土意识和自觉精神，主要表现在传统课程思想的断裂与流失、对外来课程理论的文化仆从心态、局部共同体组织松散、问题域不明确、命题与话语体系的依赖性等。② 中国课程论研究怎样才能走出“依附”，走向主体自觉，这是现代中国课程论发展亟待解

* 与樊亚峤合作。

① 侯怀银，谢小军：《20世纪我国学者对课程论学科建设的探索》，《课程·教材·教法》，2008年第1期。

② 刘万海：《论我国课程研究的本土意识》，《教育学报》，2005年第2期。

决的问题，也是发展传统课程智慧，促进课程研究本土化的迫切需要。

一、西方课程论研究对现代中国课程论研究的影响

回顾我国课程论研究的历史，一个无可争辩的事实是，我们是在西方课程论研究的影响下才有了对中国课程论研究的自觉。这就决定了不管我们是否愿意，现代中国的课程研究不可避免地处于西方课程论研究的影响中，而且，这种影响将如影随形，成为现代中国课程研究的一个基本特征。实际上，任何课程研究在其发展过程中都会受到他者的影响，而且，这种外来影响产生的积极效应通常总要大于负面效应。就像人们只能从他者那里了解自己一样，文化的他者是我们了解自身文化一面最好的镜子。既然西方课程论研究的影响是现代中国课程论研究得以发生的重要原因，那么检视西方课程研究对现代中国课程研究的影响，就是了解中国课程研究现状，进而实现主体自觉的一个必要途径。总体而言，西方课程研究对现代中国课程研究的影响主要有三个方面。

（一）影响现代中国课程论学科的建立和中外课程理论的相似性

由于我国传统的课程智慧仅仅是一种课程思想的零散表现，并没有对课程概念、分析框架和研究方法等进行系统思考，加之我国的课程研究是脱胎于西方课程研究的，无论是框架体系还是表现形态都源于西方，并以西方的课程理论传统和学术规范为标准。因此，西方课程论研究成果对我国课程论学科建设起着不可忽视的作用，中外课程论研究也表现出极大的相似性。首先，中外课程论的相似性表现为结构体系的相似性。例如，中西方一般都将课程理论划分为两个基本方面，即关于课程基本理论问题的探讨和关于课程编制方面的探讨。其次，研究内容的相似性，主要体现在对课程的理论基础的关注。对于课程的理论基础，虽然我国与西方国家在研究中表现出了某些不一致的地方，西方课程的理论基础主要是研究作为现实的课程发展的基础，而我国则主要是将课程作为一门学科来进行研究。但总的来说，对课程基础的研究都主要集中在探讨课程或课程理论赖以存在和发展的现实与理论依据。最后，中

外课程理论研究的相似性还表现在研究的问题、研究方法乃至话语方式上。①

(二)影响我国课程论学者对传统课程思想的理解与阐释

实际上，我国的课程论学者一开始就没有对课程本身是什么有过较多思考。研究初始是从西方课程的内容来了解何为课程的，以为知其内容就可知课程为何物。但在中国传统教育中，课程的表现形态、体系架构和目标内容都与西方课程大相径庭。因此，如果按照西方课程的标准来看待中国传统教育，其中能被称为“课程”或者“课程思想”的东西就如凤毛麟角，中国传统课程思想的合法性也就成问题了。其实，很多课程学者已经清楚地认识到中国不但有课程，而且中西课程有着根本不同。所以，仅从课程本身或者教育的层面来理解中国的传统课程思想显然不得要领，它既简化了我们的传统也简化了西方的传统，结果是陷入逻辑与思维的混乱之中，无法真正把握课程的内涵。要清楚地认识中国传统课程思想，谈论中西课程之相同或不同的基础，就必须对东西方哲学有比较深刻的了解和思考。只有在哲学层面厘清东西方思维方式差异的本质以及东西方文化理解事物的不同视角，才能使我国课程学者正确地理解与阐释我们的传统课程思想。

(三)影响我国课程论学者对现代课程理论的研究

任何课程理论都是在一定的文化环境和时代条件下产生，所以要了解一种课程理论首先就要将其置于原初的文化环境和时代背景中，了解它所面临的问题和自身的传统。例如，不了解20世纪初美国社会的情况，就无法真正懂得杜威的实用主义课程理论。然而，现代课程论研究者中的许多人对此全然不予理会，仅仅满足于一个公式化、抽象的西方课程概念，并以此作为现代课程研究中思想参照系的那个他者来生搬硬套，用西方的课程理论来指导中国课程理论建设，用西方课程的指标来衡量和评价中国的课程。其结果必然是在将西方课程理论简单化和同质化的同时，也将中国课程思想简单化和同质化，使得课程实践中南橘北枳的情况时有发生。

① 刘家访：《中外课程理论“相似性”分析》，《教育评论》，2007年第6期。

二、西方课程研究：表格抑或砥石？

我国的课程研究在受西方课程论研究的影响并蓬勃发展之时，也出现了很多教条地利用西方课程理论而忽略中国国情的情况。于是，西方课程理论的原则像一张表格，我们只是在传统遗产内寻找有无可填入的东西，或者根据表格的要求来创建我国的现代课程理论。结果，中国课程研究变成了西方课程原则的注脚，失去其相对的独立性，所有的特色也都被取消了。在一定程度上，中国的课程论研究史就是西方课程论在中国的发现史，鲜活的中国传统课程思想被硬生生地按照西方课程的模子“大卸八块”，然后再拼接和组装起来，传统课程思想中活的精神被窒息了。

用西方的课程论表格填写中国课程研究的内容，并不是比较课程，而是用一种课程理论去阉割另一种课程理论。当然，这也并不是说要在我们言说中国的传统课程思想或者现代课程理论时，完全不用西方课程论的研究范式与概念而重新创造出一套话语体系，这其实是做不到的。实际上，我们离西方课程研究的范式、理论和概念，比离中国传统课程思想更近。我们认为，不论是西方课程理论还是中国传统课程思想，都只是一种特殊课程形态，各有其特殊的传统和问题。因此，我们应当将西方课程理论作为一个参照系，以衬托出中国课程研究的特质和特色，并看到我们的不足。在用源于西方哲学的概念来理解和解释中国传统课程思想时，也要极为谨慎，不能因此歪曲或遮蔽了中国传统课程思想所特有的意蕴。

中国的课程研究是有血有肉的生命存在。要激发我国课程论研究的固有活力，我们认为就必须彻底抛弃“填表法”，告别“西方课程理论在中国”的发现式研究，使中国的课程研究向其自身回归；必须将西方课程理论由拿来做“表格”而变成训练我们思考力的一种手段，变成训练我们课程研究思考力这把刀的“砥石”，从而在课程研究中形成自己独有的个性，以中国课程研究为主体来消化西学。

三、我国课程研究走向"自觉"的几点思考

课程研究走向"自觉"，就是指在课程研究的过程中，我国课程研究者应能动地吸收西方课程研究成果，不断提升课程研究的理性自觉，即一方面，由内至外地在结合本土文化特点的情况下，寻求现有课程理论的本土化改造与重建；另一方面，能够积极挖掘传统文化中的课程思想精华，构建具有中国特色的课程命题及理论体系。

（一）中西课程研究都只是课程研究的特殊形态

如果从本质主义的立场出发，从"天下无二道，圣贤不两心"[①] 的意义上看，存在一种普遍课程研究的说法并非全无道理。但是这种普遍的课程却不符合课程研究的本性。如果人类公认的课程真的出现了，全世界只有一种课程表述形式、一个课程体系，那么无论这种课程多么科学，都意味着课程研究的死亡。因此，我们应当将课程研究看作是一个类称，美国课程研究、中国课程研究、日本课程研究以及非洲的课程研究等都是这个"类称"之一例。从内涵的角度而言，我们认为，课程的概念和理论虽然是具有普遍性的，但这种普遍性却要在特殊性的限制中才能得以呈现，并没有离开特殊性的普遍性。所以，课程研究的"普遍"只是存在于不同民族、不同国家和不同课程研究者各自的哲学体系和课程思想中，并不存在脱离不同民族、不同国家和不同课程研究者的普遍课程研究。因此，西方的课程研究是普遍性与特殊性的统一，中国的课程研究也是普遍的课程研究与特殊的课程研究的有机统一。

中国有着五千年的文明传统，中国文化在长期的历史发展中形成了从形而上到形而下的、自具圆融的理论系统。如果说"依附"西方课程研究是中国课程研究必经阶段的话，那么走出"依附"，回归中国课程研究本身就是中国课程研究合乎逻辑的发展路径。回归本身，发现中国古往圣贤的课程智慧，并以之应对当代世界发展的各种挑战，敲叩时代的脉动，这才是检验中国课程研究有无价值的标准。

（二）课程研究的自觉意识与本土发展

费孝通先生曾经说过，我国的文化需要有一种"文化自觉"，即对

① 宇同：《中国哲学大纲》，北京：商务印书馆，1958年，第2页。

我们的文化要有清醒的认识，有自知之明，有自信，且有文化转型的自主能力和文化选择的自主地位。我们在此将这种理解引入到课程领域，“课程研究的自觉意识”即是对我们的课程研究要有清醒的认识，有自知之明，既要深入挖掘我国古代以来的课程研究精髓，汲取其中的精华，树立自信，又要辩证地对待我们自身存在的不足以及与国外课程研究（特别是西方课程研究）的关系，确立自己的主体意识，并在以“我”为主体的基础上选择性地消化外来课程研究。简单地说，课程研究的自觉意识包括两个层面，一是课程研究者对自身情况的了解，要清楚地认识我国课程研究与西方课程研究的关系以及现代课程研究与传统文化中课程思想的关系；二是课程研究者主体的自觉意识，要在基于本国国情的基础上自发地运用各种课程研究成果创造出具有本土特色的课程理论。课程研究的自觉意识与本土发展是相互促进的，而要实现课程研究的自觉意识与本土发展，笔者认为需要注意以下方面。

首先，课程研究话语权的重建是课程研究自觉意识与本土发展的基础。我国的课程论研究脱胎于西方的课程论研究，我国课程研究者在向西方学习的过程中，也逐渐受到西方话语霸权的影响而丧失了自身课程研究的话语权，这直接导致我们本土课程思想的流失。全球化背景下课程研究的本土化，绝不是盲目地模仿、照搬照抄或者故步自封，它应该是基于不同文化和不同传统之间切磋激荡之上的本土传统的自我反思，是本土传统课程思想的成长和发展。因此，课程研究者的反省意识对于实现课程研究的本土发展极有意义。它可以帮助我们重新找回自己的课程研究话语权，使我们能在现代课程研究过程中更好地与传统课程思想对话，与不同文化中的课程思想对话，从而推进中国本土课程理论研究的发展。

其次，课程研究者必须具有自我反思意识。课程研究者主体的自我反思意识，能够帮助我们更加清楚地看到自身所存在的问题，使课程研究主体自觉地对自己的地位、身份、思想和行为进行自我监督，保持其自身的文化个性，并避免研究个性趋同现象的发生。课程研究者的自我反思意识产生于主体内部，它本身就是主体自觉意识的组成部分，它来源于课程研究者自身主动采取的辩证理性，本质上以一种反思性的认识论为基础。课程研究者的自我反思意识也包括两个方面：其一，课程研究者要主动开展与其他课程研究者以及不同文化场域中课程理论的对话，这可以帮助课程研究者在对话过程中逐渐找到自身的位置以及与他者的关系；其二，课程研究者需要具有自我否定的意识和精神，这样才能不断纠正过去的错误，并将正确看待过去的新视角引入对未来课程研究目标设定的过程中。

最后，促进课程研究主体自觉意识的激发和课程理论的本土发展应以跨文化的视角作为其参照坐标。随着全球化进程的加剧，在文化交融的环境中，当代社会和主体的发展都受到了各种文化理论及原则的影响，主体就应该根据文化的发展和变化进行调整和检验，结合其他文化的特点为自身主体自觉精神的培养和发挥制定参照坐标。具体而言，就是要求课程研究主体必须坚持发展性的观点，明确各自文化的当代依据，以赋予其新的而恰切的内涵及转型机制。并且，主体在自觉的过程中既要遵循各种文化的理论规范，吸收内化其精华，又要能够从文化统整的角度系统整体地建构自我的自觉意识，这样才能够形成贯通融合的整体化形态而避免出现意识分裂的情况。

（三）民族性与现代性的统一

民族性与现代性的统一是实现现代中国课程论研究走向主体自觉的重要方法论原则。民族性与现代性本不是截然对立的两种立场，但如果将其置于更宽广的时代背景中考量，伴随中西碰撞的时代困境，中国传统课程思想的变革在势在必行与矫枉过正的强力反弹中所引起的依赖与排斥，造成了课程研究者身份认同的尴尬与无所适从；西学东渐的文化传导所导致的中西对垒以及继而衍生的中退西进的文化格局，造成了我国课程研究者在对西方课程的想象与我国现实之差距间困顿无依。中西问题与古今问题的交错横陈，反映在中国课程研究的具象中，就必然出现民族性与现代性的对立之势。

这样的对立之势对于现代中国课程研究的发展危害极大。中国课程研究的发展要做到民族性与现代性的统一，关键在于对民族性的选择以及与现代性的积极对话这两方面。我们认为，在民族性的选择上，我们要自我选择，而不要根据对方的需要选择。因为，如果我们再按照西方的需要来设置我们的课程理论研究路向，这实际上就又是一种“依附”与崇拜的体现，不是自身的主体自觉，自我选择才最能体现出我国课程学者的主体自觉精神。值得注意的是，在自我选择时，我们必须注意筛选，考虑保持什么样的本土性才符合自身根本利益？如何在复杂的环境中实现自我利益？为此已经具备什么条件，还需要什么条件，自己能创造什么条件？①

与现代性的积极对话需要和民族性自我选择同时进行。这是因为，民族性的选择是进行课程本土化研究的必然过程，它关注的是课程的差异性问题，而对话则是一个国家的课程理论在经历了一定的吸收、融合与本土化过程之后，与西方课程研究站在同一层面上来探讨同样的问题。我们认为，与现代性对话的意义在于，首先能够帮助我们更清楚地认识自我在对民族性进行选择时，需要选择哪些和扬弃哪些。其次，民族的或者本土的传统课程思想也需要课程学者通过与现代性的积极对话进行现代解释，赋予其现代意义，才能活转于现代，并迸发出生命力。最后，对话的过程不仅能帮助我们从更新的、多元化的视角检验我们的研究成果，也能为我们的后续研究提供新的路径，从而不断激发我国课程研究者的主体自觉精神。

① 杨小微：《全球化进程中教育变革的本土化》，《教育研究与实验》，2003年第4期。

课程知识社会学研究的反思与进路*

一、新范式的缘起和课程知识研究的处境

课程社会学研究的范式转换源于知识社会学的介入，它为众多课程流派的涌现做出了巨大的理论贡献。其中“新教育社会学”流派的研究尤为引人注目。“课程知识”也由此成为引用频率极高的词汇。然而“新教育社会学”一开始就是以批判质疑的立场登上课程社会学研究舞台的。任何学派创建之初难免的理论激进与片面虽然可以促进新观念的传播，但也由此埋下了这一研究取向日后理论严谨化和持续发展的困境。当前，课程知识社会学研究的反思集中于两个方面：知识分析滑向社会决定论（知识学困境）；课程知识社会学有消融于课程政治学的危险（教育学困境）。

* 与李殿森合作。

二、课程知识研究困境的归因反思

引发课程知识社会学当前困境的原因是多方面的，略概括为三个“单一”：单一的理论基础，单一的研究方法，单一的学科论域。

二十世纪初，知识社会学形成了以德国、法国和美国为中心，以社会学—哲学学派、法兰西学派和芝加哥社会心理学派为先锋的三派并峙的研究阵营，初步奠定了知识的意识形态研究、知识的发生学研究、知识的群体互动研究的理论格局。德国社会学—哲学学派秉承马克思的政治社会理论，创造性地提出了知识社会学的基本概念、命题、学科框架，秉持政治取向、利益本位、权力控制的社会知识观。法兰西迪尔凯姆学派则取道人类文化学的路径，钩沉知识与观念形成的深层人类学动因及社会起源，找寻当代“知识所以可能”的发生学基础。芝加哥社会心理学派则恪守实证主义原则，考察社会心理对知识形成的影响，分析群体与个体因素在其中所起的作用，研究群体约定、惯例、社会与时代精神在知识形成、发展和认同过程中发生的影响。此外，以“科学的社会建制分析”为论题的科学社会学和以“知识的社会建构”为论题的科学知识社会学的研究，从社会、历史、文化、制度、逻辑、理性等关系变量入手探讨了科学知识的社会属性。

而当下，课程知识社会学研究的问题恰恰是过度发展了一个向度，没有更多地关注甚至忽略了影响和制约课程建构的其他社会文化因素，无视不同意识形态和利益群体、不同社会和时代、不同阶级与阶层、不同种族与群体所可以认同和共享的核心课程知识的存在的可能性，不重视课程对人类文明与人的发展所具有的认识和教育价值。

研究方法的单一表现为主要采用哲学—解释学的思辨和规范分析，没有将知识的发生研究、考古学研究、人种志研究、社会心理分析及话语分析这些在知识社会学中惯用的方法引入课程知识社会学研究中来，使其规范性结论缺乏具有存在依据的解释力。

此外，课程知识社会学的研究也缺乏跨学科视野。课程知识的社会分析，最终要以知识学（主要是科学哲学）和社会学为理论源泉，不能仅取丰富的知识社会学理论的冰山一角。我们有理由相信，知识与课程知识问题的探讨最终要借助于包括科学哲学在内的知识论、认知科学以及人类学、文化学、语言学等跨学科的系统攻关才有望取得进展。

三、课程知识社会学研究的未来进路

1. 课程社会学研究的理论展望：从辩证知识观到实在论的课程知识观

首先，辩证知识观是分析课程知识属性的认识论前提。对人们能否获得客观的知识，及知识自身的客观必然性和普遍有效性问题的讨论，有着源远流长的历史。这条思想谱系的一个核心观点认为，知识是主观建构与实在反映的统一，表现出社会性和客观性的双重特质。

其次，实在论的知识与课程理论是课程社会学分析的理论基础。麦克·扬认为，课程社会学研究需要一种辩证的知识理论，既要从知识论角度来分析课程知识的客观必然性和普遍有效性，又要考察知识的社会本质。社会实在论的知识与课程理论既承认课程知识的社会历史本质，也承认它们有超越其特殊社会起源的客观性，这种客观性存在于社会网络以及社会组织的公共规则和惯例之中。课程知识具有社会情境性，但并不总是迎合时代的变动，相反却往往表现出一定的稳定结构和无法跨跃的核心成分。大凡提到英国文学，不能越过莎士比亚；建构科学课程，不能缺少牛顿定律。尽管这些知识是时代的、个人的智慧结晶，也具有其产生的社会根源，但一旦生成，便有着自主的生命力和生活史，跨越了时空疆界与社会形态，构成了人类文明的共同要素和集体记忆。依照文化人类学的观点，知识的社会性质不但未否认知识的客观性，恰恰为知识的客观性及其真理宣称提供了人类学基础。人类知识是理性实践的产物，它自身具有“内部权威”和整体性，不能根据外部社会要素，诸如惯例、制度或利益等，把它任意还原或对它进行随意解释。

知识所具有的这种社会的与客观的双重特性或许可以将之称为知识的社会理性，它既不同于相对主义者的社会决定论，也不同于绝对主义者的科学真理观。据此，课程必须在适应经济或政治需要的同时保持一定程度的自主性。我们迫切需要确立一个超越意识形态和政治分野的课程知识之核心，以便在实现基础教育的优异和公平。

2. 立足于“课程知识的社会建构”，重新诠释“社会建构”的含义

“社会建构”在通用的意义上隐喻事物的人工性质。在课程知识分析中应当给社会因素赋予它应有的更丰富的角色，建立一种关于课程知识的社会理论，而不仅仅是认知者的社会理论。这一设想的理论目的在于阐明课程知识的社会和历史本质，解释课程知识的社会属性。课程知识的“社会建构”应是个体层面（心理）、群体层面（社会）和人类层面（文明）的统一，是知识信念的社会决定性和客观必然性的统一。课程知识的社会性与客观性的关系亦如语言中的音义之间的关系，应当说主要是社会群体在长期交往过程中约定俗成的结果，两者之间的联系并不具有必然的因果合理性。但一经形成，音义之间的特定组合为社会所认可，则就具有任何人不可随意改变的客观必然性和强制性。也许某些知识在确立、起源之初所具有的社会性到后来的客观合理性的演变过程亦然。理性的产生本质上是一个社会过程，知识的社会成分始终存在，并且始终是知识的构成成分。

3. 借助文化人类学，从发生学角度阐明知识的社会起源问题

找出人类知识的理性与非理性成分的共享社会根基，架起沟通知识的社会性与客观性之间的桥梁，发展一种社会性与客观性相协调、相整合的课程知识优化理论，在这些努力之中，社会学有限主义、社会实在论和建构实在论是其代表性理论范型，它们的知识论均本源于拉卡托斯的“硬核—保护带”知识构成理论。“课程作为一种表达性的、历史性的、规范性的概念，它具有内在的价值规定。这种内在的价值规定不存在于语词的逻辑形式之中，而存在于它所依托的文化语境之中。”从文化人类学来看，课程知识是人类思想发展进程中积淀起来的文化经验，按其在社会进化史上的时序加以浓缩和排列而形成的、具有复演人类理智演化进程的文化递质。

4. 借助社会心理学，分析知识的形成、确证与发展的心智和群体影响

人类知识是群体互动和社会协商的产物，并非是对理念王国里遗忘了的记忆的现世回忆；人类思维范畴的形成经历了长期的演进过程，是在主体顺应、同化客体和客体转化、改造主体的双重作用下逐渐发展起来的。思维起源于世间而非先验，思想萌生于人事而非天启。人类认识史一再表明，某种见解的形成和广为认同通常需要适宜的思想气候和社会心理氛围。有些思想在被广泛接受之前早有他人提出，甚至较为系统地论说，但并未开一代理论范式之风气，原因即是当时缺乏接受该思想的社会心理条件。同时，社会心理学和文化人类学的合作研究也有助于揭示个体和群体的认识方式：一方面，个体在无数次实践操作活动中沉淀出心理认知的深层结构、个体认知结构与种系心理结构相结合构成了指导人们把握世界的主体认识图式，它在知识生成和传播中起着重要作用。

5. 借助科学知识社会学，用以说明和解释知识的社会建构乃至课程知识的社会建构

“社会有限论”（Sociological finitism）表述了人们运用概念的过程，以及对概念含义的解释受到哪些社会因素的影响，换句话说，社会有限论旨在于寻求“知识使用”的社会特征，是科学知识社会学后期的理论纲领。社会有限论认为，就“概念分类与运用具有社会特征”这一判断而言，人们习惯于按照约定俗成的特性去评价和使用知识，这就使认识实践具有了社会学偏好，但概念（或知识）本身具有的实质内容不完全是社会约定的产物，这给予课程知识研究以新的启示。人类知识具有客观性，但对人类知识的领域和类型分类则要经受社会学考察。因此，作为一种分类学说，科学知识社会学的“社会有限论”将有可能成为使课程知识社会学研究走向科学化的一把钥匙。

---

① 弗·兹纳涅茨基：《知识人的社会角色》，南京：译林出版社，2000年，第121页。

② 黄颂杰：《对知识的追求与辩护——西方认识论和知识论的历史反思》，《复旦学报》，1997年第4期。

③ 伊·拉卡托斯：《科学研究纲领方法论》，上海：上海译文出版社，1986年，第67页。

④ 楚江亭：《论自然科学知识的社会建构及其教育意义》，《教育理论与实践》，2002年第7期。

⑤ 希尔斯：《核心知识课程的成功之所在》，《外国教育资料》，1995年第6期。

⑥ 麦克·扬：《教育社会学中的知识与课程》，《华东师范大学学报（教育科学版）》，2003年第3期。

⑦ 大卫·布鲁尔：《知识和社会意象》，北京：东方出版社，2001年，第262～263页。

⑧ 靳玉乐：《新课程改革的理念与创新》，北京：人民教育出版社，2003年，第176页。

课程实施研究：理论转向与研究焦点*

自2001年至今，新课程改革已经实施了4年，从一些研究中发现，新课程的实施在取得很多成绩的同时，也遇到不少问题，我们也感受到现有的研究也没有提供足够的关于课程实施的信息。因此本文试图从教育改革研究的理论转向入手，探讨课程实施研究在当前的焦点，以期发现对当前的理论研究和教育实践有意义的启示。

一、教育改革研究的理论转向及其现实意义

自20世纪90年代以来，在教育改革研究领域发生了一个重要的理论转向，就是从结构—功能观（structural-functional perspectives）向文化—个人观（cultural-individual perspectives）进行转变。[①] 当今世界上著名的课程改革研究专家，如

* 与于泽元合作。

① Sleegers, P., Geijsel, F. & van den Berg, R. Conditions fostering educational change. In K. Leithwood and P. Hallinger (eds.). (2002). Second International Handbook of Educational Leadership and Administration, pp. 75-102. Dordrecht: Kluwer Academic Publishers.

富兰（M. Fullan）、范登堡（R. van den Berg）、哈格里乌斯（A. Hargreaves）、利思伍德（K. A. Leithwood），霍尔（E. H. Hall）等，大多从文化—个人观的角度来进行有关课程改革和教师专业发展的研究。

结构—功能观是从组织结构和职位功能等角度来研究课程实施和领导的作用，认为人是具有理性的，能够发挥一定功能的动物，可以通过组织结构和管理使成员达成理想的表现。这种观点的核心在于相信变革和对变革的实施可以通过层级式的管理来实现，课程改革方案是否合理至为关键。因此持这种观点的研究倾向于探究课程开发方案的合理性以及控制、经济理性和权变的组织理论。时至今日，在我们的新课程改革当中，依旧可以看到这种观点的痕迹。一些专家学者相信，只要课程方案设计合理，课程改革中所出现的问题都是教师没有按照新课程的思想和策略进行教学所造成的，教师在他们眼里，是“好”的教育理念和教学方法的接受容器。一些教育管理者则热衷于下命令，相信学校严格的管理可以保证课程改革的顺利实施。

顾名思义，文化—个人的观点强调两个重点，一个是教育变革中个人的意义，包括他们的态度、信念、期望、情绪等；一个是变革过程中以人与人之间关系为主的组织文化对变革的影响。这种观点倾向于把教师看作是变革过程中能够自我引导的主动因素，而不是被动的受管理者，因此他们的动机和投入对于教育变革的成败有着举足轻重的作用。这种观点也导向学校作为一个学习型组织的概念，在这种学习型组织中，教师对变革和专业学习的投入被看作是变革实施成功的关键因素。

也就是说，文化—个人观实际上是把教师看作在一定的文化背景中主动建构意义的主体。课程改革对于教师来说，不仅是一种客观事实，更重要的是，这种客观事实必须进入到教师的意义系统，成为一种主观事实，然后才能指导教师在复杂的改革环境中有所行动。

教育改革研究领域的这一转向绝对不是空穴来风或者学者们一时的心血来潮，而是和教育改革的形势有着密切的联系。如果回顾世界各国教育改革发展的历史，就会发现其主要趋势就是越来越全面，规模越来越大，同时也越来越复杂。当前的改革趋向和 20 世纪七八十年代相比已经发生了根本的变化。改革的结构—功能观对过去那种结构清晰、目标明确、构成简单的改革来讲是很有效的，然而，进入90年代以来，由于市场化、全球化以及知识经济等的影响，教育改革正变得越来越复杂和不确定，以至于富兰认为，混沌和复杂性成为描述教育改革的更恰当的词汇。[①] 由于改革过程的复杂性，没有任何改革的策略可以一成不变，也没有什么可以准确预测的结果，结构—功能观对此显然无能为力。

在这样改革的形势下，为了成功地实施这些改革，教师需要在理念和实践上发生根本的变化，教师对改革的主观意义构建因而显得十分重要。一些研究也发现，尽管教师对改革的解读与政策制订者并不一致，但是这种解读却深深地影响着教师的课程实施行为。[②] 同时，教师这种意义的建构，也需要一个支持性的文化环境。也就是说，文化—个人观对于新的教育改革可以提供有力的解释。

如果拿当今的新课程改革和以往的教学改革相比，我们同样可以发现，这次改革不论是在教育理念，还是在课程内容、教学方式和课程评价等方面都发生了全面的革新；与此同时，由于改革开放的深入，中国经济乃至文化都在向全球化、市场化迈进，知识经济也在社会发展中显示出越来越重要的地位。复杂的、规模宏大的改革和社会的变化使学校和教师面临着更富有挑战性也因而充满了机遇的教育情境。课程改革已经不能像过去那样通过行政命令或者简单的示范就可以得以实施，而需要通过教师在真正理解、认同课程改革的基础上主动地意义建构。

二、课程实施的研究焦点

与教育改革研究的理论转向相适应，对课程实施的研究日益关注以下焦点：教师对课程改革的认同感、教师在课程改革中的效能感、教师在课程改革中的情绪以及学校文化。

（一）教师对课程改革的认同感研究

教师认同感（teacher receptivity），也称作教师接受度，是指教师

① Fullan, M. (2001). Leading in a Culture of Change. San Francisco: Jossey-Bass.

② van den Berg, R. (2002). Teachers' meanings regarding educational practice. Review of Educational Research, 72 (4), 577-625.

对课程改革所表现出来的正面态度和行为意向。① 尽管这种正面态度和行为意向并不能保证教师一定有正确的课程实施行为，但是有研究发现和教师在课程实施中的真实行为有着显著的正相关。

对教师认同感的研究是从20个世纪80年代开始，一直到现在都方兴未艾。澳大利亚的学者沃（Waugh R. F.）在这个方面是领军人物。他和另外一位学者庞奇（Punch K. F.）在对大量实证研究进行回顾的基础上，总结出六个显著的、普遍的影响教师变革认同感的变量：1. 对教育的基本倾向（attitude），也就是教师对教育基本问题的看法，例如，对教育价值、学生特性等的看法；2. 对变革的恐惧和不确定因素的避免程度；3. 变革在实际操作中的实用性，如改革能否被清晰地交流、变革所强调的原则和教师实践中占优势地位的规则之间的配合程度等；4. 在操作中所感知的对于变革的期望和信念，也就是教师在采用一个新的课程变革的时候所感知到的结果以及所带来的信念的变化，比如更有利于学生学习、更容易让教师把握教学的精髓等；5. 对操作中学校支持的感知，也就是学校的领导是否在改革方面做出积极的支持；6. 在变革中个人成本的评估，这种评估主要是指非金钱的成本和收益（non-monetary cost-benefit）之间的评估。② 这一研究成果成为他们及其他学者以后研究的一个基础，很多调查问卷都是根据这六个因素进行编写。

在近年来，对认同感的研究出现了一些新的变化，一个变化就是对认同感的研究模式进行了修正，以更好地解释教师对变革的态度。沃在2000年根据认同感研究的一些新发现，提出了一个新的教师认同感模式，包括四类共9个自变量：改革的特征，包括与先前系统的比较和在教室中的实用性；学校对改革的管理，包括降低改革忧虑、促进对改革的理解、参与性决策；改革对教师的价值，包括个人成本的评价、和其他教师的合作、教师发展的机会；改革对学生的价值，也就是新课程对

---

① 李子建：《香港小学教师对课程改革的认同感：目标为本课程与常识科的比较》，《课程论坛》1998年第2期，第71～83页。

② Waugh. R. F. & Punch, K. F. (1987). Teacher receptivity to system-wide change in the implementation stage. Review of Educational Research, 57 (3). 237-254.

学生发展的意义。[①] 这一新的模式显然扩大了教师认同感研究的范围。另外一个变化就是在关注教师个人感受、信念对认同感认同的基础上，开始考虑一些学校组织结构变量，如工作组织、学校文化等与认同感的关系，沃的新模式当中已经包含了这样的因素。香港学者颜明仁的博士学位论文研究显示，教师对改革的认同感与学校文化存在互为动态的影响关系，而且两者的关系受到其他因素的影响：校长扮演的角色、问责制度、新旧教师对改革建立共识等。[②]

（二）教师在改革中的效能感研究

教师效能感（teacher efficacy）研究应用于教育变革比认同感更久，自20个世纪70年代课程实施兴起以来就一直受到学者们的关注。一般认为，教师效能感研究有两个起源：一个是美国兰德公司的研究，称作兰德—罗特理论（Rand-Rotter theory）；另外一个是班杜拉（A. Bandura）的社会认知理论。前者强调教师对教学专业的效能感，也就是教学效能（teaching efficacy），后者则关注教师对自身的效能感，也就是个人效能感（personal efficacy）。后来一般学者在对教师效能感进行研究的时候，则把班杜拉所提出的“效能期望”和“结果期望”与教学效能和个人效能对应起来，前者指大家对于事情结果的预期，后者则指个人对自己能否达到一定结果的预期。[③]

如果说人们对教师认同感的研究，主要关注的是影响教师认同感的因素的话，对效能感的研究，则主要关注其效果。兰德计划的研究发现，教师效能感是预测变革能否成功的重要变量之一，它与变革目标的完成、教师发展、学生学习的改善，以及变革材料和变革方法的持续有着显著的正相关。[④] 其他研究者，如古斯基（T. R. Gusky）、劳思（J. A. Ross）、斯科沃泽（R. Schwarzer）和格林格拉斯（E. Greenglass）等后来的研究，

---

① Waugh, R. F. (2000). Towards a model of teacher receptivity to planned system-wide educational change in a centrally controlled system. Journal of Educational Administration. 38 (4), 350-367.

② 颜明仁：《教师改革认同感与学校文化研究》，香港：香港中文大学，2003年。

③ Guskey, T. R. & Passaro, P. (1993). Teacher efficacy: a study of construct dimensions. Paper presented at the annual meeting of American Educational Research Association. Atlanta, April, ED 359, 202.

④ McLaughlin, M. W. & Marsh, D. D. (1978). Staff development and school change. Teachers College Record, 80 (1), 69-94.

也肯定并丰富了兰德研究结果。

不过，上述研究基本上是把教师效能感看作是教师的个体心理特征，近些年对教师效能感的研究，则有试图超越个体心理范围，把教师效能感与教师集体互动和学校组织环境联系起来的倾向。班杜拉新近出版的书籍也认为教师效能感不仅限于个体教师范畴，学校氛围、家长的支持、对群体的感知等都会影响教师效能。他还区分了七种教师效能：影响学校决策的效能、影响获得和利用学校资源的效能、教学效能、关于学科知识的效能、获得家长支持的效能、对社群参与的效能和生成开放的学校氛围的效能①。笔者刚刚完成的研究也发现，教师效能感对教师投入新课程改革起着十分关键的作用，它不仅仅包括教师对自己能否改变学生学习状况的信念，还包括能否把握由新课程改革所带来的复杂的人际关系(如和学生的关系、和同事的关系以及和家长的关系）的信念。不仅受到自我能力与新课程所要求的教学模式之间关系的影响，还与同事、领导等与自己的评价有着密切的关系。② 这些发现已经超越了关于效能感作为个人心理特征的讨论，把效能感置于一定的文化背景之下。

（三）教师在课程改革中的情绪研究

受20个世纪中期兴起的“认知主义”的影响，教育改革的发起者、促进者以及研究者，往往把教师在改革中的行为看作是一个完全理性的选择过程，而忽略了教师情绪这一非理性的因素在课程实施中的作用。从20个世纪90年代中期以来，许多学者开始意识到情绪在教学和教育变革中的重要意义。他们认识到，对教师来说，教学是一种情绪实践，其中涉及大量的情绪理解和情绪劳动（emotional labor）。教师这个职业的特征决定了他会在自己与他人的人际关系中注入了大量的情感，而改革不仅仅影响着教师的知识、能力和问题解决的方法，还往往改变了学校的关系网络，从而对教师情绪产生强烈的影响。③

① Bandura. A. (1997). Self-efficacy: The Exercise of Control. New York: Freeman.

② 于泽元：《学校课程领导对教师投入新课程改革的影响：中国内地一所小学的个案研究》，[未出版哲学博士论文]，香港：香港中文大学，2005年。

③ Hargreaves, A. (1998). The emotional practice of teaching. Teaching and Teacher Education, 14 (8), 835-854.

赞白拉斯（Zembylas M.）将情绪的研究追溯到上个世纪 80 年代，并将过去 20 多年的教师情绪研究分为两个时期：一个时期从 80 年代到 90 年代早期，主要致力于情绪在教学中的作用，情绪研究集中在教师压力和倦怠感的分析（stress and burnout）上；第二个时期则把政策、社会关系等问题对教师情绪的分析联系起来。①

有关教育变革的文献显示，变革可以给教师带来大量潜在的压力。概括这些研究，可以发现压力的种类和原因主要有以下几个方面：

1. 不确定和模糊感（uncertainty and fuzzy feeling）

变革可能带来新的角色期望、组织目标期望，而这些期望和教师本来所具有的期望有所冲突，从而让教师感受到未来难以确定，甚至觉得前进方向模糊不清。

2. 无能感（feeling of incompetence）

变革需要教师具有一些新的知能，并扮演新的角色。这对教师有关知识、能力以及控制造成挑战，此外，新技术、新标准等在变革中的运用也使教师感到落伍于时代。

3. 无权感（sense of powerlessness）

变革威胁着一些教师对环境的影响能力，也因此挑战教师的专业自主和自我决定能力，尤其对一些有经验的教师而言可能情况更是如此。而自上而下的课程改革也会剥夺具有创造精神的教师的信心。

4. 秩序和意义丧失感（sense of meaningless and disorder）

改革通常会对教师已有的信念、价值、假设、归属等提出挑战，而这些则是教师秩序和意义建构的主要因素。

5. 工作沉重感（work heaviness）

变革由于需要教师新的知识、转变观念等，都需要耗费大量的时间，因此大大增加了教师的工作负担。

课程改革中教师所感受到的负面情绪，往往是教师对课程改革进行抗拒的主要原因之一。当然，改革中的压力也并非全是负面影响。一些研究发现，学习和成长在不清晰的情境下，在充满问题、冲突以及挑战

① M. Zembylas（2003）. Caring for Teacher emotion: Reflections on teacher self-development. Studies in Philosophy and Education, 22（2）, 103-125.

的时候更容易出现，改革所造成的非常规性要求教师进行实验、高度注意、解决问题，因而促使组织学习和成长。尤其上述压力处于比较温和的程度的时候，更会出现积极的效应。[①] 此外，有些变革本身也是为了减轻压力所开展的，教师也可以成为变革的发起者，而不是被动实施者，[②] 压力对他们来讲就是有意义的。

而加拿大学者安迪·哈格利乌斯(Andy Hargreaves) 及其同事赖斯基(S. Lasky)、斯格米特 (M. Schmidt) 最近则对教学和教育变革中的教师情绪进行了一系列的研究，这些研究主要是从组织结构、人际关系的角度来研究教师的情绪问题，探讨了学校组织结构、教师与学生、教师与家长、教师与同事和领导之间的互动过程中的情绪经历。哈格利乌斯并提出"情绪地理学 (emotional geographies)"的概念，认为应从社会文化、道德、专业、物理和政治五个方面分析教师与他人的情绪互动，从而达致教师对他人之间的情绪理解。[③]

(四) 对学校文化的研究

从对前面三个研究焦点的讨论中，我们可以看到近些年来学者们日益关注学校文化对课程实施的影响。如果说，课程改革的实施状况如何依赖于教师的所思和所为，那么教师为什么会如此思考、如此作为，则必须到学校文化那里寻找原因，因为教师的任何教育行为，都无法脱离具体的情境来进行抽象的探讨。学校文化不仅对教师的专业发展有着巨大的作用，而且也是教师的生活与工作以及课程改革的意义来源。从这个意义上来说，对学校文化的关注，实际上是对课程实施的具体情境的关注。

尽管学校文化意义如此重大，文化这个概念却是人类所面临的最诡异的概念之一，我们都可以感触到它但是又都无法进行精确的描述。从大的方面来看，文化可以看作是全体的人生，是一切生活的总体，从小

① Smylie, M. A. (1998). *Teacher stress in a time of reform*. In R. Vandenberghe & Huberman (eds.). *Understanding and Preventing Teacher Burnout: A Sourcebook of International Research and Practice*. pp. 59-84. New York: Cambridge University Press.

② Fuuan, M. (with Stiegemauer, S.) (1991). *The New Meaning of Educational Change*. New York: Teachers College Press.

③ Hargreaves, A. (2001). *Emotional geographies of teaching*. Teachers College Record, 103 (6), 1056-1080.

的方面来看，则可以看作是“一套普遍的生活方式或者规范”。本文无意在概念上进行深入考究，而采用一个相对比较狭隘也得到西方学者普遍认可的概念，就是把学校文化看作是学校相关主体之间的关系以及由此产生的一套普遍的规范、价值和深层假定。

对于如何构建一个健康的学校文化氛围，学者们进行了大量的研究，这些研究集中在三个主要的方面：1. 构建分享的愿景（vision），塑造学校的灵魂；2. 构建专业学习社区（learning community），提升学校文化的表现；3. 构建支持性、开放性的学校环境，凸显学校文化建设目标。

在学校形成分享的愿景或者使命为很多学者所强调，因为学校的发展愿景以及使命中蕴含着学校最深层的教育哲学或者教育信念，而这些是学校文化的灵魂。很多学者坚信，愿景在迅速变革时代的作用变得尤为重要，越来越多的研究发现，愿景或者使命对于变革的实施以及组织效能发挥着重要的作用。持续的愿景构建给予一个组织以方向和目的，并发挥深刻的激励效应，不仅可以提高领导者或者组织解决问题的能力，在变革的时代，它也是一个重要的促进个体和集体学习发展的条件。共享愿景的构建有两个重要途径：一个是从个人愿景的构建开始，通过促进个人愿景的融合来形成共享的愿景，① 二是从集体的共同经验或者进取心出发，构建分享的愿景。②

最近有关成功组织的理论和实证研究都发现了一个宽泛的名词—学习型组织—的实践意义。学习型组织的主要倡导者圣吉(P. Senge) 及其同事指出学习型组织是其成员在共同目标指引下注重学习、传播、创新知识的组织，是具备高度凝聚力、旺盛生命力的组织。③ 很多研究也发现，支持教师学习的组织文化、促进教师积极地对日常工作进行反思的文化、提高学校知识管理的文化，有利于教育改革的实施。这些文化形态的作用在于使教师保持开放的心态，能够从同事以及领导那里获得

① Hallinger, P. (1996). *Challenging and changing primrose*. Prime Fouse, 2 (4), 20-29.

② Barth, R. (1990). *Improving Schools from within*. San Francisco: Jossey Bass.

③ Senge, P. M. et al. (1994). *The Fifth Discipline Fieldbook: Strategies and Tools/or Building a Learning Organization*. New York: The Spieler Agency.

有用的知识，也能够从自我的实践中不断成长，这些都可以促进教师迅速适应变革，积极地参与变革，而不是趋向专业的保守立场。

很多研究都发现，在学校建立一个团结协作的专业性学习组织对于减缓改革对教师的压力、促进教师对改革的认同、提高教师改革的效能感以及对改革的关注水平有重要的作用，而这样一个专业性的学习组织需要一个开放的、支持性的学校氛围。这种氛围鼓励教师进行尝试和标新立异，并且对一时的失误给予原谅；这种氛围也使教师在遇到困难的时候能够得到及时的帮助；更重要的是，这种氛围使教师更愿意做改革的主人，积极投入到改革当中去，而不是做改革的被动适应者和受害者。

三、让课程实施成为充满意义的过程

仔细审视最近在课程实施研究领域所发生的理论转向以及转向后的研究焦点，我们不难发现，新近的研究特别关注教师在课程实施过程中的感知和情感，包括他们对课程改革所宣扬的价值的认同，对自我能力是否适应课程改革要求的看法，以及教师由课程实施所引发的情绪。在课程实施研究领域的转向及研究焦点表明，在课程改革（如课程目标、课程内容、课程评价等）这个客观现实之外，我们更需要关注教师内在的主观现实。正如麦瑞丝（P. Marris）所指出的，任何变革“都不能被吸收，除非它的意义为大家所共享”。[①] 只有在社会系统能够为个体提供使其获得生活意义的理论、价值和相关技术框架的情况下，社会系统加在个体之上的力量才能获得理解，有效的课程实施过程，应该是一个教师对课程改革的意义建构过程。

对于“意义”的理解并没有什么答案，虽然这是一个我们大家都很常用的词汇。通过对过往的哲学思想的检视，辛格（I. Singer）发现，对意义的理解有两个相反的哲学力量，一个是传统主义者（traditionalist），一个则是荒谬主义者（absurdist）或虚无主义者（nihilist）。前者相信存在着可以被发现的生活的意义，就像所有的数学问题都有一个解一样。

---

① Marris, P. (1975). *Loss and Change*. New York: Anchor Press/Doubleday.

后者则相信，虽然人们好像按照一些意义在生活，但是一旦深究内心，他们发现生活的意义并不存在。对于这两派学者把生活的意义看作是一个存在某处的统一的、包揽一切答案的想法辛格并不赞同。他指出这个宇宙并不提供我们类似意义这样的东西，但是人和其他动物可以为我们自己创造生活的意义。一个人如果感受不到生活的意义，那么他的存在可能就有问题。而当人们思考意义或者价值问题的时候，是由于他们发现适合他们的生活是不确定的，或者他们期望探察充满意义的其他生活道路。生活的意义，究其实质，是特定物种对他所处的环境的创造性反应，这个反应以他者的有意义的生活为借鉴，也是对自己所需要或者所倾向的环境相一致的价值的创造。人类与其他物种的优越就在于人类能够超越固定的意义，在对意义的反应上具有更多的创造性。①

从辛格的论述中，我们可以发现“意义”的意义至少有两个属性：①意义并不是存在某处让我们可以发现的东西，它起源于人的主动创造，是客观见之于主观的产物；②意义和人生活的目的和价值相连。

如果用这两个属性来检验我们当前正在进行的新课程改革，我们就会发现很多不足之处。比如很多改革的推行者相信，他们可以把改革的意义通过“洗脑”的方法强加给教师。当前的很多课程实施的实践，比如教师培训、课程实施的强制推行，都是建立在这种盲目的信心的基础上。笔者在研究中发现，很多类似行为在教师实践中效果并不明显，原因就在于这些课程推行行动过多关注课程改革的客观意义，而很少关注课程改革的主观意义，相信改革可以在任何地方、任何学校得以忠实地实施，而忽略了教师已有的经验、价值、能力和情绪等对课程改革方案的调适作用。要纠正这些偏差，我们就需要充分关注教师在新课程改革中的意义建构过程，充分关注教师工作乃至生活的目的和意义。

前面的研究焦点给我们的另外一个启示是：教师在新课程改革过程中的意义构建，并不仅仅是个体心理作用的结果，也并不仅仅牵涉个人的目的和意义，而是和学校文化密不可分，在通过与他者交往的过程中实现的。在此，符号互动论给我们提供了思想基础。带着实用主义、人文主义色彩的符号互动论学说，是20世纪最为持久的社会理论思潮之

① Singer，1.（1992）. *Meaning：Life：the Creation of Value*. New York：Free Press.

一。这个领域最经典的著作要属布鲁默(H. Blumer)的《符号互动论》,他在这本著作中提出了符号互动论的三项核心假设:

“第一项假设:人们在面对事情的时候,是根据事情对于他们所具有的意义来决定如何行事的……第二项假设:这些事情的意义来自于或者说生发于一个人与自己同伴之间的社会互动。第三项假设:人在应对自己所遭遇的事情时,会使用一套解释步骤,而这些意义就是在这个过程中得到处理和调整的”。①

这段话表明,任何改革只有进入人的视野,并具有主体的意义,才是真正的存在,才会引发人真正的合目的的行动,而意义是在参与社会互动过程中产生的,并随之进一步发展。因此,关注学校文化、关注教师与学生、同事、家长之间的关系,也是非常重要的。由此我们也会明白,为什么在课程实施研究的理论转向中,学者们把文化和个人放在了一起。

对课程实施研究理论转向以及焦点的回顾,其意义不仅在于提醒我们在理论研究上要关注教师的个人意义以及学校文化,也在实践上给我们很多启发。其中一个启示就是新课程改革应该以教师为主体,让他们主动地投入其中并以自己的经验为基础进行新的成长,真正构建以教师为主体的改革力量,外界专家以及学校领导所起的作用只是激励和支持,而不是像以前那样做的相反。第二个启示就是需要实现学校文化重建(reculturing),只有在这种开放的、富有支持性的文化环境中,教师才敢于改革,进而善于改革,而不是担心被当作“出头鸟”来打击。总而言之,我们要改变我们的思维,要让课程实施的过程对教师而言是一个充满意义的过程,让他们在一个身心愉快的环境中为自己认同的教育价值而奋斗,让他们有能力驾驭被改革复杂化的工作环境和关系,因而保持积极情绪和进取心。只有这样,新课程改革才能得到有效的实施。

---

① Blumer, H. (1969). *Symbolic interaction: Perspective and Method*. Berkeley, San Francisco: University of California Press.

当·代·中·国·教·育·学·家·文·库

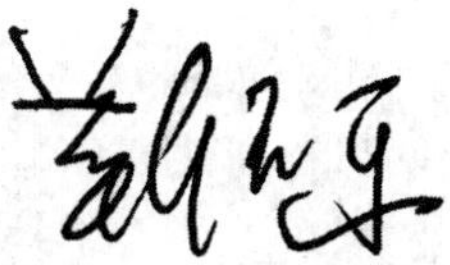卷

中篇

课程理论的建构

课程定义的批判分析

课程是“教育事业的核心，是教育运行的手段，没有课程，教育就没有了用以传达信息、表达意义、说明价值的媒介”。[①] 因此，探讨课程的定义问题，是现代课程论研究不可回避的一个重要问题。

一、课程定义的类型

要给“课程”下一个精确的定义是一件十分困难的事情，因为“课程（curriculum）”一词常常被以许多不同的方式使用着。每个人都可以根据自己的学术背景，根据自己对社会、知识、教育、学校，乃至对学生的不同观点，给课程以不同的解释。难怪美国教育学者斯考特（R. D. V. Scotter）坚持认为，课程是一个用得最为普遍但却是定义最差的教育术语。[②] 随着课程理论与实践的发展，人们对课程的理解已不再仅仅满足于字义上的追根溯源，而是以更为广阔

① P. H. Taylot & C. R. Richards. An Introduction to Curriculum studies [M]. NFER Public. Co., 1979. 11.

② R. D. V. Scottor and Otehrs. Foundations of Education: Social Porspective, 1979. 272.

的教育实践为背景，从多方面、多视角进行探讨，提出了多种多样的课程定义。在1991年出版的《国际课程百科全书》中，曾列举了九种有代表性的课程定义：①

第一，为达成训练儿童和青年在集体中思维和行动而建立的一系列可能经验。(Smity，1957)

第二，学生在学校指导下获得的全部经验。(Foshay，1969)

第三，为使学生取得毕业，获得证书或进入专门职业领域的资格，而由学校提供他们的教学内容或者具体教材的总计划。(Good，1959)

第四，课程是探索学科中的教师、学生、科目和环境等因素的方法论研究。(Westbury and Steimer，1971)

第五，课程是学校的生活与计划……一种有指导的生活事业；课程构成人类生活的生机勃勃的活动长流。(Rugg，1947)

第六，课程是一种学习计划。(Taba，1962)

第七，为了在学校的指导下使学生的个人的和社会的能力获得不断的、有意识的发展，通过知识和经验的系统重建而形成的，有计划和有指导的学习经验以及预期的学习结果。(Tauners，1975)

第八，课程必须基本上由五个领域的学科学习组成：(a) 掌握母语并系统学习语法、文学和写作；(b) 数学；(c) 科学；(d) 历史；(e) 外语。(Bcstcr，1955)

第九，课程被看作是有关人类经验的日益广泛的可能的思维方式——不是结论，而是结论产生的方式以及建立这些结论即所谓真理并使之发挥效用的背景。(Beltb，1965)

上述几种定义分别代表了课程认识中的某些倾向性看法，但并没有对各种各样的课程定义作出有效的归纳。纵观国内外课程文献，可以将课程定义概括为以下几种：

1. 课程即学问和学科

把课程等同于学问 (discipllne) 和学科 (subject)，是最早出现且流行甚广的一种观点。例如，我国古代的“六艺”(礼、乐、射、御、书、数)、“六经”(诗、书、礼、乐、易、春秋)，宋代的“四书”，(《论语》、

① A. Lewy (ed.). The International Encyclopedia of Curriculum，1991. 15.

《孟子》、《大学》、《中庸》）欧洲中世纪初的“七艺”（即文法、修辞、辩证法、算术、几何、天文、音乐等科目）等教育课程，都是强调学问的分科课程。时至今日，把课程视为学问和学科的观点，仍很普遍。美国哥伦比亚大学名誉教授费尼克斯（P. H. Phenix）在《课程面临的抉择》一文中明确提出：“我的主题，说得简洁些，一切的课程内容应当从学问中引申出来，或者换言之，唯有学问中所包含的知识才是课程的适当内容。”① 他还说：“未被学问化的知识，无论对于教授还是学习，都是不适宜的。”“一切的教授应当是以学问为中心的。换言之，不进入学习范畴内的事件是教学所不希望的。”② 在这里，学问被理解为有其特殊本性、适于教授，并有益于学习的知识。按照费尼克斯的观点，学问知识是课程的唯一源泉，教学要根据学问的逻辑与结构展开，因而作为教材的逻辑组织体系的学科，应由以教授性为基本性质的学问知识构成。

在我国权威的《辞海》、《教育大辞典》、《中国大百科全书》（教育卷）以及许多教育专著和教育学教材中，普遍把课程看作是学问知识或学科。例如，《教育大辞典》将课程定义为：“（1）为实现学校教育目标而选择的教育内容的总和。……（2）泛指课业的进程。……（3）学科的同义语，如语文课程、数学课程等。”③《中国大百科全书》（教育卷）将课程定义分为广义和狭义两种，“广义指所有学科（教育科目）的总和。……狭义指一门学科”。④ 由此看来，将课程视为“学问和学科”，基本上代表了目前我国学术界的权威观点。

2. 课程即书面的教学（活动）计划

这一课程定义把教学的范围、序列和进程安排，甚至教学方法和技术设计都包含在内，以期对课程有一个较全面的把握。例如，美国课程论专家比彻姆（H. A. Beauchamp）认为：“课程是书面文件，可包含许多成分，但它基本上是学生注册入学于某所学校期间受教育的计划。”他还指出，一个理想的课程计划应该包括：“（1）说明用这个计划文件作为指导规划教学策略的意图；（2）说明为学校提出的目的，以及为此

① 钟启泉：《现代课程论》，上海：上海教育出版社，1989，第 115 页。
② 钟启泉：《现代课程论》，上海：上海教育出版社，1989，第 115 页。
③ 顾明远主编：《教育大辞典（第 1 卷）》，上海：上海教育出版社，1990，第 257 页。
④ 《中国大百科全书》（教育卷），北京：中国大百科全书出版社，1985 年，第 207 页。

目的而设计的课程；（3）为实现这个目的可能需要的一批文化内容；（4）说明测定课程和课程体系的价值及效果的评价方案。”[1] 我国亦有学者提出了类似的看法：“课程是指一定学科有目的有计划的教学进程。这个进程有量、质方面的要求，它也泛指各级各类学校某级学生所应学习的学科总和及其进程和安排。”[2]

将课程定义为书面的教学（活动）计划，既注重教学内容的安排，又强调教学活动过程的预设，其内涵确实丰富了许多。不过，它也容易造成课程与教学、方案与实施等一些概念的含糊不清，且限制了对非书面计划的课程现象的认识。

3. 课程即预期的学习结果或目标

这一课程定义以行为主义心理学和科学管理原理为基础，强调目标预测、行为控制和工作效率，在北美课程理论中颇有影响。其代表人物博比特、加涅（R. M. Gegne）、波范（W. J. Popham）、约翰逊（M. Johnson）等均认为，课程不应该是教学活动计划，而应该是教育者企图达成的一组教学目标或预期的学习结果，即要把课程重点从手段转为目的。这就要求在课程设计时，事先制定一套结构化和序列化的学习目标，所有教学活动都围绕着这些学习目标而展开。

把课程定义为预期的学习结果或目标，从某种意义上讲，是一些学者为了区分课程和教学这两个概念而提出的。如美国课程学者约翰逊认为：“在个人与环境实际进行相互作用之前，根本不存在经验。显然，这种相互作用是教学的特征，而不是课程。”他还论证说，由于课程构成教学的指南，课程就必须看作是“期待的，而不是报告式的”。课程“规定（或至少期待）教学的结果”，但“并不规定其手段，即不规定那些为实现结果而加以利用的活动、材料，以至教学的内容”。因此，课程只能由“预期的学习结果的构造系列”所组成[3]。

由于把课程的意义限定为预期的学习结果，所有其他的计划（如内容、学习活动、课程过程等方面的计划）也就被认为是教学计划，而不

---

① G，A，Beauchamp，Currieulum Theory（2d），1968. 6.

② 吴杰：《教学论》，吉林：吉林教育出版社，1986年，第5～6页。

③ M. Lkhnson，Ditlnitions and Models in Curriculum Theory，Educational Theory（April），1967. 130.

是课程计划。尽管这种把课程计划与教学情境区分开来的做法是十分必要的，但仅仅把课程局限于预期的学习结果，则必然会导致对某些非预期学习结果的忽视。

4. 课程即学习经验

把课程视为“学生在学校内所获得的全部经验”是20世纪30年代以来颇受重视且影响深远的课程定义，它超越了传统观念中从教师教的角度定义课程，而强调从学生学的角度确定课程的内涵。从渊源上看，早在20世纪初，杜威（J. Dewey）就根据实用主义的经验论，反对把课程作为一套活动或预先设定的目标的观念，提出课程应与儿童生活相沟通，应把教材引入儿童生活，让儿童直接去体验。到了20世纪30年代，在经验主义哲学、完形心理学和进步主义教育运动的冲击下，重视学生的兴趣、需要和个性发展成为教育发展的主流。此时人们对课程的认识似乎更侧重于把握学习实际学到的知识和体验到的意义，而不执迷于“纸上谈兵”式的规划设计。如安德逊（V. E. Anderson）、史密斯（B. O. Smith）、坎萨斯（Kansas）等人认为，课程是学生在学校或教室中与教师、环境、教材等人、事、物交互作用的所有经验，不管它们是有计划的还是无计划的。[①] 显然，这是一个包容相当广泛的定义，以致在课程研究中常常难以把握，尤其是在经验的区分方面，课内外之经验，有关或无关教学目的之经验，已实现及未实现之经验，有计划与未经计划之经验，教育性与非教育性、反教育性之经验等，常常成为争论不休的焦点。

鉴于学习经验过于宽泛而无法把握，一些课程学者试图对学习经验作出限定，将课程定义为“有计划的（Planned）”、“有意图的（intended）”或“有指导的（guided）”学习经验。如卡斯威尔（H. L. Casswell）和坎贝尔（D. S. Campbell）早在30年代就提出了课程是“儿童在教师指导下获得的所有经验”的观点。[②] 到了60年代以后，这种观点已经相当流行。正如美国后现代主义课程理论的代表人物多尔（R. C. Doll）教授所说：“公认的课程定义，已从学程的内容，科

① 黄政杰：《课程概念剖析》，台湾：台湾师大教育研究所集刊，1983年第25期，第157～161页。

② H. L. Casswell & D. S. Campbell. Curriculum Development [M]. 1935. 66.

目及学程表，变为在学校领导或指导下给学习者提供的一切经验。”[①]不过，这种课程观在实践中仍然会遇到许多困难，比如说，一个教师如何同时满足全班每一个学生个人独特的经验需要？如何为每一个学生制定合适的课程计划？

与上述课程定义相联系的是，一些课程观念更倾向于用“学习活动”取代“学习经验”。如世界经济合作与发展组织就把课程视为牵涉儿童的学习活动的整个框架。而美国新教育百科辞典“课程”条目则明确写道：“所谓课程是指在学校的教师指导下出现的学习者学习活动的总体。”[②] 此类以美国教育辞典的界说为代表的课程定义，与以往的课程概念有所不同，它不仅把课程的重点从教材转向了个人，从学习结果转向了学习过程，而且还突出强调了课程的实践环节——学生主动参与的学习活动，这在一定程度上解决了学生个体经验的获得方式问题，即经验要通过主体活动才能获得，因而有助于课程计划的顺利实施。然而，事实上活动本身并不是关键所在，因为每个学生都是独特的学习者，他们从同一活动中获得的经验往往是各不相同的。所以，美国学者泰勒（R. W. Tyler）在比较分析了学习活动和学习经验的区别后认为，唯有学习经验，才是学生实际认识到的或意识到的课程。

5. 课程即文化再生产

这一课程定义的依据是：学校部门是培养人的社会机构，要适应各种社会的要求，而作为培养人的核心内容的学校课程，则必然要打上一定历史时期的社会文化的烙印，反映社会文化的时代特征。因此，学校课程理应承担传递和再生产社会文化的任务，即选择那些能够反映人类文化精华，而又集中表现为知识形式、意义领域和学科体系的有价值的文化内容，组成便于传授的课程系统，以完成人类文化传播与再生产的历史使命。

以斯基尔贝克（M. Skilbeck）和劳顿（D. Lawton）为代表的一批英国教育社会学家是这一课程观的倡导者。他们主张通过分析社会公共文化来确定反映公共文化的课程形式及其编制方法，强调通过以学校为

---

① R. C. Doll. Curriculum Inprovement [M]. Decision-Making and Process, 1964. 15.

② 钟启泉编著：《现代课程论》，上海：上海教育出版社，1989 年。

基础进行编制的“公共课程”传播公共文化，注重用“文化分析”的方法来说明课程与文化的关系，来解释课程的基本问题。这种把课程视为“再生产社会文化的手段和工具”，从整个社会文化的大背景中来考察课程现象，研究课程问题的做法，固然有助于加强学校课程与社会生活的联系，深化人们对课程本质的认识，但认为课程可以不加批判地再生产社会文化，又未免过于天真了，因为现实的社会文化远非人们想象的那样合理和完满。

鉴于此，当今欧美一些学者认为，学校课程反映了社会中存在的大量偏见、歧视和不公正，课程知识的选择和分配，在本质上是由社会权力所决定的，课程已变成再生产社会权力的工具。因此，课程的使命不是要使学生适应或顺从社会文化，而是要帮助学生摆脱现存社会制度的束缚，为建立一种新的社会秩序发挥积极作用。正如巴西教育家弗雷杰（P. Freire）在《被压迫者的教育学》一书中指出的那样，学校课程的重点不在于使学生适应和顺从社会秩序，而是要刺激和发展他们的批判意识，要让学生通过参与课程规划和实施，以克服依赖心态，摆脱外部束缚，成为积极主动和自由完满的人。[①] 显然，弗雷杰是把课程当作塑造人格、改造社会的重要过程和工具来看待的。从课程实践上看，这种观点似乎高估了课程的社会作用。

除了上述五种主要的课程定义之外，还有“知识和经验的重建”、“生产的技术系统”、“认知—情感内容和过程”、“思维模式”、“种族经验”等定义方式。由于这些定义的影响相对较弱，且与我们惯常的理解差异较大，故在此不作分析。

二、课程定义的批判

如前所述，课程是一个使用广泛而又涵义多重的术语，每一种课程定义都有其特定的社会背景、认识论基础和方法论依据，都从不同的角度或多或少地揭示了课程的某些本质，但又都存在着明显的缺陷，因而难免受到来自各个方面的批评。

① D. F. Walker. Curriculum and Aims［M］. 1986. 51-52.

对于“课程即学问和学科”这一定义，批评者大都认为其虽然概括了课程的主体，但却是不完全的，因为学校为学生提供的学习已远远超出了正式列入课程的学科范围。实际上，学生还可以通过活动和社会实践等学到更为广泛的知识。再则，把课程局限于学科知识范围，把学生的学习生活局限于课堂这一狭小的空间，容易导致学生生活单调枯燥，缺乏生气，不利于学生的知识增长、心智发展、情感陶冶和个性培养。所以，完整的课程应当是学科课程、活动课程和潜在课程三者的有机统一。

对于“课程即书面的教学（活动）计划”这一定义，批评的焦点主要集中在以下三个方面：第一，视课程为有计划的教学活动安排，往往会把目光放在可预设的教学计划和可观察的教学活动上，而不是放在学生的实际体验上，从而造成课程实践中的本末倒置现象，即把教学计划和活动本身作为目的，而恰恰忽视了这些计划和活动的真正意义——为促进学生的学习与发展服务。第二，强调课程形式的“书面化”，与教学活动的实际情形不完全相符。众所周知，在教学活动中，事先安排好的书面化的东西并不是一成不变的，它常常要根据具体的教学情景进行必要的调整和更改，况且还有许多教学活动是基于非书面计划来安排的，故而课程体系中不应排斥那些非书面计划的内容。第三，把教学计划等同于课程，显然混淆了课程与教学的概念。一般来说，教学是课程实施的主要途径，教学计划即课程实施的方案，而把教学计划（课程实施方案）与课程画等号，则明显缩小了课程的外延，犯了包容过小的逻辑错误，导致课程研究的狭窄化。诚如美国课程论专家塔巴（H. Taba）所指出的：“若把陈述目标和内容概要之外的其他方面都从课程定义中排除掉，并且抛弃那些使学习经验条理化的任何东西，就可能使研究领域过于狭窄而不能胜任现代课程研究。”①

对于“课程即预期的学习结果或目标”的定义方式，研究表明，事先期望的东西与实际产生的结果往往是有差异的。首先，课程目标的制定与课程实施的过程客观上是分离的，课程目标是否达成，以及达到何种程度，并不取决于目标制定者的主观愿望，而是取决于课程实施者

① H. Taba，Curriculum Development：Tehory and Practice，1962. 9.

（教师和学生）对目标的把握程度。其次，由于每一个学生的身心发展千差万别，要使事先预设的学习目标适合每一个学生的实际需要，那几乎是不可能的，其结果对不同学生来说也可能有着不同的意义。最后，把重点放在预期的学习结果或目标上，必然导致对校园环境、师生互动、心理气氛与学生成长有重要关系的非预期因素的忽视。对于“课程即学习经验”的提法，美国课程专家坦纳夫妇（D. Tanner & L. N. Tanner）曾经列举出四条批评意见：（1）未能指出何种经验应由学校或其他机构提供；（2）可能排除了系统化的知识；（3）即使在教师的指导下，亦可能包含好的和不好的经验；（4）未指出经验所要达到的结果，似乎以学习经验为目标。[①] 尽管这些批评并不完全符合实际，但确实引发了人们的思考，使人们更加关注在课程认识上的缺陷和偏差，从而不断促进认识的深化。

至于“课程即文化再生产”的观点，批评者在肯定其对密切课程与社会文化之间关系所做贡献的同时，纷纷就意识形态领域中的文化与霸权、强加与独立、束缚与解放、沿袭与变革等方面问题展开讨论，并对一味顺从充斥着不公正、不合理的社会文化的课程观念提出了尖锐的批评。他们认为，课程不仅能够再生产社会文化，更重要的是，它可以促进社会文化的变革和发展。

上述各种批评意见可谓仁者见仁，智者见智，恐怕一时还很难找到一个统一的、公认的答案。目前的情况是，“课程定义方式的多样化”，似乎已经成为人们乐意接受的观念。美国课程学者施瓦布（J. J. Schwab）就曾经告诫说，过分注重于完善诸如“课程”术语的精确定义等理论问题，将会使课程研究毫无生气。[②] 现代科学的发展情况也表明，实行对每一个对象只允许有一个可接受的定义的做法，不仅在实践中行不通，在理论上也是难以站住脚的。实际上，一种定义往往只在有限的范围内能对某些现象做出解释，而另一种定义在其他一系列情况下或许更有用处。因此，施瓦布坚持认为，课程研究只有在人们主要关心“实际问题”时才会恢复活力。美国的另一位课程论专家蔡斯

① D. Tanner & L. N. Tanner. Curriculum Development: Theory into Practice, 1980. 15-16.

② J. J. Schwab. “The Practice: A Language for Curriculum”. School Review (November), 1969. 1-2.

（R. S. Zals）也认为："课程的任何定义必然会根据要实现的目的而变化。……在实现某种情境的目的时最有用的课程定义，在于它对于那种情境是最'正确的'的。"① 尽管以上两位课程专家的观点带有浓厚的"实用主义"色彩，但其精神实质却颇耐人寻味——课程概念的界定取决于社会和个人的实际需要，因而寻求某种唯一精确的课程定义是不现实的。研究课程问题的正确方式不应该是从众多的课程定义中进行简单的取舍，而应仔细考察人们是如何提出和使用"课程"这一术语的。在明确各种课程定义提出的背景、方式、依据、用意和问题的基础上，不断拓展我们的研究思路，不断深化对课程本质的认识。

三、分析课程定义的基本思路

课程的定义不胜枚举，而在人们思考课程定义的时候，往往又都有各自的见解和思路。下面是几种分析课程定义的常见思路：

1. 分析课程定义的角度

康纳利（F. M. Connelly）和兰茨（O. Lantz）认为，可以从两个维度对各种课程定义进行归纳分析，这两个分析维度分别为：一是"目的和手段"，二是"存在性和个人性。"②

从目的角度定义的课程，通常被表述为"预期的学习结果"。当课程以这种方式定义时，其内容可以是指向具体行为的，即"能够做某事"；可以是指向某种表现的，即"具体某种能力或潜力"；也可以是实质性的，即"知道这或那"。

从手段角度定义的课程，通常被表述为"为学习者提供的有计划的经验"，或"获得预期学习结果所必需的知识"。这些经验和知识包括文化的、认知的、情感的、信念的、习惯的等一些方面。

围绕"目的和手段"之间所产生的概念之争，主要集中在学习结果是手段的表现，还是手段预先决定着两个方面。前者把课程及其内容的讨论从目的问题、意图问题变成了关于结果和成绩的问题，即学习评价

① 瞿葆奎主编：《教育学文集课程与教材（上册）》，北京：人民教育出版社，1988 年，第 259 页。

② 《简明国际教育百科全书，课程》，北京：教育科学出版社，1991 年，第 65 页。

的问题；后者则侧重于先期的计划与安排，关注的是计划本身的制定问题。由此可见，计划问题是以预期学习结果定义的课程概念为中心，而评价问题则是以手段定义的课程概念为中心。

如果从“存在性和个人性”角度分析，课程定义的分歧主要在于是强调要学的东西还是学生的学习。当课程按存在性来定义时，它指的是课本教材以及它们的内容，如概念、理论和事实等。这种定义使得人们关注于学生所处教学环境中的各种客观因素及其特点。当课程依个人性来定义时，它指的是学生个体的学习历程和经验。这种定义强调学习情境（包括课程内容）对学生所具有的实际意义。例如，出于某种考虑，存在性定义或许会简单地把微积分知识列入七岁儿童的课程范围，但对于一种个人经验性课程定义来说，微积分就不会被视为课程内容，因为这种知识对七岁儿童没有多大意义。

“存在性和个人性”问题对于课程政策的制订影响很大。根据存在性课程定义，课程体系需按照知识的种类加以确定和排列。反之，当课程以个人的方式定义时，就需要了解学生的经验水平和具体地研究课程对于学生的意义。

2. 分析课程定义的取向

任何课程定义都有相对特殊的表述形式，而在这些各不相同的表述形式背后，往往都隐含着某些认识论的假设和理性思维的倾向。仔细辨析这些不同的理论假设和取向，是深刻领会各类课程概念内涵的重要基础。

第一，强调文化知识的学术性取向。

这种课程定义的取向较倾向于传统教育观。它所关心的是使学生获得继承民族文化传统的工具，并给学生提供接受前人创造的伟大思想和事物的方法。赞同学术性取向的学者认为，由于学校不可能传授所有经验，其突出作用是以最鲜明的观点进行文化传递，即给儿童提供各种机会，使之获得最有影响的人类智慧的成果，以培养他们的聪明才智。这些成果大部分被已经建立的各个学科所采用。要成为有教养的人，就必须能理解各个重要学科所产生的著作，以及一些历史文化遗产。因此，课程应是以传统学科形式为主组织起来的知识体系。至于知识体系应该如何构成的问题，学术界历来存有争议，有的强调程序化，有的强调结构化；有的主张分科化，有的主张整合化；有的注重实用化，有的注重理论化。虽然目前对知识构成的描述还不完全一致，但大多数课程理论家都坚持认为，知识并不是固定的，而是可以构建的，知识是根据特定学科或认知形式的探究系统创造出来的。因此，掌握可用来创造知识的学科形式，构成了现代学术性课程最重要的方面。

课程定义的学术性取向所带来的结果是促使人们"试图研制一种用观察、注意关系、分析资料和得出结论所需的基本概念和方法来武装学习者，使其步入知识世界的课程"。[①] 这种课程要求学习者像科学家那样行动，以便在将来成为某一方面的专业人才。

第二，强调过程效能的技术性取向。

这种课程定义的取向是基于对学习性质所作出的某种假设而产生的，这种假设即学习是按照一定系统的可预测的方式进行的，只要采取有效的方法予以控制，就能产生最佳的学习，使学习具有极高的效率。赞同技术性取向的课程学者认为，课程的本质就在于为实现一系列事先规定的明确的目的去发现一种有效的学习手段，通过这种手段来传授知识，推动学习。他们很少考虑甚至不考虑教学内容和学习者的个别特性，只考虑发展教学技术，注重有效地整理有关实际问题的资料，并把资料提供给学生。他们努力寻求一种纯技术性的课程体系，把课程视为一种技术性的生产过程，一种产生有效的以工业管理为模式的教育制度的手段，因而常常运用工业系统分析来讨论课程问题，并习惯于使用输入、输出、进入行为（entry behaviour）、控制模型（cybernetic models）、责任承担（accountabillty）、系统分析、生物反馈机制、刺激与强化等词汇来分析课程现象。

课程定义的技术性取向对课程研制的影响是很大的。在课程组织的效能、教学顺序的排列、内容呈现的方式、学习进展的监控，乃至教学媒体的利用等方面，均可看出技术模式所做出的贡献。然而其重形式、重过程控制、只关心如何教，而不考虑教什么，又常常使课程实施陷入僵化、低效的境地。

---

① J. D. 麦克尼尔著：《课程导论》，施良方等译，沈阳：辽宁教育出版社，1990 年，第 80 页。

第三，强调个体经验的个人化取向。

这种课程定义的取向关注个人的价值，注重个人的目的和取得个人平等待遇的需要。它以儿童为中心，重视儿童的生长过程和自治自控。赞同个人化取向的课程论者认为，课程的作用是为每一个学习者提供有助于个人自由发展的完满的经验。相对来说，这种取向的着眼点不像技术取向那样只放在形式和过程控制上，而是放在学校应该教些什么，以及内容能否反映学习者当前的经验方面。以马斯洛（A. H. Maslow）、罗杰斯（C. Rogers）为代表的人本主义课程学者是个人化取向的积极拥护者。他们要求通过课程将学校教育全部纳入儿童的生活，要求把课程内容本身当作重要的目标，使之成为每一个儿童的自我经验，从而促使其自我成长、自我实现。

课程定义的个人化取向从个人的兴趣、需要出发，以提供每一个学习者满意的完全经验，达成每一个学习者的个人目标为宗旨，这在一定程度上反映了课程的本质。但对社会需要所采取的蔑视态度，又使之暴露出极端化和片面化的缺陷。

第四，强调适应和改造的社会化取向。

这种课程定义的取向极力强调教育和课程内容在整个社会环境中的突出作用。由于其作用表现为适应与改造两个方面，因而课程定义的取向也就有了两种分支：一种强调适应当前的社会要求；一种主张进行社会改革，创造美好未来。这两种见解都试图把课程与社会发展结合起来，都将课程视为促使学生学会处理社会问题的手段。其中主张社会适应取向的课程学者认为，社会的变化和发展决定了个人的发展，应当建立一种能使个人在这迅速变化的世界里更好地维持生存并有效发挥作用的课程，使课程成为增强个人适应能力的重要工具。主张社会改造取向的课程学者认为，课程的首要目的是要使学习者面对人类所面临的一连串严重的危机，这些危机不只是“社会学科”所关心的事，它们渗透到了生活的各个方面，包括经济学、自然科学和数学等领域。因此，应使这种普遍性危机体现在更为广阔的课程之中。相对而言，社会适应取向的课程内涵较为被动和保守，社会改造取向的课程内涵则比较激进和理想化。

3. 分析课程定义的层次

学校课程从决策、设计到实施、评价，经历了多个阶段和层次的转换。而不同的人由于所处地位和工作性质的差异，往往会从不同的阶段分析课程活动，关注不同层次的课程意义，因而可能会出现在不同层次上起作用的课程定义。例如，在课程设计阶段，以课程为计划目标或学科组织较有实际意义；在课程评价阶段，以课程为已获得的经验（不论是计划与否）最为实用。因此，有必要从不同的层次去把握各类课程定义的实际内涵。

美国学者古德莱德（J I. Goodlad）曾提出五种处于不同层次、具有不同意义的课程，它们分别是：第一，理想的课程（ideological curriculum），系指由一些研究机构、学术团体和课程专家提出应开设的课程。这种课程常常以设想、建议、规划或计划的形式表现出来，其影响取决于是否被官方采纳。第二，正式的课程（formal curriculum），系指由教育行政部门规定的课程计划、课程标准和教材，即被许多人所理解的学校课程表中的课程。第三，领悟的课程（pcrceived curriculum），指各任课教师所领会的课程。由于教师对正式课程会有多种理解和解释的方式，因此，每个教师对正式课程的领会会有一定的差异，从而也会对正式课程作用的发挥产生削弱或增强的影响。第四，实行的课程（operational curriculum），指在课堂上实际实施的课程。由于课堂上学生对课程的反应情况错综复杂，须不断作出调整，故教师领悟的课程与实际实施的课程可能会有一定的差距。第五，经验的课程（experiential curriculum），系指学生实际体验到的东西。每个学生从同一课程中所获得的体验和学习经验往往是不同的，因而对课程的实际理解亦可能有所区别。[①] 古德莱德的这种层次划分建立在对课程实践进行深入研究的基础之上，且在一定程度上揭示了不同的课程定义在各个层面上的不同适应性，有助于人们对课程概念的实用性意义的理解。不过，由于有些分类含糊不清，把握起来仍不大容易。

综合上述分析，我们可以清楚地看到，对课程内涵的多元限定，一方面对于揭示课程的某些本质起到了积极的促进作用；另一方面也使课程本质的内涵呈现出模糊性和不确定性。尽管各类课程定义的倡导者各有道理，但他们大都从课程目标、内容、实施途径和结果以及课程功能

---

① J. I. Goodlad. Curriculum Inquiry: The Study of Curriculum Practice, 1979. pp. 60-64.

等方面来界定课程，或采用主观性、应然性标准，或采用情境性、实然性标准，导致其所指称的课程变为一种多极限定的对象，造成了课程本质属性与非本质属性的杂糅混淆。由此看来，进一步探明课程的真正本质，是研究“课程是什么”这一问题的关键，也是课程理论与实践发展的前提条件。

四、课程的本质与特点

所谓本质，是指某一事物所特有的区别于其他事物的属性。事物的本质属性之所以不同于非本质属性，就在于其具有稳固性、不变性和不可选择性。在以往人们对课程本质的探讨中，存在着一个明显的误区，即习惯于用目标、功能、内容、途径、结果、活动等具有多重性、选择性的可变量来限定课程的内涵，致使课程的本质内涵变得复杂多样，似是而非。实际上，有些观点只涉及课程本质属性的某一方面，如客观性、教育性、预期性等；而有些观点则谈论的是与课程有关的非本质的联系，如实施途径与结果、社会文化功能等，并没有涉及课程本质的问题。看来要揭示课程的本质特点，必须走出复杂的樊篱，跳出狭窄的视界，以几个关键性问题入手去探寻限定课程内涵的客观性指标。

针对以往在课程本质探讨中存在的方法论缺陷，我国有学者提出课程的本质内涵应回答以下几个问题：[①]

第一，课程从本质上讲是静态的，还是动态的？

第二，课程是系统的知识、经验体系的计划，还是一种目标体系的计划？

第三，课程是预设的，还是结论性的？

第四，课程是有意的、客观的，还是无意的、主观理解的？

这几个问题是长期以来有关课程本质讨论的焦点，各种不同的课程本质观往往都涉及对这些问题的不同理解，因而这些问题也就构成了限定课程本质内涵的客观指标。

我们认为，课程作为学校教育系统的重要组成部分，作为实现教育

---

① 郝德永：《关于课程本质内涵的探讨》，《课程·教材·教法》，1997 年第 8 期。

目标的主要手段和媒介，其本质内涵应是指在学校教育环境中，旨在使学生获得促进其身心全面发展的教育性经验体系。[①] 这一本质概括反映出学校课程具有如下特点：

1. 客体性。相对于学习者来说，课程是一种外在于学习主体的客观存在，是学习主体认识和经验的对象，而不是主观性的自我意识或观念。

2. 目的性。从人类教育活动所特有的育人目的性角度看，课程也无非是实现育人目标的手段，具有预期的目标指向性，如促进学生身心的全面发展。

3. 经验性。作为一种重要的教育影响因素、一种教师和学生共同作用的对象，课程应该是可以通过认识和实践而转化为个体经验的，不管这种经验是知识性的，还是活动性的。

4. 教育性。从内容性质上看，学校课程应在学校环境中对学生具有教育意义和作用，缺乏教育性的经验不属于课程范围之列。

5. 系统性。具有预期目标的课程不论其存在形式如何，总脱离不了一定的结构系统，包括横向的组织与纵向的序列。

近年来，也有学者从文化分析入手，将课程视为一种教育化了的文化，并提出了再生性、简洁性、全息性等课程特性。[②]

---

① 靳玉乐著：《现代课程论》，重庆：西南师范大学出版社，1995 年，第 65 页。

② 黄甫全：《课程本质新探》，《教育理论与实践》，1996 年第 1 期。

课程与教学关系的重建*

一、课程与教学关系的主要表现

关系是指“事物之间相互作用、相互影响的方面”。在教育实践中，课程是教育性经验，教学是通过对话活动使学生获得经验的过程。课程与教学在教育实践中的关系主要表现在以下四个方面：

（一）课程编制主体与教学主体的关系

课程编制主体主要指从事课程研究和编制的教育工作者，一般包括课程专家、学科专家、教育专家、出版人员、教育行政人员、教师等，教学主体主要指参与教学对话的教师和学生。在教育实践中，课程编制主体与教学主体（以下简称两类主体）之间有没有相互作用以及怎样相互作用是决定他们关系性质的关键，主要涉及三个方面：一是两类主体相互参与对方的活动的程度；二是两类主体沟通机制是否健全；三是两类主体在指导思想上达成的共识性。如果两类主体相互

* 与董小平合作。

参与的程度较高、沟通机制健全、具有共识性，他们之间就会形成“主体间性”，容易达成一种“同情”关系。否则，就会导致两类主体之间的“分裂性”，形成一种敌对或控制关系。

（二）课程标准与教学目标的关系

“课程标准主要是对学生在经过某一学段之后的学习结果的行为描述”。教学目标是师生通过教学对话所要达到的预期结果。在教育实践中，教师根据课程标准来确定教的目标，并通过与学生的对话引导学生形成学的目标。但是，课程标准与教学目标并不是控制与被控制的关系，而是相互补充和创建的关系。首先，课程标准是对教学所要达到的程度的一般的、基本的规定，教师在根据课程标准确定教学目标时必须因学生而异，将其转化为适合具体班级和具体学生的目标，建立一个多层次目标体系。其次，由于课程标准建立在对学生已有水平的假设之上，因此，教学目标就必须以课程标准为基础，因“生”施教，建立一种教学补充目标，帮助学困生达到课程标准的基本要求和帮助学优生超越课程标准的基本要求。如果教学目标仅仅是课程标准的简单移植，那么就会忽视课程标准所隐含的对学生水平的假设，形成课程标准与教学目标的异质性关系和控制与被控制的关系。

（三）课程内容与教学内容的关系

课程内容在课堂教学中主要以教材的形式出现，教学内容是师生为达到教学目标所进行的对话内容。“教学内容≠课程内容”，课程内容仅仅是提供给师生的基本的、共同的对话材料，用以发起、引导师生的对话行为，教学内容不仅涉及教材，而且也可能涉及师生的生活经验，以及为帮助学困生和学优生提高的补充材料。课程内容是理性的体现者，教学内容则结合具体的师生经验进一步深化和发展了这种理性，这就形成了课程内容与教学内容之间继承和发展的关系。如果教学内容不经过师生的重构和转化，而是照搬课程内容，就会使教学内容受制于课程内容，使教学对话完全受制于课程，使教学脱离学生实际发展水平。

（四）课程评价与教学评价的关系

在泰勒（Ralph W. Tyler）看来：“评价过程实质上是一个确定课程与教学计划实际达到教育目标的程度的过程。”在教育实践中，教育的目标主要是学生的发展，而学生的发展又是课程和教学的合力所致，因此，在对课程和教学进行评价时既不能离开课程来评价教学，也不能离开教学来评价课程，而是要使课程评价和教学评价相互取材、相辅为用，在对课程进行评价时对教学过程进行审视和检讨，对教学进行评价时对课程进行审视和检讨。只有这样，才能认清在课程和教学中究竟是谁、在哪些方面阻碍或促进了教育目标所关注的学生发展，从而找准问题之源，进行着力研究和解决。如果课程评价与教学评价各自为阵，将会在两种评价之间形成一个“黑箱”，彼此缺乏作出正确评价的充要条件。

二、课程与教学关系中存在的问题

反思当前的课程与教学关系，不难发现其中存在不少问题，主要表现在以下四个方面：

（一）课程编制主体与教学主体之间的“隔阂”使课程的深层思想在教学中难以体现和贯彻

新课程改革尽管提倡教师成为课程编制的主体，但当前我国教师队伍的素质参差不齐，对于绝大多数普通教师而言，没有机会参与课程的编制，教师并没有编制自己使用的教材的真正权力，自己用什么教完全取决于非一线教师的课程编制主体。在课程推行过程中，课程编制主体与教学主体之间缺乏进行交流和沟通的渠道，致使课程中所蕴含的哲学、心理学、社会学、教育学等新理念无法被教师理解，当然更谈不上在教学过程中体现这些思想。同样，课程编制主体也缺乏对课堂上究竟发生了什么的了解，从而形成了“轰轰烈烈”的课程改革和对此“一尘不染”的课堂教学，出现课程编制主体不关注现实课堂教学和教学主体不关注新课程改革的不良趋势。

（二）课程标准转化为教学目标时内涵失真和机械套用

如何使教学目标建立在全面而深刻地理解课程标准的基础之上是当前教育实践应该重视的一个重要问题。有些教学机械地理解课程标准的字面意义，照抄照搬课程标准的要求，美其名曰严格执行课程标准，其实并没有认识到课程标准的深层思想。由于不同地区、不同学生的学习准备千差万别，在实践中的教师对课程标准的理解仅仅达到字面意义的层次，造成课程标准实现程度较低，并将责任归咎于课程。有些教学只注重能够测量的目标，在教学中按应试要求任意提高或降低、增加或删减目标，进而用考试大纲代替教学目标，完全不关照学生的发展现状。

（三）把教材简单等同于教学内容，缺乏对教材的创造和丰富

在现实的课堂教学中，教师教教材、学生学教材的现象屡见不鲜，教材成为教学对话的唯一依据；师生把教材的纯逻辑演绎机械地、抽象地搬到教学对话中，形成空洞、乏味的教学对话。正如派纳（William F. Pinar）在谈到课程教科书中所指出的那样："好像是由一堆脱离肉体的理念所组成的一支部队，向实践的空白地带进发，不可避免地兼并零散的空间，建立起思想体系的城池。"这何尝不是对教学内容的真实写照呢？教学对话唯书是从，与学生生活对话之间形成坚实的壁垒，严重阻碍了教材的话语与学生生活话语的结合，使课堂上的对话很难统整到学生的经验体系中，教材（课程内容）对学生发展的作用甚微。

（四）课程评价与教学评价分离，缺乏两种评价的反观互照

在教育实践中，课程评价存在一个思维假设：教学对课程的实施是有效的，学生的发展现状是由课程促成的，对课程的评价不需要对教学过程进行深入的反思。这种思维假设促使课程评价者仅仅从课程自身来寻找促进或阻碍学生发展的原因，希望仅仅通过对课程的哲学、社会学和心理学取向，以及课程的目标、内容、结构、组织和教材设计等的改变来达到实现教育目标的目的。在教学评价中也存在这样一种思维假设：教材是既定的、完善的，在对教学进行评价时不需要对课程中所隐含的哲学、心理学、社会学假设以及课程的目标、内容、结构、组织和教材设计等进行反思和检讨。这种思维假设促使人们试图仅仅通过对教学的改进来达到促进学生更好地发展的目的。这两种评价都忽视了学生的发展是课程和教学合力的结果，都未能探索出在评价中找出真正属于课程和真正属于教学的问题的方法。

三、重建课程与教学关系的基本策略

基于上述课程与教学关系存在的问题，结合当前的新课程改革，可以从以下三个方面改善课程与教学的关系。

（一）建立课程编制主体与教学主体的对话机制，培养专家型教师和实践型课程编制者，实现两者合作的经常化

新课程改革主张，教师是研究者，是课程的开发者。因此，专家型教师不仅要具有“教学专长”，还必须具有课程开发的专长。教师必须具有两个方面的知识和技能：一是教学的知识和技能；二是课程开发和设计的知识和技能。实践型课程编制者是指课程编制者不仅具备课程编制的理论和技能，还必须有过在一线教学的经历，并能在课程推广中进行教学示范。要形成专家型教师和实践型课程编制者就必须进行两类知识（课程知识与教学知识）所有权的转让，而这两类知识是需要大量的亲身实践才能获得的，其中最有效的途径就是加强课程编制主体和教师之间的对话和实践。

对话（Dialogue）意味着“流淌于人们之间的意义溪流，它使所有对话者都能够参与和分享这一意义溪流，并因此能够在群体中萌生新的理解和共识”。对话是一种“合作”和“双赢”。培养专家型教师和实践型课程编制者就需要教师和课程编制者之间进行这样的对话。通过对话，课程编制者能够认识到教师怎样理解教材（课程内容）、怎样教教材、学生如何学教材，进而为如何设计和编制教材激发新的思考，教师能够认识到课程编制者希望课程怎样被理解、怎样被组织、怎样被教以及教到什么程度。对话要有组织性、正规化、经常化，要求普遍参与，强调理解和共识。双方能够在对话中发现对方隐含的思维假设，找出理解差异的主要原因，从而对教学和课程在认识上获得一致。

互相参与对方的实践是教师和课程编制者加强对彼此从事的活动的体念的一种途径。通过实践能够获得直接经验，进一步巩固对话成果，容易建立起双方的平等、互利关系，打破“隔阂”，形成主体间性，产生“同情”，形成一个工作团队。尤其是在新课程改革和教学改革期间，互相参与的实践必不可少，应经常进行。

（二）建立完善的课程咨询机构，采用从教学目标到课程标准的“回归分析”，使教学目标与课程标准具有同质性

课程咨询机构应该建成为一线教师使用课程时所产生的疑难问题提供解决方案的机构，以及调研课程在教学使用中所出现的问题的机构。它是一线教师和课程编制者之间的“桥梁”。课程咨询机构可以帮助教师全面深入地理解课程标准，设计教学目标，并本着课程编制的理念和精神帮助教师针对特定的学生群体进行微型课程设计。把课程咨询机构建成为基层教育的常设机构，一方面代表教育的官方机构；另一方面代表课程编制委员会和课程与教学的学术机构，成员可包括教育行政人员、课程编制者、课程与教学专家和所在地区的一线教师。

教师理解了课程标准之后，关键是要建立一个与课程标准具有同质性的教学目标。课程标准是教师教学的参照标准，教师建立教学目标可以采取自上而下和自下而上相结合的方式进行。首先从课程标准演绎出具体详尽的教学目标。其次以学生的学习准备为基础，考虑如何补充一些教学目标，使学困生达到和使学优生超越课程标准的要求，从而使每一个学生都能获得最佳发展。

教师能够采用"回归分析"检验教学目标与课程标准之间的关系，所谓"回归分析"就是在充分分析学生之后，从理论上模拟真实教学，看拟定的教学目标能否使每一个学生达到课程标准的要求。"回归分析"的目的是要找出教学目标的漏洞，进一步完善教学目标，使教学目标与课程标准具有同质性，使现有的学生在适宜的教学目标的指引下通过教学对话能够获得最佳发展。"回归分析"是检验和完善教学目标，使其与课程标准具有同质性的可行之法。

（三）建立"弱分类"的课程和"弱构架"的教学，使课程内容与教学内容相互调适、相互生成

各学科课程之间界限模糊、彼此依赖则被称为"弱分类"，教学内容（教材）与非教学内容之间界限模糊则被称为"弱构架"。建立弱分类的课程和弱构架的教学其目的在于使课程内容更有利于师生之间的教学对话和使教学更有利于学生经验的统整。首先，从课程编制的角度讲，不同学科课程之间要注意知识的"链接"，涉及的问题或主题应该是综合性的、开放性的，关注学生利用多方面的知识来解决实际问题的能力。其次，从教学对话的角度讲，教学对话应该是自由的、开放的，师生要充分利用课堂教学提供的对话平台和课程提供的内容（教材）所激发的各种问题展开对话。对话中，教材提供的间接经验与师生的直接经验是同等重要的，教学对话的任务就在于通过对话寻找间接经验与直接经验之间的联系，并通过对双方思维假设的揭示把认识推向深入，从而不断地建构意义和统整师生的经验。

建立弱分类的课程要求加强统整课程的开发。统整课程的开发要求课程要以生活中的问题为主题，对不同学科中的相关概念进行整合，加强学科之间的融合，从而有利于学生全面地认识事物、分析问题和解决问题。建立弱构架的教学要求教师建立起新的教材观、教师观、学生观和教学质量观：教材仅仅是一种刺激和引导师生对话的一部分材料，教学对话不必拘泥于此；教师和学生是教学对话中的平等主体，双方的经验在对话中都具有合法性；教学质量的高低不在于考试分数的多少，而在于学生在现有水平上的最优发展。弱分类的课程与弱构架的教学便于课程内容与教学内容之间的相互调适，从而有利于师生在教学对话中创生新的意义和经验。

课程理论模式

课程理论是教育科学的重要组成部分。美国著名课程论专家麦克唐纳甚至认为："课程理论是教育理论的实质。"[①] 课程理论的本质在于描述、解释和预测课程现象，揭示其客观规律，从而指导课程改革实践。

课程理论作为一个独立的学术领域，最早诞生于美国，它经历了一个曲折发展的历史过程，虽然关于课程的思想很早以前就有了，甚至可以追溯到古希腊时代，但那远不是科学意义上的课程理论，只能算是思辨的萌芽状态。作为一个对课程进行系统研究的学术领域，它的发展大体上经历了三个阶段：(1) 课程研究运动的兴起(1890—1918)。这一时期课程研究的主要问题是"教什么"这样一个古老而永恒的课题。整体上来看，仍然停留在偶然的、零星的探索上，课程理论尚未真正作为一个独立的科学领域出现，但却为课程理论的形成和发展奠定了基石；(2) 课程作为一个独立学术领域的诞生 (1918—1949) 这一时期以美国课程领域的先驱博比特 (Franklin

① ［美］詹姆士·B. 麦克唐纳：《课程论》，傅统先译，《外国教育资料》，1978 年第 3 期。

Bobbit 1876—1956）1918 年出版的《课程》为标志，课程理论开始形成和发展起来。其主要课题是编制的原则和技术，比前期有了很大的进步。但是，课程学者们仍然很少考虑课程的科学理论化问题，主要关注课程的技术问题；（3）课程研究的理论化（1950 年以后）。大约在 20 世纪中期，课程研究开始以理论的形式出现在教育文献中。1950 年泰勒（Ralph Tyler，1902— ）出版了《课程与教学的基本原现》，标志着课程理论研究理论化的开始。当然，这一时期的课程学者们在课程研究的理论化问题上并不是铁板一块的，还存在着很大的分歧。像施瓦布（J. Schwab）这样一些学者是坚决反对课程研究的理论化倾向的，他们要求把课程研究转向实践的、半实践的和技术的方面。虽然存在着争论，但课程研究的理论化却是不可避免的趋势。然而到目前为止，课程理论还很不成熟，尚处于“童年”时期。

纵观西方课程理论发展的史实，可以根据它研究的领域把它有效地归纳为三种发展模式：

（一）结构取向理论模式

结构取向论者把课程看作计划并强调这些计划制订的程序，关注课程的要素及其之间的关系，描述、解释诸要素在教育情境中交互作用的方式。这一模式的重要代表人物是泰勒、坦纳夫妇、蔡斯、麦克尼尔、塔巴和古德兰德等世界著名学者。他们运用行为分析法和理性学术的方法来研究课程，因而他们一般是行为主义者和理性学术主义者，通常又被称作“传统论者”。

结构理论家们认为，教育是一门科学而不是一门艺术。教育过程中发生的一切现象都是可以鉴别、描述和控制的。因此，课程学者们必须尽量鉴别课程结构的要素，了解课程规划的程序，进而有效地编制和实施课程。

在课程结构的要素及其关系上，结构理论家们是从宏观和微观两个层次进行探索的。宏观层次的研究当推古德兰德（John Goodlad），他从制约课程发展的因素出发，把课程的要素分为四个层次：（1）社会的层次，涉及由联邦、州和社区所作的有关课程决策的重大问题；（2）机构的层次，包括在学校层次决定的课程因素，即学校与社会的相互作用对课程的内容及其安排序列的制约因素；（3）教学的层次，包括教师在课常上决定的课程因素；(4) 个人或经验的层次，涉及学习者本人经验的课程因素。[①] 这四个层次的因素是相互联系，相互制约的。

在微观层次研究中，学者们主要研究的是教材的知识体系及其组织原则，涉及内容与过程、知识与能力、认知与情感、逻辑组织与心理组织等问题。

关于课程规划的程序，“泰勒原理”所列的四个步骤，即 (1) 确定教育目标；(2) 选择学习经验；(3) 组织学习经验；(4) 评价学习经验的教果，算是一个基本的范型。以后的学者们不断对其修订、补充，日益完善起来。

(二) 价值取向理论摸式

价值取向论者关注课程的结果和有关课程决策的假设，热衷于存在于显著课程和潜在课程中的价值问题。他们反对理性的和科学的方法，运用美学的、人本主义的、存在主义的或现象学的方法，对现实的课程持一种批判态度，强调个人自由和教育环境的价值。这些学者包括派纳、麦克唐纳、艾波等人，他们通常被看作是“批理判论家”或“重组概念论者”。

判理批论家们认为，课程领域太过强调行动的或实践的，技术的方法，因而偏重课程的社会功能，忽视了课程的个人发展价值。于是，他们往往从心理分析、哲学探究、历史分析及政治伦理方面入手处理课程问题，强调学校教育对整个人的发展的累积效应 (Cumulative effects)。

在批判理论家们看来，个人往往被置于高度资本主义化的系统之中，学生们拼命地努力获得那些毫无意义的证书，强迫纪律和机械训练压抑了人的创造性和潜能。因此，迫切需要发展一种理论，以便充分保证学生获得自由的发展，这种自由包括个人自由和集体自由。于是，自由便成为他们的一个共同而永恒的主题。批判理论家们接受了存在主义和现象学的观点，认为自由来源于自身的主观世界中，周围的世界往往会限制这种自由。因而，改进世界的方式不在于改造现实社会，而在于改进人自身。所谓自由或解放，意味着把自我从目前社会的习惯、信仰

① J. I. Goodlad, ed, Curriculum Inquiry: The Study of Curriculum practice, New York: MGraw-Hill, 1979.

和行为方式的束缚中解放出来。人们要相互尊重、相互合作，以便形成一股强大的力量来创造一个新世界和新社会。所有这些都要求学校课程必须赋予学生怀疑现存社会和政治的价值观念，让他们有机会不断地思考当前的社会现实，然后建构那些有助于他们心理生活的信仰和观念。

麦克唐纳和派纳提出了一种自我分析的方法，借助于这种方法，学生可以学习其对生活因而也是对教育环境的反应。这种方法包括：(1)回忆并描述过去的经历，然后分析它和目前有关的心理因素；（2）描述自己对未来的想象，并确定它和目前的关系；（3）把对自我教育的分析和解释置于它的文化政治背景中。[①] 学习是个人的独特活动，个人要借助于自我分析的方法来获得控制生活的知识。为此，就要创造一种真诚、理解和信任的师生人际关系，美化教育环境，从而使课程有助于学生的全面发展。

（三）内容取向理论模式

内容取向论者往往用系统管理的方法来理解学术的方法和研究课程问题，旨在阐明制约课程内容的选择与组织的主要因素。他们常常致力于理论的探索，以有效地为课程实践服务，这一模式的重要代表人物包括波斯纳、舒茨、布鲁纳和杜尔等人，他们又被称作"概念实证论者"。

一般而言，这一理论模式包括三个侧面：（1）以儿童为中心来选择和组织课程。这一思想源于卢梭的自然主义教育，又经过杜威实用主义教育理论的进一步发展，而现代的人本主义教育理论和"非学校化"运动又将这一课程思想推向了发展的高潮。其核心在于考虑儿童的兴趣、爱好和实际的心理需要、并以之作为选择课程内容的根据，强调课程内容的心理组织而反对逻辑组织；（2）以社会为中心来选择和组织课程。这一思想源于对课程的社会功能的强调。它要求学校课程必须反映社会发展或变革的客观要求，以重大的社会问题为中心来选择和组织课程，打破学科间的界限，直接以解决社会问题的逻辑线索为轴心，吸取有关学科的知识和技术手段，组成一门独立的课程。20 世纪初流行于英美等国的"社会改造主义"课程，就强调学校课程要承担现存资本主义社

---

① Allan C. Ornstein & Francis P. Hunkins，Curriculum：Foundations，principles，And lssnes，Prentice Hall，Englewood Cliffs，New Jersey，1988，p. 293.

会制度的任务，消灭种族歧视、失业、贫困和犯罪等重大的社会问题，造成一个更加民主平等的理想社会。当然，资产阶级课程学者的设想只能“乌托邦式”的幻想，只有彻底根除资本主义制度才能实现这一美好的愿望；（3）以学科结构为中心来选择和组织课程。这一思想源起于美国 60 年代“结构学派”的课程改革运动。它强调以学科的基本结构为中心，运用认知科学理论来组织课程，把知识的接受过程和知识的发现过程、学科知识结构和学生认知结构等有机地统一起来。

在课程理论的三种模式中，结构取向理论支配着 20 世纪的大多数时间，尤其是它倡行的定量探索、经验调查等已被看作是有效的方法。但是，很多有关课程现象的信息还需要运用人类学、社会学、美学、哲学和历史学等定性的方法才能获得。因此，定性的方法与定量的方法，亦即科学的方法与哲学的方法、经验的方法与美学的方法等，必将逐步统一起来，看来，上述三种理论模式各有其特点和长处，但也有不足之处，应该辩证地结合起来，构建一个完整的课程论体系。当然，在最近的将来，在课程论问题上不可能达成一致的意见，但会在一定程度上达成共识。

现代西方课程论流派

20世纪以来，西方教育中的课程理论形形色色，课程模式变幻莫测，虽然课程论流派如此繁多，但我们仍然可以根据其教育哲学观点作出有效的划分，这种划分大致上有两种观点，一种认为，现代西方课程论可以分为学科中心派；儿童中心派和社会（问题）中心派；另一种观点认为，现代西方课程论可以被有效地划分为四个主要类别：人本主义课程论、学术主义课程论、工学主义课程论和社会改造主义课程论。我认为，这两种划分在本质上是一致的，但为了更准确地反映现代西方课程论的现状，我主张采取后面的划分方法为好。

一、工学主义课程论

工学主义课程论的最早创始人是博比特(Pranklin Bobbit，1918)，其后继者是泰勒(Ralph Tyler，1949)、塔巴（Taba）和布鲁姆(Bloom，1956）等世界知名的教育专家。

博比特深受工业科学管理之父泰罗

(Taylor)的影响，试图把科学管理的方法运用到课程编制当中，强调人类生活经验分析和职业分析在制订课程和目标、选择课程内容中的重要性，因此，他们要求按这样的程序来编制课程：(1) 确定目标；(2) 选择学习经验；(3) 组织学习经验；(4) 对学习经验进行评价。这一结构又被称为著名的“泰勒原理”。工学主义课程非常强调行为目标，把学习经验改造成可以观察或测量的形式，以之组织课程，这样就有利于预测、控制和管理，其最终目的就是要把学生培养成“标准件”，如同工业产品一样，从这一观点出发，他们强调教学过程中教师的控制作用，把学习看成是刺激与反应之间的联结，而非师生之间的交互作用。教学应遵循的程序是：(1) 提出预先确定的目标；(2) 适当的练习；(3) 反馈。布鲁姆提出的掌握学习就大致如此。

工学主义强调课程目标的具体化是有益的，便于评价和管理，容易落在实处。但这一课程流派也有很多缺点：(1) 它从行为主义观点出发，把学习看成是刺激与反应之间的联结，无视学生的主观能动性和积极主动性，把学生看成是消极被动的。况且由于过分强调行为目标，而忽视了课程实践作为一种价值实践所具有的丰富多样的内容。这种价值中立的观点必然大大缩小了教育的内涵。在实际的教学实践中，它太过于理性化了，往往忽视学生丰富的情感生活；(2) 工学主义模式不适于人文学科和艺术学科。休·索克特(Hugh Sockct，1976)甚至认为它应用到自然学科也是不适宜的；(3) 注重适应现存社会而不考虑变革现实社会，持一种消极的社会政治观。

工学主义课程论虽然受到诸多抨击，但纵观20世纪以来的课程编制思想和实践，几乎很少不受其影响的，尤其是经过布鲁姆等人的进一步发展之后，对世界许多国家都有着深远的影响。我国自从引进了布鲁姆的掌握学习理论和教育目标分类学之后，课程改革试验就深受工学主义的影响，当然我们已经抛弃了它的行为主义心理学观和消极的社会政治观。

二、社会改造主义课程论

社会改造主义课程论，又称社会重建主义课程论，它产生于20世纪二三十年代，形成于50年代，其代表人物是H. 鲁格、G. 康茨（Counts）、T. 布拉梅尔德（Brameld）、P. 弗赖里等人。

社会改造主义课程论是以社会批判理论为基础的。社会批判理论是20世纪20年代在法国发展起来的一套社会学理论（法兰克福学派），该学派继承了康德、黑格尔"批判"思想的传统，试图通过集合大众理性的批判来导致社会的改造。因此，社会改造主义者反对课程应该帮助学生适应现存社会的观点，认为课程要助长学生的批判精神和改造现实社会的技能，为创建一个新的、更加平等的、民主的社会服务。例如，社会改造主义课程论的最重要代表人物布拉梅尔德（Theodore Brameld，1956）认为，社会重建主义是一种危机哲学，它反映了资本主义社会所带来的诸多矛盾和危机。因此，课程的主要目的在于使学生能够应付人类所面临的严重而普遍的动荡和不安。这些困扰、不安不仅仅是社会科学所关心的问题，而且存在于生活各个领域，如经济学、伦理学、化学和数学上。危机是普遍存在的，因此必须把它具体化到课程之中。

从上述目的出发，社会改造主义者在课程计划上主张：（1）批判地检讨社会的文化遗产和全部文明；（2）以社会问题为中心来组织课程。例如，对社区作批判性调查，把当地经验同全国和世界背景联系起来加以研究，把历史的起因和趋势同当地经济情境联系起来探讨研究；考察同经济有关的政治实践；考虑政治实践变革的提案；根据每一提案满足绝大多数人需要的程度，进而评价所有方案，等等；（3）致力于变革现实社会，培养建设未来的态度；（4）教师和学生都是社会变革的积极代表。教师是教学过程的指导者和领导者，帮助学生充分认识到人类所面临的社会问题，找到解决的方法，从而加速文化的更新和社会的变革。

社会改造主义在对课程进行评价时，不仅考虑学生取得的成就、能力，而且更加注重学校课程对社区的影响，需要衡量的因素包括社区舆论的形成、劳动阶级增加了的政治权力以及改进了的生活质量。

社会改造主义者力图清除资本主义制度的种种矛盾和危机，如失业、种族歧视、贫困等，要求教育机会均等和改良社会，等等，这些良好的愿望毕竟还是有其积极的一面。然而，在资本主义制度下这只不过是"乌托邦"式的幻想，要借助学校课程来改变资本主义日趋没落的政治经济制度对人性的压抑、人权的剥夺等，是永远不可能达到目的的，美好的愿望永远不是真正的现实，只有彻底消灭资本主义制度，才能实现真正的社会民主和教育机会均等。因此，很少有学校试图完全根据社会改造主义的理论框架来编制课程。在西方，作为这方面尝试的主要是在贫穷的社区，尤其是农村地区。

三、学术主义课程论

学术主义课程论是60年代以来最引人注目的一个课程思想流派，其影响远远超过了上述两个学派，它和资本主义派理论形成了两大抗争的阵营，一直是课程发展的主旋律。这一流派的主要代表人物是英国学者斯坦豪斯（D. Steinhouse）、美国学者布鲁纳（Bruner）、施瓦布（Joseph Schwab）、菲尼克斯（Phenix）等人。

学术主义课程论是以结构主义认知心理学为理论基础的，并深受过程—结构哲学学派的影响。学术主义课程着眼于发展学生的智力，把学生思维能力和迁移能力的发展置于课程设计的中心。因此，该学派主张：（1）以学科基本结构为中心来组织课程，强调课程的学术化、专门化；（2）设计螺旋式课程，重视课程内容安排的序列化，要求学科知识结构与儿童认知结构相统一；（3）突出知识形成过程的教学，使学生卷入到知识获得的过程当中，从而把科学的内容和过程统一起来。因此，科学的思想方法和态度也应成为课程的内容；（4）倡导教师引导下的发现学习，像科学家那样求得结构化的知识。

学术主义课程论有不少优点，但也存在许多问题。它太过于强调理论知识，夸大发现法，混淆教学过程与科学研究过程的根本区别，而且由于偏重课程的学术化而导致学科间缺乏整合，不能适应科学综合化发展的客观要求。因此，学术主义课程论受到了很多抨击。美国70年代出现的“恢复基础教育运动”，实际上是从理论和实践上否定了学术主义课程。

然而，历史总是循环往复，进入80年代以后，由于国际上的经济竞争更加激烈，西方各国都力图确保其经济强国的地位，所以学术主义课程又有再度勃兴的态势，只是其着眼点已经从过去针对苏联的军事竞争而转向了国际间的经济竞争而已。就美国而言，80 年代所提出的教育报告书几乎都强调了教育中的优秀观念和较高学术水平的要求，重申发展学生认知技能和思维能力的重要性。例如，全美科学基金会提出的报告《为了二十一世纪而教育美国人》，就强调加强中小学的数学和科学教育，用高深的学术内容充实课程，提高大学入学水平；全美中学校长协会提出的《中学研究》也强调训练学生高水平的思维技巧，要求减少传统科目；全美优秀教育委员会提出的《国家在危险中》这一著名报告书，也要求改进课本和教材质量，提供更加严格的职业教育、艺术和科学课程，提高其学术水平，等等。看来，学术主义课程虽然受到多种多样的困难，但其生命力仍然是非常顽强的，进入 90 年以后，我们仍然能够看到它活跃在教育舞台上，对此，我们应该保持清醒的头脑。

四、人本主义课程论

20 世纪 70 年代以来，世界各国兴起了一场重新检讨处于迷茫状态的现代学校教育以及对科学主义的非人性化倾向进行抨击的运动，这便是人本主义教育，人本主义课程论也随之诞生。其主要代表人物是马斯洛（Maslow）、罗杰斯（Rogers）、福谢依、梅茨等人。

人本主义课程论是以所谓第三思潮心理学为理论基础的。这种人本心理学是对行为主义心理学和弗洛伊德精神分析心理学的扬弃，它认为行为主义是机械的，只孤立地注重学生理智行为的发展，忽视了其情感反应和个性中比较高级的一面。弗洛伊德心理学则过分怀疑个人动机，强调人类病态的无意识的情绪力和性冲动，与这两派相反，人本心理学强调非理智的情感因素，认为每个人都有追求自我实现的巨大潜能，人本主义课程论同存在主义哲学也有着千丝万缕的联系。存在主义哲学是一种反理性的哲学，认为世界是冷漠的，我们正处在一个非人化的技术时代，所以人只有通过自身才能发现自己的价值，估价自己存在的意义。其实，存在主义不过是西方社会动荡不安的产物，反映了资本主义社会的危机和矛盾。

因此，人本主义课程不像学术主义课程那样强调学生智力的发展，认为课程应该为每个人提供自己感到满意的经验，关注学生的情感、态度、理想、价值等，发展其自尊和尊重他人的思想意识，达到自我实现的境界，实现个性的充分自由发展。

正是从上述目的出发，人本主义者主张从学生的兴趣出发，选择课程的内容，把学术性课程、社会经验课程和自我实现课程有机地结合起来。在实施这些课程时，要采取“非指导性”的个别化教学方式，在师生之间建立起真诚、理解和信赖的和谐人际关系，实现教学过程的人本化。教师是一个“催化者”、“帮助者”、顾问，而不是权威和主宰力量的化身。学生可以根据自己的兴趣、爱好、特长等自由自主地选择并决定学习内容，只有当学生要求教师讲授时，教师才可以进行教授活动。

人本主义课程不像常规课程那样可以得到客观的界说和具有成绩评价的准则，它强调生长、自我实现。因此，对怎样测量评价课程效果是不屑一顾的。人本主义评价者注重的是过程而不是结果，在他们看来，活动本身是有价值的，而且对未来的价值观可能是有贡献的，因此，人本主义者通常依赖教师和学生的主观评价。

人本主义课程论强调人的发展、强调学生的情感生活，注重发挥学生在学习中的主观能动性和主体作用，重视人文学科课程、情感教育、道德教育、意志教育等，都是有积极意义的，许多具体方面都是和现代教育改革的潮流相吻合的。然而，人本主义课程论的最大缺陷是过分强调个人发展而忽视社会需要，把个人凌驾于社会之上，割裂甚至对立个人发展和社会发展的辩证关系，在实际的课程实施过程中，又助长了自由主义、利己主义，既造成了学生学业水准的降低，又导致了道德训练欠佳。因此，它受到了不少激烈的批评，一些教育家甚至把它看成是骗人的玩意，是软弱无力的教育。总的来说，人本主义课程论在课程价值观上是非马克思主义的，应给予批判。近年来，我国教育理论界也受到该学派的一定影响，其中有积极的一面，也有消极的一面，导致了一些不良倾向，对此我们必须用马克思主义观点予以澄清。

上述四个课程论流派中，学术主义课程论和人本主义课程论最为引人注目，其间的抗争甚至可以追溯到古希腊乃至以后的文艺复兴，科学主义和人文主义之争经历了一个漫长的历史时期，至今尚未达到有效的综合。可以预见，21世纪将是科学主义课程和人本主义课程走向融合的时代。

文化传统与课程价值取向*

一、文化传统与课程价值取向的基本关系

每个民族，每个时代的文化都离不开它的价值观念及其借以表现的社会生产和生活方式。随着时代的发展，这些价值观念及其表现形式在经历了传递、嬗变和更新的同时，构成了不同民族、地域的文化传统。也就是说，文化传统是经过长期的历史积淀而形成的、对现实社会仍产生巨大影响的文化特质或文化模式，它反映了人类社会的历史相似或历史延续性质。一般说来，"民族文化传统与'文化传统'和'民族传统'在某种程度上是等概念。因为文化具有民族性，所以，说'民族传统'，就是指该民族的文化传统；说'文化传统'，也往往是就一个具体的民族而言。"①

要弄清什么是课程价值取向就离不开对价值

* 与杨红合作。

① 顾明远、高益民：《现代化与中国文化传统教育》，《北京师范大学学报》，1995 年第 5 期。

与课程价值的探讨。马克思主义认为，价值属于关系范畴，它是以人为主体用以表示事物具有满足主体需要的属性、作用和意义的概念，并具体指出说："'价值'这个普遍的概念是从人们对待满足他们需要的外界物的关系中产生的"①，它"是人们所利用的并表现了对人的需要的关系的属性"②，"实际上是表示物为人而存在"③。由此看来，从始源意义上说，价值按具本性，它表示的就是物对人的作用价值，即物在满足人的需要中的有用性。以此作推导，课程价值就是指课程满足主体一定需要的属性，即是说课程的存在、作用及变化对于一定主体需要及其发展的适合。这样一来，课程价值取向就是指课程为满足主体一定需要而以相应方式表现出来的某种属性、作用和意义，换句话说，它是指在某种价值观的支配下，人们对课程的有意识的选择与取舍。

文化要成为"传统"而被保存下来，它就离不开一定的传媒与载体。在学校教育产生以前，文化主要依靠先民的世代口授相传而得以保存和延续，而在学校教育产生以后，课程便成了传递文化并使之形成传统的主要媒介。从表面上看，在一定价值取向的支配下，课程对文化传统起着选择与创新的功能，似乎一定时期某种文化的存在和发展在某种程度上取决于先前课程和现实课程的设置。但是，从更深层次上看，我们就不难发现，具有某种价值取向的课程之所以能够存在，正是千百年来各种文化传统积淀的结果。一个社会的文化由哪些部分构成，其性质如何，决定着教师向学生传授的是哪些文化，是什么性质的文化，即是说，在具体的教育内容的取舍以及它在整个教育中所占的比重上，文化传统起着重要的制约作用，它往往决定着课程的价值取向。离开了文化传统，教育就成了无本之木，无源之水，课程也就无所谓其价值取向了。归结起来看，文化传统与课程价值取向这二者既相互斗争又相互依存，共同构成了一个统一体。一方面，课程是一定文化传统的反映，文化传统决定着课程的价值取向；另一方面，一定价值取向制约下的课程又对先前的文化传统起着选择、传递、创新的功能，并在一定程度上影响甚至规范着其后文化传统的大致走向。

---

① 《马克思恩格斯全集》，第19卷，北京，人民出版社，1972年，第406页。

② 《马克思恩格斯全集》，第26卷，北京，人民出版社，1972年，第139、326页。

③ 《马克思恩格斯全集》，第26卷，北京，人民出版社，1972年，第139、326页。

二、文化传统与课程价值取向辩证关系的历史考察

为进一步加深我们对文化传统与课程价值取向之间关系的认识，我们就从历史的角度来一番考察。首先，我们从西方说起。

课程在其远古的萌芽时期便被打上了孕育它的文化传统的烙印，体现出一种民族文化精神及其在文化传统制约下的价值取向。在古希腊时期，相互毗邻的斯巴达和雅典城邦，其不同的文化传统形成了他们各自迥异的课程体系。斯巴达人以战争和强悍闻名于世，其文化传统的核心便是一个“武”字。因此，其唯一的教育目的便是培养战士，身体训练和政治道德教育便成为其教育的核心也是其教育的全部，而文化科学知识的学习几乎全被否定，连读、写、算也没有被他们作为必修的科目，就连盛行当时的修辞学也备受他们的鄙视。其结果，这个在伯罗奔尼撒半岛以武力强盛一时，并多次在早期奥林匹克运动会上赢得橄榄枝花环的民族却没有诞生出一个哲学家、文学家、诗人和科学家。反观雅典，他们的文化传统中总是弥漫着一种尚自由、爱民主的氛围，雅典人把欣赏美、追求美、创造美作为生活中最不可缺少的一部分，并且以极大的热情投入到对真理的追求之中。这样，雅典的教育里便贯穿着一种爱美、爱智以及和谐发展的思想。在他们那里，除了几乎是必不可少的语法、修辞、辩论术（逻辑）这三种风行于当时的“三艺”教育之外，适龄儿童还要受到道德教育、体育、音乐、舞蹈以及文学教育。由于雅典的教育顾及了人的才能、倾向以及个性的充分发展，他们的教育取得了相当大的成就，造就出了一大批光耀古今的哲学家、文学家和艺术家。

随着罗马帝国丧钟的敲响，欧洲便踏入了中世纪黑暗的大门。此时，背叛了其早期平等博爱精神的基督教像瘟疫般迅速地在整个欧洲蔓延，并成为了西方封建文化的主导。取得了知识教育垄断权的僧侣们在教会“服从”、“贞洁”与“安贫”的宗旨约束下，遵从神灵而鄙夷人性。在这种封闭而专制的宗教价值观统治下的教育，就不可避免地变成了一位畸形儿：传统的“七艺”只剩下空虚的外壳，《圣经》成了涵盖一切知识与真理的圣典，就连学习神学所必需的拉丁语也因此而身贵。

尤其是在基督教会的全盛时期，整个欧洲就只剩下一面“禁欲主义”的大旗在肆意地飘扬，这时的教育更是无可奈何地成了宗教的侍从。

14世纪，从意大利兴起一股洪波激流震撼并涤荡着沉寂而污秽的欧洲，并乘势而发展成一股持续了两个多世纪的浪潮。这就是举世闻名的“文艺复兴”运动。新兴的资产阶级成了时代的弄潮儿，他们打着浸染了古代希腊、罗马文化的“人文主义”大旗，吹着人性解放的号角，向一千多年来教会统治着的思想文化阵地展开了猛烈的进攻。其最终结果是，人道战胜了神道，追求人生幸福战胜了禁欲主义。反映在教育上，则主要表现在：在道德教育中，以原罪论为中心的旧道统被打破，人道主义、乐观向上、自由平等新道德观逐步开始建立；以传统“七艺”为主的人文学科再次受到格外重视并被重新扩展而焕发出青春，刚从神学中解放出来而显稚嫩的自然科学也开始蹒跚起步，并日渐受到人们的重视；体育也冲破了过去教会视肉体为灵魂监狱的桎梏，同游戏一起被看作是教育的必要组成部分，总的来看，这时的教育内容开始朝着多元化方向发展。

1640年在英国爆发的早期资产阶级革命，拉开了世界近代史的帷幕，新哲学和自然科学的发展成就已为近代教育奠定了初步的基础。18世纪中叶法国出现的启蒙运动在思想上为教育的又一次革命作了准备，而一大批有远见卓识的思想家、教育家如夸美纽斯、洛克、卢梭等人充当了时代改革尤其是教育改革的急先锋。所有这一切均表明，作为文化传统重要表征的教育，又一次被推到了改革的前沿，资产阶级务实而功利的主张使得改革的中心问题便是把近代自然科学的成就引入学校。从此，古典主义与神学在课程设置中的统治地位便开始动摇，尤其是在19世纪自然科学的三大发现之后，教育进一步走向了科学化、民主化，并且更加紧密地与生活相联系，与实际相结合，最明显的表现便是自然科学几经磨难之后最终确立了它在整个课程体系中的重要地位并日渐形成了现代课程体系的基本框架。

由此看来。西方课程走了一条分别以“三艺”、宗教、人文学科、自然学科再到现代综合化学科为核心的道路。从本质上看，这种转移不仅反映出西方文化传统的历史进程，同时也反映出在文化传统决定下不同历史时期课程价值取向的变迁。

如果说西方课程核心在其西方文化传统的变革作用下发生了几次大的转移，那么，中国文化传统中儒家文化长时间的主体地位使得我国课程发展平缓而缺少更迭，以礼、乐为主的伦理政治型教育长期呈“一统山河”之状。作为世界文明古国之一的中国，与西方一样具有悠久的文化历史。但是“在青铜器时代产生的古老文明，除中国以外，到了铁器时代的早期就都已失去了政治史上的连续性”①。在整个封建时代及早期资本主义阶段，西方的政体一直动荡不安，并由此而导致了其文化传统上的几次大变革，课程价值取向也因此而摇摆不定。而在我国，自从秦始皇灭六国一统天下建立第一个中央集权的封建国家之后，在其后的2000多年里，虽有朝代的更替和权力的转换，但封建王权始终处于金字塔之巅，而与其相互借重的儒学也基本上一直处于独尊的霸主地位。这种文化传统的完整性和连续性便也使得我国课程的价值取向长期趋于统一与平和。

但是，我们应看到，事物总是变化发展的，我国相对平稳的课程沿革背后，也随时隐含着一定的变化。儒学与他学之争，儒学内部之争使得我国的课程价值取向在各个历史时期也略显不同。

先秦时期，社会处于大变革时代，儒家、法家、道家、墨家等诸子百家、各门各派在思想上、文化上进行了广泛的论战，形成了我国古代学术思想上“百家争鸣”的热闹场面，并由此而导致了在课程价值取向上“百花齐放”的局势。为了培养治理国家的君子，“子以四教，文、行、忠、信”，说明孔子除了向学生传授古代文化典籍之外，还十分重视政治思想和道德规范的灌输和锻炼；墨家学派从培养自食其力的“贤士”出发，十分重视生产方面知识和技能的学习；道家的老庄学派从其清静无为、道法自然的哲学观出发，主张“绝圣弃知”，否定一切文化知识；提倡“以法为教”，“以吏为师”的法家则大力宣扬法治的教育思想。凡此种种，不一而足。这种局面反映出先秦时我国文化上的多元化状况。

汉初，儒、道、法三家并存，但以道、法为主，战国时期“百家争鸣”的余波仍在轻轻荡漾。但到汉武帝时，他接受了董仲舒的建议，

① 刘家和：《关于中国古代文明特点的分析》，《东西文化研究》，创刊号。

“罢黜百家”，“独尊儒术”，学术统于一尊，儒学由显学进一步上升为官学，儒家经典便也成了官学与私学中必读的教条，由孔子删定的课本《诗》、《书》、《礼》、《易》、《春秋》被奉为“五经”，并在东汉经过“正定”之后于熹平四年（公元175年）刻于石碑，立于太学门外，作为标准文本，昭示天下。自此之后，儒学逐步成为中国文化的正统，儒家经书就成为了各类学校的主要教材，学校教育也就基本上成了经学教育。

魏晋以来，我国的科技与文化呈现出一片前所未有的繁荣景象。但是，由于这期间连年的兵荒马乱，政权更迭频繁，“章句之学”的儒学被士族中日渐兴盛的玄学所取代而退居其次；佛教自西汉末年传入中国之后，风行于东晋南北朝，强盛于隋唐；道教乘势而起，并在唐代取得了国教的显赫地位。一时间，玄、儒、佛、道一齐登场，中国文化史上似乎又上演了一幕“百家争鸣”的盛况。尽管如此，儒学的根本主导地位却始终没有动摇，历代统治者最终还是把儒学作为其稳定统治的法宝，尤其是在唐太宗时，其更是“锐意经术”，令孔颖达撰《五经正义》，命颜师古订《五经定本》，作为统一教材，颁行天下，并且在韩愈等人打着维护儒家“道统”的旗号之下，儒学走上了复兴并向宋明理学过渡的道路。因此，在这段长达700余年的历史过程中，儒学还是充当了各时期课程的主要内容。并且，与儒学密切相关的各种通俗读物，如《发蒙记》、《启蒙记》、《千字文》、《颜氏家训》、《女孝经》等，在当时均很流行。尤其值得一提的是，科学技术比如医学、天文学、数学、畜牧兽医学等开始在儒学一手遮天的局面下占有了一席之地，有的甚至被纳入了科举取士的必考科目之列。纵观这一切，随着文化、科技在这一时段的持续发展，先前以人文学科为全部的课程价值取向已开始有了一点分化，那就是，为科技甚至以后新兴自然科学的正式进入开启了一小道门缝。

北宋时期，一种“以先秦儒学为蓝本，兼采佛、道（尤其是佛教）本体心性学说”[①] 的新儒学即理学开始形成并逐步发展。到南宋朱熹，他进一步将其完善而形成为一种“存天理、灭人欲”的理学正统理论，并最终上升为宋、元时期官方的正统思想。这样一来，尊孔崇儒便成了

① 黄书光：《理学教育思想与中国文化》，上海，上海教育出版社，1993年，第5页。

当时文教政策极其重要的方面，孔子被尊为“人伦之表”，儒学成了“帝道之纲”，儒家四书五经成了官定的核心教材。但还算幸运的是，宋元时期秉承了隋唐的做法，使得一些科学技术知识仍然被保留在学校教育之中。

明清时期，封建统治阶级曾一度大兴文字狱和大搞尊孔读经，并实行八股取士，考试以朱熹注释的《四书》为唯一标准。一时间，文化上的专制达到极盛。但也就在这时，一大批资产阶级启蒙思想家开始了对孔孟之道和程朱理学的猛烈抨击；外国传教士的进入，导致西学东渐。尤其是在鸦片战争失败之后，一部分先进的中国知识分子认识到了中国的落后，在固守“中学为体，西学为用”的思想下，怀着“师夷长技以制夷”的目的，开始有意识地去学习西方先进的科技文化知识，走上了一条悲壮的教育救国的道路。与此同时，被西方“坚船利炮”狠狠教训了的清王朝也开始认识到，不来一番改革，“天朝大国”行将难保。这样，随着“千呼万唤始出来”的新学制的出台，自然科学知识终于找到了它在整个课程体系中的应有位置，中国的课程迈出了其近代化的一大步。

从以上几千年的中国文化史与课程发展史看，由于儒家文化长期居于我国文化的主导地位，因此，中国文化传统的核心实际上就反映在儒家文化的本质上。正如许多学者指出的那样，由于儒家文化主要是一种伦理型文化，它强调以政治、伦理为本位，其注意力主要集中在人与人之间的关系上，道德至上是它的最高准则。因此，相应地，在文化传统制约下的课程就从“格物致知诚意正心”开始，以孔孟经书为主要内容，以培养“修身齐家治国平天下”的“君子”、“贤臣”为唯一目的，并由此而产生出一种以“重道轻艺”、“贵义贱利”为典型特征的教育观和价值观。如此一来，从古代到近代，道德教育从来都是最重要的并且日益走向了极端化；由于过分地追求统一性和强调群体意识，使得课程从形式到内容均呆板而单一，教材除了经书还是经书，注释也往往是一家之言，且不允许个人说三道四；由于士大夫阶层对实用科学和各种技艺一贯嗤之以鼻，使得与此相关的自然科学知识千百年来一直被冷冷地拒绝于学校之外，从而导致我国的传统教育有 2000 年几乎与科学启蒙无缘的不正常现象。凡此种种，无不反映着我国文化传统的价值观对课程的决定性影响。这也难怪为什么英国当代著名的学者、课程理论专家丹尼斯·劳顿（Denis Law ton）把“课程”定义为“对文化的选择”了。

三、当代中国文化的特征与课程变革的基本走向

从当今世界文化来看，各国之间，各民族之间的文化相互取长补短，并使得世界文化朝着多元化、开放化、民族化的方向发展。作为传统文化与现代文明相结合的产物的中国当代文化，其主要特征也主要体现在这几方面：

（一）多元化

由于历史上儒学长期独尊的局面，使得我们博大精深的华夏文明难免其褊狭的一面。随着新中国的建立，儒学一统天下的局面终于被打破，各种文化流派在毛泽东同志提出的“双百”方针的指引和鼓舞下，如雨后春笋，竞相争春。况且，第二次世界大战以后，大工业生产方式逐步取得了支配地位，科技革命在世界范围内风起云涌，尤其是计算机的发明和应用所带来的这场革命，使人类跨入了信息化时代的门槛，地球已逐步走向“村落化”。当代文化正在各方面接受着现代文明的冲击和洗礼，并呈现出一片百舸争流、万马齐奔的多元化壮观景象，自然，我国当代文化也概莫能外。

（二）开放化

随着科技尤其是通信技术的迅猛发展，全世界的交流正变得日渐容易也日益迫切。这正如马克思、恩格斯在《共产党宣言》中所宣告的那样，“过去那种地方的和民族的自给自足的闭关自守的状态，被各民族的各方面的相互往来和各方面的相互依赖所代替。物质的生产是如此，精神的生产也是如此。各民族的精神产品成了公共财产，民族的片面性和局限性日益成为不可能”。改革开放已成为一种世界性的潮流，谁与世隔绝，谁就是自甘落后，自取灭亡，文化也不例外。因此，当代中国文化也积极投身于国际文化大舞台，与他国文化相互观摩，相互切磋，最终达到共同提高。

（三）民族化

各民族的文化深深地扎根于自己民族的土壤，从其诞生时起便打上

了其鲜明的民族特色印记。从历史上看，越是具有民族特色的东西越容易走向世界，没有民族性往往也就没有世界性。在世界文化趋于汇通的今天，文化间的相互借鉴、扬长避短其实是为了更进一步巩固和完善自己文化的民族性，从而不至于被他人文化所同化、湮没。中国当代文化无论是对本国的传统文化还是对外来文化都采取了批判地继承的方针，去其糟粕，取其精华，努力从中吸收先进的、符合时代发展的养分，并进行有机的结合，以力争构建一种积极开拓进取、具有中华民族特色的新文化。

如前所述，文化上的时代特征往往会通过其价值观反映在与其同时代的课程上。但我们应注意的是，课程受制的因素很多，文化传统只是其中很重要的一个方面，特别是在制约课程科目的设置及其所选内容上，尤为显著。至于说课程的结构、课程的实施与管理等方面，虽也与文化传统有一定的关系，但它们更多地与别的因素相关，因此，它们未列入本文的探讨范畴，这同本文前面探讨的内涵是一致的。因而本文在此只是着重考察文化传统对课程科目的设置及其对学科内容的影响，从而探讨课程在当代中国文化价值取向作用下，其未来的基本走向。

当前，我国的教育在“面向现代化、面向世界、面向未来”的指引下，在教育改革世界性潮流的推动下，已掀起了一场轰轰烈烈的革命。这其中，作为教育改革的重点，作为在当代中国文化影响下的面向21世纪的课程，其学科设置及其主要内容的大致轮廓已初露端倪。主要表现在以下几个方面：

第一，课程内容的现代化、技术化。我们面对的已是一个知识日新月异、信息纵横交错的时代。为了培养适应将来社会并发展将来社会的一代新人，就必须剔除课程中已不适合时代的内容，而把现当代社会中的许多新成就如生物工程、计算机技术等补充进来，并且还要瞄准科技文化未来的发展方向，使课程具有战略远见性，要紧跟世界各国并与时代同步，同时还力争具有超前性。

另外，同我国目前的课程相比，未来的课程还将会朝着技术化、实用化的方向发展。我国目前正处在向“四化”进军并以经济建设为中心的大发展阶段，教育要为经济建设服务，要尽快地培养又多又好的各种人才，因此，我们应吸取国外的经验教训，借鉴他们成功的做法，走普通教育与职业教育相结合并大力发展职业技术教育之路，对学生加强综合技术教育，使他们所学的知识能很快地转化为生产力，以彻底改变我国目前“千军万马过独木桥”的高考升学局面。

第二，课程内容的人本化。随着70年代人本主义课程理论在西方的兴起和发展，帮助学生认识自我、相信自我、实现自我的“以人为中心”的课程设计呼声越来越高，并逐渐成了课程发展的一种方向。我国封建时代的教育是比较忽视人的，这种状况甚至直到今天也未能从根本上加以扭转。现在，世界各国已普遍认识到，要培养高素质的人才，就必须把知识、智力与个性结合起来，重视人的发展，重视个性的发展。因此，道德教育将会日益成为普遍关注的问题。对于这方面，我们的前辈已研究了很多，我们因而应有充分的发言权，但仍要学习他国的长处，注意将思想品德教育贯穿到各科教学中，不能只流于形式而停在空口号上。

第三，学科之间的综合化。从当今世界各国的课程体系看，由于各学科过分强调专业化以至于越分越细，使得邻近学科之间也难于交流，学生的知识面变得越来越窄，限制了他们创造力的发展；随着科学的发展，一些新的难题往往需要多种学科知识去解决，并且，在各种文化相互作用与影响的今天，学科之间的综合化已成了大势所趋。自然科学之间、社会科学之间、自然科学与社会科学之间的一些交叉学科已相继诞生。学科的综合化有利于拓宽学生的视野，利于他们从不同角度去看问题、想问题、解决问题，而且能更有效地促进他们身心和谐而全面地发展。因此，学科的综合化已成了包括我国在内的世界各国课程的发展方向。

总之，文化传统是课程价值取向的一项重要制约因素，对此，我们应该有清醒的认识，并应尽快地揭示出这二者之间的深层联系，使我们在构建有中国特色的课程新体系时，增强目的性，提高有效性，以进一步推动我国教育改革的进程，更好地培养出能够适应未来变革的一代新人。

生态主义课程思潮*

生态主义的兴起导源于人类社会自第二次世界大战以来所面临的严重的生态危机和生存危机。西方工业社会目睹了第二次世界大战以来经济和社会迅猛发展的人间喜剧，领略了科技革命给人类社会带来的空前的无限风光，但他们也亲身体会了迫在眉睫的生态危机所带来的切肤之痛。人口激增、能源短缺、全球性气候变暖、臭氧层的破坏、土地的沙化、碱化和退化、水土的大量流失、森林减少、空气、水等的严重污染、物种的灭绝等一系列严重问题随工业全球化进程的扩张，逐渐成为困扰人类的全球性问题，而在工业发达国家，这些问题为害尤烈。生态危机不仅仅威胁到人类的生存和发展，而且还有可能把其他物种乃至整个生态系统推上不归路。

在这种背景下，探索生态危机的根源、寻求解决危机对策的思想运动就与反对环境污染和生态破坏的群众性运动紧密结合在一起，有声有色地开展起来，把生态运动推向深入。自 20 世纪 60 年代以来，人们对生态危机的认识经历了一

* 与王牧华合作。

个不断深入的过程。特别是到了20世纪70年代，生态运动的思想主题更是经历了一种深刻的转换，使生态运动由浅层走向深层。[①] 浅层生态运动将生态危机归因于人口、经济、技术等因素，只针对具体破坏环境的行为而采取具体措施。深层生态运动则是从观念和制度层面上对生态问题进行反思，将生态危机归咎于整个西方文明的危机，归因于近代以来西方自然观、伦理观乃至宗教信仰的危机，进而倡导人们确立适应新文明的生产方式、生活方式和思维方式。深层生态运动所秉承的这种思想就是我们所称的生态主义。

一、何谓生态主义

在反思形成生态危机的根源，寻求解决危机的途径的过程中，人们形成了许多具有鲜明个性、有着丰富理论内容的学说，诸如生态社会主义、生态女权主义、生态后现代主义、生态中心主义等，我们将其统称为生态主义。生态主义时而以叛逆者的面目出现，时而以协调员的身份奔走，时而又以建筑师的姿态光临。而且，生态主义内部也回荡着多种声音，显示出一个大家庭特有的气氛。因此，对于给它下一个确切的定义的一切努力，我们在表达自己的尊敬之情之余，只能表示我们深切的同情。与现代性体内所流淌的宏大叙事的血液一样，“下定义”的认识方式是一种悬千钧于一线、竹篮打水的游戏。鉴于此，对于生态主义的认识，我们从以下几个方面展开。

第一，生态系统所面临的生态危机和生存危机是其产生的直接动因。生态系统是指包括人类、其他物种以及整个自然界在内的系统整体。为了表达生态系统内各个系统之间荣辱与共、休戚相关的联系，有学者称之为“地球共同体”。苏联生态学家费多谢耶夫认为，人类在20世纪所给自然界带来的危害和消耗比人类历史已经过去的200万年还要大，而且这种危害已不再仅仅局限于人类自身，自然界乃至整个地球在内的生态系统都有发生生态灾难的危险。也就是说，人类经过一个世纪

① 雷毅：《20世纪生态运动理论：从浅层走向深层》，《国外社会科学》，1999年第6期，第26页。

的“努力”，终于将整个生态系统拖入了濒危状态。具体而言，生态系统面临三种失衡、三种危机。三种失衡为：地球南北的失衡；穷人和富人的失衡；人与自然的失衡。这三种失衡实质上是三重危机的反映，即社会和社会关系的危机；人与人关系的危机；人与其生存环境的危机。[①]基于对这种严重危机的洞察，基于对人类命运的终极关怀，生态主义走在了时代精神的前列，成为新世纪人类文化的先锋。

第二，对危机根源的深刻反思成为生态主义发展的不竭动力。与环保主义等一般生态思想不同的是，生态主义对危机根源进行了深刻反思。环保主义者虽然也看到了生态系统所面临的生态危机和生存危机，但他们倾向于将这种危机解释为人类科学技术发展不完善或者资源开发策略有待改善等。生态主义者却将目光转向了西方文化传统中对待自然的二元论、还原论和功利主义态度；转向了近代哲学中的机械唯物论和人类中心主义世界观；转向了现代话语中的唯理性主义和科技至上主义。生态女权主义认为生态危机的根源在于人们头脑中的家长制世界观，瓦伦·卡伦认为这种世界观有三个特征：二元思维方式、价值等级观念以及统治的逻辑。因此，要克服危机，就需要根除统治的逻辑以及由统治的逻辑贯穿起来的概念体系，根除二元思维方式和价值等级观念，确立与之相反的概念体系。[②] 不仅如此，生态主义还主张以生态有机论观念取代机械唯物论，用后现代话语来改进现代性的不足。生态后现代主义者斯普瑞特奈克说：“在许多深层意义上，现代性并没有实现它所许诺的美好的生活。”[③]

第三，对人类生产方式、生活方式以及思维方式所进行的重新思考成为引导生态主义前进的重要指南。基于对危机状况与根源的深刻反思，生态主义对生态系统的未来发展进行了认真、负责的重新思考。斯普瑞特奈克认为现代性集中体现为以下一些形态：1. 物质主义（人在本质上被看作“经济人”）；2. 工业主义；3. 客观主义；4. 非理性主义；

---

① 周穗明：《生态社会主义述评》，《国外社会科学》，1997 年第 4 期，第 16 页。

② 关春玲：《西方生态女权主义研究综述》，《国外社会科学》，1996 年第 2 期，第 28～29 页。

③ 王治河：《斯普瑞特奈克和她的生态后现代主义》，《国外社会科学》，1997 年第 6 期，第 50～52 页。

5. 还原主义；6. 科学主义；7. 中心化；8. 人类中心主义；9. 欺压土著人；10. 分隔化；11. 父权制。[①] 在此基础上，她建设性地提出了富有启发意义的新的生产方式、生活方式以及思维方式，其要点为：1. 生态智慧；2. 草根民主；3. 个人与社会的责任；4. 非暴力；5. 以社团为基础的经济学；6. 非中心化；7. 女权主义；8. 尊重差异；9. 全球社团；10. 可持续的未来发展观。[②] 生态中心主义则致力于个体意识的转变，以最终实现"生态社会（ecology society）"。

总之，生态主义通过一系列努力，初步确立起了系统整体观念、民主平等原则、尊重差异的思想以及动态发展的观点。这些观念相互补充，相得益彰，具有高度同构性特征，因此我们称之为生态主义的整体论。这种整体论把整个生物圈乃至宇宙看成一个生态系统，认为生态系统中的一切事物都是相互联系、相互作用的，人类只是这一系统的一部分。整体论强调每一物种在维持生态系统整体性中所起的作用，强调生态系统中每一存在物所具有的内在价值。具体而言，生态主义的整体观包括以下要点：[③]1. 每一样东西都和另外的东西相联系。如果把一样东西从生态系统中移走，必定会影响整个生态系统。2. 整体大于部分之和。生态系统具有协调作用，自系统的效应不是简单的线性叠加。3. 知识依赖于处境。在整体论中，每一部分的意义都依赖于它和整体的关系。4. 过程优先于部分。生态系统是一个开放的、有物质和能量交换的系统，这个稳态的系统与其说是由部分构成的，不如说是由过程构成的。5. 人与非人自然的统一。在整体论中人和其他自然物都属于同一个有机的宇宙系统，不存在文化与自然的二元对立。

二、生态主义课程思潮的要点

生态主义产生、发展的过程是生态运动不断深化的过程，同时也是

---

① 王治河：《斯普瑞特奈克和她的生态后现代主义》，《国外社会科学》，1997 年第 6 期，第 50～52 页。

② 苏贤贵：《生态危机与西方文化的价值转变》，《北京大学学报（哲社版）》，1998 年第 1 期，第 66 页。

③ 雷毅：《20 世纪生态运动理论：从浅层走向深层》，《国外社会科学》，1999 年第 6 期，第 26 页。

不断与以唯理性主义和科学至上主义为内核的现代主义不断斗争的过程。生态主义给现代主义所造成的冲击是颠覆性的，同时又带来建设性的佳音。生态主义给生活在当代的课程理论工作者提供了认识世界、改造世界的武器，使他们在一个更为广阔、更为自由的天地里思考、解决当代课程领域中的理论及实践问题，于是便产生了一股充满生机与活力的生态主义课程思潮。它主要包括卡普拉（Capra）的课程思想、多尔的后现代主义课程思想以及多元文化教育的课程思想等。

生态主义课程的典型代表是卡普拉的课程思想。他在《转折点：科学、社会和新文化》一书中指出：人类所生活的世界是一个生理现象、精神现象、社会现象和环境因素都相互依存的世界，因此我们必须采取生态学的世界观来看待世界和进行课程设计。卡普拉以生态主义思想为指导，批判了现代主义思维模式和科技至上主义意识形态下的课程思想，而这种思想尤以泰勒的课程原理为代表。他认为，泰勒的课程原理强调行为目标的分类；强调知识不以环境为转移的客观性；采取将教师与学生、意义与情景、主观个体与客观知识、身体与精神、学习与环境割裂开来的二元论方式；主张通过价值中立的知识传递过程来获得进步的线性发展模式等。泰勒的课程原理所透露出来的正是现代主义的思维模式和科技至上主义的意识形态，卡普拉认为这正是造成今日生态危机的根源。因此，他主张开发促进人类之间和人类与世界之间的和谐互动关系的课程观。

受卡普拉等人的影响，许多课程理论家以不同的形式提出了生态主义课程的设想。其中，尤以格里芬（提出了“神圣的联系”的思想）、鲍尔斯和弗林德斯（提出了“反映式教学”的观点）、米勒（提出了“整体性课程”思想）、凯森（提出了“批判的过程课程”思想）等人为代表。这些生态主义课程思潮的共同点是直接以生态主义思想为指导，从不同角度和不同程度上对课程进行整体观和生态观的透视。他们都认识到教育在克服当前的生态危机和生存危机中应当和能够扮演的角色，主张将“生态脱盲”作为当前教育的中心问题，将生态的概念贯穿所有的课程和教育过程，从而使个人外在的生态平衡和个人内部的生态平衡都得到保护和发展。生态主义课程思潮对个人内部生态平衡的关注超越了体育、情感和心理场的层面，深入到个人的潜意识层面。这与生态主义要实现“生态社会”的最终目标是一脉相承的：“生态社会是一个真正自由的社会，一个真正建立在生态学原则之上，可以调节人与自然关系的自由社会。”我们认为生态主义课程思潮又超越了这一目标，不仅从根本上杜绝了现代主义教育体制下所造成的学生人格扭曲和精神分裂现象，进而追求学生个人的充分自由和完全解散。

生态后现代主义批评解构的后现代主义没有挑战现代性所设立的人与自然、肉体与精神、自我与他人之间的二元对立，以致将人类与更大的地球共同体分开来。生态后现代主义认为真正的后现代主义应该打破这种对立，使人类与地球、宇宙及神圣的整体联系起来。从这个意义上说，真正的后现代主义应该是生态的。从这个角度讲，多尔的后现代主义课程思想是一种可能意义上的生态主义课程思想；从另一个角度，即多尔后现代思想中的建构性和非线性特点、对联系（教育联系和文化联系）的重视以及课程实施过程中师生交往方式的思考，处处体现出生态主义认识论和方法论的光芒，使其成为生态主义课程思潮的重要内容。多尔后现代主义课程思想的具体内容此处不再赘述。

生态主义课程思潮在不同国家和地区，在不同时代和不同的文化背景下都有不同的表现形式。在美国这样一个多移民的国家里，它表现为多元文化教育课程；澳大利亚人高夫则提出了“生态政治课程观”；日本的尾关周二等人提出了以共生哲学为基础课课程思想；联合国教科文组织则于第二次世界大战以后，一直致力于推进国际理解的教育、世界学习、开发教育等，并认真探讨相应的可行的课程方案。以多元文化教育课程为代表的这些课程思潮，表面上看与生态主义并无多大联系，实际上这些课程方案中渗透的是生态主义的思想和观点，充分体现了生态主义的整体观，遵循了生态主义的认识论和方法论。从这个意义上说多元文化教育课程也是一种典型的生态主义课程。与其他生态主义课程的不同之处在于它倾向于关注不同文化之间的相互关系和作用。在承认文化多样性的同时，它也承认了各文化自身的差异性和内在价值。它的高明之处在于尊重了这种差异性，保护了多样性。表现在具体的课程开发和课程实施策略上，它注重显在课程和潜在课程的同时开发；注重理解学生的学习方式和教师的教授方式，以创造最有效的教学策略；注重教师和学生之间、学生和学生之间语言的以及非语言的全面沟通……这些措施都是生态主义思想在课程领域的生动体现。同时，这些课程思想又扩展了生态主义的内涵和外延，使其具备了更强的理论概括力和对现实问题的敏锐把握能力。

三、生态主义课程思潮的启示

不论是以卡普拉为代表的生态主义课程、多尔的后现代主义课程，还是以多元文化教育为代表的课程，它们不仅从理论上丰富和发展了课程理论，而且对实际的课程实践也产生了重要影响，这表现为：

第一，对课程理论自身的发展完善有重要启发意义。生态主义遵循整体观的指导，摒弃了西方对自然的二元论、还原论和功利主义态度，拒斥机械唯物论等认识论和方法论，为我们认识世界和改造世界大开方便之门。例如，多元文化教育课程所凸显出来的对潜在课程的重视，使我们认识到课程理论进一步发展的广阔空间以及课程开发所面临的新课题。

第二，它对现代主义课程目标造成强烈的冲击，并向我们描绘了生活在"生态社会"中的人的美好形象。这一冲击主要表现为生态主义对现代主义课程目标理论基石的猛烈抨击。现代主义课程目标散发着现代主义思维模式和科学至上主义意识形态的浓郁气息，充满了二元论的嘶哑论调，表现出人类中心主义的傲慢态度。总之，它是一种建立在缺乏明确清晰依据基础上的观点，是经不起仔细推敲的。生态主义课程目标致力于充分自由和完全解放的公民的培养，注重课程目标一致性与差异性的统一、理性与非理性的统一、意识与潜意识的统一，以及课程目标的个体需要与社会需要的辩证统一。

第三，它有助于形成民主平等对话的新型师生关系。师生关系是教学过程中的主要矛盾之一，师生关系的好坏严重影响教学目标的达成，影响师生双方身心的发展与完善。生态主义课程思潮拒斥知识的绝对客观说，认为知识的生成有赖于学习者的内部感受，课程的重点应该是学生的学习和自我发现。因此，它主张教学双方在平等基础上的对话与沟通以共同实现教学目标，从而在这一过程中建立起民主平等对话的新型师生关系。

第四，它有利于形成丰富多彩、富有成效的教学模式。生态主义课程的实施策略注重具体教学情景的重要性，尊重教学双方的内部情感体验以及个体的价值追求，尊重个性，并以此为出发点实施相应的教学策略，开发丰富多彩、富有成效的教学模式。

第五，它照顾了教学内容的完整性和和谐性。如上所说，生态主义课程不仅重视显在课程建设，还重视潜在课程开发；不仅重视学生间接经验的掌握，还注重学生个体生活经验的意义。需要指出的是，教学内容的完整性并不是各种教学内容的简单相加，不是大杂烩，也不是一锅粥，这种完整性是各种必要的教学内容的和谐统一。教学内容的和谐性是生态主义课程的显著特征，这也是由生态主义这个理论基础所规定的。

四、结语

20 世纪 80 年代以来，后现代话语成为风靡欧美思想界的文化思潮，锋芒所至之处几遍于建筑、绘画、音乐、文艺理论与批评、语言学、历史学、哲学、教育学以及社会科学诸领域。后现代话语的滚滚潮流震撼了整个思想界，有人发出“狼来了！”的惊呼。的确，它的流行不是在一片鲜花和笑语中满面春风而来，而是在赞叹声、责骂声声声入耳的节奏下坦然而至。更为称奇的是后现代话语内部也是矛盾重重、悖论多多。我们只能说：“它复杂得就像当今世界一样！”对于想用统一标准去裁定一切差异的人来说，对于竭力去维护既定秩序的人来说，这实在是难以接受。生态主义以其对现代主义思想的颠覆而步入这一时尚之列，进而与课程领域融合、嬗变，产生了上述的生态主义课程思潮。

人类社会文化思潮的发展历程是由不断进行着的自我否定过程所组成，这一历程也是继承与扬弃不断地交织的过程。后现代话语正是人类文明即将进入新形态之际所绽放出来的思想之花。后现代话语是对现代主义思想的除旧布新，是对人类前途、命运的终极关怀，也是对整个生态系统发展演化的重新认识。它对现代主义思想表现出了强烈的拒斥感，然而这也正说明了两者之间的紧密联系。何况，它还不自觉地吸取了现代主义的若干精华。生态主义课程思潮也是课程理论遵循否定之否定规律不断发展过程中出现的必然阶段。在这一阶段，它主要表现为对原有课程理论的否定，这是其积极的一面，但过分的否定必然导致最后的肯定，对此我们应有清醒的认识。生态主义课程的进一步发展一方面有赖于生态主义理论的发展完善；另一方面有赖于到现代主义课程理论中挖掘宝藏，否则它很难完成对现代主义课程的超越。

儒家课程思想中的后现代图像*

美国加州大学的霍伊教授在为《后现代主义辞典》撰写的序言中写道："从中国人的观点看，后现代主义可能被看作是从西方传入中国的最近的思潮。而从西方的观点看，中国则常常被看作是后现代主义的来源。"① 事实上，道家、儒家思想等与后现代思想有着不谋而合的地方。加拿大的史密斯（Smith，D. G）教授就注意到了东方文明的伟大意义，另一位东方学者胡文松则试图在课程领域建立道家、佛教和后结构主义的联系，拓宽了人们关于后结构主义课程的理解。在此，我们仅选取儒家课程思想中的价值思想、目的思想和实施思想作为代表，尝试通过其与后现代思想之主要精神间的对话来勾画出儒家课程思想中的后现代图像。

一、儒家的课程思想

（一）"中庸和谐"——儒家的课程价值思想

儒家教育主张天人合一，反对主客分离，将

---

* 与樊亚峤合作。

① 王治河：《后现代主义辞典》，北京：中央编译出版社，2004年。

中庸作为其教育的最高层次，并进一步确定了中庸和谐的儒家课程价值观。首先，儒家基于“天人合一”的原始辩证法，把宇宙看作是一个“天地位，万物育”[①] 的和谐整体，认为事物要丰富本身并能滋生万物的途径就是要相互调和、达到和谐，这也就是儒家所谓“和实生物，同则不继”[②] 因此，在儒家的意识中，万物之间的关系是内在的、本质的，人与自然之间是一个有机的整体，世界万物都有其自身的价值和存在的目的。故而，儒家将“中和”解释为宇宙整体的和谐状态。其次，儒家又将“和谐”这一概念引入教育领域，认为和谐是人谋求自身发展的前提，并且应该成为人类实现自身价值这一终极目标的重要方面，成为人类社会的价值取向。《中庸》有言：“天命之谓性，率性之谓道，修道之谓教。”[③] 便指明了在人的发展轨迹中，天赋与人的部分是“性”，遵循事物本性和运动变化规律的行为叫作“道”，而使人修养遵循道的便是“教”。同时，儒家也指明了“道”的实现是通过教育来完成的。以此为基础，儒家提出了中庸和谐的课程价值思想。

儒家中庸和谐的课程价值思想是建立在和谐发展基础之上的，在这个价值体系中，自然与超自然、人与天、主体与客体、心灵与肉体之间不仅没有绝对的分别，而且是内在和谐统一的。因此，课程的价值也更多的是重在培养人的一种生活态度，培养符合儒家德性需求的人文精神。在儒家的课程价值观中，课程并不以追求确定性的知识为目标，而是以个人对人生的体悟和对政治的指导为旨归。同时，课程在形式上也并不注重语言分析和逻辑推理，也不注重体系的建构，而是更多地注重语言义理上的效用。儒家价值观对和谐发展境界的追求，使得人能够摆脱工具理性和技术理性的桎梏，也使得教育的本质和意义得以敞亮。

（二）“化成天下”——儒家的课程目的思想

儒家文化的精神本质与核心是人文，儒家讲求人文精神的元典大抵可以追溯到《周易·贲卦·彖传》里的“天文也，文明以止，人文也。观乎天文以察时变，观乎人文以化成天下”。在这一元典语汇里，集中包含着儒家人文精神的三层内涵，这就是以“人”为本的人文倾向、以

---

① 黄永堂译注：《国语全译》，贵阳：贵州人民出版社，1995 年，第 590 页。

② 黄永堂译注：《国语全译》，贵阳：贵州人民出版社，1995 年，第 590 页。

③ 梁海明译注：《大学·中庸》，沈阳：辽宁民族出版社．1997 年，第 69 页。

"止"为度的中和境界和以"化"为用的教育功夫。因此，"人"——"止"——"化"就构成了儒家文化特有的人文精神与风貌。基于此，儒家无处不强调"人"，无处不提倡"止"，无处不践行"化"，"化成天下"因而成为了儒家教育以及课程的最终目标。

儒家"化成天下"的课程目的思想是建立在个人作为独立不倚、自由自决的主体这一意义上的。这一个人主体思想与"五四"以来作为现代性的个人主义是不同的，实际上，儒家是少言这样的个体的。儒家认为，过分强调个人的主体性而不同时强调其责任是极易坠入损人利己的个人主义的。例如《论语》记载，子曰："放于利而行，多怨。"[①] 就指明了虽然孔子认为谋取个人利益并无什么不合理之处，但如果因此而招致"多怨"，则说明已经"损人"。而儒家关于人的主体性的论述，我们也可以从论语中寻找到，例如"己所不欲，勿施于人"[②] 所表现出的思想即是将他人当作在"我"之外，但又与"我"相同的、具有独立人格的主体。朱熹又将其解为"推己及物"和"推己之谓"，而所谓"推己"就是把我们自己不言而喻的主体性推想为他者的主体性。因此，我们可以毫不夸张地断言，视人和他人为主体性个体的思想是儒家思想的重要内容之一。

（三）"内省体悟"——儒家的课程实施思想

儒家哲学言简意赅，富于辩证法，体现出一种整体性、直接性、非逻辑性和自发性的直觉思维的特点。它不是靠逻辑推理，也不是靠思维空间、时间的连续，而是注重思维的突然领悟和全体把握。这种思维方式贯穿了儒家的整个思想体系，在其课程思想中也不例外。因此，内省体悟就成为了儒家课程实施思想的重要组成部分。

知识是"内省体悟"的主要对象，儒家对于知识始终持有一种崇拜而谦恭的态度，认为求知是一件快乐的事情。《论语》开篇便是"悦"——"学而时习之，不亦说乎"，而且整本书不见一个"苦"字。而在对知识的学习过程中，儒家强调一方面要孜孜以求；另一方面又要克服四种毛病，防止知识的异化。"子绝四：毋意，毋必，毋固，毋

---

① 《四书》，北京：时代文艺出版社，2001年，第104页。

② 《四书》，北京：时代文艺出版社，2001年，第248页。

我。”①即是以孔子为行为之楷模，提出了要在求知过程中做到不凭空臆测，不绝对肯定，不固执己见，不惟我独是。

正是因为儒家对知识获得过程的这种态度，儒家哲学的思维方式也就和西方哲学强调逻辑推理的思维方式截然不同，更加强调非逻辑推理的内省和顿悟，孔子强调“见贤思齐焉，见不贤而内自省焉”；②强调“不愤不启，不悱不发。居一隅不以三隅反，则不复也”；③强调“学而不思则罔，思而不学则殆”。④这种内省体悟的方法体现了儒家追求知识的执着与努力，强调个人自身内在的力量，强调通过个体对知识的积极构建，以个体体验的方式达到对教育意义的理解和把握。儒家内省体悟的课程实施思想建立在知识的内在性的基础之上，这种内在性也决定了知识的不稳定性和无限发展的可能性，加之儒家因材施教的教学方式，更帮助受教育者将知识的获得看作是一种自发性的过程。

二、儒家课程思想中的后现代图像

前面有关儒家课程思想的诠释，体现了儒家思想中后现代论述的雏形，但这还只是儒家课程观与后现代主义的初步联系而已。而从辩证法的角度来对儒家课程思想与后现代主义进行新的衡量，是论述二者之间联系的进一步加深。

（一）从超越“二元对立”迈向“中庸和谐”

在儒家的课程思想中，“中庸和谐”的价值观念蕴含着儒家一种原始的辩证思想，即从“正”、“反”、“合”三个方面来体现事物发展的三个阶段，以及事物发展呈现出的动态、变化和不断上升的过程。在这样的课程价值思想的指导下，儒家在对待差异或者人与万物之间的关系时就特别提倡不仅要从差异互补的方式来看待宇宙中的各种关系，更重要的是要注重差异的互补所呈现的辩证上升的和谐意义。

虽然在后现代主义者看来，现代理性所建立的系统的概念、法则在

---

① 《四书》，北京：时代文艺出版社，2001年，第158页。

② 《四书》，北京：时代文艺出版社，2001年，第105页。

③ 《四书》，北京：时代文艺出版社，2001年，第132页。

④ 《四书》，北京：时代文艺出版社，2001年，第83页。

解释世界和人本身的同时也禁锢了主体和客体，并进一步地造成了客体的消极存在。但是，我们也应该认识到，后现代主义批判理性并不表示就要对理性进行冰冻，这是因为，如果全面否认理性的能力，后现代主义就将经历一次“非此即彼”的二元对立思维模式的复辟。那么，如何对理性的判断力进行培养，我们认为，从后现代性对差异的尊重出发，同时也从辩证思维的角度加以考虑，就需要“整合”或“统领”的能力。

不可否认，“整合”或“统领”早在先秦时期就被儒家所提倡过，孔子所说的“扣其两端”，孟子所反对的“莫执中”，以及儒家经典《中庸》中所倡导的“和实生物”等都是整合与统领的体现。这些观点的提出都不是以对事物的分类为基础的，它们是儒家“中庸和谐”思想的精妙之处，也是其体现其后现代图像的关键所在。此外，儒家基于“天人合一”的原始辩证法发展而来的“中庸和谐”的辩证思想本身就出自于万物平等、动态平衡的观点。这种观点没有最高的指导原则，只是一种原始的“回家思绪”，只是提出了一个整体的和谐发展的理想结构。这种理想的结构涵盖了差异，容纳了多元，达到了最终的统一。从这一角度看来，儒家中庸和谐的课程价值思想与后现代主义在课程构建中所强调的培养尊重差异的态度，训练“统领”的能力以及讲究多元诠释与对话的技巧不谋而合。

（二）从反对“人类中心”迈向“化成天下”

儒家“化成天下”的课程目的思想实际是儒家中庸和谐思想的提升。它体现出的是儒家教化由内而外、由体验而运用、由境界而功夫的三重要素，也就是一种知识由接受到理解并最终达致内化的过程。因此，在“化成天下”课程目的思想的指导下，儒家对待主体及主体构建的时候，就跳出了绝对的个人主义主体的范围，而是将主体视为处在关系之中的。

后现代主义在对于主体性的认识中，虽然认为“人是存在的中心和主宰”的思想应该被自觉地抛弃。但是，他们也同时认识到了人类具有非凡的自决能力。[1] 因此，后现代主义在颠覆了现代主义“视主体性为

---

① 大卫·雷·格里芬：《后现代精神》，王成兵译，北京：中央编译出版社，1998年，第23页。

基础和中心”的同时，并没有终结个人主义的传统；相反，它更重视个体及其生命的体验，有的后现代主义者甚至认为后现代是“个人的黄金时代”。[①] 所以，后现代主义承认主体自决性的存在，认为人具有明显的自由，并且，在肯定了人的发展性和自由性的同时，更加关注了主体真正价值的发挥。那么，如何促进主体价值的发挥，我们认为，从后现代主义对主体构建的角度出发，就需要培养主体的自决性与能动性。

可以发现，儒家早就对主体的建构过程有过详细的论述，“吾十有五而志于学，三十而立，四十而不惑，五十而知天命，六十而耳顺，七十而从心所欲，不踰矩”。[②] 这就可以视为一个伟大主体的建构过程，不仅是因为其目的是把自我锻造成为一个圣者，而且还因为它强调一个从自我出发的原则。子曰：“为仁由己，而由人乎哉?”[③] 又言：“仁远乎哉？我欲仁，斯仁至矣。”[④] 则是更进一步阐述了这种自我主体性建构还必须是一个自觉而非被外力所强迫的追求。对此朱熹解释说：“仁者，心之德，非在外也。放而不求，故有以为远者。反而求之，则即此而在矣，夫岂远哉?”[⑤] 就是说，“仁”之远近关键取决于我们是否愿意“欲之”、“求之”，是否可能将求仁化作一种内在的冲动，是否有实践仁德的决心和毅力。因此，我们认为儒家“化成天下”的课程目的实际包含了一个由自我出发、为了自我并最终成于自我的过程，即是说，包含了一个自我主体性的建构过程。故而，儒家“化成天下”的课程目的观中包含了后现代对于主体自决性的肯定，帮助我们更加明晰应该如何构建主体以及发挥主体价值。

(三) 从消解“理性主体”迈向“内省体悟”

儒家“内省体悟”的课程实施思想蕴含着儒家哲学思维的本质特点，即注重领悟的直觉思维特点。这种思维方式把知识的获得看作是个人领悟的内在过程，认为知识的发展是基于个人对知识的领悟，以及环境对个人的影响。因此，在儒家看来，知识是随着人认识的发展而发展

---

① 贺善侃：《后现代哲学与哲学主体性》，《中国社会科学》，1998 年第 3 期。

② 《四书》，北京：时代文艺出版社，2001 年，第 79 页。

③ 《四书》，北京：时代文艺出版社，2001 年，第 192 页。

④ 《四书》，北京：时代文艺出版社，2001 年，第 144 页。

⑤ 程树德：《论语集释》，北京：中华书局，1997 年第二册，第 495 页。

的，当认识达不到一定程度的时候，知识就无法进入内心；而知识进入内心以后，又会随着认识的发展而进一步发展。

同样对于知识，后现代主义首先反对现代理性，认为现代知识的“客观性”、“普遍性”和“中立性”虽然对于人类冲破中世纪的蒙昧，并带来世界科学技术革命的兴起功不可没，但其也在取代上帝的同时，具有了王者的地位和权势，压抑了其他知识以及知识观的合法存在。[①]因此，要打破现代知识的神话，就要确立知识的多元化与有机化。在后现代主义的视域中，知识是文化的产物，它产生于某种特定的场域中，但在这种场域中，业已产生的知识又会因为处于这个场域中的人在与认识对象的对话过程中出现不同的理解而总是会以不同的面目出现。所以，知识是境域化的，它不是外在于认识活动之外的客观存在，而是内在于人与世界的交往与对话之中，并随着对话的深入而不断变化。

于是，我们发现在儒家“内省体悟”的课程实施思想中蕴含的对知识的观点与后现代主义的知识观在一定程度上发生了吻合。儒家发现了知识的内发性与开放性，因此，他们特别重视教学过程中的对话与交流，教师在与学生的对话交流中洞察其思想、斧正其行为、授之以知识，学生则在与教师的对话中审视自身，并随着对话的深入不断地获得知识。此外，儒家也特别强调在课程实施中受教育者内心的自觉启发，强调教育者个人的克己和内心体验，要求通过自律而不是他律来达到人与宇宙的和谐。

总而言之，后现代的概念其实是发端于对多元诠释的尊重，而儒家的课程思想把握的是依赖于经验层面的内涵，因此理解之后再回顾二者之间的关系才能恍然有悟。儒家课程思想既是主体的建构，也是客观的先验形式，它的出现模糊了建构与先验的界限；或者说，儒家课程思想的出现是以解构主体与客体之间的壁垒为前提的，它解构了人们对于经验与先验的二分，其实是一个纯粹而具有和谐形式的结构。因此，儒家思想通过展示其经验内涵的映照逐渐向我们展开了其后现代的图像。

---

① 靳玉乐、于泽元：《后现代主义课程理论》，北京：人民教育出版社，2005年，第64页。

三、走向后现代的儒家课程思想

如前所述，儒家课程思想已经为我们展开了其蕴含的后现代图像。既然儒家课程思想包含着这样的普适价值，而且后现代主义又同时表现出如此强烈的变革诉求，那么，我们从后现代研究的角度来诠释儒家的课程思想，就需要不断地丰富和更充实地开发。事实上，用后现代理论来促使儒家课程思想的进一步发展，是我们追探儒家课程思想中的后现代图像的意旨所在。

首先，在现实世界中，应该说随着知识向符号化与商品化发展，历史在时间维度上所表现出来的深度已经渐渐被抹平，而与此相对，现代人思想的深度也在逐渐浅化。后现代主义一个伟大的特性便是其反思批判性，后现代主义者通过对事物的反思批判来进一步找到适合其发展的合理途径。我们认为，儒家的课程思想要在当代获得新生，就必须充分借鉴这一点，必须加强对现实问题的关怀；必须走出学术的高塔，消除"述而不作"的思想；必须在研究当代中华民族精神与中国教育现实问题的同时对其进行批判和反思。

其次，后现代主义是一种尊重和包容多元与差异的哲学体系，这种尊重和包容不是建立在隐忍与妥协基础上的消极平衡，而是主张通过合作的方式，用合作的精神作为更高层次的统领手段而达到的积极平衡状态。我们不得不承认，传统的儒家课程思想虽然提倡人类的理解与和谐，但却忽视了合作的精神，他更强调的是个体的单独力量而非全体智慧。因此，在后现代合作精神的指引下，我们认为，儒家课程观的发展就必须从单纯地提倡和谐上升到可以主动地与这些差异进行合作，形成与不同主体间的合作精神。

最后，后现代主义哲学是重视个体及个体生命体验的哲学，因此，后现代主义认为课程的实施是一个交往和对话的过程，在这个过程中，师生要始终处于一种平等的地位，才能做到互相开放心灵，坦诚地表达情感、真诚地沟通交流。而在传统的儒家课程思想中，教师仍然是处于一种权威的地位。虽然儒家提出了"弟子不必不如师"、"师不必贤于弟子"，也提出了在教学中应该做到"教学相长"等口号，但在具体的课程实施过程中，教师仍是课程的主宰者和操纵者。并且，这种现象随着儒学的发展而愈加突出。所以，要使儒家课程思想在当代进一步发展，就必须淡化儒学体系中教师的绝对权威，必须提高学生参与课程实施的热情，提倡平等的师生观。

作为过程的课程愿景：可能与路径*

秉承实体性思维的实体课程观因自身存在着诸多难以克服或化解的内在困难、矛盾与冲突，而面临着严峻的合理性确证和合法化危机。“课程领域已步入穷途末日，按照现行的方法和原则已不能继续运行，也无以增进教育的发展。现在需要的是适合于解决问题的新的原则……新的观点……新的方法。”① 因而，我们需要寻求新的理论基础、话语体系、思维范型和课程愿景。以杜威、怀特海、多尔等人为代表的具有后现代主义色彩与底蕴的课程理论，无疑为此提供了最为鲜活、丰富、充盈的营养基。笔者拟在对实体课程观展开检讨与批判的基础上，把课程视为一种具有整体性、关联性、生成性、反思性和超越性的“过程”来进行解读与诠释，以期对拓展“课程质的丰富性”及深化课程理论研究有所裨益。

---

* 与王洪席合作。

① 小威廉姆·E. 多尔：《后现代课程观》，王红宇译，北京：教育科学出版社，2000年，第229页。

一、实体课程观的现代性危机

任何一种课程观念或理念的萌生、确立与彰显，总是离不开某种哲学思维方式的主导、支配和控制。传统西方哲学可谓一种实体哲学，贯穿其中的是以实体为逻辑起点的认知模式与思维方式。“所谓实体思维，是指把存在预设为实体、把宇宙万物理解为实体的集合，并以此为前提诠释一切的思维；或曰：‘以实体的眼光看待一切’的思维。”[①] 在西方哲学中，实体是一个基石性概念和核心性范畴，它滥觞于古希腊自然哲学家对世界万物本原与始基的探询。例如，德谟克利特就把孤立自存、不可分割的“原子”看作构成世界万物的原始物与终极实在。柏拉图尽管反对把某种具体的物质元素作为世界的本原，但作为实体思维逻辑的继承者与发展者，他认为独立、外在、优先于特殊现象性事物的理念才是万物之始基，是一种绝对、永恒、自洽、唯一真实的存在。在亚里士多德那里，真正意义上的实体概念最终锻造出炉，他认为“实体就是固定不变的作为其他东西的主体、基础、原因、本质，并先于其他东西而独立自存的东西”[②]。也就是说，实体是不依赖于任何其他事物的先验性、客观性、恒定性、终极性存在，并且是其他一切存在物之所以存在的前提、条件、根据、原因和基础。这样，“原子论以某种具体的物质实体来作为世界的本原，理念论把精神性实体视为万物的本质。它们都把自己所认定的本原、实体看成是先于其他事物而独立自存的，并把对方的本原看作是自己本原的产物或属性”[③]。这种体认与探究世界的思维方式，由于上述学者在西方哲学史上的重要地位与深远影响力，极大地波及、折射和渗透于后续哲学家们的形而上运思中，实体概念构成了西方哲学的一个重要基石。“‘实体’概念从苏格拉底哲学以来一直是西方哲学的一个重要基石，中间虽有休谟怀疑论的质疑，但伴随着机械世

---

① 孙美堂：《从实体思维到实践思维——兼谈对存在的诠释》，《哲学动态》，2003 年第 9 期，第 6～11 页。

② 罗嘉昌：《从物质实体到关系实在》，北京：中国社会科学出版社，1996 年，第 5 页。

③ 罗嘉昌：《从物质实体到关系实在》，北京：中国社会科学出版社，1996 年，第 327 页。

界观的得势，实体概念仍深深地左右着现代西方人的思维。”①

长期以来，实体性思维作为笼罩、盘踞、统摄课程研究领域中的根本性思维方式，主宰与决定着课程的品质、机制、逻辑、功能和方法。受此种思维方式的规约与驱动，课程也就成为了一个不依赖于其他事物而孤立自存、封闭、单一、绝对、静止的实体，呈现出离散性、预定性、二元性和单向度的特征与旨趣。

首先，课程的离散性破坏或肢解了日常生活世界的整体有机性。由于实体的封闭性、原子性、纯粹性、互不关联和不可通约性，将课程看作泾渭分明、壁垒森严、武装割据式的各门学科也就“名正言顺”了。对于学校教育所设置学科之间的彼此孤离、互不影响的状况，过程哲学家、教育家怀特海深恶痛绝，认为它扼杀了现代课程的生命力。他说：“我们没有向学生展现生活这个独特的统一体，而是教他们代数、几何、科学、历史，却毫无结果；我们让孩子们学两三种语言，但他们却从来没有真正掌握；最后，是最令人乏味的文学，常常是莎士比亚的一些戏剧作品，配有实际上是为让学生背诵的语言方面的注释和简短的剧情人物分析。以上这些能说代表了生活吗？”②

其次，课程的预定性导致了课程生成性逻辑的消解。实体的先验性、恒定性、绝对性也就赋予了实体性课程的预定性、排斥性和真理化品质。在课程开发中，课程知识被认为是毋庸置疑、不可辩驳的权威性、法定性和科学性知识。课程专家的职责与使命便是将这些“正确性”知识高效、有序、“工业化”地传递与灌输给受教育者，进而生产与模塑出社会所需要的人才。这样，课程的存在早已被预先设计、安排、框定与规制，只是作为一种固定、机械、僵化、恒久不变的学习材料而独立自洽于受教育者的自主认知与经验建构之外。

最后，课程的二元性造成了课程复杂性品质的滑落。实体性思维本质上是一种二元对立的思维方式，因而它总是将事物主观、武断地进行“实体”与“属性”、“本质”与“表象”、“形式”与“实质”、“科学”与“人性”的划分，从而导致两者根本的不平衡性和不对称性。在课程

① 王治河：《后现代哲学思潮研究》，北京：北京大学出版社，2006年，第320页。

② 怀特海：《教育的目的》，徐汝舟译，北京：生活·读书·新知三联书店，2002年，第12页。

研究领域，对课程理论“本体”意义上的探究及其所“发现”或“得出”来的普适性原理、科学性模式、客观性标准、统一性方法、程序性操作方式等被奉为圭臬，而课程所禀赋的人文性、精神性、生活性、情境性、故事性和游戏性则往往被忽视、忽略或遗忘，进而形成了一种简单化、无机性与单向度的课程形态。

由此可见，陷入实体性思维窠臼的实体课程观在顺应科学化课程开发进程而风行一时之后，终因其无法根治和祛除的内在痼疾与症结而引发种种思想认识上的悖谬、冲突和实践领域中的迷惘、混乱。在自身难以实现内在救赎与超越的失范下，其所蕴含的教育学价值与意义日趋消散、虚化与丧失，从而导致严峻的现代性危机。

二、作为过程的课程认识：可能与凭依

20世纪以降，自然科学领域所取得的一系列革命性突破（如相对论的提出、量子理论的涌现、波粒二象性的证实、测不准原理的发现等），使得传统根深蒂固的牛顿式机械论世界观遭遇了自其确立以来最为猛烈、严肃、深刻的质疑与批判，作为其“阿基米德支点”的实体性思维成为众矢之的。

作为对实体性思维的解构、扬弃与超越，建立在现代科学最高成就之上的怀特海过程思想应运而生，其对实体概念的拒斥、颠覆与清算也最为坚决和彻底。在怀特海看来，构成宇宙或自然界的并非某种客观、具体的物质实体或超验、抽象的精神实体，而是由性质和关系构成的“有机体”。有机体绝非静止、僵化、停滞、封闭于某个“简单位置”之中，而是一种不断转化、变革、发展、生成的过程性存在。它的实在性就是它的过程性。简言之，过程就是本体，实在就是过程。世界上所有的“实际存在物”都存在于极富流变性、活动性、开放性、关系性与创造性的过程之中，并以过程的形式展现、更迭与递嬗。

根植于过程的视野来审视与厘析课程，可以看出，课程不再是某种实体，而成为了一个过程，一个具有转变性、联结性、建构性、生成性、超越性的过程。事实上，回顾课程发展史，关于“过程”的课程思想论述一直不绝如缕，只是由于“机械世界观”的霸权与强势而使其处

于被遮蔽和边缘的状态。如今，随着过程思想的广泛传播与扩散，一些具有良好感受力的课程学者开始不断从中汲取养料，获得转变课程观的“感觉”。[①] 其中，杜威等人的过程课程思想尤值得我们关注、重视与反思。

杜威的教育世界是一个不断流动、变革、转化与生成的过程世界。教育史家康内尔认为：“杜威的教育世界是一种活动和过程，在这一过程中学校教育的真谛不在于获取事实，而在于获取它们的动脑筋过程，以及随之发生的态度和习惯。”[②] 众所周知，在杜威的教育哲学中，经验是一个十分重要的核心性概念，所谓“教育就是经验的改造或改组”。在他看来，经验具有双重的蕴含，既指静态、结果、实体意义上的人们所经验到的事物，又指动态、交互、转变意义上的人们所经验的过程本身。它“不仅包括人们做些什么和遭遇些什么，他们追求些什么，爱些什么，相信和坚持些什么，而且也包括人们是怎样活动和怎样反响的，他们怎么操作和遭遇，他们怎样渴望和享受，以及他们观看、信仰和想象的方式——简言之，能经验的过程”。[③] 事实上，尽管杜威在概念的层面上厘定与辨析了经验的“实体性”和“过程性”面向，但从他对经验性质的一系列界定（如把连续性、交互性等原则作为判定其是否具有教育学意义的标准）来看，较之实体性维度，经验的过程性具有优先性的品格。“经验首先是一个经历的过程，是维护某种事物的过程，是忍受和激情的过程，是爱好的过程。”[④] 因此，杜威所谓经验不再是一个静止、离散、恒定、僵硬不变的实体，而是将物质与精神、主体与对象、材料与行动等都融汇于一个有机整体之内的具有形成性、持续性和交互性的过程。

在怀特海看来，教育也是一个过程，是一种充满生机、朝气、活力的富有节奏性的跃动。“这是一个发现的过程，一个逐渐习惯于奇特想法的过程，想出问题并寻找答案的过程，设计新体验的过程，注意新的

---

① 汪霞：《转变课程观：来自杜威和怀特海过程理论的启示》，《教育理论与实践》，2003年第3期，第32～35页。

② 康内尔：《二十世纪世界教育史》，张法琨、方能达、李乐天等译，北京：人民教育出版社，1990年，第181页。

③ 约翰·杜威：《经验与自然》，傅统先译，南京：江苏教育出版社，2005年，第8页。

④ 褚洪启：《杜威教育思想引论》，长沙：湖南教育出版社，1997年，第177页。

探险活动会引起什么结果的过程。"[①] 过程意味着流动、转变、生成与创造，意味着涵括更多的发展机遇与可能性面向，受教育者也就在这种永恒的创造进化过程中得以健康成长。因此，怀特海认为，学校教育中所传授的知识必有某种创新，要么自身是新的，要么是增添了新的内容，它要像"刚出水的鱼一样"鲜活地呈现在受教育者面前。"要使知识充满活力，不能使知识僵化，而这是一切教育的核心问题。"[②] 那种僵硬、刻板、无机、垂死的知识，对受教育者来说不仅微不足道，而且是有害的。

奠基于杜威的过程性经验概念和怀特海的过程论课程思想，美国著名后现代课程学者多尔构建起了一种崭新的具有鲜明过程色彩的后现代课程观。在他看来，我们应"有意识地试图从过程——发展、对话、探究、转变的过程——的角度而不是从内容或材料的角度出发来界定课程"[③]。"在后现代框架之中的课程不是一种包裹；它是一种过程——对话的和转变的过程，以局部情境中特定的相互作用或交互作用为基础。"[④] 这样，"从转变过程的角度来看待课程，这一过程由复杂的、自发的相互作用所构成。视课程为转化过程，我们需要超越视课程为一系列相邻单元的观点——而是要视其为丰富的、开放的经验的多层次组合；视其为随我们注意力的转移而不断变换中心的复杂的马赛克"[⑤]。可见，在多尔的后现代课程图景中，课程的过程性存在得到了更为强烈的确证、彰显与张扬。它并非是预先设定、封闭、机械、呆滞、僵化的实体，而是处于某种复杂、异质、多元的网络或情境之中，且与其他有机体保持密切对话、联结与交互的具有自组织结构的过程。其存在的价值与意义不再是教育者对受教育者单方面的灌输与填塞，而是通过师生

① 怀特海：《教育的目的》，徐汝舟译，北京：生活·读书·新知三联书店，2002年，第58页。

② 怀特海：《教育的目的》，徐汝舟译，北京：生活·读书·新知三联书店，2002年，第9页。

③ 小威廉姆·E. 多尔：《后现代课程观》，王红宇译，北京：教育科学出版社，2000年，第19页。

④ 小威廉姆·E. 多尔：《后现代课程观》，王红宇译，北京：教育科学出版社，2000年，第201页。

⑤ 小威廉姆·E. 多尔：《后现代课程观》，王红宇译，北京：教育科学出版社，2000年，第52页。

之间开放性、协商性的交流与对话而展开的个体经验的转化与创生。诚如派纳所言："课程是一种特别复杂的对话，课程不再是一个产品，而更是一个过程。它已成为一个动词、一种行动、一种社会实践、一种个人意义，以及一种公众希望。"①

综上可知，作为过程的课程认识并非是一时兴起或空穴来风，而是有着牢固的哲学支撑和教育学凭依。可以说，作为过程的课程存在取决于其转变、生成过程中的复杂机理，其生成过程中的混沌性、多面性、异质性、波动性与不确定性也就构成了课程的复杂性、丰富性、循环性、回归性和反思性品质与逻辑。同时，需要指出的是，此处所谓过程不仅仅是指课程的一个重要属性，而更多的是指向于其在本体论意义上的渴望、诉求与张力。也就是说，过程是课程的根本样态与存在方式，是课程内在、必然、质的规定性。"我们必须对课程本质进行'再概念化'，不再将它看作预设好的计划或主流意识形态的产物，而是作为贯穿于整个教育过程之中的概念，为教育过程指明方向赋予其意义。"②

三、走向过程的课程变革：支点与路径

课程变革的始因导源于课程思维方式的转型、嬗变与置换。没有传统课程思维方式的"连根拔起"，课程图景就仍会遵循与复演着往昔的路径与逻辑，而不能从根本上加以解构与超越。从实体实在论到过程实在论，标志着课程思维方式的"轴心式"转换。这种转换必将对课程领域中的一系列关键性问题产生实质性影响。与实体性思维控制下的课程形态重抽象轻具体、重"位置"轻关系、重结果轻过程、重秩序轻变化相比，过程视野下的课程形态便被赋予了与其截然不同的定性、定位、逻辑、机制与实施路径，具有鲜明的时代特点和现实意义。走向过程的课程变革应着力于以下几个方面：

---

① PINAR W F，REYNOLDS W M，SLATTERY P，TAUBMAN P M. Understanding Curriculum：an Introduction to Study of Historical and Contemporary Curriculum Discourses. New York：Peter Lang Publishing，1995，pp. 847-848.

② 小威廉姆·E. 多尔，诺尔·高夫：《课程愿景》，张文军，张华，余洁，王红宇，译，北京：教育科学出版社，2004 年，第 26 页。

1. 打破“实体—属性”式的课程定性定位

受制于实体性思维的束缚与禁锢，我们对事物的定性定位总是自觉不自觉地陷入“实体—属性”式的简单化运作逻辑。这种运作逻辑预先假定事物在“本性”上是某种实体，居于“主词”地位，具有绝对的优先性，而事物的属性则为实体所派生，居于“谓词”地位，不具有优先性。这样，世界上的万事万物都存在着实体的（本体的）和属性的（表象的）这两个分离、不对称的世界。它们之间永远横亘着一条不可逾越的鸿沟，只不过是在形式上保持着某种关联，而无内在的可通约性。

这种运作逻辑在对课程问题的探讨中突出表现为对“课程是什么”的不懈追问与求解。它从课程的实体性出发，认为在其内部必然存在着某种固定不变的本质、规律、定律和“放之四海而皆准”的东西。因此，寻找、发现、归纳和总结出一种关于课程的“本质性”定义也就构成了古往今来课程学者所必然面对的基础性和前提性问题。事实上，当我们用抽象性的概念、逻辑化的语言、符号化的公式来探寻课程终极是什么时，也就企图在混沌、复杂、异质、多元的课程场域中抽象出一种超历史、普适性、真理化、本原性的东西。无疑，这种做法也就忽视了课程的时代性、历史性、文化性、情境性和生成性，使得大量偶然、随机、不确定性课程事件被统统排除在外，进而将抽象的概念误以为具体的实在，从而导致怀特海所谓“具体性误置的谬误”（The Fallacy of Misplaced Concreteness）。

课程的“实体—属性”式定性定位，无疑严重消解了它的自主性、建构性、生成性、反思性和批判性的品质、逻辑与底蕴。它的实体性使其更多地表现为一种权威性、法定性、普适性、真理化的制度性存在，其推行与实施可以不考虑学习主体在天赋资质、知识储备、接受能力、学习风格与方式上的差异性、复杂性与多样性，从而诱使受教育者对课程产生不信任、不适应与不接受，造成学习兴趣的泯灭与学习质量的下降。事实上，课程的实在性缘于课程的生成性，它的存在是无法外在、脱离、抽象于完整、有机的教育生活场域的。因此，对受教育者而言，它唯有与受教育者保持密切、有机的联结，进而有序、富有节奏地融入其内在认知结构，才有可能成为对受教育者来说真正富有价值与意义的教育性经验。这样，“课程作为过程，学习和理解来自对话和反思，从而造成教育者和受教育者的‘视界’融合。与我们与他人对话并对我们和他们所说的进行反思时，当我们和他们之间、我们与课本之间‘协商交流’时，学习和反思被创造出来了（而不是仅仅传递知识）”[①]。

2. 超越囿于“简单位置”的课程壁垒

实体主义者认为，世界上的万事万物都是一个个实体，存在于某个绝对的、固定的、有限的时间和空间之中，占据着某种“简单位置”(simple location)，不与其他“实际存在物”发生关联。所谓某物有一简单位置，按照怀特海的解释，“事实上所谓时—空中的确定位置一经决定，不论采取的方式如何，只须说某物体刚好在某个位置就可以充分地说明它和时—空之间的关系。如果只就简单的位置来说，便不须再添其他东西了”[②]。因此，这些处于简单位置的事物都是恒定、离散、独立自洽的，彼此之间不存在任何实质性、构成性、内在性的联系。它的变革与发展只缘于空间的位移与外力的推动，而非其内在的、必然的、本质的规定性。

秉承此思维逻辑，实体主义者将课程看作一个静止、机械、简单的系统，认为其构成要素都是一个个封闭、稳定、无机的实体性单位，可以孤立、分割、单向度地开展研究。这样，整体课程系统中的各个构成关系项都被深深地打上了简单位置的烙印，拥有了不可染指、跨跃、通约的壁垒与边界，严重缺乏过程论的视野、思维与方法。“我国现行教育学体系却最缺乏过程论的思想，在它那里顶多只能看到并存的联系，而看不到过程的联系（如体育、智育、德育、美育之间），这种联系观实在是肤浅；它顶多只能给我们一张教育现象的静止的平面图，而不能使我们对于教育过程产生一种动态的立体感。”[③] 如在课程的设置上，它将人类遗留下来的文化知识条块分割式地划分为各种门类，并随着其专业化推进的持续深入，使各分支学科不断“自筑高墙”，排斥其他领域知识的“干扰”与“摄入”，“看不到过程的联系”，从而使受教育者

---

① 朱成科：《试论杜威以“过程”为核心的教育思想》，《外国教育研究》，2003 年第 2 期，第 30～32 页。

② 怀特海：《科学与近代世界》，何钦译，北京：商务印书馆，1997 年，第 56 页。

③ 张晓鹏：《试论教育的辩论逻辑——教育学范畴体系初探》，瞿葆奎：《教育学文集·教育与教育学》．北京：人民教育出版社，1993 年，第 701～702 页。

陷入“只见树木不见森林”的困厄与窘境之中。就是在具体的课程开发过程中，它也将课程设计、课程实施与课程评价等分别看作一个个自圈自画的独立单位，彼此之间相互隔离，呈现出一种线性、单向度的特征。而一旦在教学活动中出现这样或那样的问题与矛盾时，却又相互批评、指责与攻讦，造成课程实践效能的滑坡与低下。

事实上，课程系统是涵括了无数课程事件的“有机体”，而此有机体又在彼有机体中显现自身，它们相互作用、相互影响、相互依赖，并在此相融共生的关系性结构中获得自身的规定性。因此，任何一种课程形态都并非处于某种所谓简单位置之中，而是相互关联、相互交叉和相互渗透的。在怀特海看来，在国家教育系统中应主要设立文科类、科学类与技术类三种课程类型。其中，“每种形式的教育都应该向学生传授技术、科学、各种一般的知识概念以及审美鉴赏力；学生在每一方面所受的训练，都应该由其他两方面的训练补充而相得益彰”①。这样，此三种课程样式相互统整、交叉与互融，从而使我们的智力和性格达到均衡与和谐。“我们有三种主要的途径去努力追求智力与性格的最佳平衡，这就是文学的修养、科学的修养和技术的修养。仅仅进行一种教育必然导致智力活动和性格方面的巨大损失。”② 所以，这种课程安排不仅在结构上拆除和打通了学科间的壁垒与屏障，而且在课程内容的择取上保证了知识概念的相互联结、交叉与互融性，从而使受教育者在知识面前享有自由，进而开拓通达智慧之门径。

3. 创设“过程取向”的课程实施路径

实体性思维控制下的课程实施必然是基于“结果取向”、“目标取向”的实施过程。这种实施方式强调课程目标的先验性、预成性和精确性，在实施过程中遵循僵化、机械的“输入—产出”式的运行程式，在对其进行评价或评定时，则看其是否“忠实”地达致预期的目标。无疑，这种“传递式”、“灌输式”的课程实施严重遗漏了实施过程中的复杂性、情境性、偶然性因素。事实上，课程实施过程并非像蓝图设计中的那样简单和无机化，而是存在着大量不可预期、控制和认识的课程事

---

① 怀特海：《教育的目的》，徐汝舟译，北京：生活·读书·新知三联书店，2002年，第85页。

② 怀特海：《教育的目的》，徐汝舟译，北京：生活·读书·新知三联书店，2002年，第95～96页。

件。从某种程度上来说，正是这些课程事件的存在为受教育者的转变、转化与成长提供了因缘与契机，具有不可估量的教育学价值与意义。而结果取向的课程实施却无视这些看似无关实则意义重大的课程事件，从而导致受教育者在人生的拐点与岔口处于迷惘与困惑的状态。

因此，基于“过程取向”的课程实施不再是一个将静态、预设、计划好的课程方案硬性、机械、僵化地投入课堂教学实践的线性传输行为，而是“师生以预定的课程计划或具体的教学材料为媒介，通过创造性的课堂实践联合创造有意义的教育经验的过程”①。

首先，它恪守“主体性”精神。怀特海认为，学校作为一个独立的单位，不应受某种僵化管理体制的钳制，它可以根据自身的特殊情况和现实需要来设计和制定课程。本校教师则在这种课程开发与实施中享有充分的主体地位，未经教师许可的课程方案原则上不能用于学校教学。因此，与以往课程实施中教师基本上处于话语权丧失的情况相比，过程取向的课程实施更加凸显了教师的主体地位和能动精神，从而充分调动了其主动参与课程方案修正与改进的积极性和创造性。

其次，它坚持“节奏性”原则。怀特海把受教育者的心智发展和认识进程划分为浪漫、精确和综合运用三个阶段，认为每一个阶段都有不同的特点与倾向。浪漫阶段侧重于感觉与直观，精确阶段侧重于慎思与明辨，综合运用阶段侧重于统整与综合。所以，在课程实施中应遵循和顺应这种节奏与韵律，采用不同的实施策略与方法，真正做到“因时施教”。事实上，“无论是中学还是大学，在传统的教育计划中，精确阶段都是唯一的学习阶段”②。这样，由于忽视或无视这种特点，过多地注重于精确阶段，结果是培养了大量“书呆子”和单向度的人。

总之，过程取向的课程实施因其对教师主体能动精神的呵护和对受教育者认知特点的关注，而必将成为一个促使受教育者不断打破种种陈规之羁绊而走向生命解放的过程。

---

① 夏正江：《论课程观的转型及其对新课改的影响》，《课程·教材·教法》，2005年第3期，第8～14页。

② 怀特海：《教育的目的》，徐汝舟译，北京：生活·读书·新知三联书店，2002年，第60页。

协商课程及其后现代本质*

协商课程是兴起于20世纪70年代末期的一种课程理论，其独特的内涵不仅丰富了当代的课程话语，也为课程理论的发展注入了新的活力。它首先在澳大利亚兴起，随后为美国诸多课程学者所关注，同时澳大利亚和美国的许多教师（包括高校教师）也进行了协商课程的实施，并取得了显著的效果。协商课程对传统课程理论的批判既是全面的也是深刻的。它的兴起体现了课程研究由现代向后现代的转化。全面理解协商课程的后现代特征，对我们深入认识其精神实质，进而深化后现代课程研究具有重要意义。

一、协商课程概述

关于协商（Negotiation）的含义，《现代汉语词典》的解释是："共同商量以便取得一致意见。"[①] 社会心理学家罗格·克拉克（Roger Clarke，1993）认为协商是人们之间处理问题的

* 与李宝庆合作。

① 中国社会科学院语言研究所词典编辑室：《现代汉语词典》，北京：商务印书馆，1978年，第1275页。

一个过程，在这个过程中人们期望获得一致意见并能赞成一种行为过程。[①] 关于协商的程序，柯斯坦（E. Kersten，2000）研究指出：寻找协商地点和方式，由于可以面谈也可以通过网络联系，协商的地点可以是物理的也可以是虚拟的；理清议事背景，就运用的术语和争论点进行讨论；探求讨论的范围，进一步明确问题并对其分析；缩小差异、寻求共识，了解对方的弱点、期望以及对双方有利的结果；追求一致意见、共同进步，准确了解差异所在。[②] 罗格·克拉克的研究表明，影响协商的因素主要有三点：能力，如自我控制的能力、进行劝说的能力；时间，这是获取结果的关键因素；信息，比如各方的愿望是什么、各方要取得结果的迫切程度如何、各方的行为模式如何。[③] 阿得勒（B. Adler，1992）将协商结果概括为四种：满足一方，经过协商只有一方达到自己的目标；双方受损，尽管没人愿意有这样的结果，但有时这种结果的确存在，这是因彼此都想胜过对方所致；彼此妥协，当双方讨论的资源有限或缺乏时会产生这样的结果；互惠，这样的讨论结果会令所有协商者感到满意，必备前提是协商双方的目的相似或相容，关键是协商者将关注的焦点放在解决问题上。[④]

协商课程的倡导者主要有澳大利亚课程学者布莫（Garth Boomer）、库克（Jon Cook）和美国课程学者莱斯特（Nancy Lester）。协商课程创始者是澳大利亚学者布莫，他曾任澳大利亚教师联合会主席，并曾在中学担任英语教师。1978 年，布莫首次提出自己的协商课程思想，受到一些教育者的关注。1982 年，他与库克等人编辑出版《协商课程：师生的合作性伙伴关系》一书，系统介绍了这一思想的基本理论。在此书中，有 20 多名澳大利亚教师对他们实施协商课程的情况作了介绍。同时，一些课程学者也纷纷撰写关于协商课程的论文，比如格林

① Roger Clarke. Fundamentals of Negotiation [DB/OL]. http://www. anu. edu. au/peple/Roger Clarke/SoS.

② Gregory E. Kersten. Support for Group Decisions and Negotiations [DB/OL]. http://www. iiasa. ac. at.

③ Roger Clarke. Fundamentals of Negotiation [DB/OL]. http://www. anu. edu. au/peple/Roger Clarke/SoS.

④ RONALD B ADLER. Communicating at Work: Principles and Practices for Business and the Professions. London: McGraw-Hill, 2006, p. 132.

(Green，B) 于 1982 年在《澳洲英语》杂志发表了《意义与魔力：协商课程的回顾性评论》(*Of meaning and magic*：*Negotiating the Curriculum—a review essay*)。1982 年之后，当协商课程被澳大利亚人广泛知晓并予以运用的时候，它也漂洋过海，为北美洲众多教育家和教师所关注，尤其是美国纽约的莱斯特。1992 年，布莫、库克、莱斯特共同主编了论文集《协商课程：为了 21 世纪的教育》(*Negotiating the Curriculum*：*Education for the 21st Century*)，对十年的协商课程经验进行了梳理和反思，同时它也是实践者对协商课程的一次重新审视。布莫等人指出，这本书是为了引起各个层次的教育者和管理者反思传统的教学行为或管理行为，批判性地评价他人的教育实践，考虑变革自己的教育实践并依据本书的理念采取行动，不是为了检验一种新的教学方法而是拓展和丰富目前的教学和学习理论。通过调查，协商课程确实促进了学生的解放，提升了学生的主体性，发展了学生的批判性反思能力。该书出版后引起了很大反响，很多国家的课程学者开始研究协商课程。

布莫认为，协商课程意味着让学生参与并修改课程方案，激发学生的学习兴趣和探索欲望，以培养学生批判、探究、反思的意识和能力。库克认为，协商在教育中的含义与它在政治和工业中的含义一样，即各方针对某个议项带着自己的观点和需要为实现一个各方都满意的结局而共同努力，教育过程中的协商会带来不同心灵的融合以及不同想法的沟通，从而使师生的意图达成一致。他认为，协商的目的在于最大可能地提高教学效率，学生通过协商能理解学习的意义并由此对学习承担责任，学习也就成为一个积极主动的过程。在库克看来，学生积极主动参与课堂决策的协商课程模式比学生一直处于被动强制状态的传统课程模式更为有效。

二、协商学习：后现代课程实施的有效模式

协商课程在实施中强调协商学习 (negotiating learning)，反对促动学习 (motivated learning)。在促动学习模式中，教师扮演着促动者角色，这样学生所进行的一切活动都是在教师的控制下进行。协商学习是指师生通过对话、协商共同做出有关学习的决定，其目的在于使学生成

为主动、乐意而高效的学习者，以改变过去在学习中被动或被强制的状态。布莫与库克分别提出了不同的协商学习模式。

1. 布莫模式

在协商学习过程中，教师最初也是在经验的基础上确定有价值的课程内容以及策略，并阐明要学习的重要概念和核心知识，向学生解释为何要学习这些内容。布莫将协商学习过程依次分成5个阶段：设计教学单元；与学生协商；教与学；实施；评价。

第一阶段，设计教学单元。在这一阶段，教师要考虑七个要素：想让学生在哪些方面探索；对选择的学习内容的合理性做出判断，并为学生可能学到什么做出假设；教师希望学生学会什么；学生有待增进的技能以及必要的各种媒介；具体的学习活动；可能用到的资源；评价方法。

第二阶段，与学生协商。教师应制订一些必要的限制，并解释不能进行协商的范围，教师在学习内容、学习目标选择以及学习活动组织方面要以专业眼光做出判断。

第三阶段，教与学。在此阶段，课程计划正式实施。教师要提供新的信息，对新的技能进行解释，组织小组活动，回答学生的问题，引导学生开发潜在资源，必要时提出建设性意见。学生运用各种媒介寻求问题答案，并练习所需的技能以完成指定作业。

第四阶段，展示。这是对学生测验，展示他们所学知识的阶段，也是巩固与应用知识的阶段。教师在这一阶段扮演批评者、建议者的角色。

第五阶段，评价。师生应共同对所学知识进行评价、反思。反思是巩固学习内容、提高学习质量的有效方式，反思的内容可包括整个学习过程、课程计划的结果以及评价策略。

2. 库克模式

库克在长期的课程实践中也总结出一套课堂协商的实际方法。在库克看来，首先必须选择和陈述学习内容，假如没有教学大纲和教科书的要求（如活动课），学习内容既不是教师单方面的安排，也非学生单方面的兴趣，而要通过协商决定；假如有教学大纲的要求，教师要说明事实、解释为什么以及有什么要求。师生对所学内容尽可能达成共识，但要反对过多强制。学生必须进入这样一种学习状态：我要学，而不是他人要我学。如果学习内容已经选好，那么师生必须一起回答四个问题。问题一：我们现在知道什么？问题二：我们将要发现什么？这两个问题密切联系，问题二本质上来自问题一。问我们已知什么的目的在于明确还不知道什么，因而有助于找出知识间的缺口。关键在于学生应是问题的提出者，从一个问题引发出另一个问题。问题三：我们怎样获知，怎样发现？学生知晓了在这一学习单元中应做什么以及为什么要做，下面应考虑如何做得更好。学生继续以小组形式对如何解决确定的问题进行讨论，从而确定全班性的问题以及解决问题的方法。同时，教师应清楚学生重新分组是必要的，一旦学生开始探究全班性问题，教师最好和他们取得一致意见。问题四：我们如何展示与分享我们的学习结果？对学习结果的评价在学习进行之前就应提出。学生开始学习前必须知道学习目的与对象，这将直接影响学习方法。有效的方法可以是戏剧表演、科学实验、讨论、读和写等。教师须帮助学生在开始学习之前确定要达成的学习目标。

三、协商课程的后现代本质

协商课程作为一种后现代课程理论，它承认现代课程研究给课程领域带来的理论和实践上的进步，但对现代课程造就的控制程式深表不满。基于对现代课程理论的反省与超越，协商课程实现了课程理论的重要突破。

1. 批判教育学：协商课程的思想渊源

协商课程倡导者奥诺和鲁伯茨克（Cynthia Onore & Bob Lubetsky）指出，协商课程思想深受批判教育学的影响。批判教育学试图挑战这样一个假设：学校在发展民主平等的社会方面起着主要的作用。从鲍尔斯和金蒂斯（Bowles & Gintis）的经典作品《资本主义美国的学校教育》到吉鲁（Henry A. Girous）、阿普尔（M. W. Apple）的作品，批判教育学论述了学校再生产和强化现存社会不平等关系的多种方式，这些方式维护着由不同种族、阶级、性别以及其他形式组成的等级制社会。奥诺和鲁伯茨克认为，吉鲁对“转化型知识分子”的论述有助于我们理解挑战社会不平等的重要性，但他并未告诉教师与学生在教室中怎样做才能以不同的眼光看待自己并采取不同的行动。[①] 批判教育学主张，应通过教育创造一种真正民主的文化，这种教育能向个人授权，并使其从统治阶级意识形态中解放出来。阿普尔对20世纪以来科学主义指导下的课程模式进行了批判，认为传统的学校课程往往强调顺从，作用在于使学生在成人后服从不平等的社会权力关系。在他看来，教育民主应是实践的过程，其目标“在于通过设计有助于公共讨论、辩论和协商的方法使民主实践得以复兴”。[②] 实际上，师生在阶级、国家和意识形态面前不是被动承受者，而是具有创造能力的主体，课程目标应指向主体的解放和批判精神，从而最终实现社会公正和人类解放，教师要为学生提供发展批判能力的机会，学生要学会发出自己的声音，并培养运用公民权利的勇气、信心和冒险精神。吉鲁集中分析了课程场域中师生运用抵制权力的可能性，并呼吁以一种激进的教育学理论指导课程实践，以抵制不平等的社会权力再生产、构建一个更加民主自由的社会。他认为，要让学校成为一个民主的公共领域，参与其中的教师和学生要形成主动的民主社群，教师要发挥知识分子引导社会转型的功能，学生要呈现自己的声音，成为解放的公民。他非常强调学生声音的重要性，认为教育是一种增权赋能的对话过程，教师要以解放的权威引导学生的文化资本和声音加入课程之中，并进而采取集体抗争和行动的方式去改变不合理的现状。

在布莫看来，协商课程的思想也源于弗莱雷（Paulo Freire）的教育理论。[③] 巴西教育家弗莱雷是批判教育学的奠基者。在他看来，教育的目的是人类的解放，从而使学习者能够成为自己生活的主体和作为社会成员的行动者。弗莱雷指出，课程改革决不是由一批所谓专家精心设计、制造出来的，实际上课程改革也是一种民主的、具有政治意义的过程。[④] 他指出，学生如能自由支配自己的学习，他们就会学得更好，课

① GARTH BOOMER. Negotiating the Curriculum：Education for the 21st Century [C]. London. Washington，D. C：The Falmer Press，1992，p. 254.

② 迈克尔·W. 阿普尔：《文化政治与教育》，北京：教育科学出版社，2005年，第33页。

③ GARTH BOOMER. Negotiating the Curriculum：Education for the 21st Century [C]. London. Washington，D. C：The Falmer Press，1992，p. 288.

④ 黄志诚：《弗莱雷解放教育课程建构论述评》，《全球教育展望》，2003年第2期。

程的建构必须以全体成员参与为基础，而不应是某些教育者从自己的观念出发选择学习内容，学生只是被动地适应学习内容。因此，课程不是某种预先编制好的东西，而是基于师生的不断交流并对现实世界的批判性思考所产生的。

2. 协商课程基本观点

（1）倡导动态的课程本质观。

以泰勒原理为代表的现代课程研究从课程的名词形式理解课程，在此情况下学生实际上是处于课程之外而非课程之中，教育是强制而不是自由。布莫对这种“课程即处方”的静态课程本质观进行了批评。“处方式课程定义明确规定什么‘应该’发生，这种定义时常采用有计划、有目的的程序形式或者是关于在课程学习中应该发生什么的专家观点。”[①] 布莫指出，传统的学习模式只是在于“怎样理解知识、怎样获得智慧”，从而表明一种“药理学”的隐喻被广泛应用：教师对知识的限定是准备“药剂”，然后依据“处方”的剂量像配药一样分配知识。知识被理解为可传递的，而学习者的大脑则是消极的容器。这一假设认为教师是有知识的，而学生是没有知识的，于是教师便控制着知识分配的权力。基于对“课程即处方”本质观的批判，布莫指出课程不仅是事先包装好的被采用的课程，也不仅是内容、行动、方法和结果的计划，它是一幅共同展现的作品，这幅作品随着课程的进展而生长和变化，师生通过这一过程获得共同发展和进步，这样就必须对课程进行重新定义，也必须找到一种新的评价方法。

在布莫看来，名词意义上的“课程”容易使教育者将课程视为包括内容、方法和结果在内的简单计划。为此，他认为课程应是一个过程，是师生在学习旅程中共同探险的过程。在此过程中，需要意志力、好奇心、合作精神，更需要通过不断反思以完成未知的探险。将课程的形成和转化过程设想为“探险”，这是一个生动的隐喻。澳大利亚课程学者瑞德（JoAnne Reid）也认为，协商课程某种意义上就是一种探险，是师生共同创造课程的经历。在探险出发之前，需要制订必要的计划，准

① 亚瑟·K. 埃利斯：《课程理论及其实践范例》，北京：教育科学出版社，2005 年，第 11 页。

备必备的用具；而在探险过程中，预先的计划需要根据实际情况做出合理调整，因为探险面对的是多种可能性和不确定性。实际上，将课程的本质视为探险过程有助于教师的专业成长。正如瑞德所言："协商课程会把教师带入一定的风险之中，风险也许会藏在未知事物的威胁之中……然而，正是这样的风险提高了教师课堂经验的质量。"①

（2）反对技术理性的价值取向。

20世纪以来的课程研究经历了三种价值取向：技术理性、实践理性和解放理性。就本质而言，科学主义课程开发模式意在追求一种"技术理性"的旨趣。技术理性强调"控制"、"效率"的中心地位，并主张一种确定性、普适性和控制性的教育模式。美国课程学者多尔（Doll，W. E）教授认为，受启蒙主义的影响，"控制"作为一种外在力量，根深蒂固地嵌入现代思想之中，同时也成为"课程中的幽灵"（the ghost in the curriculum）。② 当以"控制"为特征的课程文化渗透到课程的每个方面，一个稳固的系统便得以形成。协商课程倡导者布莫对这种以"控制"为本位的课程开发模式进行了批判。他认为，传统教育构成了一个控制性链条：教育系统受制于社会根深蒂固的教育神话（将大学里的理论奉为神灵）；教师受制于教育系统（将课程指南、课本、标准考试奉为神灵）；学生受制于教师。③

基于对技术理性的批判，协商课程体现了对实践理性和解放理性价值取向的追求。实践理性表征着主体之间平等的对话关系，在协商中各方的观点发生相互作用，从而使事物的意义更为明确与具体，并最终生成新的意义。解放理性表征着人类对自由、独立和主体性的诉求，旨在将主体从依附于对象化的力量中解放出来，它虽有赖于实践理性，但更侧重于对实践行动的自我反思，它强调个体对现实世界的批判与改造，认为"解放"只有通过自我批判性反思才是可能的，其核心在于对主体"赋予权力"。兰德和吉尔贝特（R. Land & R. Gilbert）指出，对赋权

① GARTH BOOMER. Negotiating the Curriculum：Education for the 21st Century [C]. London. Washington，D. C：The Falmer Press，1992，p. 119.

② DOLL，W E. Curriculum and Concepts of Control [A]. W F PINAR (Ed). Curriculum：Toward New Identities [C]. New York：Garland，1998，pp. 259-323.

③ GARTH BOOMER. Negotiating the Curriculum：Education for the 21st Century [C]. London. Washington，D. C：The Falmer Press，1992，pp. 5.

的强调是当代权力分析的一个重要特征。在最普遍意义上，赋权致力于为年轻人提供理解力、做事能力和责任感，借此他们能依据其自身利益给自己定位与采取行动。赋权是以公正、平等和人权为目标的教育的某种解放途径的基础。① 协商课程的实质是课程权力共享，它倡导赋予师生以课程权力，这就意味着师生要共同制定课程方案，从而有利于教师与学生的解放。布莫认为，实际上教师长期以来在控制性链条中也处于被压迫者、被控制者的地位，因为教师对学生而言虽然具有较为广泛的权力，但在社会和教育管理体系内部却处于无权状态，他们只是忠实地教授专家课程。而协商课程强调教师要由知识传授者向反思性实践者转变，这在很大程度上就将教师从控制性力量中解放了出来。对学生而言，学生在协商课程实施中与教师共享课程权力，其主体性与创造性在教育情境中得到了充分发挥，也就能在不断的自我反思与彼此交往中实现自由与解放。

（3）反对二元对立的课程思维方式。

在课程领域，现代主义二元对立的思维方式造就了诸多对立的概念，这典型地体现在课程与教学长期以来的分离状态，也即二者是控制与被控制的关系，课程是教学的方向，而教学只是忠实有效地传递课程。事实上，课程与教学并非控制与被控制的关系，二者是同一的过程。早在20世纪初叶，杜威就比较系统地提出整合课程与教学的理念。他深刻揭示了传统教育中存在的课程与教学的分离以及其他形式二元对立的根源。“目的、规划、目标不是单纯地先于行动而是产生于行动之中。这是杜威的一个主要观点：规划来自于行动，并在行动中得以调整。这两者是相互作用的，一个导向另一个并依赖于另一个。”② 杜威是通过“主动作业”实现课程与教学统一的，也即主动作业是杜威实现课程与教学整合的具体途径。

协商课程继承了杜威的课程与教学整合的思想，它力图超越这种二元论支配的控制本位课程开发模式，从而极力强调课程的关系性特征。布莫指出，教学理论与课程理论是难以分离的，课程理论需要依据教学

① T. 胡森：《教育大百科全书（第2卷）》，西南师范大学出版社，海南出版社，2006年，第275～278页。

② 小威廉姆·E. 多尔：《后现代课程观》，北京：教育科学出版社，2000年，第242页。

理论，教师需要成为他们自己的教学理论者和课程理论者。[①] 事实上，协商课程的实施过程不只是一种单纯的知识传递过程，也是教师与学生共同开发课程的过程。在课堂情境中，教师的主体性充分发挥的过程也正是教师“创生”课程的过程。这样，协商课程最终实现了课程、教学一体化，从而有效解决了课程与教学彼此割裂的现象，避免了二者之间机械而单向的关系。

（4）彰显学生的课程主体角色。

就现代主义课程理论而言，课程是作为预先给定的东西而出现，学生外在于课程，他们对课程而言只具有工具性的参考意义。作为一种后现代课程理论，协商课程将学习者置于课程的中心，并将主体意识的提升作为追求的目标，从而充分确立了学生在课程中的主体地位。协商课程基于这样一个假设：当学生倾向于承担责任并力图实现课程目标时，他们将获得最佳的学习效果，如果学生参与课程方案决策，这将有助于提高学生的学习兴趣，而如果教师不考虑学生的兴趣进行教学，学习效果就会受到影响。布莫指出，传统教学中教师控制着知识分配的权力，他们长期扮演着促动者的角色，力图通过给予学生有限的决策机会以避免教师的课程权力遭受剥夺。而在协商学习过程中，课程权力不再完全集中于教师，学生被鼓励参与课程决策，同时教师也成为一名合作学习者、学习促进者以及反思性实践者。由于协商课程将学生定位于课程的参与者和创造者，学生的学习效率也因此得以提高。布莫认为，学生作为课程的主体角色主要体现在：自备一些能够获得的学习资源（如图书、图片）；自主确定一些个人或小组的学习项目和目标；在学习活动和顺序方面提出建议；和教师一起安排学习期限与学习合同；提出可能的评价方法的建议；提出内容修改或扩充方面的建议；协商解决某种特殊情境下可选择的学习方案。[②]

---

① GARTH BOOMER. Negotiating the Curriculum: Education for the 21st Century [C]. London. Washington, D. C: The Falmer Press, 1992, p. 6.

② GARTH BOOMER. Negotiating the Curriculum: Education for the 21st Century [C]. London. Washington, D. C: The Falmer Press, 1992, p. 40.

四、结论

20世纪70年代以来，后现代课程不断发展，并由此涌现了缤纷多彩的后现代课程理论话语，比如生态主义课程理论、女性主义课程理论等，然而它在繁花似锦的同时也逐渐暴露出理论高超而实践乏力、重批判轻建设等诸多弊端。在对现代课程研究的批判方面，后现代课程学者可谓颇有贡献，但对如何重建实际上并未提出多少可行性的方案。比如，多尔的后现代课程框架尽管相当迷人，但也是很理想化的，这样的课程不仅会让学生感到困惑，教师也认为难以胜任。因此，许多课程学者都提出了批评。曼若（Petra Munro）指出，“课程研究者有必要和教师及不同年级的学生在一起，而且参与到课堂中去，忘记他们所谓理论远景。我们的领域是由多样性来拓宽的，继续思考和质疑有关教育内容的假设是我们的工作，但如果一如既往地疏远教师、课堂这些实际教学生活，我们将难以立足”。[①] 因此，对一种具有真正操作意义的后现代课程理论的呼唤就成为课程研究者与实践者的共同期望。可以说，澳大利亚课程学者布莫等人所倡导的协商课程以其浓郁的实践品格，为我们提供了一种后现代课程实施的有效模式。协商课程在实施过程中强调协商学习而反对促动学习，其倡导者布莫与库克分别提出了不同的实施框架。这样，协商课程所代表的课程形态不再是教育情境之外固定而静态的知识文本，而是在教育情境中由师生共同创生的一系列“事件”，因而它对改造传统的机械主义课程与教学模式无疑具有重要的意义。

---

① MARSHALL，J D，SCHUBERT，W H. Turning Points in Curriculum：A Contemporary American Memoir［M］. New Jersey：Prentice-Hall，2000，pp. 238-239.

课程作为文化资本的话语构建机制*

课程作为文化的载体，它记录文化，同时也反映文化。当选择后的文化被以文化资源的形式储存下来并作为特定的知识被予以传授时，课程便作为一种“象征资本”或“信息资本”被予以认定，这种静态的文化资本形式反映的是课程的静态性。同时，课程还处在一个流通的过程中，当文化资本被传递并进行再生产时，课程就表现出它的动态性，课程的形成也就是静态和动态相互结合的产物，是文化资本生产、传递和转换的过程。

一、课程作为文化资本的意义

布迪厄在其著名的论文《资本的形式》当中，第一个完整地提出了文化资本理论。这个概念不仅描述文化与（资本）经济二者之间的关系，而且用来表示本身即作为一种资本形式的文化。[②] 也可以说是文化形式的资本。布迪厄把资

* 与罗生全合作。

② 陈燕谷：《文化资本》，《读书》，1995 年第 6 期。

本划分成经济资本、社会资本（社会关系资本）和文化资本三种形式。文化资本主要存在于知识与文化生产的领域，它是以教育资格的形式被制度化的，是构成社会符号力的基本条件。[①] 其内涵在于谁拥有更多的资本数量，那么谁就有可能在文化和知识场域中获得较高的地位，这样便会在此场域中争夺有利于提升各行动者地位的各种资本。由于不同个体具有不同的生活状况和社会、经济背景，由此，不同个人的文化资本含量也是不一样的。再加之经济资本的差异，其个体的文化能力也就不一样。在课程的形成过程中，这种不同导致了文本与读者、教师和学生之间的"趣味"差异，从而产生课程体系的不平等与各种区隔，也即不同主体之间的文化排斥和文化冲突。

课程是文化，但课程更多的是文化的载体。课程作为文化资本，首先在于是谁的文化资本在起作用，谁有权来选择文化。布迪厄指出，课程作为合法化的文化，是造成社会不平等的重要角色。因为课程是作为一种象征符号在从事再生产，文化资本拥有者通过文化资本隐而不彰的特征来获取一定的政治资本，从而获取课程话语权力，并用此获取相应的社会地位和经济待遇。这些资本拥有者，通过合法的课程话语权从事文化的生产，形成课程的静态话语形态，并通常以教科书及其相应的教辅材料和影像制品的形式表现出来。

其次，课程作为文化资本还在于处于弱势地位的文化资本拥有者对文化资本的被动接受。学历是人们进入现代社会的通行证，教育的多少、文化符号拥有量的差别，导致将人们划分为不同学识和能力的群体和个体。[②] 缺乏文化资本的学生，只有通过刻苦、勤奋学习而一点一滴地掌握、获取法定的文化资本，才能进入现代社会所框定的体系之中。学校及整个社会对学生发展状况的评定，主要是以学生对这种"文化资本"的"占有"水平为依据的。[③] 并将评定的等级予以制度化，也即对资格和文凭的占有。因为"学术资格和文化能力的证书起了很大的作用，这种证书赋予其拥有者一种文化的、约定俗成的、经久不变的、有

① 徐艳：《文化资本的占有与缺失——兼论知识分子社会地位的变迁》，《学术探索》，2004年第9期。

② 黄忠敬：《论布迪厄的课程文化观》，《外国教育研究》，2002年第3期。

③ 郝德永：《文化性缺失——论课程的文化锁定机制》，《学科教育》，2003年第10期。

合法保障的价值”。[①] 学生为了获取进入高一级学校学习的机会，就必须尽其所能地再制合法化的文化资本。但由于文化能力上的差异，课程这种文化资本与学生个体文化资本之间的差异，便造成了他们之间的区隔，使学生没有更多创造文化的能力和机会，不能实现资本的增值，也即没有同等的话语权从事课程的话语生产。

最后，课程作为文化资本是合法化课程权力的展现。文化资本有三种存在形式：“(1) 具体的状态，以精神和身体的持久‘性情’的形式；(2) 客观的状态，以文化商品的形式（图片、书籍、词典、工具、机器等)，这些商品是理论留下的痕迹和理论的具体显现，或是对这些理论、问题的批判，等等；(3) 体制的状态，以一种客观化的形式，这一形式必须被区别对待（就像我们在教育资格中观察到的那样)，因为这种形式赋予文化资本一种完全是原始性的财产，而文化资本正是受到了这笔财产的庇护。”[②] 这三种形式，分别可称作文化能力、文化产品和文化制度。文化能力以内在化为前提，是指通过教育，通过行动者的身体力行与对学习投入的时间，内化为自身的并成为精神与身体一部分的知识、教养、技能、趣味及感性等文化产物。文化产品是文化价值的体现，是课程的静态形式。其价值是由具有文化能力的个体根据其内化的文化内容赋予的，是一种物质存在，是可以传递的。体制化的文化资本是文化能力经过文化体制的资格授权后的存在形式。教育行政部门通过对文化制度化来干预控制文化资本，使文化资本成为一种标签，相应的文化资本的占有量便有相应的资格和证书予以证明，同时反映其社会地位。体制化的背后是权力，人们可以清楚地看到体制性权力的行为魔力，看到显露自身的权力和捍卫信仰的权力。换言之，即看到强迫别人接受“社会公认性”的权力。也就是说，课程是文化的制度化，学生对课程文本的学习是个体接受文化产品的过程，是体制规定[③]下的体现权力的合法化接受。

---

① 包亚明：《文化资本与社会炼金术》，上海：上海人民出版社，1997 年。

② 李全生：《布迪厄的文化资本理论》，《东方论坛》，2003 年第 1 期。

③ 朱国华：《权力的文化逻辑》，上海：上海三联书店，2004 年。

二、课程文化资本生产与再制的话语区隔

任何文化的生产，都是在一个存在客观关系的网络（场域）中进行的。课程话语的建构，就是文化资本的生产、传递与再制，是行动者（文化主体）在这个场域中遵循其游戏规则和运作策略的基础上，通过自身所拥有的文化资本数量行使其话语控制权的过程。一般说来，对资本的占有量越多，也就有更多的控制权，反映了场域内的利益与权力关系，维护着场域主体的最大化利益。一旦该场域内的权力和利益受到挑战，主体便利用文化资本对话语权的控制，以获取特定的社会地位并从中获得可观的经济资本为根本出发点，并利用所建构起来的文化等级来分隔其他的文化团体与个体，通过对符号权力的合法化处理造成被支配者的误识。

（一）课程话语生产场域的本质：权力、利益与不平等

课程话语是指课程主体通过对课程展开的言谈所形成的以文字符号呈现的事件或实例的文本，与对文本意义的解释过程中反映课程主体的态度、价值取向以及建构的意义。课程话语的特征，决定了课程话语的相对分离的三种形式：一种是以文本的形式出现的课程话语。它是话语的书面产品，即话语的事件及话语的实例。这是一种静态层面上的课程话语。一种是基于课程主体与文本的对话。它是对文本的意义进行解释的一种理解过程，并内化为自身的文化资本。一种是基于课程主体之间对话基础上对课程文化的再制。它通过对文化的理解和对文化资本的熟识与传承，透达课程主体在实践中所建构的意义。后两种是动态层面上的话语，是通过教师对文本的解读与结合自己的价值观与态度向学生传授基于理解意义上的文化，使学生在此基础上对文化再制。其中，对文本文化本身的熟识程度是衡量学生传承文化资本的重要尺度。

课程话语的形成是课程主体（也即在特定的课程话语建构的场域中的文化主体）在这个文化场域中的共建过程。文化资本的多寡，决定课程主体在课程话语建构场域中的权力与地位。文化资本越多的主体，越想通过自己的文化资本优势来获取更多的课程话语权，并以此来获取相关的经济资本与社会资本。从静态的课程话语到动态的课程话语，按照

布迪厄的文化资本理论，课程主体的文化资本拥有量呈递减的趋势。这种对文化资本的不平等占有，凝聚着社会的不平等关系，而且文化资本还具有使这种不平等关系合法化的“隐蔽和秘密”功能。但是，为了获取更多的文化资本并以此来获取更多的经济资本以及体制化的承认，处于文化资本底层的主体，不得不“误识”这种恣意性支配与被支配的权利关系，将其转变成一种甘于接受的自然关系并加以正当化。课程话语生产机制便通过资本的调控作用，将文化资本变成一种策略性的存在，贯穿在课程话语生产秩序之中。同时，课程话语的形成，也来自于场域外部的挑战，由于垂涎课程生产场域内可观的经济蛋糕，拥有一定量的文化资本的个体和团体为获取一定的社会资本与经济资本，挑战场域内部的游戏规则，逐渐进入并有可能取代场域内部的话语权威。这样，课程场域的内部和外部就因为文化资本在主体身上的排他性占有而形成不同形式的区隔。

（二）课程话语生产场域的确立及其封闭

任何一个场域说到底是受到元场——权力场、政治经济场——的制约。[①] 元场的变化，必然要求课程话语生产场域的变化。课程话语的生产，必须与政治经济的发展要求相一致。政治上对权力的划分形态，决定了课程话语生产权力的大致状况；经济上对利益的分摊机制，决定了课程形成过程中的利益分摊。话语生产的势力范围，首先由主流阶级所划定，决定有哪些具体的课程可以被行动者集团生产（一般来说，只有具备大量资本的团体才有能力与资格被选中）。在各自的场域中，由相应的行动者领导选取具有一定文化资本和经济资本的个体或团体来参与话语的生产。资本的不平等分布所导致的斗争，使各主体争相生产有价值的符号商品以取得在场域中的支配性地位。对符号商品的评判是由元场域主体——主流阶级——来实现的，其评判标准是根据对主流阶级的符合度来作出的。例如对某一门课程的审定，就是审查其文本内容是否符合由特定教育行政部分或其委托的单位与个人所制定的课程标准。而且只有通过这种体制化的确证，才能使所生产的话语得到一种约定俗成的合法化价值保障。

① 张怡：《文化资本》，《外国文学》，2004 年第 4 期。

课程作为文化资本积累的对象，可以将社会上各种文化资源集中起来，便于将文化资源具体化为受教育者自身的文化资本。这需要受到主流阶级的体制化保护，以保证实现优秀文化资源的传承并对其再生产。但由于占有文化资本的实际意义在于确保其稀缺性以谋取社会效益和经济利益，这样就导致了在一定体制框架内的课程话语场域的封闭性，场域内的主体所拥有的文化资本与外部的文化资本产生区隔，影响文化资本的正常流动和对域外优秀文化资源的积累与再生产。与此同时，不同的文化主体为赢得更大的社会和经济利益展开对课程话语权的争夺，使一些经济资本雄厚的主体更有可能吸引更多的文化资本，背离了文化资本积累的社会意义，产生不平等的积累机制，向着有利于某一些人或群体的方向偏移。

（三）课程话语生产场域内的多重区隔

课程话语相对分离的形式是由课程主体文化资本的多寡所决定的。它直接决定了课程话语在场域中的位置。三种课程话语形式，是依据文化资本分配话语权的体现。话语权的多少，直接决定了主体在场域中的客观关系（支配关系、屈从关系、结构上的同源关系等）。课程话语的生产系统，由于各生产主体的相互关系，形成了各类主体的区隔。具体表现为，生产静态课程话语的主体与对其文化资本传递与接受的主体之间的区隔，作为对文化资本理解的中介——教师——与接受和再制文化资本的实践主体之间的区隔。

课程话语生产的三种形式是由不同文化资本拥有量的类群体实现的，都是在一个大的话语生产场域中进行的。主体文化能力的大小，决定了一部分人是文化资本的生产者，一部分人是文化资本的传递者，而另一部分人却是文化资本的转换者。课程文本话语生产的目的，便是将体认的文本得以传递与再生产，通过主流阶级对文化能力的客体化承认，也即将个体依据文化能力所生产的文化内容予以产品化，并选择特定的文化产品——教科书及其相关产品如辅导资料或者影像制品——作为文化资本传递的对象。要对文化资本进行传递和再制，首先要有具备一定文化能力的个体；只有理解其文化本身的内涵，对其进行正确的解读，才能有传递的基础。相对于文本话语的生产者（教科书编制者）而言，传递者和再制者（教师与学生）的文化能力相对较弱。文化能力的差异，一方面使话语表达能力较弱，没有较大的发言权；另一方面表现为，不能全面理解文本话语生产者的意蕴。这种文化能力的差异，就导致文化生产者与文化的传递者和再制者之间的区隔，人为地将课程话语的生产系统相分离，仅仅将课程话语的生产视为对文化资本的复制。文化资本的体制化要求与社会优质资源的有限所形成的优胜劣汰的竞争形势，加剧了对丰厚文化资本的争夺。主流阶级通过文化资本制度化（如考试等形式）来评价个体的文化资本拥有量，并以此确定其社会地位。也就是说，谁掌握了更多的授权的文化产品，谁就能获取体制化的承认。其结果就是，在课程话语的实践场域被动地接受文本话语，便丧失了话语主动权。

教师与学生之间的区隔，主要表现在对文本话语的解读与其本身的文化能力大小上。当传递者有较高的文化能力时，他们能有效地理解文本的意图，有效地对文化资本进行加工。如果再加上有良好天赋的学生，也即有一定文化资本（一定文化能力的反映）的学生，那么在文化资本的传递中，他们就可以获取更多的文化资本，并有能力对其进行再制。相对来说，其间的话语区隔比较小，教师和学生可以进行更多的对话。但如果文化资本的差异较大，通常是教师比学生拥有更多的文化资本，教师也就有更多构建课程话语的权力，在对文本的解读与再制方面比学生有更强的文化能力。处在文本、教师与学生多重对话的领导地位，是实践场域的“统治阶级”。经过教师文化能力过滤后的话语，只有通过学生对大量的时间消费才能内化为学生的文化能力，进而积累文化资本，也才有展开与教师和文本的对话基础。这种不平等的文化能力，导致了实践场域中教师和学生的话语区隔，即不是在同一文化能力层面的对话，学生对课程的言说，也只能是在教师的领导下或控制下如何有效掌握文本话语，学生便处在文本与教师的双重控制之下。

三、课程文化资本的话语建构策略

课程文化资本的话语建构所反映的权力关系及其蕴含的不平等关系，存在于任何社会形态。它既是必需的，也是不可避免的。任何社会形态，都需要用体制来保障文化的合法性；文化的合法性的建立，永远与权力支配关系的合法性有关。[①] 课程作为文化的反映和本身的文化性是制度性的产物这一事实，使课程话语的生产是一种合法的生产，是主流阶级赋予主体权力的话语构建。我国课程改革是在分权基础上进行的，重新建立了文化的合法性。三级课程管理体制的建立，产生了新的不同的课程话语生成场域。例如，地方课程开发体系中，地方对各类或各门课程的规定，对每一类课程形态或课程科目的权力划分，实质上是规定了其文化生产的合法性，使课程主体在各自的场域中行使自己的权力，生产文化。

（一）建立合理的利益分摊机制

课程所表现出来的静态性和动态性是人为分割的。除了文化资本传承和再制的固有特性外，分割主要在于静态的课程话语生产具有很大的经济利益，课程主体可以利用文化资本的优势赚取权力，并在对文本的生产中获取一定的社会资本和经济资本。权力与利益的挂钩是课程话语生产的必备条件。没有权力和利益，就没有其生产的外部动力。但任何对资本的无序争夺，都会带来权力的失调和利益的失衡。如果对权力和利益的过度，必然会导致话语生产的极大不公平。话语权的无序分配，就会导致文化生产的虚化。文化资本拥有主体之间对话语权争夺所产生的区隔，会演化成一种仅仅对权力的争夺，进而对利益的过分追求而形成文化壁垒，导致课程话语的支离破碎，无法形成文本话语思想的完整性、科学性。

文化资本的稀缺性需要体制化和合法化。文化资本与经济资本转换的事实，注定应给予主体合理的经济利益，要避免因单纯将文化资本作为获取经济资本的工具，须规范课程话语生产场域的利益分摊。例如对某一门具体的课程开发，须明确课程开发主体的具体权力，细化权力的类别，建立权力的制衡机制，避免课程权力的过度集中。同时还须加强对课程权力的领导，避免权力主体之间的相斥而发生内耗。对课程主体权力的明确，也就体制化了文化资本，从而课程主体可以合法地获取经济利益。但经济利益不应是课程话语生产的出发点。利益是一种补偿，

---

① ［法］皮埃尔·布迪厄，［美］华康德：《实践与反思——反思社会学导引》，李猛，李康译．邓正来校，北京：中央编译出版社，2004年。

在利益获取时，应贡献和奉献自身的资本，应建立资源信息库，实现资源共享。

（二）构建课程话语主体互动平台

文化资本的稀缺性决定了参与课程话语建构主体的有限，只有少量具备一定文化能力和经济能力的个体才能言说课程，也只有这些主体才能得到体制的确认。这种只看到文化资本的稀缺性，使课程话语生产领域产生了真正的分离。由此，课程话语生产场域一旦确立，就成为一个相对静止的工作坊，课程主体按部就班地各自按照既定的方针、步骤行事，不仅造成文本话语的僵化、悬置与封闭，而且造成文本与实践的对立，易将课程单纯演化为工具化的控制模具。从资本的含义上讲，文化资本是个体脑力劳动的积累，并是社会劳动的不可分割的组成部分。正是这种社会性的劳动积累，造就了社会可共享的文化资产；另外，个体只有在与他人的互动中才能产生文化的需求，才能接受文化，才能影响整个社会文化。

文本生产和实践生产是课程话语生产的完整系统。因此，应摒弃单纯将课程话语生产场限定在文本话语生产的认识和做法。课程话语建构是互动的结果，不是对文本话语的准确解释和不加再制的传承。文本生产主体和实践过程中的主体，统一于话语建构系统中；文本的话语生产，离不开实践过程中的文化再制。也就是说，整个话语系统建构中的主体不是各自为政的，而是相互渗透、相互转换的。现实中的课程话语的相对分离，不能成为话语建构中主体的实在分离的依据；但由于分离现实的制度性存在，我们也不能将其全部打破而重新建构一种新的制度。鉴于此，在制度的根基下构建一种新的体制便显得尤为重要，实现主体的流动是其根本之举。参与文本话语建构的主体，不应只是文化资本多寡的表征；它既要纳入课程话语场域中实践环节的课程主体来共同探讨其话语体系，也要采取一定的措施将场域外的一些有课程表达意愿的个体或团体纳入进来。通过课程话语建构的主体之间的流动，可以扩大课程话语建构主体的来源，实现主体的多元化，将课程话语的建构场域建设成一个开放并充满活力的架构，从而避免因文化壁垒而带来的文化霸权，实现课程文化的社会性建构。

（三）提升实践场域话语生产的权力和能力

课程话语场是一个有差异的系统，是力量关系——不仅仅是意义关系——和旨在改变场域的斗争的地方，因此也是无休止的变革的地方。文本话语生产场和实践生产场是整个场域中的子场域，并可分割成不同的阶段。每个子场域都有其自身的逻辑、规则和常规。相对于文本话语生产场，实践场域中的课程主体，由于其文化资本处于一种"被统治者"的地位，在权力的争斗中往往处于下风，只能接受由文本话语生产场域具有合法性的符号暴力，接受其普遍一致和普遍适应的强制性规范。文本话语与实践话语的区隔，导致了理性与经验的二元对立，通常将文本话语视为一种"逻各斯"（logos），从而与实践相对（praxis）。这实际上忽略了文本话语场与实践话语场都处在课程话语场之中这一前提，它们都是课程话语场中相互关系的表现，都对课程话语的建构有着相同的地位和作用，"没有理论的具体研究是盲目的，而没有具体研究的理论则是空洞的"。由此我们应打破因文化资本的多寡而导致的子场域之间的对立，有意识地提升实践场域对文本场域的促进和推动。

教师和学生是实践场域课程话语的主要生产者。文化资本的身体化形态，也即文化能力的相对不足，是充分发挥课程话语权的主要障碍；但没有他们与文本话语之间的对话，课程话语只是一个躯壳，只是平常意义上的静态文本，没有血液和灵魂。如何赋予他们更多的课程话语权和如何将他们所生产的课程话语真正作为课程话语体系中的一个有机部分，便是规避区隔的有效策略。课程话语系统是体制化的结果，也就是说，我们应借助体制的力量进行赋权增能，给予更多课程话语生产的空间。

课程知识与社会意识形式*

如果说课程知识是人类公共知识和学习者之间的中介面，那么，这一中介面的形成就是社会、历史、文化及主体建构意向等社会成分与人类公共知识相互作用的结果，这使得社会成分渗透进课程知识的实质结构里，成为课程知识本身不可或缺的构成元素。

课程知识与社会意识形式之关系的考察旨在分析社会意识对课程知识的改造和渗透能力所导致的课程知识成分的变化。可以说，课程建构活动就是人类公共知识社会意识化的过程，以期课程知识能反映人类基本的价值规范、行为理念、伦理信仰等形而上学品质。

一、课程知识的社会心理构成

社会意识形式生成的源泉是社会心理。社会心理是人类群体长期以来在日常生活和相互交往中自发形成的、不系统的、不定型的社会意识，表现为动机、意愿、情趣、信念、风俗、习惯、

* 与李殿森合作。

礼仪、规范、心理品质和行为定型，是朴素的初级社会意识，它以情感认知为纽带，弥散地充溢于人们的生活空间。社会心理是一个群体社会特性的核心成分，它的出现标志着一个稳定的区域生存群落的形成。因此，社会心理也可以看作是不同社会群落各自独有的社会生存风格。尽管社会心理根植于民间市井，但它是族群传统的生命力之所在，为一切人类文明及高级社会意识的生长和发展提供不竭的情感资源和心理动力。

课程知识传承人类文明，并革新、继承、存续和发展着民族传统。作为"为往世继绝学，为万世开太平"的社会文化递质，它除了从公共知识那里汲取适应生活的知识外，还要从社会心理中汲取有益的精神养料。课程知识只有扎根于社会心理的沃土之中，才能实现课程乃至教育所具有的化民成俗的教育使命。

当人们质疑学校课程知识的科学理性霸权和技术主义垄断，哀叹文明素养和文化传统的式微时，作为改进和推动社会进步的观念力量的教育有推卸不了的干系，课程知识更是难辞其咎。向来，课程构成似乎就是科学知识的缩影，课程品格似乎就是工具理性的张扬，课程价值似乎就是功利效用的展示，课程信念似乎就是"知识人"的诞生，诸如此类的课程理念都在日渐远离、忽视着作为一切文明之根基和生长点的民族心理力量。弘扬民族传统文化应当从弘扬民间习俗开始[①]，民间信仰、民间宗教、民间礼仪、民间风俗等都是有待于上升为民族文明成果的初级形式，课程知识的精神和灵魂即在于此，限制甚至遏制它们，民族文明也就如无本之木了。

"训古以通今"不仅是一条治史之道，也是课程研究的方法论原则。上溯中国古代课程知识体系可以看到，绵延几千年的中华文化虽历经朝代兴衰却仍然年华依旧、存续不绝。众所周知，古代封建帝国很早就与世界其他国家开展了广泛的贸易与文化交流。自东汉以来，西来佛教的文化移入并没有削弱本土文明的鼎盛，相反却使异族文明有机融入了中华本土文脉之中，成了外来的源头活水。因此，将本族文化的个性失落

① 布鲁诺·拉图尔：《实验室生活：科学事实的建构过程》，北京：东方出版社，2004年，第40页。

归咎于异族文化的冲击是没有任何道理的。中华文明得以代代存续下来，究其原因，中国古代始终置中华民族固有的心理情感于课程知识构成的核心地位，把反映坊间社会和市井阶层的价值规范、生计风俗、人际礼仪、民间宗教、心理信念、乡间仪式、神话典故从“明明德、新民、至善”的高度有选择地注入课程知识体系之中，既构成了中国古代课程的核心知识，也被用做筛选课程知识的尺度。“兴”、“观”、“群”、“怨”构成“删诗”、“选诗”的标准，“兴礼仪、观得失、和乐群、刺时弊”是古代课程知识建构的基本功能定向，不学之无以立。

当今时代虽古风不存，我们也不会重返诘屈聱牙、子曰诗云的古远教育记忆里去钩沉现代课程的价值取向，但只要人类社会存在，就有维系人与人之间的原始但强有力的社会心理纽带的存在，并且永远是萃取、积淀人类文明的基本素材。

当前，课程传统文化品性的缺失，在于忽略了这样一个公理：群体灵魂（社会心理）在任何群体中都是自“下”而“上”地发挥作用的。[①] 群体灵魂属于社会心理领域的产物，是自发的集体表现，是习惯性或半习惯性的，诸如神话、童话、民间俚语（包括民族语言）、民间歌谣、民族宗教、习俗、民德、民族服饰，都浸透着特定的群体灵魂。寻找逝去的课程传统文化品性，只能整理、吸收流传在民间的基层群体的集体生活方式。一直以来，课程建构似乎过分专注于高尚的、理想的精英集团的文化理念，试图自“上”而“下”地教化臣民、感化众生，这实际上是混淆了课程知识的“社会心理成分”（群体灵魂）和“社会意识形式成分”（群体精神）在塑造民族文化个性上的功能差异和作用方式的不同。重视课程知识的社会心理构成，将民族化的社会心理要素（神话、童话、民间俚语、民族语言、民间歌谣、民族宗教、民间信仰、仪式、习俗、民德、礼仪、民族服饰）和养分吸收到课程知识中来，有两条试验和探索的途径。

一是独立设科。开设反映民间或区域社会心理风情为核心知识的民间文化课程，这可以在两个层面上实施：一是作为全国统一的课程门类以发扬民族心理、存续民间文化；二是可以作为乡土课程，成为具有地

① 马克斯·舍勒：《知识社会学问题》，北京：华夏出版社，1999年，第62页。

域特色和民族个性的本土知识。

二是融合课程。从一般的课程理论角度自觉地将社会心理成分纳入课程知识的内在结构中，使其成为课程构成的必要元素，以改变课程知识的社会心理构成的缺失。这也发生在两个层面：一是国家课程中对民间社会心理内容的融合，体现课程的“中国作风和中国气派”的民族灵魂；二是地方课程或学校课程对国家课程进行的本土社会心理化改造和重构，体现课程的地缘群体灵魂。在保证国家课程的基本宗旨和知识结构的前提下，从话语表述、文本结构、命题陈述、图表绘制等方面入手，以社会区域风格和本土人民喜闻乐见的形式，反映地域风情和民间情调。所谓课程的科学人文性，就是“以建立在科学理性之上的，并用人文精神来规范、统领科学，从而实现科学与人文彼此关照、相互包容，最终达到二者协调统一”。①

当然，社会心理毕竟属于群体意识的初级范畴，是以感性和感情为基础的不系统、自发的初级社会意识，有一定程度的“小国寡民”的狭隘色彩，在一定程度上培养了人们安于现状的保守心态，且由于其原始也就必然有一些不合时宜。古人充分认识到了社会心理的这种消极特性，因而提出以“明明德、新民、止于至善”为教育的最高理念，并以之为“三纲”来统摄、筛选、组织纳入课程体系的社会心理内容，并适时地上升到系统的高级文明形态，这就是课程知识所表征的社会意识形式构成。

二、课程知识的社会意识形式构成

除了社会心理，社会意识的另一部分是社会意识形式。社会意识形式是在社会心理的基础上，经过理性化、系统化、概念化，以一定学科形态表达的思想观念形式，如政治、法律、哲学、宗教、伦理、艺术、科学等均属社会意识形式。社会意识形式以社会心理内容为原始素材，去除其零散的、非理性的成分，加以系统组织、演绎、形式化而形成观念体系，是对朴素社会心理的理性升华和理论概括，是人们认识世界的

① 靳玉乐：《新课程改革的理念与创新》，北京：人民教育出版社，2003年，第43页。

高级形式。社会意识形式的总和构成了人类公共知识的核心。

（一）社会意识形式与意识形态的关系

为了正确认识社会意识形式与课程知识之间的关系，有必要澄清社会意识形式与意识形态之间的关系。意识形态是某一群体或集团认识和解释世界的方式及由此形成的观念体系，是对社会存在的内容表征；而社会意识形式则是体现社会意识形态内容的途径和方式，是对社会存在的形式表征。由于思想和观念体系有些是某一群体特有的，有些是全人类共有的，所以，所有意识形态都有相对应的社会意识形式，但所有社会意识形式并不都带有意识形态色彩。依此可以将人类公共知识（或学科）划分为两类，一是反映一定意识形态的门类，如哲学、宗教、政治、法律、伦理等社会意识形式，是人们作为一个“民族”的认识成果，带有本土民族的文化个性，强调价值规范本位；二是不反映特定的意识形态的门类，如数学、自然科学、逻辑学等，它们是相对独立于意识形态的社会意识形式，为全人类所共享，是人类群体在“类”层面上的集体精神成就，蕴含着人类普遍通用的智慧成果，强调逻辑理性本位。当然，随着课程知识社会学研究的不断深入，意识形态知识与非意识形态知识的传统界线与划分正在发生着变化，传统意义上游离于意识形态控制之外的知识如今也抹上了意识形态的色彩。①

（二）课程知识的意识形态性与非意识形态性

课程知识是人类公共知识的选择和重构。公共知识是以社会意识形式的面貌出现的，部分是意识形态的表达形式。因此，单从构成上看，说某类课程知识是负载着意识形态的，恐怕不会遭到太多的质疑。现在的问题是，课程知识中意识形态成分与非意识形态成分的构成比例如何分配才能保证二者平衡，达到课程结构要素的优化配置，以充分发挥意识形态成分的规范力量和非意识形态成分的理智价值，更好地实现课程知识的双重功能。如果处理不好二者的关系，课程的意识形态功能就会失去其规范和价值导向作用，同时也会削弱非意识形态知识的价值。因此，课程决策者或课程学家要充分认识到课程知识的意识形态价值的有

① 像科学、语言学这样的传统上的非意识形态学科，也已经进入了学者的意识形态研究视野，尤其是伯恩斯坦的社会语言学研究。

效性和有限性，既不能无视课程知识的任务而拒斥或歪曲非意识形式知识的选择、组织形式及呈现方式，从而无限放大意识形态知识的社会价值和课程学意义，凌驾于课程知识自主规律之上，也不能夸大非意识形态课程知识的教育力量，妄图建构超越具体社会和历史状况的普适性课程。

课程知识演变史已经证明了理智知识的非意识形态性及其对人类文化的创生价值。只要世界文明存在，就需要那类“为知识而知识”的课程内容。不同类型的人类公共知识转化成课程知识的方式是不同的，如何最大限度地将人类知识所具有的社会意识形式力量转移到课程知识之中？实证的科学知识存在清晰的、简洁的学科结构，将最有代表性的学科结构（基本的公理、定理、原理、概念、命题、探究范式等）提取出来组织成课程知识的形式即可。但哲学和社会科学知识却是很难或者不能结构化的，将它们转化成课程知识的方式有很多，如转述式、纲要式、节选式等，这些组织课程知识的方式的弊端日益显现出来，最主要的是课程知识价值的衰减。例如纲要式课程文本对原生态知识进行意识形态的剪裁，致使它对人的智力发展的作用大打折扣，甚至荡然无存。纲要式文本使一个学生习得的不是伟大作家的伟大作品本身，而是该作品的中心思想和写作特点！试想，这种避开了与经典作品的直接接触、体悟，而只记诵反映“理念的影子”的纲要式知识，只能远离真理，那么，课程知识力量的发挥程度和学生心智发展的前景可想而知。

就课程知识的意识形态属性而言，不能把课程知识看作是意识形态控制的中介，这是“新教育社会学”和批判理论学派的看家命题。尽管该学派从马克思主义意识形态学说那里获取了理论灵感，但却没有全部领会和正确运用马克思的意识形态观和社会结构分析法。按知识社会学的分析立场，[①] 意识形态有两种形式，在两个层面上以不同方式对课程知识发挥作用。第一，意识形态指某个群体或个体所持有的观点、主张和一组思想内容，仅在心理层次上起作用，称之为意识形态的特殊概念，即特殊意识形态；第二，意识形态指某个时代或某个具体的历史时期某个社会集团的总体世界观、整体思维结构的特征和组成、思想体

① 卡尔·曼海姆：《意识形态与乌托邦》，北京：商务印书馆，2000年，第56～60页。

系、经验模式和解释模式，在精神层次上起作用，称之为意识形态的总体概念，即总体意识形态。两种意识形态是可以转化的，当特殊意识形态反映的某一群体或个体的观念主张和思想内容上升到党派或社会集团的视角，开始与该党派或社会集团的思维结构、解释世界的图式、总体世界观相一致时，就转化为总体意识形态。由此看来，影响社会发展和变革的思想力量是总体意识形态，而不是个体意识形态。

由于课程知识，乃至整个学校教育系统自身的特殊性，只能局限于对社会意识形式（如哲学、宗教、伦理）进行观点表述和具体内容的取舍，使得课程知识仅仅能达到特殊意识形态的层面。思想体系的内容方面（实质方面）构成了课程知识的主体结构，而这只能影响或塑造学生的特殊意识形态观。若超越于此，期望仅仅依靠学校课程塑造学生的总体世界观、思维结构和认识模式，发挥总体意识形态的作用，从而直接作用于变革社会的目的，恐怕是学校课程自身所不能胜任的。“教师不是先知，对于那些终极价值、终极发展，教师和学校都不是可以完全信赖的‘万能钥匙’。”① 个体所持有的思想内容、思维方式与其所属群体的思维结构是一致的，一个人的主导思想永远是他所处的社会文化情境塑造的。例如，虽然受过相同的学校教育，但来自城市和乡村（或不同阶层）的学生在世界观、看待问题的方式、坚守和信奉的价值观、人生观，在描述和解释世界的思维模式方面确有很大的不同。所以，不是学校，而是社会文化状况造就了人的思考方式。教育在改造个体世界观和价值观，在改造人们认识和解释世界的模式方面（总体意识形态）所起的作用也许真的很有限。这可能是改造主义课程哲学之所以遭遇实践挫折的根源所在。

（三）关于课程知识的社会意识形式构成的反思

从课程知识的社会意识形式构成来看，有两点值得我们反思。

1. 课程知识意识形态性的体现遵循意识形态教育本身的特点和学校教育功能的有限性。在意识形态的特殊概念和总体概念的基础上，笔者提出意识形态的第三个概念：“人类意识形态”，它不是反映某一个体或群体的思想主张和态度（个体意识形态），也不是反映某一党派或社

① 石鸥：《从学校批评看学校不能承受之重》，《教育研究》，2002 年第 1 期。

会集团甚至民族的世界观、思维方式和观念体系（总体意识形态），而是代表了全人类所持有的基本宇宙观、价值信仰，是任何种族和民族的人民共同珍视的规范和信念体系，在“类”的层面上发挥作用。“人类意识形态”使作为一种文化材料的课程具有了“人类相关性”，[①] 是符合人类希望的走向。基于这一理解，课程知识就是人类思想发展进程中积淀起来的文化经验，按其在社会进化史上的时序加以浓缩和排列而形成的、具有复演人类理智演化进程的文化递质。课程知识的建构必须依据不同层面的意识形态类型关注到不同领域，即个体本位的特殊意识形态，集团本位的总体意识形态，世界本位的人类意识形态。也正是从这个视角，我国课程建构要考虑中华民族特性和人类共性的关系。课程知识具有意识形态性，这是毋庸置疑的。课程的“意识形态化”功能虽然很大，但并非无限，课程知识并非在任何时空内、任何条件下都能发挥意识形态辩护和思想塑造力量，对课程意识形态教化功能的绝对依赖，只会使我们离“身心既善且美”的教育目标更远。课程知识应是三种意识形态的兼得，做到在不同的社会条件下有所侧重，并随着社会发展状况的变化适时调整三种意识形态在课程知识中的权重，这一点很重要，若处理不好，会削弱课程知识的社会教化力量和理智训练价值，甚至适得其反。

2. 课程知识的社会意识形式构成的选择原则必须坚持“取法乎上”。古人云：取法乎上，仅得其中；取法乎中，风斯下矣。课程知识的选择取法要严，立标应高，要想得到良好的表现，就要取法上乘标准；若是只取法于中乘标准，那就会得到下等的表现。与社会心理属于群体灵魂范畴不同，社会意识形式属于群体精神范畴。群体精神是人们有意识地、自觉地表达某种意向的集体表现，诸如法律、哲学、艺术、科学都是群体精神的体现，属于社会意识形式领域的产物。群体精神只有通过个体性的代表才能表现出来，它是由个人性的领导者、典型的个人决定的，而且就最初的内容、价值观、目标以及方向而言，它无论如何是由少数人和某种精英决定的。群体精神（甚至民族精神）在任何群

---

① 弗·兹纳涅茨基：《知识人的社会角色》，南京：译林出版社，2000 年，第 8 页。

体中则都是自“上”而“下”地发挥作用。① 课程知识的社会意识形式构成上必须“取法乎上”，取范上乘的优秀经典、原典，才能发挥课程知识塑造一个民族群体精神的功能。

笔者的主张是，尊重哲学、宗教、文学、语言、艺术等社会意识形式领域本身的学科特点，因为，与科学实证知识不同，这些知识更属于“文化”领域（而不是“文明”领域）。文化的传播和教化作用的实现始终源于“数量较少”的个人——文化精英、先驱者、圣哲。由于众所周知的精神感染律，即由于有关有意无意的模仿的法则，这些人接下来就会受到“数量较多的”人的追随，一种文化正是以这种方式传播的。② 因此，将“数量较少”的个人的原创知识纳入课程领域是保存其内在生气和力量的关键所在。我国古代课程知识的建构和组织原则是把圣贤的原创作品直接作为学生面对和研习的文本。读书就是在与先哲对话，是名副其实地登上了巨人的肩膀，而不是站在巨人面前的土堆上。如果说，今天的课程文本体例是纲要式的，那么，古代则是原典式的。科学知识可以公式化，但伟大的思想是不能通过剪裁和压缩装入口袋的，唯一的办法是直面“它”，去沉思和领悟。

① 马克斯·舍勒：《知识社会学问题》，北京：华夏出版社，1999年，第62页。
② 马克斯·舍勒：《知识社会学问题》，北京：华夏出版社，1999年，第7页。

课程知识的客观表征与主观建构*

在学校教育活动中，课程知识的传递与认识主要通过课程知识的客观表征与主观建构活动来执行，而有效地传递与认识课程知识，关键在于改善课程知识的客观表征与主观建构活动的品质。因此，分析课程知识的客观表征与主观建构活动需要解决的主要问题，探讨高品质的课程知识的客观表征与主观建构活动必须达到的要求及其实现的有效机制是值得研究的课题。

一、课程知识的客主同一问题：学校教育的难题

在学校教育活动中，课程知识的基本属性制约着课程知识的客观表征与主观建构活动的行为取向。从课程知识的基本属性的视角可以揭示高品质的课程知识的客观表征与主观建构活动必须面临的问题或达成的目标。

* 与董小平合作。

（一）课程知识的双重属性：主观内容与客观形式

“课程知识”这一指称包含了两个基本事实：一是作为教育性经验的知识是人类已经获得的认识成果；二是作为教育性经验的知识是学习者的认识对象。第一个事实彰显了课程知识的内容的主观性，它是知识作为人类的精神产品所规定的。在传统的观念中，知识被倾向于看作是“证实了的真的信念”①，尽管这种知识观在后来受到诸多质疑，甚至把知识看作是具有不同程度的可靠性、确定性或说服力的信念集合体，但知识作为信念仍是不能动摇的基本共识。既然知识是信念，那么它就必然“遗传”信念的基本属性。罗素认为，信念是“身体上或心理上或者两方面兼有的某一种状态”，② 休谟则从发生论上揭示了该状态的本质，即主体产生了“和先前一个印象关联着的或连接着的一个生动观念”，并同意、相信或肯定这个观念。③ 从信念的这种产生来看，它是人类精神活动的产物，而作为精神活动的产物，它的内容在本源意义上具有主观性。知识作为一种特殊信念，也是人类精神活动的产物，其内容的主观性也就成为其重要属性，而课程知识作为一种特殊知识，也必然兼具知识的这种重要属性。课程知识的内容的主观性意味着课程知识在产生之初主要存在于生产者的意识中，很难被其他认识主体直观地感知到。但在教育活动中，是否体验到课程知识的主观内容是认识主体是否真正地认识到课程知识的判断标准。因此，仅仅就课程知识的内容的主观性而言，在教育中必然存在难以传递与认识的困难。

第二个事实彰显了课程知识的形式的客观性，它是由课程知识作为主体的认识对象所规定的。课程知识必须在知识的生产者、教授者和学习者之间流动，但那种依附于创生主体的主观内容无法活生生地实现这个过程，它必须借助可被他人感知的客观形式来脱离创生主体，实现自身的独立性。当课程知识获得客观形式之后，它就可以独立地存在于意识经验世界和物理世界之外，成为由言说、书写或印刷的各种逻辑内容构成的“客观知识世界”④。这种客观知识世界能够独立地成为认识对

① 胡军：《知识论》，北京：北京大学出版社，2006年，第66页。
② 罗素：《人类的知识》，北京：商务印书馆，2005年，第126页。
③ 休谟：《人性论》，北京：商务印书馆，2006年，第112～117页。
④ 波普尔：《客观知识：一个进化论研究》，上海：上海译文出版社，2005年，第83～140页。

象，并能争取“如其本身所是”的那样用同一种形式独立地呈现给所有的认识主体，进而供他们感知和认识。课程知识的这种特性使它有别于笼统称谓的一般知识。就作为一般知识来讲，只需满足主观内容的条件，无需苛求客观形式的条件；而课程知识则不同，由于它存在的目的就是被主体认识或在主体间流动，因而必须同时满足主观内容和客观形式的双重条件。然而，尽管课程知识的客观形式在特定的条件下能被其他认识主体感知到，但并不直观地显现课程知识的主观内容，而是仅仅指称这种主观内容。因此，通过课程知识的客观形式，认识主体同样不能直观地感知到课程知识的主观内容。

（二）课程知识的教育难题：知识涌现的客主同一性

课程知识的首要目的同课程知识的基本属性相结合，就能明确课程知识的教育活动所遇到的困难所在。课程知识的首要目的不是再生新知识，而是要让学习者“如其本身所是”的那样来认识它，这是教育活动必须达成的基本目标。教育活动要实现这个目标，就必须基于主体的认识规律，着眼于课程知识的基本属性——内容的主观性与形式的客观性，通过优化这些属性来提高课程知识的教育品质。其实，从主体的认识规律出发优化课程知识的基本属性，就是要使课程知识的主观内容与客观形式具有同一性，即课程知识的客观形式能以被学习者认可的方式向学习者指称课程知识的主观内容，而学习者只需通过感知课程知识的这种客观形式就能准确地体验到课程知识的客观形式所指称的主观内容。然而，由于课程知识的客观形式与主观内容之间并非是直接同一性的关系，而是一种人为的指称关系，因而使课程知识的主观内容与客观形式具有同一性也就成为一个教育难题。

事实上，教育要解决这个难题，就必须既把课程知识看作一种纯粹的客观世界，即不仅表现形式是客观的，其表达内容也是客观的；又把课程知识看作一种认识主体的产物，是主观建构和创生的结果。对课程知识的这种辩证假设既有助于把课程知识的主观内容“如其本身所是”的那样呈现给所有学习者，又有助于学习者“如其本身所是”的那样感知和建构它，并在主体间相互印证它，从而真正达成它的客观形式与主观内容的同一性。在具体的教育实践中，这种状态的实现主要在两个具体的转变过程中完成：一是课程知识从主观内容向客观形式的转变，即课程知识的客观表征过程；二是课程知识从客观形式向主观内容的转变，即课程知识的主观建构过程。事实上，教育要在这两个转变过程中实现课程知识涌现的客主同一性，还必须依赖于这两个转变过程的有效机制。

二、课程知识的客观表征：在公共维度的实现机制

课程知识的客观表征是课程知识的主观内容获得客观形式的转化艺术。通过这种转化，课程知识能够在外在世界中被其他认识主体感知到，从而能够作为其他主体的共同认识对象，这里可以把课程知识的这种状态看作是课程知识在公共维度的实现。在教育实践中，课程知识的这种转化需要借助一种符号系统——语言，语言本身是能被认识主体感知的客体，其主要由视觉和听觉符号系统构成。视觉符号（主要指文字符号）在书写（印刷、书面）的作品中运用，如果用它尤其是文字符号来表征课程知识，就是课程知识的文字表征，并形成书写的课程知识。听觉符号主要在活生生的言语行为（或口语活动）中运用，因而又可以将其称为言语符号，如果用它来表征课程知识，就是课程知识的言语表征，并形成言说的课程知识。

（一）课程知识的文字表征：一种书写的课程知识

在人类历史上，运用文字符号来表征知识经历了长期的发展过程，并已成为表征课程知识的主要手段。这种行为作为人类教育的特有现象，是人类理性发展的产物，其中隐藏着人类对以下两个问题的基本假设。

第一，表征课程知识的文字（以下简称课程文字）能够忠实地指称课程知识的主观内容即课程的意义吗？这种质疑要求人们深刻地反思课程文字与课程意义之间的关系。如果课程文字能够忠实地指称课程意义，那么课程知识的文字表征是可行的，反之，课程知识的文字表征必然成为教育病症之源。事实上，文字与意义之间并非一种直接同一的关系，也不是一种自然的联结关系，文字仅仅是人类有意识地创造出来记

录言语的符号，它是言语的派生物。[1] 萨丕尔进一步指明了这种关系，他认为文字仅仅是言语的副产品，它如同言语的“流通货币”，除再现言语之外没有任何其他价值。[2] 所以，课程文字与课程意义之间也仅仅是人为给予的“任意性”关系，它们具有相对独立性，这就使得课程文字对课程意义的忠实指称需要依赖于一定的人为条件。

第二，课程文字忠实地指称课程意义依赖于哪些人为条件？从课程文字与课程意义要建立一种忠实的指称关系来看，有些人为条件是必要的。首先，特定文字与特定意义之间具有稳固联结。课程文字是不在场的知识生产者的“代言人”，其作用是再现后者言语指称的意义，只有特定文字与特定意义之间建立稳固联结，特定文字才能在认识主体中唤起特定意义。其次，特定文字与特定意义之间具有普遍联系。只有特定文字与特定意义在不同的认识主体那里具有普遍认同的关系，才能确保同一课程文字在不同主体那里唤起同一课程意义。最后，文字符号的运用遵循着共同的规则。语言是一种社会“契约”，它在约定不同符号指称不同意义的同时，也约定了运用符号系统进行交际、表达、推理、论述、描写等的规则——语法，从而提高主体间话语的可解读性，运用课程文字来指称课程意义就必须遵循这种语法。

尽管人为地运用文字符号来表征课程知识对于课程意义的准确传达具有不可预知性，但所书写的课程知识却具有特定的优越性。一是从时空特性来讲，它在传播过程中不受时空的限制。二是从教的特性来讲，它更适于有计划、有组织、有目的、有标准的知识传播活动，能对所有的知识进行筛选与分门别类，并形成结构化、系统化的课程知识，然后进行分配。三是从学的特性来讲，它能根据需要反复地呈现给学习者，直到学习者领会、理解其指称的课程意义为止，从而更方便学习者对知识的领会和建构。

（二）课程知识的言语表征：一种言说的课程知识

运用言语符号表征课程知识先于运用文字符号表征课程知识，几乎教育活动从何时开始，前者就从何时起源。从学理上讲，这种行为同样

---

① 德里达：《论文字学》，上海：上海译文出版社，2005年，第14页。

② 萨丕尔：《语言学：言语研究导论》，北京：商务印书馆，2007年，第18页。

隐藏着人类对以下两个问题的基本假设。

第一，表征课程知识的言语（以下简称课程言语）能够忠实地指称课程意义吗？要回答这个问题，就需要首先明晰言语与意义之间的关系。言语中心主义认为，言语与心灵之间有着本质的、直接贴近的关系，而意义只不过是心灵对自然的直接指称以及与逻格斯之间的符号化关系的反映。[①] 萨丕尔的观点也支持了言语与意义的这种关系，他认为：言语是思维的载体，思维是最高级的、潜在的言语内容。[②] 根据该观点，意义作为思维的对象，它其实就是最高级的、潜在的言语内容，而言语也就成为意义生成的直接载体。言语与意义之间的这种共生关系或一体两面关系是在人类进化史中逐渐形成的，它为采用课程言语忠实地指称课程意义提供了重要基础，但教育实践也同时表明，该基础要有效地发挥作用还需依赖于其他条件。

第二，课程言语忠实地指称课程意义还需依赖什么条件？就课程言语指称课程意义的先在基础能发挥作用来讲，课程言语要忠实地指称课程意义还需依赖具体的语境。首先，教授者与学习者必须同时在场。其根源在于言语依附于活生生的主体，且具有语音性，它根据物理特性向所有方向传播，在传播过程中会有能量耗损，因而接收者只有在适当的听觉范围内和时间范围内才能知觉到这个信号。其次，教授者的课程言语要适应学习者的言语能力。现代神经心理学与心理语言学研究表明，人的言语能力的发展具有明显的年龄特征。[③] 因此，课程言语只有适应不同年龄阶段的学习者的言语能力，对学习者才具有教育性意义。最后，教授者要深刻地理解和有效地言说课程意义。教授者言说的知识主要来自课程文本与个人知识，他需要把这两类知识综合成统整的意义，并把意义转化为学习者能够感知和领悟的有效言语。

课程知识的言语表征具有自己的特点。一是开放性，它通常突破学科知识的界限，把不同学科的知识、非文本知识及其个体经验进行整合。二是生成性，它在教学过程中随着时空、情境和师生状态逐渐展开。三是交互性，它并非教授者的独白或平铺直叙，而是教授者与学习

① 德里达：《论文字学》，上海：上海译文出版社，2005年，第15页。
② 萨丕尔：《语言学：言语研究导论》，北京：商务印书馆，2007年，第13页。
③ 比杰利雅克，布雷顿：《从言语到语言》，上海：上海书店出版社，2004年，第21～24页。

者的言语对话，是活生生的思维流程。四是不完全可重复性，一旦时过境迁，它就难以完全重现。五是整合性，它把课程与教学统一起来，互为表里，成为同一个发展流程。

三、课程知识的主观建构：在私人维度的实现机制

课程知识的主观建构是课程知识在个体主体那里从客观形式向主观内容转化的艺术，该活动可以被看作是课程知识在私人维度构造意义世界的过程，其主要经历以下三个阶段。

（一）解读客观的课程知识：在学习者中的意义还原

学习者要让课程知识从客观世界进入主观世界，就必须借助感知系统从课程文字或课程言语中“唤醒”依附其中的主观内容。在该环节中，学习者重在根据语言符号客观地再现课程知识所展现的意义世界，这需要完成特定的任务。首先，在还原语言符号指称的对象时必须关注语言的语法结构，领会语言的深层意义或所叙事物的内在结构与外在关系。其次，在联想语言符号的意义时必须关注语境。语言具有不确定性，它的发生总是以某一系统性的环境为先决条件，[①] 关注语境就是要关注产生话语的系统环境，从而准确地联想课程意义。最后，在明晰语言符号明指的意义时必须知其“弦外之音”，“弦外之音”是语言符号没有明指而从逻辑上暗指的课程意义。

书写的课程知识与言说的课程知识在意义还原中既有区别又有联系。区别主要表现在刺激源和译解过程。书写的课程知识的刺激源主要是能借助视觉系统反复而自主地感知的、恒常存在的文字。其在译解的过程中，学习者往往需要借助内在或外在的言语形式，把它产生的视觉印象转化为能直接涌现意义的听觉印象。言说的课程知识的刺激源主要是能借助听觉系统及时而被动地感知的不稳定声音；其在译解过程中，学习者可直接获得能涌现课程意义的听觉印象，并迅速地领悟课程意义。联系主要表现在任何一方的意义还原都需要不同程度地借助对方。正如较好地还原课程文字指称的课程意义需要把课程文字转译为课程言

① 怀特海：《过程与实在》，贵阳：贵州人民出版社，2000年，第16页。

语一样，要更好地还原课程言语指称的课程意义，也需要把课程言语转译为能被反复感知的课程文字。

（二）建构主观的私人知识：在学习者中的意义转化

通过意义还原呈现的知识仅仅是他人的知识，这种知识仅仅是他人按照已有的逻辑确证了的真信念，并非学习者坚持和赞成的真信念，因而不直接构成学习者的知识。要把他人的知识建构成学习者的私人知识，还需要学习者根据自己的思维逻辑或认知图式将其转化为自己确证了的真信念。这种转化行为依赖于学习者的概念化思维能力，即学习者在认识发展的各个阶段都不同程度地具有的“形式运演”能力①，这种能力是这种转化活动的具体执行者。如果学习者在他人知识的基础上进行主动的、积极的概念化思维，就能把他人的知识转化为由学习者的已知概念构成的私人意义，这种意义可被看作是学习者欲要公开表达的个体感受，它由学习者坚持和赞成的真信念构成，因而是学习者的私人知识。

学习者创建私人意义的过程实际上是两个意义系统在学习者中的对话活动，主要表现为学习者试图利用自己的意义系统去解释或修正初步还原的他人意义。该过程主要存在四种具体情境：如果这种解释或修正行为能获得成功，他人意义就转化成学习者的私人意义；如果这种解释或修正行为没有获得成功，但客观存在的事实与经验预示了他人意义的正确性，学习者就会将其“坚持”下来，当作私人意义；如果这种解释或修正行为在前两种情况下都没有获得成功，但在别的权威主体（如教师）的“坚持”下，学习者也能顺其意志将其坚持下来，当作私人意义；如果以上三种行为都失败，则私人意义的创建就不能完成。

（三）回归公共的知识世界：在主体间的意义协商

私人意义的生成能使学习者产生表达的冲动，这种表达“是在表达者的经验中最初接受的某物在环境中的扩散”②，它能使学习者的私人意义获得可被他人感知的客观形式，成为他人批判和认识的对象，从而进一步发展和完善这种意义，使其成为特定群体的公共知识。这个过程

① 皮亚杰：《发生认识论原理》，北京：商务印书馆，1997年，第21～22页。

② 怀特海：《思想方式》，北京：华夏出版社，1998年，第23页。

需要在特定群体中通过主体间的意义协商来完成，因而取决于以下两个重要因素。

一是学习者表达能力的发展。要在他人那里确证或推广私人意义，就必须对私人意义做出有效的表达，因此，学习者表达能力的发展至关重要。但是，学习者表达能力的发展又需要借助这种表达私人意义的活动，它既包括运用文字符号进行的书面习作，又包括运用声音符号做出的课堂言语行为。在这些活动中，学习者往往直接从课程知识的客观表征中移植和借鉴语词来表达私人意义，从而在语言方面获得丰富和发展，也因此增强了自己对心境或客观事物的符号化能力，使自己能更好地表达私人意义。

二是主体间对话机制的形成。学习者欲表达的私人意义产生于具体的教育情境和个体的特殊经验，因而具有境遇性和私有性。这种意义要发展成为被群体主体坚持和赞成的真信念，就必须去除它的境遇性与私有性，其基本途径就是走出自我的对话，实现主体间的对话。通过师生或生生间的对话活动，能够揭示学习者产生私人意义的特殊境遇和思维假定，并检讨它们对私人意义形成的影响，使学习者能更好地认识或矫正各种谬论。在教育实践中，这种师生或生生间的对话活动既包括他们的各种言语交流，又包括他们的各种文字交流。

四、走向“客主同一”的课程知识：课程与教学的内在整合

课程知识的客观表征与主观建构活动主要在课程与教学实践中进行。因此，课程知识的客观表征与主观建构活动要有效地使课程知识达成客主同一性，还必须从内在关系整合课程与教学，从而为其创造重要的条件。

（一）促进课程知识的主观内容在主体间的共感性

促使课程知识的主观内容在知识的生产者、教授者和学习者之间具有共感性是整合课程与教学的途径之一，其为课程知识的主观内容的可理解性提供了先在基础。课程知识的主观内容作为人类精神活动的产物，它是人的中枢神经系统从直接的情境或对情境的反应中分离出来的

观念化情境或反应。[①] 课程知识的生产者和教授者要通过语言符号的刺激作用使学习者同样地感知到这种情境或反应，就必须借助在学习者的私人知识中已经存在的、相关的观念化情境或反应。

在课程与教学实践中，预设这种观念化情境或反应可以采取两种策略。一是把学习者的私人知识融入课程知识。学习者的私人知识包含着已被学习者观念化的情境或反应，如果课程知识以此来展开，学习者就能在熟练地感知这些观念化情境或反应的基础上辨别出新的、更复杂的情境或反应，并按照语言的逻辑关系进行认知重组，从而再现课程知识的主观内容。二是让学习者在教学中体验基本的情境或反应，并以观念或符号的形式分离出主要特征。教学实践需要有目的地为学习者提供直接经验特定情境或反应的机会，并指导学习者对它们的主要特征进行观念化或符号化，从而为学习者从符号化的课程知识中识别出更为复杂的情境或反应提供先行组织者。

（二）确保课程知识的客观形式在主体间的通约性

使课程知识的客观形式在知识的生产者、教授者和学习者间具有通约性是整合课程与教学的途径之二，其为课程知识的客观形式的可识别性提供了先在基础。课程知识的客观形式要实现通约性，就需要通过一般语词和专业术语的综合运用使不同主体的思维方式和符号系统达成共享性。一般语词作为较大范围内的社会契约，它具有较广泛的共享性；专业术语作为专业研究群体的契约，它具有相对狭窄的共享性。对于一般词语而言，学习者能够在日常的母语环境中对其用法及指称意义有较熟练的把握，甚至将其作为建构私人意义的原料，但缺乏精细性；对于专业术语而言，学习者主要在课堂环境中接触其意义和用法，对它的认识虽是精细的，但很少作为建构私人意义的原料，因而缺乏稳固性。这两种契约的综合运用就要求课程知识的客观表征以课程意义为轴心，以学科专业术语为主线，以学习者熟知的一般语词为基本形式，从而达到相辅相成、优势互补。其中，专业术语体现了知识生产者或教授者的思维方式，一般语词融入了学习者的思维方式；一般词语建构了学科知识的基本结构，专业术语是这种结构的展开和诠释。此外，越是针对初级

① 米德：《心灵、自我与社会》，上海：上海译文出版社，2005 年，第 92～94 页。

的学习者，就越需要使用更多的一般语词；反之，应尽量使用学科专业术语。

（三）加强课程知识的客观形式在内部的相互转化性

使课程知识的文字表征和言语表征之间相互转化是整合课程与教学的途径之三，其为课程知识的客观形式被忠实地译解为主观内容提供了先在基础。

首先，课程知识的文字表征可以转化为能及时流通和反馈的言语表征，以使僵硬的、离散的文字表征转变成具体的、连续的、活跃的思维流程，从而集众人智慧建构课程知识的主观内容。它可以采取三种策略：一是直译，即将重要的、关键的文字表征直接转化为听觉符号；二是意译，即将课程文字直观表达的意义与隐含表达的意义揭示出来，并以听觉符号来呈现；三是增补，即把书写的课程知识所省略的文字表征寻找出来，并用听觉符号来呈现。

其次，课程知识的言语表征可以转化为能被长期保存和重复感知的文字表征，以便学习者能对言说的课程知识进行反复领会和认识。这种转化应尽量采用书面语言或专业术语，遵循语言文字的简约化、规范化等特性。它可采取三种策略：一是补“空”，即将通过言语推敲出的课程知识以文字表征的形式填补在课程文字中，一般在“留白”的课程文本中采用，其主要是学习者创生的私人意义的文本化；二是替换，即认识主体将领悟或生成的课程知识以方便自己理解的文字书写出来，供大家讨论或作为日后自主复习的材料；三是直译，即将教师与学习者课堂讨论的言语对话直接以文字的形式记录下来。

课程结构的意识形态诠释*

课程结构主要指课程知识的组织及其相互关系。它分为三个层面，即宏观层面、中观层面以及微观层面。这里的宏观层面主要指课程门类、课程类型的划分及其相互关系；中观层面即学科结构，是指学科之间的组合关系；微观层面指某个学科内部知识的组合，即学科知识结构。② 课程结构是课程要素之一，国内外学者对其曾有不少的研究，本文拟从意识形态角度对之进行全新诠释。

一

意识形态在哲学根源上最早见于培根的“偶像说”，该词最早使用则是法国哲学家特拉西。意识形态是一个颇具争议的词语，从其最早提出和形成有各种不同的说法，人们给它赋予太多的含义，有哲学视域的、有文化学视野的、有社会学视角的等。大多数学者认为意识形态具有更多

* 与郝明君合作。

② 吴永军：《课程社会学》，南京：南京师范大学出版社，1999 年，第 202 页。

的政治学意义，它是一定阶级、社会集团的根本利益的理论反映，是特定政治经济制度的逻辑证明系统。[①] 意识形态属于政治哲学的基本范畴，是一个思想观念体系，具有注重其实践理性的特征。只不过社会主义国家的学者们都强调意识形态的阶级性，认为意识形态是一定阶级利益的观念表象。而资本主义国家的学者尽管触及这个概念的政治意蕴，但否认意识形态的阶级性，把政治和阶级分离。本文对课程结构的意识形态进行分析时，主要从政治哲学的角度来理解意识形态。意识形态是以一定哲学世界观为基础的社会政治范畴，是一定社会或阶级的思想体系，是一定社会或一定社会阶级、集团基于自身利益对现存社会关系自觉反应而形成的理论体系，是该阶级、该社会集团政治纲领、行为准则、价值取向、社会理想的思想理论依据。[②] 据此政治学视野下的意识形态可以理解为三个层面：一是政治哲学世界观，二是指导政治和社会运动的政治信念，三是政治意识和价值体系。

意识形态总是与一定的现实生活相联系，不存在超越现实生活的形而上学式的意识形态。意识形态是社会过程中的一种物质存在，它不生产意识，不生产被动服从的态度，而是作为建构学生无意识的意蕴与观念的"表象"（representation）系统发挥作用。[③] 因此意识形态要发挥作用必然要借助于一定的载体，通过载体表征其意蕴。在课程领域，作为一种载体，课程结构总是承载着一定社会的意识形态观念，表征着一定阶级、权力集团的意志和利益。作为一种表象，意识形态不是孤立存在的，它总是与一定社会的政治、经济、文化紧密联系，充分体现权力集团的意志和利益，并借助一定载体，体现其存在的合理性、合法性。

课程结构与意识形态是载体与表象、承载与被承载的关系，是被决定与决定的关系。不同意识形态视域决定其所依附的载体——课程结构所表征的政治意蕴不同。在现代范式视界中，科学技术成为一种意识形态，影响着课程结构。随着斯宾塞"科学知识最有价值"观点的提出，科学的工具性价值、技术理性被人们片面认识。"这种斯宾塞式的科学

① 郑永廷，叶启绩，郭文亮等：《社会主义意识形态研究》，广州：中山大学出版社，1999年，第3页。

② 宋惠昌：《当代意识形态研究》，北京：中共中央党校出版社，1993年，第9～10页。

③ 佐藤学：《课程与教师》，钟启泉译，北京：教育科学出版社，1999年，第194页。

是对牛顿经验主义和笛卡儿理性主义的现代主义改版”,[①] 它过分追求一种线性、易于量化的秩序，并深刻地影响现代人类社会的生产与思想。科学一度成为西方占主导地位的认识论，科学由此成为一种范式。法兰克福学派第二代代表哈贝马斯明确提出科学技术就是意识形态的观点，并执行意识形态的职能。在现代范式视域内，课程结构具有更多的科学技术意蕴。受科学技术这种意识形态的支配，课程结构“揭示现行技术合理性的政治成分”[②]。无论是宏观层面、中观层面，还是微观层面，课程结构受科学技术意识形态影响极其深刻。课程门类增多、学科结构更加复杂，微观层面上，对课程知识的预测与控制加强，课程知识及其组合的科学性成为衡量课程结构是否合理的标准。在这种封闭的现代范式中，无论是本体上还是外在表象上，课程结构表征着科学技术意识形态功能，秉承技术理性，在阶级社会，表征着科学的技术统治功能。

随着社会的发展，现代范式受到后现代范式的挑战并发生变化，范式的变革给人类带来宇宙论、认识论的新视野。教育领域中的线性的、序列性的、易于量化的秩序系统将让位于更加复杂的、多元的、不可预测的系统[③]。课程领域秉承后现代范式的开放性，而变得更加多元与复杂。课程开发范式向课程理解范式转化，课程研究已从关注课程的科学理性向政治、种族、性别、生态、全球等视野转变，课程研究呈现多元、复杂、不可预测的境况。从课程构建的方法论来审视课程结构，人们在构建课程时候，已经不仅仅局限于学科背景、学生成长等要素，而是开始关注社会需求，从社会的政治、经济、文化等领域来组织课程、理解课程。在后现代范式视域内，课程结构已经被理解为表征政治性意识形态的载体，而具有更多的政治意蕴。

① 小威廉姆·E. 多尔：《后现代课程观》，王红宇译，北京：教育科学出版社，2000年，第2、5页。

② 赫伯特·马尔库塞：《单向度的人》，刘继译，上海：上海译文出版社，1989年，第12页。

③ 小威廉姆·E. 多尔：《后现代课程观》，王红宇译，北京：教育科学出版社，2000年，第2、5页。

二

阿普尔“谁的知识最有价值”是自“斯宾塞问题”以来课程问题的重大转变。课程研究的线性、程序主义以及结构功能分析受到课程政治意识形态分析的猛烈冲击。课程的意识形态分析提上历史日程，课程结构承载的意识形态也日益引起人们研究的兴趣而得以解读。阿普尔认为课程是法定知识，它代表的是统治集团的利益。[①] 诚然，课程结构作为课程的重要原素，必然代表着统治集团的利益，宣扬统治阶级的政治世界观、政治信念和政治意识。具体而言有以下几个方面：

（一）课程结构宣扬一种政治世界观

世界观是人们对于整个世界的根本的、总的看法，它具有阶级性，是社会存在的反映。人们所处的阶级地位不同，物质利益关系不同，社会实践的方式不同，决定其认识和解决问题的方法不同，由此形成不同的世界观。[②] 意识形态首先是一种认知体系，一套思想和信仰系统，是人们认识世界的工具和行动准则，属于世界观、方法论的范畴。意识形态与一定哲学相联系。属于哲学社会科学的理论体系。因此任何一种意识形态都能对应一定的哲学理论，只不过没有哲学抽象，许多哲学观念已经被处理得简单、通俗。意识形态与一定社会阶级、阶层相联系，在价值判断上具有利益性、行动性和政治性的特征。作为以一定哲学世界观为基础的政治理论体系，意识形态是一定社会阶层的世界观和思想的总和即政治世界观。这种世界观成为一定社会政治行动的指南，人们据此去观察世界并采取行动。它影响社会的各个领域，包括教育领域，影响到课程的开发与实施。课程结构作为课程领域的重要原素，同样不可避免。课程结构作为一种“价值负载”总是承载着一定社会阶层的政治观念和思想意识。当今世界曾经发生或正在发生重大影响的有自由主义、保守主义、资本主义以及社会主义等意识形态。这些意识形态是一

① 黄忠敬：《知识·权力·控制——基础教育课程文化研究》，上海：复旦大学出版社，2003 年，第 14 页。

② 林崇德，姜璐，王德胜，等：《中国成人教育百科全书（政治·法律）》，海口：南海出版公司，1993 年，第 6 页。

定历史时期一定社会阶层对世界的总看法，集中体现一定阶层的思想，是一定阶层基于自身利益而形成的一种理论体系。这些意识形态在教育领域表象明显，就课程领域中的课程结构而言也是如此。

在一定程度上，世界各国课程结构发展存在一定相似性。比如各国课程类型由分科课程向综合课程发展的趋势；由重视必修课程轻视选修课程向必修课程与选修课程并重的发展趋势。但无论是课程类型划分，还是学科之间的组合，课程结构总是体现本国家、本民族的意识形态。资本主义国家的课程结构体现着资本主义的政治世界观，处心积虑地为资产阶级服务。社会主义国家的课程结构体现社会主义的政治世界观，为无产阶级服务。近年来世界各国课程结构发生了一系列变革，国家对课程结构干预呈现两极发展趋势，这实质上是自由主义和保守主义政治世界观斗争在课程结构上的体现。从微观课程结构看，某个学科内部知识的组合同样体现统治阶级的政治世界观，这涉及某个学科知识是如何选择的、关系又是怎样的。就历史学科而言，许多研究都表明了这一点。例如，在对俄罗斯历史学科研究后发现，为与列宁主义意识形态相匹配，俄罗斯中学关于历史、社会和文化的内容已经被删改。即使在戈尔巴乔夫改革下，历史学科继续拥护共产主义。随着苏联解体，资本主义、政治自由和人权等政治观念在历史学科中已经出现踪迹。俄罗斯教科书内容已经开始转变，从所拥护的马克思列宁主义转向民族主义的联合、西方化和重新解释共产主义。① 这充分表明即使是在同一个国家，在不同意识形态背景下，某个学科知识的组合同样体现一定社会、阶级政治思想观念，体现其政治世界观。

（二）课程结构蕴涵权力集团的政治信念

阿尔蒙德认为一定政治信念是一定政治文化的产物，人们在掌握各种知识、技能以及规范过程中，不断形成对世界、对社会的看法，其中包括对政治生活及过程的看法——也就是政治信念的形成。② 它渗透在课程领域，致使课程结构无论在宏观、中观还是微观层面上都体现一定社会集团的政治信念或信条，主要体现在社会权力主体对课程结构有目

---

① Lisovskaya, E and Karpov, V (1999), New Ideologies in Post-communist Russian Textbooks ompartive Education Review, Nov 1999 Volume 43 No. 4. pp. 522-541.

② 《政治学辞典》，成都：四川人民出版社，1986 年，第 441 页。

的控制方面。尽管“课程类型的发展主要的、根本的动力机制来自学科内部的逻辑发展和人类对其认识的发展”,① 但课程作为一种社会存在，它必然要受到一定社会政治因素的影响和制约。从政治学、社会学角度分析课程结构所承载的政治信念具有一定的现实意义和理论价值。

阿普尔认为课程结构是某些群体之间妥协或协调的结果，是不同阶级、群体、利益之间矛盾关系的集中表现，课程结构体现各种社会力量之间的抗衡，新的课程结构产生新的控制模式和新的政治行动的可能性。伯恩斯坦的“分类”和“构架”概念是分析课程结构体现一定社会集团政治倾向性的有力工具。在强调“分类”的情况下，课程呈现为一种集合课程。集合课程强调不同类别的课程内容应该界限分明，这种强烈的界限性，使社会权力难以改变，从而维护某社会阶层现行体制的意识形态，增强社会等级观念，以符合现实社会的政治信念。弱“分类”情况下，课程体现为一种整合课程，课程内容与内容之间的界限比较模糊，这导致课程内容权威性的降低，改变现有的权力结构，从而降低等级观念。“构架”同样体现社会权力的控制与变迁，表征权力集团的政治信念、政治倾向性。“构架”强，则教师有绝对控制权。“构架”弱，则教师绝对控制权相对减小，学生控制权增强。“构架”强弱的外在表象是教师与学生之间控制权的变化，其实隐含着不同社会阶层之间的权力变更。“分类”和“构架”不同，导致课程结构发生变化，它又引起新的控制模式，这种模式不是空穴来风，而是建立在一定阶级或权力集团利益、信念之上。

从课程结构的中观层面看。学科与学科有地位高低之分，这种学科之间的高低一方面与学科内在的逻辑发展有关；另一方面也与社会中具有较高社会地位和权威的阶级、群体对知识的“特殊”认识程度有关。对社会中掌握权力的阶级而言，有用的知识就是“高地位知识”，无用或者用处不大的属于“低地位知识”。这是权力阶级使其政治信念合法化的重要手段，权力阶级通过对知识地位的划分，把本阶级、集团的思想观念渗透在某些学科之中，以达到控制社会的目的。

美国课程论专家施瓦布指出，任何给定时期的科学知识都并非建立

① 吴永军：《课程社会学》，南京：南京师范大学出版社，1999年，第210页。

在一切事实的基础之上，而是建立在经过选择的事实的基础之上。[①] 政治信念不同对同一历史事实的看法也不同，以色列教科书中关于“阿以冲突”的插图体现强烈的种族主义色彩和特定的政治信念。特拉维夫大学的丹尼尔（Daniel BarTal）研究表明，以色列国家的课程充斥宣扬以色列牺牲主义信仰和讽刺阿拉伯人消极陈规的知识。认为阿拉伯人是极端主义者，自己是温和主义者；阿拉伯人喜欢不加选择地大肆杀戮而以色列人注重自我防御。[②] 埃及、约旦、叙利亚和巴勒斯坦等国家的课程中绝对不存在倡导“阿以共存”的思想。埃及教科书里面根本就没有以色列国家地图和国名，约旦教科书里面也包含反犹太主义思想。[③] 上述事实表明，微观层面上的课程结构同样体现一定阶级的政治信念。选择什么样的知识，如何组织这些知识，在阶级社会都是按照统治阶级的价值取向来实施，以紧紧体现统治阶级的政治信念。

（三）课程结构隐喻权力集团的政治意识

政治意识与政治思想、政治道德等都属于政治文化的范畴，它符合统治阶级的政治价值取向。政治权力决定政治意识，政治意识决定着课程所蕴含的主流意识和价值特性，因此政治意识与课程的价值特性具有一定对应性。当今社会世界各国都在发生一系列变化，课程编制围绕着社会问题展开，课程类型日益多样化。从政治学角度分析，这是统治阶级政治权力重新分配与重新组合的结果，是多元文化冲突的结果。随着社会追求民主反对专制呼声高涨，世界各国的权力体制出现一些变更。各种权力主体参与课程开发的能力和愿望增强，这是各种政治群体、权力集团之间政治意识斗争在课程领域的集中表现，课程类型多元化是政治意识争斗的必然结局。谁拥有更多的权力，谁就更有权力支配课程知识，使课程结构遵循符合本阶级的主流政治意识和价值特性。同样，多元文化冲突也会引起不同类型的课程，这种文化上的冲突实质是一种政

① Schwarb J. J（1962），The Concept of the Struture of a Discipline In Giraux，H，A，Penna，A. N & Pinar，W. F（eds），（1981）. Curriculum & Instruction. Mc Cutchan Publishing Corporation，54.

② Surkes，S.（1997）Hostile Stereotypes Persist despite the peace process，Times Educational Supplement，Ilth April 1997. p. 4.

③ Surkes，S.（1996）Textbooks Keep the old Hostilities Alive，Times Educational Supplement，26th January 1996. p. 16.

治文化的冲突，它暗含着一种政治意识的冲突。无论是种族主义课程还是女性主义课程是不同政治意识在课程类型中的反映。对于相同学科而言，由于政治意识不同，其价值特性也不同，它所选择并组织的知识总是体现一定统治阶级的意志和利益，体现统治阶级的政治意识。课程结构在构建时，总是不可避免陷入威廉所称的“选择传统”（selective tradition）。按照权力集团认可的重要价值，从大量储存的可用性知识中，进行有目的选择、分类、分配和评价。学科知识应该符合社会统治阶级意识形态特性的，凡是顺应“意图”的知识与事实将会被选择、采纳，否则将予以排斥，有时为了特定目的故意歪曲和隐瞒事实。课程结构蕴含的意识形态和价值特性是由政治意识所决定的，课程结构必然要体现政治意识。随着政治权力的变更，政治意识必然发生变化，这种变化影响到教育目的和培养目标，也将引起课程要素如课程门类等的变化。这种对应关系决定了课程结构总是与政治意识相联系，并紧紧体现政治意识。

潜在课程

潜在课程是当今课程研究的一个新课题。重视并充分利用潜在课程以促进学生的个性全面发展，也已经成为当前课程改革的一个重要趋势。因此，有必要对潜在课程的重大理论问题作深入研究。本文拟就潜在课程的本质与特点、潜在课程与正规课程的关系以及潜在课程研究的现实意义等问题谈点个人的看法。

一、潜在课程的本质与特点

在国际课程研究文献中，潜在课程一词已经是公认的教育术语。但迄今为止，对它的理解仍是众说纷纭，莫衷一是。美国学者范兰丝(Vallanee，E.）认为，"'潜在课程'一词，是指学校教育的非学术结果，这些结果不但重要而且系统发生，但未明示于各级公立学校的教育理论或原理之中"①。后来，她又进一步指出："潜

① VallanCe，E.，Hiding the Hidden CurriCulum：An Interpretation of the Language of Justification in Nineteenth century Educational Reform. In Giroux，H. & Purpel，D. (Ed.)，The Hidden Curriculum and Moral Education，Mccutchan Publishing Corporation，1983. pp. 10-11.

在课程是指那些在课程指导和学校政策中并不明确的学校教育实践和结果……潜在课程也许被认为是不公开的、非预期的、隐含的或未被认识的"[①]。马丁（Martin，J. R.）教授给潜在课程下的定义是："潜在课程是学校或学校以外的教育环境中，产生的某些结果或副产品，特别是那些学生已经学到，但未公开宣称为有意产生的学习状态"[②]。美国教育哲学家高尔顿（Gordon，D.）从结果、环境和影响方式三个维度分析了潜在课程的概念，认为潜在课程是通过学校物质与社会环境无意传递给学生的非学术性学习结果[③]。

国内对潜在课程的定义也颇有分歧，有代表性的是：潜在课程指"学生在学校情境中无意识地获得的经验"[④]；潜在课程是"课内外间接的、内隐的，通过受教育者无意识的、非特定心理反应发生作用的教育影响因素"[⑤]；潜在课程是指"学校（含班级）社会关系结构以及学校正规课程有意或无意地传递给学生的价值、态度、信仰等非学术性的学识"[⑥]。

上述定义的共同之处在于，都强调潜在课程是非学术性的学习结果，它对学生的影响主要是无意的、隐含的和非预期的。这些看法无疑会有助于增进我们对潜在课程的本质与特点的理解，但还很不够，因为这种理解只反映了潜在课程某些方面的特征。的确，要给潜在课程下一个准确的定义是比较困难的，但至少应当明确以下几点：

（一）潜在课程是一种独立的课程形态，是一种教育性经验，不是一般意义上的教育影响因素

我们知道，课程一词的定义分歧很大，但可以把它理解为学生通过学校教育环境获得的旨在促进其身心全面发展的教育性经验。从国内外

---

① Vallanee, E., Hidden Curriculum, In Lewy, A. (Ed.), The International Encyclopedia of Curriculum. Pergamon Prees, 1991. p. 40.

② Martin, J., What Should We Do with a Hidden Curriculum When We Find One? In Giroux, H. & Purpel, D. (Ed.), OP. cit., 1983. p. 124.

③ Gordon, D., The Concept of the Hidden Curriculum, Journal of Philosophy of Education, 1982, 16 (2). pp. 187-198.

④ 郑金洲：《隐蔽课程：一些理论上的思考》，《外国教育动态》，1989 年 1 期。

⑤ 班华：《隐性课程与个性品德形成》，《教育研究》，1989 年第 12 期。

⑥ 唐晓杰：《西方"隐蔽课程"研究的探析》，《华东师范大学学报》（教育科学版），1988 年 12 期。

的课程研究文献看，还很少有人把课程定义为一种教育影响因素。因此，潜在课程既然是一种独立的课程形态，那它就应该是一种教育性经验，不是一般意义上的教育影响因素。如果把潜在课程视为教育影响因素，就难免失之笼统，而且会无限扩大其内涵和外延，最终导致否定潜在课程。即使不至于否定潜在课程，也会过于强调它的自发性、偶然性等非本质特征，削弱或忽视它的普遍性和稳定性、持久性和重要性等本质特征。所以，国内有学者把潜在课程看作是教育影响因素，显然是不恰当的。

（二）作为教育性经验的潜在课程，是学术性内容与非学术性内容的综合体

一般来说，潜在课程是较偏重于非学术性的教育经验，但不是绝对的，它并未完全排除学术性的内容，例如同学之间的知识交流，教师认知方式和教学方式对学生思维方式的影响等。因此，仅看到潜在课程内容的非学术性方面而忽视其学术性的方面，是片面的。

（三）潜在课程是非预期性与可预期性的统一

所谓非预期性是指不能预先料到的，完全是自然自发的，也就是说潜在课程是一种自然的潜在，我们不能预料它究竟会对学生产生什么样的影响。其实，潜在课程的确有非预期性的一面，但它的可预期性也是明显的。例如，良好的师生人际关系一般会给学生带来积极的情感体验，促进学生的认识积极性，等等。事实上，潜在课程之所以能够进行设计和评价，正是以它的可预期性为前提的。因此，不能把非预期性作为潜在课程的本质特点。国内有些学者强调潜在课程非预期性的一面而忽视其可预期性的一面，是值得进一步研究的。

（四）潜在课程对学生的影响是有意识性与无意识性的辩证统一

无疑，潜在课程对学生的影响有无意识的一面，如学校物质文化环境对学生潜移默化的熏陶，教师人格和行为对学生的感染等，都可能是无意识的。但是，不能把潜在课程影响的无意识性绝对化。潜在课程影响的有意识性也是明显的，这在潜在课程的第一层次即意识形态层面上表现最为明显。在这一层次上，潜在课程的有意识性可以说是课程之意识形态的过滤作用，可以从教材内容的选择、组织甚至教学法的选择上，说明学校是怎样有意识地向学生传授特定的社会观、哲学观、政治观、价值观等。所以说，潜在课程对学生的影响，是有意识性与无意识性的辩证统一。国内有些学者强调潜在课程的无意识性而忽视其有意识性，显然是不准确的。

（五）潜在课程既存在于学校教育中又存在于家庭教育和社会教育之中

国内有同志认为把潜在课程延伸到校外教育中，会把潜在课程的“外延扩大化”[①]。有的同志则认为“家庭教育和社会教育中存在着隐性课程，不仅是符合客观实际的，也是很有必要的”[②]。其实，对于潜在课程外延的讨论，是和教育的定义有关的。关于教育的定义，已普遍地被认为有广义、狭义之分。广义的教育应当包括社会教育、家庭教育和学校教育，狭义的教育特指学校教育。既然潜在课程是一种教育现象，当然也就有广义和狭义之分了。所以说，校内外教育中都有潜在课程存在。正如其他教育现象一样，潜在课程十分复杂，应当调动校内外的力量，共同建设好潜在课程。

总之，潜在课程作为一种教育性经验，它较偏重于情意方面的非学术性内容，但不排除学术性的内容。它是可以计划的，对学生发挥着有意或无意的影响。它既存在于学校教育之中，也存在于家庭教育和社会教育之中。

根据上面的分析，我们可以将学校教育中的潜在课程定义为：学校通过教育环境（包括物质的、文化的和社会关系结构的）有意或无意地传递给学生的非公开性教育经验（包括学术的与非学术的）。

二、潜在课程与正规课程的关系

潜在课程与正规课程的相互关系是错综复杂的，目前国内对这一问题的分析是零碎的，未曾有全面深入的研究。笔者认为，两者之间的关系表现在以下几个方面：

（一）并列关系

潜在课程与正规课程并非主从关系，而是相互对应和相互独立的，

---

① 郑金洲：《就隐蔽课程的一些问题与班华同志商榷》，《教育研究》，1990年8期。

② 班华：《再议隐性课程——答郑金洲同志》，《教育研究》，1991年7期。

各有自己独特的内容、设计模式等，是两种独立的课程形态，构成两个不同的学术研究领域。

（二）递进关系

潜在课程与正规课程是相互促进的，在相互依赖中共同发展。一般来说，正规课程在其自身的运动过程中，通过普遍性的经验积淀，逐渐形成新的潜在课程，推进潜在课程的发展。反过来，潜在课程又会为正规课程提供直接经验的或社会政治、价值体系的支柱等，在潜在课程布下的“氛围中不断向学生传授形式化的知识体系，从而使其不断地递增、更新和创造”。

（三）转换关系

潜在课程与正规课程的关系不是静态的，而是一种互动辩证的关系。换言之，潜在课程并非永远是潜在的，而正规课程并非总是可预期或可见的，二者的分界是不断调整的，是可以相互转换的。范兰丝从历史的角度，考察了潜在课程的形成与发展。她指出：现在被称作是潜在课程的东西在过去未必是潜在的。她考察了美国学校教育史之后，认为在学校刚刚兴起时，非常强调社会控制规则、规律，如守时、服从等。但随着学校教育的发展，这些规则、规律等就成为理所当然的，没有必要总是纳入正规的教学计划，而把它们渗透到学校日常生活之中，也就变成了潜在课程。艾波（Apple，M.）和金（King，N.R.）等人同意范兰丝的观点，他们指出“在有关美国19世纪正规教育的作用的许多争论背后，隐约地提到许多涉及教育环境的标准、关于通过日常交往进行道德的、规范的和意志的价值以及经济功利主义的教学。今天，这些问题已经被命名为‘潜在课程’……”[①]。显然，范兰丝、艾波和金是从潜在课程的社会控制角度或意识形态层面来分析正规课程如何转换为潜在课程的，有其合理性的一面。当然他们忽视了潜在课程中自然潜在的内容并非由正规课程转换而来的这一点，表现出了一定的片面性。反过来说，我们也可以通过有意识的设计或组织，使潜在课程转换为正规课程。例如，我们可以挖掘隐含于教材中的思想政治内容，有意识地传

① Apple，M. & King，N.，What Do Schools Teach?，In Giroux，H. & Purpel，D.(Ed.)，op. cit.，1983，p. 87.

递给学生。

（四）互补关系

学生在学校里的生活是丰富多彩的，获得的教育性经验也应该是多方面的。如果只把学生局限于狭隘的课堂里，仅学习有限的学科，那就不利于学生的身心发展。因此，今天的学校教育，已经使学生摆脱了课堂教学的局限，使他们从学校生活的气氛、人际交往和关系以及各种文化活动中接受教育，以弥补正规课程之不足。显然，潜在课程有其独特的教育功能，与正规课程有着内在的互补关系，共同促进学生的个性发展。所以，只有正规课程和潜在课程彼此支持、相互补充，学生的学习才会有成效。

（五）逆反关系

当潜在课程提供的经验不是作为一种积极性的补充因素，而是作为一种与正规课程及其动态趋势正好相反的逆反因素，或者正规课程建设出现异常现象时，如“文化大革命”时期出现的课程政治化和实用功利化等不良倾向，两者便会产生尖锐的冲突，相互遏制，破坏原有的互补关系，导致教育质量的严重下降。当然，也可以出现另外一种情况，就是打破原有的学校组织结构、社会关系结构、教育方式等，更新教育内容，加速教育变革的进程，从而在新的高度达到动态平衡的互补关系，取得更好的教育效果。

三、潜在课程研究的现实意义

潜在课程是课程研究的重大问题。这一课题的确立和展开，必将给我们的课程论带来新问题、新内容、新方法和新取向。

首先，从理论上看，目前可以预见的积极作用是：

（一）开拓新的领域，扩展课程研究的视野

潜在课程问题确实是一个与正规课程问题相互联系而又相对独立的领域，虽然不像有人夸大其辞的那样，潜在课程比正规课程来得更加有力，但它毕竟是我们的理论研究过去曾经忽视或有意无意回避了的问题领域。确立它在课程论研究中的地位，将得到一片需要耕耘和播种的广阔土地，打开一扇从新的角度观察教育现象的窗口，丰富和发展课程论学科体系。

（二）扩充课程内容

在内容方面，潜在课程重视知、情、意的整体性学习；在来源方面，除了教材、教科书之外，也重视学校组织特性、学校文化、教师人格和行为、同辈团体、能力分组、学生身心特质、家庭经济文化背景等因素对学生学习的影响。亦即学生的学习经验已经由正规课程强调有计划的学习经验，扩充到学校的整体生活经验。

（三）重视学习过程

潜在课程研究有助于我们认识教育过程中的社会关系（尤其是师生关系）的重大教育意义，并以之来完成学生知识和人格的统一发展。如果课程实施只偏重教科书，那么教育活动就会简化为“训练”活动，学校可能成为“灌输”知识的工厂，教材也可能成为宣传的教条。在这种单向的“填鸭式”教育方法中，学生自然无法实现其个性的全面发展。事实上，重视学习过程及其中的社会关系等，正是潜在课程的特色。

（四）突破课程研究方法

传统的课程研究大都采用实证性的研究方法，它发展出来的课程设计和评价工具，如行为目标、绩效责任、智力测验、心理测量等“量化”的研究，只能描述教学现象，对于学校生活的本质及师生交互作用过程等的意义则无法掌握。因此，潜在课程采用“人种志方法”、“民俗学方法”、“诠释学方法”、“口述史研究”等“质”的研究方法，从而使课程研究方法有了新的突破。

（五）创新课程论学科框架

包含了潜在课程问题的课程论研究，其范畴结构将发生一些新的变化。这就是：从空间结构看，逐步走向立体化。课程论的范畴不再只是表述单一的知识选择和组织等问题，而需要考虑相关的背景因素，如社会的、科学的和学生的因素，以及动态因素，如师生交互作用、教学方式的变化、环境的因素等，从而使课程设计走向结构化、立体化和动态化。从时间结构来看，学生的学习已不单单局限于有限的几门学科的课堂学习，而是扩展到学校的整个生活世界之中，呈现出“全天候”的状态，随时随地接受教育。

总之，潜在课程是一个复杂而富有活力的题目，它的展开必将促进课程论研究的活跃和发展。

其次，从实践上看，开展潜在课程问题研究的积极意义是：

（一）潜在课程研究提供了理论联系实际的一条途径

潜在课程问题的研究，往往要求研究者走进学校，深入课堂，寻觅学生成长的足迹。因此，它总是同教育实践发生联系，容易落实到教育实践活动中，发挥理论指导的作用。

（二）有助于深化教育改革

教育改革是一项系统工程，需要考虑到方方面面的因素。以往的教育改革，尤其是课程改革，过于强调计划性的正规课程，相对忽视学校内部的组织结构、文化气氛、师生关系等潜在课程因素的更新，因此，难以达到预期的效果。而潜在课程问题的发现与探讨，则会使整个学校生活发生新的变化，从动静两方面进行改革，必将收到好的效果。

（三）有助于人们教育观念的现代化

潜在课程问题的研究和宣传，能够加强人们对学校教育各种现象的深入理解。并且，如果我们能正确科学地说明潜在课程现象的特征、规律和评价方式等，那么无疑会促进人们教育观念的现代化和教育思维模式的科学化，有利于全面贯彻社会主义全面发展的教育目的。

学科课程的合理性理解与变革*

学科课程历史悠久，是课程最基本的组织形态，至今仍处于不断变化、调整和完善的动态发展过程之中。[②] 在 20 世纪以来的世界范围内的课程改革中，人们也逐渐形成了这样的理性认识：学科课程是课程理论和实践的核心，既是课程理论和实践诸多问题的生发点，也是课程改革的立足点，著名课程改革理论专家富兰和庞弗雷特（Fullan & Pomfret）指出，课程改革的实施涉及多方面的变化，首要的关注维度就是学科内容和教材。[③]

反观我国，尽管当前的课程形态和类型仍然是学科课程，但在当前的课程实践中，一些教育工作者却以一种非批判的态度，漠视学科课程的存在，忽略甚至放弃了对学科课程的深化研究。我们认为，没有学科课程的品质提升，就很难呈现有品质的新课程。这促使我们在理性批判中，理解学科课程存在的历史性和现实性，积极面对

---

* 与黄黎明合作。

② 黄甫全：《新中国课程研究的回顾与展望》，《教育研究》，1999 年第 12 期，第 24～26 页。

③ FULLAN M，POMFRET A. Research on Curriculum and Instruction Implementation [J]. Review of Educational Research，1977，47（2），pp. 361-364.

学科课程的问题，努力去改革和完善学科课程。

一、学科课程是教育的合目的性选择

学科课程是人类在教育发展中的一种自觉选择，既体现人类认知分化与综合的心理特性，也反映了人类教育追求“好课程”的价值趋向。

1. 学科课程的分化性是人类认识的特定需求

人类对世界的认识趋于整体性和统一性，与此同时，人类的学习和认识受着各种条件及其器官的限制，必须以分化的策略形式进行，学科分化彰显的就是人们认识和学习的策略性。对教育而言，它存在两个基本矛盾，即知识的丰富性与儿童、少年学习年限的有限性之间的矛盾，儿童、少年素质发展的可能性、广阔性与社会要求的有限性及学生成长期限的有限性之间的矛盾。这些矛盾预示了个体学习分化渐进的必然性。学科课程是教育力图解决这些矛盾的基本手段。其思路是，通过对人类知识的合理选择和组织，可以在有限的时间内，为学生学习和发展提供最有价值和适合身心学习规律的知识。知识的选择和编排要有根据和规则，并以一定的外在形式呈现出来，这就出现体系化的分科必然。

无论是古代中国春秋的“孔子以六艺教人”，还是古希腊亚里士多德（Aristotle）构成学科课程的最下层的读、写、体验、音乐及图画这一类基本的训练性学科，以及稍后的文法、修辞、辩证法（逻辑学）和算术、几何、天文、和声（音乐）等“七艺”，无疑都是分科的形式。随着17世纪自然科学的迅速发展，独立的科学分支越来越多，人类逐步形成了由许多领域所构成的庞大的学科系统。现代意义上的学科分化势在必然，并越来越精细化。20世纪以降，学科课程在课程论作为一门学科确立后得到了更深入、更广泛的发展。布鲁纳（J. S. Bruner）的“学科结构”使学科课程理论和学科课程形态得以明确化，更反映出学科课程不断寻求变革的基本动向。

历史的进程使得学科的传统不断得到强化，但“专业性诸学科在学校的教学中占据了主导的地位”的同时，“知识的自我价值扰乱了实践方向感”。[1] 学科课程的精细分化，使人类远离其实践着的现实，导致着人类自身认识方式和发展方式的异化。

2. 学科课程具有人类认识综合性的内在机制

事实上，学科课程区分了人类认识不同领域、部门及其独立性的同时，也力求把握他们的联系和共性。

从学科课程由知识而学科的历史演进路线来看，学科课程本身也蕴含着“综合化”的内在动力机制。学科分化是一种历史趋势，人类却从来没有让它成为一种自然的演变。特别是当代，人们开始大量合并学科，并出现一些专门的诸如“综合课程、广域课程、核心课程”等理论研究和实践探讨。所谓综合课程、融合课程似乎是与学科课程相对的指称，但却不是作为学科课程的对立形态出现的，可以说是学科课程的改进形态。因为，“学科合并后组成的课程仍以学科为中心”。[2] 事实也确实如此，所谓综合必然是以分化为前提的，没有分化就没有综合，综合往往意味着另一种形式的分化，再精细的分化也总是伴随着分属不同学科的知识间的交叉和融合。[3] 试图以综合课程取代学科课程，失去的恰恰是综合。分化、综合的差异往往是学科知识量上、学科门类上及其相互间结合方式和程度上的差异。

因此，我们对时下一些把学科课程简单视为分科课程的看法有些担忧，因为这导致人们过于看重学科课程的分化一面，甚至可能把分化误为学科课程的根本特性，而看不到学科课程所蕴含的综合的本性。但不谈分化，而把学科课程的综合特性推向极端显然也不可取，因为这会导致认识的模糊化甚至取消认识的可能性。这要求我们在加强研究学科课程切实体现人类认识综合性的同时，还要努力避免把这种综合性极端化。

3. 课程概念与结构的“应然性”呼唤着学科课程

学科课程所体现的教育价值，正如要素主义考察了人类教育发展的历史后所认为：“文化遗产仅靠受教育者本身的生活经验是学不到的，

---

① 德博拉夫：《学科课程改革的问题》，《外国教育资料》，1996年第5期，第21～22页。

② 陈桂生：《“教育学视界”辨析》，上海：华东师范大学出版社，1997年，第126，4～6页。

③ 靳玉乐：《论课程的综合化》，《基础教育研究》，1996年第5期第3页。

不学习历史，学生的见闻就不能超越时空的限制，就不能了解整个世界……各门学科中的知识构成了人类文化要素，这是每个公民所必须具备的。”① 事实上，课程概念的形成和变迁正是反映了要素主义对人类经验的基本看法，并以学科这一历史存在为前提，课程的传统也正是以“学科”为历史根据的。20 世纪正式展开理论研究以来，人们提出了各种试图超越传统的“课程”的定义，并表现为对课程的应然状态的描述和构想，反映的是人们期望的“好课程”的观念，但就其基本内核看，仍然延续了传统的基点——学科。② 也就是说，人们对课程提出了种种包含了价值、期望和意义的规范性定义，但毫无疑问，这种种的价值、期望和意义与其说反映了人们对学科课程的失落，不如说反映了人们对学科课程的呼唤，一种渴望使其彰显教育价值的呼唤。

巴西教育家弗莱雷（P. Freire）在当代还提升了学科课程作为一种历史选择的解放价值，并深入揭示了其中所暗含的人的合目的性的选择。在弗莱雷看来，学科蕴含着压迫和被解放的意图。弗莱雷察觉到，“一种文化可以被定义为一个可能是什么的构想，即一种限制情境”，③ 学科课程则是一定文化的再现，文化的性质和功能在学科课程中也有某种程度的体现。

综上所述，学科课程作为教育的一种人为选择，并不是随意的选择，而是一种合目的性、合理性的选择，具有历史演进的必然性，这“不是某个人的意志所能决定的，也不是某些人的意愿可以改变的，它是人类发展历史的选择”。④

二、学科课程的有效实施需要合理的思维转向

一方面，学科课程是历史发展的必然性产物，在当前课程体系中也

① 和学新：《学科课程理论形态的确立——要素主义课程述评》，《西北师大学报》，2001 年 6 期，第 12～16 页。

② 陈桂生：《“教育学视界”辨析》，上海：华东师范大学出版社，1997 年，第 126，4～6，106～119 页。

③ W F PINAR. The Abstract and Concrete in Curriculum Theorizing. H A GIROUX，A N PENNA，W F PINAR. Curriculum and Instruction. MeCutchan，1981. p. 138.

④ 孙喜亭：《当前基础教育的改革是要取代以学科知识为中心的课程体系吗——与一种课程观讨论》，《教育研究与实验》，1998 年第 2 期。

仍然是主要的课程形态；另一方面，学科课程在实施中确实出现了很多弊端，承受的批评也是不绝于耳。显然，简单推崇学科课程或者片面否定学科课程，都不合乎历史和现实的实际，都是不恰当的极端化思维。但不幸的是，当前人们正是以非此即彼的极端化思维看待学科课程实施中的问题，造成了事实上的对学科课程的漠视。要正确理解学科课程，唤起人们的研究，解决学科课程的不足，首先就要摒弃对待学科课程的极端化思维。由于人们主要是沿用杜威的思想来评析学科课程，回顾、把握杜威摒弃极端化思维的思路与方法，就非常必要也很有针对性。

不可否认，学科课程实施中的现实不足是明显的，一是人们在职业分工的引导下，会把彼此关联的学科课程割裂开来，使学生只能支离破碎地认识这个世界；二是教师在教学中，会人为地把学科课程与其所依据的社会、历史、文化和现实割裂开来，使学科课程不能真正成为学生学习和发展的资源；三是在固守界限的传统中，人们总是会习惯于已有的知识及其结构，而不会变革性吸纳新知识、新学科，不会在新的融合中促进学科质量的提升。[①] 这些问题浮现在人们的理性审查之下，有助于避免教育发展的盲目性和付出不必要的代价。杜威在《民主主义与教育》中也深刻地揭露和批判了这些问题，不过在他看来，上述问题是学科课程实施和知识教学过程中极端化的做法和现象，是传统实质教育的极端体现，是人的实践导致的问题，而非学科课程本身的问题。他认为这种实践导致的是坏的学科、坏的教学，是不能融入学生学习和发展的学科与教学，是要严厉鞭挞的。但杜威并没由此否定学科课程，他分析指出，离开学科内容只谈发展就退回到历史上的形式教育了，更何况所教的“学科科目对学生来说，并不是学科”。在否定之否定的辩证法中，杜威要求以超越、融合的视界，连续统一地看待学科课程与儿童、与教学、与社会等的内在关系，注重学科课程、学科知识在组织和教学上的改造，并强调指出，最好的教学就是“牢牢记住学校教材和现实生活二者相互联系的必要性”，“不要把现成的教材提供给学生”。

因此，就如人们普遍承认，学科课程作为一种对人类浩瀚知识进行

① 杜威：《民主主义与教育》北京：人民教育出版社，1990年，第58～174，192～234，170～173，254，247～361，177，148～152页。

系统和简约化组织的有利形式，有助于学生在系统、简约化的学习中，克服自身在生命、身体、机能等方面的缺陷，尽快融入人类历史和文化发展的核心。杜威也对此给予了极高的评价，要求重视知识传授对学生发展的作用，“就任何学科都标志着生活所特有的丰富的内容来说，各种学科的价值是内在的”。

为变革学生作为“学科知识”、“旁观者”的现状，杜威提出了“做中学”、经验课程等，以使每一门学科，主要是学科教学初级阶段“知识的获得与在共同生活的环境中所进行的种种活动或作业联系起来”，人们也广泛借鉴这些有益的思想资源。但有一些人却以杜威批判了的极端化思维，非此即彼地把学科课程与儿童、与教学、与社会对立起来，漠视学科课程、学科知识本身存在的价值，走向空谈发展的形式主义教育。究其源，这种错误的根源在于忘记了杜威对上述问题的批判深入到了传统中身与心、人与世界相割裂的思维方式，“这种区分乃是方法和学科材料的二元论的根源”。①

正是对传统哲学二元对立思维方式的批判和摒弃，杜威才提出“经验”命题，并强调“经验”是人与环境的相互作用。“经验”上的一元论把学科知识和经验统一起来了。首先，经验是学科知识的萌芽和根基。杜威明确指出“迫切的问题是要在儿童当前的直接经验中寻找一些东西，它们是在以后的年代里发展成为比较详尽、专门而有组织的知识的根基”，② 能够扎根于学生经验情境的学科课程就可以导致“正规教育中永远成功的教学方法，无论是算术、阅读、地理或外国语的教学”。③ 其次，学科知识是方法化了的经验。经验就在于改变儿童的活动方式，经过理性处理的学科知识具有方法化了的优势，那就是“代表在发展真正的社会化和理智化的经验中的一般功能”，④ 杜威因此强调，“怎样从人和书本传授的知识中，获得理智的益处，这是一个最为重要

① 杜威：《民主主义与教育》北京：人民教育出版社，1990年，第58～174，192～234，170～173，254，247～361，177，148～152页。

② 赵祥麟，王承绪等：《杜威教育论著选》，上海：华东师范大学出版社，1981年，第323页。

③ 杜威：《民主主义与教育》，北京：人民教育出版社，1990年，第160页。

④ 杜威：《民主主义与教育》，北京：人民教育出版社，1990年，第223页。

的问题”。[①]

综上论述与引证，学科课程已经包含经验课程、活动课程的泛化了的概念内涵的本质。当然，人们在实践中为防止经验、活动在学科课程的边缘化消退，策略性提出活动课程、经验课程单独予以强调，或者视为在实践上的有益补充，确实可以让人们在模糊性、不确定性居多的教育实践中警惕并矫正现代学科课程实施的某些弊端。但是，学科课程中知识与经验或者活动相互交融，具有杜威说的“连续性”，不能割裂、对立地看待和处理，我们必须反对把学科课程实施中存在的问题当作学科课程固有问题的极端做法，也反对以活动课程、经验课程等代替学科课程的论调，更反对当前把学科知识与经验、活动相对立的思潮。

三、学科课程在现实困境中呼唤着行动突破

现在不乏对学科课程的现实困境的批判，但批判的目的不是简单的否定，而是有选择的扬弃，是在一定条件下对事物进行理性的审查，找出事物的特定问题并予以反思，以显示事物正确发展的方向。对学科课程现实困境的观照同样应该遵循批判的基本原理和思路。

1. 学科课程改造是课程改革的基本主题

学科课程在实施困境中的不足与弊端，既使学科课程的改造构成了课程改革的主要难题，也成为基本主题。顾明远先生所回顾的 20 世纪世界各国经历的三次大的课程改革，也表明了这一点。第一次以杜威为代表批判了传统教育的课堂中心、课本中心、教师中心，强调学科课程要与儿童生活经验相联系；但进步教育在一定程度上割裂了学科课程与儿童生活，出现了第二次以对“生活适应”的功利主义教育的批评为起点的改革，强调学科课程的结构性和学术性；过于强调学术性，使得学科结构化的探究很快消寂，但结构化、方法化的思想很快在第三次课程改革中得以复苏，以满足应对科学技术发展和提升基础教育质量的需要。[②] 这三次课程改革都有着关注儿童发展的基本理念，但学科课程品

---

① 杜威：《我们怎样思维·经验与教育》，北京：人民教育出版社，1991 年，第 214 页。
② 顾明远：《课程改革的世纪回顾与瞻望》，《教育研究》，2001 年第 7 期，第 15～19 页。

质的改善却是主线，并在一定程度上成为课程改革成效的基本标志。因此，当前各国仍以学科课程作为主导存在形式，仍然以学科知识为基础来推动课程改革，构建基础教育课程体系，并都理性地认识到学科课程改造和提升的困难，自觉地以学科课程改造为突破口来推进课程改革的实质性变革。

我国当前的课程改革无论从计划，还是到课程实施，无论是课程标准的隆重出台，还是新版教科书的普遍运用，主要还是学科课程体系的。一些人不愿意正视这一点，不愿扎扎实实地为深化和提升学科课程展开研究，以为提出一些所谓发展学生的理念就是改革。应该说，当前课程改革提出推进学生发展的核心理念是适时的、必要的，但如果以价值判断代替实然的研究和实践，如果把这样一种价值取向作为课程改革的核心，显然就是偏误了，甚至有虚化课程改革的危害。这会误导性地让教师不专注于他们实际正在进行的学科教学工作，而虚幻地相信学校可以彻底地成为一个非学科本位、非知识本位的学习机构。[①] 这将使得，作为“本位”的学科是什么？教育发展需要什么样的学科？这些重要问题得不到必要的思考和反思，将使学科课程陷入得不到研究和提升的困境，从而导致课程改革在行动意义上的虚无化。

2. 学科课程亟须心理学化的专门研究

学科课程的心理学化最早可以追溯到古希腊亚里士多德提出“基本课程”的学理，那就是，人类灵魂的不同智能把握事物的不同性质。[②] 到了近代，裴斯泰洛齐（J. H. Pestalozzi）第一次明确地提出了课程与教学心理学化的基本命题；19 世纪的大半个世纪里，赫尔巴特（J. F. Herbart）及其弟子一直致力于在理论和实践上推进教学心理学化；而 20 世纪以来学习心理学理论的层出不穷和繁荣发展，使得学科课程心理学更是受到极大的关注，杜威及其追随者进一步提出了课程与教材心理学化的要求，发展出了风行一时的经验课程理论；著名心理学家布鲁纳以结构主义思想为指导，在 20 世纪 60 年代美国的课程改革里，对学科课程进行了结构化即心理学化的实践和实验，但由于其过于

---

① 王策三：《认真对待“轻视知识”的教育思潮——再评由“应试教育”向素质教育转轨提法的讨论》，《北京大学教育评论》，2004 年第 3 期，第 6 页。

② 梯利：《西方哲学史（增补修订版）》，北京：商务印书馆，1995 年，第 82～93 页。

乐观导致了如世人所知的在总体上失败的结果。就如皮亚杰所说“布鲁纳曾经极端地主张，如果一个人处理得恰当，他可以在儿童的任何年龄教学任何东西；但是他现在似乎再不如此自信了”。[①] 可以看出，课程教学心理学化一直是困扰心理学家和教育学家们的基本问题，也是制约学科课程发展的最根本、最深层的问题。这个问题解决不好，就会导致学科课程与儿童学习、发展的不匹配，乃至相互脱离。

所以，时下一些人关于学科课程因其体系化、严密化、精细化、专业化等特点而认为学科课程很成熟的观点是极为片面的，以至认为要消除学科课程的看法也更是极为肤浅的。事实上，学科课程在其所选择的知识内容上是否尽可能地考虑了现代科学的发展还有待研究，其知识编排的逻辑考虑以及这种知识逻辑在适合儿童身心发展特点方面基本上更是需要深入研究。

3. 学科课程改造需要素质教育的合理指引

素质教育的提出表达了一种教育理想和期望，能在指引学科课程的合理改造中，得到具体实施。部分由于人们把素质教育和学科课程对立起来，一定程度上形成了轻视、忽视学科课程的实践状况，导致了素质教育实施的混乱，离开学科内容谈能力发展，使人恍若感觉到历史上形式教育幽灵的复活。这需要我们在坚持学科课程是素质教育实现载体的基本立场上，澄清目前的一些错误看法，其中比较集中的错误认识是，“中心环节是改变以学科知识系统为中心的教育体系，构建以全面提高学生素质为中心的教育体系，为学生学会做人、学会求知、学会劳动、学会生活、学会健体奠定坚实基础”。一些专家已经指出这个表述的逻辑混乱，比如学会求知和要被改变掉的学科知识并不是割裂的，而恰恰是统一的。[②] 显然，讨论素质教育和学科课程关系的关键是既要弘扬追求学生素质发展的理想，也要踏实地改造和提升学科课程的品质。

课程改革具有系统性、复杂性，但若要使素质教育不至于离开学科内容空谈一般能力和素质的发展，从而滑向形式教育，就必须要致力于

① 皮亚杰：《皮亚杰发生认识论文选》，上海：华东师范大学出版社，1991 年，第 16 页。

② 孙喜亭：《当前基础教育的改革是要取代以学科知识为中心的课程体系吗——与一种课程观讨论》，《教育研究与实验》，1998 年第 2 期。

学科课程的改造和提升。通过学科课程的改造和提升来推动课程的系统改革，来实现素质教育的理想应该是一个基本的行动要求。这表明，如下审查是重要的：为着每个人发展的教育应该需要什么样的学科课程、学科知识？什么样的学科课程是切合儿童身心发展的？学科课程、学科知识如何才能与学生发展相统一？而这些恰恰在现实中被忽视了，以至于学科课程在本质上没有多大的变革，学生发展的理念也就难免流于形式，以至于当前课程改革中充溢着广大教师的抱怨：除了一些所谓理念外就不知新在何处了。

学科课程作为主要的课程类型，是人的合目的性选择，既有历史发展的必然性，也有现实需要的必要性。但这种合理性辩护和理解，并不意味着抱残守缺，而是要求看到学科课程的不完善和实践中人为导致的弊端。与之相关的诸如课程知识与儿童心理、与社会文化的适切，学科领域与课程结构的调整，课程内容的选择、组织和呈现等基本问题，也就明显地凸显出来，呼唤我们去正视和研究，以提升学科课程品质，从而切实、有效地推进课程改革。

课程政策决策模式*

课程政策决策模式研究是课程研究的一个重要领域，加强对课程政策决策模式的研究既有利于课程理论的丰富和发展，也有利于课程政策决策的规范化和科学化。本文拟对课程政策决策过程中经常使用的理性模式、渐进模式、综合模式、团体协商模式以及精英模式等五种模式加以分析和评论，以期对我国课程理论的发展以及政策决策的科学化有所裨益。

一、理性模式

自第二次世界大战以来，相互关联、相互制约的公共政策问题日益凸现，公共政策的质量问题开始引起社会的普遍关注，用理性的观点和方法进行政策决策逐渐成为一种基本的价值观念，并继而在公共政策领域发展演变成政策决策的理性模式。现代公共政策所说的理性主义或理性化，主要是指特定的政策主体为着一定的目的，利用一切可能收集的资讯，经过客观和准确的计

* 与张家军合作。

算或度量，以寻得最佳的政策手段和最大值的政策结果。①

理性模式认为，只要决策过程的每一步骤都是理性的，最后所决定的政策，自然也是合理的，能够解决所要解决的问题。其最终目的是试图设计出一套程序，借此程序，决策者能制定出成本最低化而利润最大化的合理政策。

一般而言，理性主义的政策决策要求具备以下条件：②

1. 知道所有的社会价值偏好及其在社会人群中的比重；
2. 详尽了解相关资料，并以此为基础制定各种可能的政策方案；
3. 充分把握每一种政策方案各种可能的结果；
4. 准确估计每一种政策方案的损益期望值和社会价值比；
5. 合理选择最为经济有效的政策方案。

理性模式要求决策者是个绝对理性的人，他不仅要能知晓、权衡整个社会的价值偏好，而且还要有关于政策方案的详尽资料，正确预测各种政策方案的能力，准确估计各种政策方案的价值比，并且总能作出最优的选择。理性决策模式程序可用下图以示之（见图 1）。③

理性决策模式为人们思考问题提供了一种理性化的思维方式，开拓了人们的视野，是一种“乌托邦”式的决策模式。但由于理性决策模式要求条件过于苛刻，不可能得到完全满足，注定了理性决策模式的“先天不足”，从而遭致诸多其他模式的批评。理性决策模式主要存在着以下局限性：

第一，政策决策者的局限性。在理性决策模式中，“价值中立”和“最优化”是两个核心概念之一。而在实际的政策决策过程中，一方面，决策者在进行决策之前已经具有了一定的价值取向和偏好，导致决策者不可能用完全理性的态度、思维和方法进行决策；另一方面，理性模式要求社会有一些为大众所共同追求的价值目标，而事实上社会上存在着许多彼此冲突的价值选择，面对这些错综复杂的价值标准，决策者往往

---

① 伍启元：《公共政策》，香港：香港商务印书馆，1989 年，第 332 页。

② T. R. Dye. Understanding Publie Publicy. Englewood Cliffs. N. J.: Prentice-Hall. Inc, 1975. p. 27. 转引自张国庆：《论理性主义公共政策分析的局限性》，《北京大学学报（哲学社会科学版）》，1997 年第 4 期。

③ 袁振国主编：《教育政策学》，南京：江苏教育出版社，2001 年，第 124 页。

也很难做到“价值中立”。同时，受决策者个人的能力、知识、经验以及价值取向的限制，决策者并不一定能够真正做到选择的“最优化”。

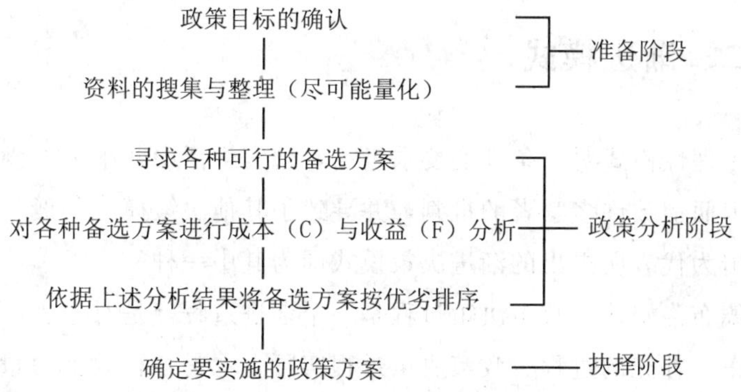

图 1　理性模式的决策程序

第二，资料方面的局限性。理性模式认为，决策者能够收集到有关决策状况的全部资料。事实上，这也是不可能的。尤其是当今我们处在一个信息社会里，随着信息技术的发展，我们面临的不是信息匮乏，而是信息过剩，我们不但不能穷尽所有的有关信息，面对呈几何倍数增长的信息，如果不善加利用，甚而会导致信息困惑与迷茫。“在信息社会，没有控制和组织的信息不再是一种资源，它倒反而成为信息工作者的敌人。”①

第三，决策方法的局限性。理性模式决策主要依靠数学模式和逻辑推理的方法进行分析与决策，要求将一切目标和所有的资料尽可能地数量化。事实上，并不是所有的目标和资料都可以量化。同时，亦可能由于人为的因素，导致数据失真。所以这些都必将导致计算失误，从而导致政策偏差。

第四，资源方面的局限性。理性决策模式在决策时，没有考虑时间、空间、精力以及其他成本的限制，似乎决策机关有无穷无尽的资源可供利用，这也是它被攻击的一个致命之处。

由于理性政策决策模式的上述局限性，导致理性决策模式在实际生活中的影响并不是太大。如在美国，理性主义的公共政策分析大约只对

① 约翰·奈斯比特著:《大趋势——改变我们生活的十个新趋向》，孙道章译，北京：新华出版社，1984 年，第 32 页。

20%—25%的公共政策产生了影响，其余大部分的公共政策都是由另外一些方法及其组合决定的。[①]

二、渐进模式

由于理性模式对于条件的要求过高，现实生活中几乎无法满足这些条件，因而遭致许多学者的批判，并导致了其他决策模式的诞生，以林德布洛姆为代表所提出的渐进决策模式即为其中一种。

林德布洛姆认为政策决策过程是一个渐进过程，是对过去已有政策稍加修正、补充的过程。政策决策过程实际上也是各种政治力量、利益团体相互作用、讨价还价，最终达成一致认同方案的过程。在林德布洛姆看来，在决策过程中：(1) 决策者只需对已有政策作些"微调"，而不是对整个计划或方案作大幅度修改；(2) 为实现政策目标，决策者需以现有的合法性政策为主，作出连续性的政策设计；(3) 决策者只需考虑解决问题的种种可供选择的方案中的有限几个，这些方案同现行政策只有程度上的差异；(4) 渐进决策过程，本质是补救性的，更多的是为了改革当今具体的社会弊病，而不是为了提出未来社会的目标；(5) 对补救性的新政策需进行连续不断的分析和评估，但不是对所有的变量和后果进行分析，而是对几个重要变量的片段分析和评估，以逐渐解决所面对的问题。渐进决策模式可图示如下：

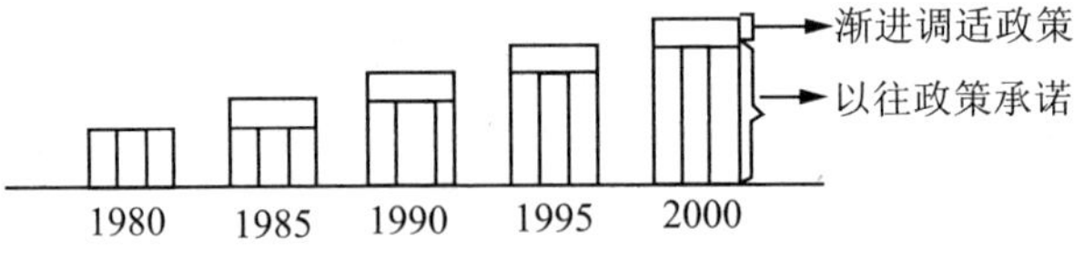

图 2　渐进模式

在决策过程中，需要遵循以下三大原则：(1) 按部就班原则。林德布洛姆认为，决策过程只不过是决策者基于过去的经验，对现行政策稍加修改而已，并明确指出："按部就班、修修补补的渐进主义者或安于

① 林德金：《政策研究方法论》，吉林：延边大学出版社，1991 年，第 63 页。

现状者或许看来不像个英雄人物，但他却是个足智多谋的问题解决者”；[①]（2）积小变大原则。从形式上看，渐进决策过程似乎缓慢，但由微小变化的积累可以形成大变化；（3）稳中求变原则。林德布洛姆认为，政策上的大起大落是不可取的，否则就会造成社会的动荡不安，危害社会的稳定，“实际上，对于政治统治者来说，最危险的时刻往往就是他们对社会问题作出反应，进行变革的时期”，“全面变革的现代化过程，是一个充满冲突、混乱无序的社会动荡时期”。[②]

与理性决策模式相比，它更接近于实际的决策情况。以我国的课程管理为例，从20世纪50年代到80年代中期，国家实行高度统一的课程管理体制，地方和学校对课程的设置和安排基本上无权过问。从80年代中期到90年代末，高度集中统一的课程管理体制有所松动，开始实行国家管理为主，地方也有一定的课程设置和安排权，出现了“一纲多本”和“多纲多本”的发展趋势。从90年代末开始，国家开始新一轮的课程改革，实行国家、地方和学校三级课程管理体制。课程管理体制的变化，充分地说明了渐进决策模式的这一特点。

渐进决策模式对于现实的政策决策和制定来说，它有其值得肯定的一面，主要表现在：（1）渐进决策模式强调政策决策过程是一个渐变的过程，注意保持政策的相对稳定，有利于保持社会稳定；（2）渐进决策模式将政策制定过程看作是一个调整过程，有利于保持政策连续性；（3）渐进决策模式所选择的方案与已有的政策差别不大，其结果基本上可以预测。

但“金无足赤”，渐进决策模式也因其内在的缺陷而遭致不少学者的批判。首先，渐进决策模式的局限性和不足之处在于它明显地带有保守主义的倾向，适合于比较安稳或变动不大的环境，在社会发生剧变，需要在政策上作大幅度的调整时，这种模式就会失去效用，甚而成为变革的障碍；其次，渐进决策模式的前提是现行的政策比较合理或只需作些调整，而不是根本性的变革。但社会生活中的实际情况是，有些新的问题根本就没有现成的解决方案，因而也就谈不上对其进行调整，如我

① 查尔斯·林德布洛姆：《决策过程》，竺乾威、胡君芳译，上海：上海译文出版社，1988年，第43页。

② 转引自赵成根：《论渐进决策模式的有效性》，《社会科学》，1998年第5期。

国正在进行课程改革的校本课程就是个新鲜事物，根本就无章可循，碰到这类问题渐进决策模式就失去了作用。同时，随着价值观念的转变、科学技术的发展，即使以往行之有效的政策也会跟不上时代发展的需要，面对新的环境和问题，决策者必须制定新的方针政策。

三、规范最佳决策模式

规范最佳决策模式是德洛尔（Y·Dror）在《公共政策制定的再审查》中提出的政策制定模式。他认为，理性模式虽然主观构想很好，但"诸如知识的广博性、动机的纯正性、价值标准的中立性、数据（资料）的完整性、分析模型的真实性、政策方案的周全性、未来预测的准确性等项理性主义公共政策分析要求，都不是现实人类的知识和能力所能实现的"，① 因而实践性较差。渐进模式虽然在实践上比较可行，但其保守的倾向使其仅仅局限于稳定的社会，且所需改良的政策已经存在，不利于政策创新和社会变革。

德洛尔认为，理想的决策模式，应具备以下特点②：（1）重视质的一面，而不是量的一面。即课程政策的制定乃至许多教育问题的解决，仅仅靠定量的方法是不够的，还必须借助定性描述的方法；（2）既是理性的，又是非理性的。理性模式与渐进模式都有各自的优点和不足之处，应将二者有机结合；（3）着眼于经济理性。也就是说，由于教育资源的有限性，任何课程政策都应追求最大的"净价值成效"；（4）加入元政策制定阶段。即要探讨对课程政策制定具有规范与支持作用的一些假设、标准与因素；（5）利用反馈作用。即根据对课程政策执行后的评价，利用反馈信息，对课程政策进行调整。

德洛尔将理性模式与渐进模式相结合，提出了规范最佳决策模式，这种模式是建立在以下三点基础之上的：一是通过更为细化的努力，比如寻求新的政策方案、精心论证政策目标、明确规定政策界限、确定政

① ［美］Y. Dror, Public Policymaking Reexamined. N. Y.: Chandler Publishing Co., 1968. p. 133.

② Y. Dror, Muddling Through— 'Science' or Inertia?, Public Administration Review, 24 (1964). pp. 155-156.

策评估标准，是可以增加政策的理性程序的；二是决策者虽然不能完全占有实现理性思维所要求的所有客观资源和所有的主观能力，但是，充分利用判断、静思等思维形式，还是能最大程度地提高政策的理性水平；三是通过敏感性训练、自由讨论，增加诸如时间、决策者专业水平等各种资源的投入，也可以增加政策的理性。[①]

一般认为，规范最佳课程政策决策模式主要有以下步骤：

(1) 明确制定课程政策的目的和决策标准；

(2) 运用渐进的方法分析现行的课程政策，预测现行课程政策执行的结果，确定是否需要制定新的课程政策；

(3) 根据实践经验的总结及国外课程政策的发展趋势，制定出新的政策方案；

(4) 充分考虑各种政策方案的政策期望与代价，选出风险最小、效果最佳的政策方案；

总之，最佳规范决策模式首先强调对现行政策进行检查和评估，吸收渐进模式的长处，同时又注重在决策过程中对理性方法的运用，进而纳入了理性模式的优点，从而尽可能地保证了政策的最佳化。它对于我们在课程政策制定过程中的启发意义在于，在制定课程政策的过程中，我们既不能无视现实条件，对理性模式生搬硬套，也不能囫囵吞枣地一律按照渐进模式进行，对新出现的课程方面的问题置若罔闻，而应针对具体的课程问题和我国现实的教育状况，充分发挥各种模式的优点，制定出最佳的政策方案。

四、团体协调模式

团体协调模式的基本假设是：在社会生活中，存在着各种有着自身利益的团体。这些团体经常会围绕不同的利益、权力进行斗争。要使社会持续稳定地向前发展，就必须在这些团体之间进行沟通、协调，以实现利益、权利等方面的平衡。现代社会的团体包括政治、经济、文化、语言、职业、性别、艺术、教育、卫生等各个领域。代表不同利益的团

① 严强、王强：《公共政策学》，南京：南京大学出版社，2002年，第368页。

体对政策的理解和期望是不一样的。不同的利益团体要最大化地实现自己的目的，保障自己的利益，就必须通过各种方式，参与政治过程，参与决策，影响国家和政府的政策制定、实施。正如有人指出："利益集团要在政治共同体中实现自己的特殊利益，便不能摆脱政治体系，它必须通过政治体系的决策来使自己的利益得到保障"，"在政治生活中，利益集团的主要目的是影响决策过程，以便实现自己的目的和主张"。① 因而，公共政策的制定过程就成为政府对各种团体进行协调，最终使社会利益实现均衡的过程。对此，政治学家莱瑟姆（E·Latham）曾一针见血地指出："公共政策实际上是在任何特定的时候，通过集团斗争而形成的一种均衡，在它所代表的这种均衡之派别和集团不断为获取自己的最大利益而斗争……立法机关仲裁团体间的斗争，认可成功的团体，记录失利团体的让步情形。"②

政府在政策制定过程中，需要组织不同团体进行讨论、对话、协商等活动，尽量缩小各个团体在政策期望上的差别，在相互协商、妥协的基础上，确定政策目标，制定出各个团体都能接受的政策方案。这种政策决策模式可图示如下：

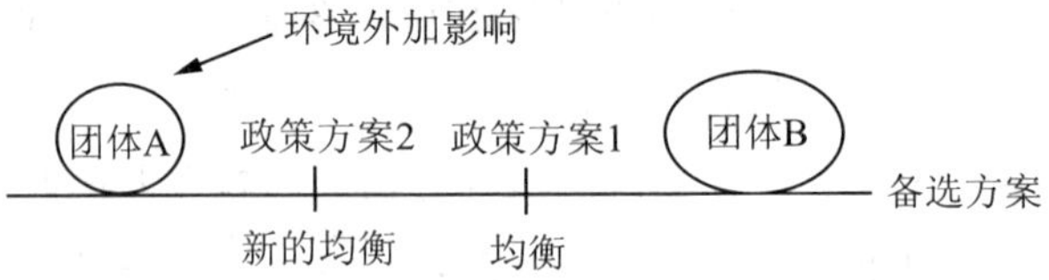

图 3　团体协调模式

图中团体 A、团体 B 同时对政策决策产生影响，通过协商、妥协，政府采取政策方案 1 使两个团体达到了均衡。当团体 A 在外部环境的影响下，发生改变时，原有的均衡被打破，通过新一轮的协商，政府采取政策方案 2 达到了新的均衡。

在实际的政治生活中，许多公共政策的制定都是各个团体互相协商、妥协的结果。例如，在课程改革中，如何确定各个学科在教学中的

---

① 王沪宁：《比较政策学》，上海：上海人民出版社，1987 年，第 117 页。

② E. Latham. The Group Basis of Politics. Political Behavior. N. Y.: The Free Press, 1956. p. 239.

比重（这一比重基本上体现为教学时数），各个学科都强调自己的重要性，要求增加（至少不减少）自己的教学时数，通过互相协商、妥协，最终达到了一致，新的课程政策也就应运而生了。

团体协调模式把政策决策过程看成是各个团体通过竞争而相互协商、妥协的过程，对政策制定过程有其独到的见解，解释了政策决策过程中其他模式无法解释的现象，如在众多的课程问题中，哪些问题受到政府的注意而被列入议事日程，政府为什么注意到了这些问题而忽视了其他问题等现象。但是团体协商模式也无法解释政策制定过程中的全部。如，在有些情况下，并非通过团体的压力，经由团体向政府提出政策建议，而仅是由于少数人的呼吁、建议而最终形成政策的。[①]

五、精英模式

政策决策的精英模式又称杰出人物模式，最早是由政策学家戴伊（T・R・Dye）和齐格勒（H・Zeigler）在《民主政治的讽刺》中提出来的。这一政策的假设是：社会上存在着两大集团。一个集团是有权力的少数人，它是有组织的、自觉的团体，能对社会价值加以分配；另一个集团是没有权力的多数人，它是分散的、不自觉的团体，只能服从分配。精英不是多数公众的代表，但也与统治阶级不同，他们主要依靠公共权力，通过对财富、知识、资讯、教育等资源的控制，巩固自己的地位。

精英模式认为，公众对政策既缺乏兴趣，对政策的了解又很少，他们很少对政策提出政策方面的要求。在政策制定上，公众通常是冷漠、消极的，而精英们则是有责任心的。他们认为，尽管精英的价值观和利益与公众有所不同，但精英仍可能关怀公民的利益，在制定政策时，仍可能采纳公众对政策的意见，因为精英们认为，自己承担着为社会公众谋福利的责任，而不是公众自己承担这种责任。[②]

---

① D. G. Smith. Pragmatism and the Group Theory of Politics. American Political Science Review, V. (September, 1964) . p. 610.

② T. R. Dye, Understanding Public Policy. Englewood Cliffs. N. J. : Prentice-Hall. Ine, 1987. pp. 25-28.

在精英模式的政策决策过程中，一般是由社会上的精英即各个领域的杰出人物发现和确定问题，选择解决问题的政策方案，将确定下来的政策交给行政机关去执行。在政策决策过程中，他们有时也会重视智囊团或思想库的作用，接纳部分公众的意见，但政策的制定以精英们的决定为主。这一模式如图 4 所示。

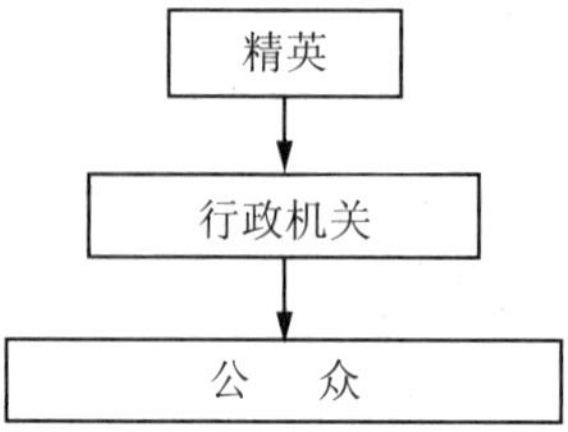

图 4 精英模式

许多人对精英模式提出了批评，认为这一模式忽视了在实行民主政治的国家中公众的参与能力。但在民主政治建设的初期阶段，由于公众还没有形成自觉地关心政策制定的意识，许多公众还不具备决策所需的相应的知识和技能，由精英们来制定政策，无疑可以增加决策的科学性，作为一种社会管理机制，民主的实质在于“在该体制中社会成员大体上能直接或间接地参与或可以参与影响全体成员的决策”①。人类民主的最彻底的形式无疑是广大人民群众直接管理国家事务，但这需经历来个从代议制民主向着直接民主过渡的过程。只要代议制民主存在，精英模式就有其存在和生长的“土壤”。因而，在实际的政策制定过程中，精英模式仍然不乏为实用有效的决策模式。

精英模式有助于我们理解一部分教育现象和课程政策的制定过程。如在课程改革中，如何确定各门学科的课程标准，如何选择和组织课程内容，如何确保课程改革的顺利实施，如何解决课程改革中出现的一些新问题等，解决这些问题，对课程政策的制定者们提出了很高的专业化要求，从而限制了大众参与课程政策的决策。因而在解决这些问题时，精英模式仍然具有其不可替代的作用和价值。

我们在上面介绍了五种主要的课程政策决策模式，这些决策模式虽

① ［美］科恩：《论民主》，聂崇信、朱秀贤译，北京：商务印书馆，1988 年，第 10 页。

非专为课程政策的决策而设计，但却为我们提供了很好地看待课程政策的视角以及研究课程政策的方法，很好地解释了课程政策制定的一般过程。当然，课程政策的决策模式也远非这五种，还有许多其他模式，如有限理性模式、综合扫描模式、系统模式、制度模式等。每一种模式都有其独到之处，有助于我们认识课程政策的制定过程。在实际的课程政策制定过程中，我们需结合教育的实际情况，或单独或综合运用不同的决策模式，以制定出最佳的课程政策。

课程决定的权力关系及其运作*

课程是多元主体建构的结果，课程建构的不同主体对课程发展的贡献是有差别的，这些差别不仅表现为主体因能力的大小而带来的参与效能的高低，更表现为这些主体在课程活动中所拥有权力大小的差别。权力的拥有程度直接决定了这些主体参与课程的动力、动机、方式以及效能等。课程决定研究的首要问题便是考察课程决定主体之间因相互而形成的权力关系，进而明确课程决定的各种权力作用方式及运作实质，最终走向合理的课程决定。

一、课程决定的内涵及其意义

从课程决定的现有研究看，人们将课程决定界定为不同主体对课程的参与，有的学者认为课程决定即对课程政策的制定，有的学者则认为课程决定是不同社会主体（包括国家政策制定者、相关课程工作者、学校）对课程的影响，还有的学者认为课程决定乃学校对课程的管理以及教师

* 与罗生全合作。

的课程执行程度。总体上看，可以认为课程决定是人们在一定的授权范围内和规范内对课程做出的安排。课程活动是多方面的，人们的课程决定也是多层次的，不同主体分别参与课程决定的不同方面。当然，不是所有人都可以参与课程决定，这就涉及课程主体的选择问题，或者说哪些人具有参与课程决定的权力的问题。课程决定由此从传统意义上的参与课程决定的技术问题转化为权力问题，其实质是课程决定主体之间的权力关系。课程决定研究的首要任务便在于探寻这些权力关系的表现。

课程决定不是某一个人对课程的某一方面做出的决策或者决断，而表现为不同主体多元参与课程的一种互动过程，是这些不同主体对课程的某些活动进行协商与妥协的过程。这种过程体现了人与人之间的社会关系，是人们因权力大小以及文化的差别（或者说文化资本的差别）而发生的控制与被控制、影响与被影响、支配与被支配的关系，反映了不同课程主体进行权力角逐的过程。一般而言，权力分为硬性权力和软性权力两种。硬性权力是一定的政治主体通过政权的获取而获得的一种合法权力，在课程主体上表现为中央一级、地方一级的相关教育机构及组织和个人与学校相关领导等。软性权力表现为一种文化权力，主要指国家、地方以及学校因不能完全行使自身的课程权力而邀请那些有课程权力诉求的组织和个人从事相应的课程运作。由于这些社会力量本身在知识与经济利益上存在差异，因而会通过各种方式争夺课程权力，以便使自身的利益最大化。这样，课程决定便受到政治权力和文化权力的双重作用，不仅是一种教育专业的决定，还始终受到政治意识、社会变迁和利益团体的影响，是一种政治协商过程。

首先，主体的课程决定权力始终存在于一定的关系之中，是一种人对人的关系，而不是人对物的关系，普遍存在于各种群体、组织及个体围绕课程运作而形成的关系网络中，各主体为了达到所从事课程活动的目的，都需要利用自身的权力。其次，课程权力意味着权力主体之间存在不平等。再次，课程决定的权力主体对课程权力进行争夺的目的在于获取一定利益。

揭示课程决定中的各种权力关系，对我们了解和全面认识课程运作有深刻意义。首先，有助于实现课程决定研究的价值转向。从根本上说，课程决定不仅表现为一个技术问题，任何课程主体都对课程有一定的价值需要，都需要通过课程活动实现自身的一定目的，当这些价值需要存在差异的时候，也就必然产生各种权力关系，也正是这些权力关系决定了课程的具体运作方式。其次，有助于规避课程主体因权力争斗而产生不科学的课程决定。在充分认识权力主体之间的斗争实质以及斗争策略的基础上，我们可以根据这些规律采取有针对性的措施在课程主体之间设定某种权力域，保证这些主体的权力行为在合理的框架内运行。最后，有助于建构合理的课程制度。课程决定的层次是多方面的，决定主体也是多样的，因而决定了课程决定的复杂性。只有在充分认识这些决定过程中的权力关系实质的基础上，我们才能抓住课程决定的“纲”，以此为准绳构建一种合理的课程制度，保证课程决定的过程以及实施顺利运行。

二、课程决定的多元权力关系及其运作

（一）课程决定的多元权力关系

课程决定主体之间所存在的权力关系有不同形式，总体上，可从两方面解析，一是与该国政治体制相一致的权力关系，是一种纵向的权力关系；二是多样化的权力关系，是一种横向的权力关系。

传统的课程权力关系是一种纵向的权力关系，与整个国家的行政体制和课程管理体制密切相关，主要对课程决定的主体作了划分，而未涉及课程的编制、课程教材的出版发行等环节，是不全面的。就课程产品而言，课程有宏观意义上的产品，也有中观意义上的产品，以及微观意义上的产品，而现有课程权力关系的探讨则未涉及中观和微观意义上的产品。所以传统意义上的课程权力关系不能全面解释课程决定所引发的各种权力关系。

课程变革的要求以及权力的本质都要求转变既有的权力关系，实现权力主体的多元化。课程的形成过程既有国家生产机制，也有社会生产机制。前者包括中央层面和地方层面对课程文本生产的直接控制，但是，很多时候，中央或地方直接的制度性机构不能完全行使所有的课程权力，因而需要将部分的课程编制、课程教材的出版与发行等这些产生中观产品的环节交给其他社会机构或团体，也即实行权力的分流。同

时，课程文本生产过程因其本身有着太多的利益驱动，社会力量为了获得自身的利益，会通过各种途径参与课程文本的生产。另外，政治权力结构的演变以及课程变革本身也要求社会力量行使一定的课程权力，这样，课程产品的流通便不可避免地需要社会力量的参与。当然，课程决定也不能脱离原有的权力关系，国家、地方和学校三者永远都需要参与课程的建构，而不管其权力类别具体是什么，离开中央和地方的权力行为，离开学校的权力行为，是不可能完成课程文本的运作过程的。

（二）课程决定主体的权力表现

根据布迪厄的场域理论，课程决定总是发生在一定的场域之中的，如课程文本的生产场域、课程产品的流通场域以及课程的实施场域等。利益是场域冲突的根源，场域中各股势力通过较量和斗争所演化的各种冲突和斗争便因利益而起。不同场域的利益是不一样的，同一场域中不同主体也有着不同的利益诉求。课程主体对课程的决定便在于想在自己所处的课程运作场域中获取相应的符合自身要求的利益，并会根据自身的资本形式和大小采取不同的策略。

1. 纵向权力主体争夺制度建构以保证自身的利益

课程制度的相关制定者是一国相应的主管部门，反映了社会的总体利益。一国相应的主管部门通过形成一定的制度，可以使课程的运作在制度的设定下不偏离社会发展的指导思想，也可以通过这种制度设定使国家利益最大化。一般而言，谁拥有制度的话语权，能够控制这种制度，谁就有可能控制课程的整个运作环节，由此，对制度的设计与控制便成为争夺的重要对象。

课程决定的纵向权力主体主要包括中央、地方和学校这三级，其中学校基本不具有相应的行政权力，虽然有时有一定的课程决策权，但这些决策权主要还是上级行政部门赋予的。这样，课程权力的纵向课程决定的权力关系及其运作主体中只有中央和地方真正享有行政权力，其采取的策略既有通过与同级的政治权力主体结盟而展开的争夺，也有委托相关社会团体以学术影响或经济影响而展开争夺，以期获得相应的课程决定权。

2. 纵向主体与横向主体之间在特定制度下的利益博弈

“课程作为一种事实，不是孤立的存在。相反，课程具有特定的社会形式，并体现了某些利益，这些利益均是支配群体与从属群体相互之间及其内部不断斗争的结果。课程不是某种抽象过程的产物，而是通过各种可以识别的社会运动和社会群体的冲突、妥协及联盟得以产生的。”[①] 课程运作过程中所产生的利益，既包括国家利益，也包括社会利益或集团利益，都是基于一定的个体利益而建构起来的整体利益。制度是以个人利益为根基的，课程的相关制度也不例外。但是，课程的相关制度首先要保障国家利益。国家通过建构一定的制度，协调国家与社会集团或者社会集团与社会集团之间的矛盾，保证利益的合理分配。

我们可以针对在课程产品的形成和流通中所产生的各种利益斗争进行分析。在课程产品的流通领域，中央和地方的教育行政部门是制度的制定者，而社会力量则在其制定的制度框架下从事相应课程产品的流通活动，其中社会力量获取的利益是有限的。但为了获得更多的利益，社会力量会尝试在原有制度框架下争取更多的利益，并会试图改变原有的制度而使自身利益最大化。从制度本身的特性来看，制度所产生的利益也不仅仅包括国家所属部门与集体的利益，还需要顾及社会力量的利益。一般来说，社会力量会尽力符合相关规定，如壮大自身的经济资本（有些国家对参与教材出版与发行有着严格的资本审核，即是否有强大的经济实力能够满足教材的及时有效出版）、开发高质量的教辅材料等措施积累资本，并以积累充足的资本拿到所需订单，保证自身利益的实现。其次，社会力量会采取联合国家相关部门中个体或群体的策略，通过与一些“官员型专家”联合开发符合规定的教材来取得出版与发行权；或者通过自身的资本优势进入相应的制度制定团体中，以期达成符合自身利益要求的课程教材出版与发行制度，从而获取利益。

3. 制度设定下横向主体间的权力表达

我们可以把除纵向权力主体的其他主体统称为社会力量。社会力量一般可以分为两类，一类是单纯从事课程文本生产的学术组织机构或个人，另一类是那些有能力进行课程文本产品的印刷、销售等活动的社会机构或团体。前者对课程话语权的争夺主要通过积累自身的符号资本，

---

① ［美］阿普尔：《国家权力与法定知识的政治学》，《华东师范大学学报（教育科学版）》，1992年第2期。

诸如通过提升自己的学术影响力或者媒体的作用博取课程某一方面的决定权，进而为获得自身的经济利益或符号利益而展开争夺。后者为了能够获取更多的课程决定权，赚取更大的利益，会展开各种斗争与联合。社会力量之间之所以能够既相互斗争又相互联合，其主要原因在于他们自觉或不自觉地形成一种制度，有着行动的标准规矩。这些都是出于社会规则或习惯的结果，这些规则或是明文规定的，或是自动运行的。这些规则会在某种环境中内化为人的内心，从而规定了人的价值观念，成为一种规范人的行为方向的内在力量。在此基础上，这些规则会成为人们生产生活中的行为尺度，被人们自觉或不自觉地遵守着，成为一种相对固定的文化制度。[①] 社会力量在对课程决定权的争夺过程中便形成了某些约定俗成的规则与规范，指导着自身的行为。当然，这种制度会受到教育制度的制约，尤其会受到与课程运作过程相关制度的制约。

三、课程决定的发展路向

不同主体对课程的决定权反映了其对课程的话语建构权。课程话语的形成是课程主体（也即在特定的课程话语建构的场域中的文化主体）在特定文化场域中的共建过程。根据布迪厄的文化资本理论，文化资本的多寡决定了课程主体在课程话语建构场域中的权力与地位。文化资本越多的主体越想通过自己的文化资本优势来获取更多的课程话语权，并以此来获取相关的经济资本与社会资本。不同主体的文化资本是不一样的，进而在诸如课程文化生产、课程产品流通、课程实施与评价等场域中形成了不同的社会结构，体现了权力的不平等。主体之间的权力不对称必然导致其对特定场域中利益激烈的争夺，如果没有相应的机制做保障，这些主体的课程决定便会无效，而仅表现为一种利益的分配。消除课程话语构建课程运作过程中（课程决定所反映的不同场域中）的不平等，最终体现公平和科学的课程决定，我们需要做到以下几点：

---

① ［英］马陵诺斯基：《文化论》，费孝通译，北京：华夏出版社，2002年，第7～8页。

（一）建立合理的利益分享机制[①]

权力与利益的挂钩是课程话语生产的必备条件，没有权力和利益就没有其生产的外部动力。然而，对权力和利益的过度追逐和场域中的无序状态会导致话语生产的不公平，使文化生产虚化。同时不同主体之间争夺话语权所产生的区隔会演化成对权力的争夺，进而造成文化壁垒，导致课程话语的支离破碎，无法保证文本话语思想的完整与科学性。

要避免这种情况发生，需明确课程开发主体的具体权力，细化权力的类别，建立权力的制衡机制，避免课程权力过度集中。同时要加强对课程权力的领导，避免权力主体之间因相斥而产生内耗。明确课程主体的权力，可以使课程主体合法地获取相应的经济利益。但需要注意的是，经济利益不是课程话语生产的最终出发点，利益是一种补偿，在利益获取时应贡献和奉献自身的资本，应建立资源信息库，实现资源共享。

（二）构建课程决定主体互动平台

课程决定的多元权力关系不仅体现了课程决定主体的多元化，而且还体现了课程决定主体的权力大小。一般而言，课程决定是在一定的规定下进行的，不同主体所参加的课程活动是不一样的，他们分别在各自的课程活动场域中通过运用自身所拥有的权力参与课程决定，并获得自身想要的利益。从场域的结构特征看，某个场域形成之后，便具有相对静止的特征。虽然不同主体能够在各自所处的场域中进行互动与交流，但与场域外的主体或者其他场域主体则很少有互动与交流的机会或条件。由此，课程决定的相关场域一旦确立就成为一个相对静止的空间，课程主体按部就班地各自按照既定的方针步骤行事，不仅会造成文本话语的僵化、悬置与封闭，还会造成文本与实践的对立，将课程单纯演化为工具化的控制模具。课程决定主体之间的相互分离会造成不同层次的课程决定难以体现其他主体的需要或权力诉求，如不能反映教师和学生等实践主体的需要等。

课程决定是一个系统工程，虽然因课程运作的需要，我们会人为地

---

① 罗生全，靳玉乐：《课程作为文化资本的话语构建机制探讨》，《教育研究与实验》，2007年第1期。

将其暂时分解成不同的领域，但课程终究是一个整体，是不同决定主体互动的结果，这种互动既包括课程政策制定者与课程文本生产者之间的互动，也包括所有参加课程决定的主体之间的互动。现实中课程决定的相对分离不能成为分离课程决定主体的依据。但我们也不能将现有制度全部打破而重新建构新的制度。我们需要做的是，既要创造机会使所有的课程主体来共同探讨课程中的某些核心问题，也要采取一定的措施将场域外的一些有课程表达意愿的个体或团体纳入。课程决定主体之间的流动，可以扩大课程决定主体的来源，实现主体的多元化，使课程决定的不同场域开放并充满活力，避免因文化壁垒而产生的文化霸权，实现课程的社会性建构。

（三）实现课程决定主体间合理的权力配置

课程是权力角逐和作用的结果，合理的课程权力分配是保证科学和公平的基础。长期以来，我们仅从中央向地方分权入手探讨课程决定的权力关系，没有做到向社会分权，因此当务之急是在保持纵向权力主体间权力张力的基础上，合理向社会分权，并进行权力制衡。分权的前提是宏观、适度与依法。[①] 宏观调控是国家课程权力行使的主要形式，是用于调控课程变革中的利益失衡和社会自主运行失效的领域；国家权力干预现实的课程运行与发展是必不可少的，但要把握“度”，做到松紧适度。从分权的思路上讲，国家要退出课程权力的微观领域，强化对课程的宏观管理，明确各主体的具体权力，细化权力的类别，建立权力的制衡机制，避免课程权力的过度集中，使权力主体在法律、法规、规章的范围内相互监督、制约。

从权力的本质上讲，权力实现的重要条件是权力主体必须要有一定的能力。也就是说，如果我们仅仅从分权这个层面上去考察还不足以保证权力主体做出科学的课程决定。一些弱势社会力量和教师与学生会因权力有限或本身经济或文化力量的不足而不能有效参与课程决定。我们应帮助这些弱势主体树立权力意识，使其能够充分行使自身的权力，强化其课程权力表达能力，提高其参与能力、社会行动能力和利益表达能

① 蒋建华：《知识·权力·课程——走向多样化的义务教育课程政策研究》，北京：北京师范大学出版社，2003。

力。其次，为这些主体提供相互交流与互动的空间，使其彼此之间能够相互配合、协作，采取联合行动，进而提升其权力效力。再次，主动培育一些社会力量，扩大课程决定的权力主体，只要有更多的主体参与进来，课程决定才能在满足社会多元需要的基础上体现权力的多极化，整体提升权力主体的权力表达能力。最后，建立权力行使的监督机制，做到课程决定的透明与公正，使每一项重大决定都处在社会监督之中，这样既有利于提高主体参与决定的动力，提升参与课程决定的能力，也有利于建构合理的课程制度，保证课程决定的科学运行和结果。

相互调适取向的课程实施*

课程实施（Curriculum Implementation）是近年来课程发展中的一个重要研究领域。在20世纪50年代以前，西方的许多研究者认为，只要课程计划完善就可以自然地在实施过程中达到预期的结果。然而事实并非如此，20世纪50年代末至60年代末进行的那场肇始于美国、影响波及全球的“学科结构运动”的失败便有力地否定了这种看法。因为在具体的实施过程中，有的可能严格按照课程计划执行，有的可能表面上采用而实际上自行其是。因此，我们有必要对课程实施作进一步的研究。

一、课程实施的研究意义

课程实施作为联结课程计划与课程评价的中介在课程发展中具有极为重大的意义。具体而言，表现为以下几个方面：(1) 对课程实施的研究有助于我们了解课程计划在具体教学情境中的适宜性和有效性。课程计划与课程实施之间存在

* 与张丽合作。

着理想与现实、预期结果与现实结果之间的一系列关系，这些关系极其复杂、多元，甚至难以预料和控制，因此，若不直接分析和了解课程实施过程，我们就不知道实际发生的情况。目前流行的做法是宣传性课程计划的好处，然后评定其结果，好像在这个过场中没有发生过任何事情似的，实施过程成了一个“暗箱”，这就不能保证所获材料的客观性。(2) 对课程实施的研究有助于我们了解为什么有的课程计划会成功而有的会失败。通过直接了解实施过程，可以识别引起变化的主要问题在哪里。有些课程计划失败的原因可能不在计划本身，也不在于教学过程，而在于组织安排和制度措施上的问题。然而，如果我们没有对课程实施做深入细致的研究，就不能及时发现课程实施过程中存在的问题。(3) 对课程实施的研究有助于我们了解学生学习的结果。有研究表明，学生成绩与课程实施的程度有关。为了了解学习结果与各种可能的决定因素之间的关系，考查课程实施过程是必需的。(4) 对课程实施的研究有助于我们了解影响课程实施的诸多因素，进而更好地推广课程计划。“实践是检验真理的唯一标准”。只有通过课程实施，才能知晓影响课程实施的真实因素，从而对这些因素加以重视，更好地推广课程计划。

二、课程实施的相互调试取向及其特征

课程实施的取向是指对课程实施过程本质的不同认知以及支配这些认识的相应的课程价值观。课程实施的取向集中表现在对课程计划与课程实施过程之关系的不同认识上，它是影响课程实施与推广质量的重要因素。根据美国课程学者辛德尔（J. Snyder)、波林（Ebolin）和扎姆沃特（KZumwalt）的归纳，课程实施有三个基本取向，即“忠实取向”、“相互调试取向”与“课程创生取向”。

我国传统课程实施主要是忠实取向的，即采用“自上而下”的模式。具体而言，就是由国家或地方的最高课程决策部门提出课程改革的初步方案，然后组织基层进行讨论，征求意见，由最高决策部门再做修改，确定出改革方案，在全国或地方的学校付诸实施。这种取向的基本假设是：课程实施过程既是忠实地执行课程计划的过程，衡量课程实施成功与否的基本标准是课程实施实现预定课程计划的程度。由于课程知

识是课程专家在课堂之外、用他们认为是最好的方法为教师实施课程计划而创造的，所以，教师的按照课程专家们为他们设计的一套程序和要求去执行，尽管可以做局部变动，但基本上要严格遵循课程计划，教师对课程知识的创造和选择没有真正的发言权。我们认为，这样一种课程实施取向是受“技术理性”支配的。技术理性主义认为，知识是可以包装并传授或出售给别人的商品，而教育教学就是一个传授知识的系统，它是某些专家设计好课程的领域或结构，并由教师按照课程设计者的意图来实施。因此，教师就是课程专家所制定的课程变革计划的忠实执行者。教师是课程的“消费者”，他是按照专家给出的“使用说明”，循规蹈矩地实施教学。因此，教师在这种取向的课程实施中更多地处于旁观者的地位，他们的主观能动性并没有得到体现，其主动参与课程实施的积极性也没有被激发，因而是“游离”于课程之外的。

由此可见，忠实取向的课程实施存在着明显的不足。根据美国学者古德莱德（J. L. Goodlad）的观点，课程可以分为这样五类，即“理想的课程”、“正式的课程”、“领悟的课程”、“运作的课程”和“经验的课程”。从中我们可以看出，在课程实施过程中，实施者对课程计划做出修改是不可避免的，课程实施是实施者根据实际情况对课程目标、内容和方法进行调试的过程。鉴于此，我们认为应该提倡一种相互调适取向的课程实施观。这种课程实施观认为，课程实施过程是课程计划与班级或学校实践情境在课程目标、内容、方法、组织模式诸方面相互调整、改变或适应的过程。一项课程变革计划付诸实施以后，可以会发生两个方面的变化：一方面，既定的课程计划会发生变化，以适应各种具体实践情境的特殊需要；另一方面，既有的课程实践会发生变化，以适应课程变革计划的要求。此外，在相互调适取向看来，课程实施过程中发生相互调适现象在某种意义上具有必然性。

那么，相互调适取向的课程实施有哪些主要的特征呢？我们认为，这主要表现为以下两点：

1. 实施中倡导实施者根据实际情况对课程目标、内容和方法进行调适

相互调适取向认为，课程不仅包括体现在学程、教科书或变革计划中的具体内容，而且还包括学校和社区中由各种情境因素构成的谱系，这些情境因素会改变课程变革计划。课程实施不是教育计划或技术在课程实践中的简单“装配”，它应当包括变革计划在目标或方法上的调整，参与者在需要、兴趣和技能方面的变化，以及组织的调适。课程实施过程中的“相互调适”现象是必然的，不可避免的，也是必要的。具体而言，持这种取向的课程实施者可以根据实际情况采取三种做法：一是局部调适，即课程实施者只对课程计划进行部分调整，以适应课程设计者的意图；二是双向调适，即课程设计者和课程实施者双方都或多或少地改变一些看法和做法，以便能够适应双方各自不同的情况，从而使课程变革更有针对性和实效性；三是课程实施者可以根据自己的旨趣以及面临的世纪教育情境，做出课程变革，而这种变革可以不必按照课程设计者的意图来进行。这与课程实施的创生取向非常相似。

2. 在课程实施中倡导课程设计者与实施者之间的理解、对话与合作

由课程专家、行政领导等制定的“自上而下”式的课程设计不利于课程设计者与实施者、教师与学生之间的理解、对话与合作。在这种课程设计中，课程设计者只是要求教师尽可能地、无条件地忠实于他们的意图，力求按课程计划来实施课程，却没有考虑教师有没有做好变革的准备，他们在多大程度上理解了上层的课程改革意图。因而课程设计者与实施者是对立的。而在相互调适取向的课程实施中，课程实施是一个理解与对话的过程。在解释学者看来，人们希望通过文本再现作者的原意，这是不可能的，每个人的视域不可避免地具有历史性，因此理解总是有限的，然而我们可以通过对话达到“视域融合”而达成共识。课程计划是课程设计者提供的课程文本，其中蕴含着设计者对自我、世界以及课程的理解，这种理解有其局限性。实施者由于视域、情境的不同，必然要对课程文本进行再解释。再现作者的原意不仅是不可能的，也是不必要的。因此，教师与课程设计者都是课程开发与实施的主人，他们之间的理解、对话与合作是必要的。

三、相互调适取向课程实施的前提与关键

相互调适取向的课程实施有两个前提条件。首先，相互调适取向的

课程实施说明了课程计划并不是由课程专家所制定的完整、全面、周到的课程设计方案。其所包含的课程知识是动态的，而不是预先设计好了的。实施者所创造的课程知识与课程专家所创造的课程知识同等重要。正如麦克劳林（M. Mclaughlin）所言，“课程计划本质上要求实施过程是应用者与学习情境之间的相互调适过程——即是说具体项目的目标和方法是由参与者本人最终加以具体化的”。其次，教师不再是课程的消费者，而是积极、主动的调适者、改造者。为了使预定课程计划适合具体实践情境的需要，教师理应对之进行改造。

那么，相互调适取向课程实施的关键是什么呢？我们认为，教师是执行课程变革计划或理想课程的主体或主角，是课程改革付诸实践的关键所在。任何好的课程计划，没有教师的合作和努力，都不会收到预期的效果。因此，我们应抓住教师这一关键因素。具体而言，有以下三个方面。

1. 权力下放——在课程发展中赋予教师主体参与的权利

在教育改革中，人们越来越认识到，如果教师束缚于教条，他们的学生就不会变成有创造性和批判性的思考者。教育作为一个整体——或是为了文化传递，为了社会团结和公正；或是为了人类才智的开发——其重要性越大，对教育负责的教师就必须被赋予更重要的地位。

课程发展也是如此。参与课程发展是教师专业生活的重要组成部分。应进一步吸收教师参与有关课程的各种决策。教学计划和教材的制定要在在职教师的参与下进行，因为对学习的评价无法和教学分离。英国著名课程理论专家斯滕豪斯 1983 年在其《权力、教育和解放》一书中指出，教师的自主权力是课程改进和更新的基础。他拒斥泰勒的“目标模式”，而主张让教师参与到课程变革的“过程模式”，让专业发展和课程发展成为同一事业（课程改革）的两部分。在国外，自 20 世纪 80 年代中期以来，美国、大多数西欧国家以及澳大利亚等国的教师开始在课程上被赋予更大的自主权。

2. 角色更新——让教师由执行者成为研究者

以往，只有大学教授、教育领域的专家、学者等专业科研人员被认为是教育研究者。但自 20 世纪 70 年代以来，欧美各国兴起了“教师成为研究者”的运动，及至 80 年代中期，这场国际化运动迎来了其发展的辉煌时代。在这场运动中，一些研究者纷纷指出教师作为“反思的实践者”通过实践进行反思和研究的重要意义。如斯滕豪斯曾指出，课程的研究和发展是教师的责任，教师的工作不仅要被研究，而且要由教师自己来研究。教师的教育研究不像专业科研人员那样恪守严格的研究规范和操作程序，而是基于客观现实条件的行动研究。教师作为研究者、作为反思的实践者的新的角色要求教师改变以往理论的被动接受者和机械传递者角色，而成为理论的创设者和发展者。在课程实施中，教师应充分利用自己所处的课程情景，充分利用教室这块“实验田”，利用学生的反馈，利用自己对课程内容的理解、感受和经验进行教学，使自己成为有头脑、善思考的“研究型”教师。

3. 知识关注——在课程实施中注重对教师缄默知识的认识、理解

英国物理化学家和思想家波兰尼在《人的研究》一书中提出，人类有两种知识，一是显性知识，二是缄默知识。由于教师在课程实施中的特殊作用，在某种意义上，教师的缄默知识能对课程实施产生巨大的影响。例如，如果一位教师缄默地认为“课程实施就是忠实地按照课程计划而进行”，那么他就会完全忠实于课程设计者的原意，而不做任何调适和创新。可以说，所有的课程实施，不论其形式，都在很大程度上受着教师缄默的专业知识观念和教育知识观念的制约。

因此，课程实施必须关注教师的缄默知识，并将对这些丰富复杂的缄默知识的认识、理解、检验与批判作为课程实施的一个重要条件。课程实施要从忠实取向向相互调适取向转变，这就必须要触及教师个体从自己长期的教育教学生活中通过各种方式所获得的缄默知识。这一方面是整个知识基础中起着一种波兰尼所说的“向导”和“主人”的作用。所以，从某种特定的意义上说，没有对这种缄默知识及其作用的认识和理解，就不能完整和深刻地认识和理解教师的课程实施行为，而没有对教师课程实施行为的完整和深刻理解，就不可能很好地重构教师与相互调适取向课程实施有关的内在信念，从而不能真正地促进课程变革。

缔造取向的课程实施*

课程实施的取向集中表现在对课程变革计划与课程实施过程之关系的不同认识方面，美国学者辛德（J. Snyder，1992）等人将其归纳为三种不同的观点：忠实取向（fidelity orientation）、相互调适取向（mutual adaptation orientation）、缔造取向（enactment orientation）[①]。在我国历次的课程改革中，这三种取向都有不同程度的体现，但缔造取向却始终是课程实施的未来发展方向和最终归宿。

一、缔造取向课程实施的本质

课程实施的忠实取向认为，课程实施过程就是忠实地执行新的课程计划的过程，它强调课程实施者严格地按照课程设计者建立起来的一套程序和方法将课程计划付诸实践，以达到预期的课程目标。课程知识（curriculum knowledge）是专家在课堂之外创造或选取的，教师只是课程计

* 与金玉梅合作。

① J. Snyder，F. Bolin. & K. Zumwalt. （1992）. Curriculum Im plementation，op. cit.，pp. 402-435.

划的忠实执行者，按照专家对课程的“使用说明”循规蹈矩地实施课程。追根溯源，忠实取向的课程实施在本质上是受“工具理性”支配的，视学生为知识传承“生产线”上被动接受知识的“容器”，教师则成为“灌输者”，而课程实施过程成为大批量生产学生“商品”的过程。从这个意义上讲，忠实取向课程实施的本质是“知识传承”。

课程实施的相互调适取向认为，课程实施过程是课程设计者与课程实施者之间的相互适应过程，是课程计划与班级或学校实际情境在课程目标、内容、方法、组织形式等方面的相互调整、改变与适应。一方面，对既定的课程计划进行调整，以适应具体教学情境和实际需要；另一方面，对既有的课程实践以及教师与学生做出调整，以适应课程变革计划的要求。可以看出，课程实施的相互调适取向强调课程计划设计者与具体实施者之间的相互理解和对课程变革意义的一致性解释，强调课程变革的过程性和复杂性，其本质上是受“实践理性”支配的。该取向认识到了课程计划的设计者与教师和学生作为不同文化主体在观念、思维方式等方面存在的差异，提出了设计者与实施者之间的相互适应，也即具有不同文化背景的主体在观念、思维方式等方面的相互适应。因此，相互调适取向课程实施的本质是“文化适应”。

缔造取向课程实施的基本观点是，课程并不是在实施前就固定下来的，而是教师和学生在实际教育情境中联合创造出来的，是一个“不断前进的过程”[①]。课程实施过程实质上是师生在具体教育情境中创造新的教育经验的过程，既有的课程计划只是提供这个经验创生过程的工具而已，它仅仅是一种课程资源，借助这种资源，教师和学生不断变化和发展，课程本身不断进步。因此，教师和学生都是建构积极的教育经验的主体，师生之间不再是单向的“授—受”关系，而是成为合作者、对话者。缔造取向把教师和学生视为课程创造和开发的主体，强调个人的自由和解放，其本质上是受“解放理性”支配的。由于它所关注的是具体教育情境中师生的主体存在、意义诠释和课程创生，因此，缔造取向课程实施的根本性质，或者说其各构成因素之间的内在联系是“经验创生”。

---

① 张华：《论课程实施的涵义与基本取向》，《外国教育资料》，1999年第2期。

（一）秉持创造性、生成性的经验课程观

与忠实取向和相互调适取向不同，缔造取向的课程实施认为课程不是体现于教科书、教案等物质载体中的有计划的内容，也不是各种情境因素构成的谱系，这些内容和谱系不过是师生用于创生课程的一个资源，只有当这些资源有益于课堂中教与学的进展，它才具有意义。真正的课程是师生作为课程实施的主体借助各种资源在具体教育情境中联合创造和体验到的教育经验。可见，其课程观是典型的经验课程观。同时，应当澄清的是，缔造取向所强调的经验课程不仅指通过对来源于教科书等物质载体中的间接经验的获取、加工而获得的教育经验，其更为重要的意旨在于强调打破原有课程计划的羁绊和束缚，师生根据具体情境的变化和需要对各种课程资源“择宜”运用，从而通过深思熟虑的“审议活动”创生对师生真正有意义的课程。

（二）彰显人文关怀的课程价值取向

课程实施的方向和性质反映了课程的基本价值追求。缔造取向的课程实施视教师和学生为课程开发的主体和课程的创造者，双方通过互动、协商建构积极的教育经验。这实际上否定了师生是课程知识的被动接受者这一传统观念，肯定了师生在课程创生过程中的主体作用和存在价值。同时，缔造取向还指出，课程实施的过程也是教师和学生的个性持续成长和发展的过程，包括师生观念、情感和行为等方面的发展变化。这也意味着实施主体与课程之间具有“共进”的关系，师生联合创造课程的同时，课程也促进了师生主体个性的发展，而不只是其知识的增加。由此可见，缔造取向极为关注师生主体的存在价值和意义，强调课程实施过程中双方的意义诠释、价值认同、过程体验等，并关注师生自身个性的成长与发展，与忠实取向和相互调适取向相比，彰显了对课程实施主体的人文关怀。

（三）关注“实然”的课程问题

缔造取向的课程实施与当代人本主义心理学和存在主义、现象学等哲学思潮有着紧密的联系，体现了关注个体的存在意义和生活经验与体验这一时代精神。与实用主义哲学和行为心理学主导下关注“目标设定、行为控制、结果评价”的课程实施取向不同，缔造取向在肯定师生在课程实施过程中的主体作用的同时，实际上已经不是关注已有计划的

要求和目标的达成，而是将重心转移到了实际情境中的变化情况，更加关注具体实施过程中出现的课程问题，即“实际出现了什么”，课程计划只是师生根据具体情境和实际情况确定运用与否的一种课程资源而已。因此，缔造取向课程实施关注的核心已经由“课程计划”转向了“实际问题”，从“应然”走向了“实然”。

（四）主张对话、合作的主体交往方式

缔造取向的课程实施关注的是实施主体之间的意义诠释、经验创生以及主体自身的成长发展，强调主体间通过“审议活动”实现课程的创生。传统的权威型的师生关系自然无法适应这一取向的实施要求。因此，缔造取向的课程实施要求转变传统单向的“授—受”型的师生关系，更加关注生生间的交往，形成对话、合作的新型师生、生生交往方式，这也是课程实施由单向的知识传递过程转向师生双方合作、共创教育经验的过程必不可少的条件。

二、缔造取向课程实施的影响因素

（一）主导教育观念的影响

教育观念对课程实施的影响是直接而明显的，有什么样的教育观念，就有什么样的课程实施理念。在“科技理性”盛行的年代，教育被看成是“社会生产线”上的一个“部件”，受教育者成为了生产出的整齐划一的“产品”，课程实施的主要途径——教学就成为了僵化、呆板、毫无生气的“生产过程”。这个时期的主导教育观念是以教育的“社会价值”为旨趣的，教育的“个人价值”一定程度上被忽视了。在“解放理性”备受关注的时代，教育的“个人价值”重新被提升，回归主体的生活世界成为教育的终极价值。对课程实施过程的理解，也彰显了对受教育者的人文关怀。因此，社会的主导教育观念制约着教育领域的方方面面，尽管诸多教育现象被认为是理所当然的，其实是无形中受到了主导教育观念的影响。

（二）课程实施主体的特征

课程实施的主体主要是指课程实施过程中最直接的参与者——教师和学生，他们的知识、能力、心理状态等特征是影响课程实施的关键因素。

教师对缔造取向课程实施的影响主要表现在其知识能力、心理态度对实施过程的影响上。由于缔造取向课程实施是一个复杂的过程，鼓励学生自主思考和探究创造，这给学生提供了较大的质疑空间，也对教师的知识结构提出了较高的要求。同时，课程实施过程中经常会出现各种“异变”现象①，这种异变现象可能是“超越性”异变（促进创新、发展的异变），也可能是“衰退性”异变（导致偏离、衰退的异变）。面对出现的“异变”，需要教师具备良好的修正能力和调适能力，及时判断异变的性质并做准确的处理。此外，教师的心理态度也无时不影响着缔造取向的课程实施。

正如缔造取向的课程实施要求教师积极、主动一样，这个过程也需要学生的主动参与。如果学生缺乏兴趣和参与热情，就无法激起他们探究和创造的欲望。从这个角度来说，缔造取向的课程实施要求学生带着浓厚的兴趣并富含饱满的热情参与到课程实践过程中。

（三）情境因素的影响

情境因素包括外部因素和内部因素。外部因素是指学校以外的影响因素，如国家和地方的政策体制、社区的和家长的支持与理解等。内部因素是学校系统内部的各种因素，如学校的管理制度和教学制度、教师间的关系等，这些因素共同形成了学校的文化特征，对学校系统的各个环节产生潜移默化的影响。其中，教师层次上的情境因素对课程实施的方向具有直接的影响，宽松、合作的氛围有助于实施过程成为一个创造价值的过程，而呆板、沉闷的环境则容易使课程实施成为“程式化”的认识过程。

（四）课程资源的开发利用度

课程资源是缔造取向课程实施的物质基础和前提条件。其丰富程度和开发利用度将影响课程实施的范围和水平。课程资源包括社会层面和学校层面上自然与人为的物质条件、设施、技术和工具。长期以来，我国的课程实践仅仅停留于以教科书为唯一课程资源的基础上，阻碍和限

① 石鸥，彭慧芳：《课程改革：在实施中异变的原因与对策》，《课程·教材·教法》，2004年第3期。

制了学校和教师对课外、校外自然资源和社会资源的利用程度，致使学生能力结构单一。缔造取向课程实施的途径除了教学之外，社会考察、团队活动也是其重要方式，这需要实施主体充分开发和运用各种课程资源来实现其创造的目的。

（五）评价制度的特征

评价制度对课程实施本身的发展方向有着明显的制约作用。在传统的线性思维世界中，任何事物都是处在特定的因果关系之中的，带有某种必然性。这种思维方式下，人们认为只要按照预定的课程计划实施就可以达到预期的目标。对课程实施的评价自然是以这一过程是否按照预定的要求来进行、对学生的“监控”是否有效为主要标准。非线性的思维方式否定了因果关系的确定性，把世界描绘为无序的、不稳定的、不确定的，其中存在许多偶然因素。这种思维方式下的评价则指向实施过程中非预期的各种因素，淡化“结果”、“控制”，关注“过程”、“合作”。

三、缔造取向课程实施的策略

（一）价值文化重建：缔造取向课程实施的核心

学校的价值文化主要是指学校内部各组成要素在运转过程中所体现出的价值观念和取向，它决定着学校系统各个环节的方向。以往的教育关注的是学生的“全面发展”，以“五育”目标的实现程度作为衡量教育成败的标准。实际上，将学生的个性特征分割成五个平行的分支并采取有针对性的教学以期达到五个方面的目标要求，这本身就带有“机械化”的色彩，抹杀了学生作为人的整体性和主体性特征。同时，在教学中还存在着“防教师”（teacher-proof）策略，教师成为被动的“教书匠”，其自身的成长和发展受到了限制。因此，学校教育价值取向要由促进学生的“全面发展”转向促进每一个学生个性的“和谐全面发展”以及促进教师的“专业发展”。一方面，转变学生观，把学生看成是一个个活生生的个体，都有其存在价值和发展的可能，且其个性是和谐统一的整体，而不是简单分割开的“条块”；另一方面，深化教育促进教师专业发展的理念，消除“防教师”策略，提升教师的课程自主权和决策权，使教育教学过程成为教师自我发展的过程。

（二）物质文化重建：缔造取向课程实施的基础

学校的物质文化是按照学校的需要、目的和意志建立起来的维持学校系统正常运转的物质条件和设施。学校的物质文化由多方面组成，其中课程实施过程中借助的教学物质主要包括教材、教具、仪器设备、实验室等。目前，我国的学校教育仍然以“教材”及其配套的同步练习、强化训练等教辅资料为主要的课程资源，没有充分开发和利用其他丰富的课程资源，致使课程资源的来源单一，不能满足不同类型课程的实施要求。因此，学校物质文化的建设一方面要根据学校自身的实际合理地开发新的课程资源，如建立相应的专门教室、实验室、图书馆、信息技术中心等设施，以丰富课程资源；另一方面，对原有课程资源充分利用的同时，要善于发掘新的课程资源，或对已有的课程资源进行重组、变换，以求在原有资源的基础上创造出新的课程资源，实现课程资源的效益最大化，为缔造取向课程实施提供必备的物质基础。

（三）制度文化重建：缔造取向课程实施的保障

学校的制度文化一般指蕴含着学校教育理念的组织形式、制度体系和行为规范与准则，包括管理制度、科研制度、教学制度、考核制度、评价制度等。缔造取向的课程实施要求形成“以人为本”的新型学校文化，这就需要学校打破原有的以“科学管理”为主旨的制度文化，在“集权”与“放任”之间寻求平衡点，造就一个更加开放、更具参与性和更少权威的生活世界。具体来说，管理体制上要求克服“专制主义”倾向，给予管理人员和教师更多自主发展的空间和时间；教学制度的创新要求改革以单一的“班级授课制”为主的模式，探索“分层教学”等灵活性和适应性较强的教学制度，以增强教学制度的弹性；评价制度的改革要从衡量学生学习结果的“目标性评价”转向促进学生个性全面和谐发展和教师专业发展的“发展性评价”，评价主体由教师转向师生、校长、家长和社区共同参与，评价方法由量化指标转向质的方法，如“档案袋法”。

（四）行为文化重建：缔造取向课程实施的保证

学校的行为文化是指学校内部成员间的活动方式。长期以来，学校的管理行为和教学行为多带有“控制”的色彩，校长对学校内部成员、教师对学生“统得过多、管得过死”，形成了统治与被统治的关系。在教学中，“对话”仅仅成为教师与文本或学生与文本的“理解型对话”，师生之间和生生之间的“言语型对话”几乎是毫不言及的。因此，新型学校文化的构建也要求学校内部行为文化的转型，即消解和超越成员间“统治”与“被统治”的关系，形成“合作”、“协商”的行为文化模式。尤其是课程实施过程中，缔造取向视师生为意义的诠释者和经验的共同创造者，必然要求师生、生生之间关系的转型，对话、合作、协商的主体交往方式是师生共同理解、建构意义的行为保证。

学校课程领导的范式转型*

随着课程理论和领导理论研究的深入，学校课程领导逐渐成为课程发展和学校领导变革的“同心轴”，这在美、英、奥等国早已备受关注。在我国，最先由港、台地区的学者将其引入，并在相应地区进行试点，而在大陆地区，课程领导的研究仅仅在新课程改革以后才开始出现，并被学者当作“课程管理”术语的替换或修补。但是，笔者认为，课程管理与课程领导的差异，主要源于处理课程事务上的范式的不同。为了消除这种差异，从而为我国学校的课程实践提供更加明晰的方向，就有必要对我国学校的课程领导范式形态进行分析。

一、范式：分析学校课程领导的新视角

采用“范式”的方式分析我国学校的课程领导，是为了克服把存在本质差异的学校课程领导（笔者认为传统研究中的课程管理是课程领导的

* 与董小平合作。

一种范式形态）仅仅归结于领导风格不同的肤浅性。正是洞悉了我国在过去和现在处理学校课程事务的方式的根本差异，所以，笔者认为其背后必然蕴藏着范式的不同。分析这种差异背后的范式形态，有利于理解学校课程实践的历史，更好地变革学校课程实践的现状，并预测其未来。

“范式”究竟为分析学校课程领导提供了怎样的视角？要回答这个问题，就需要明晰“范式”和“学校课程领导范式”的内涵。

“范式”术语，最早源于托马斯·库恩（Thomas S. Kuhn）在《科学革命的结构》（The Structure of Scientific Revolutions）一书中对自然科学革命的分析，他在该书中以两种不同的方式来使用该术语，“一方面，它代表着特定共同体的成员所共有的信念、价值、技术等构成的整体；另一方面，它指谓着那个整体的一种元素，即具体的谜题解答；把他们当作模型和范例，可以取代明确的规则以作为常规科学中其他谜题解答的基础”①。前者是库恩对“范式”术语较抽象的界定，它指称“团体承诺的集合”，具体内容可以用“学科基质”进行描述，即符号概括、特定的模型（或信念）、价值和范例，符号概括指自然科学中的公式，它包括定律和对公式中符号的定义两个方面；特定的模型指一系列形而上学的理念；范例指“学生们在他们的科学教育一开始就遇到的具体的问题解答”和“某些在期刊文献中常见的技术性问题解答”②。后者是库恩对“范式”术语更为具体的阐释，指“共有的范例”③。因此，库恩所指称的“范式”是一个层次化和哲学化的概念。就范式概念的层次性来讲，在较高层次上，范式指渗透在每一个共同体成员中的基本因素，具体包括共同体成员所共享的信念、价值观、谜题、解谜方式与手段等，这是保证共同体成员的研究被理解且有效的基础；从较低层次上讲，范式是指具体的谜题解答过程，实际上是较高层次的范式规则在解决具体问题时的运用。就范式概念的哲学性来讲，前定义与后定义是

① ［美］托马斯·库恩：《科学革命的结构》，金吾伦等译，北京：北京大学出版社，2003年，第157页。

② ［美］托马斯·库恩：《科学革命的结构》，金吾伦等译，北京：北京大学出版社，2003年，第163～168页。

③ ［美］托马斯·库恩：《科学革命的结构》，金吾伦等译，北京：北京大学出版社，2003年，第168页。

“一般”与“个体”的关系，而非“整体”与“部分”的关系。“一般”终究需要“个体”来彰显，不存在纯粹的一般；“个体”也不是松散的个体，而是由“一般”紧密联系着的个体，“一般”保证了不同个体之间具有可通约性，因此，范式概念中体现“一般”的前定义与体现“具体”的后定义是前后一致、互相说明的关系。

根据库恩使用“范式”术语的方法，笔者认为，对学校课程领导范式的分析涉及两个方面：一是学校课程领导者所共有的课程领导规则，包括信念、价值观和技术等；二是前一个方面在解决具体课程问题时是如何运作的。实质上，这两个方面体现了学校课程领导活动的理念与实践两个因素，因而不能截然地分开来谈，需要寻找能将二者结合的基本因子，即所谓“范式变量”，通过分析范式变量，就能够有效地揭示我国学校课程领导的范式形态，这些范式变量至少包括学校组织的性质、课程领导的实践范围、使用的基本权威、运用的基本理性等，尽管充分地描述学校课程领导范式不止这四个变量，但却是本文在揭示我国学校课程领导范式时仅仅分析的因素。

二、“官僚-控制”范式：传统的学校课程领导实践

“课程领导”术语在我国传统的教育理论研究中较为少见，即使在我国新近颁布的官方文件中也很难觅得，但这并不表示我国传统的教育理论研究中没有涉及课程领导的问题，更不代表我国的学校课程实践不存在课程领导。我国是一个中央集权制国家，政治上的特点映射在教育体制中就表现出强烈的“科层化”特征，因此，“课程管理”术语可能比“课程领导”术语更能准确地表达我国学校课程实践的特征，这种特征移植于工业革命时期科学管理思想的“工厂模式”，其实质是追求效率、强调控制、崇尚权威，故而笔者将之称为课程领导的“官僚-控制”范式。这种范式赋予“范式变量”的根本特征主要表现为：

（一）学校被看作科层组织

关于科层组织，罗伯特·G·欧文斯（Robert G. Owens）对其运行特点进行了深入的分析。他认为，这种组织通过五种机制来保证其顺利运行：一是坚持等级式管理和对底层人员的监管；二是确定和保持适当

的垂直交流；三是制定明确的书面规章和程序以确定标准和指导行为；四是颁布明确的计划和日程供参与人员遵守；五是在组织等级体系中增加监管人员和行政人员①。科层组织的运行特征在我国教育的整个课程管理机构中被鲜明地体现出来，表现为：中央教育行政机构有着最高的课程权力地位，有权干预地方教育的课程事务，地方教育行政组织必须执行中央统一规定的课程政策和法令。在地方，省、市、县（区）、镇（乡）同样按照在权力等级中的位置，严格执行上级的课程政策，同时监督、控制和规范下级的课程行为。为了确保国家的课程意愿在学校中被有效地达成，学校也按照科层制的原则来构建自己内部的管理机构，完善内部管理职能，以加强课程实施的监控，从而使整个教育行政组织的科层特征在学校内部获得了成功的复制。在学校，校长构成了领导的高层，副校长和教导主任等构成了领导的中层，教师成为被领导的底层人员。学校内部从高层到底层，通常按照等级制的原则履行监管权限，并制定相应的规章和制度以确保这种权力的达成。

（二）把法定知识作为学校课程领导的实践范畴

在我国，能够对课程产生影响的机构主要包括教育部、官方的教材出版社、教材编审部门等，这塑造了课程即官方教学内容的形象。课程产生机制又进一步强化了这种官化倾向，表现为国家按照总的教育方针、政策和路线制定教学计划、课程标准，并组织专家根据颁布的课程标准编写全国通用的教材（教科书），并在审查后勒令学校执行，因而学校所获得的课程主要是通过逻辑演绎形成的教条性知识汇编。为了确保这种知识在学校中被忠实地灌输，各级教育行政部门还制定了严格的考试标准，对学校课程实施效果进行监督和考评。这样，国家在课程运作的“目标-手段-结果”流程中都实施了标准化的控制，既防止了异化的目标、内容和结果的产生，又保证了规定的目标、内容和结果在学校的有效达成。这种高度集中的课程运作机制在保证国家课程意愿在学校达成的同时，又使本应丰富、复杂、动态的课程成为枯燥、简单、静态的“官方”文本，这种文本成为学校课程领导的核心，学校课程领导也

① ［美］罗伯特·G·欧文斯：《教育组织行为学（第7版）》，窦卫霖等译，上海：华东师范大学出版社，2001年，第95～96页。

由此沦为枯燥、乏味的循环性工作。

(三)用官僚权威推动学校的课程领导

在“官僚-控制”范式的学校课程领导中，官僚权威被最大化地利用，成为解决一切课程事务的灵丹妙药。学校课程领导的官僚权威主要有三个来源，即科层权威、心理权威和技术-理性权威。学校课程领导的科层权威主要产生于通过行政手段所颁布的规章、制度和指令；学校课程领导的心理权威主要产生于人际技能、激励技术和人际关系等；学校课程领导的技术-理性权威主要源于对逻辑演绎性真理的依从①。官僚权威的主体与客体通过角色期待在学校中泾渭分明。一方面，我国中小学实行的校长负责制使校长天然地具有学校课程领导的科层权威；另一方面，校长掌握着学校的所有资源，教师需求的满足需要校长的赋予，因而教师更愿意依从于校长，校长就更容易获得教师等人的尊重，从而获得心理权威。此外，我国的传统文化为校长塑造出一个光辉形象，校长被期望为掌握知识最多的人，是解决课程与教学问题的技术专家、能手和大师，因而具有技术-理性权威。相反，教师往往成为普通的群众，是追求物质利益的世俗者，是执行命令的技师，因而在学校的课程实施中是不可信赖的，是需要进行监督、控制和指导的。

(四)以技术理性作为解决学校课程领导问题的基本逻辑

技术理性是人类在认识自然和改造自然的过程中产生的理性。尤尔根·哈贝马斯(Jurgen Habermas)认为，人的认识是通过“劳动”和“斗争”这两个综合过程完成的，其中，“劳动”的综合过程促使人与自然结合起来，产生“主客体之间的理论技术关系”，获得“生产知识”，“斗争”的综合促使“互为客体的部分主体”结合起来，产生“主客体之间的理论实践关系”，获得“反思知识”②。前者描述的是人与自然的关系，后者描述的是人与人的关系。技术理性就是在处理人与自然关系的过程中，人类为控制自然而产生的一种工具理性。但是，技术理性的无限扩张被渗透到处理人与人关系的领导领域，主要表现为把追随者看

---

① 托马斯·J·萨乔万尼:《道德领导：抵及学校改善的核心》，冯大鸣译，上海：上海教育出版社，2002年，第41～44页。

② 〔德〕尤尔根·哈贝马斯:《认识与兴趣》，郭官义，李黎译，上海：学林出版社，1999年，第49页。

成客体、强调对追随者的控制以达到领导者的目的，“官僚-控制”范式下的学校课程领导就是其中的典型范例，其中，教师丧失了在课程领导事务中的主体性。在技术理性的支配下，移植于“工业模式”的学校管理知识具有较强的工具性和目的性，它既位于教师之上，又位于领导者之上，它不仅告诉校长等领导者应该怎么做，而且告诉教师等追随者应该怎么做，因而成为解决学校课程领导问题的重要手段。

三、“反思-自主”范式：传统学校课程领导范式的变革

“官僚-控制”范式具有其自身的局限性，它仅仅适用于线性的学校课程实践环境。正如托马斯·J·萨乔万尼（Thomas J. Sergiovanni）所指出的，在“线性”的学校环境下，学校是这样一个实体：稳定的且可预测的环境、紧密的管理连接、松散的文化连接、离散的目标、结构性的任务、单一的解决方案、容易测量的结果、能确保的操作程序、确定的行动后果和明确的权力路线[①]。我国过去几十年的学校课程领导，几乎就是在这样一个线性的环境中进行的，因而“官僚-控制”范式取得了一定的成效。但是，在新课程改革中，学校的课程实践环境发生了重大变化，传统学校的既有理念与秩序被打破，学校环境开始走向另一番“非线性”景象，其特征主要表现为：动态的环境、松散的管理连接、紧密的文化、多元且竞争性的目标、非结构性任务、竞争性解决方案、难以测量的结果、不确定的行动后果、不明确且竞争性的权力路线[②]。在非线性环境下，旧范式的学校课程领导就产生了一系列的非预期问题，主要有：领导者与下属以及下属之间合作的需要与孤立、敌对的现实之间的矛盾；高品质的课程要求与狭隘的学校课程领导实践之间的矛盾；工作中需要自我领导与受到他人严格控制之间的矛盾；实践的情境性、具体性与整齐划一的外来规范之间的矛盾。这些矛盾是在学校课程

① ［美］托马斯·J·萨乔万尼：《校长学：一种反思性实践观》，张红译，上海：上海教育出版社，2004年，第49页。

② ［美］托马斯·J·萨乔万尼：《校长学：一种反思性实践观》，张红译，上海：上海教育出版社，2004年，第59～60页。

领导的旧范式下产生的，是旧范式无法克服的，因而严重地制约了我国学校课程改革的前景。当这些问题在旧范式下无法有效解决时，创造一种新范式不仅极为可能，而且成为必要。

目前，我国课程领导的研究和实践在反思旧范式的基础上，主要强调学校及其成员在课程领导中的主体地位、反思性和自主性，笔者认为，这是学校课程领导中的一种新的范式取向，将之称为学校课程领导的“反思-自主”范式。尽管这种范式在我国学校课程领导中的发展还不够成熟，但这种范式的充分发展，有利于解决旧范式下存在的学校课程领导问题。该范式的主要特征表现在以下四个方面。

（一）学校被看作课程领导共同体

三级课程管理体制使课程权力从旧范式中的纵深型走向扁平化，对学校课程的领导逐渐从科层制中的“管理-精细式”走向“领导-规范”式。国家和地方更多地从宏观的视角对学校课程进行规范性的指引，这为学校重新塑造自己的组织形象提供了契机，有远见的学校开始把自己的身份定位在课程领导共同体的位置。所谓共同体，是指“由于自然的意愿而结合的，并对一套共享的理念和理想负有义务的个人的集合体”[①]。学校作为课程领导共同体，就需要建立一套由学校成员共享的课程领导理念和理想，即课程领导的愿景。愿景是课程领导共同体的核心，其中包括了共同体成员在学校课程领导方面共享的价值观、情操及信念。领导愿景使学校成员由“官僚-控制”模式中的“我”转变为“我们”，由此形成一种同情和共感的纽带。领导共同体使“官僚-控制”范式的一系列运作方式失去了原有的效能，从而使学校课程领导呈现另一番景象：一是学校内领导者与追随者身份模糊，校长和教师都需进行课程领导；二是监管变成支持、促进与服务；三是横向交流与对话显得更加重要；四是不成文的规范引导成员的行为；五是计划与日程都是建议性的，给予成员以更大的自主权。因此，这样的学校课程领导更多的是学校成员的自我领导。

（二）把“经验”作为学校课程领导的实践范畴

约翰·杜威（Dewey，J.）认为，“经验”既指经验的动作，又指

① ［美］托马斯·J·萨乔万尼：《校长学：一种反思性实践观》，张红译，上海：上海教育出版社，2004年，第92页。

经验的材料。“它之所以是具有‘两套意义’的，是由于它在其基本的统一之中不承认在动作与材料、主观与客观之间有何区别，但认为在一个不可分析的整体中包括着它们两个方面”[①]。因此，“经验”作为学校课程领导的实践范畴，意味着学校课程领导既包括课程内容本身，也包括学校成员围绕课程内容所展开的一系列行为，如课程的决策、开发、实施、评价和研究等。新范式把学校课程领导实践设定在“经验”的范围内，而非圈定在法定知识的“牢笼”中，因而扩展了旧范式下的学校课程领导实践。这种新的领导实践使课程政策、课程标准等在学校被赋予了丰富而生动的内涵，课程被冠以经验的内容和行为，超越了静态的、干瘪的“文本”系统。课程政策、课程标准等规范性文件仅仅作为学校课程领导的“蓝图”而非内容本身发挥着作用，课程、教学和评价的“教科书”中心也移向了“边缘”，从而建立起以教学、课程、科研等为工作重点的多中心系统。学校课程领导开始成为一个复杂事务的连续系统，课程的决策、开发、实施和评价等都成为学校课程领导所需要考虑的关联事项，校本教研成为贯穿于这些事务中的常规性行为。

（三）用道德与专业权威推动学校的课程领导

萨乔万尼认为，应该把专业权威和道德权威作为学校领导实践的首要基础，而把科层权威、心理权威和技术-理性权威作为它们的支持[②]。“反思-自主”范式符印了这一思想，用专业权威和道德权威来促进学校的课程领导，使它们成为学校课程领导的主要影响策略，从而能够有效地解决旧范式下无法有效解答的“谜题”，即高品质的学校课程和高效的实施成效。学校课程领导的专业权威主要源于领导者所具有的课程专业知识，这种知识产生于领导者的课程专业实践活动，主要涉及课程决策、开发、实施、评价、研究等方面的技艺。课程领导的道德权威主要源于领导共同体的价值观、理想和信念所产生的道义和责任。道义能够在领导共同体成员中形成对与错、好与坏、优与劣的内在标准，这个标准因得到共同体成员的许诺而能够共同遵守，并产生维护道义的责任。同专业权威相比，道德权威更能够根深蒂固地入驻成员的思想，被更多

① ［美］约翰·杜威：《经验与自然》，傅统先译，北京：商务印书馆，1960年，第10页。

② 托马斯·J·萨乔万尼：《道德领导：抵及学校改善的核心》，冯大鸣译，上海：上海教育出版社，2002年，第41～44页。

的成员分享，因而具有更高的“领导密度”。这两种权威不仅是学校名义上的领导者所具有的，而且也是教师所具有的，这使教师获得了参与学校课程领导的权力，因而学校课程领导也就成为同事之间的领导和教师的自我领导，其领导力也主要来自共同体内部和成员自身。

（四）以反思性实践理性作为解决学校课程领导问题的基本逻辑

反思性实践理性既不同于纯粹的思辨理性，又不同于纯粹的实践理性，而是二者的很好结合。反思性实践理性既承认“‘实践’就是指历史的、现实的和具体的社会情境”[①]，又认识到这种实践本身无法进行自我表达和指导，因而需要转化为“思维具体”，通过思维具体来把握实践本身及其方向。纯粹的实践理性和纯粹的思辨理性都不利于对现实情境的认识和把握，只有反思性实践理性才能在把握现实情境的同时把实践引向一定的目的。“反思-自主”范式正是以反思性实践理性作为学校课程领导实践的逻辑，使工作的指导思想发生根本性转变，从而对旧范式产生颠覆性的效果。反思性实践理性甄别并澄清了反思型校长和反思型教师在学校课程领导中的价值，以学校草根式文化和实践作为学校课程领导的逻辑起点，把学生的发展和学校特色的塑造置于学校课程领导的首位，实施以学校为本的课程领导。同时，反思性实践理性承认学校课程领导环境的复杂性，愿意接受多方的规引，主要表现为：在纵向维度上，既愿意接受来自教育行政的自上而下的规范，又愿意接受来自教学实践的自下而上的影响；在横向维度上，愿意接受来自学校的规则、制度和愿景以及家长和社会人士等多种因素的归引，这种复杂学的思维方式，更好地顺应了学校课程领导的现实环境。

---

① 刘森林：《实践的逻辑与哲学终结论的困境》，《现代哲学》，2002年第3期。

当·代·中·国·教·育·学·家·文·库

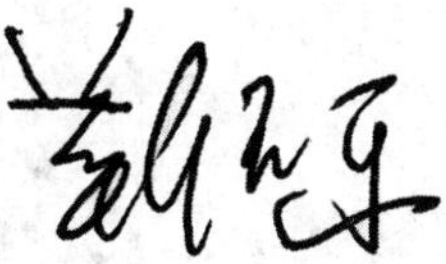 卷

下 篇

课程实践的慎思

基础教育课程发展的新理念

随着知识经济的到来和科学技术的迅猛发展，世界教育的基本理念正在发生深刻的变化。随着对教育民主化、国际理解教育、回归生活教育、教育的可持续发展、个性化教育、创新教育等的强调，现代课程发展的基本理念也呈现出许多新的特点和趋势。尽管各国基础教育课程发展的基本理念并不完全相同，但却有很多相似之处，诸如大都强调全人发展的课程价值取向、科学与人文相结合的课程文化观、回归生活的课程生态观、均衡化的课程设计观、缔造取向的课程实施观、民主化的课程政策观等，使基础教育课程出现了前所未有的新发展。

一、全人发展的课程价值取向

课程实践在本质上是一种价值创造活动，因而必须遵循一定的价值原则。任何课程建构如若不优先考虑价值取向问题，如若没有哲学价值论的引领，都将陷入盲目和混乱，从而以失败而告终。

课程的价值是作为主体的社会和学生与作为

客体的课程之间的需要关系的反映。由于这种主客体之间的需要关系是不断变化的，因而课程价值的内容和水平也是不断变化的；又由于这种主客体之间的关系是复杂多样的，因而课程价值的表现形式和类型结构也是多样化的。

在课程发展史上，由于时代背景不同，人们的政治立场、哲学倾向各异，导致了对课程价值的不同认识，从而出现了不同的课程价值追求。其中，较有代表性的课程价值取向是：

第一，突出伦理政治的课程价值取向。这种课程价值取向主要反映了社会统治阶级对于巩固政权，维护社会秩序的需要。例如孔子设置课程和选择课程内容，首先是出于“复礼”（即恢复周礼）的需要。所谓“礼”，是指维系中国奴隶制社会的人伦关系和等级制度。在孔子看来，“不学礼，无以立”①。不学习周礼，便不能站稳奴隶主阶级的立场，不能在社会上立足。因此，孔子特别强调“伦理政治”内容在学校课程中的核心地位。由孔子整理、加工、规范化了的课程内容，经孟子和后世儒家代表人物的充实和完善，形成了以伦理政治为价值取向的中国正统封建教育的课程体系，其影响一直持续到新中国成立之后才逐渐减弱。这种突出伦理政治的课程价值取向，在欧洲封建时代也有突出表现，只不过它是以封建伦理与宗教教义相结合的面目出现的。

第二，适应社会生活的课程价值取向。这种课程价值取向是伴随着资本主义的兴起和发展，学校教育范围的扩大，以及社会对劳动者素质要求的提高而产生的。它主张课程要着眼于学生适应当前和未来生活的需要，要为成人生活做准备。由于其注重课程的实际价值，具有功利主义的倾向，因而特别强调实用学科在课程体系中的地位。在这方面，最有代表性的人物是英国学者斯宾塞（Spenser），他在《教育论》一书中提出了“什么知识最有价值”的问题，并以一门知识对“为完满生活做准备”的尽责程度作为衡量课程知识价值的标准，由此对各种知识的相对价值进行比较，从中选取最有价值的知识来设计学校课程。他认为世界上的一切活动都离不开科学知识，科学知识在指导人们生活的各种活动中具有最高的价值。据此他确定了以科学知识为主的课程体系。

---

① 《论语·季氏》。

第三，强调个人发展的课程价值取向。这种课程价值取向的基本特点是注重课程的个人发展价值，如认识价值、道德价值、审美价值、健体价值等，强调课程对学生个体发展需要发展价值，如认识价值、道德价值、审美价值、健体价值等，强调课程对学生个体发展需要的适应和促进。在如何看待课程的个人发展价值问题上，又存在着几种不同的观点分歧：一是智力训练说。主张把对学生进行智力训练作为全部课程的中心，课程设置和编排都要服务于学生的智力成长。在这种课程价值观支配下，课程设计重形式轻内容，重过程轻事实，重知识发现轻知识本身。这种课程价值观源于西方以官能心理学为基础的"形式教育论"，后来的"要素主义"、"永恒主义"教育学者及布鲁纳（J. Bruner）、吉尔福特（J. P. Guilford）、加涅等心理学家，在强调课程的智力发展价值方面，也都有一致的观点；二是人格发展论。主张课程应以养成学生完美和谐的人格为核心，重视人的充分自由的发展。这种课程价值取向始于文艺复兴时期的人文主义教育思想，后经卢梭、福禄培尔（F. Frobel）、杜威等人的倡导而得到进一步完善和发展，20世纪70年代崛起的人本主义思潮对培养完善人格的强调又使它再度流行起来；三是协调发展说。主张课程应致力于学生智力与人格的协调统一发展，以形成学生丰富自由的个性。这是现代课程论在课程价值观上的一个重要思想，它在一定程度上克服了上述两种课程价值观在对人的发展认识上的片面性，适应了人的发展的整体性和全面性特点。

以上几种课程价值取向都曾经对学校课程的理论和实践产生过深刻的影响。进入20世纪90年代以后，全球经济、科技、社会和文化的根本性变化对教育产生了前所未有的冲击，世界各国掀起了新一轮的课程改革热潮。这次课程改革的一个显著特征就是以学生为本，着眼于学生的全人发展，反对权威主义和精英主义，要求所有学生都能获得全面的发展。这种着眼于全人发展的课程价值取向，使学校的课程目标发生了深刻的变革，表现出以下一些新的特点：第一，注重课程目标的完整性，强调学生的全面发展；第二，重视基础知识的学习，提高学生的基本素质；第三，注重发展学生的个性；第四，着眼于未来，注重能力培养；第五，强调培养学生良好的道德品质；第六，强调国际意识的培训。[①]

二、科学与人文整合的课程文化观

20世纪中期以来，一些睿智的思想家已经开始对科学理性与人文精神的对立表现出深深的忧虑。有学者甚至把这种状况看成是现代文明所受到的最严重的威胁。于是，寻求科学文化与人文文化的沟通与融合，成为不同研究领域里的学者所共同关心的问题。特别是自20世纪80年代末期以来，在教育领域里寻求科学主义与人本主义这两极之间的平衡，已经变成了一种集体行动，我们可以从"学会生存"、"学会学习"、"学会关心"、"学会理解、宽容与尊重"、"学会认知、学会做事、学会共同生活、学会生存"这些具有国际意义的教育思潮中把握这种融合趋势的脉搏。[②]

如果说"学会生存"的教育思潮及其确立的以"学会学习"为中心的教育目标还没有处理好科学文化与人文文化的矛盾、没有解决好学生个性全面发展的问题，那么，联合国教科文组织于1989年在我国召开的以"学会关心：21世纪的教育"为主题的面向21世纪教育国际研讨会所提出的"学会关心"的教育思想，则成为科学主义教育与人本主义教育走向融合的一个重要标志，使教育发展的方向出现了一次重大变革和更新。"学会关心"力图弥补"学会生存"的缺陷，强调要建立一种新的教育体系，这种教育体系应"从促进教育的统一性转变为促进教育的创造性和革新建设；从促进竞争转变为促进合作；从民族的狭隘的观点和忠诚转变为全球的观点和忠诚；从强调为私人利益而学习转变到强调为公众利益而学习"。[③] 在这种教育体系中，既要注重科学文化又要强调人文文化，既要强调学生的学术性和职业性技能，又要特别突出事业心和开拓技能的培养，"事业心和开拓技能教育要求学习者的积极参

---

① 靳玉乐，张家军：《国外基础教育课程目标的特点及其启示》，《外国教育研究》，2000年，第4期。

② 毛亚庆：《从两极到中介》，北京：北京师范大学出版社，1999年，第145页。

③ 《学会关心：21世纪教育——圆桌会议报告》，王一兵译，《教育研究》，1990年第7期。

与。用另一种方式来表达这种观点就是，学习应当以传统的儿童早期的好奇、好动和好创造为基础。”学习应当以学习者能够做什么，而不是知道什么为重点。”[①] 显然，在这种教育体系中，课程文化的一个重要特征就是科学与人文的融合。

1994 年 10 月 3 日至 8 日日内瓦国际会议中心召开的第 44 届国际教育大会以“国际理解之教育的总结与展望”为主题，通过了建设“和平文化”为中心内容的《第 44 届国际教育大会宣言》。“和平文化”“意味着要有各种文化、意识形态和信仰之间的相互尊重和相互接受的精神”。它“是信念的集合体。是一种道德，一种个人和集体的精神状态，是一种为人处事和做出反映的方式”。[②] 所以，要通过教育形成“一种理解和宽容的态度，一种了解他人的‘他人’意识”。“和平共处可以学会，解决冲突的技能、技巧可以传授，和平和宽容的价值观念可以鼓励，合作的可行模式可以重复。”[③] 为此，要“特别注意改进课程、教科书内容和包括新技术在内的其他教育材料，以便教育有爱心和责任感的公民，使他们面对其他的文化能够欣赏自由的价值、尊重人的尊严和差异并能防止冲突或通过非暴力手段解决冲突”。[④] 可以看出，“学会理解、宽容与尊重”的教育观力求把课程植根于全球的民主的文化之中，从而为课程文化的重建指明了新的方向。

1996 年 4 月，国际 21 世纪教育质量委员会向联合国教科文组织提交了《教育——财富蕴藏其中》的重要报告，其中指出：“教育应围绕四种基本学习加以安排，可以说，这四种学习将是每个人一生中的知识支柱：学会认知，即获取理解的手段；学会做事，以便能够对自己所处的环境产生影响；学会共同生活，以便与他人一道参加人的所有活动并在这些活动中进行合作；最后是学会生存，这是前三种学习成果的主要

---

① 《学会关心：21 世纪教育——圆桌会议报告》，王一兵译，《教育研究》，1990 年第 7 期。

② 赵中建：《教育的使命——面向二十一世纪的教育宣言和行动纲领》，北京：教育科学出版社，1996 年，第 186 页。

③ 《理解·宽容·21 世纪教育》，赵中建译，《高等师范教育研究》，1995 年第 2 期。

④ 赵中建：《教育的使命——面向二十一世纪的教育宣言和行动纲领》，北京：教育科学出版社，1996 年，第 189 页。

表现形式。”[①] 因此，为了迎接21世纪的挑战，教育必须重新确定新的目标，树立新的理想。这种教育新概念必须坚决重申一个基本的原则：“教育应当促进每个人的全面发展，即身心、智力、敏感性、审美意识、个人责任感、精神价值等方面的发展。应该使每个人尤其借助于其青年时代所受的教育，能够形成一种独立自主的、富有批判精神的思想意识，以及培养自己的判断能力，以便由他自己确定在人生的各种不同的情况下他认为应该做的事情。”[②] 尽管该报告对课程问题的论述相对较少，但它在指出人类社会正向知识社会过渡，科学发现、技术革新、知识应用变得日益重要的同时，强调“在这个过程中的伦理问题也同样不应忽视”。正是基于这种认识，该报告还多次提到伦理与文化、科学与技术、经济与社会等方面教育的重要性，从而体现出整合科学主义与人本（人文）主义的课程文化取向。

伴随着科学主义教育与人本主义教育逐步走向融合之势，课程文化也开始摆脱原有视野的局限，跨入到了新的视界中去，于是，科学人文性课程文化观便确立了。

科学人文性，就是以建立在科学理性之上的人文精神来规范、统领科学，从而实现科学与人文彼此关照、相互包容，最终达到二者协调统一，形成你中有我、我中有你的浑然一体的关系。这正如美国著名学者萨顿曾经鲜明地提出的那样，要建立科学人文主义。萨顿指出，为了防止科学主义的出现，“我们必须准备一种新的文化，第一个审慎地建立在科学——在人性化的科学——之上的文化，即新人文主义。”“新人文主义不排除科学，相反将最大限度地开发科学。”它将“赞美科学所含有的人性意义，并使它重新和人生联系在一起”。为此，萨顿指出：“一个真正的人文主义者必须理解科学的生命，就像他必须理解艺术的生命和宗教的说明一样。”[③] 由此可见，科学人文性课程是科学主义课程与人本主义课程整合建构的课程，它以科学为基础，以人自身的完善和解

① 《教育——财富蕴藏其中》，联合国教科文组织总部中文科译，北京：教育科学出版社，1996年，第75～85页。

② 《教育——财富蕴藏其中》，联合国教科文组织总部中文科译，北京：教育科学出版社，1996年，第75～85页。

③ 萨顿：《科学史和新人文主义》，北京：华夏出版社，1989年。

放为最高目的，强调人的科学素质与人文修养的辩证统一，致力于科学知识、科学精神和人文精神的沟通与融合，倡导“科学的人道主义”，力求把“学会生存”、“学会关心”、“学会尊重、理解与宽容”、“学会共同生活”、“学会创造”等当代教育理念贯穿到基础教育课程发展的各个方面。

三、回归生活的课程生态观

学校课程重返生活世界，找回失落的主体意识，确立一种新的课程生态观，是当代课程发展的一个重要理念，它关系到21世纪教育的成败与人类自身的命运。

课程生态观的确立，不仅是生态主义课程思潮及其实践合乎逻辑的发展，而且是人类寻找自身的生长家园、探求教育课程变革的必然结果。

生态主义课程思潮是在生态主义的影响下逐步形成和发展起来的。生态主义是人类在面对第二次世界大战以来严重的生态危机和生存危机，寻找危机的根源和寻求解决危机的策略时发展起来的一种思维方式，它的出现标志着一种新的世界观和价值观的诞生。与环保主义等一般生态思想不同的是，生态主义对危机根源进行了深刻反思。环保主义者虽然也看到了生态系统所面临的生态危机和生存危机，但他们倾向于将这种危机解释为人类科学技术发展不完善或者资源开发策略有待改善等。生态主义者却将目光转向了西方文化传统中对待自然的二元论、还原论和功利主义态度，转向了近代哲学中的机械唯物论和人类中心主义世界观，转向了现代话语中的唯理性主义和科技至上主义。从根本上说，生态主义是对人类生产方式、生活方式以及思维方式进行重新思考的结果。生态主义产生、发展的过程是生态运动不断深化的过程，同时也是不断与以唯理性主义和科学至上主义为内核的现代主义不断斗争的过程。生态主义给现代主义所造成的冲击是颠覆性的，同时又带来建设性的佳音。生态主义给生活在当代的课程理论工作者提供了认识世界、改造世界的武器，使他们在一个更为广阔、更为自由的天地里思考，解决当代课程领域中的理论及实践问题，于是便产生了一股充满生机与活力的生态主义课程思潮。这些生态主义课程思潮主要包括卡普拉（F. Capra）的课程思想、多尔（W. E. Doll）的后现代主义课程思想以及多元文化教育的课程思想等。①

生态主义课程思潮给当代课程发展的重要启示是：第一，在课程价值取向上，要摒弃西方对自然的二元论、还原论和功利主义态度，真正确立起系统整体观念、民主平等原则、尊重差异的思想以及动态发展的观点，切实处理好人与自然、人与社会、人与人、人与自我的辩证关系；第二，在课程目标上，致力于人的自然性、社会性和自主性的和谐健康发展，注重一致性与差异性的统一、理性与非理性的统一、意识与潜意识的统一以及个体需要与社会需要的辩证统一，以培养自由和解放的公民；第三，在课程内容上，要突破狭隘的科学世界的束缚，达到“科学世界”与“生活世界”的和谐与统一，谋求自然科学课程与人文科学课程的整合，使自然科学课程中渗透伦理精神和审美体验，而人文科学课程中也渗透着科学精神和理性的光辉，总之，要把科学、艺术和道德融入人的生活、人的成长过程之中，使学生的“个人知识”以及他自己的特殊文化世界在学校课程中占有重要的位置；第四，在课程实施上，注重教学双方在平等基础上的对话与沟通，使学生在体验性、探索性的框架下进行自主性、创新性学习，并且在这一学习过程中建立起民主、平等、对话的新型师生关系。这些启示，应当合理地成为现代课程生态观的基本思想内核。

现代课程生态观之所以非常强调回归生活，是因为在现代人（尤其是学生）的生长家园中，“生活世界”被严重地剥离了，“科学世界”成了人唯一的生长家园。于是在学校教育中，人与自然、人与人的关系出现了空前的危机，教育过程丰富的社会历史性被冷冰冰的知识授受和机械的理智训练所代替，“生活世界”里那种“生动的主观性”荡然无存，人的主体性失落了。因此，为了寻找现代人已经失落的精神家园，克服“科学世界”带来的人的生长危机、教育危机，就必须重返“生活世界”。

---

① 王牧华，靳玉乐：《生态主义课程思潮引论》，《辽宁师范大学学报（社会科学版）》，2000年第4期。

德国杰出的思想家胡塞尔（F·Husserl）认为，“生活世界”是直观的、具体的、现实的和历史的，因而也是丰富的，它给人以感性的生存基础。人们在“生活世界”中进行着生动的、充满“人格主义态度”的交往，因而也是目的、意义和价值的源泉。“在生活世界中，人通过对现实世界的直接感知获得关于这个世界的知识，这种直接的知识逐步典型化，就形成了生活世界的概念，这些观念经概念化和体系化，产生科学理论。”因此，“科学世界是生活世界的理性沉淀物，是生活世界的抽象图景。”“人在科学世界里所获得的理智方面的发展，只有回溯到现实的生活世界中才能被赋予其人生的意义，并且只有回溯到现实的生活世界中，理性才能作为理性而显现出来。纯粹的科学世界（不包括科学生活，科学工作者的职业生活也属生活世界（除了抽象的、以客观的‘真’为目的的概念、命题和逻辑推演外，它无法再为人的生长提供别的东西。只有感性的、生动的、丰富的生活世界，才能满足人在理智、情感、意志等多方面发展的基本需要。生活世界为人成为‘人’提供了全部共同的、基本的要素。”[①] 由此出发，有学者指出：“科学世界是我们进修理性的‘营地’，我们建在异乡的家园；生活世界是我们故乡的家园，我们最根本意义上的‘家’，我们生命的根。”[②] 既然生活世界对于人的生长、人的发展具有如此重要的意义，那么，作为培养人的教育、作为教育核心的课程，回归生活世界也就成为必然。

回归生活世界的课程生态观，从本质意义上说，就是强调自然、社会和人在课程体系中的有机统一，使自然、社会和人成为课程的基本来源。因此，自然即课程，生活即课程，自我即课程，便成为现代课程生态观的基本命题。

自然即课程，意味着课程应向自然界开放，与自然界融为一体，使学生有机会走向自然，并在感受、认识和探索自然的过程中，谋求人对自然的伦理精神、审美体验和求真意志的统一，进而成为自然的关爱者、有创造力的生产者和有责任的环境保护者。

---

① 项贤明：《泛教育论》（博士学位论文），南京：南京师范大学教科院，1997年，第92～94页。

② 项贤明：《泛教育论》（博士学位论文），南京：南京师范大学教科院，1997年，第92～94页。

生活即课程，意味着课程直接面向社会，与生活融为一体，既使课程与学生生活和现实社会实际之间保持密切的联系，又使实践和生活成为学生个人发展的活的源头，正如江泽民同志指出的那样："不能整天把青少年禁锢在书本上和屋子里，要让他们参加一些社会实践，打开他们的视野，增长他们的社会经验。"杜威也曾指出："学校必须呈现现在的生活——即对于儿童来说是真实而生气勃勃的生活。像他在家庭里，在邻里间，在运动场上所经历的生活那样。"[①] 总之，课程生活化，生活课程化，作为现代课程发展的一重要理念，已经渗透到了各国的课程改革实践之中。例如，荷兰的中等教育课程改革就追求一种"真实的教育学"，这种"真实的教育学"的含义是："在纯粹的真实的工作环境中建构知识；知识的建构要与学生的个体世界紧密相连；重视学校之外的学习活动的价值；合作与交流。"[②]

自我即课程，意味着课程应向自我开放，尊重个人的感受、体验和价值观念，关注人的个人知识或自我知识，把学生看成是知识与文化的创造者，而不是知识与文化的被动接受者，因此，课程应成为学生真实而生动的生活世界，在这里，学生可以自由地展示他的智慧和情感，学会自主、学会选择、学会创造。向自我开放的课程，还意味着人性的回归，人的情感、品质、人格、技术、知识等不再成为待价而沽的商品，人的尊严、价值、自我意义、个性得到了张扬，科技理性的控制本性和功利取向得到了修正，科学与理性开始闪烁出人性的光辉。在向自我开放的课程世界里，教师不再是真理的"占用者和宣示者"，学生也不再是真理的被动接受者，他们都是真理的追求者和探索者，师生之间不再是单向的授—受关系，而是你—我关系、对话关系。

总之，回归生活的课程生态观，意味着学校课程突破学科疆域的束缚，向自然回归、向生活回归、向社会回归、向人自身回归，意味着理性与人性的完美结合，意味着科学、道德和艺术现实地、具体地统一。

---

① ［美］约翰·杜威：《学校与社会·明日之教育》，赵祥麟等译，北京：人民教育出版社，1994年，第6页。

② 王文静：《荷兰中等教育课程改革新动向》，《外国教育资料》，2000年，第1页。

四、缔造取向的课程实施观

设计出来的课程如何付诸实践，是课程发展必须关注的一个重要问题。从已有的课程实践来看，课程的实施有以下几种取向：得过且过（muddling through）、忠实（fidelity）、相互调适（mutualy adptation）和缔造（enactment）。[①]。

缔造取向关注的是师生的课程建构问题，认为师生是课程知识的创造者，他们应当致力于课堂中自然发生的课程问题。因此，它特别注重课程实施过程中的意义诠释、文化背景、价值认同等。这种取向是建立在课程实施者个人的教育观念之上的，强调批判性对话和主体意识的觉醒，因而，其成败的关键与课程实施者的课程设计能力关系很大。这种取向是目前课程实施的主要发展方向。

从以上课程实施的不同取向来看，缔造取向的课程实施是最具有创新性的，它非常强调在课程实施的过程中要充分发挥师生的自主性、能动性和创造性，特别是要求教师具备较强的课程设计能力，因为教师不仅是课程的实施者，而且还是课程的设计者。因此，把教师看作教育研究者和课程设计者，是缔造取向课程实施的一个非常重要的理念。这也正是新课程发展所特别强调的。

五、民主化的课程政策观

课程政策关注的核心问题是课程权力的分配和再分配，不管是在地区间、民族间或阶层间，课程政策实施的结果总是反映了不同人、不同集团、不同社会力量对课程的要求。从国内外课程政策发展的趋势来看，最大限度地反映各种利益集团的意志，保证课程政策制定的民主化与科学化，是各国的一个共同追求。所谓课程政策的民主化，意味着课

① Fullan, M. and Pomfret, A1977. Research on Curriculum and Instruction Implementation, Jeview of Educational Research, Vol. 47, No. 3.; J. Snyder, F. Bolin, K. Zumwalt. "Curriculum" Implementation. In Handbook of Research on Curriculum, edited by Jakson, W. P., 1992. pp. 402-435.

程权力的分享，意味着课程由统一性走向多样化。

在课程政策的改革实践中，各国一般都致力于在国家课程、地方课程和学校课程之间寻找适合本国情况的立足点。一方面，过去强调地方和学校分权的国家，现在开始注重确立国家课程标准。例如，美国是典型的地方分权制的国家，全国没有统一的课程标准和要求，各个州都有自己独立的课程体系，但到了1989年，这种局面开始被打破；另一方面，过去强调中央集权的国家，现在开始注重地方和学校的课程决策权力。例如，前苏联是典型的中央集权制的国家，但前苏联解体后，俄罗斯并没有沿袭过去的教育模式。1992年7月10日批准通过的俄罗斯教育法对中小学课程改革等做了详细的规定，如规定教育的自由化与多样化、教育管理的民主化与自主性等为国家政策的基本原则，从而使教育呈现出多元化。而在统一教育政策以及课程目标的前提下，注意不同民族、不同地区经济文化等的差异性。我国一直比较重视中央对课程的统一决策，尽管曾经进行了课程多样化的改革尝试，但终究是没有取得预期的效果。随着《面向21世纪教育振兴行动计划》中《跨世纪素质教育工程》的实施，我国新一轮基础教育课程改革正式启动。这次课程改革的一个重要目标就是，“为保障和促进课程对不同地区、学校、学生的要求，实行国家、地方和学校课程三级管理”。①

① 教育部：《国家基础教育课程改革纲要（试行）》，2001年。

中国基础教育新课程的创新与教育观念的转变

随着新世纪的到来，中国的基础教育课程正经历着前所未有的深刻变革。教育部根据国务院《关于基础教育改革与发展的决定》精神，制定了《基础教育课程改革指导纲要（试行）》，提出了一个具有中国特色的、适应时代要求和体现素质教育精神的基础教育课程新体系。与过去相比，这个新的基础教育课程体系既有着自身多方面的创新，又有与之相关的一系列教育观念的转变，需要认真加以研讨和学习。

一、中国基础教育新课程的创新

中国基础教育新课程的创新是多方面的，它改变了过去课程改革的封闭性，体现出系统变革的特征，使基础教育课程实现了根本性的文化创新。

（一）课程目标的创新

《基础教育课程改革指导纲要（试行）》［以下简称《纲要》（试行）］指出，新课程的培养目标强调："要使学生具有爱国主义、集体主义精神，热爱社会主义，继承和发扬中华民族的优秀传统和革命传统；具有社会主义民主法制意识，遵守国家法律和社会公德；初步形成正确的世界观、人生观、价值观；具有社会责任感，努力为人民服务；具有初步的创新精神、实践能力、科学和人文素养以及环境意识；具有适应终身学习的基础知识、基本技能和方法；具有健康的体魄和良好的心理素质，养成健康的审美情趣和生活方式，成为有理想、有道德、有文化、有纪律的一代新人。”

可以看出，基础教育新课程的培养目标改变了过去注重知识传授的倾向，使获得知识与技能的过程成为学会学习和形成正确价值观的过程，突出了创新精神和实践能力的培养，体现出很强的时代特色。这就改变了过去对培养目标的表述过于笼统、不易操作以及时代感不强的不足，有利于素质教育的贯彻落实。

为了使课程的教育目标能够有效地落实到各个学科教学之中，新的基础教育课程还对每门具体学科课程的目标进行了规定，即每门学科的目标至少应一般包括三个方面：知识与技能，即每个学科的基础知识和基本技能；过程与方法，即了解科学探究的过程和方法，学会发现问题、思考问题、解决问题的方法，学会学习，形成创新精神和实践能力等；情感态度与价值观，形成积极的学习态度、健康向上的人生态度、具有科学精神和正确的世界观、人生观、价值观，成为有责任感和使命感的社会公民等。

（二）课程结构的创新

青少年一代获得自身发展的重要基础，是他们已有的生活经验、学习经验等，过多地强调学科知识的逻辑体系而忽视学生的经验，必然违反学生的身心发展规律，因此，基础教育新课程特别强调课程结构的调整。《纲要（试行）》指出，要“改变课程结构过于强调学科本位、科目过多和缺乏整合的现状，整体设计九年一贯的课程门类和课时比例，并设置综合课程，以适应不同地区和学生发展的需求，体现课程结构的均衡性、综合性和选择性”。

这次课程改革针对现行课程的弊端所作的重大调整，不仅注重了课程对于社会和学生的适应性，增强了课程的实用性和生活化，而且也注意了学科的内在逻辑性、系统性。可以说，强调课程的均衡性、综合性和选择性，是基础教育新课程的显著创新之处。

新课程的均衡性，是根据人的全面发展理论和素质教育的精神提出来的，其宗旨在于促进学生德智体全面、和谐和均衡地发展，避免学生的片面发展，以培养当今时代对于“完人”的需求。新的课程结构的“均衡性”，主要体现在：整体设置九年一贯的义务教育课程，保持课程的连贯性；各门学科之间保持恰当的比例关系，课时分配更加合理，特别是增加了自然科学和艺术类等课程的课时，适当减少了语文、数学和英语等工具性课程的课时；在学科知识内部，调整了各类知识的比例，使之更加合理。

新课程的综合性，是根据基础教育的特殊功能、当今科学技术以及学生发展的特点等提出来的，反映了世界基础教育课程改革的重要趋势。《纲要（试行）》规定，小学阶段以综合课程为主，设有品德与生活艺术（音乐、美术）、思想品德与社会、科学、综合实践活动等综合课程；初中阶段设科学（物理、化学、生物）、历史与社会（历史、地理）、体育与健康、艺术（音乐、美术）以及综合实践活动等综合课程。《纲要（试行）》还强调，从小学至高中都要设置综合实践活动，其内容主要包括信息技术教育、研究性学习、社区服务与社会实践、劳动与技术教育等，强调学生通过实践，增强探究和创新意识，学习科学研究的方法，发展综合运用知识的能力，增进学校与社会的密切联系，了解必要的通用技术和职业分工，形成初步技术能力，培养学生的社会责任感。

新课程的选择性，是针对地方、学校与学生的差异而提出来的，反映了地方、学校和学生发展的多样化需求。新课程的选择性主要体现在“三级课程”管理制度的初步建立，其目的在于，一是要反映不同地区间经济文化发展的差异，使课程具有一定的变通性，为地方经济文化的发展服务；二是要适应不同学校的特点，倡导校本课程的开发，以满足学生个性发展和创建特色学校的需要；三是开设选修课程，以适应学生的个性差异，满足不同学生的不同发展需要。《纲要（试行）》强调，在高中阶段，为使学生在普遍达到基本要求的前提下，实现个性的发展，课程标准应有不同水平的要求，并在开设必修课程的同时，设置丰富多样的选修课程，积极开设技术类课程，实行学分制管理。

（三）课程标准的创新

用课程标准取代过去的教学计划和教学大纲，反映了国际课程发展的趋势，使教材编写、教学、评估和考试命题有了更为可靠的科学依据。课程标准能更好地体现国家对不同阶段的学生在知识与技能、过程与方法、情感态度与价值观等方面的基本要求，使课程的目标、内容、教学和评价有了客观的标准，这对于考试制度的改革有着十分重要的指导意义。

义务教育课程标准规定了绝大多数学生经过努力能够达到的基本要求，体现国家对公民素质的基本要求，着眼于培养学生终身学习的愿望和能力，体现了普及性、基础性和发展性；普通高中课程标准具有一定的层次性和选择性，有利于学生获得更多的选择和发展机会，为学生具备进入学习化社会所必需的生存能力、实践能力和创造能力打下了良好的基础。

（四）新课程的教学创新

课程实施是课程改革的关键所在，而课程实施的基本途径是教学，所以教学创新就成为新课程发展中的应有之义。如果不进行教学创新，新课程发展就会流于形式。《纲要（试行）》指出，要“改变课程实施过于强调接受学习、死记硬背、机械训练的现状”，提倡自主、探索与合作的学习方式，使学生在教师指导下主动地、富有个性和创造性地学习，真正实现学生学习方式的根本性转变。总的来说，本次课程改革在教学改革方面有以下突破或创新：

1. 强调教学与课程的整合

教学与课程的关系是新课程发展必须处理好的一对关系。在这对关系中，课程往往是矛盾的主要方面，课程观是主导因素。当我们把课程仅仅理解为官方课程文件（即所谓制度课程）的时候，课程与教学就成为彼此分离的两个领域，课程是“专制”的一方，而教学则成为被控制的一方，教学的过程就是忠实而有效地传递课程的过程，于是，二者之间的关系变成了单向的线性关系。这样，课程不断地走向孤立、封闭和萎缩，而教学也变得死板和沉闷，于是，师生的生命力、主体性就不可能得到充分发挥。

新课程强调由“专制”走向“民主”，由封闭走向开放，由专家走向教师，课程不只是“制度课程”，而更是“经验课程”，教学不再只是忠实地实施课程计划的过程，而成为课程知识的建构与开发过程。这样，课程与教学相互转化、相互促进，彼此有机地融为一体。只有在这种情况下，教学才真正成为师生追寻主体性、获得解放与自由的发展过程。

2. 注重科学探究的教学

《纲要（试行）》指出，在教学过程中应培养学生的独立性和自主性，引导学生质疑、调查、探究，在实践中学习，以改变教学过程中过分依赖教材、过于强调接受学习、死记硬背、机械训练的现状，倡导学生主动参与、乐于探究、勤于动手，鼓励学生对书本的质疑和对教师的超越，赞赏学生独特和富有个性化的理解与表达，爱护学生的批判意识和怀疑精神，培养学生收集和处理信息的能力、获取新知识的能力、分析和解决问题的能力以及交流与合作的能力，大力开展探究性教学。

所谓探究教学，其实是一种模拟性的科学研究活动，它强调教师要创设一个以“学”为中心的智力和社会交往环境，让学生通过探索发现来解决问题。探究教学的根本目的不是把少数学生培养成科学精英，而是要使学生成为有科学素养的公民，它既重视结果又强调知识获得的过程，既关注意义建构又注重应用，突出以学生为中心和全体参与，因而它特别有利于素质教育、创新教育的有效实施。

3. 提倡交流与合作的学习

《纲要（试行）》指出，教学过程是师生交往、共同发展的过程。没有交往，没有互动，就不存在或发生教学。因此，通过交往，重建人道的、和谐的、民主的、平等的师生关系，倡导合作学习，并因此建立起新的“学习共同体”，成为这次课程改革的一项重要任务。把教学定位为交往，强调师生交往、生生交流，构建互动的教学关系，不仅在理论上超越了历史上的“教师中心论”和“学生中心论”以及现实中的“特殊认识论”，而且在实践上具有重要的现实意义。

4. 关注体验性教学

新的基础教育课程强调，教学要从学生的经验和体验出发，密切知识与生活之间的联系，引导学生不断深入地观察和体验真实的社会生活，积极、主动参与学校和社区的各种活动，在实际活动中体验、发现并综合运用各种知识去解决问题，提高学生参与社会的实践能力。

5. 推进信息技术在教学中的应用，鼓励计算机支持下的协同教学

加强信息技术的教学应用已经成为各国教学改革的一个重要方向。

因此，新课程的教学特别强调信息技术的普遍应用，逐步实现教学内容呈现方式、学生的学习方式以及教学过程中师生互动方式的变革，充分发挥信息技术的优势，为学生的学习和发展提供丰富多样的教育环境和有力的学习工具。

（五）课程评价的创新

新课程发展应有新的评价观与之相配合。目前，存在着两种截然不同的课程教学评价观：一种是面向过去的、以奖惩为目的的评价观；另一种是面向未来的、以发展为目的的评价观。新课程倡导的是后一种评价观，具体有以下特点：一是要建立促进学生全面发展的评价体系，使评价不仅要关注学生在语言和数理逻辑方面的发展，而且要发现和发展学生多方面的潜能，了解学生发展中的需求，帮助学生认识自我，建立自信，促进学生在已有水平上的发展，发挥评价的教育功能；二是建立促进教师不断提高的评价体系，以强调教师对自己教学行为的分析与反思，建立以教师自评为主，校长、教师、学生、家长共同参与的评价制度，使教师从多渠道获得信息，不断提高教学水平；三是建立促进课程自身不断发展的评价体系，形成课程不断革新的机制。

（六）课程管理的创新

在新课程发展中，特别强调实行国家、地方、学校三级课程管理，以增强课程对不同地区、学校、学生的适应性，改变课程管理过于集中的状况，充分发挥地方、学校在课程管理与开发方面的解决性和创造性。其中，教育部的主要职责是总体规划基础教育课程，制定基础教育课程管理政策，确定国家课程门类和课时，制定国家课程标准，试行新的课程评价制度；省级教育行政部门依据国家课程管理政策和本地区实际，制订实施国家课程的计划，开发适合当地需要的地方课程；学校在执行国家课程和地方课程的同时，开发适合本校的课程。

二、中国基础教育新课程与教育观念的转变

基础教育新课程所带来的教育观念转变，成为这次课程改革的又一个亮点。教育观念的转变是多方面的，很难一概而论，但以下几个方面特别值得关注。

学校是教育改革的中心、科学探究的中心。随着基础教育新课程的不断发展，学校的办学自主权日益扩大，学校对课程、教学、教师发展等有了更多的发言权，因此，过去的“官本”、“国本”等僵化的管理体制正在被打破，学校将成为教育改革的中心。这就意味着，教育改革将走向每一个教师自己的生活舞台，更加关注教师自己的生存空间和生活方式，重视教师的赋权感和专业能力的发展，强化所有成员分享共同的价值观和规范，使学校更具活力，更有效率。一旦学校成为教育改革的中心，基础教育便有了振兴之日。

同时，学校的传统功能正在发生深刻的变化，学校不再仅仅是传授知识的地方，而且日益成为探究的中心，兼具教育知识的生产者和传播者的双重角色，科学探究将成为新型学校的重要特征，突出学生创新精神和实践能力的培养将成为学校首要的重大使命。

（一）教室是实验室

教室是师生从事知识建构与发展的实验室，不是单纯接受知识的“讲课室”。因此，教室的设置安排应该有利于师生之间、学生之间的交流、合作和探究活动的展开，要营造一个积极进取的课堂心理环境，促进学生的自主学习、合作学习和探究学习。

（二）课程是经验

随着新课程的发展，课程是经验的观念得以在实践中形成和确立。因此，课程不仅仅是现成的教科书，而且是教师为学生提供的学习机会，是师生在互动过程中产生的经验。换言之，课程不仅仅包括了知识，而且包括了学习者占有和获取知识的主体活动过程，课程知识是在充满生机的社会性交往过程中建构生成的。视课程为经验，从本质意义上说，就是强调自然、社会和人在课程体系中的有机统一，使自然、社会和人成为课程的基本来源，意味着自然即课程、生活即课程、自我即课程，学校课程由此重返生活世界，超越了课堂和教科书的宰制，真正找回失落的主体意识。把课程作为经验来处理，就要求学生充分利用校内外的教育资源，扩展自己的学习空间，丰富自己的生活世界，最大限度地获得多方面的发展。

（三）教材是范例

以往我们总把教材看作是学科知识体系的浓缩和再现，教材是学科知识的载体。这种教材观的实质是"教材即知识"，因此，教材中的学习内容必须是定论、共识或某一领域公认的原理、法则、定理，排除有争议的问题，不给学生发挥的空间和研讨的余地。因此，教材就是要罗列学生应掌握的本学科领域的理论和应用法则，对教师的教学、学生的认识具有绝对的权威性。

这种远离生活情境的"学科中心"或"学术中心"的教材观，与我国基础教育新课程的基本理念相距甚远。随着新课程的发展，教材的观念呈现出新的转向，这种转向的根本特征是"范例性"，即把教材看作是引导学生认知发展、生活学习、人格建构的一种范例，不是学生必须完全接受的对象和内容，而是引起学生认知、分析、理解事物并进行反思、批判和建构意义的中介，是案例或范例。因此，它强调教材是学生发展的"文化中介"，是师生进行对话的"话题"，师生进行教学活动的目的不是为了记住"话题"本身，而是为了通过以话题为中介进行交往，获得发展。

(四) 教学是对话、交流与知识建构的活动

教学从本质上是以对话、交流、合作等为基础的知识建构活动，失去了沟通（社会性交往）的教学是不可想象的，因此，没有沟通就没有教学。在教与学的社会关系中，师生之间不是命令与服从的关系，而应该是平等的"我—你"关系，双方互相尊重、互相信任、真诚交往，共同探求真理、交流人生体验。在这里，教师的权威不是"外部强加"的，而是"内在养成"的，也就是说，教师的权威不是凭借制度的力量，而是在师生之间的对话、交流与知识建构的活动中自然形成的。教学过程不只是传授知识，更重要的是通过师生之间直接性的对话，取得心灵的沟通，实现双方主体性的建构与发展。

(五) 教师即研究者

如今，人们对教师在基础教育新课程发展中的地位和角色等问题的认识发生了很大的变化。这些变化体现在：教师不再只是一个课程知识的被动的传递者，而是一个主动的调适者、研究者和创造者；教师不再只是一个真理的垄断者和宣示者，而是一个促进者、帮助者、真理的追求者和探索者。因此，积极的、能动的教师形象取代了消极的、被动的教师形象。

随着基础教育新课程的发展，“教师作为研究者”的理想正逐步得以实现，课程与教师的关系日益发生根本性的变革，教师不仅要考虑教什么和怎样教的问题，而且要思考为什么教的问题。于是，教师立足于真实的教育情境研究，创新课程的活动便由此得以展开，教师作为研究者的角色也因此而形成。

（六）学生是知识的建构者

学习是经验的重新组织和重新理解的过程，在这个过程中，学生是自主的学习者。学生来到学校，坐在教室里，不是被动地接受知识，而是要主动地进行知识的建构。通过自主的知识建构活动，学生的创造力、潜能、天赋等得以发挥，性情得到陶冶，个性得到发展。

（七）家长是教育伙伴

课程改革是一个复杂的系统工程，需要全社会的广泛支持和参与，而家长的配合则显得特别重要。特别是新课程的实施才刚刚启动，更需要家长的理解、关心和支持。因此，把家长当作是教育的伙伴，寻求家长的有效参与和支持，已经成为本次课程改革的一个非常重要的方面。

总的来说，本次课程改革所建构的基础教育新课程，无论是在理论和实践上，都有诸多创新，而且有不少方面的创新还是前所未有的，应当承认，在中国这样的教育背景下发生这样的变革，是很不容易的。但是，我们应当清醒地认识到，在新课程的实施过程中，将面临着多方面的艰巨困难，我们对此应有充分的准备，以期取得好的实践效果。

新课程改革的理论基础是什么*

20 世纪，世界范围内出现了三次课程改革。第一次改革出现在 20 世纪初，改革的理论是杜威的实用主义思想；第二次课程改革出现在 20 世纪五六十年代，改革的理论基础是布鲁纳的结构主义；第三次课程改革出现在 20 世纪 80 年代，改革的理论基础是新兴的建构主义。

我国正在进行第八次课程改革，人们提出了各种各样的理论基础：

“建构主义的真理观、知识观为强调发展儿童自主性提供了理论依据。”② “建构主义是对传统的学习观、知识观、课程观的一种挑战和超越。”③ “现代课程改革真正的挑战不是古典主义者依据理想的知识标准所开展的批评，而是后现代主义者试图使知识接近社会经验的课程革命，因为后现代主义者的理想更接近求知者的生活经验。”④

在一些“综合实践活动”课程中，我们又隐隐约约能见到杜威的影子。新课程改革的理论基

* 与艾兴合作。

② 肖川：《知识观与教学》，《全球教育展望》，2004 年第 11 期。

③ 钟启泉：《课程发展的回归现象和非线性模式》，《教育研究》，2004 年第 11 期。

④ 周勇：《现代课程改革的知识重建思路与挑战》，《全球教育展望》，2004 年第 11 期。

础到底是什么？是一些学者言必称的建构主义、后现代主义吗？或者是常提常新的杜威的实用主义？或者是所谓“国外先进教育理念”的多元综合？没有谁做出一个明确的回答。

一、在理论基础上显得含混不清，会导致改革实践的不知所措

课程的确是一个非常复杂的对话，是一个需要我们行动、对话和合作，回荡着多元声音的生机勃勃的领域。课程改革需要吸收多方面的理论养分，综合各种教育经验，但这并不意味着课程改革的理论基础就可以是模糊的。

我们认为，如果明确地以某种理论作为课程改革的理论基础，那么就应该将理论基础进行完整、系统和深入的阐述，并在此基础上形成改革者所设想的知识观、课程观、教学观等基本的课程理论体系，课程专家对课程改革的参与，主要目的也就在此。前一段时间发生的有关“轻视知识”思潮的争论，其目的也是为明确或澄清课程改革的理论基础。如果在理论基础上显得含混不清，就会导致改革实践上的不知所措。

我们并不赞同以理论的多元性来模糊新课程改革的理论基础，必须旗帜鲜明地提出新课程改革的理论基础。我们认为：在课程改革中，必须坚定不移地以马克思主义作为我们的指导思想和理论基础。

具体说来，要以马克思主义认识论和全面发展学说作为我们进行课程改革的理论依据。马克思主义认识论是唯物主义和辩证法相统一的认识论，也是不断发展的哲学认识论。马克思主义认识论不是直接的教育理论，但它是我们所依赖的哲学基础。半个世纪以来，马克思主义的“全面发展”一直写在我们的教育方针上，它的不变性、一贯性正表明了这种方针的生命力。以马克思主义为理论指导，这是我国教育的基本方针和政策。

二、马克思个人全面发展的学说，是改革不可动摇的理论基础

在课程改革的过程中，我们必须始终坚持马克思主义这一理论基

础，以促进学生的全面发展作为课程改革的最终目标。应该指出的是：一方面，马克思主义是不断发展的，邓小平同志提出的“三个面向”教育思想和江泽民同志所提出的“三个代表”重要思想都是马克思主义在新时代的发展；另一方面，以马克思主义为理论基础，并不排斥对其他理论的吸收和借鉴，西方的建构主义、后现代主义这些思潮从方法论和思维方式的角度，都可以给我们的课程改革提供很多的启发和帮助。

坚持马克思主义作为新课程改革的理论基础不是所谓教条主义和本本主义，而是历史选择和现实条件所决定的。

建立在实践基础上的理论才是有生命力的理论，基础教育课程改革的理论基础也是一样，必须从我国的基本国情和现实条件出发。后现代主义和建构主义的教育理论产生的土壤均是在教育水平比较发达的西方国家，国民的知识教育水平和整体素质都比较高。植物的移植尚且需要考虑不同地区的气温、土壤条件，理论更要考虑到不同国家的现实条件才能进行“移植”。举例来说，后现代主义的课程理论在西方的产生有它特有的历史和社会背景，后现代主义是基于对人类理性的抗争，对形而上学思维方式的不满，是源于对资本主义条件下高度发达的科学理性和过于严密的社会理性的怨恨。

处在转型期的中国，广大人民的整体文化水平、科学技术的发展水平都还急需提高，离开这些现实条件妄论所谓后现代主义课程理论，只不过是理论研究者的自娱自乐。

基础教育课程改革的理论基础需要建立在现实的实践条件上，不能盲目地将一些国外的理论进行翻译和组装之后就成为我们进行改革的理论基础，从我国的基本国情和现实条件出发，以马克思主义作为基础教育课程改革的理论基础，坚持马克思主义全面发展观，全面推进素质教育，是我们必然的选择。

三、脱离传统和现实的推倒式革命，会给教育带来严重的后果

我国的基础教育课程改革要从我国的教育传统出发，吸收我国教育传统中的精华，不能不讲传统，与传统一刀两断。在课程改革的过程当

中，我们要谨慎处理好继承与超越的关系，完全脱离传统的超越是一种历史虚无主义态度。因为改革不是革命，革命是推倒重来，推翻原来的基础和传统，我国当代教育史上有两次“教育革命”，即1958年的“教育大革命”和“文化大革命”期间的“教育革命”，这两次革命就是脱离了传统和当时现实情况的推倒式的革命，历史已经证明，这两次革命给我们的教育事业带来了严重的甚至灾难性的后果。因此，基础教育的课程改革应该是在原来的基础上进行革新，如果不考虑中国的教育传统和现实情况，另起炉灶，割裂革新与传统之间的联系，将国外的改革经验和成果直接应用到我国的课程改革，并不是一种明智的做法。

我国并不是课程理论的原发国家，已有的课程理论，无论是结构体系还是基本观点大都是对国外课程理论的借鉴。毋庸置疑，在课程改革过程中需要有丰富的课程理论，对国外的课程理论进行系统的学习，充分了解和掌握不同国家、不同派别的课程理论非常必要。然而，借鉴并不是移植照搬。所谓借鉴，指的是拿别人的事作为镜子，以便从中吸取经验和教训。(新华词典编写组:《新华词典》，第428页，商务印书馆1980年版）可见借鉴的目的有两个：一个是吸收别人成功的经验；另一个是吸取别人失败的教训。我们借鉴国外的课程理论，需要有一种批判的眼光：首先，在看到国外课程理论对我国课程改革的积极意义的同时，也要看到国外课程理论存在的一些具体问题。也就是说，国外的课程理论精华与糟粕并存，我们要存精华而去糟粕。其次，即使是先进的课程理论，也未必能用来作为我国课程改革的指导思想或理论基础，任何课程理论的实施需要一定的实践条件，不是所有先进的课程理论都是适用的。因此，我们要批判地借鉴国外的课程理论和经验，梳理我们传统的课程思想，吸收国外一些先进的课程理念，在自身传统的基础上，以本土化的方式澄清各种概念、观点，形成自己独特的课程论体系。

新一轮基础教育课程改革虽然借鉴了国外很多先进的理念和成功的经验，但这些理念和经验的应用必须建立在中国的现实国情基础上，我国不是经济、社会、科学技术高度发达的西方国家，从整体水平来讲，我国广大人民的文化水平还比较低，掌握科学知识的专门人才数量还少，在总体人口中的比例还很小。从社会的宏观背景来看，我国还处在现代化进程之中，科学和科学精神发展得远远不够。

新课程改革的文化哲学探讨*

基础教育的根本使命是培养人，为人的未来发展打基础。而人是文化的人，任何人的成长都在一定的文化中进行，并且必须依靠文化的作用。作为新的哲学形态的文化哲学，在把文化看成是人类的特有行为方式的基础上，揭示了文化与人的生命存在及其活动的本质联系。其根本旨趣是以人为中心，以人与文化的关系为内容，对文化的本质进行深入的揭示和把握。① 作为一种哲学，它是一种以人为本的世界观、方法论和思维方式。因此，对新一轮基础教育课程改革进行文化哲学层面的探讨，不仅仅是对新课程改革表达一种哲学理性的价值关怀，更是对人、文化与课程三者关系的深层追问，从而彰显新课程改革对三者传统关系的反思、超越和重构，开拓一个崭新的课程文化思维空间。

* 与陈妙娥合作。

① 彭虹斌：《文化哲学视野下的教育交往》，《华南师范大学学报（社会科学版）》，2002年第3期。

一、课程的文化解读

在课程发展史中，对课程与文化的关系存在两种理解：一是把“学知识”称为“学文化”，把“课程”称为“文化课”。语词上的混同反映了认识上的偏差：文化就是知识，课程在逻辑上和实践中被简单地阐释为知识的一种载体。二是课程完全受制于现存的“法定文化”的规范和旨意，机械地、盲目地，甚至麻木地认同、接受、服从以及服务于这样的政治化了的社会文化，即课程的文化锁定现象。[①] 无论课程作为知识的载体，还是成为法定的“奴隶”，其在形式上始终是在社会文化为它规定的轨道上运转。这种依赖性源于课程最原始的功能，也即课程产生的动力——文化传承的需要。课程始终是追随着社会文化理路嬗变的脚步，并在文化的潮起潮落中被逐步赋予了社会文化工具存在的角色和品质。对这一命题和逻辑的遵循导致课程文化主体性的缺失，并成为今日学校教育及课程发展的重要障碍。而且，课程作为一种工具，相应地也就消解了人这一主体存在，人成为被动接受文化的“容器”。历史上的课程改革停留于内容、方法与技术上的更新，并没有从逻辑上消除课程被定势了的文化传承工具地位。

还原课程的文化主体地位，意味着课程可以根据自己的品位、理想、追求和关怀旨趣对文化进行选择、内化，更重要的是建构自己特有的课程文化。这种选择、内化和建构蕴含着主体的需要、目的及对一定文化价值和意义的理解。因此，课程不再仅仅是从既有的文化中“拿来”的文化，而是具有了独特性、内在性、创生性等属性的特殊文化。可以说，课程来源于现实文化，又超越并重构着现实文化。课程对现实文化的超越和建构，其内部根源在于课程对学生完整人生、完整心理世界的全面关注。现实文化虽是人的文化，但这种文化具有时代性、地域性、社会性等特征，是务实的、控制的。课程作为一种文化，具有文化的一般特征，但它指向对人的内在的深切关怀，更具有开放性、多样性和包容性。以哈贝马斯为代表的西方马克思主义文化哲学流派提出了一

① 郝德永：《文化性的缺失——论课程的文化锁定现象》，《外国教育研究》，2001年第2期。

个重要的概念：文化的内在化。这一概念认为文化诚然是一种外在于个人的客观现象，但是人还是要把它不断地内在化，即不断地通过学习使文化为自己所获得和掌握。这一观念肯定了人在文化中的主体地位。因此，实现课程文化主体地位的还原，出发点应放在对每一个学生个体的关注上，而非文化在意识形态上的运用。

二、新课程改革的文化哲学理念

文化是一个动态发展的过程，它总是随着社会的变化而发生变化。我国属于后发展国家，是在西方工业文明已经十分发达以至于开始展现自身的弊端之时才开始现代化进程的。我国传统农业文明条件下的自在自发的经验型文化与工业文明条件下的自由自觉的理性文化发生了激烈的冲撞，并走向融合。若说这种融合使得我国从此走上了现代化进程，那么我们也不可避免地面临着文化价值观念的冲突。面对这些危机和冲突，文化和课程表现出了自我批判、自我反省、自我超越的迫切需要。文化哲学作为一种自觉反映和表达人与文化世界关系的合理性价值追求与理想性历史形态的哲学，以其特有的时代性、世界意义、全球视野和人文关怀直面这一现状，开始反思梳理若干的文化现实问题，并指导现实文化实践。文化哲学研究的当代主题为课程改革提出了新的理念，主要表现在以下几个方面。

1. 培养人的个性以及理解、合作与创新意识，是新课程改革的价值追求

新课程改革将追求学习者个性的发展，培养理解、合作与创新意识视为积极应对信息社会、知识经济时代挑战的主要方面。《基础教育课程改革纲要（试行）》明确指出："注重培养学生的独立性和自主性，引导学生质疑、调查、探究，在实践中学习，促进学生在教师指导下主动地学习、富有个性地学习。教师应尊重学生的人格，关注个体差异，满足不同学生的学习需要，创设能引导学生主动参与的教育环境，激发学生的学习积极性，培养学生掌握和运用知识的态度和能力，使每个学生都能得到充分的发展。"

2. 要培养全球意识，协调人、自然与文化的关系，是新课程改革的内在旨趣

文化的交往与融合，缩小了各国家、各民族的文化距离，文化一体化趋势改变了人类以往的生产方式、生活方式和思维方式。在全球意识的培养中，有两个问题不容忽视：一是要重视人与自然的协调统一。这要求我们告别传统的"人类中心"意识，接受自然、回报自然，在与自然的平等对话中寻求人与自然的和谐共处；二是要警惕人对科技的过分友好。最近20年，环境问题成为全人类关心的主要问题之一，环境教育也成为世界课程改革的热点之一。关爱自然、追求人与自然的"可持续发展"是支配当前世界课程改革的重要价值观念和内在的旨趣。这种内在旨趣成为变革现行课程体系的主要精神力量。《基础教育课程改革纲要（试行）》提出："新课程的培养目标应体现时代要求，使学生具有初步的创新精神、实践能力、科学和人文素质以及环境意识。"把环境意识提高到总的培养目标上来强调，说明新课程改革对培养学生环境意识、全球意识的重视。

3. 回归生活世界，是新课程改革向教育本质回归的必由之路

1996年联合国教科文组织国际21世纪教育委员会发表的《教育——财富蕴藏其中》确立了教育在社会生活中的主体地位。教育主体地位的确立，意味着教育应当尊重并提升人的主体性，培养具有主体性的人。因此，新课程改革要回归教育的本质，必经由生活世界的回归之路。当前，世界各国的课程改革呈现出回归生活世界的趋势。我国的《基础教育课程改革纲要（试行）》提出："从小学至高中注重综合实践活动并作为必修课程，其内容主要包括：信息技术教育、研究性学习、社区服务与社会实践以及劳动技术教育。强调学生通过实践，增强探究和创新意识，学习科学研究的方法，发展综合运用知识的能力。增进学校与社会的密切联系，培养学生的社会责任感。"

4. 培育健康的社会运行机制，增加社会的文化含量，是新课程改革的外在诉求

培育健康的社会运行机制，并增加社会的文化含量，以营造一个良好的全面发展的人文环境，是新课程改革的外在诉求。基础教育课程改革是一项系统工程，需要得到社会各方面的广泛支持。这要求促进交流与对话，在我国主要表现为主流意识形态文化、知识分子的精英文化、市民社会的大众文化间的交流和对话，以期滋生出新的为大众认可的人文理想，并激励新的文化创造。此外，在中国还要立足社会现实，建设和完善社会主义市场经济，同时汲取中国传统文化与西方文化精神的精华，催生出一种与中国社会现代化和现代市场经济健康发展的文化精神，从而为新课程改革提供充满活力的社会空间。[①]

三、新课程改革的文化创新

文化哲学以其广阔的文化视野、直面生活现实的理论品格以及彻底的人文主义精神，表达并参与了对新课程改革的深切关注。新课程改革秉持文化哲学的基本理念，从本质上进行了文化的创新。主要表现在两个方面：课程文化精神的重建和课程文化模式的转型。其途径是将课程文化的外在指导和外在教化转化为内在启蒙和内在教化，促进主流文化和非主流文化、精英文化与市民文化、传统文化与现代文化等的交汇和融合，从而使新课程文化的精神在生活世界的根基上生成，文化模式在对话中形成。

1. 课程文化精神的重建

第一，强调主体存在的意义。弘扬、培植人的主体性，理应成为现代教育追求的目标，成为教育改革的一个主题，同时也应是深化教育改革的一个重要突破口。课程作为教育的核心部分，具有教育的意蕴是应有之理。新课程改革突出强调主体存在的意义，特别是将个体存在的价值意义放到了突出的地位，并注重在多样性、个别性中把握课程文化建构的意义，被传统课程文化所忽视的个体情感、意志、愿望等也得到了突出的强调。新课程在目标上强调形成积极主动的学习态度，关注学生情感态度、价值观的形成；在课程结构上强调课程的综合性、均衡性和选择性，以体现培养全面发展的人，并为每个学生具有个性的健康发展创造条件；在内容上关注学生的学习兴趣和经验，强调为终身学习做准备；在课程实施上倡导学生主动参与、乐于探究和勤于动手；在评价上建立旨在促进学生全面发展的评价体系等。这些改革无不体现了强调主体价值和意义这一基本精神。

① 周丽昀：《文化哲学的当代主题》，《内蒙古大学学报（人文社会科学版）》，2001年第3期。

第二，纠正完全的科学理性主义，强调人文精神在人发展中的价值，使科学和人文走向融合。科学和人文只是形式上划分的不同，两者存在一个“二而一”的东西：这就是它们的精神层面。科学和人文在理论上不是对立的，在实践中是相容的，它们统一于文化中。科学有着浓厚的人文精神，人文精神有着科学精神的丰富内涵。因此，在新课程改革中，既要重视对自然科学知识等客观知识体系的掌握，又要重视人文社会学科知识的多元性、内在性和境域性。而且，把科学精神和人文精神统一于课程的“文化内涵”之中，科学和人文走向融合，科学人文性成为新课程文化精神的一个重要特征。科学人文性课程是科学主义课程和人文主义课程整合建构的课程，它以科学为基础，以人自身的完善和解放为最高目的，强调人的科学素养和人文修养的辩证统一，致力于科学知识、科学精神和人文精神的沟通与融合，倡导“科学人道主义”，力求把“学会生存”、“学会关心”、“学会尊重、理解和宽容”、“学会共同生活”、“学会创造”等当代教育理念贯穿到基础教育课程发展的各个方面。①

第三，回归生活世界，寻求人、自然、社会和谐统一的课程生态观。生态主义通过一系列的努力，着眼于生态系统中关系的考察，初步确立了系统的整体观念、民主平等原则、尊重差异的思想及动态发展的观点。生态主义给课程带来了更为广阔的思考空间，在生态主义的指导下，课程学者们力图构建一种超越现代主义课程思想、推动人类社会新文化发展的课程价值体系。这种生态主义课程具有整体性、开放性、丰富性、发展性的特点，是对新文化的一种积极响应。新文化要求正确处理人与自然的关系、发展和环境的关系，要求国际间加强交流、合作，要求将人看成是一个完整的个体。② 生态主义课程在响应这种新文化的同时也创造了一种新的课程文化，为推动新课程改革与发展提供了新的生长点。它要求对过去课程改革的钟摆运动进行彻底的批判性反思，对课程的目标、内容等进行批判性继承。生态主义课程对课程改革和发展的重要启示在于：在课程价值取向上真正确立起系统整体观念、民主平等原则、尊重差异的思想以及动态发展的观点，切实处理好人与自然、

① 靳玉乐：《论基础教育课程发展的新理念》，《教育理论与实践》，2002年第4期。

② 王牧华，靳玉乐：《生态主义课程研究范式刍议》，《山东教育科研》，2002年第4期。

人与社会、人与人、人与自我的辩证关系；在课程目标上致力于人的自然性、社会性和自主性的和谐健康发展，注重一致性和差异性的统一、理性和非理性的统一、意识与潜意识的统一以及个体需要与社会需要的辩证统一，以培养自由和解放的公民；在课程内容上谋求“科学世界”和“生活世界”的和谐与统一；在课程实施上注重教学双方在平等基础上的对话与沟通等。[①] 因此，这种生态主义课程的本质意义在于，学校课程突破学科疆域的束缚，回归我们的生活世界，在生活世界中寻求自然、社会和人在课程体系上的有机统一。

第四，力求在一元与多元文化中保持必要的张力。20 世纪 60 年代以后，随着少数民族文化的活跃和女权运动的发展，现代社会日益呈现多元化趋势。如何解决文化一元和多元的矛盾成为新的焦点问题。科学哲学家库恩关于“在对立的两极保持必要的张力”的思想为解决这一问题提供了较好的思维范例。文化在一元与多元的两极对立中保持必要的张力，为我们卓有成效地进行课程文化的选择提供了科学的认识论和方法论。由此，我们可以得出课程在文化选择中应持有的一些基本立场：课程设置仍以主流文化为主，但多元文化的观点应渗透到学校全部的显性与隐性文化中；课程内容应反映所有文化的贡献，教师能客观地看待文化关系的问题及有争议的重大事件等。[②] 我国目前面临的多元文化价值冲突主要为现代市场经济文化与传统农业文化、和区域特点相匹配的主导性文化与非主导性文化、东方文化与西方文化三个方面的冲突。新课程在改革中提出设置综合课程以适应不同地区和学生发展的需求；根据现代农业发展和农村产业结构的调整因地制宜地设置符合当地需要的课程；推行国家、地方、学校三级课程管理政策，以保障和促进课程对不同地区、学校和学生的需求；在实行国家基本要求指导下的教材多样化政策等。总之，新课程改革力图解决课程文化一元与多元的两难问题。

2. 课程文化模式的转型

近代以来，我国一直致力于建立新的文化模式，实现传统农业文明条件下自在自发的经验型文化模式向工业文明条件的自由自觉的理性文

---

① 靳玉乐：《论基础教育课程发展的新理念》，《教育理论与实践》，2002 年第 4 期。

② 全国课程专业委员会秘书处：《21 世纪中国课程研究与改革》，北京：人民教育出版社，2001 年。

化模式的转型。学校教育和课程也是如此。然而，以往对文化模式转型的探求却是没有站在中国历史和现实基础上的照搬。清末民初照搬日本教育模式，后又硬搬美英教学模式，新中国成立以后，在一段时间内完全以苏联的教育理论和实践来裁判我国的教育。这些照搬致使我国传统主导性文化模式开始失效，但新的有个性的中国文化模式却没有建立起来。

我们仍能从现有的学校教育和课程文化模式中体察到前苏联凯洛夫的那套模式。新课程改革力图打破这种单一、僵化、封闭的文化模式，营建一种合作、对话与探究的课程文化，实现课程文化模式的转型，建立一种新的课程文化模式，这一新模式的特点和价值取向就是合作、对话和探究。

所谓合作文化，就是强调课程的开发性。每一个儿童都是一个完整的生命体，促进其发展需要多人合作才能实现。同时，每个儿童都有差异，他们的发展取决于有差异的课程，没有合作就不能提供有差异的课程。新课程强调一种共建共享的课程文化，专家、教师、学生及家长、社会人士都是合作共同体的一分子。所谓对话文化，就是强调课程的民主性。课程本身就是一种对话，是所有与课程利益有关的人员或部门之间的对话。新课程在制定国家课程标准时就非常强调对话与协调，尽可能创造各种机会让各界人士共同参与对话。所谓探究文化，就是强调课程的科学性。就课程的历史而言，什么样的课程才是适合儿童的课程，这是一个永恒的话题，需要多代人前赴后继、不懈地探究；就一门课程来说，从课程目标的确定、内容的选择与组织、实施到评价，也需要不断的探究才能做出课程的决策；就课程实施的一个环节来说，教师面对的是一个个活生生的人，教师的这种专业生活方式决定了教师必须面对教育情景中的不确定性，这种不确定性需要教师去解决、探究。因此可以说，教学即探究，教师即研究者。新课程倡导探究文化，强调应在不同层面进行课程创新。[1] 这种新的课程文化模式，需要各界人士参与课程的发展、共同努力才能得以形成。

---

① 崔允漷：《新课程“新”在何处》，《教育发展研究》，2001 年第 9 期。

课程改革：基于改革方法论的反思*

从2001年《基础教育课程改革纲要（试行）》颁布到现在，我国新一轮基础教育课程改革已经走过了10个年头。在这十年课改历程中，取得显著成就的同时也遭遇到了许多前所未有的阻碍、困难与挫折，各种积弊、矛盾和冲突日益暴露与显现出来，从而使改革面临着巨大的社会压力和现实挑战。其中因由，很值得我们做认真的梳理、总结与反思。在笔者看来，课程改革的方法论问题无疑是一个不容忽视的重要方面。因此，本文基于改革方法论的视角对课改进行反思，以期对进一步深化课程改革有所裨益。

一、方法论及其对于课程改革的意义

任何社会系统工程的变革都离不开其方法论层面上的厘析与探讨，它反映了人们对变革本身的认识水平、层次和把握程度。方法论不同于方法，两者既存在着密切联系，又有本质区别。在

* 与王洪席合作。

《外国哲学大辞典》中，将“方法论”一词阐释为“关于认识世界和改造世界的方法的学说和理论”。[①] 我国学者指出，“方法论研究方法的性质、作用和发展规律，研究不同方法之间的差别和联系，研究每一种方法在方法系统中的地位以及正确运用各种方法所必须遵守的基本程序和原则等”。[②]可以认为，如果方法是我们在某种世界观的指导下，在处理与解决日常生活世界中的事物、现象与问题时所采用的具体化、技术性、操作性的手段、方式、措施或途径，那么方法论则是论方法，是对具体方法的剖析、探讨与反思，并进而以此为研究对象和内容的学说或理论体系，也可称之为“元方法”（meta-method）。可见，方法是方法论的子集，方法论是对方法的抽象。

课程改革的有效实施和扎实推进需要借助与运用一定的方法、方案、技术、策略才能得以完成、提升和深化。但改革更需要从方法论的层面、视角和向度来对这些具体的操作性方法进行审视与洞察。所谓改革方法论，即是“关于改革方法、方式和路线的理论，旨在为改革提供指导思想、改革思路、操作策略与评价标准，告诉人们‘应当怎样改革’”。[③] 事实上，针对新课程改革而言，我们在关于改革的重要性、必要性和紧迫性的认识上，已在很大程度上取得了共识或一致，即“在是否要进行中小学课程与教学改革上，社会各界的基本认识是相对一致的，没有谁会反对要进行改革”，[④] 而在改革的运行机制、推进策略、操作方式、实施路径等一系列“方法”问题上却存有严重的对峙、分歧与冲突。反思这段“争鸣”的历史，笔者认为，我们更多的是停留或停滞于对课改枝蔓等细节性问题的纠缠之中，而没有从方法论的角度对其进行检讨与澄清。因此，改革方法论的缺位、贫乏、偏失与误置，是造成课程改革呈现某种盲目、混乱、钟摆和极端化现象的重要原因之一。

如今，方法论之于课程改革的重要价值与意义日益受到众多学者的关注和重视。联合国教科文组织研究人员 S. 拉塞克和 G. 维迪努曾认

---

① 冯契，徐孝通：《外国哲学大辞典》，上海：上海辞书出版社，2000 年，第 115 页。

② 刘冠军：《哲学方法论论纲》，《理论学刊》，2001 年第 6 期。

③ 林丹，柳海民：《渐进改革：当代中国基础教育改革路向的理性选择》，《教育研究》，2009 年第 7 期。

④ 王本陆：《当前课程与教学改革理论之争》，《中国教育报》，2006-08-26。

为，教育变革要“确立恰当的方法论”。我国学者指出：“方法论思考对于当代中国基础教育改革的价值和意义，不仅在于使改革的思路、策略和方法日渐清晰合理，还在于强化中国基础教育改革的主体意识和自我意识，使基础教育改革的中国经验、中国策略和中国思想逐渐呈现和凸显。”[①] 并且，新课程改革的路径之一在于建立恰切的课程改革方法论。“在改革过程中，改革者不仅要合理地解决‘改什么’的内容问题，而且要恰当地解决‘怎样改’的方法问题。‘怎样改’的方法问题对于改革能否成功具有重要意义。……方法问题应成为今日的课程改革实践与研究必须正确面对与解决的根本性问题。”[②] 由此可见，任何一次课程改革都离不开科学、系统、恰切的方法论作为支撑与指引，只有形成了正确的理论导向和思维方法，课程改革才能合理地处置改革中的各种关系，朝着有序化、规范化、稳妥化的方向健康良性发展。

二、课程改革推行中的“两条道路”

既然改革方法论是对改革方法、方式、策略等问题的探讨，那么就需要对在课程改革中所采用的方法、方式做出客观、理性、全面的比较、鉴别与分析，进而权衡利弊、优胜劣汰，找出最为合理的改革方式。一般而言，改革总是一个具有开创性的事业，没有任何一种固定、既成、旧有的模型或格式可以遵循、套用与照搬。同时，由于各国改革所处的历史背景、文化传统、现实条件以及改革者主观认识上的不同与差异，在改革方式的选择上也就呈现出不同的特点和倾向。单就改革的跨度、强度、力度与速度等因素来分析，可以把课程改革分为突变式和渐进式两种形态。

（一）突变式课程改革

突变式改革，也被称为激进式改革或“休克疗法”。这种改革方式肇始于美国经济学家杰弗里·萨克斯（Jeffrey Sachs），他因采用此种方法成功抑制与克服一些拉美国家存在的恶性通货膨胀问题而名噪一时。

① 李政涛：《当代中国基础教育改革的方法论特征探析》，《基础教育》，2009 年第 5 期。

② 郝德永：《新课程改革：症结与超越》，《教育研究》，2006 年第 5 期。

这种改革方式认为，改革所面临的是一个极为强大、复杂、无序的网络，仅满足于一些局部性、表面化、肢体式的修修补补，并不能从根本上祛除与解决其深层矛盾。因此，主张采用颠覆性、革命性、破坏性手段或方式来实现对传统事物的彻底摧毁与改造。在当今世界各国风起云涌、此起彼伏的课程改革浪潮中，“课程改革通常采取‘休克式’疗法与手段：即刻终止旧课程范式，启用全新课程方案，并要在规定的时间内强制实施与完成。‘突变式’改革是当代课程改革的基本路径与方法之一”①。一方面，这种大破大立、新旧替换、推倒重建的改革方式使得旧有课程体制与结构迅速地被解构、废除和置换，进而在较短时期内取得了显著的改革成就，降低了“实施成本”，增强了改革者的信心；另一方面，由于其存在跨度过大、力度过猛、速度过快等问题，也就不可避免地遭遇到强烈的社会阻碍和抵制，引起社会冲突与震荡，使“摩擦成本”趋于无穷大。

（二）渐进式课程改革

渐进式改革是与突变式改革截然不同的改革方式，它“就是把整个改革在空间和时间上划分为若干个小单位，由局部到整体，有先有后，逐个推进，它是和推倒重建、全面推开、一步到位的激进改革不同的”②，是具有高度探索性、灵活性、调适性、实验性的改革方式。这种改革方式为科学哲学家卡尔·波普尔（Karl Popper）所鼓吹。他认为，任何大规模社会性工程变革在启动之初，都会面临着理论知识储备不足和实践认识相对有限与贫乏等一系列问题。因此，试图一开始就全面完成对改革的“一揽子”设计，只能是不切实际的幻想。所以，与设计出一个理想化、整体性、全面性的社会改革计划或蓝图相比，局部性、实验性、小规模性的渐进式改革更具有历史的合理性，也更适合于人类的认识发展实际。一方面，这种改革方式主张采用温和、渐进、“以时间换空间”的思路来实施变革，尤为重视改革过程的可控性、持续性和稳健性。由于其在改革的每一阶段上的“冲击力”相对较小，对于有效缓和改革阻力、减少改革损耗、提高改革绩效都具有积极的意义；另一方

① 郝德永：《当代课程改革：方法的局限与症结》，《教育发展研究》，2007年第12期。

② 刘要悟，曹俊军：《稳步渐进：基础教育课程改革的总体战略》，《大学教育科学》，2009年第5期。

面，这种改革方式并非尽善尽美，也具有其难以克服的内在症结与缺陷，进而使改革面临种种风险，并难以为继。

由此可见，在课程改革中所推行的“两条道路”，都有其存在的合理性与合法性，但也都具有其无法避免的局限与流弊。事实上，仅就改革方法而言，它们本身并无好坏、优劣、强弱之分，而只有适切与偏失之别。因此，如果欲让某种方法扬长避短，进而发挥其应有的功效，就要寻找到其适宜的土壤和生存空间。所以，对于一个国家而言，到底要选择哪种方法、方式开展课程改革，必须在充分考虑该国的文化传统、民族心理与现实条件等一系列相关因素的背景下做出理性、客观的“价值判断”。

三、选择渐进式课程改革的内在依据

课程改革是具有强烈目的性、指向性、针对性和现实性的社会化实践活动。它反映了我们对于课程时代性、生成性、变革性、超越性等品质的把握程度和自觉意识。在我国，选择渐进式课程改革道路或模式无疑具有某种历史的必然性。具体而言，它具有以下内在依据：

（一）文化传统与民族心理的积淀

在以儒家文化为核心的中国传统文化中，崇尚“中庸”、追求和谐、拒斥“过”与“不及”已融入了中华民族的精神骨髓里。所谓中庸，孔子认为“中庸之为德也，其至矣乎！民鲜久矣”（《论语·雍也》）。宋代朱熹援引程子的解释，认为“不偏之谓中，不易之谓庸。中者，天下之正道；庸者，天下之定理”（《中庸》）。究其意蕴，就是要求人们在为人处世时始终保持不偏不倚，永远执中协同。也就是说，我们在处理事情或解决问题时，既要反对不顾现实条件的制约与局限而急速冒进，又要反对囿于传统而消极保守、不思改变的做法与倾向，从而做到“执两用中”、无过也无不及。因此，在“中庸”精神统摄下的课程改革，必然是一个超越激进主义与保守主义而走渐进式改革道路的过程。同时，以往的教育实践也证明，改革的成功也必然取决于两种相斥、对立力量的和解、妥协与让步，进而形成一种合力，共同作用于课程改革。正如有学者所指出的：“教育问题是如此复杂，以致它容不得半点简单化和僵化。……内容改革的成功在很大程度上取决于能否把一些看起来相互对立的品质辩证地结合起来。”①

（二）非均衡性教育结构的掣肘

我国是一个社会政治、经济、文化发展极不平衡的国家，各地区之间呈现出明显的层次性和差异性。相对于东部沿海相对发达的地区而言，我国中西部地区的教育资源更加稀缺。尤其在义务教育发展阶段，尽管国家在经费投入等多个方面加大了扶持力度，但由于历史积淀、地理条件、师资配置等多方面因素，东西部地区之间、城乡之间义务教育发展水平差距仍然较大。所以，在这个极其特殊而又复杂的现实背景下，如果忽视或无视各个地区的显著差异而搞“一刀切”、“统一模式”，就只能导致改革方案、实施策略和操作方式缺少应有的针对性、灵活性和应用性，势必激起人们的逆反心理和厌恶情绪，从而在很大程度上阻碍新课程改革的顺利进行。因此，我国教育发展中的这种非均衡性结构，也就决定了课程改革必然要充分考虑各地区之间的差异性和不同的利益诉求，进而采用阶段性、局部性、渐进性的方式来实施与推动变革。这样，深入调查和掌握各地方教育发展现状与区域特点，进而具体问题具体分析，并尝试建立一种渐进式的区域性变革模式，已成为我们进行课程改革的重大课题与使命。

（三）由改革的不确定性所决定

我国新一轮基础教育课程改革是以全面推进素质教育为目的的课程文化再造活动。作为一项浩大的系统工程，它的诞生经过了严格的科学论证、精心调研及全面均衡等一系列程序。“它是教育部组织专家队伍进行大量的调查研究，广泛听取家长和社会各方面的意见，并对 20 多个国家与地区的课程改革情况进行研究和借鉴的成果；是 1000 多位专家参与国家课程标准的研制工作，200 多位专家院士审议各种课程标准，并对历史、地理、思想政治课程与意识形态关系较为密切的课程标准报请中宣部、外交部审议的结果。”② 因此，可以合理地得出结论，此次新课改是一次有计划、有组织、有目的的理性变革，具有较强的指

---

① ［伊朗］S. 拉塞克，［罗马尼亚］G. 维迪努：《从现在到 2000 年——教育内容发展的全球展望》，北京：教育科学出版社，1996 年，第 249～250 页。

② 钟启泉：《课程人的社会责任何在》，《全球教育展望》，2006 年第 9 期。

导性、适切性和实践性。然而，就是这样一个经过周密筹备、科学计划、合理安排的课程改革，在其启动与推行时，仍要面临许多意想不到的困难与阻力。“教育改革过程的复杂程度要远远超出我们所预期的，即使是那些显著的成就也存在基本的缺陷。”① 所以，面对复杂和充满不确定性的课程改革，企图在较短时间内使各项措施一步到位，就只能使改革走向机械、刻板与僵化。课程改革必然是一个极其复杂、艰难和阻力重重的探索过程。这样，课程改革的复杂性、波动性与不确定性也就决定了其在推进方式上的渐进性、探索性和持续性特征。正如有学者所指出的：“改革不是‘改变’学校的制度和实践，而是不慌不忙地以一种文化代替另一种——与转移墓地的工作没什么两样。学校改革的特点是不慌不忙和持续改革，而不是突然改变。”②

四、推行渐进式课程改革的潜在风险

渐进式课程改革道路无疑是一条符合中国国情的改革道路，是中国基础教育改革路向的理性选择。但我们也应该清醒地看到，渐进式课程改革也有其内在的流弊与缺陷，存在着许多棘手、甚至是相当严重的困境和问题。因此，在推行渐进式课程改革的进程中，有效而合理地规避改革风险、减少改革阻力、提高改革绩效实为题中应有之义。

首先，渐进式课程改革引发新旧课程管理体制的激烈冲突，造成严重耗损。旧有课程管理体制的瓦解与新型课程管理体制的建立需要一个相当漫长的过渡时期。在此漫长的转型过程中，渐进式课程改革为了逐步确立新型的课程管理体制，必然要对旧有课程管理体制做出某种程度上的让步与妥协，从而造成两种管理体制既双峰对峙又“和谐”共存的局面。这种制度安排的确在某种程度上为新课程的有效实施赢得了时间与空间，但与之相伴的则是新旧两种课程管理体制之间的矛盾、摩擦与互斥。可以说，这也是造成课程管理无序、混乱、效率低下的重要根源之一。

---

① ［加］迈克尔·富兰：《教育变革新意义》，北京：教育科学出版社，2005年，第18页。

② ［加］迈克尔·富兰，［加］彼得·希尔，［澳］克瑞沃拉：《突破》，北京：教育科学出版社，2009年，第2页。

其次，渐进式课程改革会滋生出新的利益获得者，使改革阻力增加。改革本质上都是一种资源的重新配置，牵涉各方面的利益相关者。“课程改革实质上是一种权力和文化利益的分配活动，课程作为一种事实，不是孤立的存在，而是具有特定的社会形式，并体现了某些利益，这些利益均是支配群体与从属群体相互之间及其内部不断斗争的结果。”① 渐进式课程改革在摧毁某些既得利益群体的同时，由于其改革时间的漫长，也会滋生出新的利益获得者。这些新的利益群体为了维护来之不易的“成果”，必然会对下一步的深化改革进行阻碍、阻止与抗争。这样，原来支持改革的“积极分子”反而成为了拒斥改革的“顽固分子”，从而使改革面临严峻的风险与挑战。

最后，渐进式课程改革使得“主要”矛盾后置，使后续改革难以为继。在渐进式改革中，为了使改革在短时间内速见成效，起到示范效应，则往往是在不触及“硬核”的情况下外围作战，这样，就使得改革大多停滞于细枝末节、技术性的变革和“头痛医头、脚痛医脚”的局部救治上，从而使改革“口号化”、“运动化”、“形式化”、“表面化”，毫无实质性的突破与改进。纵观世界各国的课程改革，大都是在实施的初期轰轰烈烈、热闹非凡，而当真正触及根本性、核心性、关键性问题时，往往捉襟见肘、疲于应付。教育改革家富兰曾言：“出路并不是爬上山头把更多的革新和改革引进教育系统。我们需要一张不同的处方，以便抓住问题的核心，或者说到达另一个山头。一句话，我们对教育变革需要有一个新的思维方式。”② 因此，如果新时期下的课程改革不能从思维方式与文化认知上彻底改变传统的条条框框，而满足于一些蹩脚、笨拙、肢体式的修修补补，则难以从根本上改变其最终夭折与失败的命运和结局。

总之，改革方式的选择并无绝对的真理、永恒的法则和机械的教条作为标准与依据，而只能追随着改革进程的不同临界点而转轨和嬗变，褊狭于一种方式、方法或模式，则无异于阻滞与扼杀了课程改革。事实

---

① ［美］阿普尔：《国家权力和法定知识的政治学》，《华东师范大学学报（教育科学版）》1992 年第 2 期。

② ［加］迈克尔·富兰：《变革的力量——透视教育改革》，北京：教育科学出版社，2004 年，第 8 页。

上，任何改革都是渐进式改革和突变式改革的有机统一，两者相互依存、相互影响、相互转化。因此，改革者要准确地把握改革的节奏、时机与力度，就要比“革命者”具有更为开阔的国际视野和卓越的统领全局的政治智慧、技巧和能力。正如西方政治学家亨廷顿所言：“革命者总是尽力积累分裂，而改革者却必须努力分散和消弭分裂。革命者力促政治的僵化，改革者却提倡灵活性和适应性，革命者必须能将各种社会势力一分为二，改革者则必须学会驾驭它们。因此，改革者必须比革命者具备更高的政治技巧。”[1]

① ［美］亨廷顿：《变革社会中的政治秩序》，北京：华夏出版社，1988年，第97页。

新课程改革：中庸哲学的视点*

加拿大的史密斯（Smith，D. G）教授曾指出，自20世纪70年代以后，当西方课程领域试图摆脱过去的技术取向而走向“返魅”之时，却纷纷自觉地在东方文化中寻找课程智慧，对中国的“智慧传统”的浓厚兴趣，一直持续到今天[①]。由此而论，在当前“言必称西方”的课程话语中，我们通过沟通古今真正激活和体现本土文化对我国课程改革的独特价值，就显得尤为必要。在我国悠悠的历史长河中，儒家思想曾发挥过巨大的作用，并被历代统治者视为经世治事、教育选材的重要工具，而中庸哲学作为儒家的世界观、认识论、方法论以及最高伦理道德标准，可谓是儒家学说乃至整个中华文化的核心，它承载着华夏儿女数千年的崇高信仰和最高的精神诉求。历代的儒学大师都对中庸哲学非常关注，并在“修己教人”、“齐家、治国、平天下”的过程中把这一哲学思想发挥得淋漓尽致。在当今时代背景下，我们有必要对中庸哲学的现实意义进行

---

* 与樊亚峤合作。

① ［加］史密斯：《全球化与后现代教育学》，郭洋生译，北京：教育科学出版社，2000年，第11页。

新的解读，从而使传统的中庸哲学在现代教育中得以更加完美地发挥。因此，深入挖掘中庸哲学对课程改革的现代意义，从而将其与我国当前的基础教育课程文化重建紧密联系起来，就无疑具有特别重要的意义。鉴于此，我们拟从“和谐”、“创生”、“执中”这三个维度展开中庸哲学与新课程改革的对话之旅。

一、和谐：课程改革的价值诉求

课程实践在本质上是一种价值创造活动，因而必须遵循一定的价值原则。任何课程建构如果不优先考虑课程价值取向的问题，如若没有哲学价值论的引领，都将陷入盲目和混乱，以失败而告终[①]。课程价值是作为主体的社会和学生与作为客体的课程之间需要关系的反映。在课程发展史上，由于时代背景不同，人们的政治立场、哲学倾向各异，导致了对课程价值的不同认识，从而出现了不同的课程价值追求。事实上，我国自古以来的课程价值取向主要表现为一种功利主义，这种功利主义价值观可分为社会功利主义和个人功利主义。这种课程价值观在根本上重视的是课程的训练价值，它突出了课程对于社会政治经济发展以及个人适应社会生活的价值，却在根本上忽视了全人发展的课程价值取向；它虽然提升了教育在社会生产中的作用，却忽视了对教育本质的真正把握。故而，实现人的自由全面发展的教育理想也就成为冠冕堂皇的空洞口号。

（一）“求和思维”是中庸哲学的核心理念

我们认为，中庸哲学有助于我们思考如何将当代课程带离以物质利益为目的的异化之境，从而为最终促进学生的和谐发展提供有益启示，这在根本上是由中庸哲学是一种“求和”思维方式所决定的。在儒家思想中，和谐秩序是中庸的至高追求，宇宙万物是一个有机的整体，因而要注重整体的和谐。孔子以“和”作为人文精神的核心，强调治国处事、礼仪制度以及人际关系均要以“和”为价值标准。事实上，中庸哲

① 靳玉乐：《论基础教育课程发展的新理念》，《教育理论与实践》，2002 年第 4 期，第 21～26 页。

学的至高境界就是“和实生物”，通过相互补充、相互调节以达到宇宙万物的总体和谐。

在哲学上，和谐是真善美的统一，是事物存在的最佳表现形态，是一切美好事物的共同特点。中庸哲学“求和”的思维方式在我国传统哲学中典型的表现就是追求“和谐”的文化倾向。和谐是事物各要素之间的一种理想协调关系，这种关系规定了每一部分与要素应有的度。所以，“中”与“和”相辅相成、彼此相关，“中”体现度，是“和”的要求。《中庸》首先提出了“中和”这一概念，把宇宙看作是一个“天地位，万物育”[①]的和谐整体。后来，程颐对《中庸》的思想进一步发挥，认为“中”暗含“和”的意义。朱熹承程颐之说，直接把“中和”解释为宇宙整体的和谐状态，认为“中”本身就有和谐的意义。“中和”意指事物理想的和谐状态，也即事物的各个部分都能达到“中”的状态，事物总体才能和谐。事实上，儒家中庸哲学努力建构的就是这种多样性的和谐统一、中和协调的关系。

中庸哲学的和谐理念具体落实到人格建构上就是强调人性的完整与平衡。《中庸》开篇就说：“天命之谓性。”[②]也就是说，人先天所具有的属性就是人性，上天给予人的不仅仅是肉体，还有精神与灵魂，所以儒家有时又说：“生即性”，“性即生”。儒家思想体系的建构是以人为本位的，它提倡的中庸人格既重理性又重情感，要求理性与情感的和谐统一，而其中原因一方面是农业社会长期积淀的经验驱使人们以经验理性去对待社会和人生；另一方面则是从血缘关系出发而形成的伦理关系和道德人格中积淀着深厚的情感内蕴。因此，理性用以指导社会人生的合规律性，情感用以满足人们的心理欲求。中庸哲学从人的情性乃至宇宙本质的层面将人们处理事情的方法和预期的目标有机地结合起来，并进一步用“和”来说明了人性运动变化的规律，把人性运动变化最主要和最基本的特点归结于人性各要素之间达到互相制约与平衡，即所谓的“和而不同”，认为人性的和谐平衡就是“天下之达道”[③]。这样和谐就成为了儒家所追求的最终目标。

---

① 梁海明译著：《大学·中庸》，沈阳：辽宁民族出版社，1997年，第71页。
② 梁海明译著：《大学·中庸》，沈阳：辽宁民族出版社，1997年，第69页。
③ 梁海明译著：《大学·中庸》，沈阳：辽宁民族出版社，1997年，第81页。

（二）和谐：课程改革的价值诉求

在儒家看来，和谐是人类社会的价值取向，也是人类实现自身价值这一终极目标的重要方面，因此，和谐也成为儒家教育的价值取向。儒家以中庸为教育终极目的的课程目的观着重培养的是无累于物、能够在和谐共存中求得自身发展的人。在儒家看来，教育的本质是一种帮助个体不断得到完善，进而获得最终解放的发展旅程，它对于人应该是一种充满意义的生活，而不仅仅是实现物质利益的手段。正如儒家所谓的"和实生物，同则不继"[①]。它所强调的就是事物要相互调和达到和谐才能丰富本身并能滋生万物。由此可见，儒家教育的目的并不在于使人获得无所不能的能力，成为世界的主宰，而是帮助人在与外界的和谐共存中求得自身的发展，并通过维持这种和谐来保持自身不断的进步。实际上，正是这种对和谐发展境界的追求，才使人能够摆脱工具理性和技术理性的桎梏，也才能使教育的本质和意义得以敞亮。因此，儒家基于"天人合一"的原始辩证法，认为和谐应该成为人类实现自身价值这一终极目标的重要方面，成为人类社会的价值取向，也理应成为教育的价值取向。

现代教育的核心理念是尊重个性，激励创造，实现和谐，而和谐精神也成为人类未来教育的最高理念。我国当前进行的新课程改革就鲜明地体现了这种和谐的课程价值取向。教育部于 2001 年颁布了《基础教育课程改革纲要（试行）》开始了新一轮的课程改革，新课程旨在构建符合素质教育要求的基础教育课程体系。与过去强调学科本位的课程价值观相比，新课程确立了全人发展的价值取向，它突出了知识与技能、过程与方法、情感态度价值观的培养。这样，课程内容对学生而言就不仅仅是为未来生活所准备的"工具"，而是促进他们全面发展的养分，课程也不再是约束和控制学生的手段，而是引领学生在不断地完善自我过程中达到和谐。

① 黄永堂译注：《国语全译》，贵阳：贵州人民出版社，1995 年，第 590 页。

二、创生：课程实施的有效途径

（一）“通权达变”是中庸哲学的最高境界

儒家认为权变是一种朴素的矛盾统一的方法论，运用它可以帮助自己认识问题和解决问题。“权”就是要因时因势制宜，就是在更高层面上强调执其两端以实现最高层次的中庸，就是要通过有效的创生过程来认识对象的本质和采取有效的方法。孔子提出：“可与共学，未可与适道；可与适道，未可与立；可与立，未可与权。”[①] 就是说，事物的度要根据不同的人、事情以及场合加以衡量和改变，他称这种处理问题的方法为“通权达变”，并认为权变是达中的最高方法，是中庸的至高境界。孟子将此加以发展，提出：“子莫执中，执中为近之。执中无权，犹执一也。”[②] 孟子的意思是，在认识和处理问题时，“执中”固然重要，但不等于有“执中”就行了，还必须有“权”。应当指出，作为认识论和方法论的中庸之道并不是机械静止的概念，而是一个时刻变化发展着的动态概念，即“时中”。《中庸》记载孔子云：“君子之中庸也，君子而时中”[③]。“时中”就是在不同的时机上用中。儒家认为，在行动之前全面仔细地权衡并找到最合适的方案叫“中”，而随着时间的推移、环境的发展适时调整以把握正确之道可谓更高层次的“中”，也就是“通权达变”。

（二）创生：课程实施的有效途径

实际上，将中庸哲学所提倡的“通权达变”思想运用于课程实施过程之中，就是强调教师与学生要共同采取课程创生的策略。我们认为，提倡课程创生取向有以下两方面的原因：

第一，课程实践的不确定性和情境性要求教师进行课程创生。课程实施过程是教育者把教育计划付诸实现的过程，它是达到预期课程目标的基本途径。课程的实施以预设课程作为指导，但有时在课程专家看来是高质量的课程，而对于广大教师和学生而言很多时候却是不合需要

---

① 孔丘：《论语》，刘琦译评，长春：吉林文史出版社，2003年，第78页。

② 金良年：《孟子译著》上海：上海书店出版社，2003年，第193页。

③ 梁海明译著：《大学·中庸》，沈阳：辽宁民族出版社，1997年，第73页。

的。这是因为，在课程实施的过程中，教师所面对的是有着不同生活经验、丰富情感和个性差异的人，这就使得教师总是身处一系列频繁切换的课程与教学情境之中。因此，课程实施就不可能是一个忠实地执行课程方案“按图索骥”的过程，要达到课程目标就必然需要在具体课程实践情景的交互作用中，教师主动地对课程实践情景进行批判和反思，并根据学校的实际状况、学生的发展水平和兴趣爱好、自己的知识经验和能力特征等，来不断调整预设的课程目标、内容和进程，进而主动建构合适的课程方案，以实现对课程的合理变革、构建和创造。

第二，现代教育全人发展的价值取向和教师自身的专业发展要求教师与学生共同采取课程创生的策略。现代课程的实施需要兼顾课程的预定目标和课程主体的需要，课程的本质要体现解放主体和发展人的个性，因此课程就应该是情景化的、人性化的，课程应该是结合了教师与学生的实际经验，是教师和学生在具体教育情景中联合创生新的教育经验并促进自身发展的过程。这就意味着，要保证课程实施的有效进行，就必须给予教师以判断教学方法与选择教学内容的充分权力，使教师与课程专家之间能保持应有的联系。教师在实践中创生课程，可以使教师的课程意识逐渐自觉化，使教师实践课程的能力不断得以提升，并且教师在通过自主创生课程的同时，也使得师生的主观精神世界得以提升。在教师与学生共同的创生中，他们的积极性和主体性都得到极大的提高，师生之间的交流得到有效的沟通，这不仅使师生关系、课堂气氛更加融洽，也有利于提高学生的学习效率和质量。通过创生，课程、教师和学生的发展有机地融合为一体；通过创生，课程实施也不再是有待实现的程序或方案的线性演绎过程，而是教师体现教师实践理性的过程和帮助教师在创生中反思，在反思中获得成长的过程。

创生取向因其把教师和学生推向了课程实施的中心和主体地位而越来越多地引起了人们的关注，也越来越被人们普遍认同和接受。通过对课程的主动创生，课程实施中的人（教师和学生）得以真正凸显。这样，教师和学生都不再是专家课程的接受者，而是自己课程的创造者和建构者。他们在具体的课程情境中，通过合作探究、自由对话、批判反思等创造和建构着课程。创生取向的课程实施观不仅使师生在课程实施中的主体性和创造性得以凸显和发挥，也使人们的课程观发生了变革。

在这里，课程是情境性的、经验性的和个性化的，是师生在过程中实实在在体验亲历和创造的教育经验。在课程创生过程中，教师要不断地批判和反思现有的课程目标、课程内容、课程实施和课程理念等方面的缺陷与弊端，并对之进行有利于学生和教师发展的变革和主动建构。同时，当教师以主体身份置身于从研究、决策、开发、实施到评价这一课程运作的全过程之中，并通过多种方式开展多层面的课程创生活动时，其课程能力也不断得以提升，从而标志着教师在此过程中也不断地获得专业发展和成长。

三、执中：课程管理的理想境界

（一）“执两用中”是中庸哲学的基本方法

儒家对“中”的理解是过犹不及、恰到好处与中正平和，这种倡导中和的观念不仅是儒家思想的基本精神，也是中国文化的基本特征之一。从思想渊源上看，“执两用中”观念来自于《尚书·大禹谟》的“允执其中”之说。孔子进一步把它概括为一种理解问题或把握对象之物的哲学方法，他说：“吾有知乎哉？无知也。有鄙夫问于我，空空如也。吾叩其两端而竭焉。”[①] 就是指从问题的两端入手，逐渐趋向中道，得到问题解决的方法。《中庸》也引用孔子之语说：“执其两端，用其中于民。”[②] 概括而言，儒家所谓的“执中”所蕴含的哲理就是：要获得“中”的和谐，就需要我们从全局把握事物的本质，并适当运用“权变”达到“中和”，只有这样才能使事物达到最终的完美状态。在儒家的思想体系中，用中、达中是一生都要严格遵循的重要处世原则和方法，是儒家达到其管理目的的有效手段。儒家“执中”的管理哲学在我国历史上曾经产生过积极的效果，如唐代的“贞观之治”、清代的“康乾盛世”、土地革命时期的“三三制”、现代的“一国两制”都使儒家的管理谋略闪现出灿烂的光辉。在当前，中庸的这一思想不但受到一些国内企业管理者的高度重视，而且越来越深深地吸引着国外众多的管理者，并

① 孔丘：《论语》，刘琦译评，长春：吉林文史出版社，2003年，第72页。
② 梁海明译著：《大学·中庸》，沈阳：辽宁民族出版社，1997年，第76页。

被他们视为管理的精妙所在。

（二）执中：课程管理的理想境界

国内外近年来课程改革的趋向已经表明："对由谁来做出课程决策的关心常常超过了对教什么的关心。"[①] 这一趋向所涉及的正是课程政策的核心——课程权力及其分配问题。因此，对我国的课程改革而言，能否制定出既符合我国国情又符合国际课程政策发展潮流的课程政策，其关键就在于能否解决好课程权力合理分配的问题。长期以来，我国传统的课程管理模式由于只重自上而下的课程决策，而轻视自下而上的决策渠道，其弊病是不利于充分发挥与课程相关的中层和基层人员的积极性、主动性和创造性，并会导致学校工作方式的唯"上"是从。教师在传统的课程管理中也只是一个课程执行者的角色，只能满足于照本宣科，最终造成了教师教教科书、学生背教科书的尴尬局面。因此，针对我国课程改革的现状及前景，如何在课程政策中解决好课程权力的合理分配从而制定出理想的课程政策就成为我国课程管理改革的重要任务。

对于上述问题的解决，我们可以积极借鉴中庸哲学的管理思想，形成一种以"执中"为核心的课程管理理念，从而制定出理想的课程管理政策。"执中"的课程管理是指在制定课程政策过程中，国家、地方和学校，课程理论者、教育行政人员和课程实践者，教师、家长和学生都有自己的发言权，而不仅仅是把课程政策的制定看作是政府、教育行政人员的事。它强调上述各类组织及个人都应当在被赋予一定的课程权力基础上，对课程权力所包含的不同成分进行合理而明确的分工，并在发挥各自所长的基础上形成相应的合力，共同完成理想的课程政策的制定及其实施。"执中"的课程管理意味着课程权力的共有状态；意味着制定课程政策的主体在政策制定过程中的相互协商、相互妥协，从而在某种程度上达成一致意见；意味着一定含有某种共识或合意的因素使课程政策得以生效，使课程政策真正成为一种有约束力的课程改革指南。

在"执中"的课程管理理念指导下，课程由国家高度集中统一走向中央、地方、学校等共同开发管理的过程，这也是"执中"课程政策逐步实现的过程。事实上，完善的课程管理不应当采取高度控制的策略，

---

① ［美］约翰·D. 麦克尼尔：《课程导论》，沈阳：辽宁教育出版社，1990年，第340页。

而应当采取促进与课程相关人员的广泛参与的策略，而“执中”课程管理思维的主导策略就是变控制为参与，因此它也是符合我国课程管理历史传统与改革趋向的。“执中”课程管理理念反映的是课程政策的一种理想状态，不仅具有方向性、导向性，而且具有思想性、时代性和前瞻性，它试图以课程共有、共建理念的建立去提升课程政策制定者、课程专家与课程政策实践者的精神境界，并力图使课程政策制定与实施过程成为一种课程改革理想境界的达成过程。

“执中”管理理念下的课程政策对所有利益主体都是有利的，因为它可以保障各个层次的利益及每一个人的充分发展，从而表明它是决策民主化的一个重要体现。“执中”原则在实践中运用得越广泛、越持久，国家、地方、学校间的关系以及与课程相关的人在课程政策涉及范围内的接触就会越深入、越多样化。“执中”管理理念下的课程政策有利于各利益主体形成一种心理上的“课程认同”，即可以形成各利益主体都能基本接受的和谐的利益状态。在课程政策制定与实施中，课程认同的作用体现在各个方面：在体制方面，有利于课程决策制度获得更多的法律支持；在政策方面，可以使课程政策制定过程得到更多人的参与，使课程政策获得更多的支持，从而使课程政策得以更好地贯彻落实；在思想方面，有利于有关人员树立共同的目标，并激发为共同目标奋斗的热情和信心。事实上，人们对课程政策的认同程度越高，课程政策的功能也就发挥得越好，从而对有关人员的统摄力也就越大。但是应当指出，课程认同不是凭空产生的，它在相当程度上是人们课程参与的结果。因此，一个新的课程政策只有在大多数成员都自觉地执行并将其视为自己的目的时，才有可能完全实现，也只有使与课程政策相关的各方人员利益呈现和谐及最大化状态，才能最大限度地实现课程政策的目标。

课程改革：过程哲学之思*

肇始于怀特海，后经哈茨霍恩、小约翰·科布、大卫·格里芬等人的拓展、推广与传播，过程哲学以其睿智性、深邃性、开创性、包容性、生态性吸引着越来越多学者的关注、重视与青睐。作为建设性后现代主义哲学理论基础的过程哲学，其所蕴含的过程论宇宙观、关系性思维、整合化意识、创造性精神及“尊重他者、倾听他人”的开放心态，都在一定程度上推动与促进了“现代人”生活方式、行为方式与思维方式的变革与转换。“作为一种相互依赖的宇宙观、过程思想，关注社会、政治经济、生态公正、教育等问题，并向一切领域渗透。”① 因此，深入探究与挖掘过程哲学所涵括的当代教育意蕴，进而架构与联结其与课程改革沟通和对话的桥梁与纽带，从而实现我国基础教育课程文化观的重塑或重建，具有重要和深远的价值与意义。

---

* 与王洪席合作。

① 李世雁，曲跃厚：《论过程哲学》，《清华大学学报（哲学社会科学版）》，2004 年第 2 期。

一、过程：课程改革的内在逻辑

课程的生成性品质与发展性旨趣无疑赋予了课程改革以充分的合理性确证与合法性依据。然而，课程改革的这种“自明性”、适切性与辩护性并不意味着其内在改革逻辑的自洽与明晰。相反，其内在改革逻辑与机制的扭曲、误置与错位却常常诱使与引发改革行为趋于无序、盲从与混乱，从而在根本上导致其不可避免的中途夭折或最终失败的命运与结局。因此，厘析与澄清当代课程改革的内在逻辑与机制，是我们开展与推动课程改革实践向纵深发展的思维基点与学理依据。

课程改革是一项整体的、复杂的、系统的基础教育建设工程，具有长期性、阶段性和周期性。然而，这种看似简单、明了或明确的“基本常识”在课程改革实践中并没有被人们给予严肃、理性与科学的认识和把握。纵观当今世界各国风起云涌、高潮迭起的课程改革运动，我们就会发现在对课程改革性质的理解与定位上，总是把课程改革当作是一个“事件”,① 而不是一个具有历史性、连续性、复杂性的过程来给予看待与体认。因此，由于误置了其内在逻辑，使得突变式、激进式、革命式改革成为了当代课程改革的最显著特点与标志之一，无疑也就成了其屡改屡败的“始作俑者”。

首先，从发生学的角度来看，这种突变式课程改革的开展，大都是在某种政治事件或经济事件的刺激下得以启动与推行的，从而呈现出强烈的偶然性、断裂性、强制性的特点与旨趣。如在20世纪60年代，在美国推行的结构主义课程改革，其背景就是在苏联卫星上天事件的强大刺激下，在天怒民怨中得以引发的。所以，此次课程改革的萌生也只是美国转移由于政治危机所导致的恐慌、震荡与动乱，所不得不寻求的一种教育上的庇护而已，其并不能被称为一次真正意义上的教育改革。其次，在课程改革的推行过程中，突变式改革也仅仅是把它作为一种具体化、技术性、离散性的“改革项目”来加以简单化、肤浅化、机械化地

① 需要指出的是，在（前期）过程哲学中，“事件”是一个基石性概念，意指对传统西方哲学中的实体概念与范畴的批判与替代，强调关系、流动与发展。此处的“事件”只作我们一般意义上的理解，不具有“过程”色彩。

处理与解决。这样，“把课程改革简化为一系列指向某一个别层面的改革项目，不仅使课程改革的指导思想难以落到实处，扭曲了课程改革的整体性、系统性原则与逻辑，更为糟糕的是这种急于求成、朝令夕改的改革方式，造成了异常尖锐与棘手的脱离实际的问题与倾向。”① 再者，在对课程改革的评价上，突变式改革并没有把它投放到教育发展的历史流变、脉络与语境中加以全景式解读，而总是以预设的立竿见影式的成效或即时效应作为衡量与判断课程改革“好”与“坏”的标准与依据。显然，这种评价尺度不具有辩护性。

过程哲学认为，世界和宇宙是一个活生生的、有生命的机体，它处于永恒的创造进化过程之中。有机体的根本特征是活动，活动表现为过程，过程则是构成有机体的各元素之间具有内在联系的、持续的创造过程，它表明一个机体可以转化为另一机体，因而整个宇宙也就表现为一个生生不息的活动过程。② 毋庸置疑，从过程哲学的视域来看，课程改革也是一个有机体，是从一种形态向另一种形态不断进行变革、转化、发展、生成的持续性过程。“过程性思维将课程改革视为一种非直线的、复杂的、充满不确定性的过程而不是一项简单的、一次性的、确定性的、具体的事件或任务。也就是说，课程改革不是一种短期性、局部性、自上而下的、可轻而易举完成的任务，而是一项长期性、全局性、全员性的探索过程。”③ 因此，过程性应当是课程改革的根本属性与内在逻辑。

从过程的视角、层面与向度来审视、解读与诠释课程改革，可以给我们带来颇多启示。首先，过程性的课程改革具有鲜明的承续性特点。在怀特海看来，世界是一个过程性的存在，过程就是实在，实在就是过程，成为现实的就是成为过程的。过程承继过去，立足于现在，面向未来。因此，任何一次课程改革的发生都必然不能被认为是一个孤立的事件，而总是根植于风行久远的文化传统之内，因袭于约定俗成的文化模

① 郝德永：《当代课程改革：方法的局限与症结》，《教育发展研究》，2007年第6B期。

② 关于过程哲学思想的论述，本文主要参阅怀特海著、杨富斌译《过程与实在》（中国城市出版社，2003年版）一书；另可见怀特海著、周邦宪译《过程与实在》（贵州人民出版社，2006年版）、王治河等主编《中国过程研究》（第一、二辑）（中国社会科学出版社，2007年版），等。

③ 郝德永：《课程改革：愿景与可能》，《高等教育研究》，2009年第8期。

式之中。所以，过程性的课程改革绝不是对传统旧课程理论与实践的彻底抛弃与推倒重建，而是在保留、传递、延续我国优秀文化传统及丰富的教育实践经验，并充分吸取与凝聚当代人类所创造的一切文明成果的基础上，所开创的一次崭新的课程文化再造活动。其次，过程性的课程改革具有明显的渐进式旨趣。课程改革理念的深入人心及改革方略与具体措施的扎实推进，都不是一朝一夕就能“一步到位”的，而是一个极其缓慢的过程。企图不顾改革的基本规律与现实条件而采取“大跃进”式的改革方式，只能引起课程实施中不良因素的强力反弹，激起人们的厌恶与逆反，最终导致课程改革的失败。因此，在这种渐进式的推进策略中，课程改革无意于课程术语的翻新或立竿见影式的成效，而在于采用有条不紊、逐步推进的方略进行改革。最后，过程性的课程改革表征了其复杂性的品格。西方课程学者迈克尔·富兰指出：“我们已经从过去的 10 年中获得了这样的教训，即教育改革过程的复杂程度要远远超出我们所预期的，即使是那些显著的成就也存在基本的缺陷。”① 并且，“所有有组织、大规模的变革在实施过程中都是繁乱的、不确定的和复杂的，因为它包含了如许的处于不同层面上的不同的社会过程。有效的变革不可能只是一个制订核心计划并坚持予以执行的简单过程。”② 无疑，在这个充满随机性、波动性、不确定性的旅程中，会有冲突与矛盾，也会有共鸣与和声。然而，或许正是在赞同与反对的博弈与角力之中，我们才有可能更加逼近课程改革的真谛，加深对它的认识与体悟。

二、关系：课程思维的当代选择

思维是实践的前提与基础，是人们进行意识或精神活动的一种特殊方式，有什么样的思维与观念才会有什么样的行动和实践。因此，课程思维方式的选择与转换也就在一定程度上影响或决定着课程改革的实践样态与未来路向。所以，课程改革如果仅仅停留于教材、教科书的改朝换代，或是教学辅助设备、教学技术的简单替换与更新，而不能从课程

① ［加］迈克尔·富兰：《教育变革的新意义》，北京：教育科学出版社，2005 年，第 18 页。

② ［加］本杰明·莱文：《教育改革——从启动到成果》，北京：教育科学出版社，2004 年中文版序。

理念、思维方式上加以转型与变革，就只能使课程改革丢弃了精神而流于形式，不能从根本上促进课程文化观的重塑或重建。正如富兰所说："出路并不是爬上山头把更多的革新和改革引进教育系统。我们需要一张不同的处方，以便抓住问题的核心，或者说到达另一个山头。一句话，我们对教育变革需要有一个新的思维方式。"①

在怀特海看来，根深蒂固的实体性思维是传统西方哲学陷入困顿与危机的最大症结与根源。在西方哲学传统中，实体一直是千百年来哲学家所苦苦追寻的唯一阿基米德点。他们认为，在纷繁复杂、变动不居的事物表象背后始终存在着一种可靠的、永恒的、本质性的东西，而它则是万物生存、滋养且能得以重生的根本来源与最初动力。哲学家的终极使命就是要找出某种最终的、独立自存的、亘古不变的永恒实在。于是，发现、探寻、归纳、提炼、总结这种隐匿在事物之内的"质"就成了人们竞相追逐的目标与对象了。它要么选择为一种精神实体、要么框定出一种物质实体，并以此为逻辑起点进行无限的推演来理解与诠释所处的生活世界。

受制于实体性思维的钳制与驱动，我们在对课程的认识与理解上，常常把它看作是一个孤立自存的实体来加以机械化、简单化、原子化的框定与规约，从而导致课程的封闭性、静态性、无机性与单向度。这表现为以下方面：首先，课程的"工具理性"色彩丧失了对学生生活世界的关注。作为实体的课程，其开发在于形成一种具有普适性、权威式、真理化的课程规律或课程模式，意在将这些预设、外在、孤立化的概念、定义、原理、公式等抽象化的范畴通过教学实施来传递给学生，以使其形成对事物的"形而上"认知。然而，这些认知并不与学生的日常生活经验发生实际性、必然性、根本性的联结，其工具性的价值尺度也就掩盖与扼杀了学生内在的、丰富的、多彩的生活世界。其次，课程的单向度运作机制与逻辑阻割、切断了人类整体知识结构的有机融合。"课程就是一个'绝缘体'，不受其他事物的牵制。当课程专家或教师确立这样的课程观时，造成不同课程之间的森严壁垒和不可通约性，造成

① [加] 迈克尔·富兰：《变革的力量——透视教育改革》，北京：教育科学出版社，2004 年，第 8 页。

课程与教师、与学生间的隔离，造成课程与现实生活世界的疏离，从而导致课程像一块坚硬的铁板。”①

作为对实体性思维的拒斥与反动，过程哲学给我们提供了另一崭新的视野，引导与促成了课程思维的时代转换。过程哲学又称关系哲学、机体哲学。其中，关系思维、过程思维是其主导的思维方式。在过程哲学看来，构成宇宙的不是所谓原初的物质或客观的物质实体，而是由性质和关系所构成的“有机体”。宇宙中万事万物都是紧密联系在一起的，正是事物与事物之间的内在关系才构成了事物本身，任何一个实际存在物的存在，唯有与其他事物相互联系、相互影响、相互摄入、相互包含，才有可能真正存在。因此，关系才是事物的内在规定与本质属性。

挣脱与解构实体性思维的束缚与控制，凸显与张扬课程的关系思维，无疑具有无限丰富的教育学意义。所谓课程的关系思维，意指要将课程看作是一个整体的、有机的、关联的事物来加以看待与把握。当“关系思维运用到分析事物时，就是不再把任何客观的事物仅仅当作没有自身结构的、孤立抽象的实体（实物个体、粒子、孤立的质点等），而是从内外部结构、联系、系统等关系状态来深入把握它的存在形态，从结构上动态地理解存在，理解对象，从运动、相互作用、联系和关系，即‘存在方式’的意义上来进一步把握丰富、深刻、动态的现实”。② 它表现为课程的生活性和课程的生成性两个维度。所谓课程的生活性，即是指人们在对课程的设计与编排上，要充分体现与彰显学生的日常生活世界，它不仅要具有逻辑性、结构性、程序性与科学性，还要有精神性、情境性、故事性与游戏性。正如怀特海所说，“教育只有一个主题，那就是五彩缤纷的生活。”③ 所谓课程的生成性，即是指课程不再是传统实体性思维控制下的静态、孤离、独立自存的实体，而是由一系列构成要素相互作用、共同生成的事件。它的生成方式也就决定了它的存在方式。其生成机制表现为以下两个方面：其一，形成课程的

① 张香兰：《从实体到过程：现代教育的思维转向》，山东师范大学博士论文，2007年，第116页。

② 张立新：《关系思维视角下我国基础教育改革》，《当代教育科学》，2006年第21期。

③ ［英］怀特海：《教育的目的》，徐汝舟译，北京：生活·读书·新知三联书店，2002年，第12页。

材料来源并非外在与独立自存的，而是彼此关联，他们只有在师生的共同参与、认知、理解之后才算真正进入了课程范畴，这些材料之间构成的各种关系成为构成课程的重要组成部分。其二，这些材料生成课程的活动形式表现为师生对它们的“摄入”（prehension），通过积极的摄入与消极的摄入这两种方式，最终形成师生对课程的合理化理解，进而吸收到个体“享受”（enjoyment）的统一体中。[①]

三、整合：课程设计的应然向度

“整体的人”的培养是当代课程改革的根本精神与终极旨趣。而在时下，科学技术的迅猛发展，使得社会分工日益趋向细微化、精致化与专业化。学校教育作为社会大工业链条上的重要环节，自然在劫难逃。反映在课程领域，导致了教学科目的肆意膨胀和急剧分化。一方面，这种学科分化在很大程度上适应了现代化发展的需求，推动了各门科学的深入发展，加快了人才培养的速度；另一方面，这种越演越烈的学科分化却也让“现代人”日趋孤单、疏离与褊狭，其完整的生活经验图景与有机、丰富、饱满的情感世界就在这“原子化”的割离与断裂中越显残缺与支离破碎。

怀特海对在学校教育中所设置学科之间的彼此孤离、互不关联的状况深恶痛绝。在他看来，这种离散、单一、壁垒化的科目并不能代表生活世界的全部意蕴，并极力主张：“要根除各科目之间那种致命的分离状况，因为它扼杀了现代课程的生命力……我们没有向学生展现生活这个独特的统一体，而是教他们代数、几何、科学、历史，却毫无结果；我们让孩子们学两三种语言，但他们却从来没有真正掌握；最后，是最令人乏味的文学，常常是莎士比亚的一些戏剧作品，配有实际上是为让学生背诵的语言方面的注释和简短的剧情人物分析。以上这些能说代表了生活吗？”[②] 因此，真正意义上的教育绝不是那种狭隘、片面、支离

① 张香兰：《从实体到过程：现代教育的思维转向》，山东师范大学博士论文，2007年，第117～118页。

② ［英］怀特海：《教育的目的》，徐汝舟译，北京：生活·读书·新知三联书店，2002年，第12页。

的“只见树木不见森林”，而应当是一种整体的、全面的、联系的、有机的“既见树木又见森林”的教育。

现实生活世界的统一、多元与丰富必然要求学校课程设计呈现出学科间的统整、交叉、融合及相互渗透。著名建设性后现代主义者、过程哲学大师小约翰·科布教授指出，“当今世界迫切需要一种令人信服的综合远见——一种能把多种零碎的知识整合为一个一般的、内在一致的统一体的思维方式”。① 同时，在课程改革中，“一个核心的课题是，如何打破学科之间的界限，在问题语境中以主题导入的方式让学生获得对意义世界的整体性认识、解决问题的能力以及整体人格的健全发展”。② 基于此，我们认为，在学校教育中，应着眼于一种以培养“整体的人”为根本鹄的，以整合学科知识为内在逻辑，以缔结多元化思维为主要样态，以实施对话式教学为有效路径，以生成完整性经验为最终结果的主题式课程设计。

具体而微，它主要表现为以下几个方面：首先，在课程主题的选择上，它不再单纯地局限于学科、学生、社会做钟摆式波动或跷跷板游戏，而是有着更为宽泛和广阔的现实生活参照系和问题选择域。例如，它可以是对旨在培养学生参与社会实践活动能力，以“保护环境”为主题而进行的社会调查行动；也可以是对旨在培养学生提高信息素养，以“科技创新”为主题的信息教育活动，等等。从某种程度上来说，这种方式也就打破了传统课程设计以某种单一学科的内在逻辑与结构为标准的设计思路，拓宽了学生的学习内容与视野。其次，在内容编排上，它主要是以某个研究主题为主线和中心，在围绕主题的开发、探究、解决的过程中，使学科知识在各个层面上进一步拓展和铺开，从而完成对学科内容的整合、优化、重组及相互渗透。这样，不仅有利于学生生成完整的经验图式和内化机制，同时，也可以使学生生成多层面、多维度、立体化的探究逻辑，从而生发和阐释出对事物理解的不同意义和多元指向。再者，在课程实施上，基于对实施主题的不同理解与看法，教师与学生必然会生发出各种各样的价值选择与行为模式。这也就为拥有不同

① ［美］小约翰·科布：《为什么选择怀特海》，杨富斌译；王治河等：《中国过程研究（第二辑）》，北京：中国社会科学出版社，2007年，第214页。

② 钟启泉：《课程改革：新视点与生长点》，《中国教育学刊》，2005年第8期。

知识背景、经验水平、思维方式的主体提供了视域融合的可能和条件。最后，在评价标准上，由于主题式课程设计着眼于对“主题”的解决和回答，它在一定程度上不再以对僵化了的知识的单纯认知、堆积、记忆和背诵为根本尺度和标准，而在于完成对有效知识的整体理解和有机建构，并以探究过程生成、主体意识提升及整体经验分享为主要目标和价值取向。因而，其评价不再是延续传统教学中的诊断性评价和终结性评价，而是注重学生的身心健康发展、认识能力提高、实践能力增强等维度的发展性评价和生成性评价。①

四、创造：课程实施的本质诉求

课程改革的顺利推进与最终实现在很大程度上取决于课程实施过程中是否发生实质性、关键性、根本性的变革。在课程实施过程中，如果课程改革的理念没有得以积极性的内化与彰显，课程改革的方针、政策、措施没有得以建设性的贯彻与执行，并进一步形成一种有效性的修正、调适与反馈机制，就只能使课程改革处于形式与表面化的状态与水平。然而，事实上，“当我们期待的结果与实施的现实相距甚远时，我们简直大失所望”。② 并且，“那些预先设定变革应是什么样的并以排斥他人现实性的方式行事的领导者注定要失败的”。③

课程改革的复杂性、无序性、波动性、不确定性也就决定了具体课程实施过程中的灵活性、变通性、创造性的特点与品质。在过程哲学中，创造性被看作是一个终极范畴，具有本体论的地位。在怀特海看来，世界万事万物之所以存在的本质属性与内在规定就在于它的创造性，其内在的创造性基质构成了事物不断走向新颖性、异质性的动因与根源。“一切事件都包含了无数可能性的实现。当我们把宇宙之过去的、分离的杂多融入一个新的、未来的统一体之中时，亦即把先前表现为主

---

① 王洪席，郝德永：《新课程背景下主题式课程模式开发初探》，《辽宁教育研究》，2007年第4期。

② ［加］迈克尔·富兰：《变革的力量——透视教育改革》，北京：教育科学出版社，2004年，第6页。

③ ［加］迈克尔·富兰：《教育变革的新意义》，北京：教育科学出版社，2005年，第100页。

观形式的多种可能性融入一种经验的客观内容时，就会产生一种丰富了经验并增进了经验享受的新质（novelty），这种新质即过去未曾实现过的可能性就是创造。”① 如若一个事物缺失了这种变革的动力与创造的能力而长期处于僵死、停滞不前的状态，那么，“在某种没有变化的秩序体系中，停滞不前存在的时间越长，这种僵死社会毁灭时的声响就越大”。②

基于过程哲学的视角来观照课程实施，可以看出，课程实施“包含了无数的可能性”，是一个不断补充、增进、形成新质的创造性过程。课程实施的真正意义绝不是对预设的课程改革方案、计划、“蓝图”进行的全盘复制、忠实执行与线性推演，而是一个由教师与学生在鲜活的教学场域中所进行的充满生机、活力、发展的创造性过程。因此，创造是课程实施的本质诉求与价值呈现。

在此课程实施过程中，首先，主体与客体之间的“二元对立”关系得以消解。在传统的认识论中，受制于实体性思维的局限，它总是将主体与客体、物质与精神等范畴加以对立，并把其中的一方绝对化、抽象化、本体化，以此来控制、支配与统治另一方的存在。所以，认识的主体与客体都是独立自洽的，并不发生实际的关联，两者都处于“简单位置”之中，主体与客体的区分则是认识活动得以开展的前提与条件。而过程哲学则认为，在具体的认识活动发生之前，并不存在所谓的主体与客体的对立与分野。主客体是在实际存在物之间的相互交织、相互融汇的作用下逐渐生成的。主体是在过程之中的出现物，而任何东西只要在主体身上能够唤起某种经验活动，它就构成认识的客体。也就是说，客体是与主体现实地发生关系的对象，因而也是在认识活动的过程中生成的。这种相互产生作用的力量就是摄入（prehension）。基于此理解，教师并不被看作为一种预设的、外在的、掌握着大量知识的先知先觉式的存在，学生也并不被当作是等待填充的容器，它们并非彼此割离或“独立自主”，而是在复杂的教学活动或教学情景中都充分地贡献智慧、灵性与活力而相互信赖、相融共生的“学习共同体”。这样，传统教师

① 曲跃厚，王治河：《走向一种后现代教育哲学》，《哲学研究》，2004 年第 5 期。

② ［英］怀特海：《过程与实在》，杨富斌译，北京：中国城市出版社，2003 年，第 615 页。

的霸权角色与权威者形象以及学生的“无知者”地位和盲从心态都将得以彻底的解构与摧毁，从而使他们的主体性、能动性、创造性得以充分的彰显与张扬。其次，线性、机械、单向度的教学模式得以重构。在传统的知识论中，课程知识是不和学习者发生联系的、静态的、预设的一种存在，等待着学习者去占有与掌握。而教师的职责与使命就在是于通过一种机械化、技术化、规模化的方式将大批量的知识硬性灌输给学生。而在过程哲学看来，知识并非是外在的，“作为课程的知识是不应该先验地预设‘在那儿的’，课程知识只有进入学生的认识视野后，被不断地理解、解释、被不断赋予意义，才能在流变中内化生成为学生自己的知识”。① 因此，课程实施活动的根本要义不是让学生复制、填塞、占有静态、僵化、呆滞的知识，而在于使学生对知识形成一种持续的应用、变革、创生与再造的机制、品质与逻辑，从而转知成智，提升自我的素养与境界。

① 杨文：《活力：课程实施过程的本质》，《牡丹江师范学院学报（哲学社会科学版）》，2004年第4期。

课程改革：道家哲学的视点*

以老子和庄子为代表的道家哲学将“道”作为核心范畴，创立了一套包括宇宙论、本体论、认识论和辩证法的理论体系，从而奠定了中国古代哲学的基础。道家哲学在其两千多年的发展过程中与儒家哲学共同塑造了中国文化之基本精神特质，并广泛渗透到诸如政治、文学、艺术、科学以及教育等领域。在今天，深入挖掘道家哲学对课程改革的现代意义，从而将其与我国当前的基础教育课程文化重建紧密联系起来，具有特别重要的意义。鉴于此，本文拟从“精神”、“布白”、“体悟”和“无为”四个维度展开道家哲学与课程改革的对话之旅。

一、精神：课程改革的价值诉求

对“人的本质是什么”的追问事实上构成了我们思考课程问题的重要起点，即对人性的不同理解就会产生不同的课程理论以及课程实践。然而长期以来，对于人性的看法人们已经习惯于从

* 与李宝庆合作。

自然性和社会性两个维度进行观照并以此为基础建构不同的课程理论，但这种二分法的认识思路并未涵盖人性的全部意蕴，因为精神性作为人与动物的根本区别，它才是人最为本质的内在性规定。法国哲学家爱尔维修早在其1758年出版的《论精神》一书中就指出：人的本质在于精神性。德国哲学家雅斯贝尔斯也指出："人是精神，人之作为人的状况乃是一种精神状况。"① 由此而论，人实际上是由自然性、社会性和精神性构成的三位一体的完整存在。如果说传统的课程理论主要倚重于人的自然性和社会性这两个维度，那么，当今的课程改革理应确立起关怀人的精神性本质的价值取向，而这一取向的确立将有助于课程改革更为接近教育的本性，因为正如德国教育家斯普朗格所说："教育绝非单纯的文化传递，教育之为教育，正在于它是一种人格心灵的'唤醒'，这是教育的核心所在。"② 当然，我们无意否认课程改革应关怀人的自然性和社会性这两个维度。

对于"什么是精神"这一问题，我们借用1993年英国国家课程委员会（NCC）在一份报告中的解释："精神这个词应被看作是在人的生存状态下为人提供某种基础性的东西，如在宇宙中寻找人的同一性；寻找生命的意义与目的；寻找人为什么活着的价值。"③ 简而言之，精神并不是一个抽象空泛的教育概念，它实质上表征着对"人究竟为什么受教育"等终极问题的反思与追问，意味着教育力图从异化状态之中超脱出来的一种努力，并处处闪耀着"人是目的"的神圣光辉。事实上，在当前全球范围内人类普遍经受着"精神危机"困扰的时代背景之下，"精神"也正日益成为现代课程改革的核心理念。美国课程学者威廉·多尔教授在2003年第一届世界课程大会上指出，"精神，正成为当代西方课程领域渴求的东西。"在他看来，中国的传统智慧或许能够提供答案，并告诫说："当你们在中国和其他国家进行你们自己的教育改革的时候，请不要忽略学生的心灵和想象力，而过分偏重于方法和其他女仆式的训练、记忆和精确。"④

---

① 雅斯贝尔斯：《时代的精神状况》，上海：上海译文出版社，1997年，第3页。

② 邹进：《现代德国文化教育学》，太原：山西教育出版社，1994年，第73页。

③ 王坤庆：《精神与教育》，上海：上海教育出版社，2002年，第173页。

④ 威廉·多尔：《寻找精神：对西方课程思想的反思》，《全球教育展望》，2004年第1期。

在中国传统哲学中，道家哲学对人的精神领域做了深刻的探索，《庄子》一书主要探讨的就是精神境界问题。尽管儒家哲学与道家哲学的出发点都是以人为本，但是儒家哲学可被视为一种基于对人的现实生活进行关怀的“伦理哲学”，而道家哲学实谓一种基于对现实社会进行深刻批判而拥揽超越情怀的“精神哲学”。“精神哲学不仅意味着知识与思想的追寻，更意味着皈依生命本身”，它以滋养生命为基本特征，消解了生命和知识的隔阂，道家“这样一种精神哲学超出了耽于孤寂玄想的思辨哲学，也勘破了主客、心身的二元分裂”。①

可以说，道家所塑造的“课程愿景”有助于我们思考如何将当代课程带离以物质利益为目的的异化之境，从而迈向意义寻求的征程。在道家看来，教育本质上是一种精神历程，而不是实现物质利益的手段，它对于人就是一种充满意义的生活，因此，道家所追求的课程目的是“真人”等理想人格的形成与发展。从某种意义上说，道家的课程目的观是寓言性质的，它着重于培养具有无待于物、无任何精神境界负累的人。道家的这一课程目的是由庄子提出来的，他在《大宗师》一篇中对“真人”的特征进行了详细描述，有时他也用“神人”、“至人”等表达这一目的观，正所谓“至人无己，神人无功，圣人无名”。② 在他看来，教育培养的人应是不为外在功名所累的人，从而将人的精神从“囿于物”、“物蔽”的境域中解放出来，而达至一种逍遥的自由境界。实际上，正是由于对这种精神境界的高扬，才能使人免于“物化”，生命的本质和生活的意义才能得以敞亮。虽然道家的课程目的是由庄子所提出，但庄子的课程目的观实质上是从老子的思想发展而来的。老子常把得道之人称为“圣人”，而“圣人”的理想状态是其心灵境界真善美的和谐统一。在他看来，人必须超越心智欲求的羁绊，做到“见素抱朴，少私寡欲’③，才能达到这一目的。正是在老子思想的基础上，庄子系统地建构了道家的教育思想体系，其中就包括道家的课程目的观。道家的这种课程目的观对于当今功利主义课程观，无疑是极好的清醒剂。

由于知识是精神的基础和前提，所以对精神问题的探讨就难以回避

① 郑开：《道家形而上学研究》，北京：宗教文化出版社，2003 年，第 340 页。

② 张耿光：《庄子全译》，贵阳：贵州人民出版社，1991 年，第 4 页。

③ 陈鼓应：《老子今注今译》，北京：商务印书馆，2003 年，第 147 页。

知识问题。知识之所以是精神的基础，就在于知识具有“意义性”。在课程知识的异化现象日益严重的今天，道家哲学的知识观或许能够为我们思考课程知识与精神的关系问题提供有益的启示。在中国哲学史上，道家最先开始批判知识对人的心灵的压制，呼吁人的精神自由，并力图寻求克服异化的途径。道家所批判的知识主要是为儒家继承和发扬的西周以来的礼乐文化。对于礼乐文化造成的人的异化，老子有着深刻的认识，他指出：“夫礼者，忠信之薄，而乱之首。”① 这实际上指出了知识的二重功效，即知识既可以发展人的真善美，从而给人以智慧和力量；也可以成为控制人的手段而使人难以得到精神自由，表现为随着知识的增长，人的道德水平却日益堕落，精神愈益空虚。要超越知识的异化，老子提出要以一种超功利的心态对待知识。在老子看来，人对知识的功利之心减损一分，就与“道”接近一分，“损之有损”，以至于无所可损，人就可以达到返璞归真的本然状态。正所谓“为学日益，为道日损，损之又损，以至于无为。无为而无不为”②。而这种返璞归真的自然之心正是道家孜孜以求的“得道”状态，它既是人生的最高精神境界，同时也是人类认识的终极目的。因此，道家哲学的知识观不仅有助于我们认识课程知识的正负向功能，并且在一定意义上为我们超越知识的异化，从而促进学生精神性本质的发展指明了方向。这样，课程知识对学生来说就不再是目的，而是滋养他们心灵的养分；不再是控制学生的手段，而是引领学生不断走向精神的提升与超越。

二、布白：课程设计的应然向度

艺术创作的诸多技法中，布白可谓是极其重要的一种，是指在艺术创作中为更充分地表现主题而有意识地留下空白。其功能在于给欣赏者创造广阔的想象空间，欣赏者通过想象、体验等活动进行“二度创造”，从而使艺术作品达至“无画处皆有画”的高深艺术境界。布白正是道家哲学精神的艺术体现，布白艺术中的“白”正是道家宇宙观中的“虚

① 陈鼓应：《老子今注今译》，北京：商务印书馆，2003年，第215页。
② 陈鼓应：《老子今注今译》，北京：商务印书馆，2003年，第250页。

无”。在老子看来，“道”最重要的特征就是“虚无”并将“无”提高到主导性的地位。他说：“天下万物生于有，有生于无。”[①] 道家哲学所谓“虚无”并非真空，而是绵绵不断地创生出宇宙万物的力量。对此，我国著名美学家宗白华先生有过深刻而富蕴哲理的论述：“中国人感到这宇宙的深处是无形无色的虚空，而这虚空却是万物的源泉，万动的根本，生生不已的创造力。老庄名之为‘道’，为‘自然’，为‘虚无’。”[②] 道家哲学对“虚无”的深刻论述在以后的艺术创作中发展为虚实相生的意境创造规律。

通过借鉴道家哲学智慧，我们尝试着提出“意境化课程”这一概念。所谓“意境化课程”是指课程设计者遵循“虚实相生”的艺术创作规律，有意识地将布白手法运用于课程设计，旨在提高课程实施效果和水平的课程设计活动。课程设计者运用布白艺术提高课程实施效果，实质上也有其心理学依据。按照心理学格式塔完形理论的解释，人们在面对一种不完美即有缺陷或有空白的刺激物时，会在知觉中情不自禁地产生一种急于要改变它们，并使之完满的趋向。在这种内驱力的驱动下，人们会积极主动地去“填补”和“完善”所知觉到的不完美刺激物，从而使其成为完美的格式塔整体。这种对“完形”结构的追求一旦实现，将会使人产生极为愉悦的审美感受。因此，课程设计者在课程设计过程中正确而巧妙地运用布白艺术是相当有必要的。

意境化课程的这种“召唤结构”一般安排在单课教材的关键处，与上下文或图画的意境相互联系（有可能不是逻辑上的联系），同时也应和学生的生活形成一种内在的关联，从而唤起学生对生活的某种回忆，激发起学生进行创造的欲望。事实上，空白作为教材中的“空灵”部分相对于教材中的实体部分更富有教育价值，它有利于让学生感受到自己不仅是教材的使用者，而且是教材的开发者和创造者。鲁洁教授在谈到她所主编的“苏教版”小学“品德与生活”和“品德与社会”新教材时就指出：“我们在教材中留出了大量的空白，为学生表达思想和感情、进行创造活动提供方便。对话中的学生并不只是倾听的一方，他们是对

---

① 陈鼓应：《老子今注今译》，北京：商务印书馆，2003年，第226页。

② 宗白华：《艺境》，北京：北京大学出版社，1987年，第82页。

话的卷入者、参与者，他们的感受、思想、感情和对问题进行思考后得出的结论可以向对话的另一方（教材）表达。这样的教材不是外在于儿童的客观存在，而是与儿童日日相伴的一个亲密朋友。每一课的学习，都是儿童在倾听教科书中的某位朋友说话的同时，敞开自己的内心世界，用文字或图画等方式将自己的感受和想法告诉这位朋友。”①

意境可分为文本意境和欣赏者意境。文本意境只是潜在的意境，需要欣赏者通过想象、体验等活动进行“二度创造”，并参与同创作者的对话。因此，可以说意境是创作者的“创境”与欣赏者的“悟境”互为条件而产生的二重境界，是二者联姻之后诞生的新生儿。同理，意境化课程的创设也是课程设计者与使用者共同完成的。在意境化课程的创设过程中，教师的任务在于根据教材的需要，引导学生对这种“无字之处”的空白展开自由不羁的对话。由于学生都是基于自己的兴趣、需要以及生活经验对空白进行解读，从而就会产生不同的解读结果，因此，教师必须珍视学生的这种差异，让他们自由表达对空白所做的创造性解释。师生双方与空白的这种对话过程实际上也是共同探究、共同创造的过程，他们作为具有完整人格的交互主体沉浸于生动活泼的探究与创造之中而获得了精神的富足与增长，其发展的主体性得以凸显。这样，学生不再是教材的“奴隶”，而是教材的研究者、发现者，他们由此获得了无限的精神解放而创造性地建构着“自己的课程”。在这种师生共同探究、共同创造的过程中，他们往往会达到一种“入迷”的状态，兹柯曾提弥尔莱（M. Csikszentimshalyi）称之为“神驰（flow）”，即完全投入于某项活动时积极的精神状态，在此状态中，个人意识彻底与当时的活动融合，沉迷专注、浑然忘我，也忘了时间的流逝。②

三、体悟：课程实施的有效途径

道家建立起了我国第一个系统的认识论体系——直觉主义认识论。

---

① 鲁洁：《回归生活——“品德与生活”、“品德与社会”课程与教材探寻》，《课程·教材·教法》，2003年第9期。

② Csikszentimihalyi，M. *Flow：The Psychology of Optimal Experience*. New York：Harper and Row. 1990，第113页.

道家极为强调体悟这种认识方法，体悟的基本特征在于它是一种超越理性分析的认识过程，强调从整体上模糊而直接地把握认识对象的本质与规律。在体悟中，一切认识对象都是生命化的，都充满了生命的意蕴和情调。关于体悟的重要方式，老子提出了“涤除玄览”的理论，“涤除玄览”即清洗杂念而深入洞察“道”的玄妙。庄子在此基础上加以发展，详细论述了“心斋”、“坐忘”的体悟方式。“唯道集虚。虚者，心斋也。”[①] “堕肢体，黜聪明，离形去知，同一于大通，此谓坐忘。”[②]“心斋”、“坐忘”的主旨在于摒除功利欲望之心，达到空明之心境，然后与道合一，从而深入体悟认识对象的本质。

体悟这种认识方式落实到课程实施上，就是老子所说的“圣人处无为之事，行不言之教”[③]。“行不言之教”并不意味着教师绝对的无声与不言，而是强调教师不要对学生进行强制性灌输，应将学习的主动权真正让渡于学生，让学习者静心体悟，否则就无法体味到课程内容所蕴含的微言大义。正如庄子在《秋水篇》中所云：“可以言论者，物之粗也，可以致意者，物之精也。言之所不能论，意之所不能察致者，不期精粗焉。”[④] 也就是说，语言所能传达的只是认识对象的粗糙形式，认识对象的深刻意蕴只能意会，语言对此无能为力。“不言之教”根源于道的难以言说性。“道可道，非常道；名可名，非常名。”[⑤] 作为宇宙之魂的“道”基本上是难以言传的，而用语言传达的“道”已非本来的“道”，即“非常道”。

美国心理学家罗杰斯所倡导的“非指导性教学”事实上深受道家“行不言之教”方法的影响。他讲，“我最喜爱的并总结了我很多更为深刻的信念的是老子的另一段话：‘我无为而民自化，我好静而民自正，我无事而民自富，我无欲而民自朴’”。[⑥]罗杰斯认为教育应在一种超然的无拘无束、绝对自由的氛围中进行，教师不应过多干涉学生的学习行为，而由学生主导整个学习过程，从而使学生的内在潜能得以充分

① 张耿光：《庄子全译》，贵阳：贵州人民出版社，1991年，第60页。
② 张耿光：《庄子全译》，贵阳：贵州人民出版社，1991年，第123页。
③ 陈鼓应：《老子今注今译》，北京：商务印书馆，2003年，第80页。
④ 张耿光：《庄子全译》，贵阳：贵州人民出版社，1991年，第281页。
⑤ 陈鼓应：《老子今注今译》，北京：商务印书馆，2003年，第73页。
⑥ 马斯洛，等：《人的潜能和价值》北京：华夏出版社，1987年，第126页。

释放。

事实上，体悟也正在成为我国新一轮基础教育课程改革的重要理念，比如《全日制义务教育语文课程标准（实验稿）》就鲜明地指出："应让学生在主动积极的思维和情感活动中，加深理解和体验，有所感悟和思考，受到情感熏陶，获得思想启迪，享受审美乐趣。要珍视学生独特的感受、体验和理解。"① 体悟学习以其对学生主体性的高扬而强烈地冲击着教师业已形成的教学思维方式以及僵化的教学行为，并在事实上已经成为许多中小学教师的课程实践。正确认识教师在体悟教学中的角色，从而最大程度地提高体悟教学的效果。事实上，尽管体悟主要是学生的精神活动，但绝不意味着这是学生的自发行为，更不意味着教师的作用被贬低与削弱，相反，它对教师素养的要求更高了。首先，教师要以一个引导者的身份出现。在体悟学习中，教师应采取必要的手段引发学生的想象、调动学生的情感，引导学生在感知的基础上与文本展开积极的对话。孙犁的《荷花淀》中有一个细节："女人的手指颤动了一下，想是叫苇眉子划破了手，她把一个手指头放在嘴里吮了一下。"在此，教师就需要引导学生在充分调动自己情感的基础上体悟出水生嫂当时复杂而微妙的心理活动，并让学生自由地展开想象，以便深刻体味教材所传达的思想感情以及作者的写作意图。其次，教师要以一个评价者的身份出现。评价的目的旨在教会学生自我评价，从而提高学生的体悟能力，并力图促进他们在反思中不断获得成长。由于学生都是从自己的知识背景以及生活经验出发对课程内容进行体悟，所以他们的体悟结果就会产生很大的差异，在这种情况下，教师不能采取统一的标准进行评价，而应该鼓励并保护学生的这种差异，从多角度进行评价。

四、无为：课程管理的理想境界

"无为而治"的管理思想在道家哲学中极具特色，并被奉为管理的最高境界。"无为"即遵循事物的本性而不恣意妄为，"以辅万物之自然

① 中华人民共和国教育部：《全日制义务教育语文课程标准（实验稿）》，北京：北京师范大学出版社，2001年，第17页。

而不敢为”[①]。“无为”只是手段，“无不为”才是“无为”所产生的效果，正所谓“为无为，则无不治”[②]。在道家看来，领导者在管理中的最高境界也正是这种以“无为”之形，行“有治”之实，而最终达至“无为而无不为”。[③] 奥地利思想家哈耶克（F. A. Hayek）在其《自由秩序原理》一书中所论的“自发秩序”，以及美国著名政治哲学家诺齐克（Nozick，Robert）在其《无政府、国家与乌托邦》一书中所论的“最弱意义的国家”等都与道家“无为而治”的政治智慧有着跨越时空的高度契合。“无为而治”的政治哲学不仅在中国古代历史上产生过积极的影响，而且被当代国内外的一些企业管理者视为管理的最高圭臬。

课程管理的改革可以在不同层次上进行，但首先管理主体需在管理哲学方面做出实质性的转变，唯有如此，才能为课程管理实践的创新提供正确的基础和方向。如果只是一味停留于管理方式等技术操作层面的话，这种改革就是不彻底的，从而也就难以在课程管理实践中产生理想的效果。有必要指出，本文所说的“管理哲学”并非是指一门学科或一个研究领域，而是指管理主体所秉持的基本信念、价值观以及相应的思维方式。长期以来，基础教育实行的以中央集权为主要表征的课程管理体制事实上奉行的是“控制”本位的管理哲学。在这种“为则治，不为则不治”的管理哲学指导下，上级管理机构采用行政命令等手段控制着下级机构，而下级机构仅仅是上级管理机构所赋予的课程任务的执行系统，从而形成了一种由中央到地方、再由地方到学校的“科层体制”的管理模式。尽管我国基础教育课程已经进行了三级课程管理体制的改革，但由于课程管理哲学实质上仍定位于“控制”，这就导致旧的管理哲学依附于新的管理体制之上，从而造成了改革的效果并不显著。因此，进一步深化课程管理体制的改革需要首先从根本上改变这种旧的管理哲学，否则课程改革仍会是在这种控制本位的课程管理模式下运行，地方和学校层次的课程发展机制也就难以真正建立起来。

为此，我们主张通过借鉴道家哲学的智慧，力图超越这种“控制”本位的管理哲学，倡导一种“引导”本位的管理哲学。老子说：“太上，

① 陈鼓应：《老子今注今译》，北京：商务印书馆，2003年，第301页。
② 陈鼓应：《老子今注今译》，北京：商务印书馆，2003年，第86页。
③ 陈鼓应：《老子今注今译》，北京：商务印书馆，2003年，第250页。

不知有之；其次，亲而誉之；其次，畏之；其次，侮之。信不足焉，有不信焉。悠兮其贵言，功成事遂，百姓皆谓：‘我自然’。”① 在他看来，最优秀的管理者应当是成功于无形，领导于无形，以至于被管理者并不知道管理者的存在，这也就意味着高明的管理者事实上只是起引导者的作用而非下级机构的控制者“引导”意味着中央教育行政部门要把握好其行为的性质与程度，应把有形的行政干预变为无形的引导，从而使地方与学校趋向中央教育行政部门所设立的目标。引导主要体现在教育方针和课程政策上，而不能具体到某门课程的设置和使用上。这种管理哲学实质上是将地方与学校视为自主的、有创造力的课程决策主体，即这种“无为”是一种辅助地方与学校自我发展而不加以控制的真正无为，其结果则是大有所为。正所谓“道常无为而无不为。侯王若能守之，万物将自化”。②

在政府职能模式上，我国中央教育行政部门所进行的课程管理实质上表现出一种“全能型”的特点，其职能包括了课程领域的诸多方面，不仅控制着课程计划的制订、教材的开发与审定，而且也进一步渗透到诸如教学进度、教师对教材的处理方式等课程实施领域，这就造成地方与学校的课程权力遭致无情的剥夺，教师的专业自主权难以得到根本保证。这种政府无所不为的全能型职能模式随着我国新一轮课程改革的启动与全面推进，问题日益暴露，并造成了资源的极大浪费。因此，实现我国政府职能模式的转变也就成为我国课程实践的现实需要，同时也是教育民主化的客观要求。

在“引导”本位管理哲学的引领下，政府职能模式将实现由“全能型”向“服务型”的根本性跃迁。老子有句绝世名言：“治大国若烹小鲜。”③ 事实上，我国政府进行课程管理也是如此，中央教育行政部门对地方和学校权力范围内的具体事务不能“事必躬亲”，应主要在服务中实现对课程的有效管理，在有所为、有所不为的基础上实现中央、地方与学校的各司其职、各归其位。“服务型政府”不仅意味着中央教育行政部门应从资料、信息、技术和人员培训等方面为地方与学校的课程

---

① 陈鼓应：《老子今注今译》，北京：商务印书馆，2003年，第141页。

② 陈鼓应：《老子今注今译》，北京：商务印书馆，2003年，第212页。

③ 陈鼓应：《老子今注今译》，北京：商务印书馆，2003年，第291页。

开发提供必要的服务，而且也表征着课程管理手段需要从以行政手段为主向以法律和经济手段为主转变，从而让地方与学校最大限度地发挥自身的潜能，并实现课程资源的最优化配置。在课程管理的手段方面，尽管我国已经走上了法治化的轨道，比如先后颁布了《中小学教材审定标准》以及《中小学教材送审办法》，但是因为它们大多是由中央教育行政部门制定的部门规章制度，其约束力以及权威性无法与国家立法机关制定的正规法律相比，从而也就难以满足我国新一轮课程改革的需要。因此，进一步强化法律法规手段的作用仍是我国课程管理改革的重要任务。例如，今后我国应依照法律程序制定一部《课程法》。事实上，制定课程专门法也正成为世界上许多国家进行课程管理的重要手段，比如法国国家课程委员会早在1992年就公布了《课程宪章》。课程专门法的制定将对于保障教材市场的自由竞争、保持稳定的课程政策等方面提供法律依据，从而为我国的课程改革创造良好的运行环境。

现象—诠释学课程理论及其对基础教育新课程的启示*

20世纪70年代以来，西方尤其是北美课程领域发生了重要的范式转换，即由“课程开发范式”（the paradigm of curriculum development）转向“课程理解范式”（the paradigm of understanding curriculum），课程研究的诠释学取向日益明显①。作为课程探究主导范式的“泰勒原理”逐渐式微，取而代之的是众多不同的课程新话语。现象—诠释学课程理论便是其中之一。该理论主要以当代西方哲学中的现象学、诠释学为其哲学基础，以北美课程学者派纳（W. F. Pinar）、格鲁梅特（M. R. Grumet）、范梅南（M. Van Manen）、史密斯（D. J. Smith）等为代表，形成了独树一帜的现象—诠释学课程理论流派。它的课程观对我国当前的基础教育课程改革具有一定的启示。

* 与尹弘飚合作。

① 张华：《走向课程理解：西方课程理论新进展》，《全球教育展望》，2001年第7期。

一、现象—诠释学课程理论的哲学基础

由胡塞尔（E. Husserl）开创的现象学传统深刻地影响了诸如诠释学、存在主义、哲学人类学等各个当代西方哲学流派，形成了声势浩大的“现象学运动”。在现象学、诠释学的影响下，教育学者，尤其是课程学者，开始对19世纪以来教育领域中科学主义的霸权地位进行更彻底的反思。

（一）否定客观的知识，倡导共同体的“共识”

实证科学秉承“表象主义”（representationism）的知识观，认为通过心灵之镜，我们可以使主观和客观相一致，可以正确地认识客体。在教育中，由于所有的课程知识都是不容置疑的客观真理，因而学生只是一个“接受器”，负责接受和内化这种知识；教师则是真理“代言人”和“维护者”，负责提供现成的解释和答案。这是一种封闭的课程观和教学观，导致的也只能是封闭的、死气沉沉的课堂教学。

现象—诠释学反对这种“客观的”知识。在存在与意识的关系问题上，胡塞尔认为，不是对世界的经验产生知识，而是意识创造世界，尔后去感受这个世界。海德格尔（M. Heidegger）明确否定了追求知识“无成见”、“无前设”的企图。他指出，理解总是发生在理解的前结构中的，我们无法走出这个“解释学循环”，只能“以正确的方式进入这个循环”[①]。伽达默尔（H-G. Gadamer）则进一步指出，理解具有不可克服的历史性，集中表现为成见与传统对理解的制约。二者是理解的前提条件，同时也是促成理解的建设性因素。

现象—诠释学用“普遍有效性”代替“客观有效性”的概念。它认为，若某种知识对所有主体而言皆有效，我们就视其为“客观”的知识，“真理不是个别主体对客观对象的正确表象，而是共同体的‘共识’，或各种信念之间的一致性和协同性”[②]。

（二）改变“自然的思维态度”，采用“哲学的思维态度”

在自然科学研究范式中，人们采用了在日常生活中惯用的“自然的

---

① 刘放桐：《新编现代西方哲学》，北京：人民出版社，2000年，第494页。

② 杨明全：《论课程研究的诠释学取向》，《全球教育展望》，2002年第2期。

思维态度"，即将主体意识直向地指向已有客体，而不关心认识主体。在教育上，这种思维态度使师生关系蜕变为控制与被控制的关系，教育也沦为单向的灌输和强制性的塑造。要恢复教育的本义，就必须进行一场思维方式的革命：由"自然的思维态度"转变为"哲学的思维态度"，即由直向的素朴的思维方式转变为一种朝向主体的"返观自照"(reflection，即反思)。

胡塞尔一再强调现象学的反思性质。他认为，现象学"首先标志着一种方法和思维态度：典型的哲学思维态度和典型的哲学方法"①。现象学首先要求我们在思考问题时中止判断，对事物是否存在暂不表态，即进行现象学的"悬置"(epoch)。然后采取反思的思维方式，返回主体意识自身，以达到对其主动构造能力的认识。只有当我们进行真正的反思时，我们才会对各种不言自明的"真理"的合理性产生新认识，要获得真知，必须先通过悬置丧失世界，然后在主体的返观自照中重新获得它。他引用奥古斯丁的话说："不要向外行，回到你自身；真理寓于人心之中"②。

(三) 超越个人主体，倡导"交互主体性"，走向类主体

实证科学的主客分离的二元对立思维方式导致了个人主体的过度膨胀。在教育中，这种思维方式使教师只认识到自己的主体地位，无视学生和他人的主体性。现象—诠释学课程论者致力于超越这种狭隘的个人主体，通过主体间的理解与对话，走向类主体的境界。

"交互主体性"被胡塞尔用来解决多个主体之间的关系问题。交互主体性是指多个主体之间存在着的共同性，它意味着每一个个体中都隐含着他人。对交互主体性的肯定为知识的普遍有效性提供了可能，同时也使现象学摆脱了"唯我论"的尴尬境地而扩展为"交互主体性现象学"。在这一问题上，诠释学的"视界融合"(fusion of horizons) 进一步阐述了"交互主体性"的运作机制。理解是借助语言进行的主体间视界的融合。这一过程也是主体与他人、与文本、与历史的对话过程。由于作者的视界受到既成文本的限制，我们甚至可以"比作者本人更好地

① 胡塞尔：《现象学的观念》，上海：上海译文出版社，1986年，第24页。

② 胡塞尔：《先验现象学》；倪梁康：《面对实事本身——现象学经典文选》，北京：东方出版社，2000年，第142页。

理解作者，因为我们原则上可以具有比作者本人更广泛的视域”[①]。在教育中，通过对话与理解，师生间达成共识，同时也超越了个人主体的局限，走进类主体的境界，从而建构起对话与交往的新型师生关系。

（四）回归生活世界，寻求意义基础

只见事实的实证科学造就了只见事实的人。“实证科学正是在原则上排除了在我们这个不幸的时代中，人面对命运攸关的根本变革所必须立即做出回答的问题：探问整个人生有无意义。”[②] 局限于科学世界的现代教育由于在意义问题上的孱弱无力，现代人在物质财富极大丰富的同时却面临着诸如信仰危机、价值危机、道德危机、情感危机等一系列“人类危机”。

胡塞尔认为，科学危机的实质是意义的缺失，意义的基础存在生活世界中。无视主体沉湎于其中的生活世界是科学危机产生的根源。生活世界是一个奠基性的、非课题性的世界，原则上是我们可以直观到的事物的总体。科学世界是主体“科学意识”觉醒后，将生活世界的存在视为问题去思考时，由主体建构出来的抽象世界。因此，科学世界中知识的合理性与有效性必须回溯到生活世界中去验证。失落了意义的现代教育必须回归生活世界，才能克服教育对生活的疏离、对人的疏离，才能对人生的诸多根本问题做出有力的回答。

二、现象—释学课程理论的基本观点

现象—诠释学课程理论是“现象学运动”在课程领域的延伸。在这场运动中，派纳将现象学的立场与本质直观方法作为其理论源泉，提出了课程领域的“概念重建主义”（reconceptualism）；范梅南更关注现象学的“反思”、“体验”和“生活世界”，开创了“现象学教育学”（pedagogy＋phenomenology）；史密斯则把诠释学关于对话、理解的理论放在全球化这一时代背景中来思考教育和课程问题，建立起诠释学教育学（hermenutical pedagogy）。尽管各自的着眼点不尽相同，但他们

① 倪梁康：《现象学及其效应——胡塞尔与当代德国哲学》，北京：生活·读书·新知三联书店出版社，1994年，第280页。

② 胡塞尔：《欧洲科学危机和超验现象学》，上海：上海译文出版社，1988年，第119页。

在课程本质观、目的观、内容观以及课程探究方法等方面的主张都体现出鲜明的现象学、诠释学特色。

(一) 课程本质观

现象—诠释学课程论的课程本质观集中反映在派纳对传统课程探究的批判和对“课程”一词的概念重建上。派纳将美国的课程学者划分为三大“概念阵营”：传统主义者（traditionalists）、概念经验主义者（conceptual empiricists）、概念重建主义者（reconceptlists）。传统主义者以泰勒（R. Tyler）、坦纳夫妇（D&L. Tanner）等为代表，概念经验主义者则以布鲁纳（J. Bruner）、舒茨（R. E. Schutz）等为代表[①]。

派纳认为，这两类学者所从事的课程探究工作都是以技术理性为指导的。这种做法无法获得真正的课程理论，所得到的无非是一些具体的工作规范而已。概念重建主义者必须进行思维态度上的革命，采取反向的哲学的思维态度。课程学者必须首先执行现象学的“悬置”——将既有的课程观点、模式、规范存而不论，以免受其干扰，然后再返观自照主体的“纯粹意识”，通过纯粹意识来直觉课程的本质和意义，由此建立真正的课程理论。

派纳认为：“课程是一种特别复杂的对话，课程不再是一个产品，而更是一个过程。它已成为一个动词、一种行动、一种社会实践、一种个人意义，以及一种公众希望。”[②] 为此，派纳对传统的“知识课程观”进行了彻底的改造。他将“课程”（curriculum）一词回复到该词的拉丁文词根：currere。从词源学上来讲，作为名词的“curriculum”原始意义是“跑道”（race course）。在这里，课程是静态的、预设的。但是作为动词的“currere”（跑，跑的体验）却有着截然不同的内涵。它关注跑的动态过程与奔跑时主体产生的体验。于是，课程不再是学科知识的代名词，而成为学生体验的统一体，从而被赋予了动态的、个体的含义。这些主张体现了人们对课程本质的看法由“课程是学科知识”向

① 张华，石伟平，马庆发：《课程流派研究》，济南：山东教育出版社，2000 年，第 271～272 页。

② Pinar, W. F., Reynolds, W. M., Slattery, P. & Taubman, P. M.. Understanding curriculum: an introduction to study of historical and contemporary curriculum discourses [M]. New York: Peter Lang. 1995.

“课程是生活经验的重构”的转变。

（二）课程目的观

现象学的反思使我们“最终清楚地理解自己是作为最初源泉起作用的主体”①。通过交互主体间的视界融合，现象—诠释学将人们对主体的认识带入到类主体的境界。鉴于传统教育对人性的压抑和对个人主体的偏执，这一课程理论将解放主体性作为课程追求的目的。

派纳认为，当今课程的主要弊端在于对自我意识的压抑和对个性的扭曲，它限制和剥夺了学生作为主体的自由体验、探究与表达的权利。要使被束缚的主体性解放出来，就应恢复和提高学生对“自我”的意识水平和感受能力。概念重建后的课程就是要通过个体对生活体验的反思与解释，最终将其主体性解放出来。认识到西方个人主义传统易于导致个人主体的过度张扬，派纳强调个人、他人与社会之间的有机统一，不能将解放看作是针对某一孤立的个体进行的工作。史密斯借鉴了东方的禅宗智慧，提醒我们应该放弃区分自我与他人的企图，因为这二者是相辅相成的。我们“既不应把自我与他人看成彼此独立的个体，同样，也不应否定自我与他人的存在”②。

（三）课程内容观

现象—诠释学课程理论认为实证科学控制下的课程知识无助于提升自我意识水平。要实现解放主体性并建构交互主体性的目的，课程就应该关注学生在生活世界中的体验和生活经验，从而发现主体作为意义建构者的地位和价值。因此，这一派的课程论者将“生活体验”（lived experIence）作为课程内容的源泉。

派纳认为，为使文本阅读成为一个个体解放活动，注意的焦点就应由文本转向由文本、读者的即时反应和读者的“传记性情境”（biographic situation）构成的生活连续体，其中主体的传记性情境是这个连续体的核心。它是主体生活体验的记载。范梅南明确指出，现象学课程研究是以“生活体验”为研究对象的，其目的在于追问生活世界中教育事件的本质和意义。他认为反思所获得的知识与其他知识相比更有

① 胡塞尔：《欧洲科学危机和超验现象学》，上海：上海译文出版社，1988年，第6页。

② 大卫·杰弗里·史密斯：《全球化与后现代教育学》，北京：教育科学出版社，2000年，第271页。

价值，“这一机智行动的、蕴含着思想的身体知识给我们的日常的普通行为和经历赋予了一种关心性的、思维的品质”[①]。

史密斯从诠释学角度论述了这一问题。他认为，教学应该使人们从课程知识中确认自己的价值。因此，课程和教学应该[②]：1）恢复个人真理（personal truth）。个人真理是对个人价值的肯定，同时它又意味着接受我们彼此的局限性；2）倡导共享的真理（truth as shared）。如果世界有真理存在的话，也只有共享的真理。真理的共享性要求课程和教学必须促进个体之间的相互交流与理解；3）寻求回家的真理（truth as home），其目的是克服我们与世界的疏离感。这要求课程与教学关注事物本身，发现它的内在价值。

（四）课程探究的方法

在方法论上，现象—诠释学课程论者注意将现象学、诠释学的“反思”、“对话”、“本质直观”等引入课程领域，从而发展出一系列新的有特色的课程探究方法。

借鉴了现象学的本质直观方法，派纳及其同事格鲁梅特积极倡导课程探究的“自我履历法”（autobiography method）。这一方法由以下四个步骤组成[③]：1）回归：回忆过去经验，将现有经验“存而不论”；2）进步：想象未来以引导当前体验；3）分析：分析当前体验与外界的关系；4）综合：将由此所获得的自我认识组成一个更有意义的整体。

范梅南认为，对教育学本质问题的把握可以有两种不同的出发点。一种是从某种理论入手，以此理论指导我们的行动；另一种则从生活自身开始，通过反思来理解教育问题。现象学教育学采取后一种方式进行探究[④]。由于直向的“自然主义态度”无法解决意义、价值问题，课程学者必须采取现象学的反思态度。

史密斯把诠释学的对话理论引入到课程探究中。他认为，在价值多元的全球化背景中，要使来自不同文化背景的人们达成共识，诠释学教

① 马克斯·范梅南：《教学机智——教育智慧的意蕴》，北京：教育科学出版社，2001年，第279页。

② 大卫·杰弗里·史密斯：《全球化与后现代教育学》，北京：教育科学出版社，2000年，第27～34页。

③ 张华：《活动课程的“概念重建主义”理论探究》，《外国教育资料》，1996年第1期。

④ 马克斯·范梅南：《教学机智——教育智慧的意蕴》，北京：教育科学出版社，2001年，第274页。

育学的教师要担当起文化“调解人”（mediators）的角色，从事跨学科、跨文化、跨国界的讲解工作，将大家带入对真理的日益深入的理解之中①。个人真理意味着个体之间存在着差异，而真理的共享性又要求我们不断突破各自视界的局限，达到“视界融合”。对话是获得“共享的真理”的途径。诠释学教学要求教师为学生之间、师生之间的平等对话创造条件。

三、现象—诠释学课程理论对我国基础教育新课程的启示

2001年6月，教育部颁发了《基础教育课程改革纲要（试行）》[以下简称《纲要（试行）》]，从课程目标、课程结构、课程标准、教学过程等九个方面对本次课程改革做了纲领性规定。《纲要（试行）》带来了一系列教育理念的革新。新课程所倡导的课程理念同现象—诠释学的许多课程主张有异曲同工之妙，这一学派的课程理论在课程观、教学观、教材观、师生观等方面给新课程带来了许多重要的启示。

（一）课程观的转向

《纲要（试行）》指出，新课程要“改变课程内容‘难、繁、偏、旧’和过于注重书本知识的现状，加强课程内容与学生生活以及现代社会和科技发展的联系，关注学生的学习兴趣和经验”，这体现了课程本质观的转变。课程更加注重学习者占有和获取知识的主体活动过程，强调自然、生活、自我的有机统一。在这一点上，现象—诠释学课程理论为我们提供了更深刻的认识。

1. 自我即课程，体验即课程

现象学强调对事物本质的直接把握，认为依赖任何中介性因素所获得的知识都是不可靠的。这一派课程理论认为在获得课程真知时必须返回主体自身。“回归自我”以获得知识实质上也就是强调主体的“体验”。与作为名词的“经验”（experience）相比，体验更进了一步。在经验中主客体处于二元对立的外在认识关系中；在体验中对象与体验者

① 大卫·杰弗里·史密斯：《全球化与后现代教育学》，北京：教育科学出版社，2000年，第88页。

内在地不可分割地融合在一起，此时主客体构成一种活生生的“生活关系”。自我即课程的本真意义就是倡导体验，尊重个体体验。

2. 反思即课程

派纳“存在体验课程”（currere）的提出使人们对课程的认识又前进了一步：课程不是静态的、预设的，而是动态的、生成的。“课程即经验”的另一层含义就体现为作为动词的“经验”（experience），强调作为主体的学习者对知识的主动占有过程。这一过程通过反思进行。与对既成知识的“接受”不同，反思是主体对知识的探究、批判与意义创造的过程。这种探究意识与批判精神也是本次课程改革着力倡导的。

3. 生活即课程

长期以来，我们以科学知识作为课程的基本来源，忽视了儿童的生活世界。生活世界是科学世界的意义基础和价值源泉，科学世界是生活世界中人的部分品质极端发展的结果。所有教育意欲实现的深层目标——能力的发展、人格的形成、人性的完善等，都只能在现实的生活世界中进行。然而，“科学世界鄙夷人的直觉，轻视人的情感，忽视人的体验，将人的生命活动机械化、刻板化，科学世界排斥激情和感悟，并将人的交往看作是一种机械化动作的规则性组合，而科学世界排斥的恰恰是生活世界所要求的人的活动方式”①。课程向生活的回归也就是向完整的人性的回归，就是要关注主体的“生活体验”。

（二）教学观的创新

教学是课程实施的基本途径。《纲要（试行）》指出，要“改变课程实施过于强调接受学习、死记硬背、机械训练的现状”，提倡探究教学、体验教学、交流与合作学习的新理念。在这一点上，现象—诠释学课程论者关于“对话”的教学理论为新课程的实施开辟了道路。

1. 教学即对话、交流与沟通

诠释学认为，理解是在以提问为逻辑形式的对话中展开的“视界融合”的过程。“教学，是拥有教学理论素养的教师与学生进行的沟通与文化……在教学中，教育者与受教育者作为拥有不同语言文化和沟通文化的前代与后代，作为成人与成长中的新一代，作为各自在现代社会中

---

① 郭元祥：《论“生活世界”的教育——兼论教育中的生活问题》，《教育研究与实验》，2000年第5期。

生存的个人，在沟通与沟通的关系中进行心灵碰撞，从而提供了‘发现世界’、‘发现自我’乃至‘相互发现’的契机。”①

2. 教学是创造知识、建构真理的活动

对于现象—诠释学来讲，“如果教学中没有真理的创生，或者更确切地说，如果课堂不是寻求真理、发现真理、分享真理的地方，那么，教学难以称为生活”②。传统教学正是以“死记硬背、机械训练”等方式剥夺了学生主动探究和发现真理的权利。缺少了这一过程，学生也就失去了在这一过程中才能体验得到的热情、欢乐与惊喜，教学也就成为了枯燥的、毫无生趣的外部力量压抑着学生的主体性。将教学定位于对话，提倡探究教学、体验教学，就是要使教学活动“返魅”，恢复其创造知识、建构真理的本性，恢复这一过程所具有的情感、意义与价值，从而使教学活动内化于主体的生活世界之中。

（三）教材观的变革

在“课程即知识”的传统观念中，课程被局限在既有的科学知识中，进一步被窄化为教材（其中主要是教科书）中所涉及的知识。随着课程观的转向，课程的内涵大大拓展了，教材即文本、教材即范例的观念开始深入人心。

1. 教材即文本

从现象—诠释学角度讲，教材是师生之间借以展开对话的文本。教材中作者或历史的视界随着教材的确定而固定下来，然而师生所具有的共同视界却是随对话的主题、理解的深度而不断转换和扩大的。在传统教学中，教师的讲授忠实于教材，同时又以学生对教材内容的接受程度作为衡量学习成败的标准，因此教学受到教材的主宰，师生的主体性受到教材的压制。教材即文本，意味着教材只是教学对话的辅助手段，意味着师生有权利对教材进行重新诠释。

2. 教材即范例

随着新观念的确立，教材也不再被认为是知识体系的浓缩和再现，而是引导学生认知发展、人格完善的范例；教材中的内容不再被认为必

① 钟启泉：《文本与对话：教学规范的转型》，《教育研究》，2001年第3期。

② 大卫·杰弗里·史密斯：《全球化与后现代教育学》，北京：教育科学出版社，2000年，第24页。

须是板着面孔、不可冒犯的真理和定则，而是引起师生反思与探究的“话题”；师生的教学活动不是为了记住这些内容，而是以此为中介进行对话，共同获得发展[①]。

（四）师生观的重塑

《纲要（试行）》指出，“教师应尊重学生的人格，关注个体差异，满足不同学生的学习需要，创设能引导学生主动参与的教育环境”。“交互主体性”的提出确立了师生之间的“我——你”关系。具体来说，教师是引导者，是学习环境的创设者；学生是学习与探究的主体，是知识的主动建构者；师生作为平等的主体展开对话与交往。

无论是在汉语还是英语中，“教育”一词都是有方向性的。许慎《说文解字》将“教育”释为“教，上所施下所效也；育，养子使做善也”；英文“Education”的拉丁文词根是“Educare”，意为“引出，导出”。在保证教育的方向性这一问题上，教师有着不可推卸的责任，然而教师作为引导者，其方式不能是强制的，而是通过创设情境激发学生思考，与学生共同探讨与选择解决问题的方法，因为儿童是生活的主体，只有他们才有权决定自己将要实现的生活。教师的责任在于促进儿童的反思，以及在此基础上做出行动选择。

学生是建构知识的主体。范梅南指出，“儿童不是空空的容器，他们来到学校不只是让教师通过特别的方法给他们灌输课程内容……教师需要了解一下孩子们带来了什么。”[②] 在进入学习活动之前，儿童已经具有了自己的态度、情感、价值观与知识经验背景，这些因素不可避免地会带入到学习活动中被作为理解与建构新知识的起点。只有在“我——你”的交互主体关系中，师生才可能向对方彻底敞开各自的精神世界，这样才有机会较彻底地了解对方。在这种关系中师生分享了共同的知识、意义与价值，同时也在这种分享中相遇、理解，建构出共享的真理。

① 靳玉乐：《中国基础教育新课程的创新与教育观念转变》，《西南师范大学学报（哲社版）》，2002年第1期。

② 马克斯·范梅南：《教学机智——教育智慧的意蕴》，北京：教育科学出版社，2001年，第10页。

课程管理改革：中庸哲学的视点*

加拿大的史密斯（Smith，D. G）教授曾指出，自20世纪70年代以后，当西方课程领域试图摆脱过去的技术取向而走向"返魅"之时，却纷纷自觉地在东方文化中寻找课程智慧，对中国的"智慧传统"的浓厚兴趣，一直持续到今天①。由此而论，我们通过沟通古今真正激活和体现本土文化对我国课程改革的独特价值，在当前就显得尤为必要。中国传统文化是一种以儒家思想为主体的伦理型文化，而以和谐、用中为基调的中庸之道则是儒家思想体系的核心与精髓。"庸"是用的意思，"中庸"即"用中"，以中为用。中庸绝不是折中主义，折中主义是指没有或不表达自己独立的观点、立场而只是把各种不同的观点、思想机械地拼凑在一起的哲学观点，而中庸意味着在特定情况下积极地运用各种有效的方法找出在当时特定时间内的最佳解决方案。"中庸"为孔子首创，这一命题后来由其再传弟子子思加以发挥，并著《中庸》，从而形成了完

* 与樊亚峤合作。

① ［加］史密斯，郭洋生：《全球化与后现代教育学》，北京：教育科学出版社，2000年，第11页。

备的思想体系。宋朝大儒朱熹对《中庸》加以注释、编辑和整理，并将其列为“四书”之一，进而使其成为儒家学派的世界观、认识论、方法论以及最高伦理道德标准。中庸哲学对中华民族共同文化心理素质的塑造以及我国古代社会管理实践等方面均产生了深远的影响。

我们认为，中庸哲学所富含的管理学意蕴不仅在我国古代管理实践中曾发挥了重要作用，将中庸哲学的一些原则与方法运用于我国基础教育课程管理之中，从而形成一种以“中庸之道”为核心理念的管理模式，对于当前的课程管理改革是有益的。

一、“执两用中”：课程管理的理想状态

为使课程管理系统和谐而有效地运转，制定良好的课程政策不仅是课程管理规律的内在要求，也是课程管理工作得以有效实施的重要保证。课程政策的实质是对课程管理过程中的管理权力进行再分配，课程管理权力的有无、多少和强弱从根本上决定和影响着课程管理的效能，权力在课程管理过程中起着基础的作用。课程管理权力在纵向上可以分为集权制与分权制这两种典型形式。一般而言，集权制能够保证政令畅通、标准统一，有助于实现国家的整体利益，有利于保持各地区教育的平衡发展，消除教育机会不平等现象，也容易达到国家对课程实施预期的效果，但其弊端是容易脱离地方经济及社会发展的实际需要，容易导致课程管理的僵化；分权制有利于课程管理主动而富有针对性，有利于教育为当地社会经济发展服务，也有利于调动地方教育部门和个人的积极性和创造性，却容易导致出现教育质量参差不齐，导致课程管理的随意性。实际上，这两种课程权力分配机制在实施过程中，都出现了有利于一部分人而不利于另一部分人的现象，并未达到使各方利益和谐分配的状态和利益分配的最优化状态，因此导致了管理过程中功能关系的紊乱。同时，这种集权与分权之间的二元对立关系也是造成我国课程管理政策实施偏差的主要原因。所以，要保证课程政策在实施过程中的切实有效，现行的课程管理政策必须要朝着课程管理权力的“多极化”，即达到各课程参与者利益分配的民主和谐状态的方向来进行调整。

从思想渊源上看，“执两用中”观念来自于《尚书·大禹谟》的

"允执其中"之说。孔子进一步把它概括为一种理解问题或把握对象之物的哲学方法，他说："吾有知乎哉？无知也。有鄙夫问于我，空空如也。我叩其两端而竭焉。"① 就是指从问题的两端入手，逐渐趋向中道，得到问题解决的方法。《中庸》也引用孔子之语说："执其两端，用其中于民。"② 概括而言，"执两用中"所蕴含的哲理就是：要获得"中"的和谐，就需要我们从全局把握事物的本质，并适当运用"权变"达到"中和"，只有这样才能使事物达到最终的完美状态。因此，将中庸哲学"执两用中"这种整体性原则运用到课程管理政策中，就需要在课程政策制定过程中，充分考虑到与课程政策相关的各方人员的利益，从而使各利益主体的意见最大限度地达成一致。

中国的先哲把"执两用中"视作是人们把握对象世界的不易之则，但他们并没有把它看成是一个僵死的教条，而是强调"时中"，认为事物之"中"并不是固定的，因此，必须根据事物的不同情况而寻求"中"。孔子提出的"君子而时中"③ 便是要求人们在"执中"的同时，还必须注意到"权变"，即将"执中"与"权变"结合起来，才能真正符合"中道"或"执两用中"的原则。如果"执中"而舍权，只知固守一点，不知权变，实际上则是"执一"，属于没有行"中道"的偏。

在课程政策制定过程中运用"执两用中"的整体原则，就是要通过课程管理权力的"多极化"实现对课程政策的利益不平等进行调节，使各方利益趋于中庸和谐，从而保障课程政策的有效实施。这里所说的课程管理权力的"多极化"并不是在课程权力和利益分配上采取折中主义倾向，也不是要形成课程管理各部门之间权力和利益分配的完全均衡关系。它的实质是要在确保中央宏观控制和课程管理民主化的前提下，通过各级管理者管理权力的分享，实现课程管理逐步从单一的控制向全面的参与过渡，并在这个过程中，根据课程自身及课程政策实施的情况，对课程管理各部门的权力分配关系进行不断地调整，促使课程权力分配达至适度，进而找到或趋近课程权力与利益分配这两者的最佳结合点，使制定的课程政策得以顺利执行并发挥其效应。"多极化"的课程理念

① 孔丘：《论语》，刘琦译评，长春：吉林文史出版社，2003 年，第 72 页。
② 梁海明译注：《大学·中庸》，沈阳：辽宁民族出版社，1997 年，第 76 页。
③ 梁海明译注：《大学·中庸》，沈阳：辽宁民族出版社，1997 年，第 73 页。

扩大了课程政策制定人员的参与范围，并在向下级教育部门分权的同时逐步向社会分权。这不仅可以让政策本身具有更大的灵活性，也极大地提高了地方课程管理者的管理积极性，体现出了“执两用中”的整体性原则以及“中”的和谐思想。

二、“和而不同”：课程管理模式的应然向度

从管理学的角度来看，我国中小学校的课程管理模式属于“闭合式”。这种管理有一定的组织性，有控制的手段和方法，并且在每一级课程管理的实施过程中都有对上一级决策实施的反馈意见。这种课程管理中的良好回路本应有助于推进分级课程管理体制，但在具体实施过程中我们发现，当前的课程管理远没有达到预期的管理目标。我们认为，阻碍课程管理达到预期目标的主要原因是目前课程管理中存在着以下两种管理模式。

第一是以复制为导向的课程管理模式。这种管理模式是将中央或地方教育主管部门制定的整套课程标准当作绝对的命令来严格执行，追求实施效果的标准和统一。在这种情况下，地方、学校和教师均丧失了教学的主动性和创造性，处于被动应付的地位，其结果是使课程执行替代了课程管理，实际就是偷换了课程管理的概念。第二是以考试为导向的课程管理模式。这种管理模式的实质是忽视中央与地方颁布的总体课程计划，将学生的升学情况等同于学生个体的发展，将学校的升学率、社会声望和生源凌驾于总体课程计划之上，以考试成绩为中心来调整学校的课程管理和课程实施策略。在这种以考试为导向的课程管理模式中，课程管理水平的高低完全由学校的升学率来衡量，教学过程和课程管理过程实际上就成了学校追名逐利的工具。以上两种课程管理模式虽然在内容上都各有其值得肯定的方面，但总的来说，它们对于新课程改革的推进都产生了阻碍作用。

课程管理模式的形成必然要受到各地各校和每位教师的不同情况的影响，也必然要受到当时当地社会环境和社会风气的影响，如何恰当地处理这些影响，我们认为可以从中庸哲学“和而不同”的法则中得到启发。在先秦时代，人们把保持矛盾对立的和谐称为“和”，而将消除矛

盾对立面差异称为“同”。《国语·郑语》中记载：“夫和实生物，同则不继”[①]。意思是说若两事物相互调和达到和谐就能丰富本身并能滋生万物，而若将相同两事物简单相加却难以持久。其实“和实生物”就是“和而不同”的起源和萌芽。孔子所讲的：“君子和而不同，小人同而不和”[②] 的根本之义为我们建立合理的课程管理模式提供了依据，而具体将中庸哲学中“和而不同”的法则运用到课程管理中，就是提倡形成课程管理模式的“多元化”。

我国长期实行的课程管理模式是一种中央集权制的统一管理模式，各级各类学校都采用统一的教学大纲与教材。这种管理模式没有考虑到各地方的差异性，使地方和学校缺乏课程选择的权力，课程管理显得僵化与刻板，因而学校难以形成自己的特色。因此，应通过课程权力的适度下放，并根据各级不同的责任与需要对课程管理的权限做科学合理的划分，逐步提高课程对不同地区、不同学校的适应性，实现课程管理模式的多样化。一般来讲，国家课程的开发周期较长且缺乏灵活性，不能很好地适应地方与学校的实际需要。而课程权力的下放就是国家把课程的一部分决策权下放给地方和学校，为地方和学校提供课程上的主动权，使课程决策系统与课程实施系统相融合，使学校课程能在一定范围内对国家课程进行补充。提倡课程权力下放的实质是通过对地方、学校、教师以及相关人员课程权力的赋予，使国家统一规划的课程决策机制发生改变，将以往课程决策的消费者、执行者变为新的课程决策的制定者和积极参与者，形成课程“共建”的新机制，进而增强各级各类学校课程管理的灵活性，实现课程管理模式的“多元化”。提倡“多元化”的课程管理模式并非将集权与分权对立起来，而是既能使国家统一管理课程的优势得以发挥，体现出管理中“和”的一面，使各地各校的课程管理都能在国家的统一领导下有方向地开展，又能发挥地方和学校管理课程的灵活性，体现出“不同”和多元的一面，使地方课程管理既有统一性又有多样性，既有质量又有特色，从而最终使集权与分权两种课程管理模式达到平衡，展现出和谐管理的理想状态。

---

① 黄永堂译注：《国语全译》，贵阳：贵州人民出版社，1995年，第590页。

② 孔丘：《论语》，刘琦译评，长春：吉林文史出版社，2003年，第115页。

三、“守经达变”：学校课程管理的应有意蕴

课程管理是指中小学校依据国家和地方的课程政策，结合自身的教育实际，对学校课程进行的自我管理。在学校课程管理中，常常会出现诸如“上有政策，下有对策”等现象，这种现象的存在对我国学校课程管理的效果产生了极大影响。为此，我们认为应该在学校课程管理中贯彻“守经达变”的思想，即管理者应根据具体的管理情境选择特定的管理方式，并对其改造与调整后加以运用。子曰：“君子中庸，小人反中庸。君子之中庸也，君子而时中；小人之反中庸也，小人无忌惮也。”[1]意思是说，君子之所以能够合乎中庸，在于随时居于中道，无过而无不及。因此要真正达到中道，就必须符合时宜，坚持“时中”，并充分运用权变的思想。而将中庸哲学中“守经达变”的思维方法运用到学校课程管理中，就是要求学校课程管理者既能正视管理过程中出现的问题又能辩证地分析它们，做到“时中”与“择善”的统一。

1. 学校课程管理形式的“分权”与“集权”

学校课程管理是一个非常复杂的过程，其间充满了权力竞逐的痕迹。在学校课程管理结构的设置中，分权与集权这对矛盾的平衡问题要根据具体学校的性质、规模与环境等来确定，即要根据“时中”的要求适当地做出调整。如有些办学质量高、生源多而又分为多个校区办学的学校，在课程管理的组织结构方面就应趋于更多的分权，给予各校区更大的管理权限，才能有助于发挥各校区的主动性和创造性，而对于只有一个校区的学校强调较多的集权则更有助于统一指挥、统一行动。当然，学校课程管理集权与分权的矛盾不是静止的，它始终随着影响学校课程内外部因素的变化而变化。

2. 学校课程管理制度的“经”与“权”

“经”是指学校课程管理的规章、制度与原则，“权”是指学校课程管理中随机应变的管理技巧。“经”体现的是管理的原则性，而“权”体现的是管理的灵活性。我国学校由于长期受国家统一课程政策的影

---

① 梁海明译注：《大学·中庸》，沈阳：辽宁民族出版社，1997年，第73页。

响，其管理的驱动力主要来自上级部门的详细指令，因此学校很少考虑学校自身的课程管理问题，造成学校和教师课程管理意识非常淡薄。在这样的状况下，学校课程管理的规章制度就很难得到执行，学校许多管理工作放任自流，最终影响了学校和学生的发展。所以，我们认为首先学校在课程管理的原则性上应加强“经”的一面，推行制度化管理，保证制度执行的严密规范和切实有效。其次，要加强对教师的课程管理意识的培养，使教师能够自主地、创造性地将课程作为学校自身的东西加以实施，遇到问题也能积极地从课程管理方面寻求解决办法。因此，在学校课程管理中关系全局方面的应坚持原则性，而局部则要多些灵活性，赋予课程执行者一定的变通权力，做到“和而不同”，使中小学校能够积极主动地进行课程管理，以适应新课程的要求。

3. 学校课程管理结构的“横向”和“纵向”

学校课程管理的过程包含学校课程的纵向管理和横向管理。课程纵向管理的具体执行者是学校的校长、主任以及负责课程实施的教师；而课程横向管理是指学校在课程管理过程中的计划、组织、评价等。在学校课程管理中，要使两者能够相互结合，就必须在“守经达变”的思想上建立起科学的组织结构，兼顾两种管理的优势，将横向管理与纵向管理有机地结合起来，从而保证学校课程管理的有效运行。如在纵向管理结构上，应尽量减少管理层次，突出综合性管理部门的地位和作用，在人员设置上实行单职制，少设或不设副职，使学校变“扁”，并应尽可能分散权限，从而使广大教师都参与到学校的课程管理过程中。此外，在横向管理结构上，则强调既要合理分工又要协作，对效率、质量等综合性管理问题可以通过建立例会制、不同课程的综合等制度来使之得到解决。

社会力量：课程变革的第三领域*

社会力量是国家、社会和个人三位一体框架中的重要部分，在社会的各个领域中发挥着重要的作用。在课程领域，社会对课程变革的影响已经显现，并在课程变革中发挥着重要的监督、影响课程变革方向的作用，正是由于社会力量的事实存在，随着社会民主进程的加快，课程变革越来越成为国家和社会共同关注的对象，社会力量获取了更多的参与课程的变革的权力，日益成为除了国家和学校之外的课程变革的第三领域。

一、社会力量参与课程变革的基础

（一）社会力量主动参与课程变革的现实基础：课程变革的内在要求

课程变革不是对课程或教材的修修补补，它涉及课程标准的制定、课程方案的编制、课程实施与评价等，是一个系统。在这个系统中，一般有两种变革方式：一种是国家发起的变革；一种是学校内部发起的变革。国家发起的变革体现了

* 与罗生全合作。

国家对变革的控制，决定课程变革的所有方面。但很多时候，国家无力承担所有课程变革的任务，而将一部分责任分包给一些社会力量，如课程标准的制定、教材的编制与发行等无法通过自身组织和能力来完成，委托诸如科研院（所）、出版商等社会力量来实行。正如菲利浦·泰勒等人所指出的："参与课程编制活动的人员和机构包括个人、团体、全国性协会和国际组织等，没有哪一个国家是由某一个机构或个人来进行课程编制的。"①

以学校为依托的课程变革是内生性的变革。学校依据本校的教育哲学、教师人力资源状况、学生的实际与社区的要求来自行决定课程的编制、课程的形态和课程的评价等。国家只是发挥监督作用，一般以课程标准来规范。学校发动的课程变革不是万能的，经济能力的不足常常导致学校不能将所形成的课程理念文本化，不能为学生提供文字范例与辅助教学的硬件和软件，这就需要社会经济力量的介入，为学校提供诸如教材、教辅材料和音像制品等文本课程；而文化资本的不足则导致学校课程理论的不足，需要借助学科专家、课程专家等相关社会力量来提升其理论素养。

在以上两种课程变革方式中，社会力量基本上是被动参与。虽然这使其丧失了主动权，边缘化了参与地位，但社会力量参与课程变革已是事实存在。例如：美国社会科的改革与发展便是由教科书出版商、社会科教师、大学院校、特殊利益机构和联邦政府这5种力量共同推动的。而在我国这次基础教育课程改革中，一场围绕社会科和思想品德的地位之争，曾在不同的群体间暗地里激烈展开，结果导致了小学社会科部分课程标准迟迟不能问世，小学社会科和思想品德课的改革无法与其他科目同步进行。这都表明了社会科的改革不单是一个教育事件和课程事件，而是深层次的各种力量的角逐。② 课程变革是系统中各主体互动的过程，它不仅需要社会力量的被动参与，更需要充分发挥社会力量参与课程变革的主动性，扩大其影响力，使其与国家、学校一起成为课程变

---

① 泰勒，理查兹：《课程研究导论》，王伟廉，高佩，译. 北京：春秋出版社，1989年，第42页。

② 王永红：《左右美国社会科课程的社会力量分析》，《学科教育》，2003年第8期，第17～22页。

革的3支力量。

（二）社会力量有效参与课程变革的学理基础：权力多极化

权力既指具备做某种事的能力，也指影响乃至支配他人的一种力量，[①] 权力大致可分为国家权力、社会权力和个人权力。个人权力是最原始的权力。后来，为了完成个人所不能完成的任务，个人将一部分权力转让给社会，以便能够共同生活；国家产生以后，社会的一部分权力又转让给了国家。然而，随着国家的强大，国家权力逐渐掩盖了个人权力和社会权力，更倾向于压制社会和个人的权力。随着现代社会的民主化进程加快，人们逐渐认识到了社会权力和个人权力的重要性和必要性，国家也逐渐将其中的部分权力归还给社会和个人。这样，国家、社会和个人共有权力的坚实的理论和法律基础决定了权力的多极化走势。

从课程权力的国际比较看，在世界课程改革发展的潮流中，原来实行中央集权制的国家倾向于放权、分权，而原来实行地方分权制的国家则倾向于集中、统一，在集权与分权中寻求平衡，扩大权力主体。我国传统的课程权力架构是课程领域的一切权力集中于中央政府，课程领域的个人权力和社会权力均归于国家，[②] 地方、学校与社会没有课程权力。三级课程的实施，形成了国家、地方和学校共有课程的权力架构，课程权力主体都能够拥有明确的课程权力并保持一定的“张力”，[③] 并形成政府及其各级教育行政机构之间分散、分享和制衡的格局。国家、地方和学校分别将各自的课程权力向社会分配，社会拥有了更多的课程权力，这种权力的多极化为社会力量夯实了政治基础，使其更为有效地参与课程变革成为可能。

二、社会力量参与课程变革的表现形式与现实困境

（一）社会力量参与课程变革的表现形式

1. 国家主导分权下的课程参与

国家、地方和学校三者共有的课程权力格局，以及三者同时向社会

---

① 袁祖社：《权利与自由》，北京：中国社会科学出版社，2003年，第175页。

② 蒋建华：《权力多极化的课程权力定位：超越中央与地方的思维框架》，《教育学报》，2005年第4期，第26～31页。

③ 胡东芳：《论课程共有》，《教育研究》，2002年第8期，第78～83页。

分权的态势所形成的课程权力分配结构，是一种国家主导下的分权，也即将国家、地方和学校的法定权力向社会力量分配。社会力量在这种权力格局中的课程参与主要表现为邀请参与。课程权力的纵向分配形成了国家、地方和学校各自承担其权利、责任。从权力作用的范围与过程来细化课程权力，主要有课程计划的建议、编制和审查权，课程标准的建议、编制和审查权，教科书的建议、编写和审查权；课程计划、课程标准和教科书的决策权，课程计划、课程标准和教科书的实施权，课程计划、课程标准和教科书的评价权等。在“一纲多本”和“多纲多本”的环境下，还派生出选择权和监督权。[①] 这些权力分别归属于国家、地方和学校。从权力的本质上讲，权力还在于有一定的影响力和能力来实现其权力类别，国家、地方和学校没有能力行使所有的权力，只能把不能行使的权力转让给社会力量，向社会横向分权，邀请社会力量共同参与课程的变革。在我国，诸如课程标准的建议权、教科书的建议权与编写权等已由社会力量行使，一些出版商、科研院（所）和一些特殊利益机构正在行使课程变革的多方面权力，形成了国家、地方、学校和社会力量共同参与的态势。

2. 社会力量的自主课程参与

参与课程活动的一切个人和组织都应该是课程权力的主体，社会力量理应成为权力主体，建构权力并行使权力。同时，“许多团体和个人都想对应该教什么的问题争得一份发言权，没有一个单一的来源认为自己有足够的影响和力量”。[②] 社会力量的这种主动诉求主要表现在以下几个方面：

首先，社会力量通过经济资本参与变革。一部分社会力量在国家规定的权力下，通过其经济资本优势争取相关的课程项目，并联合其他相关的组织团体，以及挖掘充足的人力资源，从事与课程相关的活动，主动参与课程变革。权力与利益的关系好比水与鱼的关系，有权就意味着有获取利益的可能。也有一部分社会力量从根本上说是以追求利益为最

---

① 蒋建华：《权力多极化的课程权力定位：超越中央与地方的思维框架》，《教育学报》，2005年第4期，第26～31页。

② 麦克尼尔：《课程导论》，施良方，唐晓杰，译，沈阳：辽宁教育出版社，1990年，第340页。

大目标的，它们在课程变革所引发的巨大的经济利益诱使下，运用经济资本获取课程参与权，从而获取更多的经济资本，有时甚至用不正当的手段来窃取课程权力，赚取大量的经济资本。

其次，社会力量通过文化资本参与变革。一些科研机构要么直接参与课程决策的制定，要么运用所研究的成果来形成对课程决策的影响，要么利用本身的文化资源来参与课程变革，赢取课程变革系统中符合自身利益的项目并影响课程变革的走势。

最后，社会力量通过舆论影响变革。“舆论”是通过传播形成的再现社会集合意识的具有权威性或影响力的众人的议论和意见，它被用来表达人民对于社会性的或公共事务方面的意见。[①] 一些以非正式社会组织存在的社会力量，没有正式的目标、规章、机构、成员和管理系统，由于力量薄弱，一般通过具有公共权力性质的舆论来影响变革。它们通过沙龙、讨论会和集会等方式形成对课程的意见，并将其形成文字发布在报纸、网络上，或者利用广播、书籍、音像制品等来陈述自己对课程的看法，通过输入决策系统或形成决策压力来影响课程决策。同时，这些强大的舆论也对课程实践形成压力，可以改变学校课程实施与评价的一些方式方法，从学校内部引发课程变革。

（二）社会力量参与课程变革的困境

1. 参与不够

权力对社会力量的配置不足是其参与不够的主要原因。我国的课程权力体制长期以来是中央集权型的。从社会学的角度讲，即由于国家“社会化”的不足导致国家权力的过度扩张，国家权力大于社会权力，未将本属于社会的权力归还于社会，没有实现权力的社会化，其结果是国家没有向社会分配足够的课程权力，以至于一些社会力量想参与但却无权参与课程变革。一些社会力量因其力量薄弱，在有权力配置的情况下却没有能力参与。另外，社会力量自觉意识和行为的缺失也是导致参与不够的重要原因。社会力量对自身的发展历程和规律尤其是对当下与未来的课程变革没有充分的认识，以务虚的态度和非前瞻性的眼光来分析、处理课程问题，缺乏自主能力。它们对自身有没有课程权力、有哪

---

① 杨明品：《新闻舆论监督》，北京：中国广播电视出版社，2001年，第3～6页。

些权力、怎样运用这些权力等问题没有清醒的认识，很难通过出色的权力行为来推动和引领课程变革。

2. 低效参与

一方面，社会力量发展的不均衡导致的参与主体的单一。由于社会资源拥有不同而导致的权力大小不同的社会主体，对课程变革的表达能力也不同。一些具有强大经济资本、文化资本和政治资本的社会力量更多地影响和控制课程变革，而一些势力较小的社会力量却不能实质性地参与课程变革，造成了对课程变革的不均衡参与；另一方面，利益分享冲突导致了参与者之间的内耗。受现行政治权力结构的制约，国家向社会分配的权力是有限的，而且也不可能将所有的课程权力都交由社会行使，加之社会总体权力的有限导致总体利益的有限，一些社会力量的利益至上观念和行为造成了不同社会力量之间利益分享的冲突，它们之间形成恶性竞争，以至于课程活动中的权力运用非常混乱，该有权的个人或组织没有权，而有些组织或个人却垄断了课程变革的权力，异化了社会力量对课程的参与而导致课程参与低效。

三、社会力量参与课程变革的作为

（一）政府作为

现行的社会权力是在国家权力再次分配的基础上获得和实现的，政府应在社会力量参与课程变革中赋予其自身的权力作为。

1. 对社会合理分权和权力制衡

首先，分权的前提是宏观、适度和依法。[①] 宏观调控是国家课程权力行使的主要形式，是用于调控课程变革中的利益失衡和社会自主运行失效的力量；国家权力干预现实课程的运行和发展是必不可少的，但要把握操作中的“度”，把握“松”和“紧”的关系，要松紧适度。在我国传统的计划经济体制下，权力的不正当行使窒息了课程的发展，因而需要通过制定有关的法规、规章，使国家权力干预在法定的范围内并

① 蒋建华：《知识·权力·课程：走向多样化的义务教育课程政策研究》，北京：北京师范大学出版社，2003年。

依照法律规定的程序进行。从分权的思路来讲，国家退出课程权力的微观领域，可以强化对课程的宏观管理，明确各主体的具体权力，细化权力的类别，建立权力的制衡机制，避免课程权力的过度集中，使权力主体在法律、法规、规章的范围内相互监督、相互制约。

2. 整合与培育社会力量

社会力量的不均衡发展，使一些社会力量在课程变革中发挥了重要的作用，而一些社会力量只是在很小范围内参与课程活动，或者说根本就没有实质性的参与。因此，需要对现有的社会力量进行整合，对那些经常参与课程活动的社会力量进行科学的评估以了解其参与的动机和诉求，并建立协调委员会来协调各社会力量之间的利益关系；也需要主动培育社会力量，权力的内涵赋予了任何个体的课程表达权力，只有所有的社会力量都能参与到课程变革中来，才能夯实课程变革的基础，促进课程变革的民主进程。教育行政部门应主动培育一些社会力量，给予其行政支持，为社会力量参与课程变革提供一个言说的平台，并赋予其力量。

（二）社会力量的自觉

社会力量应对自己在课程变革中所处的位置、拥有的权利和义务有充分的尊重和理解，对自身的优势和弱势有正确的认识，既不自大，也不自卑，对自己的未来充满信心，积极主动地投身于课程变革之中。

1. 觉醒权力意识与权力实现

社会力量应相信自己能充分利用自身的课程权力为课程变革做出应有的努力，应诉求课程权力并使之实现。自觉了解所拥有的课程权力，激发自身参与课程变革的内驱力，明确参与课程变革的内部和外部条件，了解参与的途径并制定相应的参与策略，积极而稳妥地参与课程变革。社会力量应强化自身的课程权力、表达能力，提高自身的参与能力、社会行动能力和利益表达能力，增强课程变革的责任感。

2. 自觉的团体建构与整合

每个个体都有表达课程的意愿，也都有课程权力，他们也是一股社会力量。这些社会力量与那些有严格组织的社会力量相比，参与课程变革的能力有限，因而也很难正确认识到自身应该拥有的课程权力；权力表达的渠道也较单一，甚至不畅通，由此需要自觉地进行团体建构和整合。首先应建立团体，利用协会、网络等媒介将那些有意表达课程意愿的个人乃至小团体组建成一个有明确目标的团体，凝聚课程权力；其次，为团体设定权利和义务，并将其融入课程变革的系统中，自觉维护整个变革的有效性，实现社会力量的组织化；最后，整合弱势团体，弱势团体有时很难对课程变革产生影响，只有整合其力量、统合课程权力，才能有效参与课程变革。

3. 社会力量之间的积极互动

要实现社会力量之间的积极互动需要注意以下几个方面。首先，强势社会力量和弱势社会力量应相互模仿其参与的条件、途径和策略等，实现双方之间的共赢；其次，社会力量都有一个共同的目标——如何有效参与课程变革，为了实现这一目标，彼此之间应相互配合、协作，采取联合行动；再次，公平合理的竞争是提高参与度的有效途径，这种竞争是基于主体平等下的对课程权力的合理争取和拥有；最后，矛盾与冲突是不可避免的，社会力量之间应采取相互协调、相互适应的社会互动。

4. 自觉运用和发挥公共舆论的作用

合理利用公共舆论可以从课程行政权力的外部监督行政权力的运行及其结果，避免国家课程权力对课程社会权力和课程个人权力的侵蚀。公共舆论还可以影响决策。社会通过自由讨论或传播媒介的作用，形成包含利益诉求、思想观念、价值取向的公共舆论，这种信息通过一定的渠道输入决策系统，或广泛存在于决策系统外部，进而形成一种影响决策的压力，并由此达到课程权力的实现。社会力量可以利用公共舆论，将形成的各种意见置于广大的社会个体之前，引导人们摈弃偏见、追求真理、形成正确的认识判断，通过合理的论争形成共同的心向。这种共同的心向就成为推动课程变革的动力和群众力量。

课程改革：走向学校的重心转移*

基础教育课程改革已进入全面铺开阶段，此次课程改革以全新的哲学观、心理学观、社会学观和教育理念等为基础，开始了我国教育实践的新旅程，是我国教育史上的一次大变革。而学校作为课程改革的具体落实机构，应该履行什么样的职责、扮演何种角色是关系到此次新课程改革能否深入而持久地进行的关键。

一、困扰课程改革的“幽灵”：美国的遭遇以及在我国的复演

通过对美国20世纪重要课程改革历程的分析，并对照当前我国新课程改革所面临的问题，可以发现：尽管两国处于不同的文化背景和历史条件，但课程改革在推行过程中却出现了同样的尴尬。

在20世纪的美国，具有重要影响的课程改革主要有：以杜威（John Dewey）为首的进步

* 与董小平合作。

主义的课程改革和以布鲁纳（Jerome Bruner）为首的“学科结构运动”。比较这两次重要的课程改革，除了具体主张上的分歧之外，其变革过程存在许多相似之处，主要表现在四个方面：一是改革的领导者或机构主要是教育专家、学者或校外科研机构。进步主义课程改革的发起者主要是以杜威为代表的一大批教授和专家；“学科结构运动”的发起者主要是受美国政府委托的“全国科学院”，其主要参与者是科学家、学者和教育家。二是都以特定的理论作为指导思想。进步主义基本上是以经验主义哲学、机能心理学等为理论支撑；学科结构运动则以结构主义哲学和认知心理学等为理论支撑。三是都以特定的社会背景作为改革的结合点。进步主义的改革是由于“资本主义创造了物质和技术的进步，却使社会精神文化的发展相对滞后，导致了社会生活的失调，物质力量不仅没能为社会服务，反倒成为社会进步的异化物”；[①] “学科结构运动”则是为进行美苏争霸，美国政府需要加强学生的科学教育来“为科学界罗致有才能的美国青年”。[②] 四是变革的预期都与实施的现实相距甚远。在变革推行过程中，“只有少数的学校和少数教师的课堂实践了这些理念，大多数的学校和大多数教师的课堂依然没有改变，仍然沿袭着传统教学的模式”。[③] 反思美国的这两次课程改革，都是通过教育理想对实践进行的改造，当理想与实践缺乏相互的适切性时，作为教育实践重要阵地的学校就把外来的变革阻挡在学校围墙之外，形成了一种自我保护机制。

美国 20 世纪两次重要的课程改革所出现的尴尬在我国的新课程改革过程中开始逐步出现。我国的新课程改革与美国有许多相似之处，主要体现在：发起主体主要是我国政府，其具体的执行者是教育专家、学科专家等；改革的依据主要来自国外的教育思想；改革是在适应 21 世纪国际竞争的需要，全面实施素质教育的背景下进行的。尽管此次课程改革是政府强力推行的，在发起上做了踏实的理论研究工作，实施布局按照由点到面的原则逐步铺开，也为提高教师的新课程实施能力而进行

① 吴式颖：《外国教育史教程》，北京：人民教育出版社，1999 年，第 506 页。

② ［美］布鲁纳：《教育过程》，邵瑞珍译，北京：文化教育出版社，1982 年，第 13 页。

③ 张立昌：《论基础教育课程改革的学校文化适应性及其改造的目标——基于中、美课程改革历史与现实的比较分析》，《比较教育研究》，2005 年第 4 期，第 69 页。

了上岗培训，但是，我国的新课程改革在具体实施过程中仍然遇到了类似于美国课程改革的尴尬局面，主要体现在：许多学校、教师在形式上迎合改革浪潮，做实施新课程的表面文章，而学校的具体工作、教师的真实课堂实然以传统的应试教育为主，这种现象在具有升学压力的初、高中学校体现得尤为明显。实践表明，新课程理念并没有被学校和教师真正地接受，为新课程所做的大量工作在实施过程中被消解了，学校仍然以它惯有的传统模式固守着“自己的封地”。

二、问题之源：学校变革动力机制的缺乏

在不同国家、不同时代的背景下所进行的改革出现了相同的命运，这其中必然具有改革本身存在的问题。富兰（Michael Fullan）认为：“变革的理论和教育的理论相互需要”，“许多改革者遭遇的尴尬就是，虽然他们拥有良好的教育理论，但在实践中他们宝贵的观点或是被忽略或是被误用。”① 当美国学者反思两次重要的课程改革所遭受到的挫折时，都把眼光聚焦在学校的变革上，掀起了一场影响深远的有效学校运动。同样，在我国，新课程改革的实践困境迫使我们重新思考变革本身存在的问题，去发现学校固有的不足。

（一）自上而下变革模式对学校的控制

我国的新课程改革是由政府发起的，并处于政府强大的行政领导与监督之下，以宏伟的改革蓝图指引着改革的进程。因此，此次课程改革完全是一次自上而下的教育改革运动，它集中体现了官僚式的集权主义在教育改革中的运用。这种仅仅通过自上而下的强力来达到对教育基层的改革，尤其是对学校这样一个具有较大创造性的工作领域的变革显然是不切实际的，必然遇到来自基层对变革的强大阻力。富兰也指出，集权过分强调控制，这种变革是行不通的，尤其是面对复杂的机构时情况更是如此。这种自上而下、由外到内的变革机制促使课程的研究者、决策者和实施者处于隔离状态。在这三者缺乏必要的交流、对话和相互理

① ［加］迈克尔·富兰：《变革的力量：续集》，中央教育科学研究所等译，北京：教育科学出版社，2004年，第29页。

解的基础上，要求实施者的工作达到研究者和决策者的理想显然是不可能的。

（二）保守的学校角色根深蒂固

我国传统学校更多地体现为一种政府职能。在过去的半个多世纪中，公办学校垄断着我国的教育事业，尽管近年来私立学校有所发展，但公办学校仍然是我国学校的主体：公办学校的特点在于：政府出资兴办学校；政府委派官员直接管理学校；学校完全按照政府拟定的教育目标、指定的教材和教学要求进行施教；政府从学校管理到教师的课堂教学都规定了具体的执行标准；学校接受政府的统一考评等。显然在传统的教育体制下，政府对学校统得太死，学校缺乏自主权，完全成为执行政府指令的职能机构。在这样的背景下，学校逐步建立起传统的特质：学校的管理是坐等上级指令的被动管理；学校的教学是严格按照课程标准、教学计划执行的程序化工作；学校成员之间按部就班、各司其职；学校成为一个与世隔绝的“圣殿”，是一个数十年如一日的稳定场所。稳定、保守、被动是传统学校最主要的特征。因此，当外界的变革力量突然施加到传统学校之上时，学校还没有做好应变的准备，并不能对外来的刺激做出适切的反应，学校必然根据几十年来所形成的固有机制对外来的变革进行反弹，从而使新课程改革始终在基层学校围墙之外徘徊，在学者笔头徜徉，在学校评比中作为点缀，而学校的实际工作、教师的实际教学却很少做出应有的改变。

（三）学校变革能力的缺乏

传统学校缺乏变革能力，因此，当变革来临时就表现出抵触和应付的情绪，缺乏自我主动变革的精神。主要表现在：其一，学校缺乏适于变革的内部结构。富兰认为，“在一种其结构基本上难以变革的情况下期望采取一个又一个的改革措施，甚至使某些大的举措就能成功是不现实的，而且只能给改革脸上抹黑”。[①] 所以，不改变我国学校内部的官僚化管理体制，就难以实现学校的真正变革。其二，缺乏革新的理论，包括革新的教育理论和变革理论。学校要实现自主变革就必须具有变革

① ［加］迈克尔·富兰：《变革的力量：透视教育改革》，中央教育科学研究所等译，北京：教育科学出版社，2004 年，第 49 页。

的意识，这种意识的产生既需要变革理论又需要教育理论。富兰指出，“变革的理论与教育的理论相互需要”，“只有两种理论相结合才有可能取得成功”。[①] 而此次新课程改革对学校来讲，这两方面的理论都没有做好应有的准备。其三，学校还不是一个学习型教学组织。有论者指出，学校改革失败的基本原因之一就在于“所采用的办法并没有集中用在真正起作用的地方。它们没有引起人们对基本的教学改革和相应发展教育工作者之间新的协作精神的重视”[②]。只有当学校领导和教师围绕学校事务进行相互合作、共同探究，最终形成学习型教学组织时，才能推动学校的真实变革。而我国目前的学校显然还不是一个学习型教学组织，因此，外界的变革力量并不能催生学校内部的变革动力。

三、走出课程改革的困境：学校作为变革中心

新课程改革在学校中遭遇到的困境促使人们对改革本身进行反思。从发起新课程改革至今的历程来看，其重点放在国内外新理念的介绍、综合与转化，并以此来拟定新课程的学科课程标准，把大量的精力放在新教材的编写上。因此，新课程改革仍然把学校作为执行教学计划的机构，这是与新课程改革的基本精神相违背的。要使新课程改革对学校产生根本性的触动，就必须把变革的中心由校外转移到学校内部，使学校成为变革的重要主体，实现自身的变革。

（一）自下而上与自上而下课程变革模式的结合

从是否亲临教育现场、参与课程实施的角度，可以把处于教育系统中的成员分为校内群体和校外群体。过去的变革主要采用自上而下的官僚式变革策略，校外群体是变革的主体，校内群体是变革的客体，是被改造和影响的对象。实践证明，这种变革模式对新课程改革是行不通的。富兰在《变革的力量——透视教育改革》一书中谈变革的复杂性时指出：“中央与地方的单位都互相需要。……需要的是一种不同的双向

---

① ［加］迈克尔·富兰：《变革的力量：续集》，中央教育科学研究所等译，北京：教育科学出版社，2004年，第29页。

② ［加］迈克尔·富兰：《变革的力量：透视教育改革》，中央教育科学研究所等译，北京：教育科学出版社，2004年，第59页。

关系，相互给予压力、支持和不断协商，这就是同时自上而下和自下而上的相互影响。个人和团体如果不能驾驭这个反论，就会被变革的阻力击败。”① 实际上，任何一种变革蓝图都不可能是完美的，它需要在与实践的结合中由实践者逐步地改善。自下而上的变革就是要使学校成为课程变革的主体，这种变革的动力来自于学校内部，是一种“草根式”变革。当学校成为变革的主体，具有变革的意识时，新课程改革就能在校内群体主体与校外群体主体的对话中深入下去，校外的理念和决策不仅能够对学校的实践产生实质影响，而且学校也能进行创造性实践，影响校外的理念和决策。变革的双方在实践中不断地协商与调适，从而使新课程改革在实践中不断地推进和完善。从这个意义上讲，新课程改革本身就是一个实践的过程、对话的过程、协商的过程，而不是预定的宏伟蓝图的执行过程。

（二）从交易的学校领导走向转型的学校领导

要使学校成为变革的主体，首先就必须变革学校内部的领导方式：从交易的学校领导走向转型的学校领导。转型领导最初是伯恩斯（J. M. Burns）在非教育的背景下提出的，他指出：“转型领导是拥有一定动机和价值观，不同的经济、政治和资源的个体为了实现自己的或共同具有的目标，而在一个竞争和冲突的环境中相互动员的过程。”② 雷斯伍德（K. Leithwood）和他的同事把转型领导从非教育的背景中带入了教育，致力于学校转型领导的研究。他们在加拿大的研究中提出了转型领导的三个维度：设置方向、培养人、重新设计组织，而在荷兰的研究中又进一步修改为愿景的建立、智力支持和个体关照。③ 狄（Jay R. Dee）等人通过研究也认为，雇员有效地发挥功能的必要条件包括：做工作的自由；进行工作的工具；个人影响的意识；信息反馈。④ 这些

① ［加］迈克尔·富兰：《变革的力量：透视教育改革》，中央教育科学研究所等译，北京：教育科学出版社，2004年，第48～49页。

② Burns J. M. (1978). Leadership, Harper & Row, New York, NY. p. 425.

③ Femke Geijsel, Peter Sleege, Kermeth Lelthwood, Doris Jantzl (2003). Transformational leadership effects on teacherrs' mommitment and effort toward school reform. Jounal of Educational Administration, Vol. 41 No. 3. pp. 228-256.

④ Jay R., Dee, Alan B. Henkin, Lee Duemer (2003). Structural antecedents and psychological correlates of teacher empowerment. Journal of Educational Administration. Vol. 41 No. 3, pp. 257-277.

研究都支持了转型领导的核心在于为教师赋权增能。赋权增能的教师有利于形成直接影响教和学的重要决策；赋权增能的工作环境可能促进教师专业化、实施教师领导、提高工作质量和进行有效的课程改革。

因此，在我国的新课程改革中，要使课程改革在学校的土壤中生根，就必须实施转型的学校领导，为教师赋权增能，充分挖掘和发挥教师的变革能力。首先，建立学校课程改革的愿景。课程改革的愿景是学校所有成员的努力方向，愿景的建立需要学校领导者与教师共同协商来完成，只有这样的愿景才能被教师接受、认同，从而在课堂教学中被落实。学校领导在课程改革愿景的形成中扮演的是说服者、引导者、先行者的角色，而非命令者、管理者和监督者的角色。其次，为教师的课堂变革提供物质、精神和政治上的支持。教师的课堂变革需要一定的物质支持，包括教育科研经费、教学设备等，这些都是教师课堂变革所必需的物质基础。变革的过程是一个复杂而曲折的过程，教师需要学校领导者的精神支持，当教师的课堂变革取得进展时，学校领导者要给予认同和肯定，当教师的课堂变革遇到挫折时，学校领导者要给予鼓励，帮助寻找问题的原因，而非一味地指责。教师的课堂变革过程是教师的意志在学校变革中的体现，只有确立教师在学校课程变革中的主体地位才能保证教师意志的实现，从而发挥教师对学校变革的重要作用。最后，关注教师的个人成长和教师团队的发展。学校领导者应密切关注教师个人的兴趣和需要，为教师的个人发展提供支持。在关注教师个体的同时不能忽略教师团队的建设，要充分发挥教师团队在教学、课程开发、学校管理等方面的积极功能。

（三）发展变革性质的教师文化

教师文化是塑造教师行为的重要因素，它为教师赋予工作的意义、价值、支持、地位和身份等，它既是变革的动力所在，又是保守的动力所在。安迪·哈格里夫（Andy Hargreaves）等人在《理解教师发展》一书中指出：教师文化是学校变革的焦点，教师文化有内容和形式之分。[①] 教师文化的内容包括教师在特殊的群体或团体中共享的态度、价

① Andy Hargreaves, Michael G. Fullan (1992). Understanding teacher development. Teacher College, Columbia University New York, NY, pp. 216-236.

值观、信仰、习惯、假设和做事的方式。教师文化的形式指那些教师文化中成员之间特有的关联形式和关系模式。教师文化内容的变革主要取决于教师文化形式的变革。他区分了四种形式的教师文化，即个人主义的文化、群体割据的文化、自发性的合作文化、人为设计的共事文化。[①] 在个人主义的文化中，教师把自己与同事孤立起来，而迫切地追求紧张的课堂生活，这种文化是教学保守主义的“温床”。在群体割据的文化中，教师在为自己追求权力、地位和资源给予身份和提供基础的群体中工作，他们追求的目标仅仅局限在群体之内，很难跨越整个学校。在自发性的合作文化中，教师和他的同事之间具有开放、信任和支持的关系，他们采用集体的专家意见，承认课堂和学校之外更加广泛的生活，模糊校内和校外、公共和私人、专业和个人的边界，他们的工作深深地植根于他们的现在、过去以及承认的教学文化和传统之中。在人为设计的共事文化中，教师在时间和空间上都被束缚在管理者所设计的目标和程序上，教师之间的合作是由管理者的要求产生的。

在我国传统学校中，个人主义的与群体割据的文化是共存的，它们是我国教师发展和学校课程变革的阻力之源，是亟待消解的教师文化。自发性的合作文化有利于教师开发校本课程和变革课堂教学，这种文化所塑造的同事关系既能提升教师发起的“草根式”课程变革的质量，又能更好地落实由校外机构所强加的变革要求，这是我国新课程改革所欠缺的学校文化底蕴。要在传统的教师文化中发展自发性的合作文化是一个漫长的过程，需要一种过渡性的文化，即人为的共事文化，它是学校领导者介入的教师合作型文化，这种文化的成熟可以过渡到教师自主、自发的合作，并逐步扩大教师的合作范围和领域，从而最终形成一种自发的、合作的、变革的教师文化，主导我国学校教育的自主变革和发展。

（四）超越学校范围的课程变革

学校既关注人对未来美好生活的准备，又承担推动社会发展的重要职能，这些都依赖于适应社会发展趋势的人才培养。因此，学校的课程

① Andy Hargreaves，Michael G. Fullan（1992）. Understanding teacher development. Teacher College，Columbia University New York，NY，pp. 216-236.

变革只有超越学校本身，打破学校与社会的“围墙”，才能使学校的课程变革走得更远。超越学校的课程变革并非是要削弱学校在课程变革中的重要影响力，而是为了更好地增强学校在自主变革中的能动性，建立以学校为核心，以广阔的社会背景为重要支撑的变革动力系统。首先，学校课程变革的出发点要紧随社会发展的需要和问题。社会发展的需要是学生就业和自立的基础，学校培养的人才只有满足社会发展的需求才能被社会所吸收；学生只有提供社会所需要的支持才能最终融入社会，获得美满的社会生活。社会发展过程中可能出现各种病态问题，这需要学校通过自身的变革尤其是课程的变革来培养解决问题、抵制不良社会现象的力量，从而使社会向有利于人类生存的方向发展。其次，学校的课程变革需要来自社会的技术支撑和观念创新。学校课程变革从规划与设计到实施与评价都需要一定的技术支持，尤其是现代学校教育对电子技术的依赖更是如此。因此，社会在技术上取得的各种进步越来越成为学校依赖的重要资源。社会是一个庞大的实践机构，现代社会在实践中的创新层出不穷，知识更替日新月异，如果学校采取主动的姿态吸纳社会合理的观念，就能从中获取不断的变革动力和资源，从而充实学校课程变革的内涵。

学校文化重建与课程改革*

课程改革的发展离不开学校文化的推动。在理性思辨、历史叙事、主动创生的学校文化建设途径中，致力于学校文化建设自觉生成的主动创生途径，正逐步成为学校文化建设根本途径。①本文拟以此为切入点，分析学校文化创生如何实现课程改革重建，通过学校文化自觉意识的生成，使课程改革具有“形神兼备”的发展品格。

一、学校文化与课程改革

从文化角度来认识并把握课程改革问题，是课程领域的基本趋势。这种趋势既表达了课程论研究者对文化所寄予的深切期望，又彰显了课程与文化唇齿相依、密不可分的关系。对此，学界基本达成共识：要在课程改革的攻坚阶段，占领文化这个制高点已是刻不容缓的任务。

（一）学校文化与课程改革的意义关联

沿着学校文化的核变之“道”，走向课程改

* 与李志超合作。

① 李伟胜：《学校文化建设的第三条途径：主动创生》，《南京师大学报：社会科学版》，2011年第1期，第91～96页。

革的发展之“路”，是当今课程界的“道路”[①] 之学。要实现“道”和“路”的整合汇通，需要达成二者之间的意义关联。

首先，学校文化与课程改革互相制衡。用“制衡”形容学校文化与课程改革之间的关系，突出了二者的内在制约和依赖关系，主要表现在两个方面。一方面，从学校文化自身发展的角度看，文化认同是课程改革深入进行的基本前提。文化涉及价值观念及行为方式的转变，因而学校文化对于课程改革既可能发挥积极的促进作用，也可能成为课程改革深入开展的阻碍，这关键要看改革能否发挥自身优势将文化激活，使文化由人为静止状态过渡到内化自觉过程。否则，改革只能是“失败”的、不彻底的。另一方面，课程改革的复杂性和系统性要求学校必须作出相应的文化变革。变革的过程就是学校原有文化与课改理念相互冲突与调适的过程，因而改革的整体推进必然要触及学校的文化内核。离开了文化参与和支持的课程改革犹如缺少灵魂的肉体，注定是不完整的。

其次，课程改革对学校文化因素高度重视。将态度和价值观等内容明确地纳入课程改革的理念和规划中，是本次课程改革与文化发生意义关联最好的、最明确的佐证。随着课程改革的逐步深入和原有阻滞改革发展的重重瓶颈的瓦解，致力于态度和价值观变革的文化理念迅速占领了课程改革的战略高地，一跃成为课程改革实施的核心指导思想。学校文化作为课程改革的柔性系统机制，发挥着价值引导、观念整合、情感激励、规范调节等重要的整合作用，具有牵一发而动全身、事半功倍的效果。[②] 作为课程改革的主战场，学校内部的文化因素自然成为改革的重点思考对象。

（二）学校文化与课程改革的立论基点

基于学校文化与课程改革之间意义关联的深刻性，笔者拟从以下四个立论基点出发，为下文的文化阐释提供更为清晰的思想脉络。

第一，文化是一种表达。人类任何活动的背后都隐藏着一种文化的深层意义，站在文化的角度，意义比事实本身更重要。文化是透过人的

---

① 朱成科：《生成论哲学视阈中的现实教育“道路”研究》，长春：东北师范大学，2011 年。

② 苏鸿：《基础教育课程改革与学校文化重建》，《课程·教材·教法》，2003 年第 7 期，第 10～11 页。

活动而实现的，是人活动的结果。[①] 文化作为人类活动的载体，既说明了其渊源之悠久，又饱含了对未来的憧憬。

第二，学校是作为一种社会组织而存在。杜威（J. Dewey）在论及学校性质时就提出了如下观点：教育是社会生活的过程，而不是生活的预备，学校作为一种制度应当简化现实的社会生活。[②] 由此而推，学校文化主要是一种组织文化。事实上，尽管关于学校文化的讨论方兴未艾，但是学校内涵所赋予学校关注生活、与生活紧密结合的文化使命自不待言。

第三，文化中的主体具有文化能力，学校中的文化实体也是如此。学校文化既展示了学校的组织结构，同时又促进了这种组织结构的再生产。制度化的学校作为文化资本的融通渠道，使得文化中的每位成员以“文化再生产的能力主体”的身份而存在。具体而言，教师和学生不仅仅作为学校传播思想的载体而受动性存在；相反，教师和学生潜在的批判性思维、分析性对话能力和通过集体实践学习的能力，也会帮助其自我意识的提升，激发内在的主观能动性。[③]

第四，改革作为人类表达文化能力的一种实践，可以促进文化的转化。学校文化逐步成为个体与课程改革的中介和工具，在改革过程中，它可能遭遇各种形式的文化态度。这种态度可能是对抗与妥协，也可能是服从与濡化，其中学校文化的表达功能使潜在的文化抵抗得到转化乃至内化成为可能，保证了课程改革实践的开展。

二、学校课改受阻的文化阐释

综上所述，学校主要是作为一种社会组织发挥作用。因此在分析、阐释学校课程改革现状时，可以立足组织文化视角进行剖析，但运用这一视角时，必须关注学校组织结构中三个由具体到抽象的文化层次：规

---

① 赵旭东：《文化的表达：人类学的视野》，北京：中国人民大学出版社，2009 年，第 2 页。

② 杜威·约翰：《学校与社会　明日之学校》，赵祥麟，任钟印，吴志宏，译，北京：人民教育出版社，1994 年，第 6 页。

③ 罗生全：《符号权力支配下的课程文化资本运作研究》，重庆：西南大学出版社，2008 年。

范、共享价值和潜在假设。[①] 因为学校课程改革过程中发生的任何事件都是对其文化背后的规范、价值观及假设的强调。概括而言，导致学校课程改革受阻的文化因素有以下三方面。

（一）规范层面的文化逻辑相互分离

学校组织作为一个文化实体，具有自己独特的运行方式。其中，规范的制定是构成学校组织文化的主要外在标准。学校中的规范主要有两个方面的来源：一个是校外教育政策、法规的转化，文化逻辑的分离大体表现在此；另一个是校内强势文化的积淀。

学校中的规范作为文化的表达载体，具有与文化截然相反的特性——不稳定性。但从某种意义上说，不稳定性与制度相伴而生。也就是说，任何政策条文都会因为时代和客观条件的变化相应地做出更改，但其背后的文化却难以改变。当具有压迫性质的规范、制度出现时，文化在变动与稳定之间形成逻辑上的张力，文化的背离随之而现。课程改革在学校层面遇到文化抵抗已经是学界的共识，深究造成这种局面的原因可知，规范上的文化逻辑分离便是最表层、最具体的一个，而科层制所特有的组织结构决定了其背后文化的控制与监视性质，这是产生文化逻辑分离的罪魁祸首。学校的诸多规范是对在校师生的控制程序和期望表达，具有多样性的层次特征，对师生的行为进行直接或间接的规约与控制，是理论标准与社会标准的汇总，是国家指令与地方要求的具体化。在学校的规范中，宏观层面主要包括道德、思想规范等；中观层面涉及管理、考评规范一类硬性指标；微观层面大体集中在外在的物质、行为等方面，如升旗、上下课礼仪以及其他各种仪式规范、秩序规范等，可以说是面面俱到。

就功能而言，规范对文化既可能起到积极促进作用，也可能适得其反。从正面来看，它有助于文化的形成、濡化与内化；但当规则与社会发展不相吻合，而又难于改变时，会在无形之中助长文化抵抗力量的形成。而若以强弱程度为标尺，这一抵抗又可分为“激烈的文化抵制”与“温和的文化反抗”。“激烈的文化抵制”反对目标明确，但却停留于表

① 霍伊·韦恩，米斯克尔·塞西尔：《教育管理学：理论·研究·实践》，范国睿，译，第7版，北京：教育科学出版社，2007年，第161页。

层；“温和的文化反抗”往往在悄然之间发生，在人们尚未意识到它的具体抵制对象时已渗入机理而难以祛除。笔者认为，课程改革在学校中遭遇的文化抵抗属于后一种，并非针对课程改革而形成特定的文化抵抗，就像人们对某些规范的遵守，更多是出于本能的心理召唤，属于自发的无意识。当规范与人们原有的行为方式相左并强制其按照标准行事的时候，这种温和的文化反抗就发生了，主要表现为对相关规定或视而不见，或虚假认同、言行不一。这种旁观态度直接导致规范、制度等形同虚设，使原本承载意义的符号与象征彻底地沦为空洞的“符号”。可见，尚未融入学校文化的外在规范无法对在校师生产生真正的指导意义，这种规范上的文化逻辑相互分离是造成课程改革在学校中难以顺利实施的关键。

（二）共享价值的文化再生产冲突

在一定程度上来说，学校组织就是一整套共享的价值观，它介于规范与假设二者之间，在互动中不断发展。与上一层次的规范相比，价值观具有行动取向，主要在实际行动中履行。价值观与规范之间的关系复杂，它们都是通过行为来反映，但只有深入追问行为的真正原因时，我们才会意识到组织背后的共享价值观。从这个角度上来说，意义比现象更有价值，价值观必须要根植于它赖以产生的组织文化框架内进行阐释和理解。而在这个过程中，具有阐释和理解能力的文化主体实际上是基于一定的情境进行文化再生产，所以说，文化的产生与发展既受制于价值观，又体现既定的价值观。

透过课程改革在学校中的实践可以发现，学校所倡导的价值观和践行的价值观之间还存在一定的差距，其中一个具体表现就是教师教学观念的冲突。课程改革强调为了每个学生的发展，强调以人为本。与此相应，现实中也没有一所学校说不提倡以人为本。大家都承认学校是一个培养人的组织机构，可事实果真如此吗？裹挟于考选文化与绩效体制中，学校实际上已经把以人为本这一价值观排在了分数至上的后面。长此以往，整个学校组织结构就像是一个高速运转的机器，遵循着原有的运行路径无限地重复循环着，没有人能够停下来思考是否合理。尽管课程改革让这架机器看到了喘息的机会，可是考选文化的强大惯性，像一只看不见的手，牢牢地把持着其内在运行轨迹。

课程改革的成功之处在于它令人向往的理念，但文化冲突之所以会产生，就是因为价值观念上的冲突。一方面，学校中的教师都认为以人为本的观点是正确的；另一方面，他们又根深蒂固地认为，如果完全按照新课程理念会降低学生掌握基础知识的扎实程度。这种左右摇摆、犹豫不决、认可又不完全接受的态度，说到底还是对课程改革的不信任。价值观作为文化的主要成分，对新文化因素的阻碍是潜在的、无意识的。观念上的东西一旦形成，改变将会是很困难的。因为它产生于学校组织中的原有文化，并通过组织中文化主体的文化能力进行表达与再生产，复制既有的文化路径和组织结构。所以说，价值观的变革是实施学校文化变革的前提条件。此外，价值观的冲突并不完全是一件坏事，冲突与矛盾意味着受到了影响，同时也预示着可能出现新的契机。

（三）潜在假设的文化导向偏差

潜在假设是文化当中最抽象的部分，也是最根本的部分。它是对各种事物、关系与现象等本质状态的抽象预设、假定。孟子的“性善论”以及墨子的“性恶论”，都是先哲们对人性做出的前提假设。柏拉图认为知识是先验的，亚里士多德则认为知识产生于经验，这都是智者们对知识来源的潜在假设。组织文化的潜在假设决定了共享价值观的类型与属性，进而在文化组织内部形成其认为是理所当然的一系列规范。

假设与行为之间一定存在着某种可理解的意义结构。学校文化的潜在假设决定着学校规范、秩序建构的方式，如果“科层制有利于监管控制进而提高组织效率”这一假设成立，那么学校的等级与控制自然就有了存在合法性，规范就只能发挥控制、监视的作用。本次课程改革提出对教师赋权增能，可是现实中，这一理念往往流于形式。究其原因，主要是由于学校管理人员与教师、教师与学生之间存在严重的等级差别，上级与下属是他们的主要关系链。很多教师根本不知道学校的发展规划，至于参与制订学校发展规划则是一枕黄粱；校领导更多地是以传达与命令的方式与教师交流。观念中的等级假设所孕育的僵化组织文化显然无法促进课程改革在学校的实施，并造成新旧学校文化的相互碰撞。

“分数至上论”这一前提假设导致了知识与能力不可兼得的论断，而在学校文化中同样存在着类似的衍生案例。学校不敢完全放手进行课程改革，不是因为不认可课程改革的理念，而是受到评价体制潜在假设的制约。很多教师抱怨，课程改革以来负担更重了，其实这背后最大的无奈还是一切向成绩看齐的分数图腾。在分数这一最大权威的领导下，及格率、优秀率、升学率等各种量化指标紧随其后，逼得人本文化还没来得及出场就不得不全身而退。这就在一定程度上造成教师对改革的不理解，甚至是敌对态度。受这种潜在假设的强烈暗示与影响，很多教师会认为课程改革所带来的新任务，如校本课程开发、整合课程资源、反思日记、进修培训等，完全是一种负担。尽管大家都明白，教育首先是一种培养人的活动，但是在考选文化的规约与宰制下，教师已经没有精力为“影响成绩的能力培养”大费周折。

三、学校文化重建的思考向度

课程改革从提出到现在，已经走过了十余个春秋。随着改革的深入，人们逐渐认识到学校的文化变革是决定课程改革成功与否的核心要素。然而，不得不承认的是文化内部的改革是相当困难的。因为文化是个容纳力极强的概念，我们难以准确定位阻碍课程改革实施的因素。这就要求我们在关注课程改革出现的问题时，立足学校文化重建的思考向度，在本体追问中深入文化内部的三个层次；然后跳出学校层面，站在关系思维的立场与高度整体把握、规划学校文化建设。

（一）学校文化本体追问的内在向度

学校文化重建的前提是对文化本身的追问与反思。如果说上文的文化阐释像剥洋葱那样，从外向内层层逼近真相，那么文化反思则应采取由内而外的路线，通过布迪厄式连根拔起的思维品性，从内到外地论证学校文化的三个层面。

首先，形成潜在假设下的反思品质。具有误导性的假设是学校远离人本文化的源头所在，这些潜在假设不仅存在得理所当然，还表达得理直气壮，可以说它直接关系着变革的成败，是学校文化重建中最深刻、最根本的部分。潜在假设对价值观与规范的形成发挥着主宰式的作用，是学校组织结构文化属性的决定性因素。从整体审视学校文化中的假设、价值观与规范的关系，就会发现三者是一个你中有我、我中有你的配套综合体，在等级严明、控制为主的组织结构中不可能存在真正意义上的信任与支持。由潜在假设本体思考延展开来，沿着潜隐性特征的内在线索，应追问如何揭示现象背后的潜在假设，并据此做出相应调整。答案只有一个，那就是反思。反思是一种实践理性能力，它要求文化中的主体能够克服自身的惰性与思维定势，对左右其价值与行为的前提假设准确反思、定位，以便洞察出课程改革遭遇文化抵抗的根源。这其中，问题意识是关键。除要善于发现、总结问题之外，若想找到其背后起操纵作用的假设，还要具有追寻问题产生的脉络、进行深层次反思与追问的意识与勇气。这里提到勇气是因为反思主体要承受反讽式的后果——你所发现的假设很可能就是你一直以为绝对正确并最为追捧的对象。

其次，催发价值观的性向转变。价值观是学校文化重建的决定性环节，它不仅重要而且难以改变，因此它既是变革的重点也是变革的难点。也就是说，学校文化重建的价值观思考就是解决观念转变的问题，如何让学校组织结构中的成员认识到文化变革与重建的必要性与紧迫性，是这一层面的核心命题。对于价值观转变而言，认知冲突既是它的障碍，也是它的契机。不可否认的是，课程改革已然引发了这样的契机，所以若想进一步深化改革，接下来应该思索如何使学校文化的重建获得学校全体成员情感上以及观念上的支持，这是文化内化至关重要的途径。一旦文化的内化过程在学校中开始形成，改革中遭遇的很多问题就会迎刃而解。因为价值观主体的文化再生产能力在此时已由动机变为动力，支持并维持着学校建设进入新的轨道体系。

最后，保持规范与文化的适度张力。从学校文化的角度思考，可以粗略的认为体制就是规范。[①] 从这个意义上说，学校文化重建就是变革学校规范背后所隐藏的管理体制。学校体制的确立会受到假设与价值观的影响与制约，但体制的修订与完善也会对假设与价值观起到强化作用。所以，体制虽然是学校文化中相对外在的因素，但却不容忽视。体制的变革是对文化主体之间利益关系的重新分配，必须关注均衡点的问题，以确保规范与文化之间维持适度且积极的关系。一方面，它要立足

① DOUGLASS NORTH. Structure and Change in Economic History. New York: W. W. Norton & Company, 1981: 201.

以人为本的民主理念，冲破控制文化的束缚；另一方面，其也应发挥自身的规范作用，为学校文化的重建提供制度上的保障。体制与规范既是组织运行的保障，又是组织规训的借口。体制与规范能够发挥积极作用的前提是获得组织成员心理上的认可和接受，这不但是了解它的作用及其背后的价值观、假设，而且在按照这些规范、体制行事的同时要意识到义务与权利的对等关系。这种文化主体意识的觉醒能变奴性服从为理性自觉，它是学校文化重建的必然要求和表达起点。

（二）学校文化关系思维的外在向度

课程改革在学校文化重建中泛起“思想褶皱”的同时，也为学校文化的慎思开辟了新的路向，形成了“全体”作为课程改革的特色和研究中需要具备的理论意识。[①]“全”的统筹品质具体表征为时空两个不同纬度的参照坐标。

一是学校文化的关系耦合性。学校是社会中的学校，学校中的问题不单单是教育的问题，它与社会中的其他组织机构息息相关、多位一体。作为组织中的学校文化关涉多方关系，如同级学校之间、大中小学之间、学校与社会（包括政府、市场等）之间的关系等。这种相互影响并制约的关系实际上赋予了、也决定了学校文化重建需要特色、合作、适应与引领的文化属性。其主要表现在以下三个方面。第一，越来越多的人认识到学校是一个开放的社会系统，其边界的模糊性，使它与周围环境的联系越发紧密。这些微妙的关系，对学校文化建设既是挑战，也是机遇，赋予了学校文化适应与引领的双重标准，这是当代学校文化重建绕不过去的大背景。第二，随着课程改革以及教师专业发展等教育命题的升温，大中小学的关系问题也开始进入学校文化重建的视野。事实上，大学—中小学合作（U－S 合作）由来已久，但在我国真正与学校文化建设产生交集，还是在此次课程改革以后。无论是专家、学者还是一线教师都清醒意识到，大中小学之间的合作共生关系是重建学校文化基本的思考框架。第三，适应与合作固然是不容忽视的，但对学校文化而言，更为关键的是特色，它是学校的灵魂，是其组织内部成员的身份

① 韩军：《跨越中西与双向反观：海外中国文论研究反思》，《文学评论》，2008 年第 3 期，第 158～163 页。

标识。每所学校都有自身的现实定位和不同的历史内涵，主要通过办学宗旨与文化传统等内隐形式得以彰显，具有不可复制性，因而不存在最好学校文化的普遍标准。因此在大方向不偏离的情况下，学校文化重建一定要凸显本校特色，因地制宜。

二是学校文化的发展可持续性。学校文化是历史积淀的结果，因而学校文化重建必定要站在时间的连续点上，以确保思考向度的完整性。课程改革过程中学校文化重建困难的原因在于我们以一颗短视的“事件心理”，而非以串接历史、现在与未来的“过程思维”对待教育。关于短视，维特根斯坦（L. Wittgenstein）有个形象的隐喻，即给近视眼指路是件困难的事情，因为你不能对他说“看着教堂十里外的塔尖，顺着那个方向走”①。的确，要对已经患上“近视眼”的学校进行文化重建并不容易，但学校的特殊身份和战略地位，却又让每个关心教育的人不得不尝试从不同角度对其进行矫正治疗，文化视角就是其中的一个。文化的复杂性决定了文化变革过程的多维性，其显著表现之一是时间上的连续性。从历时态的角度来思考学校文化的重建是促进学校文化可持续发展的着力点，因为历史经验、当下局势与未来走向这三个时间维度是思考教育问题所不可或缺的。

① 维特根斯坦：《文化与价值》，许志强，译，杭州：浙江文艺出版社，2002年，第6～7页。

教师与新课程实施：基于CBAM的个案分析*

2001年9月，新一轮基础教育课程改革首先在全国38个国家级实验区试行实施，目前正在逐步扩大实验区的范围。教师是课程改革的最终执行者，在课程改革中起着至关重要的作用。新课程倡导的理念与教学行为，只有转化为他们的思想和行动，新课程改革才能取得实效。那么，新课程在课堂教学中的落实程度如何？教师是否以及在多大程度上接受了新课程的建议，转变了自己的角色与行为？有哪些因素促进或阻碍了教师实施新课程？本文将在理论分析的基础上，以重庆北碚这一国家级实验区中的两所学校为典型个案，初步探讨这些问题。

一、理论基础

课程改革要求教师在课堂教学中改变原有的教育理念和教学行为。最近的一项研究表明，当前教师中普遍存在的人才素质观，与工业社会流水线式生产方式所需要的守时、精确、可靠、能

* 与尹弘飚合作。

够独立解决问题的人才模式是一致的，而对新课程改革倡导的培养学生的创造能力、沟通能力、与人共处能力等有些漠视。与这种观念相适应的教学模式便是以教师为主导、以知识传授为主要手段、强调整体忽视个性的教学观（操太圣、卢乃桂，2003）。显然，这些观念及其导致的教学行为与新课程改革是格格不入的。新课程要教师做出的是从观念到行为的全面而深刻的变革，然而，教师角色行为的转变是一个十分复杂的问题。富兰（Fullan，1991）将教师转变分为使用新教材、运用新方法以及拥有新观念三个层次。他指出，试图使教师在三个层面上同时更新远非易事，其中教师的信念、思想和价值观等的真正变革是最难发生的，通常需要经历较长的时间。

分析教师的角色行为一直是课程实施研究中的一个重要内容，其中以霍尔等人（Hall & Loucks，1977；Hall & Hord，2957）的研究最具代表性。他们在富勒（Fuller，F.）关于教师关注发展阶段研究的基础上，把关注阶段理论应用于课程实施研究中，提出了“关注为本采用模式”（Concerns Based Adoption Model，简称 CBAM）这一研究被富兰和庞弗雷特称为“以忠实取向评定实施程度的最综合与清晰的构念（conceptualization）”（Fullan & Pomfret，1977，p. 335）。该理论及其研究方法为我们认识课程实施提供了指导。

概括地说，CBAM 主要处理以下 3 个问题：1. 教师对变革的个人关注程度，即“关注阶段”（Stage of Concern）；2. 教师使用变革方案的情况，即“使用水平”（Levels of Use）；3. 教师对变革的理解与认识，即“革新结构”（Innovation Configurations）（Hall & Hord，1987）。其中“关注阶段”和“使用水平”理论受到众多课程学者的肯定（黄政杰，1991；李子建、黄显华，1996；Armstrong，1989），可以作为我们分析教师角色行为的依据。

“关注阶段”描述教师个人在实施变革过程中所要经历的不同阶段中的知觉、感受、动机、挫折感和满足感（Snyder et al.，1992，p. 406）。霍尔等人将其划分为 7 个阶段，由无关关注（unrelated concern）（阶段 1）、自我关注（阶段 2、3）、任务关注（阶段 4）发展到影响关注（impact concern）（阶段 5、6、7），各阶段表现出不同特征（见表 1）。他们同时提出通过问卷调查、访谈、开放式问题陈述等方法进行评定。

表 1　CBAM 中的关注阶段

阶　段	特　　征
阶段 1：低度关注（awareness）	对革新很少关注，或很少涉入革新。
阶段 2：信息性（informational）	对革新表示普遍关注，有兴趣了解革新的事实特点，如一般特征、影响、使用要求等，但他/她并未关注自己和革新之间的关系。
阶段 3：个人的（personal）	个人尚未确定革新对自己的要求、他们能否应付这些要求，以及他们在革新中扮演的角色。他/她开始分析自己在组织中的角色，并考虑实施新方案后需要做出的决策和现存结构可能引起的冲突等。
阶段 4：管理（management）	注意力集中在使用革新的过程和任务，以及最大限度地利用信息和资源，极力关注有关效率、组织、管理、时间需要及安排等问题。
阶段 5：结果（consequece）	集中注意革新对学生的近期影响上，关注课题为革新对学生的适切性、评价学生成果（包括表现和能力），以及改善学生成果所需的变革等。
阶段 6：合作（collaboration）	关注在使用革新时与他人的合作和协调。
阶段 7：再关注（refocusing）	探讨革新带来的更普遍的优点，包括采取主要变革或用另一方案取代这一革新的可能性，并且他/她对替代性方案有明确的想法。

“使用水平”则依据教师在变革过程中表现出的一些标志性行为或操作性概念划分。霍尔等人将其分为 8 个水平。表 2 简要描述了各水平的基本特征。霍尔等人主张通过实地观察与聚焦型访谈（focused interview）两种方法确定教师对革新的使用水平。他们的研究表明，运用这两种方法所获得的研究结果之间的一致性程度极高，其相关系数达到 0.98（Hall & Hord，1987，p. 95）。

表 2　CBAM 中的使用水平

（黄政杰，1991，p. 407；Hall & Hord，1987，p. 84）

使用水平	范　　围
水平 1：未使用 (nonuse) 分界点	使用者对课程变革缺乏了解，或了解甚少，还没有涉及课程变革工作，也未准备介入。 采取行动，以获取课程改革的资料。
水平 2：定向 (orientation) 分界点	使用者已经获取或正在获取课程变革的资料，并且已经探讨或正在探讨课程改革的价值取向、对使用者的要求等。 决定采用变革方案，建立实施时间表。
水平 3：准备 (preparation) 分界点	使用者正在为第一次使用变革方案而准备。 使用和改变（如果必要）都根据使用者的需要。
水平 4：机械使用 (mechanical use) 分界点	使用者致力于革新的短期使用或日常使用，缺乏时间反思。使用上的改变旨在符合使用者的需要，而非学生的需要。使用者所试图熟练的工作是课程方案所要求的，结果常常是肤浅且不连贯的使用建立了常规化的使用模式。
水平 5：常规化 (routine) 分界点	革新的使用已经稳固地建立，在使用过程中，如果有改变的话也只是少数。很少考虑改变革新方案的调整和革新的效果。 依据正式或非正式评价，改进革新的使用，以改善效果。
水平 6：精致化 (refinement) 分界点	使用者依据短期或长期的结果，改变革新的使用，以改善革新对学生的即时效果。 与同事协调合作，开始改变革新的使用。
水平 7：整合 (integration) 分界点	使用者结合自己和同事在革新上的努力，在共同影响的范围内给予学生集体的影响。 开始探讨该革新的替代性方案，或对该革新进行主要修正。
水平 8：更新 (renewal)	使用者重新评价革新方案的品质，寻找当前革新的替代性方案或重大修正方案，以改善它对学生的影响，检视领域内的新发现，探索自己及整个学校系统的新目标。

下图描述了用聚焦型访谈确定教师使用水平的过程。

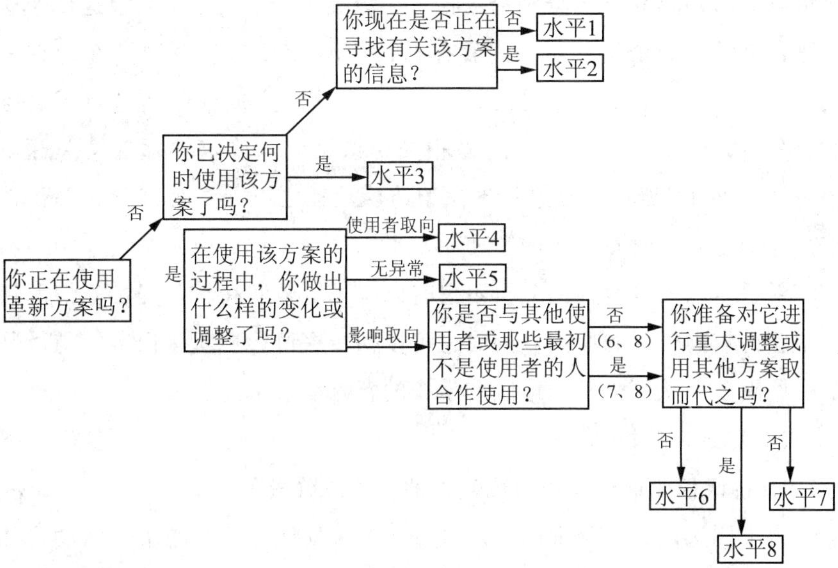

聚集型访谈中的问题序列（Hall & Hord，1987）

二、研究过程与结果

(一) 研究目的、对象与方法

综上所述，霍尔等人不仅建构了比较精致的理论框架，而且提出了多种评定课程实施程度的有效方法，其中既有适合于大规模研究的问卷法，又有适用于小型研究的聚焦型访谈、文献分析法等。鉴于人力、物力等条件的限制，本研究拟以霍尔等人的 CBAM 理论为依据，评定教师的“关注阶段”和“使用水平”。

本次调查于 2002 年 12 月初进行。为保证研究的深入性以及考虑到人力、物力等因素的限制，本研究采用了个案研究方式。在学校选择上，我们采取“目的性抽样”的方式，以选择那些能够提供尽可能多信息的学校为原则进行遴选，最终选取甲校与乙校作为样本学校。它们都是重庆市重点学校，并且同时在 2001 年秋参加了新课程改革。在 2002 年 10 月教育部组织专家对实验区进行的初期评估中，两校的新课程实施工作都受到了较高评价。在教师的选择上，我们采取了随机方式，在两校已使用新课程的教师中分别抽取两位教师，其中 L 与 T 为甲校一年级语文教师，Y与Z分别为乙校二年级英语和语文教师，对这四位教师进行进一步的个案分析，内容包括：1. 要求四位教师对“在新课程改革的过程中，您所关心的问题是什么?”这一开放性问题进行书面陈述，分析其陈述结果，并辅之以相关访谈资料，确定教师的“关注阶段”；2. 分别对四位教师进行聚焦型访谈，辅之以课堂观察与相关访谈信息，确定教师对新课程的“使用水平”。

对甲、乙两校教师的分析不仅有助于了解它们在新课程实施情况评估中获得较高赞誉的原因，同时也可以初步探讨影响新课程实施与教师的一些因素，从而为其他地区和学校的新课程改革提供借鉴。

（二）结果分析

1. 新课程改革过程中四位教师的“关注阶段”。

由于所选四位教师都已参加过许多有关新课程改革的培训活动，并已经按照新课程标准的要求进行教学，因此他们的“关注阶段”比较高。表3是对四位教师开放性陈述的分析。

表3 四位教师的开放性陈述分析

学校	教师	陈述内容	关注阶段
甲	L	1. 关心自身素养的提高。在新课标中，不难看出，对教师知识、能力的要求非常高，所以我关心并注重自身能力的锻炼和提高，注重自身知识的广度和深度。新课程改革也是一个契机，是自我成长的一个机会，所以我关心自身的成长和发展，同时也关心教师的培训方式和体制。	阶段5（后果）
		2. 关心学习的效果和评价。从新课标中看出，它注重学生的能力培养，注重丰富的感知。就知识点的深度和落实程度上没有原来要求的那样严格。若仍然用原有的评价体系来衡量，效果可想而知！而评价又直接影响着老师工作的方法和信心，也直接与家长、社会的支持度紧密相连。	阶段5
		3. 关心家庭、社区与社会的支持。新课改是一个新东西，孩子学习的方式、目标、评价等都有所改变，家长若能理解、接受，则能支持教师的工作，理解教师的用意，起到推动作用，反之则不然。另外，新课标注重学生综合实践能力的培养，许多学习活动的开展，都要依赖社区和周边环境相应的建设，所以新课标非常关心家庭及社会的支持、社区的建设。	阶段6（合作）

续表

学校	教师	陈述内容	关注阶段
甲	T	1. 关注每位学生的发展：（1）关注全班学生在学习过程中的情感、态度、价值观，通过合理的教学设计、有趣的教学方法激发学生的学习兴趣；（2）关注全班学生的学习方法和效率，倡导愉快合作的高效学习；（3）关注学生健全人格的养成；（4）关注学生在校生活，特别是在学习活动中是否轻松、愉悦。 2. 关注师生间的关系是否得到有效改善，努力创建民主的新型关系。 3. 关注自己的教育观是否反映了新课程的特点，在教学中的角色和行为是否符合新课程的要求。 4. 关注自己的教学是否得到了积极的评价，包括同事、领导、家长以及社会的评价。 5. 关心自己的综合素质能否胜任今天的教育教学工作，产生危机感和紧迫意识。 6. 关心自己在新课程改革过程中能否抓住机遇，发展自己，形成自己的教学风格，并由此脱颖而出。 7. 关心身边的同事及其他实验学校教师的教学新思路、新方法，积极学习，取其精华，为我所用。 8. 关心学生对自己的情感、看法和意见。 9. 关心自己的教学成果。	阶段 5 阶段 5 阶段 5 阶段 5 阶段 5 阶段 5 阶段 6 阶段 5 阶段 5
乙	Y	我们最关心的是考试问题，如何考出学生实际能力是一个值得重视的问题。我们希望能让真正进行课程改革的学校、学生能在考试中尝到甜头，从而促进课程改革。	阶段 5
	Z	1. 评价方式，现在的考试状况与课程改革内容不符。 2. 大班教学使老师不能关注每一位学生。	阶段 5 阶段 4（管理）

分析表 3 可以发现，甲校教师 L 与 T 的“关注阶段”主要集中在阶段 5（后果）上，同时二人也开始考虑新课程实施中的合作问题，因此具有阶段 6（合作）的倾向。应该指出的是，二人对“合作”的理解是不同的。教师 L 主要从宏观层面理解新课程改革中的合作，考虑如何协调学校、家庭、社会之间的力量以促进学生发展；教师 T 则是从微观层面上理解合作，其内容显得更加具体，即考虑学习与借鉴其他教师

在课程改革中取得的经验以促进自己的教学。在这个问题上，两位教师在关注阶段基本相同的情况下显示出各自的差异。乙校教师Y与Z的“关注阶段”同样集中在阶段5（后果）上，而且评价问题，即新课程应以什么方式评价学生成为他们共同关心的问题。另外，教师Z对目前的大班教学这一组织形式也提出质疑，因而其“关注阶段”带有阶段4（管理）的痕迹。

学校间对比可以发现，首先，尽管两校教师的关注阶段都主要集中在阶段5（后果）上，但甲校两位教师的关注阶段相对略高出乙校，并且甲校教师关注的内容更为丰富、全面；其次，课程评价是大家共同关心的问题，然而两校教师之间也有差异；乙校主要关注如何评价学生；甲校教师在思考如何评价学生的同时，也考虑课程评价的另一个方面，即如何评价教师。

2. 四位教师在新课程实施中的“使用水平”。

在本研究中，确定四位教师的“使用水平”主要通过聚焦型访谈进行，同时参考课堂观察笔记与相关访谈资料。由于四位教师均已开始采用新课程标准、新教材授课，因此他们都已经跨越CBAM中的前三种水平。表4以“是”和“否”的简要形式反映了四位教师在聚焦型访谈中的回答。

表4　四位教师的聚焦型访谈结果

问题	甲		乙	
	L	T	Y	Z
您已经开始使用新课程了吗？	是	是	是	是
在使用新课程的过程中，你做出什么变化或调整了吗？	否	否	是	是
您是否与其他教师合作实施新课程？	否	否	否	否
您准备对新课程进行重大修改，或用其他方案取而代之吗？	否	否	否	否

课堂观察结果表明，甲校教师L与T已建立起相当稳固的教学行为程序，并且二位教师的程序有很多共同之处，比如在教学过程中两位教师都通过“开火车”、“词语娃娃送回家”、“和生字娃娃交朋友”、“今天谁是小老师”等活动帮助学生认识和熟悉生字，而且这些活动出现的顺序、在一节课中出现的时间也十分相似。对于一篇新课文，两位教师

一般都会用两个课时完成。教师 T 在访谈所说的话也与课堂观察结果吻合：

“如果是第一课时呢，我就按照今天上午的这个程序（指讲授课文的程序）进行。第二课时主要是处理练习和作业，和第一课时很不相同，不过也有一套固定的程序。”（教师 T）

可见，他们对新课程的使用已具有模式化的特征，在使用中并没有多大变化。

乙校教师 Y 与 Z 的课堂观察结果表现出不同于甲校教师的特征。Y 与 Z 的教学行为之间并无相似性（可以推测，这是由于任教科目不同造成）；虽然他们打破了教科书的限制，从一些报纸杂志上寻找教学材料，比如教师 Z 从《微型小说选刊》上选取《一只有思维的蜣螂》让学生续写文章结尾，从《作文周报》上选取文章启发学生思考学习方法，但他们各自的教学行为中缺乏前后贯通的一致性。在访谈中他们表达了对自己这种不稳定的教学行为的忧虑：

“我也不知道像这样教对不对，是不是符合新课改的要求，上面（指教育行政部门和学校的领导）也没有说明白到底应该怎么做。”（教师 Y）

“新课程不是提倡自主、合作、探究的学习方式吗？我就让他们自己分组讨论《登月》那一课，然后画一张图来表示登月的过程。我基本上不讲什么。也不知道这种方法算不算是（自主、合作、探究的学习方式），要是考试考不出成绩，到头来还是害了学生，家长也不满意。”（教师 Z）

由此可见，教师 Y 与 Z 尽管也在努力适应新课程的要求，但是他们对新课程的使用是肤浅而不连贯的。

“关注阶段”的评定结果显示甲校教师 L 与 T 已经表现出“合作”阶段的特征，但是聚焦型访谈结果表明，他们在日常教学中并没有或很少与他人合作实施新课程。乙校教师 Y 与 Z 也是如此。

“小学低段教师的教学主要还是一种个人行为，小学高段的教师因为面临学生要升初中，要考虑到学生各科均衡发展，教师之间的合作、协调就相对多一些。低段的小学生为什么会有喜欢某一科的现象呢？主要还是与教师个人教学行为之间的区别有关。”（教师 L）

"语文课相对来说独立性比较强，只有部分内容与别的学科出现交叉重合时，教师之间才会有一些合作。"（教师 T）

"别看在评课活动中（教师）都说是'集体智慧的结晶'，其实根本不是这样。备课组 5 位教师，总共要教 15 个班，每个人至少有两个班。工作负担都很重，自己的事还忙不过来，哪还有时间照顾别人。"（教师 Y）

乙校的一位中层管理者在访谈中也指出初中段教师教学之间缺乏合作的现象：

"初中各科教师之间的配合不多，但高中部由于高考'大综合'，学科教师之间的配合反而更多。"

受访的四位教师都指出新课程与以前相比有很大改观，对新课程标准和新教材的评价也很高，并不准备对其进行重大调整或修改，更不要说用其他方案取而代之了。这表明，四位教师对新课程的使用水平还没有发展到最高程度，即水平 8（更新）。

综上所述，对四位教师可以做出以下判断；甲校教师 L 与 T 的"使用水平"已达到水平 5（常规化），乙校教师 Y 与 Z 则在水平 4（机械使用）上实施着新课程。

三、讨论与结论

（一）四位教师在新课程实施过程中的"关注阶段"和"使用水平"都达到了较高水平。总体看来，新课程已在两所学校得到了不同程度的实施，然而距离高水平的课程实施还有差距

任何教育或课程变革都要经历采用（adoption）、实施（implementation）和制度化（institutionalization）三个阶段（Berman，1981；Fullan，1982）。就采用而言，甲、乙两所学校都已在 2001 年 9 月采用了新课程标准和新教材，然而采用和实施是两个不同的概念。采用只是教育变革的最初阶段，只是最表层的实施。

"使用水平"也被有些研究者称为"课程实施的层次"（黄政杰，1991），它直接反映着课程变革方案被贯彻落实的程度。我国台湾学者黄政杰（1991，p. 406）指出，如果采取有、无两分法，CBAM 中"使

用水平”的前三个水平（包括未使用、定向、准备）都可视为未使用，后五个水平才可看作是正在使用。霍尔等人则指出，教师的使用水平达到常规化（水平5）时，革新方案才可称作被有意识地实施了。本次调查结果表明，两所学校四位教师的使用水平都已达到第4或第5个水平，这表明新课程已经在两所学校得到一定程度的实施。此外，四位教师的“关注阶段”也发展到了较高阶段，所关注的问题主要都集中在新课程对学生的影响，尤其是对学生的评价上。应该说，这一结果是令人鼓舞的，然而我们也必须看到，四位教师的课程实施现状距离实施的最高水平还有很多差距，他们的实施水平还有待于进一步提高。

（二）学校以往参与的相关教育改革是推动新课程实施的重要因素

霍尔等人认为，一项革新方案要达到常规化的实施水平一般需要3～5年的时间。甲、乙两所学校参与新课程改革的时间不足一年半。在这短短的一年半内两校教师就已接受新课程的理念和做法，并且部分教师对新课程已达到常规化的使用水平，这一点实属难得。那么，这两所学校是如何做到这一点的呢？

分析两所学校的实际情况可以发现，除了都具备较高水平的师资力量以外，两校还有一个共同特征，即它们都有着长期的教育改革传统，两校均于2000年底参加了诸如“校本课程开发研究与实验”等教育改革项目。这些经验为新课程改革的顺利实施起到了促进作用。两所学校的一些领导和教师在访谈中提道：

“新课程对我们学校来说并不‘新’，其中提倡的一些做法，可以说，我们早就在做了。比如我们学校从2000年下半年就已经在搞‘校本课程开发’了。我们学校的教师对新课程中的有些东西早就很熟悉了。”（乙校一领导）

“说实话，对我们而言，课改（指新课程改革）不是一个很新鲜的东西，我们前任老校长的教育思想就很新。学校以前也有许多教改科研项目，比如‘整体教育改革’‘未来教育’等，都在重庆市甚至全国产生了一些影响。所以像‘以人为本’‘学生主体’这些观念在我们这里其实早就很熟悉了，或者说已经在教学中体现出来了。”（甲校一教师）

可见，长期以来两所学校的教育改革传统一方面在学校内形成了积极进取、敢于创新的氛围；另一方面也在某种程度上消除了教师对改革的抗拒，使教师乐于接纳新的教育理念和教学方式，从而为新课程改革提供了有益的准备。

（三）升学考试是导致教师、尤其是初中教师对新课程改革产生疑虑的重要原因，同时也是推动新课程实施的有效调节手段

毋庸讳言，“应试教育”一直是我国基础教育的一个严重弊端。为了贯彻落实素质教育精神，新课程改革也在努力矫正这个弊端。然而，长期以来形成的应试教育积习无法短期内消除，而且它还严重阻碍了课程改革的进程。事实上，考试向来都是影响课程与教学改革的一个重要因素。1982 年的《国际顾问报告书》以及我国香港学者莫礼时（Morris，P.）、程等人（Cheng，et al.）的研究都指出考试主导着教学，大大影响了学校的日常教学工作（唐丽芳、马云鹏，2002）。在本次调查中，这一问题再一次暴露出来。综观四位教师的书面陈述和访谈资料，我们可以看到“考试”——如何评价学生、如何评价教师，是他们共同关心的话题，并且这个问题诱使教师对自己教学行为的有效性产生怀疑。其实，有关学校人员对考试表示忧虑的资料在本次调查中几乎无所不在：

“我们不能否认的是，升学率仍然是社会、家长衡量一个学校好坏的重要标准，在升初中、高中的考试中，他们会怎样看待我们今天的课程改革？新课程的评价标准是否会被社会接受？这些都面临很多困难。”（甲校一领导）

“（在新课程改革的过程中）学校给像我这样的年轻教师提供了许多机会，但是每学期考核教师时，学生的学习成绩还是非常重要，所以，我还是不敢对教材上的内容做太大改动。”（乙校一教师）

“新课程面临的压力很大，首先就是社会关于人才观念、人才标准的看法。以前各个学校比考上了几个重点（大学）、几个本科，现在扩招了，比考上几个清华、北大！我们还不是没有办法？有时候只能‘灌’。”（乙校一中层领导）

从上述材料可以看出，升学考试在一定程度上动摇了教师对新课程改革的信心，阻碍了新课程的顺利实施。尽管如此，我们也应该同时看到，如果能够恰当地处理考试问题，它也会成为推动新课程改革的一个有效措施。正如教师 L 和乙校那位中层管理者所说的那样，小学高段和高中教师由于升学考试的原因反而相互之间有更多的协调合作。此外，明确评价标准也有助于消除教师心中的顾虑，从而更加清晰地认识新课程改革的远景。因此，作为配套措施的评价制度改革将在新课程改革中发挥极其重要的作用。值得欣慰的是，就在本次调查结束后不久，教育部也于2002年12月18日颁布了《关于积极推进中小学评价与考试制度改革的通知》，不仅明确了评价制度改革的目标，即建立起以促进发展为核心的，包含学生评价、教师评价和学校评价三方面内容的新型评价体系，而且提出了中小学考试改革的具体措施，例如评价学生的内容包括基础性发展目标和学科学习目标两个方面，基础性发展目标包括道德品质、公民素养、学习能力、交流与合作能力、运动与健康、审美与表现六个方面；各学科课程标准中对学科学习目标做出详尽规定。除此之外，它还对评价措施与方式提出了具体建议。这一举措无疑会对新课程实施产生促进作用。

中小学教师的课程取向及其特点*

一、课程取向的分类及其意义

课程取向是人们对课程的总的看法和认识，由于人们的哲学思想、价值观、方法论、文化背景以及对个体的心理发展等方面问题认识上的差异，导致对课程的不同看法，这些不同看法就形成了课程取向。[①] 课程取向有不同的分类方式，其中最有名的分类框架是艾斯纳（Eisner）和瓦纳斯（Vallance）(1974) 关于课程取向的研究，他们将课程取向分为五类：学术理性主义 (academic rationalism)、认知过程（cognitive processes)、社会重建（social reconstruction)、自我实现（self-actualization）和技术取向 (technology)。[②] 后来，艾斯纳（1985）提出将课程取向分为六类，分别是技术（technology)、

* 与罗生全合作。

① 马云鹏：《国外关于课程取向的研究及对我们的启示》，《外国教育研究》，1998 年第 3 期，第 38～43 页。

② Eisner E W，Vallance E. *Conflicting Conceptions of Curriculum* [M]. Berkeley，CA：McCutchan，1974.

个人适合（personal relevance）、社会重建（也称批判意识）（social reconstruction or critical consciousness）、社会适应（social adaptation）、认知过程（cognitive processing）和学术理性（academic rationalism）。[①] 此外，艾利斯（Ennis）和朱（Zhu）（1991）将课程取向也分为五类，分别是学习过程（learning process）、自我实现（self－actualization）、学科掌握（disciplinary mastery）、生态综合（ecological integration）和社会重建（social reconstruction）。[②] 麦克尼尔（McNeil）（1996）提出四种分类的课程取向，即学术（academic）、社会重建（social reconstructionist）、人文主义（humanistic）和技术（technological）。[③] 我国课程研究者综合了国外对课程取向分类的研究，较倾向于将课程取向分为五类，即学术理性主义、认知过程、社会重建、人文主义和科技发展。学术理性主义取向主张以学科结构作为课程内容组织的基础，通过选取每一学科的知识精华来促进学生的理性发展，强调课程内容的获得和知识结构的掌握。认知过程取向则强调学习的过程，而不是学习的内容，倾向于把学科内容看作发展学生认知过程和智力的工具，注重培养学生诸如推理、分析和综合、发现问题、解决问题的能力。社会重建取向将学校课程视为有利于社会变革的工具，以社会的需要和问题作为组织课程内容的中心，主张让学生参与社会事务，了解和批判分析各种社会问题，发展学生的社会责任意识。人文主义取向认为应根据学生的兴趣和需要去选择及组织课程内容，重视课程综合和学生的情感、态度、价值观等情意品质的发展，强调学习环境的设计和学生的自我学习，促进学生个人的全面发展。科技发展取向尊崇教学效率和体系化的课程设计理念，认为学校课程应该致力于寻找有效的手段来达成预设的学习目标，注重培养学生使用信息技术的能力。

课程取向是课程设计的指导思想，[④] 尽管许多研究者在探讨课程设

① Eisner E. *The Educational Imagination: On the Design and Evaluation of School Programs*. New York: MacMillan, 1985，第 61～86 页.

② Ennis C D, Zhu W. Value Orientations: A Description of Teachers' Goals for Students Learning. *Research Quarterly for Exercise and Sport*, 1991, 62，第 33～40 页.

③ McNeil J D. *Curriculum: Acomprehensive Introduction* (5th ed.). New York: Harper Collins, 1996.

④ 靳玉乐：《新课程改革的理念与创新》，北京：人民教育出版社，2002 年，第 48 页。

计时或多或少会涉及课程取向的研究，但把课程取向作为独立的研究对象的文献并不多见，而且只有少数研究者对其进行了实证研究。艾利斯(Ennis)、穆勒(Mueller)和胡佩尔(Hooper)(1990)采用了75个题项的价值取向问卷，调查了教师的价值取向对课程设计的影响，应用于对职前物理教师、在职教师和学生等的课程取向的测试，主要集中在教师的取向、取向的相关以及不同类型教师的比较等方面。[①] 李(Lee)、安德森(Adamson)和鲁克(Luk)(1995)使用57个题项的课程取向问卷对香港的28名师范生进行了测试，发现有14位都倾向于认知过程取向。[②] 张善培(Derek Cheung)(2000)依据麦克尼尔(McNeil)的四种课程取向理论，通过对675名香港小学教师的调查，用结构方程模型建构了四种基本课程取向(学术、社会重建、人文主义、技术取向)和一种元课程取向(认知过程取向)。[③] 张善培和吴本韩(Hin-wah Wong)(2002)对648名教师进行了问卷调查，研究了五种课程取向之间的相关，及其与教师性别、教龄、学科专业和学校类别的关系。[④] 吴本韩和张善培(2002)用自编问卷对437名职前师训学员的小学科学课程取向进行了调查研究，结果显示学员最认同认知过程取向，但也不排斥其他四种取向，同时还研究了有关学员的科学知识背景、教学实习经验和曾修读科学单元的性质等因素的影响。[⑤] 此外，黄素兰和张善培(2002)调查了香港美术科教师的课程取向，发现教师对人文取向的认同程度最高。[⑥] 这些研究结果对课程设计提供了很好的实证依据，为教

---

① Ennis C D, Mueller L K, Hooper L M. The Influence of Teacher Value Orientations on Curriculum Planning within the Parameters of a Theoretical Framework. *Research Quarterly for Exercise and Sport*, 1990, 61 (4)：第360～368页.

② Lee J C K, Adamson B, Luk J C M. *Curriculum Orientation and Perceptions of English Language Instruction in Pre-service Teachers'*. Paper Presented at the International Teacher Education Conference, Hong Kong, 1995.

③ Cheung D. Measuring Teachers' Meta-orientations to Curriculum: Application of Hierarchical Confirmatory Factor Analysis. *Journal of Experimental Education*, 2000, 68 (2)：第149～165页.

④ Derek C, Hin-wah W. Measuring Teacher Beliefs about Alternative Curriculum Designs [J]. *The Curriculum Journal*, 2002, 13 (2)：第225～248页.

⑤ 吴本韩，张善培：《师训学员对小学科学课程取向的信念》，《教育曙光》，2002年第45期，第42～53页。

⑥ 黄素兰，张善培：《香港美术科教师的课程取向》，《教育研究学报》，2002年第1期，第137～160页。

师的课程设计与实施提供了思想上的保障，使后续的课程改革显得更科学和有效。

课程取向是关于课程目的、课程内容、教学策略和教学评价等课程要素的诸多信仰的集中反映，可以说，不同课程取向便是不同课程设计信仰的体现。所有教师都有关于学校课程应该如何设计的信仰，这些信仰与他们的教学行为密切相关，直接影响到教师课程设计的具体实现，因此，研究教师的课程取向具有重要的意义。本研究的目的在于了解中小学教师课程取向的总体情况，探讨教师的课程取向在性别、教龄、学校类别、学历、新课程培训上的特点，希望能够帮助教师更好地设计和实施课程，不仅为理论工作者提供实证支撑，而且为新课程的改进提供科学的依据。

二、中小学教师课程取向的定量分析

本文采用台湾学者黄政杰所著《课程设计》一书中提供的课程取向问卷作为调查工具，[①] 将原问卷的文字由繁体改为简体，表述得尽量易于大陆教师的理解，并请有关教育学和心理学专家审定。该问卷包括57个题项，分别描述五种课程取向：(1) 认知过程取向；(2) 科技发展取向；(3) 人文主义取向；(4) 社会重建取向；(5) 学术理性主义取向。被试在是和否上进行选择。采取分层抽样的方法，分别在成都市、南充市、南部县和南部县定水镇随机抽取小学、初中、高中各一所学校的教师作为被试，共发放问卷500份，回收问卷384份，剔除废卷获得有效问卷378份，回收率76.8%，有效率98.4%。

(一) 中小学教师课程取向的总体水平及其特点

对所有被试在五种课程取向上的得分情况进行描述统计（见表1）结果显示，相对于量表的理论平均分0.5分，五种课程取向的得分都比较高，其中认知过程取向的得分最高，其次是科技发展和人文主义取向，社会重建取向次之，学术理性取向的得分最低，表明中小学教师在课程取向上对认知过程取向的认同度最高，但也不排斥其他四种取向。

---

① 黄政杰：《课程设计》，台北：东华书局，1999年，第490～493页。

表 1 中小学教师课程取向的总体水平

	认知过程	科技发展	人文主义	社会重建	学术理性
M	0.89	0.83	0.83	0.80	0.75
SD	0.11	0.14	0.16	0.16	0.15

总体看来，中小学教师对认知过程的课程取向高度认同，这与其他学者的研究结论一致。①②③ 究其原因，一个可能的解释是，我国的课程设计一贯重视对学生知识和能力的培养，即注重学生的“双基”。植根于中国大地的双基教学理论，是新中国教育界几代人成功实践探索的理论结晶，是在中国经济落后、文化科技水平低下、教育基础薄弱的国情下，提出、发展并切实使中国教育质量得到迅速而有效提高的教学理论，是中国教育工作者对世界教育理论宝库的重要贡献。中国大多数教师在自己的教学实践中不自觉地萌发了“双基”情结。④ 双基注重对学生基本知识与基本技能的训练，是创新的条件，对学生的评价主要从其问题解决的能力角度去考查，这就要求教师对学生进行相应的能力训练，以适应外部评价者的需求。另一个比较合理的解释是，受苏联教学理论的影响，教会学生学习这一教学理念已在教师的观念中定型。尤其是凯洛夫教学论的影响，其注重知识学习和认识能力的发展，认为学生在掌握系统知识的同时，也掌握着智力活动（分析、综合、概括），从而发展了他们的智力，并且，能力也随之发展起来。长期这样的教学实践内化了教师对认知过程取向的高度认同。此外，新课改强调形成学生积极主动的学习态度，使获得基础知识和基本技能的过程同时成为学会学习和形成正确价值观的过程，既没有否定“双基”的重要性，从学会学习的角度讲，更是强化了教师的认知过程取向。

---

① 吴本韩，张善培：《师训学员对小学科学课程取向的信念》，《教育曙光》，2002 年第 45 期，第 42～53 页。

② Cheung D, Ng P H. Science Teachers' Beliefs about Curriculum Design. *Research in Science Education*, 2001, 30 (4)：第 357～375 页.

③ Cunningham R, Johnson J M, Carlson S. *Curriculum Orientations of Home Economics Teachers*. Paper Presented at the American Vocational Association Convention, St. Louis, Missouri, 1992.

④ 邵光华，顾泠沅：《中国双基教学的理论研究》，《教育理论与实践》，2006 年第 2 期，第 48～52 页。

中小学教师的课程取向还表现出另一个特点，即他们虽然高度认同认知过程取向，但并不排斥其他四种取向，该特点在其他类似研究中也得到了证实。[①②] 这表明教师关于课程设计的信仰存在互补的多元倾向，也即课程取向的综合化趋势。现代课程发展的一个基本理念就是强调全人发展的课程价值取向，我国新课程改革的课程设计取向正是以学生的全面发展为核心，把学生本位取向、学科本位取向和社会本位取向辩证整合起来。[③] 这既是课程设计的一种国际趋势，也是我国长期课程设计的实践过程的理论升华。每一种课程取向之间，包括教育目的、教学内容、教学方式与方法以及教学评价等之间都相互关联，其中的一些特点同时属于几种取向，很难在每种取向之间明确地划分出界限，即使在实践中也是如此。帕莱特（Pratt）认为，“它们的核心要素虽不一样，但其间却有非常强的相互联络。”[④] 同样，米勒（Miller）的访谈也显示出这一点：许多教师并不只是持一种取向，实际上，跟我一起工作的教师告知我说，他们喜欢持有几种取向。在课程设计与教学过程中，他们同时将两到三种取向混合用于实践。[⑤] 大量的理论研究和实践都表明，课程取向呈现综合化的趋势，任何单一的课程设计倾向都不符合课程发展的世界潮流。

（二）中小学教师课程取向的性别差异分析

对教师课程取向进行性别的独立样本 t 检验（见表 2），根据结果可知，男女中小学教师在认知过程取向、科技发展取向、人文主义取向和社会重建取向上差异不显著，在学术理性取向上有显著差异，男教师的得分比女教师的得分高。

① 吴本韩，张善培：《师训学员对小学科学课程取向的信念》，《教育曙光》，2002 年第 45 期，第 42～53 页。

② Cheung D，Ng P H. Science Teachers' Beliefs about Curriculum Design [J]. *Research in Science Education*，2001，30 (4)：第 357～375 页.

③ 靳玉乐：《新课程改革的理念与创新》，北京：人民教育出版社，2002 年，第 51 页。

④ Pratt D. *Curriculum Planning*：*A Handbook for Professionals*. Fort Worth，TX：Harcourt Brace，1994，第 9 页.

⑤ Miller J P. *The Education Spectrum*：*Orientations to Curriculum*. New York：Longman，1983，第 181 页.

表 2 中小学教师课程取向的性别差异分析

取向	男 M（SD）	女 M（SD）	t
认知过程	0.89（0.13）	0.90（0.10）	−0.92
科技发展	0.85（0.14）	0.82（0.14）	1.52
人文主义	0.83（0.17）	0.83（0.14）	0.11
社会重建	0.82（0.17）	0.79（0.16）	1.82
学术理性	0.77（0.17）	0.73（0.14）	2.19*

注：* p<0.05，** p<0.01，*** p<0.001；下同。

中小学教师在学术理性的课程取向上有显著的性别差异，男教师比女教师更认同该取向。这可以从男女个体心理特征的性别差异上加以解释，相对于女性而言，男性更理性，更擅长逻辑思维，更重视学习内容的价值和知识结构的严密性，更看重学术成就的意义，反映在课程设计的信仰上，男教师比女教师更倾向于学术理性取向。此外，从男女教师的成长经历来看，由于受传统社会文化和性别角色期望的影响，我国家长大多对男孩的望子成龙之心更切，希望将男孩培育成像物理学家、数学家、历史学家等那样的人物，期望他们在事业上有更大的发展，而对女孩的成才要求可能就更为宽松。这种社会文化的导向和不同的性别角色预期会使家长更看重对男孩进行学科知识结构的训练，重视学习那些诸如物理、数学等重要学科的课程。当这部分具备更多学科内容训练的儿童成长为教师之后，他们就有可能在课程取向上比女性教师更倾向于学术理性取向。这与张善培（Derek Cheung）和吴本韩（Hin-wah Wong）的研究结论不同，[①] 他们发现香港地区教师的课程取向没有性别差异。内地与香港虽同属于一种文化根基，但其教育体制、课程理念并不一样，再加之香港受西方文化的影响较大，这些差异反映在教师的课程观上，便产生了内地与香港的男女教师在课程取向上的不同。

（三）不同教龄教师课程取向的比较及其特点

从表 3 可以看出，不同教龄教师在认知过程和社会重建取向上有显著差异，在科技发展和学术理性取向上有非常显著的差异，而在人文主

① Derek C，Hin-wah W. Measuring Teacher Beliefs about Alternative Curriculum Designs. *The Curriculum Journal*，2002，13（2）：第 225～248 页.

义取向上没有显著差异。通过LSD事后多重比较可知，1～5年教龄的教师、11～15年教龄的教师分别与16～20年教龄的教师在认知过程、科技发展、社会重建和学术理性四种取向上有程度不同的显著差异，6～10年教龄的教师与16～20年教龄的教师在科技发展、社会重建、学术理性三种取向上有不同程度的显著差异，1～5年教龄的教师与20年以上教龄的教师在科技发展取向上有非常显著的差异，而6～10年教龄的教师与20年以上教龄的教师在社会重建和学术理性取向上有显著差异。

表3　不同教龄教师课程取向的方差分析

取向	1～5(a) *M(SD)*	6～10(b) *M(SD)*	11～15(c) *M(SD)*	16～20(d) *M(SD)*	20以上(e) *M*(SD)	*F*	*Post Hoc*
认知过程	0.88 (0.12)	0.90 (0.11)	0.88 (0.10)	0.93 (0.10)	0.91 (0.15)	2.66*	a<d**，c<d**
科技发展	0.80 (0.14)	0.83 (0.15)	0.82 (0.12)	0.89 (0.10)	0.87 (0.17)	4.22**	a<d***，a<e**，b<d*，c<d**
人文主义	0.84 (0.14)	0.81 (0.16)	0.82 (0.16)	0.89 (0.12)	0.83 (0.21)	2.38	
社会重建	0.80 (0.15)	0.78 (0.17)	0.80 (0.17)	0.86 (0.14)	0.85 (0.19)	2.89*	a<d*，b<d**，b<e*，c<d*
学术理性	0.75 (0.14)	0.72 (0.15)	0.75 (0.15)	0.82 (0.14)	0.79 (0.21)	4.64**	a<d**，b<d***，b<e*，c<d**

不同教龄的教师在人文主义的课程取向上没有显著差异，这可能是由于在传统的文化底蕴里，我国很少明确倡导人文性，人们在快速发展的社会中对功利的崇尚大于对人文精神的诉求，这种社会文化性导致了普遍的人文性的缺失。事实上，在新课程改革以前，我国的教育目的一般也是从社会的角度来阐释对人的培养要求的，更多地认为人的发展应该为社会服务，我们培养的是对社会有用的人才，学校的教育目标同样缺乏人文性。为改变这一现状，新课程将增强人文性的改革内容，提出以人为本的思想，强调在学校教育的方方面面（诸如培养目标、课程设计、学科内容选择、教学方法使用等）都要体现人文精神，这些改革要求深入人心，不管是多少教龄的教师都一致认同人文主义的课程取向。

那么在其他取向上为什么16～20年教龄的教师会与其他教龄的教师有显著差异呢？这也许是由教师的专业发展阶段决定的，在这个教龄阶段是专业发展的成熟期，教师对自己所持有的课程取向会进一步加深。该教龄段的教师对自己所遵从的教育理念会逐步在实践中得以运用，并有可能上升到新的理论高度，强化自己的课程取向。而一旦过了这个教龄阶段，便有可能产生职业倦怠，削弱其信仰，对取向的认同度有所减弱。

（四）不同学校类别教师课程取向的比较

从表4的结果可知，除认知过程取向外，小学、初中和高中教师在科技发展、人文主义、社会重建和学术理性取向上都有极其显著的差异。经多重比较发现，小学教师与高中教师、初中教师与高中教师在科技发展、人文主义、社会重建和学术理性四种取向上都存在着程度不同的显著差异，而小学教师与初中教师只在人文主义取向上表现出非常显著的差异。

表4 不同学校类别教师课程取向的方差分析

取向	小学(a) $M(SD)$	初中(b) $M(SD)$	高中(c) $M(SD)$	F	*Post Hoc*
认知过程	0.91(0.09)	0.91(0.11)	0.88(0.14)	2.35	
科技发展	0.86(0.12)	0.86(0.11)	0.79(0.17)	11.50***	a>c***,b>c***
人文主义	0.89(0.12)	0.83(0.15)	0.78(0.18)	17.21***	a>b**,a>c***,b>c*
社会重建	0.85(0.13)	0.83(0.16)	0.76(0.18)	13.00***	a>c***,b>c**
学术理性	0.79(0.14)	0.79(0.14)	0.70(0.16)	13.89***	a>c***,b>c***

不同学校类别的教师在认知过程取向上没有明显差异，而在其他四种取向上表现出极其显著的差异，这与艾利斯等人的研究结论不一样，[①②] 他们的研究表明，不同学校类型的教师在每一种课程取向上都

① Ennis C D, Zhu W. Value Orientations: A Description of Teachers' Goals for Students Learning. *Research Quarterly for Exercise and Sport*, 1991, 62, 第33～40页.

② Ennis C D, Chen A, Ross J. Educational Value Orientations as a Theoretical Framework for Experienced Urban Teachers. Curricular Decision Making. *Journal of Research and Development in Education*, 1992, 25, 第156～164页.

没有显著差异。这可能与我国的课程整体设计理念有关，中小学教师都普遍认同课程设计应该通过学科内容来发展学生的认知能力，因此他们在认知过程取向上没有体现出差异性。同时，由于课程设计的九年一贯制，也导致了小学教师和初中教师在科技发展、社会重建和学术理性取向上没有显著差异。但是，考虑到小学生身心发展的年龄特征，小学教师会更关注学生的兴趣、态度和情感，表现出比中学教师更多的人文主义课程取向。而高中阶段的学校教育处于义务教育之外，加上高考指挥棒的影响，高中教师比小学和初中教师更为忽视科技发展、人文主义、社会重建和学术理性取向。课程整体设计的思想应该具有某种连续性，不能仅仅局限于九年义务教育之内，中小学教师在课程取向上也应该保持一致，有必要进一步增强高中教师在科技发展、人文主义、社会重建和学术理性课程取向上的重视程度。

（五）不同学历教师课程取向的比较

表 5 的结果显示，不同学历的教师在科技发展、人文主义和社会重建取向上有极其显著的差异，在学术理性取向上有非常显著的差异，而在认知过程取向上差异不显著。经多重比较可知，研究生学历的教师与中师及其以下学历的教师、本科学历的教师与大专学历的教师、本科学历的教师与中师及其以下学历的教师分别在除认知过程以外的四种取向上有着不同程度的差异，研究生学历的教师与大专学历的教师在科技发展和学术理性取向上有非常显著的不同，而研究生学历的教师在科技发展取向上的得分显著低于本科学历的教师。

表 5　不同学历教师课程取向的方差分析

取向	研究生(a) *M*(*SD*)	本科(b) *M*(*SD*)	大专(c) *M*(*SD*)	中师及以下(d) *M*(*SD*)	*F*	*Post Hoc*
认知过程	0.84 (0.14)	0.90 (0.12)	0.90 (0.10)	0.92 (0.08)	2.11	
科技发展	0.76 (0.22)	0.82 (0.14)	0.87 (0.11)	0.89 (0.12)	6.61***	a<b*, a<c**, a<d**, b<c**, b<d**
人文主义	0.81 (0.19)	0.81 (0.16)	0.88 (0.13)	0.91 (0.10)	7.56***	a<d*, b<c**, b<d***

续表

取向	研究生(a) M(SD)	本科(b) M(SD)	大专(c) M(SD)	中师及以下(d) M(SD)	*F*	*Post Hoc*
社会重建	0.79 (0.15)	0.79 (0.17)	0.86 (0.15)	0.88 (0.12)	6.73^{***}	$a<d^{*}$, $b<c^{**}$, $b<d^{***}$
学术理性	0.69 (0.21)	0.74 (0.15)	0.81 (0.15)	0.80 (0.16)	5.13^{**}	$a<c^{**}$, $a<d^{**}$, $b<c^{**}$, $b<d*$

教师的学历层次对认知过程取向没有影响，但明显影响到教师的其他四种课程取向。很长一段时间以来，我国基础教育的课程设计理念仍然是强调学生能力的发展，力图通过知识教学（包括陈述性知识、程序性知识和策略性知识的教学）来实现培养学生能力的目标。这种课程设计理念深入中小学教师的观念体系，不管他们所接受教育的程度如何，都一致认同认知过程的课程取向。可能的原因是，我国历来重视认知取向，已经形成特有的公共教师文化，形成一种共同取向；课程设计对认知取向的侧重，也直接导致了各教师教育阶段的教师持有相应的取向倾向，也就是培养符合课程设计要求的准教师，这些准教师在这样的一个文化环境内也就有可能定型其课程取向。

然而，在其他四种取向上，学历的影响是非常显著的，本科和研究生学历的教师普遍比大专和中师学历的教师具有更低的认同度。究其原因，主要与他们所从教的不同学校类型有关。本科和研究生学历的教师一般是中学教师，难免会有升学（升高中或者升大学）考试的压力，因此在实际的课程设计上更加关注与升学考试有关的内容。不管现在的考试形式如何变化，对知识和能力的考查仍然是中学教育评价的重心，这必然导致中学教师的课程取向一味地向认知过程倾斜，而忽视其他几种取向。而大专和中师学历的教师一般是小学教师，没有升学考试的严格要求，对课程的设计更为宽松、自由，教师有更多的空间来考虑除认知过程以外的其他取向。国外已有研究显示，本科学历与研究生学历的职前教师在五种课程取向上都没有显著性差异，[①] 而我们的研究发现本科学历教师在科技发展取向上的得分显著高于研究生学历教师，这可能与我国高等教育在不同层次上的培养目标有关，本科更注重训练实际的操作能力，研究生则更强调培养科学研究的能力。

（六）不同新课程培训状况的教师课程取向的比较

表 6 的结果显示，不同新课程培训状况的教师在科技发展取向上存在着极其显著的差异，在认知过程和社会重建取向上有显著差异，而在人文主义和学术理性取向上没有显著差异。经多重比较可知，培训过一两次的教师与培训过三次及以上的教师在认知过程、科技发展和社会重建取向上都存在不同程度的显著差异，从未参加过新课程培训的教师与培训过一两次的教师在科技发展和社会重建取向上有程度不同的显著差异，而从未参加培训的教师与培训过三次及以上的教师在科技发展取向上有显著性差异。

表 6　不同新课程培训状况的教师课程取向的方差分析

取向	从未参加(a) $M(SD)$	1～2 次(b) $M(SD)$	3 次及以上(c) $M(SD)$	F	*Post Hoc*
认知过程	0.93(0.12)	0.87(0.13)	0.91(0.10)	3.53*	b<c*
科技发展	0.96(0.06)	0.79(0.17)	0.84(0.12)	10.20***	a>b***，a>c*，b<c**
人文主义	0.90(0.07)	0.80(0.15)	0.83(0.16)	2.17	
社会重建	0.90(0.10)	0.77(0.17)	0.81(0.16)	4.21*	a>b*，b<c*
学术理性	0.86(0.09)	0.75(0.16)	0.75(0.13)	2.77	

为了保证这次新课程改革的顺利实施，我国开展了大规模的新课程培训计划，在国家、省市以及县与学校层次展开，旨在帮助教师转变教育观念，深入理解新课程，其中也包括提高教师对新课程设计方面的认识。这种培训可以促使教师抛弃过去单一的课程取向，从多个角度理解课程，形成综合化的课程取向，并且对不同课程取向的认识也更加深

① Meek G，Cutner-Smith M D. Preservice Teachers' Value Orientations and Their Compatibility with the National Curriculum for Physical Education. *Physical Educator*，2004，61 (2)：第 88～101 页.

刻。然而，从具体的调查结果来看，参加过新课程培训的教师与从未参加的教师相比，在五种取向上或者没有明显差异（认知过程、人文主义和学术理性取向），或者得分更低（科技发展和社会重建取向），这与我们认为新课程培训应该有助于教师树立综合化课程取向的假设相悖，分析其原因，存在两种可能的情况。第一，新课程的培训者，包括课程专家、教师培训机构的教师、教育行政领导等，对新课程进行了不同的解读，有着各自不同的认识，他们将这些思想和理念统统传授给参训的教师，有可能淡化中小学教师原有的对课程取向的认同，产生课程设计信仰上的混乱与困惑，削弱了新课程培训的积极作用。第二，这个调查结果从另一个侧面反映出当前新课程培训中的突出问题，如过分强调对新课程知识的学习、技能训练和理念灌输以及理论学习等，[①] 使得本来是以推行新课程改革为初衷的新课程培训重新回到老路上，还是原来的课程形式和教学方式。不少教师把参加新课程培训看作一项必须完成的任务，他们缺乏参与的热情和主动性，甚至觉得反感，必然出现课程设计信仰上的滑坡和倒退。不过，在参加过新课程培训的教师中，培训过三次及以上的教师比培训过一两次的教师在认知过程、科技发展和社会重建取向上的得分高，表明随着培训次数的增加，教师对某些课程取向的认同度在回升。可见，坚持对中小学教师进行新课程师资培训是有成效的。

三、对基础教育新课程改革的几点启示

（一）课程设计上采用综合化取向

从一些理论研究和相关的实证研究以及本研究的结论看，教师一般持多种课程取向，只是在不同科目、不同的教学阶段有所侧重。这就需要我们的理论工作者在进行课程设计时，要考虑教师课程取向的综合化趋势，摈弃过去单一课程取向设计的思想，多种取向并重，并结合具体学科的特点，只有这样才能设计出科学、合理的课程，并有助于教师的

① 杜志强，靳玉乐：《新课程师资培训的问题与对策》，《课程·教材·教法》，2005 年第 5 期，第 79～83 页。

实施。否则，如果造成课程设计者和教师思想上的巨大差距，将使教师很难在短时间内深入理解课程的理念，并造成抵触情绪，影响课程实施。三级课程管理体制的施行，需要教师承担更多的课程任务，可以根据学校实际和学生的具体状况设计课程，由此了解自己的课程取向特点，可以在课程设计、课程实施以及课程评价等方面采取更明确和有针对性的措施。

（二）加强课程取向的实证研究

课程取向是有效沟通理论与实践的桥梁，既可以为理论研究提供支撑，也可为实践提供指导服务。我国的课程取向研究主要停留在对国外理论研究的介绍阶段，实证研究几乎没有，这无疑不利于课程的理论建设，也无法为我国的课程改革提供相关的科学依据。由此，应加强对课程取向的实证研究，课程理论研究者需要更多关注教师在实际的教学过程中的课程取向特点，从理论的角度研究教师课程取向，分析出不同学历教师、不同性别教师、不同学校类型教师、不同教龄教师在各科的课程取向的特点与规律，并在课程设计中有针对性地采取措施，拉近理论与实践之间的距离；学校课程领导者也应在学校层次上对教师的课程取向进行研究，从教师的课程实践着手，结合相应的理论研究成果，通过问卷调查、教师自述等分析教师的课程取向，推动学校课程的理论研究与实践。

（三）提高教师新课程培训的质量

从以上分析中，我们可以看出对教师进行培训可以增强教师对新课程的认同度。但现有的培训方式很难在短时间内取得所有教师对新课程的高度认同，诸如时间短、培训量大、培训的内容不切实际、培训方式单一等。除此之外，也有一些客观原因，如培训人员有限、教师工作繁重、经费短缺等。但在力所能及的范围内，如下四种措施将对提高培训质量有益。其一，应对参加过培训的教师进行再培训，强化对新课程理念的认同，但培训的方式与内容可适当调整，结合教师在实践中的课程倾向展开培训工作；其二，可将培训内容制成录像带或光盘，既可以使培训过的教师在空余时间进行多次回顾，也用来培训那些没有太多培训机会的教师，同时，还可通过网络资源等方式，拓宽教师培训的路径；其三，课程专家应主动与教师建立联系，走进学校，在具体的课程实践中指导教师，提高教师对课程理念的深刻认识和把握。学校也应该多接触各方面的课程专家，请一些课程专业工作者到学校来做一些讲座，或一起从事科研，甚至还可与一些课程专业的硕士生和博士生开展一些合作，避免专家数量的不足；其四，大力开展校本培训，要充分发挥那些有过多次培训机会教师的优势，通过同伴互助的方式传达新课程的理念，并在实践中展开有益的合作教学与研究，在短时间内使更多的教师认同新课程。

课程改革中教师的适应性*

一、问题的提出

伴随着新一轮基础教育课程改革（下称“新课程改革”）的深入，教师对新课程改革的适应问题得到了人们的广泛关注。这是因为，新课程改革不仅规模宏大，而且具有理念全面更新、课程结构多样组合、教学策略重大转变等特征。如果我们承认教师是课程改革的根本动因，那么，他们是否适应新课程改革带来的巨大挑战？如何改善教师对新课程改革的适应性？这无疑是对新课程改革具有重大影响的一个理论和实践问题。

正是在这种背景下，近年来我国出现了不少关于“教师适应性”的研究。一些研究显示，大多数教师对新课程的教学是基本适应的，其教学观念和教学实践都能够按照新课程改革的要求发生一定程度的转变。教师对教材的可教性、评价的导向性、培训的接受性、管理的信服性以及对象的互动性有着较高的评价，对新课程改革的适

* 与尹弘飚合作。

应性处于中上水平。[①] 不过，也有学者指出，虽然新课程改革在我国已经全面展开，但当我们走进课堂，我们会发现教师仍然存在许多“适应不良”。例如，教师依然过分地依赖教科书，传统的教学方式仍在继续，新的教学方法、策略和手段并未得到有效使用，教师的角色未能发生预期的转变，教师难以适应教授综合课程的要求。[②] 这些研究为我们了解新课程改革中的教师适应性奠定了基础，但是，现有的教师适应性研究仍然存在着一些有待改进之处。例如，对“教师适应性”这一概念缺乏深入的学理分析，大都重在描述问题的表面现象；对教师适应缺乏多角度的系统探究，容易割裂地看待问题；研究方法较为单一，未能综合使用多种方法，而且一些研究使用的测量工具的素质也缺乏保障。

鉴于此，本研究拟在检视已有文献的基础上，澄清“教师适应性”这一概念的含义，剖析新课程改革中教师适应性的核心议题，最后找出能够有效促进教师适应新课程改革的策略和机制。显然，这对完善我们关于课程改革的认识，以及推进新课程改革的深入实施，都具有十分重要的意义。

二、教师适应性的理论架构

纵观国内外已有的相关文献，虽然研究者早在20世纪70年代就开始关注课程改革中的适应问题，但“教师适应性”（teacher adaptability）直到今天都是一个欠缺严格界定的术语。这意味着我们有必要对适应、适应性、教师适应性等概念的内涵做出梳理。

适应（adaptation），又称调适，原是一个生物学概念，指有机体经过相互竞争和自然选择而形成适合环境条件的生物性状。在心理学上，适应是个体与各种环境因素不断互动的过程，一般指个体调整自己的机体和心理状态，使之与环境条件的要求相符合。研究者指出，对“人”

① 汪红烨：《城乡数学教师在新课程标准实验过程中的适应性研究》，《西南师范大学学报（自然科学版）》，2006年第6期，第183～186页。

② 巩子坤，李忠如：《数学教师对新课程理念的适应性研究》，《数学教育学报》，2005年第3期，第67～71页；王秀红、马云鹏、范雪媛：《实施综合科学课程，理科教师们准备好了吗——分科理科教师对综合科学课程适应性的调查与分析》，《教育理论与实践》，2008年第3期，第45～48页。

这种特定的适应主体来说，由于他/她不仅是一个生物体，更重要的是一个社会成员，因此，人的适应主要指社会的适应，就是指个体在自身努力或外界环境的作用下，形成符合社会生活条件和满足个体需求的某种心理一行为模式的过程。[①] 基于这种理解，学者们将适应性（adaptability）定义为"个体在社会组织系统、群体或文化经济因素的变化中，其生存功能、发展和目标的实现相应地变化的能力"，[②] 或认为"适应性也就是心理适应能力，即个体在与周围环境相互作用、与周围人们相互交往的过程中，以一定的行为积极地反作用于周围环境而获得平衡的心理能力"。[③] .

早在课程变革研究的初期，适应问题就引起了学者的注意。当时的研究者将学校组织作为适应主体，认为适应性就是学校组织在一个特定时段内应对外部变革，采用新的课程、程序与技术的程度。若学校组织内部的分层程度越高，则其适应性越低；若组织结构保持一定程度的异质性和不确定性，而不是将外部出现的问题硬生生地拉入现有的结构之中，那么组织就更容易适应环境的剧烈变化。[④] 由于适应能够更好地满足主体自身的需要，因此教师对学生的适应，即根据学生在兴趣、能力与需要等方面的差异改变自身行为的能力，被视为教一学过程的核心，而教师这种改变自身行为的程度也被视为教师能否适应学生的一般指标。[⑤] 这种观点在变革研究中亦有回应。例如，参与并领导 20 世纪 70 年代中期"兰德变革动因"研究的 McLaughlin 就明确地指出，成功的课程变革是一个相互调适的过程。[⑥] 延续了相互调适的传统，Buttolph 指出适应是革新的动态传播过程，其中变革的采用者会根据自身的需要

---

① 许峰：《关于人的适应性培养的社会心理分析》，《教育研究与实验》，2000 年第 6 期，第 36～40 页。

② 车文博：《心理咨询百科全书》，长春：吉林人民出版社，1991 年，第 684 页。

③ 郑日昌：《中学生心理诊断》，济南：山东教育出版社，1994 年，第 222 页。

④ Segal，M. *Organization and environment*：*A typology of adaptability and structure*. Public Administration Review，1976，34（3）：212-220.

⑤ Hunt，D. E. *Teacher's adaptation*：*'Reading' and 'flexing' to students*. Journal of Teacher Education，1976，27（3）：268-275.

⑥ McLaughlin，M. W. *Implementation as mutual adaptation*：*Change in classroom organization*. Teachers College Record，1976，77（3）：339-351.

对革新做出变动。[①]

如果我们将教师视为适应的主体，而课程变革则是外部环境提出的新要求，那么教师能够因应外界的变革要求，对自身做出某种调整以保持自我与环境的平衡就应该是教师适应性的基本内涵。在课程变革中，并非所有的教师都能以预期的方式应对变革要求，而是基于自身的特定背景，赋予变革不同的个人意义，并采取彼此相异的行动，因此教师对课程变革也会呈现出不同的适应结果。例如，Lambdin 与 Preston 归纳了一项小学数学课程改革中三类教师适应的形态特征，即难以适应改革的“沮丧的教学法论者”、努力寻求自身发展的“成长中的教师”以及顺利完成适应的“标准持有者”。[②] 通过检视遍及全美的大规模学校整体改革——“全体成功”（Success for All），Datnow 与 Castellano 也区分了四类教师，即强力支持者、一般支持者、接受者和激烈抵制者，并指出教师的适应行为对实施改革会产生十分显著的影响。[③] 事实上，课程变革从来都对教师适应性提出挑战。在频繁而剧烈的变革时代，这种挑战会更加严峻。它不仅影响到教师在实施变革中的个人成功，甚至会对教师的职业生涯规划产生深远影响。Troman 与 Woods 的研究表明，随着变革步伐的加剧，英国的教师职业由以前的“天职”（vocation）变成现在的“工作”（job），而教师则通过自我实现、放缓步调（downshifting）甚至离职逃避三种方式来适应外界社会的宏观变革。[④]

值得注意的是，虽然这些研究有助于我们理解课程改革中教师适应性，但它们并未对“教师适应性”这一概念的基本要素做出界定，因此我们也无从把握课程改革中的教师适应性究竟包括哪些方面——这对我国近年来关于教师适应性的研究来说同样适用。因此，我们需要对教师

---

① Buttolph，D. *A new look at adaptation*. Knowledge：Creation，Diffusion，Utilization，1992，13（4）：460-470.

② Lambdin，D. V.，& Preston，R. V. 1992：*Caricatures in innovation：Teacher adaptation to an investigate-oriented middle school mathematics*. Journal of Teacher Education，1995，46（2）：130-140.

③ Datnow，A.，& Castellano，M. *Teachers. responses to success for all：How beliefs，experiences，and adaptations shape implementation*. American Educational Research Journal，2000，37（3）：775-799.

④ Troman，G.，& Woods，P. *Careers under stress：Teacher adaptations at a time of intensive change*. Journal of Educational Change，2000，1（3）：253-275.

适应性的基本要素做出澄清。

要回答这个问题，我们就要回到“适应”概念的原初含义上来。研究者指出，适应包含三个基本组成部分：（1）个体：这是适应主体；（2）环境（情境）：它与个体相互作用，不仅对个体提出了自然和社会的要求，而且也是个体实现自己需要的来源；（3）改变：这是适应的中心环节，它不仅包括个体改变自己以适应环境，而且包括个体改变环境使之满足自己的需要，其目的是为了达到个体环境的和谐。[①] 依此类推，对分析课程改革中教师的适应性来说，“教师改变”就成为不可或缺的中心环节。正是通过教师改变这一桥梁，教师适应性与课程变革密切地联系起来。

概言之，教师改变泛指教师在课程改革或日常专业实践中发生的各种变化，包括教师外显的行为变化和内隐的心理变化。借鉴已有的研究以及心理过程的认知、情感和意动的三分法，学者将教师改变分为三个相互关联的类型：（1）材料与活动的变化：指教师使用新的、改进过的教材与活动；（2）教师行为变化：指教师使用新的教学方式和策略，即教学实践的改变；（3）教师的心理变化：指教师认知、情感和意动方面的心理变化，包括信念、情绪、动机、态度等因素在内的改变。[②]

其实，心理过程的认知、情感与意动三分法对理解“适应性”来说也同样富有启示。例如，Calarco 与 Gurvis 近来为发展领导者的适应性建议了一个框架。他们认为，领导者的适应性包括三个方面：（1）认知弹性（flexibility），指领导者在规划和决策中能够兼容多种思维策略和心智框架；（2）情绪弹性，指领导者能够因人而异地对待自己和他人的情绪；（3）意向（dispositional）弹性，指领导者面对困难时能够保持乐观，同时又能够开放而现实地看待问题。[③] 显然，这个三分类框架与心理过程的三部曲实有异曲同工之妙。

鉴于此，我们尝试以图 1 所示框架界定课程改革中的教师适应性研

① 徐浙宁，郑妙晨：《国内“学习适应性”研究综述》，《上海教育科研》，2005 年第 5 期，第 51～53 页。

② 尹弘飚，李子建：《论课程改革中的教师改变》，《教育研究》，2007 年第 3 期，第 23～29 页。

③ Calarco，A.，& Gurvis，J. Flexible flyers：*A leader. s framework for developing adaptability*. Leadership in Action，2006，25（6）：14-16.

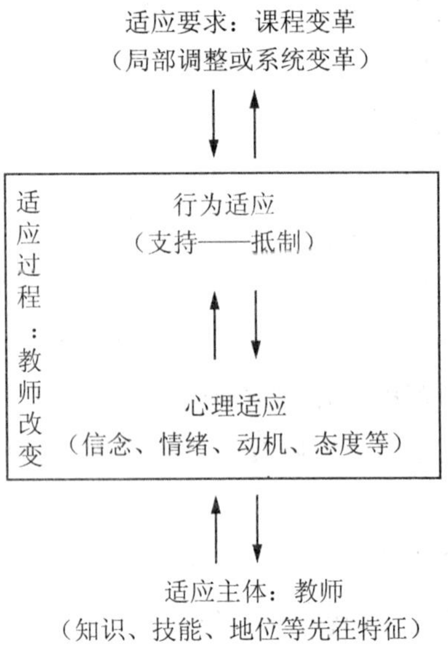

图 1　课程改革中教师适应性的理论架构

究。在这里，教师适应性指教师在课程变革中因应外界的变革要求，对自身的心理状态和行为实践做出调整，从而在自我与环境之间保持平衡的心理—行为特征。其理论架构包括三个组成部分：(1) 作为适应主体的教师所具有的特征，如知识、技能、地位等，它们为教师适应提供了先在背景；(2) 作为反映特定情境要求的课程变革，可以是课程与教师系统的局部调整，也可以是整个课程与教学生态的系统变革，它们为教师适应的方向提出了要求；(3) 作为适应中心环节的教师改变，包括教师在课程变革中的行为改变与心理改变，它们分别体现了教师在课程变革中的行为适应和心理适应的程度。在这个架构中，课程变革与教师先在的个人特征都会对教师适应产生影响。在行为适应方面，教师在课程变革中会处于从支持到抵制构成的连续体上的任何一个位置；在心理适应方面，教师的信念、情绪、动机和态度等心理过程会发生不同程度的变化，并且与教师的行为改变构成相互影响的关系。这种教师适应带来了两个结果：一方面，课程变革在实施中发生了调适；另一方面，教师既有的个人特征也会得到巩固或削弱，从而具有甚至生成了一些新的特征。

三、新课程改革中教师适应性的核心议题

那么，就新课程改革来说，教师适应性的核心议题究竟是什么？这需要我们进一步回答：新课程改革是一次什么样的变革？对教师提出的核心要求是什么？教师又有何种表现？

（一）文化变革：新课程改革的关键词

如前所述，个体所处的环境是分析教师适应性的基本要素之一，它让我们理解个体适应的外部驱力。因此，我们首先要对新课程改革的自身特征进行分析。我们不妨简单回顾一下改革政策的发展脉络：1998年12月，教育部颁布《面向21世纪教育振兴行动计划》，提出将于2000年启动第八次基础教育课程改革，“争取经过十年左右的实验，在全国推行21世纪基础教育课程教材体系”。1999年6月，《中共中央国务院关于深化教育改革全面推进素质教育的决定》又重申了启动课程改革的议案。2001年6月，教育部颁布《基础教育课程改革纲要（试行）》，并相继出版了20个学科的《课程标准（实验）》及49种教科书。同年9月，义务教育阶段的课程改革付诸实施。2003年4月，教育部颁布了《普通高中课程方案（实验）》和高中阶段15个学科的《课程标准（实验）》。2004年9月，高中阶段的课程改革在山东、广东、海南、宁夏四个省区首先试行实施。今天，在经历了近七年的实施之后，新课程改革在我国已经全面展开，并且日益深化。

毫无疑问，新课程改革规模之大、范围之广自是有目共睹。然而，新课程改革的影响程度尚不仅于此。课程专家Cuban曾将课程变革分为“浅层变革（first order change）”和“深层变革（second order change）”两类：前者的焦点在于学校教育的外观特征，试图在不触动学校教育的组织特征、不改变教学活动师生的角色与行为方式的前提下提高教学效率，对课程内容进行修补增删；后者的焦点在于改变学校的组织结构，通过更新学校教育的目标、结构以及教学文化对其进行重

构。[①]《基础教育课程改革纲要（试行）》明确指出，新课程改革绝非只是对教材或课程内容的更新与调整，而是意欲同时实现包括课程目标、结构、教学、评价以及管理体制在内的系统变革。而且，新的课程体系将涵盖幼儿教育、义务教育和普通高中教育。换言之，基础教育的三个阶段之间将形成一以贯之、相互衔接的课程体系。由此来看，将新课程改革视为一次涉及整个基础教育课程体系的、深层的文化生态变革来说毫不为过。因此，有学者指出，“文化变革”是本次基础教育课程改革的关键词。在最根本的意义上，“它涉及每个人平常是怎么思考问题，怎么行动，换言之，是怎么过日子的……所谓文化变革，就是指改变和转换人已经习惯的生存方式”。[②] 事实上，通过这次变革，新课程改革不仅要使课程体系符合新时代的要求，更是要重建课程的文化精神，引领整个社会与教育领域的文化创新。[③] 具体而言，新课程改革呼唤的是一种以合作、对话与探究为价值取向的文化模式创新。所谓合作文化，就是强调课程的发展性。每一个儿童都是一个完整的生命体，促进其发展需要多人合作才能实现。新课程强调一种共建共享的课程文化，专家、教师、学生及家长和社会认识都是合作共同体的一份子。所谓对话文化，就是强调课程的民主性。课程本身就是一种对话，是所有与课程利益有关的人员和部门之间的对话。所谓探究文化，就是强调课程的科学性。就课程设计来说，从课程目标的确定、内容的选择与组织、实施到评价，也需要不断的探究才能做出课程的决策；就课程实施来说，教师面对的是一个个活生生的人，教师的这种专业生活方式决定了教师必须面对教育情景中的不确定性，这种不确定性需要教师去解决、去探究。

（二）身份学习：新课程改革对教师的核心要求

显而易见，作为整体文化生态变革的新课程改革会给教师提出形形色色的具体要求，如遵循新的理念、使用新的教材、采用新的教学方

---

① Cuban，L. *Reforming again，again and again*. Educational Researcher，1990，19（1）：3-13.

② 李政涛：《基础教育改革的关键词应是“文化变革”》，《人民教育》，2008 年第 3—4 期，第 2～5 页。

③ 靳玉乐，陈妙娥：《新课程改革的文化哲学探讨》，《教育研究》，2003 年第 3 期，第 67～71 页。

法、采用新的评价策略以及习惯新的课程发展方式等。那么，这场改革对教师提出的最为核心的要求究竟是什么呢？其实，无论是何种要求，最终都是对教师的“自我”（self）提出的挑战。在变化着的外部环境中，教师只有不断改变自我、充实自我、完善自我，才能与外界的变化保持一致，即适应外部变革。为此，学者指出，“身份学习”（identity learning）是教育变革的核心过程，今天的教育变革最终要求的就是教师专业身份的转变。[①] 这无论对西方的教育变革还是对我国的新课程改革来说，都具有深刻的洞察力。新课程改革的范围之广、程度之深、要求之复杂是我国以往历次课程改革都无法比拟的。它的实施意味着教师的整个专业场景将发生彻底的转变，教师以往早已内化为自我之一部分的专业实践、规范、标准与价值观基本上都将在改革中失去意义，而在新的场景中重新建构身份认同也成为教师必须完成的使命。

概括起来，新课程改革对中国大陆教师的角色期望出现了一次以“专业化”为特征的变迁：我们希望教师从严谨详尽的教科书、教学大纲的束缚中解放出来，拥有对课程与教学的设计、决策、评价与管理权力，同时成为自身专业发展的主体，能够不断探究、持续反思、终身学习。随着新课程改革的实施，“教师作为专业人士”已成为教育理论与实践界的一种主流话语，反映教师角色期望之变化的概念在今天也是层出不穷。例如，教师要由“搬运工”走向“研究者”，要由“一桶水”成为“涓涓细流”，要由“个体劳动者”走向“团结合作者”，要由“知识复制者”成为“潜能开发者”……一言以蔽之，我们希望教师由一个“教书匠”转变成一位“专业人士”。

由此来看，从根本上说，新课程改革对教师来说意味着一次身份认同的考验。若教师在实施新课程中，能够学习并内化新的专业身份，就能适应新课程改革的要求。那么，在这种从“教书匠”到“专业人士”的身份学习过程中，教师适应的表现如何呢？研究者总结了新课程改革中教师重构自我的四种形态：[②]（1）“领头羊”：他们有着丰富的教学经

① Geijsel, F., & Meijers, F. Identity learning: The core process of educational change. Educational Studies, 2005, 31 (4): 419-430.

② 尹弘飚，操太圣：《课程改革中教师的身份认同：制度变迁与自我重构》，《教育发展研究》，2008年第2期，第35～40页。

验和精湛的教学技艺，其专业素质深为同行所赞许；他们有着超前的教育理念，尽管这种理念与新课程改革也许并不同步；他们或许没有正式的行政职务，但他们却是教师群体公认的无冕之王，是教师群体效仿的楷模。与其他教师相比，这类教师对改革所持的态度非常积极，与时俱进、积极进取是他们在课程实施中表现出来的基本特征。（2）“适应者”：他们对传统教育的弊端有着清晰的认识，对新课程描绘的理想家园充满了憧憬。当改革来临之际，他们为之振奋鼓舞，义无反顾地踏上了改革之旅。然而，随着改革的展开，他们遭遇到一系列的问题、冲突和矛盾，不折不扣地实施改革也变成了一件难以企及的事情。当无法按照预定的设想实施改革时，改变自己以适应环境就成为无奈却又合理的选择。（3）“小卒子”：他们认为自己只是改革的一个执行者，对实施进程来说无足轻重，因此用“小卒子”、“棋子”等来形容自己在改革中的位置。服从指挥、按章行事是他们的主要特征。（4）“演员”：他们是新课程改革中一类特殊的抵制者，表里不一是其适应行为的真实写照。在情绪上，他们对新课程改革充满愤慨、嘲讽与不满。不过，他们的行为却显得要温和得多。在公开场合，他们都会“把课堂搞得很热闹、体现活力”，给人们留下一个顺应改革的好印象。

四、促进教师适应新课程改革的机制

面对新课程改革这样一场规模宏大、影响深远的系统变革，教师在适应过程中存在一定的问题是正常的。对教师适应性进行理论探讨当然重要，然而，在更加务实的层面上，教师适应性研究的关键是在发现问题后，我们应该如何应对和及时解决，使宏观的新课程改革与微观的教师改变相互协调、相互适应，从而推动其共同发展。

正如我们在讨论“教师适应性”时指出的那样，提出适应要求的“环境”和作为适应主体的“个体”是分析适应问题时不可或缺的两个方面。为此，我们应从这两个角度出发，为改善新课程改革中教师适应性提出建议。

（一）教师适应性的外部推动机制

完善教师适应性的外部推动机制的重点在于创设一个宽松和谐、多方协调的外部环境，从而为推动课程改革与教师改变的相互适应提供条件。

1. 调动多方力量参与和支持新课程改革

推动新课程改革需要整个利益相关者团体的共同努力，每一个角色在其中发挥着不同的作用。因此，构建一个课程改革的网络平台，加强新课程改革中不同主体间的联系，这对形成有利于新课程改革的外部环境、推动新课程实施来说非常重要。在后续的课程实施中，我们还需要进一步完善网络平台，把政府、社会、学校、家长甚至学生等利益相关者调动起来，建立一个畅通的网络沟通机制，从而促使教师在心理上和行动上出现更加积极的转变，从而带动课程改革与教师改变的共同发展。

2. 完善教师专业发展项目，缓解教师的心理适应问题

面对教师在实施课程改革中出现的各种适应问题，我们必须采取有效措施，及时解决，其中教师专业发展项目是我们能够提供干涉的一种重要途径。在调查中我们发现，当前的教师专业发展活动应重点放在提升改革成效、推动教师间的合作与交流方面。因此，除了加强微观的案例性的课堂教学指导外，在学校与地区内部进行典型教学经验的推广，以及在学校之间、地区之间进行跨学校/区域交流也十分重要。通过这样的教师专业发展活动，我们既要解决教师观念更新问题，也要解决课堂教学的操作问题，从而消除广大教师对新课程改革的心理适应问题，促使其成为改革的生力军。

3. 加强新课程改革的制度保障机制

创设有利于课程改革与教师改变的外部环境，制度保障十分重要。为此，教育行政部门要保障课程改革的基本经费需求，履行政府在新课程改革中应尽的职责；加强教研队伍建设，为新课程实施提供人力支援与智力支持；推动地区间改革经验的学习和交流活动，为新课程实施提供良好的制度平台。在学校层面，我们应转变传统的教研观念和模式，建立与新课程相适应的校本教研制度；建立课程专家、研究人员与学校人员之间的沟通机制，鼓励双方的交流和协作；建立发展性的教师评价和学校评价制度。

（二）教师适应性的内部强化机制

完善教师适应性的内部强化机制的重点在于发挥教师个体与群体具

备的积极性和能动性，促使其更为顺畅地发挥自我调节功能，从而更加主动地投入新课程改革。

1. 教师应增强自我调节意识，培养健康心态

要建立教师适应性的内部强化机制，首先要发挥教师的自我调节功能。教师要增强自我对心理状态的意识，以积极健康的心态面对新课程改革。教师应充分认识到当前教育改革是大势所趋，因而应以主动、积极的态度迎接改革，以比较理智和宽容的心态看待改革进程中暂时出现的矛盾和困难。同时，当遭遇到这些困难时，教师应主动采取一些措施，使自己的消极心理感受能够及时得到缓解。

2. 主动参与校本教研，培养合作的教师文化

校本教研是新课程改革提出的一种新的增强教师实施改革能力的活动，这被学者视为一种促进教师适应新课程改革的有效途径。① 校本教研以新课程为导向，以课程实施过程中学校所面对的各种具体问题为对象，以每个学生的发展为前提，着眼于学生成长、教师提高和学校发展，着眼于在学校情境中发现问题、研究问题和解决问题。为此，教师应主动参与校本教研活动。这意味着，教师在校本教研活动中应该主动反思，与其他教师积极展开合作、交流。值得指出的是，在协助教师适应新课程改革的过程中，合作的教师文化也十分重要。校本教研与各类教师专业发展活动要取得实效，不同学科、学校以及地区教师之间的协调意识与合作交流都不容忽视，而这有待于教师群体自身的共同努力。因此，我们要为形成制度化的集体工作模式，为培养合作的教师文化创造条件。

3. 学校与教师群体应正视教师的适应问题，协助教师克服适应困难

学校不仅是教师所处的外部环境，其自身也恰恰是一种教师群体。这个群体对教师适应问题的看法，往往会影响教师对课程改革的适应性。在新课程改革中，教师遇到一些困难本是常事，然而，很多时候学校或教师群体会将这些遭遇适应困难的教师视为“异端”。要促进教师

① 容中逵：《抵制、规避还是适应、胜任——论基础教育课程改革实施中的教师问题》，《教育理论与实践》，2006 年第 8 期，第 30～32 页。

对新课程改革的适应，我们就应正视教师遭遇的适应困难，要把问题看作我们的朋友，从中寻找改变实践的线索。因此，当教师在新课程改革中出现适应问题时，分析其原因并解决这些问题、及时做出政策调整往往比收集教师反馈更有助于解决问题。

校本课程发展背景下的课程领导：理念与策略*

在课程管理术语的使用上，美国新近多采用"课程领导"来替代传统的"课程管理"。这一替代在一定程度上体现了课程管理方面的变革趋势。"课程领导"的基本理念是什么？"课程领导"与"课程管理"相比新在何处？在校本课程发展的背景之下，课程领导理念以何种方式运作才能更好地促进校本课程乃至整个课程体系的发展？这些问题都是我国课程学者亟须思考并做出回答的问题。

一、课程领导与课程管理：两种不同的管理理念

有人认为，我国使用"课程领导"只是对"课程管理"一词的替换，只是追赶时髦所致。为消除这一误解，笔者认为，有必要首先澄清一下两者的内涵所在。

我国学者大多认为领导与管理既有交叉和包容，又有显著的区别。"领导行为偏重于决策、

* 与赵永勤合作。

指挥、创新，较多地考虑管理中的人文、价值和发展动力因素；管理行为则侧重于安排、执行、整合协调，较多地考虑管理中的技术因素。”① 从词义学进行分析，管理意义项有三：第一，负责某项工作使之顺利进行；第二，保管和料理；第三，照管和约束（人或动物）。② 显然，课程管理应取第一意义项，课程管理意即：负责课程方面的工作使之顺利进行。领导的意义项有二：一是率领并引导朝一定方向前进；二是担任领导的人。③ 与课程管理相对应，课程领导应取第一意项，意即为在课程方面率领并领导相关人员朝一定方向前进。从两个术语的概念分析上，我们可以看到：课程领导与课程管理虽有含义的交叉和包容，但在权责和组织关系上仍有不同的内涵。本文试从组织学和社会学两个角度进行分析，以廓清课程领导与课程管理的区别。从组织学角度出发，我们可对两者进行如下分析（见下表）。

课程领导与课程管理之比较分析

项目	课程领导	课程管理
权力主体	实行权力分享，课程相关人员均民主分享权力，尤其是对课程实施及其结果承担责任的学校与教师	管理权力集中于管理者特权阶层，学校和教师不分享权力
权力实施	依靠课程领导者的法定权力和自身的个人权威，以后者为主	依靠课程管理者的法定权力和自身的个人权威，以前者为主
决策及推行	课程相关人员民主决策，作为决策主体之一的学校和教师进行实施	课程管理者进行决策，以行政命令方式自上而下推行，学校和教师被动执行课程决策
教师观	相信教师具有创意和创造力，具有一定的决策能力	认为教师只是既定决策、命令的执行者，缺少决策能力

---

① 冯大鸣：《沟通与分享：中外教育管理领衔学者世纪汇谈》，上海：上海教育出版社，2002年。

② 中国社会科学院语言研究所词典编辑室：《现代汉语词典》，北京：商务印书馆出版，1983年，第410页。

③ 中国社会科学院语言研究所词典编辑室：《现代汉语词典》，北京：商务印书馆出版，1983年，第722页。

续表

项目	课程领导	课程管理
沟通模式	纵向沟通之外有较大程度的校内外横向沟通和交流	纵向行政命令为主，有较少的自发形式的校际间横向沟通
动力来源	决策主体自身的创意和创造力，自我驱动	来源于外部、上司的监管、监控

由上表可以看出，传统的课程管理是一种分层组织式的管理模式，其特征如下：

1. 坚持等级式的管理和对低层人员的监管；

2. 确定和保持适当的垂直交流；

3. 制定明确的书面规章和程序以确定标准和指导行为；

4. 颁布明确的计划和日程，以供参与人员遵守；

5. 在组织等级体系下增加监管人员和行政人员，因为有必要这样来解决组织在不断变化的条件下所面临的问题。[①]

显然，课程管理把“组织视为一个权力和信息集中于高层的等级体系。因此，一些首创性的好主意从这里传递到低一层次去落实”。[②] 这种组织观受到以泰勒为代表的科学管理学派创立的古典管理理论的深刻影响。古典管理理论通过对工人的统一、科学的管理来获得效率的提高。这种统一化、等级化、秩序化的组织观是基于这样一种文化假定：我们生活的世界是遵循某种规则和逻辑组织起来的庞大系统，制度和秩序是其最基本的特征。我们的文化寻求就是，创建和维持某种受严格程序和规则限定的等级组织，以保证这种天然秩序的良性运行。在这样的文化假定之下，课程管理的理念显得十分自然：课程是一个具有一定秩序的系统，最高管理阶层是集中了信息与智慧的地方，学校和教师忠实执行自上而下的行政命令是课程的最佳经营方式。这同国家课程的基本理念不谋而合，它通过国家课程的统一实施确保中央集权国家政治管理

① 罗伯特·G·欧文斯：《教育组织行为学》，窦卫霖，温建平，王越，译，上海：华东师范大学出版社，2001年，第95～96页。

② 罗伯特·G·欧文斯：《教育组织行为学》，窦卫霖，温建平，王越，译，上海：华东师范大学出版社，2001年，第56页。

的良好秩序。

课程领导所提倡的管理新理念，“意在摆脱历来的‘管理’思想：自上而下的官僚体制的‘监管’、‘监控’”。[①] 它是另外一种组织的观点，即人力资源的组织观，“人力资源思想走到前台，成为考虑组织的一种新的重要方法”。[②] 这种组织观视“组织是一个合作性的、社团的、甚至是协作的系统。在这样一个组织体系中，奇思妙想处处可见，只有当不同指挥管理层的领导能够充分发挥下属的才能，调动他们的积极性，这些奇思妙想才能显示其威力”。[③] 由此可见，课程领导具有以下特征：

1. 重视个人的思考，引导他们发挥才能和潜力；

2. 以组织目标为中心实施合作，使参与者积极奉献；

3. 使参与者认同、适应组织共同的价值和目标，并与个人目标形成联系。

这种组织观基于的文化假定是：人只有在创造文化的活动中才成为真正意义上的人；也只有在文化活动中，人才能获得真正的“自由”。[④] 作为一个自由的真正意义上的人，每个个体都有创造文化的能力。我们的文化追寻是，创建一种自由开放的组织，以确保每个人文化创造能力的生长和发挥。在这样的文化假定下，我们可以这样理解课程领导：课程的组织体系应是自由、民主、开放的，体系里的每个学校和教师都是具有创意和创造力的主体，课程领导就是要使他们在分享决策权的基础上进行纵横沟通以形成共同目标。同时，通过个体对共同目标的理解和体会，形成协同努力的发展机制。这同校本课程的基本理念是相适应的。它通过让学校和教师分享权力、民主参与，最大限度确保他们创造力的发挥。

从社会学的角度来看，课程领导和课程管理也是有区别的。社会学

① 钟启泉：《从“课程管理”到“课程领导”》，《全球教育展望》，2002 年第 12 期，第 24～28 页。

② 罗伯特·G·欧文斯：《教育组织行为学》，窦卫霖，温建平，王越，译，上海：华东师范大学出版社，2001 年，第 99 页。

③ 罗伯特·G·欧文斯：《教育组织行为学》，窦卫霖，温建平，王越，译，上海：华东师范大学出版社，2001 年，第 56 页。

④ 恩斯特·卡西尔：《人论》，甘阳译，北京：西苑出版社，2003 年。

认为一个社会系统必然涉及组织和个人这两种现象。“在这种系统中的社会行为，可以从两种主要元素的功能加以了解，那就是规范空间（nomothetic or normative dimension）和理想空间（idiographie or individual dimension）。前者包括机构、角色和期望；后者则由个人、人格和需要所组成；前者又可称为机构空间，后者为个人空间。”① 根据对机构空间和个人空间的偏重，领导类型可分为：规范型、理想型及执行型（见图 1、图 2、图 3）。规范型领导的特征在于强调组织目标的实现，注重规章，注重集权，轻视个人自由，完全以是否达成组织目标为衡量机构效能的准绳。理想型领导的特征是强调组织成员的个性，少用规章，注重分权，并珍视与部属的高度个人主义的关系，旨在使部属随时保持快乐与满足。第三种类型的领导不但强调组织目标的实现，而且也借此以满足个人的需要。②

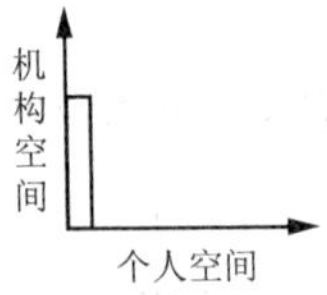

图 1. 规范型领导

(nomothetic style)

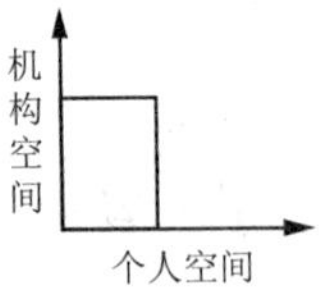

图 2. 理想型领导

(idiographie style)

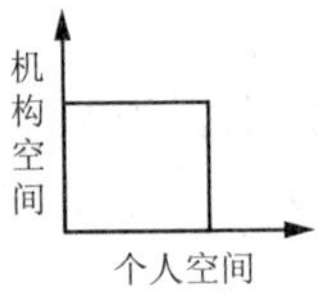

图 3. 执行型领导

(transactional style)

我们认为，课程领导具有理想型领导和执行型领导的一些特征：少用既定的规章制度以及机构空间里政府所赋予的管理权力，课程领导注重在个人空间里形成和利用自己的声望和个人权威，同部属保持民主、开放的人际关系，以共同的组织目标为媒介，调动下属的主动性和创造性，在目标的达成与下属需要的满足之间尽量保持平衡。校本课程注重学校和教师的参与和创造性，其创造性的发挥需要民主与权力分享的氛围，课程领导的理念恰好为之提供了条件。而课程管理具有规范性领导的特征：通过规章制度的执行来达到组织目标的实现，这里个人空间中个人的人格、需要、创意等受到忽略和压制，集权成为组织管理的首要

① 台湾师范大学教育研究所编辑小组：《教育行政》，台北：伟文图书出版社有限公司发行，1980 年。

② 台湾师范大学教育研究所编辑小组：《教育行政》，台北：伟文图书出版社有限公司发行，1980 年，第 16 页。

特征。课程管理者主要依靠政府赋予的地位和组织权威进行行政管理，被管理者不分享权力，只在组织中承担一定的职责，在规章制度的限定范围内从事工作，目标的达成与否，是其绩效的最主要判别标准。

从组织学和社会学可以看出，课程领导的使用不仅仅是一种术语上的改进，更重要的是体现了一种民主、开放、沟通、合作的管理新理念。

二、校本课程发展背景下课程领导的策略

课程领导与校本课程，在权责和组织关系方面的基本理念是相吻合的。课程领导这一新的管理理念的引入，必将促进我国校本课程乃至整个课程体系的发展。但作为一种理念在实践中应该如何运作才能发挥最大效力，这是需要我们思考并做出回答的问题。我们认为，课程领导的运行可以从以下几个方面着手。

（一）观念革新

隐于人们头脑之中的对事物的基本假定、信仰，对人们行为的产生起着最直接最根本的推动作用。因此，观念革新在改革中往往是首当其冲的。具体说来，以下一些观念应加以革新。

1. 组织观。在课程管理模式之下，组织是自上而下严密监控的等级系统，是分层式的管理体系。管理者做出决策，凭借法定权力，通过自上而下的行政命令进行推广。它偏重于机构空间中规章制度作用的发挥以及目标的达成与否，是结果取向的，是人类通过合乎规律的行为而对环境加以控制的“技术兴趣”的体现。追求效率，重权力监管和行为控制是其基本旨趣。课程领导理念坚持，组织是一个既有纵向联系又有横向沟通和交流、合作的、民主的、开放的组织：向校本课程参与主体尤其是对课程实施过程及结果负有权责的学校和教师开放，确保他们都有相当的权力进行课程决策；向实践开放，在与实践情景的互动中不断修正、完善课程决策内容。它偏重个人空间，通过领导者的影响和声望以及对下属积极性主动性的调动、需求的满足、创造性的尊重来引导下属为共同目标的达成而努力。它追求意义的创造，人的才能的发挥，人与人之间的交互主体性，是过程取向的，是人类植根于生活世界的基本

需要——“实践兴趣”的表达。课程领导通过民主、开放的理念表达和实施，促进校本课程发挥学校和教师的积极主动性，群策群力，交流合作，朝向共同的组织目标前进，从而最终促进整个课程体系的发展。

2. 课程观。在传统的课程管理模式下，课程是既定的课程文件，是由课程专家和学者依据自身理论知识事先计划好的方案，全国范围内的学校和教师在自上而下行政命令的指使下进行内容统一的课程实施，没有权力对其进行自我变更和改造。因此，此时的课程是静态的、稳定的、封闭的。在课程领导之下，课程是教育情景与师生互动的过程和结果。在课程领导者的率领之下，课程参与人员与教学情景进行积极互动，在过程中根据实际不断修正原有课程决策和内容，以取得最为理想的效果。因此，它是动态的、发展的、开放的。

3. 学校观。在传统的课程管理模式下，学校是最低一级的组织，通过对学生行为的监控来体现和实施国家统一管理的理念。课程领导理念认为，学校不是官僚机构，不是兵营，不是公司，更不是监狱，学校是“学习共同体”，是一种学习型组织。它有着共同的规范及处事方法，师生在拥有共同的价值假定的环境之中共同成长进步。[①] 校本课程坚持以学校为本位，教师和学生都是课程的构成要素，课程领导下的民主型学习共同体的构建必将促进校本课程教师和学生成长和进步的积极主动性，进而影响到整个课程体系的发展。

4. 教师观。传统的课程管理模式认为，教师是没有智慧和能力进行课程决策和开发的，他们只能作为既定课程的忠实实施者，是课程开发的外在因素。课程领导相信教师是意义和文化的创造者，其创意和创造力的发挥是课程发展不可缺少的动力。校本课程模式主张教师作为课程实践的最直接参与者，作为拥有相当智慧和创意的群体，应该成为课程的研究者、开发者与实施者，成为课程的重要组成部分和构成要素。课程领导从组织关系和管理权限上为校本课程这一主张的实施提供了保障和支持，进而为课程的改革和发展提供组织关系层面的支持。

（二）实践行动

观念的革新固然重要，但它对事物的发展只是起到了潜在的推动作

① 钟启泉：《从“课程管理”到“课程领导”》，《全球教育展望》，2002年第12期，第24～28页。

用，只有当它落实到具体的实践之中才彰显改革成效。因此，远景创建、环境创设、教师专业发展、文化再生等成为课程领导的重要内容。

1. 远景创建。传统的课程管理是由国家制定统一的课程目标来指导全国范围的课程实施，统一性是基本特征。学校和教师外在于这个统一的、既定的远景和目标。在课程领导之下，课程领导者在实行国家课程和地方课程的基础上，可以进行灵活性的校本课程开发，将统一性与灵活性、多样性进行有机统整：结合本校文化传统、办学理念与特色，引导教师出谋划策，提供知识、智慧和远见，创建共同的发展远景，学校和教师对远景的创建及结果承担责任，付出努力。这样，学校和教师就从目标的外部走进了共同远景的创建过程。在一个教育行政组织中，机构的期望与个人的需要往往彼此冲突，这种冲突构成了分离力(alienating forces)，使得角色的空间和个人的空间越拉越远。或者说，这种分离力使得个人的目的与机构的目标两者间的统整更加困难。如欲减弱这种分离力，最佳的途径就是建立共同的价值观念与目标，唯有借共同价值观念的形成与共同目标目的的体认，也才能朝向组织目标之获得。[①] 因此，共同远景的创建在机构空间和个人空间达成了相对平衡，使得教师对课程实施的过程和结果有一定的主人翁意识，在与实践情景的互动中不断改进和完善校本课程，从而为整个课程体系的发展提供经验。

2. 环境创设。传统的课程管理等级秩序严格，管理者与被管理者权限明确，垂直关系保证行政命令的有效传达和执行，上下级的组织人员很少有真正意义的对话，信息的流通性很差，造成管理体系的封闭化和僵滞化。课程领导相信每个人都是意义的创建者，在民主的开放的组织关系中，他们的能力就能得到很好的挖掘和发挥。此派[②]认为，教育行政领导旨在创造自我实现的氛围。此种氛围足以刺激成员或组织潜能入于正当的方向，从而有效地达到组织及成员的目的。[③] 因此，课程领

① 台湾师范大学教育研究所编辑小组：《教育行政》，台北：伟文图书出版社有限公司发行，1980年，第18页。

② 笔者将“此派”称为自我实现学派。

③ 台湾师范大学教育研究所编辑小组：《教育行政》，台北：伟文图书出版社有限公司发行，1980年，第46页。

导注重创设民主的开放的人际环境，创设各种条件和气氛引导课程参与者的横纵向沟通与交流，从而促进信息的流动性，保证管理体系的灵活性、开放性、流通性。这也必将使得校本课程在参与主体的共同协作下获得更为凝聚的发展动力，进而促进课程发展。

3. 教师专业发展。传统的课程管理认为，信息和智慧大都集中在管理阶层的最高处，教师不具有课程决策和开发的能力，而且教师的专业水平如何对于课程的发展无关紧要。对于课程领域出现的问题，管理者解决之后即可了事。这种领导实质上是分层制式的领导类型。课程领导持有相反的观点，教师作为课程开发的重要因素，其专业水平对课程发展有着重大影响。因此，要重视培养教师面对问题时的应对能力。这就需要分层领导变化为转变型领导，[①] 通过领导者与被领导者共同努力，提高双方的工作水平。转变型领导注重发展被领导者的潜在能力，发挥其内在动力，提高其专业水平，使其具有可持续发展的稳定性与长久性，这也必将提高教师参与校本课程发展的素质，也为课程发展提供了保障。

4. 文化再生。“所有的人类实践都是文化性实践，都是在一定的文化背景中进行的。”[②] 人类都是在文化潜移默化的指引之下行动的。因此，校本课程实施以及课程领导理念的介入都需要课程文化的更新与再生。“那些试图把新的课程发展机制潜入到旧有的‘学校文化’中去的做法，是很难取得预期效果的。”[③] 受科学管理学等的影响，传统的课程管理文化氛围是：保守趋同、孤立隔膜、消极被动、外部监控、注重统一等。课程管理应创建一种新生文化：注重创新、合作交流、积极主动、自主自律、尊重差异和多元。只有在新生文化的背景支持下，校本课程才能突破限制，得以顺利实施和发展，进而为整个课程体系的发展提供经验和动力。

---

① 罗伯特·G·欧文斯：《教育组织行为学》，窦卫霖，温建平，王越，译，上海：华东师范大学出版社，2001 年，第 320 页。

② 石中英：《知识转型与教育改革》，北京：教育科学出版社，2001 年。

③ 靳玉乐：《校本课程的实施：经验、问题与对策》，《教育研究》，2001 年第 9 期，第 53～58 页。

校本课程的实施：经验、问题与对策

随着我国新一轮基础教育课程改革的启动与发展，校本课程开始成为基础教育课程发展的一个重要方面。因此，有必要总结我国校本课程实施的经验及存在的问题，并提出相应的对策。

一、校本课程实施的经验

校本课程发展兴起于20世纪70年代，当时在许多国家成为课程改革非常重要的一个环节，并且成为教育改革的口号之一。我国校本课程的实施尽管起步较晚，但积累了不少有益的经验。

（一）校本课程实施：理论与政策基础

在20世纪80年代，课程多样化的问题已引起课程学者的关注。有学者指出，课程开发有国家、地方、学校三个不同的层级，但一般趋势是，学校在课程开发中起着创造性的作用，课程开发的主体是第一线的教师。因此，要有扎根于学校的以学校为主体的课程开发。个别学者还对“以学校为基础的课程改革”做过介绍，指出学校肩负着为青少年安排学习经验的特殊使命。因此，根据学校的实际去解决本校课程问题的改革方式应得到极大重视。遗憾的是，这些认识并没有引起学术界足够关注。

20 世纪 90 年代以后，教育学界开始认识到课程管理体制改革的重要性，并进行了积极的探索。吕达教授首次明确提出了中小学课程的三级管理构想，主张中央、地方和学校各司其职。随后，学者们从不同的角度对三级课程问题进行了较为深入的讨论。于是，校本课程问题开始受到关注。课程学者们围绕着校本课程开发的基本理念、本质、特征、价值、条件、制约因素、类型、操作模式、评价等进行了理论探讨，这就为校本课程的实施奠定了初步的理论基础。

在教育政策层面，以 1985 年《中共中央关于教育体制改革的决定》和 1986 年《中华人民共和国义务教育法》为标志，正式开始了教育权力下放和办学形式多样化的改革进程。但直到 20 世纪 90 年代后期，课程决策权才开始部分下放到学校。1996 年颁布的《全日制普通高级中学课程计划（试验）》规定，学校应该“合理设置本学校的任选课和活动课”，这部分占总课时的 20%～25%，从而改变了以前学校、教师在课程开发中完全被动的角色，在政策上肯定了学校和教师在课程开发中的权力。随着 1998 年《面向 21 世纪教育振兴行动计划》和 1999 年《中共中央国务院关于深化教育改革全面推进素质教育的决定》两个纲领性文件的颁布实施，国家明确提出了试行国家课程、地方课程和学校课程（即校本课程）的要求。在此基础上，教育部制定了《国家基础教育课程改革指导纲要》，进一步明确了“建立国家、地方和学校的课程三级管理模式”。其中，对学校的课程权力作出如下规定：“学校的职责：义务教育和普通高中阶段的学校在执行国家课程和地方课程的基础上，依据教育部颁发的《学校课程管理与开发指南》，从实际出发，参与本社区学校课程具体实施方案的编制，同时，结合本校的传统和优势、学生的兴趣和需要，开发或选用适合本校的课程，并报上级教育主管部门审批。学校有权力和责任反映国家课程和地方课程在实施中所遇到的问题，同时建立学校课程的内部评价机制，以保证学校的课程实施与国家课程、地方课程在目标上的一致性。”从此，我国校本课程的实施有了政策保障。

（二）校本课程实施：实践的回应

校本课程发展具有多样化的形式，在学校教育实践中，校本课程的实施也是千差万别的。根据马什（Marsh）等人的观察与探讨，校本课程发展涉及活动类型、投入时间和参与人员等三个层面的变项，它们形成了一个多层次全方位的校本课程发展模型（图1）。

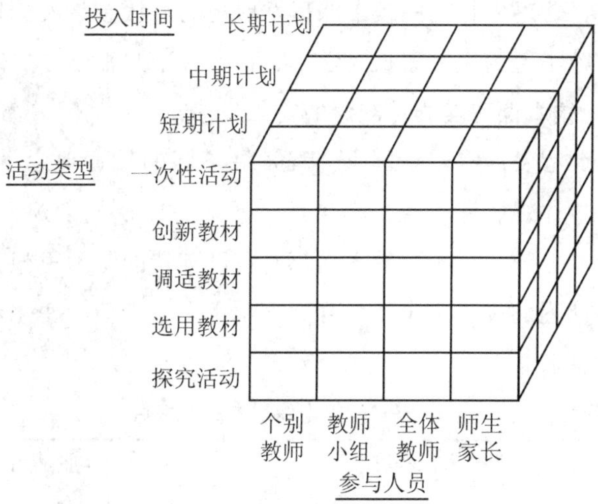

图1　校本课程发展模型

就我国校本课程实施的实际情况看，校本课程开发的形式主要有这样几种类型：一是课程引入，即引入由国家提供的课程、开发项目或引入他校开发的课程项目；二是课程选择，即在不同风格的教材中选择适合本校特点的教学材料及配套资料等；三是课程改编，即对国家规定的核心课程加以改造以适应具体的学校和教学情境，或对引入的校外课程重新改组，或对学校自身开发的课程做进一步的改进等；四是课程整合，有对不同学科的整合，有学科与活动的整合，有同一学科内不同教学内容之间的整合等；五是课程创新，即学校自己独立开发部分有自己特色的课程而不依赖于外部提供课程或教材，特别是少数条件比较好的学校已经实现了完全自主的校本课程开发，如北京景山学校等。但多数学校基本上是以发展“活动课程或活动课程＋选修课”的形式为主。随着我国校本课程的发展，一些学校开始由“活动课程或活动课程＋选修课”的自由课程发展形式走向真正意义上的校本课程发展之路。例如，江苏锡山高级中学在原来的“活动课程＋选修课”的基础上，根据国家和地方教育行政部门的指导性文件，进一步明确本校的教育哲学或办学宗旨，并通过调查、评估学生的需要以及社区、学校课程资源，确立了校本课程的目标、总体结构、教学计划以及评价框架等，形成了比较有特色的校本课程发展计划。

从时间投入来看，多数学校的校本课程开发是短期计划或一次性的探究活动，缺乏中长期的校本课程发展规划；从参与人员来说，以个别教师或教师小组为主，家长、学生、社区人士几乎不参加课程开发。

（三）校本课程实施：观念的变革与创新

校本课程发展有着与国家课程发展不同的教育理念，它在目标观、课程开发主体观、课程观、学生观、教师观以及教学观、教育资源观、课程管理观、教育评价观等方面都有自己独特的学术思想。因此，随着我国校本课程的实施，学校教育观念发生了不少新的变化，主要表现在以下方面（表1）。

表1 校本课程发展的特点

项目	国家课程开发	校本课程开发
课程目标	以发展全国统一的课程方案为目标。	以发展符合学生、学校或地方特殊需要的课程方案为目标。
参与人员	课程开发是专家学者的权责，只有校外的专家学者参与课程开发。	所有与课程有关系的人士均有参与课程开发的权责。因此，学校成员和校外人士均可参与课程开发。
课程观	课程即书面的课程文件，是计划好的课程方案。	课程即教育情境与师生互动的过程与结果。
学生观	学生无个别差异，为他们安排的课程可以在事前做好详细、完善的计划。	学生不但有个体差异，也有主动建构知识的能力，课程当因应学生需要而不断地进行调整，事先的计划越详细就越不能适应学生的学习需要。
教师观	教师仅是课程的实施者，职责就是依照计划好的课程方案加以忠实地呈现。	教师是课程的研究者、开发者和实施者，教师有主动解释、开发课程的能力。

1. 学校权责的增强。校本课程发展的本质是一种课程决定，因此，校本课程发展涉及课程决策权力的分配。我国课程发展历来是在中央集权的教育行政及课程管理运作架构下进行的，因此，国家是课程权力的主体，地方和学校的课程权力非常有限，甚至学校根本就没有课程决策

权。随着校本课程的实施，课程决策权力开始逐步下放，赋予学校比过去更大的课程决策权力与责任，成为课程发展的一个显著特征。学校在取得更多的专业权责和权威之后，便有了更多的自主决定课程事务的机会，对其发展出来的课程也有了更多的主导权、拥有感和责任感，从而能有效地调动学校及教师参与课程改革与发展的积极性。

2. 课程概念的扩充。过去，人们总是把课程视为学科和教材，课程发展以学科知识为中心，强调学科课程，重视知识的逻辑与结构，以致课程的概念不能得到拓展，对课程的改革与发展带来不少消极的影响。而校本课程的发展，既重视课程发展的结果又突出课程发展的过程，这就突破了教科书的限制，极大地拓宽了可资利用的课程资源的范围。学校及教师在以学校自身的办学理念、特点和学生需要为核心进行课程发展时，不再只是单一地考虑学科知识的选择与组织，除了课程文件、课程方案、教材和教科书之外，也特别重视学校组织特性、学校文化、师生互动的过程及其结果、学生的身心特点及其家庭背景、社区环境等，它所涉及的课程，涵盖了正式的学科、非正式的活动以及潜在课程，换言之，课程包括了学生在学校所获得的所有经验。于是，从空间结构看，课程发展走向了立体化和动态化；从时间结构看，学生的学习已不单单局限于有限的几门学科的课堂学习，而是扩展到学校的整个生活世界之中，呈现出“全天候”的状态。可以说，校本课程的实施促进了课程观的转变，扩充了课程概念的内涵。

3. 教与学的创新。校本课程的实施，非常重视学校情境与师生互动的过程，因此，教学的观念和行为都发生了很大的变化，主要表现在：首先是强调了学生的个别差异和个性发展，这是当前基础教育领域里最为显著的变化；其次是教学活动更加注重对话、交流和沟通，使学生在探索—发现、体验—表达的架构下进行学习；再次是突出了学生的主体作用，强调在教学中要充分调动学生学习的自主性、能动性和创造性，主张教学应当引导学生主动地发挥潜能，实现由维持性学习向创新性学习的改变，发展其创新精神和实践能力。总之，以教师、书本和课堂为中心的传统教学体系正在发生变化。

4. 教师角色的变化。过去，教师扮演的是“传道、授业、解惑”的角色，教师成了真理的拥有者和传播者，因此，教师更多地考虑如何教的问题，而不探讨教什么的问题。随着校本课程的实施，教师的课程意识和课程决策权力日益增强，其角色也开始发生积极的变化。这种变化主要表现在，教师不仅是课程的实施者，而且成为课程的研究者、设计者和评价者，教师也因此成为学校课程变革的主体，在课程发展中将发挥更大的作用。

二、我国校本课程实施的问题

我国校本课程的发展并不顺利，在经历了艰难的政策、理论与实践探索之后，仍然存在如下问题。

（一）概念模糊，影响品质

虽然我国在校本课程的实施上已经迈出了历史性的一步，有了一个好的开端，但是许多人对于校本课程发展的真义何在、校本课程发展需要确立什么样的教育理念以及课程的运行机制和条件、如何具体实施校本课程开发、如何建立校本课程的评价体系等，却知之甚少、知之不深，以致学校和教师在校本课程的问题上各执一词，引起不少误解。例如，有人认为，实施校本课程，就是开设一些活动课程或选修课程；还有人认为，实施校本课程，就是要教师自编教材。这些认识上的偏差，必然影响校本课程发展的品质。

（二）定位过低，权力分享不足

我国的课程发展仍然是在“自上而下”的课程管理模式下进行的，因此，校本课程只是国家课程和地方课程的重要补充，并且从课时上规定了各类课程的比例：国家课程占80%左右、地方课程占5%左右、校本课程占10%～15%。显然，学校的课程自主权是非常有限的，而包括课程标准、课程计划乃至教材（主要是核心教学科目的教科书）在内的国家课程仍然是学校课程的主体。尽管如今已经提出了教材多样化的要求，但绝大多数学校是不可能直接参与教材开发的，学校和教师根本就不可能从课程外围走向课程中心，课程管理部门仍然习惯于依靠学科专家来设计课程。特别是，曾经作为中央或地方集权的课程开发机构，视教材为自己专有的“饭碗”，为保护自己的经济利益而不惜采取各种可能的行政与经济手段，强行维护教材市场的“垄断”地位。于是，课程开发的专业权依然掌握在少数学科专家手中。这样一来，学校就没有分享到足够的课程决策权力，其校本课程的实施也就难以取得预期的效果。

（三）教师的课程意识与课程开发能力薄弱

在影响校本课程实施的众多因素中，教师课程专业能力的发展是具有决定性的因素，换句话说，教师是发展校本课程的主体或主角。校本课程的发展需要教师有新的思想、信念、能力和热情，单靠行政命令无法完成。没有教师的专业发展就没有课程发展，因为课程实施最重要的是要通过教师把一个好的课程构想转换成学生的实际经验。然而，我国校本课程的实施并没有真正把教师的课程专业发展纳入视野，无论是职前教师发展还是在职教师发展，都没有同校本课程发展很好地配合起来，即使是课程意识比较先进的上海，情况仍然没有什么根本的变化。就职前教师发展来说，我国的师范教育侧重教师的普通知识和专业知识的掌握，几乎没有开设与课程发展密切相关的课程以培养学生将来参与课程发展的能力，更谈不上教师个人教育思想的形成与发展。这种狭隘的学科专业教育和单纯的知识传授，只能造就教书匠，而教书匠是难以承担校本课程发展重任的。就在职教师发展而言，一般都偏重于教师的专业知识技能和教育知识技能的再学习与再提高，在帮助教师进一步内化职业价值、认同职业规范及形成新的教育理念、掌握新的教学方法和教学手段等方面所做甚少。因此，教师并没有发展出新的专业能力以胜任课程改革。教师除了思考“怎样教”之外，没有多少参与课程决策的权力和责任，其课程发展能力的欠缺乃至课程意识的淡薄就是逻辑的必然。事实上，即使教师有权决定“怎样教”，也是难有创新的，改变教学方法是极度困难的，因为这牵涉教师和学生的深刻信念，如教师和学生的角色、学校教育和学问的性质等。总之，课程改革是人的改革、课程发展是人的发展，没有教师发展就没有课程发展，教师课程专业能力和课程专业自主权的淡薄，是实施校本课程的最大阻力和障碍。

（四）偏于技术的取向，缺乏文化的重建

我国校本课程的实施策略，是技术取向的，强调的是一套事先设计好的教学机制，并试图借助于课程实施方案的合理性和科学性以增强其合法性，进而在现存的学校文化和科层结构之中实施校本课程，以取得预期的效果。事实上，这只不过是课程发展者的一厢情愿，因为校本课程的实施如果忽视了政治过程和学校文化的创新，就必然要导致失败的命运。按照库班、奥柯尔（Cuban，Oaker）等学者的看法，课程改革的实施策略有三种观点，即技术观、政治观和文化观。技术观比较注重改革实施前的计划以及改革实施后的成果，而政治观和文化观则认为实施的性质是不能预设的，课程知识是社会建构的，课程改革实际上是一种文化的变革，是学校新文化与旧文化之间的冲突与磨合的过程，不可避免地要涉及权力结构的变化、学校文化的重建和师生个人的发展。因此，缺少政治和文化的思考，没有学校新文化的建构，实施课程改革的效果就不会理想。就我国而言，学校的组织结构在整体上还缺乏变革，新的学校文化尚未建立，仅仅从技术层面来处理校本课程问题，往往流于形式，所谓的技术课程，只不过是装饰性的“花边”，其效果是可想而知的。

三、我国校本课程实施的对策

校本课程的实施是一项复杂的系统工程，需要拟定恰当的实施策略和相应的配套措施，方能取得好的效果。展望未来，我们应强调以下几个方面。

（一）实现课程发展机制的多样化转换

课程发展机制主要有中央集权、地方分权和学校自主三种基本类型。在中央集权的架构下，课程发展主要是借助于国家权力进行的，课程的研究、开发和推广以及学校的课程计划、课程标准甚至教学材料和考试都由国家统一组织和实施，以确保全国范围内的课程基本统一，它体现出国家本位或社会本位的教育价值取向；地方分权的课程发展机制从理论上说也是一种集权型的课程发展机制，是中央集权在地方上的翻版，只不过是课程开发主体从中央权力机构转移到了地方权力机构，它强调的是地方特色和地域适应性，因而能够促进一个国家的课程的多样化发展；学校自主的课程发展机制又称校本课程发展机制，它是以学校为基础的课程发展模式，学校及其教师成为课程开发的主体，强调课程要适应具体学校和学生的个别差异。目前，我国的课程发展机制是中央集权的课程开发仍居于绝对的主导地位，课程发展模式比较单一，其他层次的课程发展机制还没有很好地建立起来，尽管浙江、上海、北京等地已开始在地方分权的架构下进行课程开发，但毕竟处于改革试验的初期，其"集权"的色彩似乎远多于"分权"的色彩，权力下移的目标并未真正实现。显然，多样化的课程发展机制尚未真正形成，实现课程发展机制的多样化转换是不可回避的重要课题。

（二）给教师赋权增能，使之成为校本课程发展的主体

教师是校本课程实施过程的直接参与者，校本课程发展的成功与否，教师是一个关键因素。在传统的自上而下的课程开发模式之下，教师处于权力结构的最底层，他的课程职责就是执行国家的课程指令，遵从学科专家编写的教材及教学要求，其角色只不过是"教书工匠"、"教学机器"，从而扼杀了教师的创造性。校本课程实施主张给教师赋权增能，强调教师角色由单一化向多元化转变。

1. 发展者。教师应参与学校总体课程方案的讨论、规划与设计，善于在教学过程中根据学生的实际学习需要调整课程与教学，成为教学的主动发展者。

2. 决策者。教师是实际的教学者，负责班级课程与教学的实施，因此，应当成为设计教学活动、选编撰教材的决定者。

3. 诠释者。教师要厘清课程目标，依据学校条件，教学资源，学生能力、兴趣与需求，解释并开展课程活动，以达成学校教育目标。

4. 行动研究者。教学是一个非常复杂的、难以精确预测的过程，要求教师真实地体验到自然教学情境中的活生生的课程问题并对其进行研究，以解决实际的课程问题，而不是抽象的理论问题。

在校本课程发展中，除了转变角色之外，更需要增强教师参与课程开发的意识和能力。马什在总结了校本课程开发的案例后发现，校本课程开发的参与者在参与意识和参与能力上往往要经历六个发展阶段（表2）。

给教师赋权增能，肯定广大教师对课程的独立判断能力和创新能力，使之真正成为课程开发的主体，校本课程的实施才能获得成功。

表 2 校本课程开发参与者的六个发展阶段

阶段	主要表现
第一阶段：个人实验	1. 对与他人一起工作缺乏信心 2. 不愿意与他人分享观点
第二阶段：交流观点	1. 愿意私下“交流秘诀” 2. 愿意尝试同事的观点
第三阶段：寻求信息	1. 非正式地拟定任务并期望成功 2. 从事独立的搜寻工作（例如去资料中心查询）
第四阶段：最低责任的参与	1. 承担只需有限的领导技巧的角色 2. 在参与中倾向于“低度曝光”
第五阶段：主动的参与者	1. 成为活动中的主要参与者 2. 愿意组织和领导不同形式的活动
第六阶段：承担主要领导角色	1. 有了充分的准备去倡导并规划活动 2. 监督成果，并且在需要维持团体工作效率时采取步骤

（三）进行学校组织结构的变革，实现权力再构

校本课程的实施，除了课程政策的允许和学校教师必须具备课程开发的意识和能力之外，学校还必须有进行课程开发的氛围和条件，因此，必然要涉及学校内部组织结构的变革，以实现学校的权力再构。

就学校而言，实现权力再构，就是让教师、学生、家长以及社区人士分享课程开发的决策权。校本课程开发不仅要打破课程开发的自上而下的权力模式，而且还要同时打破学校内所复制的社会权力结构及官僚体制，杜绝学校内权力的“集中化”，集体审议课程决策将成为学校内部权力再构的重要策略。

经过权力再构的学校，将改变过去严格的科层体制，使之更富民主性和自主性，真正建立起校长、教师、学生、家长以及社区人士之间的合作、交流与对话机制，使学校成为一个具有开放性、创新性的学习社区。

（四）建立学校新文化，实现文化再生

校本课程实施涉及学校文化的变革，是一个发展学校新文化的过程，那些试图把新的课程发展机制嵌入到旧的学校文化中去的做法，是很难取得预期效果的。众所周知，学校旧文化的特征是崇尚书本，唯科学主义，保守趋同和唯命是从，学校和教师的创造性受到很大限制，从而制约了校本课程的发展。校本课程的成功实施，需要有新的学校文化与之相适应，这种新文化的特征应该是：注重创新，关注生活，关注社会，亲近自然，尊重差异，多元民主，合作参与。

十年教材建设：成就、问题及建议*

一、教材建设在课程改革中的重要性

（一）教材建设彰显国家意志

作为国家课程方案和课程标准的主要物化载体，教材是国家意志与社会主流价值观在教育文化领域中的集中反映和表征。“教科书的水平——思想水平、编写水平、学术水平等，实际上代表着国家的水平，体现着国家的意志，教科书不是学术专著，其中只有编写者对国家政策方针、教育思想的理解，绝不允许有私人的非政府观点。”②

（二）教材建设延续文化传承

教材与人类的社会生产实践、文化遗产传承和教育思想演进息息相关。千百年来，人类在漫长的历史长河中积累、沉淀下来各种优秀的文化遗产和宝贵的社会生产经验。这种文化遗产和生

* 与王洪席合作。

② 《基础教育教材建设丛书》编委会：《教材多样化的探索和研究》，北京：人民教育出版社，2004年，第50页。

产经验后经世代教育家的精选与编辑加工而不断浓缩、凝聚于教材之中，具有强烈的社会意义与政治意义。从而形成了极具民族气派、风格和特色的教育经典。如孔子整理与汇编的“六艺”:《诗》、《书》、《礼》、《易》、《乐》、《春秋》，即为明证。它对于维护国家统一和促进中华民族文化心理、思维方式、价值观念和审美情趣的形成具有重大影响。因此，可以说，教材建设是事关人类自身发展的永恒事业，对于人类的文化传承、进而推动人类文化的变革与创新居功至伟。

（三）教材建设深刻反映学科发展先进水平

邓小平同志在1977年明确地指出：学校教育“关键是教材。教材要反映出现代科学文化的先进水平，同时要符合我国的实际情况”。[①]可以看出，教材建设绝不是一成不变的，而是要在不断汲取当今世界最新科学文化研究成果和本学科最新发展前沿的基础上增强教材的时代性、科学性和先进性。

（四）教材建设有利于学生综合素质的养成

教材不仅仅是具有一定范围、深度和广度的知识与技能体系，还是激发学生潜能、促使学生探究、引导学生思考、启迪学生智慧的桥梁和媒介。美国教育家戈温（Gowin，D. B.）认为，教材是好的思维或情感的媒介，是思想或过程的权威记录，是概念或知识实体的编制者，是增加意义和丰富经验的刺激物，是具有潜能可促使新事件发生的过去事件的记录。[②] 因此，教材在向学生传递必要的学科知识体系的同时，还为其提供了科学研究的思路与方法，进而成为“增加意义和丰富经验的刺激物”，促使新的可能性得以创生和实现。所以，教材建设是将知识与技能、过程与方法、情感态度与价值观有效统一的“有机体”，从而有利于学生综合素质的养成和提升。

（五）教材建设是提高教育教学质量的重要保障

教材是师生进行教学活动的主要材料和基本依据，是实现一定教育目的与教学目标的重要工具和核心资源，在整个教育教学系统中发挥着重要作用。“教材在教学系统中具有重要地位和多方面的功能，它具体

---

① 《邓小平文选：第二卷》，北京：人民出版社，1994年，第55页。

② 江山野：《简明国际教育百科全书·课程》，北京：教育科学出版社，1991年，第129页。

而集中地体现教学目标和教学内容，决定和影响教学模式，影响教学环境和教学过程及教学评价，最终对学生的身心全面发展产生作用。”[①]事实上，中小学教材是一个国家或地区基础教育教学质量的主要内涵。甚至可以说，基础教育教学质量的高低与教材的优劣之间具有密切关系。因此，教材在内容选择、结构安排、体系构造、版面设计、教学技术应用等方面是否合理、有序和适切，都会对教育教学的质量产生重大影响。

二、十年教材建设的成就

（一）教师教材观的转变

教材观是教师对教材的本质、属性、功能、作用、评价标准等方面的基本认识与看法，反映了教师对教材的思想观念、思维方式和价值取向，在一定程度上影响与决定着教师的教学方式和学生的学习方式。深受传统机械论教育思想的影响，我们在对教材的理解和体认上总是将其定性定位为某种绝对、恒定不变的实体，它所承载的是千百年来人类所信奉和服膺的绝对真理，只能全部接纳与服从而不允许有丝毫的动摇和怀疑。无疑，这种圣经式教材观也就导致了教师对教材的绝对迷恋与依附，教学活动成为了一种教师对学生进行机械、单向、线性知识灌输的过程，是“教教材”。而自新课程改革以来，这种静态、封闭、保守的教材观发生了变化。教材更多地被视为一种教学材料与课程资源，是师生展开教学对话的文本、媒介和工具，其开放性、动态性、生成性、整合性、有机性受到人们越来越多的关注和重视。“教材不仅仅被看作是传承人类文化知识的载体，而是一种动态的、生成的以及体现人文关怀的意义开放系统；它不仅要能发展学生的认知水平，还要能使学生在实践中发展其多方面的能力。”[②] 教师教学不再是“教教材”，而是“用教材教”。由此可见，两种教材观的对峙与分野也就成为了新旧教育教学活动的分水岭。

---

① 曾天山：《教材论》，南昌：江西教育出版社，1997年，第89～90页。

② 陈柏华，高凌飚：《教材观研究：类型、特点及前瞻》，《全球教育展望》，2010年第6期，第63～69页。

(二) 教材政策的逐步改进

自新中国成立以来，我国中小学教材建设在相当长一段时间基本实行“一纲一本、编审合一、高度统一”的中央集权化的教材政策，即全国中小学大都在使用由人民教育出版社根据国家制定的教学计划和教学大纲而编写的“部编教材”或“统编教材”。这种统编教材是与当时历史形势、社会发展、政治需要相吻合的，对巩固政权、安定社会、发展文化教育发挥了应有的作用。自新课程改革以来，中小学教材建设延续了早在20世纪80年代就开始涌动的教材多样化的探索和尝试，并于2001年颁布的《国务院关于基础教育改革与发展的决定》中明确指出，“加快构建符合素质教育要求的基础教育课程体系”，同年6月教育部颁布的《基础教育课程改革纲要（试行）》又进一步做了具体的要求和规定：“实行国家基本要求指导下的教材多样化政策，鼓励有关机构、出版部门等依据国家课程标准组织编写中小学教材。”由此，我国中小学教材政策从“一纲一本”转型为“一纲多本”、“多纲多本”。在此政策的支持下，众多具有优良学术传统、较好社会声誉且颇具实力的出版社纷纷加盟教材建设的行列。据不完全统计，截至2009年春，共有84家出版社开发的新课标教科书通过教育部审定，进入实验区。其中包括六三学制小学10个学科115套、初中19个学科116套；五四学制小学7个学科10套、初中11个学科20套；普通高中18个学科72套。[①] 无疑，教材多样化政策的实施推进了教育民主化进程，提升了教材编写的质量和服务，进而为不同地域、不同学校选择更适合自身实际情况的教材提供了可能与条件。

(三) 教材管理制度的完善

自新课程改革以来，我国中小学教材管理制度发生了显著变化，在教材的编写、审定、出版、发行、选用、供应等方面均取得了巨大进展。首先，在教材编写管理方面，2001年6月，教育部颁发了《中小学教材编写审定管理暂行办法》，改原来的审批制为立项核准制，实行项目管理。其次，在教材审定管理方面，改原来的国定制为国家、省（自

---

① 石鸥，许玲：《在多样化中繁荣与发展——新一轮基础教育课程改革教材建设之回顾》，《基础教育课程》，2010年第Z1期，第103～105页。

治区、直辖市）两级教材审定制度。在2001年颁布的《国务院关于基础教育改革与发展的决定》中指出："教材编写核准、教材审查实行国务院教育行政部门和省级教育行政部门两级管理，实行国家基本要求指导下的教材多样化。国务院教育行政部门负责核准国家课程的教材编写，审定国家课程的教材及跨省（自治区、直辖市）使用的地方课程的教材；省级教育行政部门负责地方课程教材编写的核准和教材的审定。"再次，在教材出版发行管理方面，确立了市场竞争制度。2001年10月，在新闻出版总署、教育部、国家计委颁发的《中小学教材出版招标投标试点实施办法》和《中小学教材发行招标投标试点实施办法》中提出，教材出版发行实行招标投标办法。最后，在教材的供应管理方面，试行免费供应制度。中央财政从2001年秋开始对全国部分贫困地区的农村家庭经济困难的中小学生免费提供教科书，并逐步扩大实施范围。2008年1月，教育部在京召开"落实农村中小学免费教科书工作会议"，宣布从2008年春季开始，全国1.5亿名农村义务教育阶段的学生用的教科书全部免费。由此可见，具有中国特色的中小学教材管理制度正日趋完善、规范化和体系化。

（四）立体化教材体系的形成

随着现代信息技术和教育技术的蓬勃发展，中小学教材的形式和内容都发生了很大变化，具有开放性、动态性、交互性、探究性、立体化的教材体系开始形成。首先，从教材的形式上来说，教材不再是仅供教师和学生共用的课本，而是包括了学生用书、教师用书、多媒体教案、远程教育光盘、CAI课件等一大批综合性、系列化教学资源。这样，教材形式的多样化也就为各地方学校超越自身封闭、狭隘的"本土化"视阈，实现优质教学资源的共享搭建了支持平台。其次，从教材的内容而言，地方教材和校本教材发展迅速。尤其是自新课程改革以来，国家高度重视地方课程、校本课程的开发和建设，进而建立了国家、地方、校本三级课程管理制度。在此政策的支持下，地方教材、校本教材建设驶入了快车道。

三、十年教材建设的问题

（一）教材理论研究有待进一步加强

黄显华等认为，目前教科书研究有三类缺失。1. 理论上的缺失。直至现在为止，缺乏详尽而公认的“教科书理论”。教科书的教诲和方法上的功能仍未能充分了解。2. 经验上的缺失。对师生在课堂上或课外应用教科书的情况所知甚少。3. 方法上的缺失。在教科书的研究领域，仍未能设计出一套可信的探究方法和工具，也未能发展成一套必要的分类方法。[①] 事实上，回顾与检讨我国中小学教材建设的十年历程，可以发现，我们对教材的研究也存在着上述理论、经验和方法上的不足。由于缺乏先进的科学理论和系统的科学方法，以至于某些编者将教材编写看作是剪刀加糨糊、抄抄写写、东拼西凑的简单工作，无疑严重损害了教材编写的权威性、科学性、严肃性和专业性，从而使教材建设流于表面化、肤浅化和经验化水平，丧失了其应有的教育学价值与意义。

（二）教材多样化下的无序

教材多样化的含义是指鼓励、支持有条件的单位、机构和个人按照党和国家的教育方针和统一的基本要求，编写出能适应与满足不同地区和学校的教育诉求的各具特色、风格与层次的教材，以期唤醒和激发教材建设的生机与活力，进而提高教材质量。然而，令人遗憾的是，由于某些复杂的原因，我国教材建设在多样化的发展中也凸显了诸如业余化、地方化、同质化和商品化等种种不良倾向，使其陷入了严重的混乱和无序状态。如有些单位或个人在不具备编写条件、能力和实力的情况下，也纷纷染指这一领域，他们或漠视国内外教材改革的最新趋势、或淡化对国家教育方针政策的深度解读、或停滞于对自身教学经验的肤浅认识，以至于所编的教材国际视野狭隘、时代气息匮乏、学科内容陈旧、僵化和教条；也有的省份出于对本地利益的庇护，一般都选用本省

① 黄显华，霍秉坤：《寻找课程论和教科书设计的理论基础》，北京：人民教育出版社，2002年，第167页。

通过审定的教材，对于一些国家级出版社编写的优质教材则拒之门外，从而形成一种自编、自审、自用的地方化现象；也有的同一学科的多套教材雷同性较高，重点不突出、特色不鲜明，多本化、同质化现象相当严重。无疑，上述现象的存在也就严重干扰了正常的教育教学秩序，损害了教育教学质量，加重了学生学习负担，给教育教学改革带来了消极和负面影响。

（三）教材循环使用的难为

2006年6月十届全国人大第22次会议修订的《中华人民共和国义务教育法》在规定“义务教育免收学费、杂费”的同时，增加了“国家鼓励教科书循环使用”这一条款（第四十一条）。事实上，教材循环使用早已成为了国际惯例，一些国家，如美国、德国、日本、俄罗斯等国均建立了相对成熟、完善的教材循环使用制度。而在我国，目前教材使用仍在实行一次性消费制度，造成了极大的资源浪费和环境破坏。“以2003年为例，我国在校学生共有2.2亿人，仅以每个学生一年两学期平均使用10册课本计算，一年就要用课本20亿册以上。按每人每学期课本平均重1 500克计算，如果课本连续使用5年，可节约528万吨文化纸，生产这些纸要耗费300万亩木材、52 800万吨纯净水和633.5万吨煤。若以中小学人均课本费180元算，扣除平均成本，全国每年至少可节约书费316.8亿元；如果循环利用5年，可节约1 584亿元。”可以看出，推行教材循环使用实在是一件利国利民的大好事，已是大势所趋，应在全国推而广之。然而，由于诸多复杂的原因，教材循环使用的推行步履维艰、困难重重。

（四）教育学和心理学理论应用不足

自新课程改革以来，中小学教材建设虽十分重视和强调教育学和心理学理论的指导作用，但运用起来较为粗糙、机械和刻板。有的教材编写仅停滞于对教育学和心理学相关概念的肤浅解读、简单迁移和硬性延伸上，而没有将其基本原理和学科自身特点有机结合、相互渗透，从而不能发挥这些理论对教材建设的深层次指导作用。

四、对教材建设进一步完善的建议

（一）注重加强教材的理论研究和实验研究

首先，“教材的理论研究一定要充分关注教材的价值基础与追求、教材目标确认与实现、教材文化传承与创新、教材建设成本与收益等，将教材建设的民族性、历史性、国际性结合，探寻教材与学生发展、主流价值的联系”，[①] 进而逐步形成具有鲜明中国特色的教材理论体系，为教材建设决策的科学化、民主化提供理论依据和智力支持。其次，教材的实验研究一定要充分关注教材的有效性、针对性、适切性、周期性和发展性等问题。通过课堂教学实践的检验，查漏补缺，形成良性的反馈机制，进而为教材的重新修订提供现实参照系。

（二）推动主流教材的形成

多样化教材建设下的纷乱与无序必然要求在“一纲多本”的政策框架下逐步形成主流教材。所谓主流教材是指“在一定时期内，发行量最大，使用最广泛，受众最认可，权威性最高，影响力最大的那类教学材料（主要指教科书）。它是一个群体而非某一个版本的教材。也就是说，主流教材是在教材多样化的基础上形成的‘一股主流’”。[②] 可以看出，主流教材的形成绝非是教育行政部门主观“钦定”的，更不是哪一家出版社自誉自封的，而是经过教育教学实践大浪淘沙般的检验与洗礼，能被广大师生一致接受、认同和喜爱的堪称经典的教材的结果。因此，未来的教材建设应积极推动主流教材的形成，这对于减少教材建设中的盲目性、无序性和重复浪费无疑具有重大的指导、引领与示范作用。

（三）促使教学方法同步变革

教学方法是发挥教材教育功能的重要工具和媒介，如果没有先进、高效、适切的教学方法，教材建设的所有付出和努力就会受到阻滞与扼杀。长期以来，我国学校教育教学方法落后一直为世人所诟病。尤其是自新课程改革以来，在大力倡导素质教育，培养创新型人才的今天，传

① 石鸥，许玲：《在多样化中繁荣与发展——新一轮基础教育课程改革教材建设之回顾》，《基础教育课程》，2010年第Z1期，第103～105页。

② 刘捷：《主流教材的内涵与特征》，《教育科学研究》，2010年第10期，第45～49页。

统机械式、填鸭式、灌输式教育教学方法仍大行其道，难见突破。无疑，学校教育教学方法的落后与当下教材建设的大力变革是极不相适应的。因此，改革传统封闭、保守、机械的教学方法，实现人才培养模式创新，是未来教材建设的题中应有之义。

（四）建立科学的教材评价体系

长期以来，我们对教材的评价过多偏重于政治标准而非内在尺度，使教材建设因为科学评价体系的缺失而趋于主观化、经验化和机械化。因此，在未来的教材建设中，“需要完善教材评价体系，注意统一性与灵活性相结合，终结性评价与形成性评价相结合，宏观评价与微观评价相结合，单本教材评价与全套教材评价相结合，知识评价与能力评价相结合，认知因素评价与非认知因素评价相结合，实验评价与专家评价相结合”，[①] 进而使那些具有较强创新色彩和开拓意识的教材脱颖而出，提高教育教学效能。

（五）开展后期培训，实现教师对教材的创造性再开发

事实上，编撰再好的教材也不过是一个静态的文本，其蕴涵的教育学价值与意义如果缺乏教师教学智慧和教学经验的融入，也是无法对学生的认知结构、思维方式和学习方式产生重大影响的。因此，未来的教材建设应积极开展后期培训工作，支持、鼓励教师根据自身情况和学生诉求，灵活地、变通地参与对教材进行创造性地利用和改编，并因地制宜、因校制宜地开发出处于教学情境过程中的教材，进而促进每一位学生的健康成长与全面发展。

---

① 曾天山：《我国基础教育教材改革问题探讨》，《教育研究与实验》，1995 年第 3 期，第 19～23 页。

我国基础教育新课程改革的回顾与反思*

一、基础教育新课程改革是一场深刻的价值变革

美国课程专家麦克尼尔（J. D. McNeil）指出，如果从课程变革的复杂性来看，课程改革通常有五种类型。一是“替代”，即一种要素可能被另一种现成的要素所替代。比如，用新的教科书代替旧的教科书。二是“交替”，即当变革被引进到现行的材料中，并有希望成为选修科目而容易被采纳时，交替就产生了。这种方式常常表现为在现行课程内容和结构不变的情况下增加一些新的内容，对其进行充实、改进等。三是“紊乱”，这种变革是破坏性的，对课程改革往往起反作用。四是“重建性变革”，这种变革导致对体系本身的修改，即课程改革不仅仅是课程内容、结构的改造，而是要更新课程体系，形成新的教学观，因为课程与教学的改革是分不开的。五是“价值观变革”，它强调课程改革归根到底

* 与张丽合作。

是一种价值变革，是与课程有关的人的价值思想观念的变革。[①]

笔者认为，我国的基础教育新课程改革在本质上就是一种价值变革。我们不仅对课程在结构、内容等方方面面进行了改革，如综合实践活动课程的开设、课程内容的整合（如艺术、科学课的设置）等，而且最为关键的是对人们所持有的一些价值观念进行了根本性的变革，如对学校，不再认为学校只是传授知识的场所，而是把学校视为是课程改革的中心、科学探究的中心、课程发展的中心；对课程，认为课程不只是“文本课程”更是“体验课程”，是超文本的课程形式；对教材，认为教材是范例，是学生学会认知、学会做事、学会共同生活、学会生存的范例，是不断获取知识、提升精神、完善自我的范例等。因此，我们说基础教育新课程改革是一场深刻的价值变革。也正是这场变革，促进了我国基础教育新课程改革的创新与发展。

二、基础教育新课程改革的理论创新与发展

在价值变革的引领下，我国的基础教育新课程改革在课程典范、课程理念、课程体制、课程文化等方面都有所创新与发展。

（一）课程典范的重构

21 世纪以来，面对一个高节奏、高科技、高竞争的社会，教育只有着眼未来，不断进行改革和创新才能适应这一新形势。对此，基础教育新课程改革就特别强调，课程既要实现儿童的“认知”与“情意”的整合，还要实现儿童的认知发展、情意发展与文化发展的整合，基础教育新课程改革必须超越现行的“学科”课程典范，实现课程典范的重构。

1. 基础教育新课程改革，是一场全面的改革

基础教育新课程改革，涉及培养目标的变化、课程结构的改革、课程实施与教学改革、教材改革、评价体系的改革等，是一场由课程改革所牵动的整个基础教育的全面改革。它不只是课程内容的调整，而是一

① ［美］约翰·D. 麦克尼尔：《课程导论》，施良方，等，译，沈阳：辽宁教育出版社，1990 年，第 145～146 页。

场人才培养模式的变革。具体说来，有这样几点：一是新课程规定了未来国民素质的目标要求，体现了培养高素质人才、为新世纪的发展积极准备的素质教育观念。二是确立了知识与技能、过程与方法、情感态度与价值观三位一体的课程目标，体现了育人为本，促进学生知识、能力、情感态度和谐发展的素质教育观念。三是突破学科中心，基于“四基”选择课程知识，体现了面向全体，切实关心每一个学生，为学生终身发展奠定基础的素质教育理念。四是建立学生在课程中的主体地位，设置综合实践活动课程，关注学生的生活经验，拓展学生的学习空间，引导学生进行探究学习、合作学习。这改变了传统学校只重视“学业智力”，而对其他诸如“社会智力”、“实际生活智力”、“自我认识智力”等“生存智力”均有所忽视的现象，强调对学生进行多元智力教育的素质教育观念。五是推崇“档案袋评价”“真实评价”等质性评价手段，体现了多方面评价学生的素质教育观念。六是调整现行课程政策，实行国家、地方、学校三级课程管理，合理设置课程门类和课时比例，课程结构从整齐划一走向多样化，从分科走向综合，体现了给基础教育注入生命活力需要提供良好政策空间的素质教育观念。①

2. 寻找课程改革的平衡器：以学生发展为本

基础教育课程改革如果坚持“学科本位”，忽视儿童身心特点和社会需求，以及各个学科相互配合的整体效应，这样就不利于学生的全面发展。基础教育新课程改革就深刻分析了以往存在的弊端和问题，鲜明地提出：改变课程过于注重知识传授的倾向，强调以学生发展为本，把学生身心全面发展和个性、潜能开发作为核心。这一重要的转变体现了以学生发展为本的课程理念，着眼于培养学生终身学习的愿望和能力，给人耳目一新的感觉。尤其是课程目标对过程、方法和情感态度、价值观的强调，突出以学生发展为本的思想，更有利于学生全面发展。

（二）课程理念的创新

基础教育新课程改革离不开课程理念的创新。如果没有课程理念的创新，课程改革就只能局限于技术层面而缺乏文化创新的动力。正是这些理念的创新，推动了课程研究，为基础教育新课程改革注入了一股新

① 阚兆成：《新课程：素质教育观念的重要实践》，《当代教育科学》，2003 年第 2 期。

鲜的血液，唤起了课程改革的生机和活力。

1. 创新的学校观。学校是学习型组织，是培养人的机构，而不是官僚机构，不是公司，不是监狱，不是附属品。随着新课程改革的展开，过去的官僚本位、国家本位等僵化的管理体制正在被打破，学校正在成为教育改革的中心。这意味着教育改革将走向每一个教师自己的生活舞台，走向学生的学习空间，强调所有成员拥有共同的价值观和规范，以便使学校更具活力，更有效率。学校应该成为联系教育理论与教育实践的前沿阵地，成为校本课程开发的主体，加强与社区、科研机构等的联系，通过合作交流、反思和探索，形成合作团队，拓展对学校教育与学校课程的认知，充分开发和利用校内外课程资源，实现学校的特色化发展之路。

2. 创新的课程观。传统教育中，课程知识多是文本的，这种文本的课程知识主要有这样几个特点：组织上的线性和顺序性；单向性，课程知识早已安排好，教师只是按部就班地按照统一进程进行讲授；课程知识是围绕一个主题或侧面来进行论述和描写的。而新的课程观则强调课程知识要尽量体现超文本的特点。课程不只是“文本课程”更是“体验课程”。课程的内容和意义在本质上并不是对所有人都相同，在特定的教育情境中，每一个教师、学生在对课程文本的理解和解释中，总要融入个人独特的生活经验，形成不同的意义生长域，从而对课程做出某些生产性或创造性的改变。课程成为一种动态的、生成的“生态系统”。在这一过程中，学生、教师、课程之间是互动的、交流对话的，他们通过反思人类的生存状态、个体生活方式来理解课程、创造课程。

3. 创新的教材观。基础教育新课程改革坚持“教材是范例”的观点，认为教材要由控制和规范逐步转向为人的全面发展服务，成为学生学会认知、学会做事、学会共同生活、学会生存的范例，成为不断获取知识、提升精神、完善自我的范例。教材不是学生必须完全接受的对象和内容，而是引导学生利用已有的知识和经验，主动探索知识的发生与发展，引起学生认知分析，理解文化，反思、批判和建构意义的中介，是案例或范例，强调教材是学生发展的“中介”，是师生进行对话的“话题”，是进行交往的桥梁。另外，我们认为，教师其实就是一种最好的教材，他的学识、人品深深地影响着学生，教育着学生。

4. 创新的教学观。传统的教学观把教学视为是知识传递的过程，教学被窄化为知识积累和技能训练。新的教学观则认为课堂教学不只是课程传递和执行的过程，而更是课程创生与开发的过程，是教师与学生交往、互动的过程。在这个过程中，师生双方相互交流，在对话中不断建构知识。同时，学生也不仅仅是知识的接受者，他们必须具备批判意识，敢于直面现实生活中的问题，并设法加以解决，形成一种发现问题、分析问题、解决问题的能力。总之，教学不再重教知识，而是关注学生的生命体验，它是师生富有个性化的生命活动。

5. 创新的教师观。新的教师观认为，教师应由传统意义上的“传道、授业、解惑”者向批判者、反思者、建构者等转变。首先，教师要由课程的忠实执行者变为课程的开发者（尤其是校本课程的开发）和课程知识的建构者（是“用教材教”而不是“教教材”）。其次，教师要由学生的“控制者”变为学生的“促进者”、“合作者”、“引导者”。此外，教师还应是自身教育教学实践的“批判者”和“反思者”。教师应利用个人的课程意识和教育理性为依据对其课堂教学行为进行批判和反思。

6. 创新的学生观。新的学生观认为，学生是有着完整生命表现形态的发展中的人，具有生命的整体性和发展的能动性。因此，我们应该尊重学生，树立为学生发展服务的意识。这就要求教师要尊重学生的人格，尊重学生在学习方面的思考，尊重学生主动学习的精神，把精神生命发展的主动权交给学生。

（三）课程体制的发展

与上述理念层面的创新相伴随的往往是体制层面的发展，因为真正意义上的改革必然是二者的同步变革。

在课程管理方面，需要继续研究课程体制的统一性、灵活性以及有效性等问题，科学地落实国家、地方、学校三级管理模式，以有效提高课程为当地社会经济发展服务的适应性。

在课程开发方面，新课程改革明确了课程开发的三个层次：国家、地方和学校。国家总体规划基础教育课程，制定国家课程标准，为教科书的“一纲多本”建立前所未有的课程开发平台，让教科书走向市场，鼓励社会各界学有专长的人士参加到教科书建设中来。地方则依据国家课程政策和本地实际情况，规划地方课程。此外，在学校课程的开发中，学校要根据自身办学特点和资源条件，调动校长、教师、学生、家长、课程专家和社区人员共同参与课程计划的制订、实施和评价工作。

在课程体系方面，新课程改革的课程体系表现为均衡性、综合性和选择性。通过设置九年义务教育课程；在对当代社会科学高速发展及对自然、人类产生的认识飞跃的基础上，对教育内容进行更新，减少课程门类，强调学科综合，构建社会科学与自然科学等综合课程，如在普通高中阶段设置的语言与文学、数学、人文与社会、科学、技术、艺术、体育与健康和综合实践活动八个学习领域。

在教材发展机制方面，新课程教材改革，必须坚持实行“一纲多本”，坚持中小学教材多样化，必须以国家统一的基本要求为前提。实行国家统一的基本要求指导下的教材多样化政策，是教科书的“一纲多本”的制度保障。然而，教材的多样化绝不是排斥由国家规划、国家组织力量编写的示范教材。需要强调的是，多样化并不等于地方化。提倡多样化，不应导致以省编教材来取代部编教材和其他省编教材，排斥部编教材、示范性教材、省外优秀教材进入本地市场；不应导致本地教材独占一方的局面。中小学教材的发展趋势，不能从“大一统”走向“小一统”。另外，教材多样化不能搞成了商品化。

在评价制度方面，新课程改革在素质教育思想的指导下，配合课程范式的转变，在课程评价观念上发生了很多根本性的变化。评价功能从过分注重甄别、选拔转向激励、反馈与调整；评价内容从过分注重学业成绩转向注重多方面发展的潜力；评价主体从单一转向多元；评价角度从终结性转向过程性、发展性，关注学生的个别差异；评价方式更多地采取诸如观察、面谈、调查、作品展示、项目活动报告等开放的、多样化的方式等。这些充分体现了以人为本，尊重人的主体性和能动性的人文精神。

（四）课程文化的再生

基础教育新课程改革是一项持续不断的系统工程，注重时间上的全程性与空间上的无限性，营建了一种生活、对话、探究与合作的课程文化模式，实现了课程文化的再生。

所谓生活文化，就是强调课程的现实性。新课程就体现了向生活世界回归，加强了课程与学生生活和社会实际之间的联系，使它们更有效地融合在一起，把实践和生活当成学生认知发展的活水，为课程增添了时代的源泉和生活的活力。所谓对话文化，就是强调课程的民主性。新课程十分强调对话与协商，尽可能创造各种机会，让课程专家与学科专家、专家与教师、社会人士代表分别参与对话，或让他们共同参与对话，对课程标准、课程内容等革新因素的确立进行交流和协商。专家、教师、学生、家长等相关人士通过对课程标准的解读，知道为什么学，为什么教，充分体现课程的民主性，激发参与课程改革的内在动力。所谓探究文化，就是强调课程的科学性。由于教学的对象是一个个独特的、发展中的鲜活个体，什么课程适合儿童的个性发展，怎样教学才有利于每个儿童的发展等问题就使得学校的教育情景中充满着太多的不确定性，这就给教师、学生创造了一定的探究空间，形成了学校良好的探究氛围。所谓合作文化，就是强调课程的开发性。每一个儿童都是一个完整的生命体，健全的发展需要多人合作才能实现。同时，每位儿童都有差异，他们的发展取决于有差异的课程，没有合作就不能提供有差异的课程。为此，新课程就强调一种共生共建的课程文化，试图建立一种教师、学生、家长、社会人士之间共同合作的机制，有效集结各方力量，从而更好地实现一个完整的人的教育。

三、基础教育新课程改革面临的问题与走向

（一）迫切需要寻找课程改革的合理基础

几年来，在新课程改革的不断推动下，我们对新课程改革的许多现象和问题有了一定的理解和认识，为课程理论研究和实践探索提供了一定的基础，并积累了不少经验，但远没有形成系统的理论体系和全面完整的改革蓝图，无论是研究成果的数量、质量，还是研究人员的结构和素质等，还只是课程论的初创阶段。为此，我们迫切需要寻找课程改革的合理基础。

（二）课程改革与教师教育问题

教师是基础教育新课程改革取得成功的重要保证。然而，继新课程改革进行以来，我们的教师在观念和实际操作方面都还是远远不够的。这主要表现在三方面。（1）一些教师的观念难以转变，尤其是一些老教师，他们早已习惯于其熟悉的课程理念、目标、内容及方式方法等，老一套的东西早已在他们的头脑中根深蒂固，面对新课程改革，他们深感“太突然”、“不知所措”，难以适应。（2）新课程对教师提出了较高的要

求，虽经过培训，但他们在教学方法上仍尤为欠缺，不懂得如何将理论转变为可操作的方法，要么“穿新鞋走老路”，要么就是“弄巧成拙”。比如说，新课程改革在转变教学方式方面特别将“自主、合作、探究”作为重点进行倡导。但是，“自主、合作、探究”的课堂究竟是怎样的课堂呢？这就需要每位教师进行长期的实践。然而在很多“新课改公开课”、“研讨课”上，一讲“合作”就是“小组”，什么课都是小组讨论，什么内容都要通过小组讨论来“解决”，而很少考虑这样的话题是否有讨论的价值。从组织形式上来说，小组合作学习是一种先进的学习范式，这是一个小型的学习型组织，但我们在课堂上常常看到小组学习处于一种“无政府状态”，没有游戏规划，乱成一团，很少有实质性的讨论。结果，“小组讨论”成了课堂上的“放羊”。[①]（3）在教师培养方面，目前师范院校的毕业生不能马上上岗，需培训一到两年，并且他们能否承担起实施新课程的任务，这还是一大考验。在此需要强调的是，面对教师在观念和实际操作方面存在的问题，课程理论工作者应该充分发挥自己的能动性，切实走近教学第一线，帮助教师解决认识上和行动上的问题，不提倡“坐而论道”。

（三）教学评价难以开展

具体表现在以下几个方面。（1）对学校的评价仍以升入重点学校的学生人数为主。（2）新课程提出学生的发展除了“知识与技能”，还包括“过程与方法”、“情感态度与价值观”；除了学科学习目标，还有一般性发展目标；除了学业成绩，还有学习态度、创新精神、动手能力、解决问题的能力、科学探究的精神以及健康的审美情趣等。其中很多方面都是无法通过考试的方式加以考查，更难以用量化的方式进行准确、客观的描述。这就给教师的具体操作带来了一定难度，并且效果也不太理想。（3）高考制度与新课程同步进行，学校开设的各种课程就不可避免地要在某种程度上受考试目标的影响。例如，新课程改革强调对学生能力的全面培养，而高考在内容和方式上都仍然偏向学生的知识方面，这就使得新课程改革的宗旨得不到很好的体现。

① 张菊荣：《“新课改”三思》，《教育参考》，2004年第3期。